世界歴史大系

スペイン史

1

古代▼近世

関 哲行
立石博高
中塚次郎 編

山川出版社

はじめに

本シリーズ『世界歴史大系』は、「最も新しく、最も詳しく書かれた待望の通史」であることをめざしている。第二期一四巻のうちの二巻を構成する『スペイン史』もまた、このシリーズの意図を裏切ることのないように、各章に当該時代・分野を専攻する執筆者を配して、最新の研究を叙述に反映させるように努めた。そのため、執筆者数は合計一五名にのぼり、ほかの巻に比べて多数となった。

多数の研究者に原稿を依頼できたことは、山川出版社の『各国史』シリーズを顧みれば、スペイン史研究の進展を物語っていて隔世の感がある。『世界各国史』(旧版)全一七巻では、スペイン史は単独ではなく、イタリア史およびポルトガル史とともに、第五巻『南欧史』の一巻にまとめられて、一九五七年に刊行された。しかも、編者はフランス史を主研究領域とし、第二巻『フランス史』の編者であった井上幸治であり、スペイン史研究者の層の薄さを如実に示している。その後、一九七六年にイタリア史が独立したのに対応して、スペイン史の巻が企画されたとも聞くが、結局、陽の目を見ることはなく、この『南欧史』は、二〇〇〇年に「新版世界各国史」第一六巻『スペイン・ポルトガル史』が刊行されるまで、再版・増刷されつづけた。少なくとも山川出版社シリーズのなかでは、スペイン史は長く市民権を得ることがなかったということになる。

しかし、本書では、これまでとくに手薄であったイスラーム時代のスペイン、つまり「アンダルス」についても、アラビア語史料を扱いイスラーム圏での研究をも吸収する研究者を執筆者に得ることができた。現在のスペインではカトリックが住民の大部分を占め、後退しつつあるとはいえ、カトリック的規範や文化がいまなお支配的であり、それを無意識のうちに前提としてスペイン史を語りがちである。それはスペインでの傾向であるだけではなく、これに強く影響される日本における研究の問題でもある。イスラーム研究者が加わったことで、そうした陥穽に落ちることを防ぎえたのではないか。本書を契機に、このような新しい分野に読者が興味をいだくようになり、若い研究者が誕生することを期待している。

通史を担える多数の研究者を得たことは、日本におけるヨーロッパ史研究のなかで、イギリス・フランス・ドイツの歴史研究と比べて、相対的に周辺的地位にあったスペイン史が、ようやく注目されたことを意味する。旧版『南欧史』刊行の一九五七年といえば、ヒトラーとムッソリーニの軍事的政治的援助によって内戦に勝利をおさめたフランコが、いまだ独裁者として君臨し、「奇蹟の経済発展」がまだ始まっていない時期である。そうしたスペインは日本が大きな関心をもって見つめる対象ではなかった。また、独裁ゆえにヨーロッパのなかで孤立したスペインは、なにかを発信する源ともなりえず、日本に届くスペインの情報も少なかった。ＥＴＡ(祖国バスクと自由)が誕生していなかったとはいえ、現在、しばしば報道されるバスク・ナショナリスト運動も、当時は報道されることはなかった。ところが、いまやスペインは、民主化を遂げ、国内総生産が世界第一〇位前後に位置し、ＥＵ(ヨーロッパ連合)の一員としてさまざまな分野で情報を発信している。その結果、かつて考えられなかったほどに、スペイン史研究に携わる研究者の裾野が広がり、ラテンアメリカへの関心の高まりとあいまって、多くの大学でスペイン語教育が展開されている。「隔世の感」と書いたのは、このことを指している。

本『スペイン史』の際立った特徴は、「スペイン」という単位で——本書で明らかになるように、そして前述『スペイン・ポルトガル史』で論じたように、現在の国境線で国家が形成されたことは、決して歴史の必然ではなかった――通史を描くだけではなく、第Ⅱ部として「歴史的地域からの視座」を設け、「国家と地域」という総論とともに、カタルーニャ、バスク、ガリシアという三地域、しばしば「歴史的地域」と呼ばれる諸地方の歴史を取り上げたことである。あえてこのような第Ⅱ部を設けた理由を、少しく説明しておきたい。

スペインは、フランコ独裁、さらに遡って「復古王政」における極端な中央集権的な体制に代えて、現在「自治州国家体制」をとっており、ヨーロッパのなかで地方分権化が進んだ国家となっている。それだけではなく、右記の三地域をはじめ、いくつかの自治州ではスペイン語＝カスティーリャ語と並んで、地域固有の言語が公用語として認められている。そのような現実が、地域の視座からの歴史を要請している。いかなる歴史が地域を生み出したのか、それを明らかにすることが、スペインを理解するうえで不可欠なのだ、と言い換えてもよい。

理由はそれにとどまらない。国民国家としての現存国家を前提として、一国史的に歴史をとらえることへの歴史学における反省が、こうした地域的視座を求めている。スペイン史に限らず、どのような国家の場合でもありうる視座である。地域的視座からスペイン史を考えた場合、平面的であった通史が奥行をもってあらわれ、ある時代の相が複合的に見えてくるだろう。同じ中央での政策が、地域によって異なる意味をもってくる。また、スペインが地域のたんなる寄集めではなく、それぞれダイナミズムをもった地域が、互いに摩擦や軋轢《あつれき》を引き起こしながら、動的な総体としてのスペインをつくりあげてきたこと、スペインという枠も「歴史的地域」自体も、歴史的形成物であって、自明の存在ではないことが了解されるに違いない。ここで具体的に取り上げたのは三地域にすぎないが、本書に刺激されて、ほかの諸地域についての研究が進むことを望んでいる。

冒頭で述べたように、多数の執筆者を集めたことは、一方で、各章で個性ある記述が展開されるという長所とともに、全体としてのまとまりに欠けるという短所をともなっている。しかも、研究者が育ったばかりの領域や時代もあり、そうした章の執筆は若い研究者に委ねた。若い研究者は、独自性を打ち出そうとするあまり、往々にしてバランスに欠ける叙述に傾く惧れなしとしない。これが杞憂に終わってくれるかどうかの判断は、読者にお任せするほかない。

最後に、本書での表記についてふれておきたい。人名や地名は、日本で慣用となっている場合を除き、できるだけ原語の発音に近い表記とし、さらにカタルーニャとガリシアに関しては、叙述に際して地域固有の言語での表記を原則とし、カスティーリャ語表記を初出において括弧書きとした。バスク地方の場合は、カスティーリャ語を優先した。「歴史的地域からの視座」を第Ⅱ部にもつ本書の性格や、スペインにおける言語使用状況を考えての判断であるが、このことは読者にある種の読みにくさを強いるかもしれない。それを補うために索引では工夫を加えたので、利用していただきたい。ただし、煩雑を避けるために、年表においては基本的にカスティーリャ語表記とした。また、とくに長い名称の場合、政党名や組織名などは略号を用いた。これらの略号も索引で、見出し項目とともにアルファベット順にまとめて後ろに記載したので参照されたい。「付録」は、本文の理解を深めるだけではなく、本書を事典的に利用することを可能にする重要なものと考え、時間をかけて作成した。作成にあたって、索引については佐藤健太郎氏（第Ⅰ部第三章執筆）と坂本宏氏（明治学院大学非常勤講師）、年表・系図・統治者一覧については増井実子氏（第Ⅰ部第八章執筆）の協力を得た。ここに記し、その労に感謝する。

構想が持ち上がり、執筆者が決まり、最初の執筆者会議が開かれてから、かなりの年月が経過した。刊行がここまで遅れたのは、ひとえに編者の力不足による。早くに原稿を提出した執筆者にお詫びするとともに、辛抱強く待っていただいた山川出版社にお礼申し上げる。年表は二〇〇七年まで作成したが、第Ⅰ部の最終章の叙述が二〇〇三年春で打ち切られているのは、もっぱら編集作業の遅れによる。第Ⅰ部第十四章のなかで「現在」「今日の」と書かれているのは、執筆時点を指している。読者の寛容をお願いしたい。

二〇〇八年六月

関　哲行
立石　博高
中塚　次郎

目次

▼補　説▲

付　録

スペイン史 1

古代〜近世

第Ⅰ部　スペインの歴史

第一章　古代のイベリア半島

1　アルタミラからヌマンティアへ

先史時代

本章はローマ人が「ヒスパニア」と呼んだイベリア半島の古代史を扱う。したがって現在のスペインより広く、ポルトガルも範囲に含まれる。そのローマ人が到来するはるか以前、約五〇万年前から半島には人類が居住していた痕跡がある。旧石器時代のもっとも有名な遺跡はアルタミラの洞窟である。そこには牛や馬などが色鮮やかに描かれており、十九世紀に発見された当初にはあまりの美しさに偽造と疑われたほどであった。およそ一万五〇〇〇年前にクロマニョン人によって描かれたと考えられている。半島北部一帯は、南仏と共通のマドレーヌ文化圏に属していた。

早くから人類が居住したとはいえ、半島の地形・気候は極めて多様であるため、その発展は一様ではなかった。グラナダ地方で動物を飼い馴らし始めたのは前六千年代であるらしいが、定住農耕は前四千年代にあらわれる。ポルトガルやラ・マンチャ地方でも前四千年代から農耕が始まっている。

前三千年代には銅器文化が出現し、定住様式も変化した。アルメリア地方のロス・ミリャーレスが代表的遺跡である。ここでは社会の階層化も始まりつつあったようである。アルメリア東部の銅器文化、エル・アルガール文化は前一八〇〇年頃までには半島南東部一帯に広まっていたとみられるが、初期の低地の集落は捨てられ丘上に移っていく。防衛という要素が重視されてきたのであろう。銅器時代には、共同で農耕がおこなわれ、穀物も共同で備蓄されていたが、しだいに土器に入れて家の内に蓄えられるようになった。灌漑、ブドウ・オリーヴ栽培、馬の使用などが農耕を発達させ、それが社会の階層化を進めたものと考えられている。

青銅器時代にはいると専門化が進み「職人」もあらわれる。有力者の家に作業場が集中してみられる。高価な金属器製造の独占は、権力のシンボルとなった。前一二〇〇年頃に大きな変化があらわれる。ミケーネ式の土器が内陸のモントーロ(コルドバ地方)で発見されている。半島南部は地中海の交易圏にはいっていくのである。なお、ギリシア人がまとめてイベリア人と呼ぶ半島の先住民については、実際には多様な要素から形成されたと考えられるが、北アフリカのベルベル人との親近性が指摘されており、共通の祖先をもつ、あるいはアフリカから移住したとする説もある。

ジブラルタルを越えたガディル(現カディス)にフェニキア人が町を造ったのは、伝承では前一一〇四年のことだが、前八〇〇年頃には実際に商港ができていたらしい。フェニキア人が進出してきた理由は、アッシリア帝国が必要としていた銀を半島の鉱山に求めたことにあったと考えられる。こうして青銅器時代のアンダルシーア地方西部はオリエント文明の影響を強く受けるようになる。すでに後期青銅器時代に存在していた、グアダルキビル川流域の先住民共同体が、フェニキア人の植民市の活発な経済活動に刺激され、より強力な政治体に発展していった。伝説的な、豊かな王国タルテッソスは旧約聖書にも記され、ギリシア人も知っていた。豊かな鉱物資源を背景にタルテッソスは、アッシリアを中核とする交易システムの周辺部に位置づけられ繁栄したのである。しかし前六世紀にはフェニキア人の活動はみられなくなり、タルテッソスの繁栄も終わった。これは、バビロニアがアッシリアに代わり、ティルスが陥落、さらにはペルシア帝国の拡大などでフェニキア本土が危機的状況にあったためと考えられる。後退したフェニキア本土のフェニキア人に代わって進出し、植民市をつくり始めたのが、西地中海一帯に勢力を拡大しつつあったカルタゴ人である。

他方、前五八〇年にギリシア人が半島北東部海岸にエンポリオンをつくった。前六〇〇年頃マッシリア(現マルセーユ)が建設され、東地中海とリヨン湾を結ぶ交易ネットワークが形成されていた。リヨン湾は、北からはハルシュタット期にあったケルト諸部族、西からはイベリア人の窓口となった。それによって半島東部は、エーゲ海とリヨン湾に中核をもつ交易システムの周辺部に位置づけられたのである。前五世紀の半島東部には、ギリシア陶器が大量に流入している。こうしてイベリア半島の南部はフェニキア人・カルタゴ人によって、東部はギリシア人によって、地中海の交易システムに組み込まれ、前五世紀にはイベリア人のあいだにもより大きな政治体が形成されたのである。

ケルト人

半島西部と中部ではまったく異なった発展がみられた。前一〇〇〇年頃からピレネーを越えてケルト人が侵入、定着し始めたのである。ケルト人は鉄器をもたらし、小規模な丘上城塞集落(カストロ)を形成し周辺領域を支配した。西部ではこれがカストロ文化へと継続し、中部ではイベリア人と融合してケルティベリア文化を形成していく。中部の丘上集落はより大きな城塞集落(オッピドゥム)へと発展する。のちにローマ人が「都市」とみなすほど大きなものもある。

ケルト人の侵入については、大規模な征服があったというより、長い時間をかけて波状的に移住し、青銅器時代の先住民集落に影響を与えたというような、より長期の複雑なプロセスを考えたほうがよいだろう。考古学的に先住民集落の大規模な破壊は確認されていないらしい。鉄器も最初から一挙に普及したわけではなかった。半島の「ケルト」地域の丘上城塞集落は、基本的に牧人と戦士の社会が地理的環境に適応して生まれたと考えられるが、その原形は、ハルシュタット期以前の原ケルト人、インド・ヨーロッパ系の基層文化を残した集団によって形成され始めたらしい。前七世紀から鉄器使用と火葬が普及し、戦士エリートも出現する。丘上集落内には円形住居がみられる。前五世紀から円形住居に代わって外壁を共有し横に並ぶ長方形の住居があらわれる。ただし北西部では円形住居が存続した。そして前三世紀から、階層化された、より広い領域を支配する、より大きな城塞集落が出現し始めた。発展を図式化すればこうなるが、実際には、環境の異なる諸地域間には大きな相違があった。

半島の「ケルト」地域でも東南へ行くほどイベリア的要素が強くなるが、北西部では、インド・ヨーロッパ系部族のあいだで広く類例のみられる古い風習が遅くまで保持されていた。宗教については岩の祭壇や無名・無性の神格などがみられる。戦士文化の色彩も濃い。バンドゥアという神は戦士団の結合と関連する神格、コッススは岩と結びつく軍神であり、戦士集会における裁判と関連すると考えられている。若者の団体における「強盗」のような風習も残っていた。半島を征服しようとするカルタゴ人、ローマ人は、豊かな南部・東部のイベリア人、北部・西部の、彼らの目から見て遅れた、しかし首長に忠誠を誓う強力な戦士団をもつ諸部族に出会うことになるのである。

ローマ人の進出

半島南部につぎつぎと植民市を建設していたカルタゴ人だが、初期には征服の意図はなかったようである。本格的な進出は、第一次ポエニ戦争(前二六四〜前二四一年)に敗北しシチリア、サルデーニャを失ってからであった。ハミルカル・バルカの指揮のもとに半島南部から中部、東部へと支配領域を拡大した。その養子ハスドルバルはカルタゴ・ノウァ(現カルタヘーナ)を建設し、首都とした。ローマ人は前二二六年に協定を結び、エブロ川を越えない範囲でその支配権を認めた。しかし、三代目のハンニバルが前二一九年にサグントゥム(現サグント)の町を包囲したことが原因となって第二次ポエニ戦争(前二一八〜前二〇一年)が始まる。ハンニバルはエブロ川を渡り、アルプスを越えてイタリアに侵入、主戦場はイタリアに移された。半島に残った軍は弟ハスドルバルが指揮した。ローマ側はグナエウス・スキピオの軍団がイベリア半島に侵攻、前二一二年にはサグントゥムを奪回するが、敗北し、翌年兄プブリウスとともに戦死した。スキピオ兄弟の戦死によってローマ側のヒスパニア作戦は完全な失敗に終わる。

プブリウス・スキピオの同名の息子は当時二十五歳の青年であったが、ローマの民会はこれに例外的な命令権を与え、一万人の兵とともにヒスパニアへ送り出した。スキピオ(大スキピオ)はエブロ川からカルタゴ・ノウァまでわずか七日で急進し、急襲によりこの首都を占領してしまった。この勝利の心理的効果は大きく、ヒスパニア先住民の多くがカルタゴから離反した。前二〇八年、バエクラ(現バイレン)で敗北したのち、ハスドルバルは兄の待つイタリアへと出発した。スキピオは半島南部に進軍し、残るカルタゴ軍をイリパ(現アルカラ・デル・リオ)で撃破した。前二〇六年、カルタゴ人は半島から追い出されたのである。なお、この戦役からローマ軍はヒスパニア式の両刃の剣を採用している。

前二〇一年に第二次ポエニ戦争はローマの勝利に終わったが、軍を撤収したあとそこに再びカルタゴ人がはいってくることを恐れたローマ人は、イベリア半島に居座りつづけた。半島が再びイタリア侵攻の拠点となることに脅威を感じていたのである。前一九七年にはプラエトル職を増設し、そのうち二名の職務領域(プロウィンキア)をヒスパニアと定めた。つまりイベリア半島の東部と南部はローマの属州(プロウィンキア)とされたのである。東部はヒスパニア・キテリオル、南部はヒスパニア・ウルテリオルと呼ばれた。各プラエトルすなわち総督[1]にはそれぞれ二個軍団が与えられた。一方は好戦的な北西部の諸部族に、他方はカルタゴ人の侵入に備えるためであった。

しかしこの軍事占領を現地諸部族は受け入れず、すぐに反乱が始まった。前一九七年にキテリオル総督は戦死する。事態を深刻に受け止めたローマ元老院は、前一九五年、正規二個軍団と一万五〇〇〇人の同盟軍を、最高政務官(コンスル)とともにヒスパニアへ送ることを決定した。選ばれたのは、新人で大スキピオの政敵、マルクス・ポルキウス・カトーである。カトーはエンポリオンを拠点とし、軍団を行軍と訓練で鍛え上げてから、反乱軍に決戦を挑み撃破した。そしてタラコ(現タラゴーナ)まで進軍し、つぎつぎと諸部族を平定していった。四〇〇以上の町が降伏したといわれている。カトーはキテリオルの銀山にローマへの貢納を命じたが、これがローマ人による組織的搾取の始まりとなった。この強力な将軍の任期終了後再び反乱が起こるが、前一九四年、スキピオ・ナシカによって鎮圧された。前一九〇年にはアエミリウス・パウルスがルシタニア人を破り、大量の金を持ち帰った。しかしこの時期のローマには半島全土を属州化しようという意図も、一貫した政策もみられない。反乱にそのつど対処するだけであった。前一八〇年代にもおもにケルティベリア人、ルシタニア人との戦争が続き、三人の総督が戦死している。

前一八一年のキテリオル総督フルウィウス・フラックスはケルティベリア人との騎兵戦に勝利したことに感謝し、ローマ市内にフォルトゥナ・エクェストゥリス(騎士の幸運の女神)の神殿を奉献している。その後任、センプロニウス・グラックス(有名なグラックス兄弟の父)とウルテリオル総督ポストゥミウス・アルビヌスがそれぞれケルティベリア人とルシタニア人に決定的な勝利をおさめた。とくにグラックスは、現地諸部族からも信頼され、協定を結び、収穫の五%の貢納とローマ軍への兵員提供を約束させ、友好関係を確立するのに成功した。この協定がイベリア半島に平和をもたらした。

その間にのちの属州の発展にとって重要な意味をもつ、植民市の建設も始まっていた。スキピオの軍の傷病兵は現地に残り、前二〇六年にイタリカ(現サンティポンセ)の町が造られた。前一七二年にはカルテイア(現アルヘシーラス)の町にラテン権(都市の公職者にローマ市民権が与えられる)が与えられたが、その住民はローマ兵と現地女性のあいだに生まれた子どもたちの子孫であった。コルドゥバ(現コルドバ)の町もローマ人と現地人を住人として建設された。この時期の退役兵の多くはイタリア各地の出身者であった。このイタリア系入植者の子孫が、のちに属州エリート層の中核となっていくのである。

ヌマンティア

グラックスの平和は前一五〇年代に破られる。ウルテリオルではルシタニア戦争が、キテリオルではヌマンティア戦争が始まるのである。ルシタニア人の反乱は前一五五年に開始された。前一五三年の総督ルキウス・ムンミウスがいちおうこれを鎮める。ケルティベリア人の反乱は前一五四年に始まった。前一五二年の総督マルケッルスは、グラックスの協定を再確認させることで許そうとした。しかし元老院は無条件降伏しか認めない方針であり、前一五一年の総督としてリキニウス・ルクルスをキテリオルに、スルピキウス・ガルバをウルテリオルに送り込んだ。この二人は、いったん講和を受け入れてから、武器をおいた先住民を虐殺するという非道な手段で反乱を鎮圧した。ルシタニア人のなかで、その虐殺の数少ない生残りウィリアトゥスがより大きな反乱の指導者となる。彼は前一四七年のトリボラの戦いでローマ軍を破り、総督を殺害し、反乱をさらに拡大させた。ケルティベリア人もこれに呼応して再び立ち上がる。元老院は、マケドニア軍を撃破したカエキリウス・メテッルスを送ってこれに対処させた。しかしその名将もケルティベリア人のたてこもったヌマンティアの城塞を落とすことはできなかった。

その間、ウルテリオルではローマ軍がウィリアトゥスを追い詰めていたが、最後はローマ人に買収されたルシタニア人が自分たちの指導者を暗殺してしまった。ローマ軍は戦闘ではなく裏切りによってようやく勝利を手にしたのである。残ったのはヌマンティア。つぎつぎと送られるローマの将軍たちはことごとく失敗しその無能ばかりがめだった。長期従軍に疲れた兵士の士気も低下していた。

前一三四年、軍指揮権は第三次ポエニ戦争で無慈悲にカルタゴ市を破壊したスキピオ・アエミリアヌス(小スキピオ)の手に移る。スキピオは陣営から商人・娼婦・占い師を追い出して軍紀を正し、厳しい訓練で兵士を鍛えなおした。周辺の耕地を荒らし、収穫物は焼いた。野戦を回避しながら、七個の要塞を結ぶ高い壁でヌマンティアを完全に包囲する。その遺構が考古学者によって確認されている。長いあいだ耐えてきたヌマンティアも飢餓に追い詰められ、前一三三年ついに降伏した。多くの者が自決し、残った者は奴隷として売られた。ヌマンティア攻囲戦はその後長く記憶されることになる。スペイン人にとっては自由のための戦い、ローマ人にとっては軍事的危機のシンボルとして。(2)

セルトリウス

ヌマンティア陥落によって、先住民がローマ支配を脱する可能性はなくなった。しかしそれで半島が平和になったわけでも、完全なローマ支配が実現したわけでもない。その後も反乱と征服戦争が続く。さらには、ローマ共和政末期の内乱の戦場となるのである。

前八二年のキテリオル総督はマリウス派のクィントゥス・セルトリウスであった。中央で閥族派のスラが勝利し、マリウス派を処刑し始めたため、セルトリウスは北アフリカへ逃れた。ルシタニア人はのちに、ローマ支配からの解放戦争の指導者となるよう期待した。セルトリウスは求めに応ずる。イベリア半島にマリウス派の残党が集まり、先住民を訓練してローマ式の軍隊をつくりあげた。これが地形を利用したゲリラ戦を展開するのである。セルトリウスは、民間信仰をも利用して先住民の信頼を得たといわれるが、やはりローマの政治家であった。最終目標はヒスパニアを拠点としてイタリアに侵攻し、閥族派の寡頭政を倒し平民派の支配を実現することにあったとされている。それでもヒスパニア人の、指導者に対する忠誠は絶対的であった。

元老院はグナエウス・ポンペイウスをヒスパニアに送り込んだ。スラ引退後のローマで最強の将軍である。しかしこの若き名将も、戦いで勝利することはできなかった。前七三年、セルトリウスは部下のローマ人の裏切りにより暗殺されるのである。それでもポンペイウスは凱旋式を挙行し名声を高めた。やがていわゆる三頭政治が始まると、その取決めによってヒスパニアはポンペイウスの担当属州となった。ポンペイウス自身はローマ近くにとどまり、部下を総督代理《レガトゥス》として派遣し統治させた。これが帝政期の皇帝属州統治の原形となった。

三頭政治が崩壊し、ガリアを征服したかつての盟友カエサルとポンペイウスの内乱が始まると、当然ヒスパニアは戦場となる。前四九年、ルビコン川を渡り電撃的にイタリアを征服したカエサルは、東方に逃れたポンペイウスを追う前にまずヒスパニアを確保することにしたのである。[3] そこでは「将軍なき軍隊」がイレルダ(現リェイダ)に強固な陣地を構築していた。カエサルは第一に補給線を確保し、戦闘ではなく、機動と土木工事によって敵を降伏に追い込んだ。この勝利によりウルテリオルの諸都市はカエサルの求めに応じて代表者をコルドゥバに送った。コルドゥバ在住のローマ市民団の協議会《コンウェントゥス》もカエサル支持を表明した。この時期になるとヒスパニアには、イタリア系入植者の子孫をはじめローマ市民権保持者も数多く存在していたのである。

ウルテリオル総督はマルクス・ウァロだったが、現地で二個軍団を編成し守りを固めていた。しかしその「土着軍団」が寝返り降伏することになった。ちなみにこのウァロは学者として有名で、のちにカエサルによってローマの図書館館長に任命されている。

後方を固めたカエサルは東方に軍を進め、大ポンペイウスとの決戦に勝利する。その間、ヒスパニアでは息子のグナエウス・ポンペイウスが現地の軍団に招かれて、前四六年に半島にはいり支配権を奪回していた。再びヒスパニアに戻ったカエサルは、前四五年には諸都市を解放し、ムンダ(現オスナ付近)の戦いでグナエウスを破り、処刑した。このムンダの勝利で内乱は終了、カエサルの単独支配が実現した。

2　アウグストゥスの政策

征服戦争と三属州体制

前四四年にカエサルが暗殺され内乱が再発する。第二回三頭政治が始まると、その取決めにより、ヒスパニアを含む西方属州はカエサルの養子オクタウィアヌスが担当することになった。前三九年からはキテリオル、ウルテリオル両ヒスパニア属州の総督プラエトルは、オクタウィアヌスの上級指揮権のもと、元老院が任命するプロコンスルに変わった。結局、そのオクタウィアヌスが内乱に勝利し、元老院より「アウグストゥス」の称号を与えられて帝政を始めることになる。初代皇帝アウグストゥスはイベリア半島の歴史においても決定的な役割をはたす。

内乱終結後アウグストゥスはイベリア半島全土の征服に着手した。前二六年にカンタブリア戦争が開始されたのである。カンタブリア人が属州に侵入したことが直接の原因とされるが、北西部の鉱山確保、大西洋岸までの領土拡大などの政策による開戦と考えられる。アウグストゥスはまた、まだ手にしていない戦場での栄光を欲していたのだろう。珍しく親征し、七個軍団を直接指揮したのである。しかし楽な戦いではなかった。雷がすぐ近くに落ちたり、病に倒れたりで一時は死亡説も流れたほどであった。結局皇帝はタラコにとどまり、戦争は部下の将軍たちに任せた。

ローマ軍はカンタブリア人をモンス・ウィディウス(現サンタンデール南西)に追い詰め降伏させたが、戦線はアストゥリアス人の領域にまで拡大されていた。モンス・メドゥリウス(現ポンフェラーダ西方)の丘上城塞に逃げ込んだアストゥリアス人をローマ軍が完全包囲する。ヌマンティアのときと同様、多くの者が囚われの身となるよりも自決を選んだ。前二五年末にローマに帰還したアウグストゥスは凱旋式を挙行する。戦争終結宣言である。しかし実際には戦闘がさらに続き、最強のローマ軍団がカンタブリア人に恐怖をいだくようになっていた。皇帝側近のアグリッパが出陣し、兵士の士気を回復して征服戦争を終了させたのは前一九年のことであった。

アウグストゥスの才能が発揮されたのは、やはり戦争ではなく統治であった。属州統治機構が整備され、その体制が以後三〇〇年以上続くことになるのである[4]。ウルテリオルがバエティカとルシタニアに分割され、それにキテリオルを加えてヒスパニア三属州とされた。バエティカ州はほぼ現在のアンダルシーア地方に相当する。首都はコルドゥバ。ある程度ローマ化が進んでいたため元老院管轄属州とされ、元老院から派遣される総督《プロコンスル》によって統治された。総督《レガトゥス・プ》副官《ロ・プラエトレ》が補佐し、財務官《クワエストル》が国庫におさめる租税など財務を担当した。基本的には共和政期と同じだが、正規軍団は配属されていない。

ルシタニア州は、現在のポルトガル、エストレマドゥーラ地方に相当し、首都はエメリタ・アウグスタ(現メリダ)。

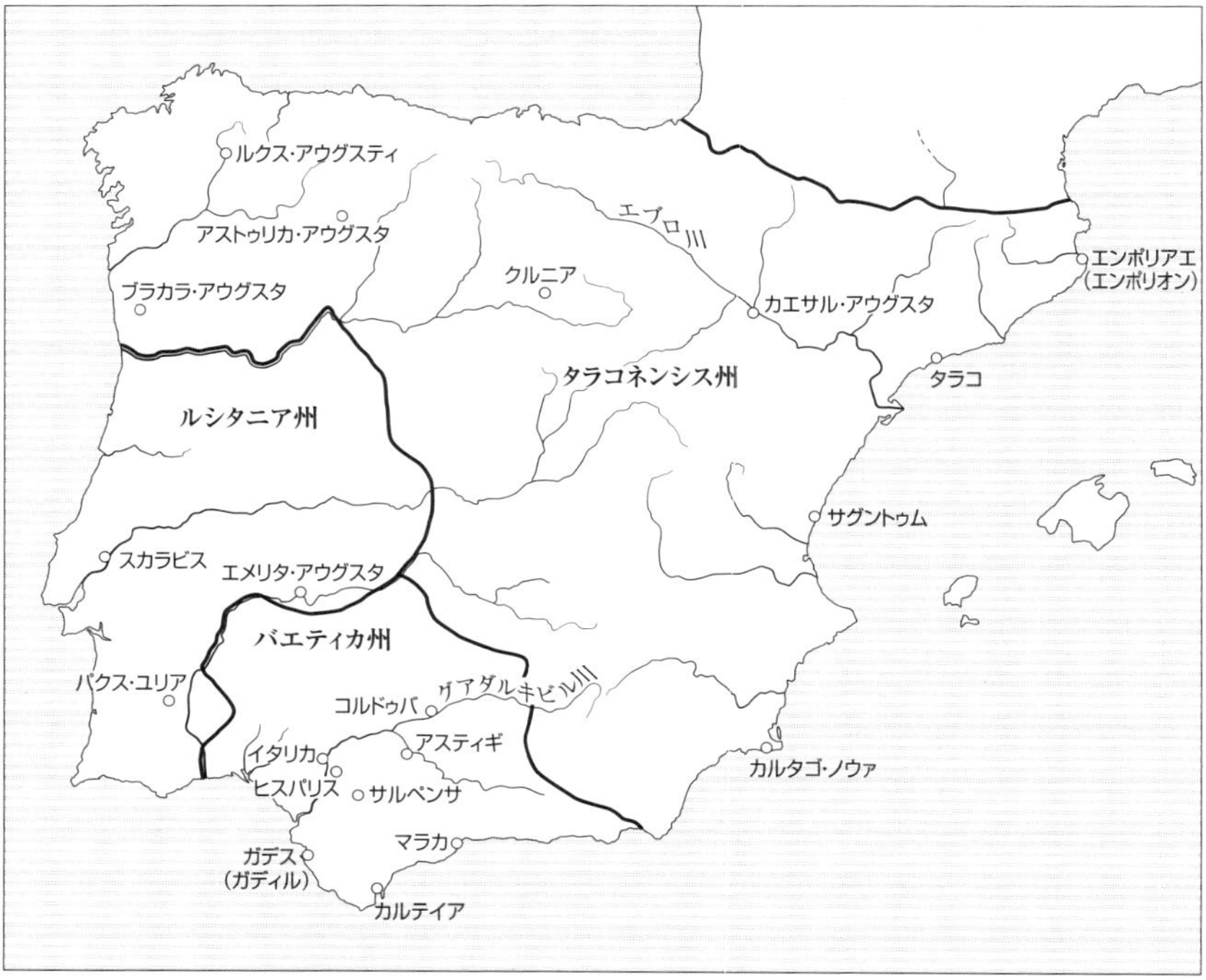

図1　ヒスパニア三属州(1～3世紀)

皇帝管轄属州とされ、アウグストゥスの代理である総督《レガトゥス・アウグスティ・プロ・プラエトレ》によって統治される。キテリオルは、新征服地である北西部のアストゥリアス地方とカッラエキア地方を含む、残りの全土であり、帝国全体でも最大級の皇帝管轄属州となった。首都はタラコ(現タラゴーナ)。のちにはヒスパニア・タラコネンシス州と呼ばれるようになる。総督は、元老院貴族の最上層に位置する元コンスルのなかから皇帝によって任命された。タイトルは同じく「レガトゥス・アウグスティ・プロ・プラエトレ」だが、こちらは格の高い重要なポストとみなされた。半島駐留の軍団はすべてこの属州に集中しているため、軍指揮権をもつポストなのである。配下には裁判を担当する司法官《レガトゥス》(のちにユリディクス)と各軍団長《レガトゥス・レギオニス》がおかれた。また、これらの元老院議員身分の官職とは別系統で皇帝に直属する、騎士身分の皇帝属吏《プロクラトル》も各州に派遣され、皇帝金庫におさめる税などの財務を担当した。

各州はさらに管区《コンウェントゥス》に区分される。元来「コンウェントゥス」は在住ローマ市民団の協議会を意味していたが、この改革により、裁判と皇帝礼拝のための行政区となったのである。キテリオルには七区、それぞれの中心都市は、タラコ、カルタゴ・ノウァ、カエサル・アウグスタ(現サラゴーサ)、クルニア(現コルーニャ・デル・コンデ)、アストゥリカ・アウグスタ(現アストルガ)、ルクス・アウグスティ(現ルゴ)、ブラカラ・アウグスタ(現ポルトガル領市ブラガ)である。バエティカ州にはコルドゥバ、アスティギ(現エシハ)、ヒスパリス(現セビーリャ)、ガデス(現カディス)を中心とする四区、ルシタニアにはエメリタ・アウグスタ、パクス・ユリア(現ポルトガル領市ベージャ)、スカラビス(現サンタレン)を中心とする三区が設けられた。総督、司法官がそれらの都市で巡回裁判を開催したのである。

軍道、植民市の建設

征服直後の半島には、おもにイタリア人で構成された六個の正規軍団が駐留しており、その退役兵は入植者としてエメリタ・アウグスタ、カエサル・アウグスタなどの植民市に定住していた。しかし、支配が安定するとアウグストゥスは駐留軍を三個軍団に縮小した。第四マケドニカ、第一〇ゲミナ、第六ウィクトリクスである。アウグストゥス没後ではあるが、その後、第四マケドニカは三九年にライン川方面に、第一〇ゲミナは六三年にドナウ川方面に移動した。ゲルマン人との戦争などに備えるためである。結局ヒスパニアには一個軍団だけが残った。

軍団の職務は治安維持だけではなかった。鉱山の開発・技術指導、また、公共建造物、とくに道路建設も重要な仕事だった。アウグストゥスはまず、ピレネーから東海岸部を通りタラコ、ウァレンティア(現バレンシア)を結ぶアウグスタ街道(ウィア・アウグスタ)の建設を命じた。これは南海岸部を通ってコルドゥバさらにガデスまで延長される。街道建設には橋の建造もともなう。現在のバルセローナ付近に残るものもその一つである。この幹線街道を中心に内陸部へも街道のネットワークが拡大されていった。最初は軍道(ウィア・ミリタリス)として建設され始めた街道のネットワークはその後、半島の経済的・文化的発展に大きな役割を演ずることになる。

　アウグストゥスの政策のなかでもう一つ重要なのは、すでに父カエサルが着手していた植民市《コロニア》建設であった。退役兵《ウェテラニ》が入植者となった。他方、一部の先住民にはローマ市民権を与え、その都市には自治都市《ムニキピウム》の資格を与えた。イベリア半島にはすでにフェニキア人、ギリシア人、カルタゴ人の植民市が古くからあり、決して「都市」がなかったわけではない。大スキピオ以来ローマ軍退役兵の植民市も存在していた。しかしローマ式の都市が本格的に建設され、発展を始めるのはこの時期からなのである。大プリニウスの記すところでは、バエティカ州には植民市が九、ローマ市民自治都市が一〇、旧ラテン都市が二七あった。旧ラテン都市とは、ウェスパシアヌスがヒスパニア全土の先住民都市にラテン権を与える以前からラテン権を有していた都市のことである。ルシタニア州には植民市五、自治都市一、旧ラテン都市一、キテリオルには植民市一二、自治都市一五、旧ラテン都市二〇である。これはアウグストゥス時代の状況を示していると考えられている。植民市の多くはカエサル、アウグストゥスの創建によるものであった。これらの都市に住むローマ市民権保持者は、ローマの投票区《トリブス》としてはガレリア区に登録されている。

　植民市や自治都市には大幅な自治権が認められていた。ローマの制度に倣って、市の行政官は毎年民会の選挙で選出された。ローマ元老院に相当するのは、終身の都市参事会員《デクリオネス》によって構成される議会である。彼らは「身分」（オルド・デクリオヌム）を形成し、市の行財政、徴税、裁判の責任を負った。ラテン権を有する都市の行政官を務めた者には、自動的にローマ市民権が与えられることになっていた。これによってまず先住民上層にローマ市民権が拡大していくことになった。官僚機構のない、またもつつもりもなかった帝政初期には、総督配下の少数のスタッフだけで属州を統治するのは不可能であり、都市の自治が帝国の行政上重要な位置を占めていた。在地有力者層の協力が期待されていたのである。

　制度ばかりでなく、神殿・劇場・公共広場などの公共建造物がつぎつぎに建設され、外観上もローマ式の都市が発展していった。中央からの援助もあった。例えばエメリタ・アウグスタの壮大な劇場は皇帝の側近アグリッパが建造したものである。しかしほとんどは現地の有力者である参事会員たちがつくったものであった。彼らはローマ市民権を得て帝国の統治に協力し、積極的にローマ風の生活様式を取り入れていったのである。必ずしも強制されたわけではない。それによって彼らは属州内での地位を確実にし、威信を高めることができたのである。

都市の発展と参事会員たちを経済的に支えたのが都市周辺領域《テリトリウム》である。ストラボンは、バエティス(グアダルキビル)川流域には農場が満ちわたっていたと記しているが、それらは都市に住む大土地所有者である参事会員たちの経営する農場であった。そこで生産、加工された特産品(ワイン、オリーヴ油、魚からつくる美味なソース「ガルム」など)がローマ、イタリア各地へ輸出されるようになったのである。帝国の支配下にはいってもたらされた経済的繁栄といえる。それにともない奴隷制も普及したが、都市部では奴隷の解放もさかんになり解放奴隷《リベルティ》の数も増大していく。そのなかには商業・工業の分野で成功し富裕になった者も少なくなかった。おもに農場主である都市のエリートよりも、この分野では彼らの活躍がめだつ。

属州エリートの形成

都市の発展は半島全土でみられたわけではない。ローマ支配以前から続く氏族制的な社会集団が都市の外には残存していた。それらの共同体の首長はローマ式に「マギストゥリ」と呼ばれるようになっていた。ローマ政府はそれらのさまざまの共同体をまとめて「キウィタス」「ポプルス」などと呼び、行政上の単位として認めていたのである。

このように一世紀前半の半島住民は決して一律ではなく、退役兵《ウェテラニ》入植者の子孫、ローマ市民権・ラテン権を与えられ都市に住む先住民、氏族制的な共同体などさまざまな社会集団が混在していたのである。それらをまとめあげるのに大きな役割をはたしたのが、皇帝を神として祀る皇帝礼拝であった。ローマ政府から強制されたわけではなく、自発的な礼拝である。とくにヒスパニア先住民の場合、首長に対する絶対忠誠の伝統があったため、自然に受け入れることができたともいわれる。紀元一五年、ローマ元老院の許可を得て、タラコにアウグストゥス神殿が建造された。これが西方諸属州の「模範」となった。都市・管区そして属州単位で神殿が建設され、神官《フラーメン》が選出されて皇帝礼拝が組織されていった。

とくに重要なのは、属州の礼拝である。属州神官《フラーメン・プロウィンキアエ》が議長となる属州議会《コンキリウム・プロウィンキアエ》が皇帝礼拝の場となったが、そこには各都市、諸共同体の代表者が毎年集まっていた。議会は祝賀を口実にローマに使節団を派遣したが、そこで属州民の利害を代表した陳情がおこなわれるようになっていった。属州議会には、社会的背景を異にするさまざまな共同体の有力者が集まったわけで、そこからいわば属州エリート層が形成されていくことになったのである。

属州エリート、とくに完全にローマ風の生活様式を身につけた都市のエリートには、中央政界の有力者の庇護を受け、あるいは皇帝に認められて、ローマ騎士に昇進して帝国貴族層の一員となる可能性があった。さらにはローマ元老院の議員となり、帝国の高官を歴任、最上層に達することもできる。そもそも共和政期に、イタリア以外の出身ではじめて元老院議員になったのは、ヒスパニアのスクロ(現フカル川南岸)出身のクィントゥス・ヴァリウス・セウェルスだったといわれる。彼は前九〇年、ローマで護民官に就任している。イタリア人以外で最初に最高政務官職に達したのも、ガデス出身のルキウス・コルネリウス・バルブスであった。前四〇年にコンスルに就任したのである。ストラボンは、アウグストゥス時代のガデスには五〇〇人のローマ騎士がいたと記している。ローマ化の進んだヒスパニアのエリートたちは、帝国貴族層に積極的に参入していったのである。イタリカの名門アエリウス家、コルドゥバのアンナエウス家はローマの元老院貴族となった。

都市のエリートには、ラテン語をはじめそれにふさわしい教育が必要であり、そこから学問も盛んとなり、帝国を代表する文人もでてくる。代表的なのはアンナエウス家であろう。アウグストゥス時代のローマ騎士アンナエウス・セネカは弁論家としてローマで有名になり、同名の息子はローマを代表する哲学者となった。彼は元老院議員であり、帝位継承予定者ネロの教師となる。即位してしばらくのあいだはその統治を補佐している。甥のルカヌスはネロの宮廷随一の詩人として有名になった。前一世紀のキケロは、同時代のヒスパニアの詩人について見下した書き方をしていたが、それに比べると大きな進歩である。しかしこれらの有名人はいずれもローマで活躍し、出身地との関係は深くない。意識のうえでも完全にローマ人である。彼らはローマ文化の担い手であった。ヒスパニア人と呼ぶのはもはや適切ではないだろう。

アウグストゥスの政策に従って順調に発展していると思われたヒスパニアに、二五年、ある事件が起こった。キテリオルの総督(あるいは司法官)ルキウス・ピソが護衛をつけずに外出しているところを、テルメス(現ティエルメス)付近の一農民に突然襲撃され殺害されたのである。農民は馬で逃走したが、すぐに発見され捕らえられた。拷問されても先住民の言語で叫びながら耐え、共犯者の名をもらさなかった。隙をみて逃げ出した男は、自ら岩に頭を打ちつけ自害した。それ以上の展開はなく、それ自体は大きな事件とはいえないが、一世紀前半のヒスパニアの状況を象徴するできごとといえるかもしれない。ローマから派遣された高官は、護衛なしで移動できるほど平和で安全だと思っていた。しかしそこには、自決を選ぶ、かつてのヌマンティアの戦士を思い起こさせるような、抵抗運動の闘士が潜んでいたのである。

3　パクス・ロマーナ

六九年の内乱

六八年に内乱が始まり、ネロが自殺してユリウス・クラウディウス朝が断絶した。内乱の過程でキテリオル総督とルシタニア総督が、短命であるとはいえあいついで帝位に就いた。ガルバとオトである。このガルバは、ウィリアトゥス戦争の原因となったあの非道な総督ガルバの子孫である。当時は数少なくなっていた名門家系出身の、厳格で保守的な元老院貴族であり、人望もあったため、求められてネロに対抗する「元老院とローマ国民の代表」になったのである。クルニアのユピテル神殿に残っていた、いつの日にかヒスパニアから世界の支配者があらわれる、という古い予言に励まされたといわれている。ヒスパニア在住の騎士の青年たちで護衛隊をつくり、「元老院」のようなものを組織したり、現地人を徴募して一個軍団を編成したりした。しかしそれ以上のヒスパニアとの関係はなかった。属州民を代表して、あるいは属州を基盤として帝権を奪取したわけではなかった。

一方、ただちにガルバを支持したオトは、若い頃はネロの悪友だった。ネロはその美しい妻ポッパエアを奪い取るために、オトを総督職を口実に遠方の属州に追いはらったといわれている。オトにはネロを恨む理由があった。ここで興味深いのは、大西洋に面するルシタニア州が、中央からみれば地の果てのような存在として扱われている点である。

結局、六九年の内乱を制して最後の勝者となったのは、イタリア出身の新人で、東方諸属州の総督と軍団が支持したウェスパシアヌスであった。フラウィウス朝の成立である。そのウェスパシアヌスのもと、ユダヤ戦争(後六年に属州となったユダヤ地方で六六年におきた反乱)において第一〇フレテンシス軍団長として活躍したヒスパニア出身の新人がいた。名はウルピウス・トラヤヌス。彼はフラウィウス朝期の宮廷における有力貴族の一人となっていく。帝国にとっても、ヒスパニアにとっても、新しい時代が始まったのである。

軍団の移動もあった。ガルバが現地で編成した第七ヒスパナ軍団は、皇帝とともにローマにのぼった。勝者ウェスパシアヌスにより改編され、第七ゲミナと改名。ゲルマニアに配属された。しばらくしてヒスパニアに送られ、結局、半島唯一の正規軍団としてローマ支配が終わるまで、以後四〇〇年以上にわたり駐屯することになる。本営はレギオ(現レオン)。文字通り半島唯一の「レギオ」(軍団)の町である。そのほかに補助軍も配属された。第二フラウィア騎兵大隊、第一ガリカ歩騎混成大隊、第一ケルティベリア歩騎混成大隊、第二ガリカ歩兵大隊もカッラエキア地方に駐屯した。

兵員の補充源は時代とともに変化している。ユリウス・クラウディウス朝期の諸軍団は、イタリア人とバエティカ州のローマ市民で構成されていた。正規軍団はローマ市民によって編成されるのが原則だから当然といえよう。しかし、フラウィウス朝期の第七ゲミナ軍団ではイタリア人は少数となり、バエティカ州からの入隊はなくなった。代わってキテリオル州、ルシタニア州からの入隊が増大した。ローマ市民権の拡大も一因であろうが、軍団駐屯地により近い所から補充されるようになったのである。二・三世紀には、兵員の大部分は軍団の本拠地である北西部の出身者で占められるようになる。現地に根をおろした軍団として、現地人によって構成されるようになったのである。軍団の属州化という現象は、アフリカ、ゲルマニアなどでもみられる一般的傾向であった。

そもそも現役兵の結婚は禁止されており、はじめは娼婦その他が陣営付近に集まっていたが、やがて現地女性と事実上の結婚生活にはいる兵士が増えてきた。その子どもの法的身分は母親と同じというのが原則であったが、兵士の息子は入隊して満期除隊まで勤務すればローマ市民権を与えられることになった。この陣営の子どもたちが、軍団にとっては重要な補充源となり、軍団の属州化を進めたのである。また、ヒスパニア内に定住した退役兵《ウェテラニ》のなかには、地方都市の有力者になる者もいた。第七ゲミナ軍団は、外国人の占領軍ではなく、属州住民の社会生活に深く溶け込んだ存在となっていくのである。このような発展がフラウィウス朝期に始まったのである。

自治都市

ウェスパシアヌスの政策のなかでもっとも重要なのは、ヒスパニア全土の先住民の都市にラテン権を与えたことである。最近、都市法を刻んだ青銅板が発見されて、はじめてその存在が知られるようになったバエティカのイルニ(現モリーノ・ポステロ)のような小さな町まで、ラテン権を有する自治都市とされたのである。アウグストゥスが退役兵の入植に重点をおいたのに対して、フラウィウス朝の政策の特色は、先住民共同体の昇格を推進したことにある。以後、新しくローマ市民権を得たヒスパニア人たちは、ローマの投票区《トリブス》としてはクィリナ区に登録される。

自治都市への昇格は、青銅板に刻まれて残っているサルペンサ(現ウトレーラ)、マラカ(現マラガ)、そしてイルニの都市法からわかるように、ローマ式の制度の導入を意味している。マラカのような重要な都市ばかりか、イルニのような小都市でも、都市参事会と二人官《ドゥウムウィリ》、財務官《クワエストル》、按察官《アエディリス》などの行政官が任命され、審判人《ユディケス》を指名してローマ法による民事裁判が進められる都市となったのである。これは、ラテン語とローマ風の生活様式をなおいっそう普及させることになった。都市部では、少なくとも法的・制度的には、イタリアにいるのと同じ生活が営まれるようになったといえるかもしれない。

古来の名門家系の出身ではなかったウェスパシアヌスは、こだわりなく、イタリア・西方諸属州出身の新人を登用した。そもそも暴君ネロとの確執と六九年の内乱によって、ローマの古い名門家系の多くが没落していた。西方諸属州出身者、とくにトラヤヌスをはじめとするヒスパニア出身の新人たちがそれに取って代わろうとしていたのである。結婚などによってイタリアの有力者層との融合も進んでいた。この流れの行き着くところは属州出身の皇帝ということになるが、これもヒスパニア出身者が最初に実現することになる。ヒスパニアでは、元老院貴族を頂点とする属州エリート層の裾野が、先住民共同体の自治都市への昇格によってますます広がったといえるであろう。

属州都市のエリートが帝国貴族層へはいっていくには中央の有力者の推薦が必要だった。おもな推薦理由は、軍事・法律などの専門家というよりも、ラテン語をはじめとする教養の持ち主であることが多かった。家柄と教養によって引き上げられ、各種の文官・武官の職を歴任し出世コースを歩むのである。属州エリートといっても、共通の生活様式と教養を身につけたコスモポリタンであることが出世の条件だったのである。

一・二世紀のローマ帝国は、共和政期のようにローマ人が力で支配する、あるいは帝政初期のように、ローマ人が特権階級として支配する帝国から、各地の有力者層が属州エリートを生み出し、その代表者が支配層を形成する帝国へと変身しつつあった。つまり、支配者ローマ人対被支配者属州民という構図から、帝国全土にわたって、元老院議員身分―騎士身分―都市参事会員《デクリオネス》身分―自由人―奴隷というピラミッド形の構図へと転換しつつあったのである。数多くの元老院議員を送り出したヒスパニアは、自治都市の発展によってその構造転換を、いち早く実現した属州といえよう。

経　済

属州の繁栄をもたらし、都市のエリートの経済的基盤となった産業についてみておこう。帝政期のヒスパニアの産業のなかで、もっとも重要なのは鉱山業だった。大プリニウスの記すところでは、北西部の金山だけで年間二万ポンド、約六三〇〇キロ以上の金をローマに送っていたという。帝国の経済にとって重要な存在だったのである。そのほかにも半島各地の鉱山で、銀などの鉱物が採掘されていた。それらの鉱山の多くは、初期には私有であったが、三三年にある事件が起きている。コルドゥバ出身のセクストゥス・マリウスが、娘を犯したとして告発され処刑、財産は没収された。こうしてヒスパニアでも有数の資産家の所有する鉱山が皇帝領に編入されたのである。有名なシエラ・モレーナ山脈の語源は、この「マリウスの山」であるらしい。

結局、多くの鉱山は皇帝領とされて、皇帝属吏《プロクラトル》によって管理されることになり、通常の行政から独立した特別行政区を形成した。鉱山法によってさまざまな規制が設けられている。一世紀末のウィパスカ鉱山法には、例えば共同浴場の項目もあり、男女の入浴時間、入浴料まで細かく規定されていた。役人と兵士は無料である。そのほかにも靴屋、床屋、学校教師などの項目もあり、皇帝属吏の管理のもと、さまざまな職種の人びとが集まり賑わう鉱山町の様子をうかがうことができる。しかし国営であるため、鉱山業それ自体はヒスパニアに大きな富をもたらしたわけではなかった。

属州民、とくに都市のエリートにとって重要なのはオリーヴ油の輸出だった。ローマ市内のモンテ・テスタッチョに残る容器(アンフォラ)の残骸の山から、毎年約七〇〇万キロのオリーヴ油がバエティカ州から輸入されていたと算定する研究者もいる。これは一〇〇万都市ローマが消費する量の七カ月分に相当するという。この算定が正しいなら、ローマ住民の需要のじつに半分以上をバエティカ州が賄っていたことになる。しかも、輸出先はローマだけではなかった。軍隊という大消費者も存在していた。大規模な輸出は、大量のアンフォラ製造、水上交通などの輸送手段の整備を必要とする。それによって製造業、水陸の運送業、海運業もまた繁栄したのである。これらの産業は私人が営んでいた。帝国もこれらの産業を保護、規制した。バエティス河岸管理官《プロクラトル・アド・リパム・バエティス》が任命されて、グアダルキビル川の水上交通の円滑な運営を監督したのである。

ヒスパニアからの輸出品としては「ガルム」も有名であった。サバとカルタゴ・ノウァの塩でつくったものが高級品とされ、ローマの食通に愛用された。「ガルム」製造は、関連産業として漁業、製塩業をも発展させた。大西洋と地中海に面したヒスパニアでは海産物も豊富だった。マグロ、サバ、カキ、それに大きなアナゴ、ヤツメウナギが有名だった。魚は塩漬けにして輸出されている。輸出といってよければ、ヒスパニアで訓練された奴隷や剣闘士も送り出されていたようである。「ガデスの踊り子」はとくに有名で、ローマの宴席に花をそえていた。

トラヤヌス、ハドリアヌス

属州ヒスパニア発展の頂点と目されるのがトラヤヌスの即位である。フラウィウス朝断絶後、元老院が選出した老貴族ネルウァの帝権は、強力な将軍の協力を必要としていた。ネルウァに選ばれたのがトラヤヌスであった。すでに父は有力元老院貴族であり、本人も若い頃から軍団勤務と、軍事的に重要な総督のポストを歴任し名将との評価も高かったのだから、当然の選択といえるかもしれないが、ヒスパニアの歴史においては画期的であった。長い戦争と入植、先住民との融合の三世紀にわたる歴史が、ついに、順当に帝国の頂点に立つ人物を送り出したのである。九八年、ネルウァの死去により、養子トラヤヌスが正式に即位した。

そのトラヤヌスが養子・後継者に選んだのが同郷の青年ハドリアヌスである。彼は少年時代を過ごしたイタリカで狩に熱中した。ハドリアヌスが皇帝になったことで、このヒスパニア風の趣味がローマ貴族のあいだに流行したという。しかし郷里イタリカを、先帝を神として祀る神殿を中心に改造し、帝国でも屈指の美しい都市とした以外には、ヒスパニアとの関係はとくに深くはなかった。これさえも愛郷心というより、元老院との折合いが悪かったために、養父との関係をことさら強調して帝位継承の正当性をアピールする狙いがあったといわれている。

コスモポリタン的というのは属州エリート一般の特色ではあったが、とくにハドリアヌスの場合には「小ギリシア人」と呼ばれるほどにギリシア文化に心酔していた。ギリシア風に髭をたくわえ、ギリシア風の愛を好み、美少年アンティノウスを側においた。有名な帝国巡回でも、東方では熱心に名所旧跡を訪れ、アテナイでは古い歴史をもつエレウシス(古代ギリシアの地母神デメテルを祀る)の密儀に入信したりもしている。人事においても、バエティカ総督に、友人であり『アレクサンドロス東征記』の著者として有名な文人フラウィウス・アッリアヌスを任命した。ギリシア人がバエティカ州を統治したのである。総督副官《レガトゥス・プロ・プラエトレ》にもスパルタ出身のギリシア人が採用された。親しい人物を統治者にすることで、出身属州を重視していることを示したのだろうか。あるいは郷里でもギリシア文化を振興しようとしたのだろうか。それと直接の関係はないだろうが、ハドリアヌスとその後継者アントニヌス・ピウスの勅法のなかに、犯罪者に対するヒスパニア人の過度の残忍さを咎める文言が見出されるのも興味深い。

なお、元老院議員になると郷里を離れてローマに居を構えなければならないが、この時期のヒスパニア出身者の多くが、ローマ近郊の美しい町ティブル(現ティヴォリ)に邸宅をもっていたらしい。一種のヒスパニア人街ができていたのだろうか。ハドリアヌス自身も有名な、美しい別荘をそこに造っている。「パクス・ロマーナ」(ローマの平和)を実現したローマ帝国、その指導者層のなかでヒスパニア出身者は重要な位置を占めていたのである。

4　後期ローマ帝国

危機の始まり

いわゆる五賢帝最後の皇帝マルクス・アウレリウスの時代に、「パクス・ロマーナ」終焉の近いことを示すできごとが多方面で発生した。ヒスパニアにも平和の夢を破る事件が起きた。一七一年、北アフリカのマウリ族の一団がバエティカ沿岸部に侵入、略奪を働いた。帝国はこれに対処するため、バエティカ州を臨時にキテリオル総督の指揮下においた。総督には皇帝側近のアウフィディウス・ウィクトリヌスが任命される。先のバエティカ総督、ヒスパニア出身者でもあるコルネリウス・アヌッリヌスには臨時に、半島唯一の正規軍団、第七ゲミナの指揮権が与えられた。さらに騎士身分の隊長が指揮する特別分遣隊《ウェクシラティオ》が編成され、ヒスパニアへ派遣された。これによって侵入者は撃退された。

一七七年に再び侵入があり、バエティス川を遡って内陸部まで荒らされた。イタリカも襲撃された。今回はマウリタニア・ティンギタナ州(北アフリカ)の騎士級総督指揮下の部隊がマウリ族を撃破した。イタリカ市民団は平和の回復に感謝して、「最強の将軍」に記念碑を捧げている。この「マウリ戦争」を、「危機」の始まりとして重視する説は、今日では批判される傾向にあるが、平和に慣れたヒスパニア住民に与えた心理的効果は大きかったといえよう。

また、マルクス・アウレリウスは、派手な剣闘士競技会の費用を低下させることで、都市のエリートの負担を軽減したが、これも危機の兆候とみなされる。これまで経済的繁栄を背景に、地方都市の自治と発展に尽力してきた都市のエリート層にとって、奉仕が重荷になってきたことを示しているからである。とくにヒスパニアの場合には、多くの資産家が元老院議員としてローマに移住したため、富が流出し、経済的に弱体化したともいわれている。

一九六年、百数十年ぶりに帝位をめぐる内乱が発生した。勝者セプティミウス・セウェルスがセウェルス朝の創始者となった。対立候補、ブリタニア総督クロディウス・アルビヌスはガリアに上陸して支持者を集めたが、ルグドゥヌム(現リヨン)で敗死した。両候補とも北アフリカ出身であった。イタリア人、ヒスパニア人に続いて二世紀後半には北アフリカ出身者の中央政界進出がめだつようになっていた。時代は変わりつつあったのである。

戦後、ガリアでは多くのアルビヌス支持者が処刑された。隣接するヒスパニア諸州にも少なからぬ支持者が存在していた。そのため、新キテリオル総督に任命されたクラウディウス・カンディドゥスには、特別に旧アルビヌス支持者の処分が命じられていた。この新総督は内乱で活躍したセプティミウスの腹心の部下だが、北アフリカのヌミディア人だった。新総督のもと、ヒスパニアでも多くの地方都市の有力者が処刑され、その財産は没収された。これによって半島南部の、オリーヴ油生産施設をもつ豊かな農場の多くが皇帝領に編入されてしまう。これはヒスパニアの私経済にとっては大きな打撃となった。

セウェルス朝末期から帝国は危機の時代にはいる。西ではゲルマン人の侵入、東では強力なササン朝ペルシア帝国との戦争が本格化し、各地に大きな被害をもたらした。対外的危機が内乱を誘発し、それがますます外敵の侵入を増大させた。二世紀後半から、元老院貴族に代わって有能な職業軍人に上級指揮権が与えられるようになっていたが、そこには兵卒から成り上がった将校、とくにドナウ＝バルカン地方出身者が多く含まれていた。各地の軍団は、目前の敵に勝利した将軍を皇帝と宣言し始め、内乱が続発した。軍人皇帝時代が始まったのである。それに激しいインフレが加わった。

ヒスパニアは直接被害を受けることはなかった。内乱の戦場となることもなかった。しかし帝国は危機の時代に軍事色を強め、元老院貴族を軍職から閉め出すなど大きく変化しており、その影響はヒスパニアにもおよんでいる。三世紀半ばには、バエティカ総督も、元老院から派遣されるプロコンスルに代わり、「プラエセス」の職名をもつものとなった。やがて元老院議員ではなく、騎士が総督の地位を占めるようになる。そして経済にも変化があらわれた。オリーヴ油、ワインなどの、ローマ、イタリアへの輸出量が減少したのである。北西部の国営金山の採掘も停止されたようである。また、それまで都市の中心部を占めていた公共建造物の機能が停止し、市壁が再建、強化されたりなど、都市も変化し始めていた。

七属州体制

三世紀の危機をいちおう乗り切ったローマ帝国は、ディオクレティアヌス、コンスタンティヌス(5)による抜本的行政改革により、中央集権的な専制君主政(ドミナトゥス)へと移行した。それはキリスト教ローマ帝国の始まりでもあった。改革を進めたのは、伝統的な元老院貴族ではなく、ドナウ＝バルカン地方出身の軍人たちだった。まず文官職と武官職が分離され、行政・財政・軍事の各部門ごとに、理論上は絶対権力をもつ皇帝を頂点とする官職大系が確立された。行政については、道長官《プラエフェクトゥス・プラエトリオ》—管区代官《ウィカリウス》—属州総督《コンスラレス／プラエシデス》の官職大系が、道《プラエフェクトゥラ》—管区《ディオイケシス》—属州《プロウィンキア》の行政区に責任をもつ体制となった。

ヒスパニアでは、ガリア道長官に従属するヒスパニア管区代官のもとに七人の属州総督がおかれた。バエティカ、ルシタニア、ガラエキアの三州には「コンスラレス」、タラコネンシス、カルタギネンシス、ティンギタナ(北アフリカ)、インスラエ・バレアレスの四州には「プラエシデス」である。管区の首都はエメリタ・アウグスタに定められた。三〇〇年続いた三属州体制に代わって七属州体制となったのである。ただし、州名からわかるように、ヒスパニア管区にはイベリア半島より広い領域が含まれている(6)。

それまでとは違って、軍隊はまったく別の指揮系統のもとにおかれた。第七軍団は相変わらずレギオに駐屯しつづけたが、司令官は伝統的な軍団長《レガトゥス・レギオニス》ではなく、歩兵司令長官《マギステル・ミリトゥム・ペディトゥム》に従属する「プラエフェクトゥス」の職名をもつ軍人に代わっている。そのほかには大隊長《トリブヌス・コホルティス》の指揮する歩兵大隊が、ガラエキア州内に四個、タラコネンシス州内に一個駐屯することになっている。さらにこれとは別系統の「コメス」の職名をもつ司令官のもと、騎兵隊もいくつかヒスパニアに配属された。一見兵力が増強されたようにみえるが、西方属州に限っても、精鋭が配属されたガリア、イリリクム、アフリカ、ブリタニアに比べると貧弱である。官房長官《マギステル・オフィキオルム》の管轄する軍需工場がイリリクム、イタリア、ガリアにおかれたが、ヒスパニアにはなかった。ヒスパニアに軍事的重要性は認められていなかったようである。

図2　ヒスパニア管区七属州（4世紀）

財務に関しても二系統あり、それぞれの管理官《ラティオナリス》がヒスパニアに派遣されることになっていた。実際にはもっと複雑であったが、ともかく専門職化した官僚による統治機構がつくられたのである。それは、都市に住む地方の有力者による自治の時代が終わったことを意味していた。

それでも、一・二世紀とは違った分野ではあるが、ヒスパニアは後期ローマ帝国において重要な役割を演ずる人物を送り出している。コンスタンティヌスの側近で、キリスト教に関する助言者となったのは、コルドゥバ司教ホシウスであった。この司教は三二五年のニケーア公会議でも活躍している。

ハドリアノポリスの敗戦とゴート人の侵入によって混乱した帝国を立て直した皇帝、テオドシウスは、ガラエキア州内に所領をもつ在地貴族家系の出身であった。三九一年に異教祭祀を禁止し、カトリックを国教化したキリスト教皇帝として有名である。キリスト教文学においても、ラテン語詩人として最大の評価を受けているのは、四世紀のタラコネンシス州出身のプルデンティウスである。このキリスト教徒は、その手腕を認められていた官僚としての出世コースを捨てて詩人になったといわれている。また、キリスト教的歴史観の代表例とされる歴史書を書いたオロシウスも、ローマ時代が終わろうとしていたヒスパニアの出身であった。

このように、古代末期のヒスパニア出身者には、帝国のキリスト教化に大きく貢献した人物がめだっているが、ヒスパニアのキリスト教化は順調に進展したわけではなかった。ヴァンダル、西ゴートの侵入、定住、そして西ローマ帝国崩壊という大きなできごとを体験しなければならなかったのである。(7)

▼補説1▲　キリスト教の普及

ヒスパニア全土にキリスト教が普及、定着するのには長い時間がかかった。使徒パウロには、ローマを通ってヒスパニアへ行く計画があったが、これは実現しなかった。初期のキリスト教は、一般にまずディアスポラのユダヤ人(ユダヤ教徒)のあいだに広まったが、一世紀のヒスパニアでも、エンポリアエ、タラコ、エメリタ・アウグスタにはユダヤ人がいたようであり、そこに最初の伝道がおこなわれた可能性がある。東部沿岸地域に住むギリシア人のあいだに伝わった可能性もある。また、早くにキリスト教が広まっていた北アフリカに、第七ゲミナ軍団の分遣隊が派遣されており、そこから兵士が持ち帰ったこともあったかもしれない。しかし、三世紀半ばまでは、ヒスパニアにキリスト教が広まっていた確実な証拠はない。

帝国による迫害が激しくなった三世紀後半には、ヒスパニアでも殉教者がでている。二五九年にタラコの司教、聖フルクトゥオス、二八七年にはセビーリャの聖ルフィナ、そして三〇四年には、メリダの聖エウラリアをはじめ多くの信徒が殉教したと伝えられている。しかしこれも、迫害皇帝のお膝下である東方諸属州や北アフリカなどに比べれば、多いとは決していえない。

四世紀にはいり、コンスタンティヌスがキリスト教を公認し、帝国と教会の結びつきが始まり、さらにカトリックが国教化されると、表面的には帝国の臣民はすべてカトリック教徒ということになった。三世紀に全帝国の自由人にローマ市民権が与えられていたから、ローマ帝国はいまや、すべてのローマ人がカトリック教徒であるキリスト教帝国となったのである。一部には、異教徒に対する迫害や神殿破壊をおこなう過激派もあらわれた。ヒスパニアでも、三九九年に総督マクロビウスが、過激な行動を咎める告示を出している。

しかし、一般大衆のあいだでは、改宗も表面的なものにとどまっていたと思わせるような事例がみられる。例えば、墓石に異教のシンボルとキリスト教のシンボルが同居していたり、聖ルフィナの崇拝がアドニス神礼拝と習合したりなど、異教とキリスト教との混淆がみられるのである。トレード公会議で、ガリアとヒスパニアから偶像崇拝が一掃された、と宣言されるのはじつに五八九年のことである。キリスト教帝国とはいえ、教会は根気強く伝道を続けなければならなかったのである。

キリスト教史上ヒスパニアが注目されるのは、四世紀にこの地で教会会議が開催されていることである。エルビーラ(現グラナダ)、そしてサラゴーサの教会会議である。教義の問題よりも、性を中心とする道徳の問題が論じられているところに特色がある。黒魔術や賭け事の禁止、子どもの売春、ユダヤ教徒との結婚の禁止などが定められた。先妻の姉妹との結婚も禁止されている。三週続けて日曜日に教会に行かなかった場合も罰せられる。聖職者についてはさらに厳しい。結婚も情交も禁じられ、利子をとることも許されなかった。また、都市の行政官については、在職中は教会にはいれない、とされているのが興味深い。かつて都市のエリートたちが誇りとしていた役職は、伝統的な異教祭祀と深く結びついており、不浄とみなされたのである。たんなる慣習として根強く残るほどに、古代都市とは宗教的性格を強くもっていたことを思い知らされる。

四世紀末には異端が大きな問題となる。アビラ司教プリスキリアヌスが三八五年に処刑されたが、これは、世俗権力による異端処刑の帝国内で最初の例となった。しかし、プリスキリアヌスへの攻撃では、教義というより、妖術や道徳問題への非難がめだつ。聖ヒエロニムスによる批判も、宴会や婦女を誘惑したことに集中している。この姿勢は、道徳問題を重視する教会会議と共通するものといえるだろう。

しかし、プリスキリアヌスの支持者は多く、司教や総督のような高官もそのなかに含まれていた。三八〇年のサラゴーサの教会会議でプリスキリアヌス主義が議題となったが、明確な結論は得られず、公式に異端とされたのは四〇〇年になってからであった。それでもなおプリスキリアヌス派は存続し、とくに北西部のガリシア地方には、六世紀になっても根強く残っていた。そこから、この異端の根源をローマ支配以前の先住民の宗教に求めたり、地方対中央の構図をみたり、反ローマ闘争の一種とみなす研究者もいる。たしかに、一・二世紀の「ローマ化」の時代にも、北西部では古くからのケルト系の神々への信仰は根強く残り、ローマの神々と習合したり、あるいはローマの主神ユピテルなどに表面的に姿を変えながら信仰されていたといわれている。今度はキリスト教の外観のもとに地域の神々が生きつづけていたのだろうか。プリスキリアヌスの教義ばかりでなく、イベリア半島の宗教的伝統、シンクレティズム(習合現象)の諸相に注目する必要がある。キリスト教の普及については、そのほかにもさらに解明すべき問題が残されているのである。

注

(1) プラエトルは、「法務官」と訳されるように、ローマ市内では裁判を担当する政務官であったが、シチリア領有後、定員が増加され、そのうち外地に派遣された者は任地の統治権と軍指揮権をもつ「総督」となった。

(2) 土地所有農民が徴兵される軍団制の危機の兆候は、ヌマンティアの戦いにあらわれていた。長期間ヒスパニアのような遠方で従軍することは、農民には耐えられない重荷となり、中小農民没落の一因ともなっていた。公有地を貧困市民に再分配することでこの問題を解決しようとしたのがティベリウス・グラックスであるが、その財務官としての任地がヌマンティアであった。任地へ向かう旅の途上で、有名な農地改革の必要性をはじめて認識したといわれている。

（3）カエサルもヒスパニアと無縁ではなかった。官職経歴の振出し、財務官としての任地がヒスパニアで(前六九年)、そのときガデスのヘラクレス神殿を訪れ、そこでアレクサンドロス大王の像を見た話は有名。前六一年には総督として赴任、カッラエキア人、ルシタニア人と戦い、翌前六〇年のコンスル選挙に立候補する資金を稼いだ。

（4）非常大権を返上し、私人に戻ったオクタウィアヌスに対し、元老院は、まだ不安定な属州統治の任を引き受けるよう要請した。これが、「元首政」の成立であるが、以後、帝国の領土は元老院管轄属州と皇帝管轄属州に分けられるようになった。主要な軍団はほとんど後者に駐屯していたため、アウグストゥスは合法的に最高司令官となったのである。

（5）ディオクレティアヌスは四人の皇帝による帝国統治体制、四分治制(テトラルキア)を創設した。ヒスパニアは西の副帝(カエサル)の担当地域に含まれた。しかし、ディオクレティアヌス退位後内乱となり、四分治制は崩壊。結局、勝者コンスタンティヌスが単独皇帝となり行政機構を再編したのである。

（6）四世紀初頭の体制を記したと考えられる「ヴェローナ・リスト」と呼ばれる文書では六属州となっている。五世紀の「官職表」では七属州である。四世紀半ばにインスラエ・バレアレスが追加されて七属州体制になったものと考えられている。なお、帝政前期までは「カッラエキア」と表記されていた北西部は、帝政後期には「ガラエキア」と表記されるようになる。「ヴェローナ・リスト」でもそう表記されている。

（7）帝政後期の西方諸属州では、都市が衰退し、農村部の「ウィラ」に居住する有力者による大所領の形成などの社会経済的変化が進行したといわれる。ヒスパニア諸州でもそのような変化がみられるが、一律ではなく、地域による差違が大きかった。全般に都市の繁栄は続いていたが、四世紀に新しく建造された聖堂を中心とした都市の繁栄であった。バルキノ(現バルセローナ)、ゲルンダ(現ジローナ)などのように四世紀にむしろ重要性を増した都市もみられる。また、ガリアでは三世紀末から「バガウダエ」と呼ばれる農業労働者などの集団による「反乱」が発生しているが、ヒスパニアにおいて「バガウダエ」の「反乱」がみられるのは、五世紀にはいってから、ゲルマン諸部族侵入後のことである。

阪本　浩

第二章　西ゴート王国の時代

1　ゲルマン民族の移動

ゲルマン諸部族の到来

三七五年、ヒスパニア（スペインとポルトガル）から遠く離れたローマ帝国東端のステップ地帯に、東方の遊牧民フン族が到来した。フン族は、当時ドニエプル川流域に定住していたゴート族を圧迫した。東ゴート族はフン族に従い、一方西ゴート族は西へ逃れてドナウ川のローマ国境へ向かい、コンスタンティノープルのローマ皇帝ヴァレンスにドナウ渡河の許可を求めた。これが一般にいう「ゲルマン民族大移動」の発端である。

首長アタナリックに率いられてドナウを渡った西ゴート族だが、まもなくローマとのあいだにいさかいを起こし、皇帝ヴァレンスの軍とアドリアノープルで衝突する。この戦いでヴァレンスは敗死し、ローマ帝国は侵入者西ゴート族の脅威にさらされることになった。

つぎの皇帝テオドシウスの計らいでいったんアドリア海東岸地方に定住した西ゴート族だが、つぎの王アラリックのもとでイタリアをうかがう。危機感を覚えたイタリアでは四〇一年、武将スティリコの指揮により、ライン川防衛にあたっていた軍団をイタリアに引き揚げた。このようにしてできた国境防衛の間隙をついて、四〇六年末、ヴァンダル族、アラン族、スエヴィ族を中心とするゲルマン諸部族は、いっせいにライン川を渡ってローマ帝国ガリアに侵入した。四〇七年から約三年にわたってガリアを席巻したゲルマン人たちは、やがてピレネー山脈を越えてヒスパニアをうかがった。ガリアの恐慌を鎮めることができないローマ皇帝側の混乱にも助けられて四〇九年末、まずヴァンダル族が、ついでアラン族とスエヴィ族が、いっせいにヒスパニアに侵入する。

イベリア半島部のヒスパニアの五つの属州のうち、ローマ軍団が防衛をはたせたのは北東のタラコネンシス州だけだった。それ以外の四州、すなわち北西のガラエキア州、西部のルシタニア州、南部のバエティカ州、中央部から東部のカルタギネンシス州は、ゲルマン人の侵入に直面した。

さらに四一〇年は、飢饉と疫病も猛威をふるった。当時ガラエキアのカトリック聖職者だったヒダティウスの『年代記』には、この年に彼の地方をみまった凄惨な光景が書きとめられている。それによれば、戦乱と飢饉と疫病に苦しめられた人びとは、人肉をむさぼって命を繋いだという。

ヴァンダル族とスエヴィ族

恐慌の時期は約二年間続いたが、四一二年頃にはローマ帝国側も内部の混乱を克服し、秩序を回復する力量を取り戻した。ヒスパニアにはいっていたゲルマン諸部族も、ローマ帝国の「同盟者」(盟邦)となることで、再びローマ帝国の秩序のなかに位置づけられた。

「同盟者」とは、ローマ帝国の軍団として指定された地域に定住し、その地域内の土地の分配を受けて、ローマ帝国の防衛を担当する異民族の集団を指す。制度上は、ローマ帝国で辺境に駐屯する軍団に以前から適用されていた規定を流用したもので、ローマ帝国の役職である「軍司令官」には部族の長が任命された。

「同盟者」が定住する属州では、ローマ軍団が駐屯する場合と同様に、従来のローマ帝国属州の行政機構のうえに、軍役を担当するゲルマンの部族が寄留するかたちをとる。寄留の形態として一般的なものは、属州内でローマ人の所有する荘園を、それぞれ一定の比率でゲルマン人に分配するというものである。ゲルマン人の武将は与えられた土地を部下の兵士とその家族に分配して居住させた。土地の分配比率は、制度のうえでは三分の一または三分の二となっていたが、実際には、地域や状況によってさまざまであった。これら「同盟者」にはまた、ローマ軍団の駐屯時と同様に、徴発の権限や食糧券の支給が認められていた。

ゲルマン人が定住したそれぞれの荘園におけるローマ人地主とゲルマン人定住者との関係も多様であり、乱暴な隣人に悩まされるローマ人もむろん少なくはなかったろうが、ローマ人地主がコロヌスに耕作を任せるのに対してゲルマン人の兵士たちは自らも農作業に携わる場合もあり、ローマ人の退廃を嘆くカトリック聖職者がゲルマン人の美風として記述する例もみられる。

この「同盟者」の取決めによって、ヒスパニアの属州はつぎのようにゲルマン諸部族に与えられた。ヴァンダル族のうち、アスディング・ヴァンダル族は東ガラエキア、スエヴィ族は西ガラエキア、シリング・ヴァンダル族は南部のバエティカ、アラン族はルシタニアおよびカルタギネンシス。残るタラコネンシスにはローマ軍団が定住していた。また、セビーリャ、カルタヘーナなど主要都市の支配権はローマ皇帝にとどめられた。

ゲルマン人諸部族が「同盟者」としてローマ秩序内におさまったことによって、混乱を極めた大移動の時期は、ひとまずの小休止を得た。とはいえ、ゲルマン人が定住する地域では、この時期から早くも、ゲルマン人の信仰するアリウス派キリスト教と、カトリックの聖職者とのあいだでの軋轢《あつれき》がみられたようである。

アリウス派はコンスタンティヌス大帝の治世、三二五年のニケーア公会議で異端を宣告され、ローマ帝国領内での布教を禁じられたキリスト教の一派である。教義的には、アタナシウス派(カトリック)が「三位一体説」をとり「父と子と聖霊」を同一の神とするのに対して、アリウス派は「父なる神」を「子なる神」の上位におく点が大きな相違であり、このほか聖職者の妻帯を認めるなど、規範のうえでも異なる点があった。

異端を宣告されたのちも、とくにローマ帝国の東部ではアリウス派は勢力を失わず、例えば先述のヴァレンス帝の宗派もアリウス派であった。四世紀当時まだローマ帝国の東部外辺に居住していたゲルマン諸部族がローマ帝国からキリストの教えを学んだとき、その宗派は主としてアリウス派だったのである。

四一二年にヒスパニアに定住した諸部族のうちには、スエヴィ族のようにまだキリスト教を受容せず異教にとどまっていた部族もあったが、ヴァンダル族はとくにアリウス派色の強い部族であったようである。また他方、ガラエキアでは以前から異端プリスキリアヌス派が勢力を保っていたこともあり、カトリックの聖職者は異端に敏感な傾向があった。ヴァンダル人のアリウス派信仰への嫌悪からトラブルとなり、圧迫を避けてヒスパニアを去るカトリック聖職者もいた。ブラガの司教オロシウスも、この時期にアフリカに逃れて聖アウグスティヌスと出会い、その求めに応じて『異教駁論』を編纂している。

ひとたび安定をみたかに思われた「同盟者」体制は、しかし長くは続かなかった。四一〇年にアラリック王に率いられてローマを占領したのち、つぎのアタウルフ王のもとで南仏にはいっていた西ゴート族が、ヒスパニアをうかがうようになったからである。

西ゴート族の到来

四一五年、アタウルフ王は南仏地中海岸のガリア゠ナルボネンシスから地中海沿いにタラコネンシスにはいり、アフリカ渡航を目的に、ヴァリア率いる先遣部隊をヒスパニアに進ませた。そののち約三〇〇年間ヒスパニアを支配することになる西ゴート族の登場である。

先遣部隊はアフリカ渡航に失敗したが、四一六年アタウルフ王の死後即位したヴァリアは、ローマ皇帝ホノリウスとのあいだに協定を結び、「ローマ帝国のためにヴァンダル族を掃討しヒスパニアを奪還する」という口実で、大規模な軍事行動にでる。なおこのときの協定によって、ローマ側の人質としてアタウルフの妻となっていたホノリウス帝の妹ガラ・プラキディアも解放されローマに戻った。

四一六年、ウァリア王の軍はヒスパニアを南下し、バエティカのシリング・ヴァンダル族を打ち破った。シリング・ヴァンダルの王は西ゴート軍に捕らわれ処刑された。またアラン族も、西ゴート族やこれに同調したローマ軍の進撃に対抗できず、部族は解体して、ガラエキアのアスディング・ヴァンダル族やスエヴィ族に合流した。

そのスエヴィ族も脅威を覚えてローマとの和解を試み、ガラエキアにあったアスディング・ヴァンダル族を南へ追う。アスディング・ヴァンダル族は、アラン族が放棄したルシタニアを通過して南部バエティカにくだった。ローマ軍はこれを追撃したが、四二二年の戦闘で大敗した。アスディング・ヴァンダル族はさらに皇帝直轄の都市だったセビーリャとカルタヘーナを攻め落としバエティカに国を再建した。このの ち艦船を調達し、四二九年、新王ガイセリックのもとでアフリカに渡航する。こうしてヴァンダル族はヒスパニアから姿を消した。

一方西ゴート族は四一七年にヴァンダル族掃討に成功したあと、ローマ帝国からアクィタニア地方(現フランス南西部)の一部を与えられ、「同盟者」として定住することになった。ローマが定住地としてこの地方を示した思惑は、一方でゲルマン諸部族を地中海から隔てるためであり、もう一方でガリアに生じたバガウダエ(奴隷反乱)への対応だったと考えられている。北をガロンヌ川、東をローヌ川で区切られた地域を拠点として南にヒスパニアをにらむ位置に、四一八年、トロサ(現フランス南西部都市トゥールーズ)に都をおいた西ゴート王国が建国された。

2　アリウス派西ゴート王国

トロサ王国の時代

南フランスに建国した西ゴート王国は、当初は主としてローマ帝国に関心を向けていた。ヴァリア王を継いだテオドリック一世(在位四一八〜四五一)は、地中海方面への領土拡大を望んで遠征を繰り返し、四二五年にはアルルを攻撃し、四三六年にはナルボンヌを包囲した。フン王アッティラとの決戦、四五一年のカタラウヌムの戦いにおいても、ローマ＝ゲルマン連合軍に加わって戦った。テオドリックは戦死したが戦闘には勝利し、つぎのトゥリスムンド王(在位四五一〜四五三)もフン族の帝国瓦解をにらんでアルルを攻めた。トゥリスムンドを殺害して王となった弟のテオドリック二世(在位四五三〜四六六)は、ローマ帝国の内紛に際してアウィトスをローマ皇帝に推挙し、続く混乱に乗じて四六二年には念願のナルボンヌの割譲を受けた。

テオドリック二世は四六六年に、弟エウリックによって暗殺された。即位したエウリック王(在位四六六〜四八四)はガリアに勢力を拡大しつつヒスパニアへの軍事遠征を繰り返し、この王の時代にイベリア半島の大半が西ゴート王国の支配下にはいった。軍事的・領土的には、このエウリック王の在位期間が西ゴート勢力の最盛期にあたる。

エウリック王の在位期間中にあたる四七六年に、最後の西ローマ皇帝ロムルス・アウグストゥルスが傭兵隊長オドアケルによって廃位された。一般にいう「西ローマ帝国の滅亡」である。力のない皇帝が実力者によって帝位を追われる例はローマ帝国にはしばしばみられ、このできごとも、のちの歴史を大きく画する重大事とは意識されなかったが、西方世界はこれ以後、皇帝をもたなくなった。西ローマ帝国の臣民は、引き続きコンスタンティノープルに残る皇帝(東ローマ皇帝)をあおぎつつ、実際には各地に建国されたゲルマン部族王国の住民として統治されることになった。

西ゴート王国においても、ローマ系の一般住民も含んだ統治者としての課題が明白になったのは、エウリック王前後と考えられる。エウリックの王国はヒスパニア外のトロサを拠点としており、領土はガリアの一部とヒスパニアの一部を含んでいたが、ヒスパニアにとってはほぼこの時期以降が、西ゴート王国の時代とみなせるだろう。

エウリック王の治世については、ガリアでのカトリック教会に対する迫害が注目されている。ここで、西ゴート族のアリウス派信仰についてまとめておきたい。

西ゴート族のキリスト教受容はドナウ渡河の前後に遡る。当時の首長がローマ皇帝ウァレンスとの関係からその教えを受け入れたが、ウァレンス帝の信仰はカトリックではなくアリウス派であった。ゴート人司教ウルフィラによるゴート語訳聖書の力もあって、アリウス派は西ゴート族に根づいた。カトリックからみて異端であるとはいえ、移動期の西ゴート族とローマ帝国との関係においては、同じキリスト者であることが重視され、軋轢《あつれき》はめだたない。

しかしトロサに都をおいて建国し、支配下の地域を統治するとともに、カトリック聖職者とのあいだにトラブルが増加した。一般に、異端に敏感なのはカトリックの聖職者の側とされるが、カトリック聖職者からの攻撃がたびかさなると、刺激を受けて敵対心をかきたてられる場合も増えたことだろう。先のトゥリスムンド王の時代にもカトリックの一女性がアリウス派信仰を拒んで殉教する事件があった。エウリック王によるカトリック迫害も、そのような状況によってもたらされたものと思われる。エウリック支配下にあるガリアでは多くの司教が追放され、聖堂が荒廃した。

またエウリック王のとき、ローマ系の地域住民に適用されていたローマ法とは別に、西ゴート族に適用される法典が編纂された。一般に『エウリック法典』と呼ばれるもので、ゲルマン部族法をラテン語で成文化したものである。移動期を終えて定住し、地域住民との関係が密接になるとともに、ゴート人とローマ人相互の関係が、一過性のものから継続的なものへ質を変えたこと、ゴート人君主に統治者としての側面が求められるようになったことが読み取れる。

とはいえゴート人は、ローマ帝国の臣民を統治する者としては未熟であった。当初「同盟者」として定住したいきさつも作用して、ローマ系住民に対する統治をローマ時代からの行政機構に委ね、ゴート人住民に対しては部族の流儀で、別個に支配するかたちをとった。

一般にこの時期のゲルマン部族国家の性質は「二重国家」と説明される。少数の異民族であるゲルマン人が支配者となって軍務を担い、被支配者である大多数のローマ系住民にはローマ時代の行政システムが適用された。宗教においてもアリウス派のゲルマン人とカトリックのローマ系住民は相容れず、法においてもゲルマン人にはゲルマン法が、ローマ人にはローマ法が適用された。このため両者の融合は進まず、のちのフランク王国のようには「ヨーロッパ世界の形成」に向かうことができなかった、という説明である。エウリック王以降カトリック改宗までの西ゴート王国のあり方も、基本的にはこの枠組で説明できる性質をもっている。

エウリック王は四八四年に世を去り、アラリック二世(在位四八四～五〇七)がつぎの王となった。都は引き続きトロサにあったが、ガリアとヒスパニア、二つの属州とそのローマ系住民を統治する存在としての意識は、西ゴート王の側でも明確になってきた。そのことは、アラリック二世の時代に、西ゴート王国内のローマ系住民を対象とした法典が新たに編纂されたことからもうかがえる。『アラリック法典』と呼ばれるこの法典は、内容的には以前からローマ系住民に適用されていた既存のローマ法をまとめたものにすぎないが、コンスタンティノープルの皇帝から発せられる勅令ではなく、西ゴート王の名のもとに有効な法典を編纂した事業自体が、「西ゴート王国」としての国家形成の意識を示している。一方『アラリック法典』の編纂によって、「二重国家」の枠組も鮮明になった。ゴート人には『エウリック法典』、ローマ人には『アラリック法典』、このように人によって適用される法が異なる法体系を「属人法」と呼ぶ。

『アラリック法典』は五〇六年に発布された。しかし、翌五〇七年、トロサを都とした王国は終焉を迎える。ガリア北部から勢力を伸張してきたクローヴィス王率いるフランク族とのあいだで起こったヴィエの戦いで、西ゴート族は敗れてガリアの領土の大半を失い、アラリック二世も戦死したのである。

ガリアの司教トゥールのグレゴリウスは、この戦いについて『歴史十巻』（フランク史）でつぎのように総括している。「これ（三位一体）を信じたクローヴィス王は、その助けによって異端者たちを制圧し、彼の王国を全ガリアに広げた。これを否定したアラリックは、王国も人びとも、いっそう重要なことには、彼自身の永遠の生命も失った」「当時すでにガリアの多くの人びとは、フランク人を主人としてもつことを心の底から願い求めていた」。フランク族はカトリックを選んだことによって旧ローマ系住民の支持を得た一方、西ゴート族はアリウス派異端のため住民の支持を得られず短命に終わった、と主張するグレゴリウスの見解は、現在もゲルマン部族王国の性質に関する定説となっている。

なお、この戦いでガリアの大半はフランク王国領となったが、ローヌ川西岸からナルボンヌをへてヒスパニアとの州境にいたる地中海沿岸は、西ゴート族に残された。この地域は「ガリア＝ナルボネンシス」または「セプティマニア」と呼ばれ、王国滅亡まで西ゴート王国の領土としてとどまる。

混乱期

フランクに敗れてガリアを追われた西ゴート王国は、その後ヒスパニアを中心とする国家となる。[1] しかし、ヴィエの戦い以降の約半世紀は、西ゴート王国にとって極めて不安定な混乱期となった。

アラリック二世を失って存亡の危機にある西ゴート王国を救ったのは、イタリアにある東ゴート王国の大王、アマル家のテオドリックだった。テオドリック大王（在位四七四〜五二六）はこの時期ゲルマン部族諸王国の盟主といえる立場にあり、多くの政略結婚で各部族の王家と姻戚関係を結んでおり、アラリック二世の妻もテオドリックの妹だった。ヴィエの戦いのあとテオドリック大王は、甥である西ゴート王を助けるためとして軍を出し、クローヴィス王も大王を意識して追撃を控えた。当面の脅威が去った西ゴート王国だが、王位継承問題がさらに混乱を拡大した。

当初アラリック二世の息子の一人ガイセリックが即位したが、テオドリック大王はガイセリックの弟アマラリックを支持して干渉にはいり、五一〇年にガイセリックを廃してアマラリックを王位に就ける。アマラリックはまだ幼かったため、大王自身が摂政として西ゴート王国を統治することになった。五一一年から五二六年までの一五年間、テオドリック大王は東西のゴート王国をともに支配した。

五二六年にテオドリック大王が没したあと、長じたアマラリック(在位五二六〜五三一)が正式に王となるが、五年後の五三一年に横死した。アマラリックが政略結婚で妻に迎えていたフランク王女のカトリック信仰を圧迫したためフランク王が救出に遠征し、その戦いの際に何者かに討たれたとも、また、大王からアマラリック王の補佐を命じられてヒスパニアに残った東ゴート人の将軍テウディスによる簒奪であったとも語られる。テウディス王(在位五三一〜五四八)の支配は一八年間続いたが、最終的には五四八年に部下によって暗殺された。五〇七年以降の約四〇年間のうち、三〇年以上は東ゴート人が王位にあったことになる。

テウディス暗殺後も混乱は続いた。五四八年にアマラリックの息子テウディクルスが即位するがただちに暗殺され、五四九年からバルト家のアギラ(在位五四九〜五五四)が王位に就く。アラリック二世の戦死以後、西ゴート王に即位した五人の王のうち、天寿を全うしたのはテオドリック大王のみというありさまであった。トゥールのグレゴリウスが『歴史十巻』で「ゴート人たちは、王のなかのだれかが彼らの気に入らないときは、武器で彼を刺し殺し、彼らの気に入った者を王にするという嫌悪すべき風習をもっていた」と述べたゆえんである。

このような簒奪・弑逆《しぎゃく》の日常化は、おそらく西ゴート族に伝統的な選挙王制にかかわると考えられる。移動前の西ゴート族は、血筋ではなく実力でリーダーを選出していた。ドナウ渡河時の首長アタナリックも、ローマ皇帝との交渉のなかで「王」の呼称を拒否している。史料上の証拠はないものの、おそらくは部族内部では有力者同士はほぼ対等とみなされ、「王」を絶対視する風潮はなかったのだろう。血筋による即位や王朝形成も望まれなかった。

とはいえドナウ渡河ののち大移動の時代には、対外的な交渉と軍事行動の必要から、必然的にアタナリックの子孫への権力集中がみられ、アラリック一世からアラリック二世までの約一〇〇年間は、バルト家から王がでている。しかしヴイエの戦いでのアラリック二世の戦死、アマル家のテオドリック大王による摂政などが続いた結果、血筋による王位継承は再び無実のものとなった。西ゴートの王位は、基本的には実力によってかちえるものであった。ふさわしい実力をもたない王が立てば、他の有力者が謀反を起こし王位に名乗りをあげる。実力者による玉座への挑戦は、西ゴート族のあいだでは、とくに抵抗なく受け入れられていた。そのことは、このような玉座をめぐる争いが、結局は西ゴート王国滅亡の年まで続いたことからもうかがえるだろう。

さて、王位に就いたアギラは宮廷をヒスパニア南部のメリダに遷した。その統治は圧政であったとされる。住民からの徴発も厳しく、また有力者に対する財産没収も頻繁におこなわれた。これに対して五五四年、有力者の一人アタナギルドが反乱を起こした。アタナギルドは蜂起に際して、イタリアで東ゴート王国を滅ぼした直後の東ローマ軍を味方につけた。東ローマ軍はヒスパニアに上陸し、イベリア半島南部を占領した。アタナギルド(在位五五四～五六七)は首尾よくアギラを倒して王位を得たのち、一転して東ローマ軍に戦いを挑み、ヒスパニアから撤退させようとしたがはたせなかった。東ローマ軍はマラガに総督をおき、統治を開始した。

このとき以後、約七〇年のあいだ、ヒスパニア南部は東ローマ領となる。歴代西ゴート王は彼らを駆逐すべく、東ローマ軍との戦闘を繰り返した。東ローマ領の正確な領域は判然とせず、また西ゴート王との戦闘のつど増減したが、海沿いに東はカルタヘーナから西はグアダレーテ河口付近までを支配した。東ローマ領と西ゴート領の接点にあたるバエティカの住民は、頻繁に繰り返される戦闘に苦しみ、戦況によって交代する支配者に翻弄された。

また、おそらくアギラとアタナギルドの内乱や東ローマ軍の上陸が引き金となって、同じ五五〇年代から、コルドバをはじめとする南部の諸都市が反乱状態にはいった。戦乱があいつぎ、王位は不安定で、国内の諸勢力も相反して衝突し、内憂外患ともにはなはだしい時代であったとまとめられる。

アタナギルドは五六七年に命を終えた。彼の死後、王位は五カ月間空白となったという。ヒスパニアの混乱に玉座をめぐる争いが加わり、容易に収拾がつかなかったさまがうかがえる。五カ月ののち、ようやく有力者のなかからリウヴァがつぎの王に選出された。しかしリウヴァが即位したのは南仏ナルボンヌでのことであった。リウヴァは、自らは南仏にとどまり、弟のレオヴィギルドを共同王としてヒスパニアの統治を委ねた。

レオヴィギルド王の時代

五〇七年のヴイエの敗戦からのち弱体化を続けていた西ゴート王国にとって、レオヴィギルド（在位五六八〜五八六）の即位は大きな節目となった。

五六八年、兄リウヴァの即位ののち共同王としてヒスパニアに赴いたレオヴィギルドは、前王アタナギルドの未亡人ゴイスウィンタと再婚し、内陸のトレードに都を定めた。これ以後、西ゴート王国の首都は王国滅亡までトレードに定まる。

「共同王」という手法は、西ゴート王国ではこのリウヴァとレオヴィギルドの例が初出である。通常は、王となった者が、近親、多くは息子を共同統治者に指名し、王位継承の布石とするために用いる。前述のとおり、元来西ゴート王国の王は、選挙王制の名残をとどめ、実力にまさる者を王にいただく伝統を有していた。「共同王」は、有力者による簒奪の横行に対抗し、父子の王位継承、すなわち王朝形成をめざす手法である。

この後レオヴィギルド王も二人の息子ヘルメネギルドとレカレドを共同王に立て、結果的にレカレド（一世、在位五八六〜六〇一）が王位を継承した。七世紀にも、シセブート王が息子リウヴァ（二世）、スインティラ王が息子リキミル、キンティラ王が息子トゥルガ、キンダスウィント王が息子レケスウィント、エギカ王が息子ウィティザに、それぞれ同じ手法での王位継承を企図したことが知られている。

とはいえ、リウヴァ王による弟レオヴィギルドの推挙は、自らの王国を近親者に受け継がせる性格のものではなかった。五カ月間もの王位の空白ののちにヒスパニア外の都市ナルボンヌで即位したリウヴァにとって、おそらくヒスパニア全域の統治は手にあまるものと思われたのだろう。兄弟による分割統治、もしくは、ナルボネンシスとヒスパニアが別個の王国となるのもやむをえないと考えた措置であったとみなせる。なお、五七二年にリウヴァ王が世を去ったのち、ナルボネンシスは再びレオヴィギルド王の統治下にはいった。リウヴァの在位は足かけ五年間だが、通常、レオヴィギルドの共同王即位の五六八年からレオヴィギルドの治世とされる。

レオヴィギルドはヒスパニアの王となるや、矢継ぎ早の軍事遠征をおこなった。北方では自立傾向をみせていたバスク人やカンタブリア人を従わせ、アリウス派からカトリックに改宗してフランクと繋がりを深めていたスエヴィ王ミロを威圧し、南部に対しては東ローマ軍から領土を大幅に奪還し、五五〇年代から反乱していた南部の諸都市を平定した。ヴイエの敗戦以後、分裂と混乱を続けていた西ゴート王国は、レオヴィギルド王の軍事的才能によって、再び統一への歩みを進めることとなった。

内政でもレオヴィギルド王は、強力な指導力によって中央集権化を進めた。玉座をうかがう有力者を厳しく弾圧し、財産没収を繰り返して王室財産を富ませた。ローマ皇帝に倣って、玉座に座り紫衣をまとったのも、西ゴート王としてはレオヴィギルドが最初である。また、現在のマドリード近郊には新しく都市を建設した。儀式用の新都市は息子レカレドにちなんで「レコポリス」と名づけられた[2]。また、このときまで禁じられていたローマ人とゴート人の通婚を許可する法を制定し、貨幣についても、従来のローマ皇帝の肖像から、西ゴート王の肖像を用いたものを流通させた。

これらの事績からレオヴィギルド王の政策は、ローマ帝国を意識した国造りであったとみられる。もとより西ゴート王国は基本的にローマ帝国時代からの行政機構の上に、支配民族としてゴート人王が君臨するものだったが、レオヴィギルドの志向する王国の姿は、遠くコンスタンティノープルにある皇帝の求心力を、トレードにある西ゴート王に置き換えつつ、ヒスパニアにかつてのローマ帝国を再建しようとするかのようでもある。

　五六八年の即位から約一〇年間で、レオヴィギルド王は西ゴート王国の再興に成功した。一般に、アリウス派のゲルマン部族国家は、その二重性ゆえ短命であったと性格づけられているが、五世紀に建国されたゲルマン部族王国の大半が六世紀中に滅亡したのに対して、いったんは同様の存亡の危機をへながらも、西ゴート王国が八世紀初頭までさらに一五〇年存続したことには、レオヴィギルド王による軍事的成功と、ヒスパニア統一に向けた精力的な活動が大きく貢献していた。ローマ人官僚もおおむね王の統治方針を歓迎したとみられる。

　しかし、強力な集権には反発や犠牲もともなった。その端的な表れが、五七九年に勃発した王子ヘルメネギルドの反乱である。

ヘルメネギルドの反乱

　レオヴィギルドは即位にあたって前王アタナギルドの未亡人ゴイスウィンタと再婚したが、前妻テウドシアによって二人の息子をもっていた。兄がヘルメネギルド、弟がレカレドである。

　五七九年、ヘルメネギルドは十三歳のフランク王女イングンデを妻に迎えた。国境を接するフランクと西ゴートは、しばしば政略結婚をおこなっている。西ゴート王アタナギルドとゴイスウィンタ夫妻の二人の王女、ブリュンヒルデとガルスウィンタも、それぞれ二人のフランク王、シギベルトとキルペリックに嫁いだ。イングンデはブリュンヒルデの娘、ゴイスウィンタの孫にあたる。

　とはいえ、このような政略結婚には宗派の問題が影を落とすことがあった。西ゴート王国からフランク王国に嫁いだ王女は抵抗なくカトリックに改宗したが、フランク生まれの王女は西ゴート王妃となってもカトリック信仰に固執する場合がある。かつてアマラリックの妃もアリウス派を受け入れず、不幸な死を遂げた。イングンデもカトリック信仰を堅持し、アリウス派を拒絶した。ゴイスウィンタは怒り、孫娘を乱暴に扱ったが、イングンデはカトリックを捨てなかった。この二人の対立が王国を二分する内乱の発端とされる。

同じ年、レオヴィギルドは二人の息子ヘルメネギルドとレカレドを共同王とし、ヘルメネギルド夫妻はセビーリャに赴いた。当時のセビーリャのカトリック教会には、のちのセビーリャ大司教レアンデルがいた。彼との協力によってイングンデは、ヘルメネギルドをカトリックに改宗させることに成功した。

レオヴィギルドはヘルメネギルドを説得しようとしたがヘルメネギルドは応ぜず、ついに反乱を起こしてセビーリャに立て籠った。これがヘルメネギルドの反乱である。もっとも上述のいきさつはトゥールのグレゴリウス『歴史十巻』の記述によるもので、一方西ゴートの同時代人ビクラルのヨハネスの『年代記』は、ヘルメネギルドのカトリック改宗には言及せず、動機を「王妃ゴイスウィンタにそそのかされて」としている。

またヨハネスの『年代記』には、ヘルメネギルドの籠城に呼応して、バエティカの諸都市も反乱にはいったとある。五五〇年代に蜂起し、いったんはレオヴィギルドの遠征で平定されたものの、バエティカ諸都市の自立傾向がなお強かったことをうかがわせる。

当時西ゴート王国の周辺には、三つのカトリック勢力が存在した。フランク王国、東ローマ領、スエヴィ王国である。ヘルメネギルドは東ローマ軍の援助を受けるべく、妻子を人質に出した。セビーリャのレアンデルも、東ローマ皇帝の支援を求めてコンスタンティノープルに旅立った。

反乱勃発の翌五八〇年、レオヴィギルド王は首都トレードにアリウス派の宗教会議を招集した。アリウス派の教義を一部変更し、従来「父」より下においていた「子」を「父」と同一と位置づけ、「三位一体説」に歩み寄った折衷的なものにした。レオヴィギルド王自身はこの教義を「カトリック」とみなしていたようである。この新しい「カトリック」によってレオヴィギルドは、王国の宗教的分裂を克服しようとしたのだろう。カトリック聖職者のうちにも、この

「カトリック」に転じた者がいた。しかし、カトリック教会の大半はこの切崩しに危機感を増し、激しく反発した。

籠城は年を越して続いたが、五八三年、ついにレオヴィギルドはセビーリャに軍を差し向けた。スエヴィ王ミロの軍勢も包囲戦に加わった。レオヴィギルドは東ローマ総督に三万ソリドゥスを贈ってヘルメネギルドを裏切らせた。窮したヘルメネギルドはコルドバに逃れるが、おびきだされて逮捕され、五八四年に反乱は終結した。

ヘルメネギルドは囚人としてタラゴーナに送られ、五八五年に命を終えた。ヨハネスの『年代記』は暗殺を示唆している。東ローマの人質となった妻イングンデと幼い息子もコンスタンティノープルへの護送中に命を落とした。イングンデの叔父にあたるフランク王グントラムは、姪夫婦の復讐を唱えてナルボネンシスに侵入したが、レカレドの軍によって撃退された。さらにスエヴィ王ミロもセビーリャ包囲がもとで病を得て死去し、王位継承争いののち五八五年にスエヴィ王国は西ゴート王国に併合された。

翌五八六年、西ゴート王レオヴィギルドも世を去った。グレゴリウス『歴史十巻』は、臨終の床でカトリックに改宗したと伝えている。残った王子レカレドがつぎの王として即位した。

3　カトリック改宗と『西ゴート法典』

ヒスパニアの統一

レカレド王は即位直後の五八七年、アリウス派とカトリックの司教に御前会議をおこなわせ、カトリックの教えに軍配をあげて、自らカトリックに改宗した。セビーリャのレアンデルの力が大きかったといわれる。この段階では私的な改宗であったが、危機感を覚えたアリウス派勢力は各地で陰謀を企てた。そのなかに、ナルボンヌのアリウス派司教アタロックと前王妃ゴイスウィンタが関与するものがあった。陰謀は発覚して失敗し、ゴイスウィンタは処刑された。

五八九年、レカレド王はトレードに第三回トレード公会議を招集し、アリウス派の放棄と王国全体のカトリック改宗を宣言した。首席司教はセビーリャのレアンデルで、議事録はレカレド王の署名をもって承認された。またアリウス派放棄を誓約する文書には、アリウス派聖職者たちの名のほか、五名の有力貴族の名も記されている。なお、王国の改宗ののちアリウス派は比較的すみやかに消滅した。アリウス派の典礼がおこなわれなくなったことでゴート語も姿を消した。

第三回トレード公会議によって、前王レオヴィギルド以来の懸案であった王国の宗教統一ははたされた。ここでレオヴィギルドからレカレドにいたる「統一」への動きを整理しておく。

レオヴィギルド王は強力な指導力をもってヒスパニアにおける西ゴート王の主権を確立した。軍事的にはイベリア半島にあった複数の勢力を威圧して従わせ、内政では東ローマ皇帝に倣った中央集権化を進めた。彼の統治下に全体としてはローマ化が進められ、一般のローマ系官僚や住民はこれを歓迎した。しかしこの方向性に反対する勢力もあった。自立傾向の強い南部の諸都市は締付けをきらい、教義改革による切崩しを警戒したカトリック聖職者は危機感を強めた。一方でローマ化に反発するゴート人も存在した。王妃ゴイスウィンタはその中心人物と思われる。

ヘルメネギルドの反乱は、統合と反発がせめぎあう過渡期を象徴する事件であった。この反乱においてカトリックを信仰する大多数のローマ系住民がレオヴィギルドを支持したことは、この反乱が宗教的対立よりはイベリア半島の統一と中央集権化を問題としたものであったことをうかがわせる。反乱の鎮圧によって統合の趨勢は決定的となった。

レオヴィギルドの統合政策のうち問題を残したのは、アリウス派とカトリックの折衷教義による宗教統一であった。レカレドは父王の政策をおおむね受け継いだが、アリウス派の限界を察し、即位後にはカトリック改宗による宗教統一を選択した。こうしてヒスパニアの再統一は大きく前進した。

残る課題は、南部を占領する東ローマ軍であった。カトリック改宗以後も歴代の西ゴート王は、東ローマ軍駆逐のための軍事行動をおこなった。

セビーリャのイシドルスの『ゴート人の歴史』によれば、レカレド王について「彼はローマ人の傲慢な振舞いに武力で抗し」とあり、二代あとのウィテリック王(在位六〇三〜六一〇)についても「多くの成果をあげることはできなかった」とコメントしている。シセブート王(在位六一二〜六二一)については「ローマ人に対して、人徳と戦闘の、二重の勝利をおさめた」と記述している。東ローマ軍の駆逐が完成したのは、スインティラ王(在位六二一〜六三一)のときである。『ゴート人の歴史』は「彼はヒスパニア全土を大洋まではじめて支配した。これは以前の君主のだれもなしえなかったことである」と語る。ただし、これが何年のできごとであるか、厳密には判然としない。『ゴート人の歴史』の初版がスインティラ王の第五年であることから、即位初年の六二一年から六二五年のあいだと考えられるにとどまる。

これによってヒスパニアは西ゴート王権のもとに統一された。西ゴート王国はイベリア半島の全土を単一で独立支配する、歴史上はじめての国家となった。

王権と教会

カトリック改宗後の西ゴート王国のあり方について、かつてしばしば「神権政治」または「神政政治」という形容が用いられた。十八世紀のモンテスキュー『法の精神』をはじめとする西洋の知識人は、カトリック教会による政治介入を批判する文脈で西ゴート王国を取り上げた。

とりわけ問題とされたのはトレード公会議である。カトリック改宗を宣言した五八九年の第三回トレード公会議に始まり、王国滅亡前夜七〇二年の第一八回トレード公会議まで一世紀余りのあいだに計一六回をかさねた教会会議は、国王によって招集され、国王のお膝元たる首都トレードにおいて開催された。そのうち第三回、第八回、第一二回、第一三回、第一五回、第一六回には有力貴族の出席が確認される。そこでは俗事にわたる議論が展開され、教会会議での議決は世俗法として立法された。さらに、第四回、第八回、第一二回においては、公会議の場で新王の即位が確認されるとともに、直前の内乱またはクーデタで敗れた者への断罪がおこなわれている。

これらのことから、カトリック教会と西ゴート王権が極めて密接な関係をもっていたことが推測され、政教分離を志す西欧近代の研究によって「教会権力の政治への介入」として批判的に言及されたのである。

その後一九三〇年代になって、従来の見解に修正が求められた。西ゴート王国の政治的主導権はカトリック教会にあったのではなく、専制的な権力をもつ国王にあったとする説である。それによれば、教会は専制君主の即位や政策に、ただ追従していたと性格づけられる。

現在でも一般には、この説が定説と扱われているが、二十世紀の後半には、王権と教会の力関係が王国の全時期を通じて一定していたわけではないと考えられるようになった。西ゴート王は、個々の支持基盤や即位事情などにより、ある者は教会に対して協力的であり、別の者は冷淡であった。また一人の王の治世のうちにも教会と協調した時期と対立する時期がみられる場合がある。

王権と教会が、ときにより力関係に揺らぎをみせつつも、カトリック改宗以後一世紀余りを通じてほぼ足並みをそろえたことの背後には、西ゴート王国での玉座の不安定さがあったと考えられる。第2節でふれたように、西ゴート族には元来、力にまさる者が王位を得るとの観念があった。このような王位の性格はカトリック改宗後も変わらなかった。

レオヴィギルド王からレカレド王へ「共同王」の手法による父子の王位継承がなされ、レカレド王を継いだのも息子のリウヴァ二世であったことで、七世紀初めにはこのまま王朝が形成されるかにみえたろうが、六〇二年、年少のリウヴァ二世に対して有力者のウィテリックが挑み、簒奪をはたしたことで、再び玉座は実力で争われるものとなった。

ウィテリック王もまた「剣によって始めた治世を剣によって終えた」とされる。ウィテリック王の死後、有力者の合意によって推挙されたグンデマル王が六一〇年に即位した。六一二年に即位したシセブート王も、おそらく有力者の合議によって選出されたと思われる。しかしシセブートは六二一年に「自然死とも暗殺ともいわれる」不明な死を遂げ、王位を継承した息子レカレド(二世)も「わずか数日で命を終えた」と、クーデタを暗示する結末を迎えた。

このクーデタののち即位したのはスインティラ王である。『ゴート人の歴史』は、この王の第五年で終わっているが、その記述からスインティラが息子リキミルを「共同王」として指名していたことがわかる。しかしスインティラもまた、その治世を全うすることなく、王位継承を予定されていたリキミルが即位することもなかった。

カトリック改宗後も西ゴートの玉座はつねに実力行使にさらされていた。玉座にある者はつねに息子に王位を継がせようとするが、有力者はそれをきらって、王の死後、あるいは生前にさえ、陰謀を企て謀反を起こす。それは、西ゴート族の伝統に照らせば、とくに問題ないあり方だったかもしれない。しかし彼らの王国は、いまや数百万の民の生活の場でもある。部族の流儀によって生じる内乱は、王国の土地を戦場に変え、人びとの暮しを圧迫し、さらには周辺勢力の干渉や侵入の呼び水となり、王国自体の滅亡さえ招きかねない危険なものでもあった。

第三回トレード公会議以降、王国の安定した統治に対する責任を自負するにいたったヒスパニア教会は、このような西ゴート族伝来の王権のあり方をコントロールし、より秩序にのっとった王位継承を実現すべく努めた。その端緒にあたるのが、セビーリャのイシドルスが首席司教を務めた、六三三年の第四回トレード公会議である。

第四回トレード公会議

この公会議は、五八九年の第三回トレード公会議以来、約半世紀ぶりに招集された、王国全体の公会議である(属州レヴェルの会議はこの間に計九回おこなわれている)。

と同時に第四回トレード公会議は、西ゴート王権のあり方について、カトリック教会が正面切って発言した最初の機会でもあった。公会議議事録の最終議決(第七五議決)は、ヒスパニア教会の公会議議決のなかで最大かつもっとも重要な王権規定である。

第七五議決は、まず「われわれ全聖職者は、われわれの王が強力であり、ゴート民族が安定していることのために意見を述べよう」と切り出す。続いて、自国の王に背く者は死後地獄へ堕ちる、として玉座への挑戦を禁止する。そのうえで、従来から懸案だった王位継承ルールについて「全ゴート人の代表者と聖職者が、協議によって王国の継承者を決める」と明文化する。さらに「王国を受け継ぐ現在および未来の王たちは……正義と敬虔をもって、おだやかに臣民にあたるよう」と、選ばれた西ゴート王に玉座にふさわしい態度を要求し、それに反した王は「神の裁きを受けるだろう」と断じた。

神の権威を背に、教会が王国の頂点をコントロールしようとする内容である。かつて西ゴート王国を「神権政治」とする考えが定説だった時期(十八世紀から二十世紀初め)には、この第七五議決はまさしく「神権政治」を証明し、象徴する史料として取り扱われた。しかしその後、「神権政治」王権観が揺らぐにつれ、文面そのものより、第四回トレード公会議にいたる時期の、玉座をめぐる抗争が注目されるようになった。

先にふれたように、六二一年に即位したスインティラ王は、即位第五年の時点で、息子リキミルを共同王として指名し、王位継承の布石をおいていた。しかし六三〇年、有力者シセナンドが反乱を起こし、隣国フランク王国のダゴベルト王の支援を受けてスインティラを破った。スインティラはシセナンド(在位六三一〜六三六)側に捕らわれ、のちに第四回トレード公会議の第七五議決において「息子とともに王国を追われる」と処分が決定されている。

しかし玉座をめぐる混乱はそれで終結したわけではなかった。スインティラから王位を奪ったのちも、シセナンドは引き続きライヴァルに脅かされる状態を続けた。第四回トレード公会議が招集されたのはこのような局面でのことである。おそらくシセナンドは、不安定な玉座を確固たるものにすべく、教会による権威づけを求めたのだろう。

この公会議の首席司教は最晩年にあったセビーリャのイシドルスである。彼はかつて『ゴート人の歴史』において、スインティラからリキミルへの王位継承を支持する記述を残した。同じイシドルスが第四回トレード公会議においては内乱の勝者シセナンドを称え、敗者スインティラ父子を断罪する議決をあげている。このことから、この時期の教会が、西ゴート族の流儀に従った武力による簒奪を、基本的には追認せざるをえなかったことがうかがえる。教会は王権の追従者であったという説は、大枠としてあてはまるだろう。

しかしながら、第四回トレード公会議におけるイシドルスと司教たちは、ただ諾々と勝者におもねるだけにはとどまらなかった。先にみたとおり、第七五議決は、従来不明瞭だった西ゴート王国の王位継承ルールを明文化し、かつ、そこに聖職者を加えている。また将来の西ゴート王に対しては、破門をもって横暴を戒めている。あくまで力にまさる勝者に従いつつも、権威づけを求められた機会をとらえ、玉座をめぐる抗争を神の権威と教会の力でコントロールする手段を手にしたのである。

第四回トレード公会議第七五議決は、その後必ずしも遵守されず、玉座をめぐる争いは、その後も王国の滅亡まで繰り返された。しかしまったくの空論でもなかった。第4節に紹介するワムバ王は、この第七五議決の規定にのっとって即位した王である。教会は、七世紀を通じてしばしば王権の権威づけを求められ、また、それらの機会をとらえては、この第七五議決を参照しつづけた。

さて、シセナンド王のあと、六三六年にキンティラ王(在位六三六〜六四〇)が即位した。史料上の証拠はないが、第四回トレード公会議第七五議決の規定に従って即位したものとみなされている。

キンティラ王の治世六三八年に第六回トレード公会議が開催されたが、この第七議決は「ゴート人のしかるべき生まれでない者は王国を得ることを禁じられる」としている。この時期キンティラ王に背く勢力が存在し、そのなかにローマ系の有力者が含まれていた可能性を示唆する点で興味深い。また、西ゴート王国はゴート人を王にいただく国家であることが成文化された点でも注目される。公会議は、引き続き玉座をめぐる争いに関与し発言していた。

シセナンドからキンティラにかけての六三〇年代には三回の公会議が開催されているが、これらの議決には、世俗にわたる決定が多く含まれる。一方、のちに編纂される『西ゴート法典』(リーベル・ユディキオルム。スペイン語ではフエロ・フスゴ)には、シセナンドとキンティラの名を冠した法は収録されていない。これらのことから六三〇年代の公会議は、それじたいが「王国会議」とみなされ、その議決は教会内部を超えて王国の法として機能した可能性も考えられる。

しかし、六三〇年代のトレード公会議がとった王権と教会の二人三脚は、形式的にはいまだ完成に達してはいなかった。それには『西ゴート法典』の成立を待つことになる。

『西ゴート法典』の成立

キンティラ王は息子トゥルガを共同王に指名し、王の死後六四〇年、若いトゥルガ(在位六四〇〜六四二)が即位した。しかし王朝形成は今回も頓挫した。六四二年、有力者の一人であった七十二歳の老キンダスウィント(在位六四二〜六五三)が蜂起し、勝利ののちトゥルガを廃位して玉座に登ったのである。

このキンダスウィント王から、その子レケスウィント王(在位六五三〜六七二)の時期に、ヒスパニア統一の残された課題であった「法の統一」が、『西ゴート法典』によって完成する。

法典の成立事情の一端は、六四九年から六五一年のあいだに共同王レケスウィントとサラゴーサ司教ブラウリオとがかわした書簡によってうかがい知ることができる。ブラウリオは、セビーリャのイシドルスの愛弟子であり、師亡きあとのヒスパニア教会の第一人者であった。

書簡中でブラウリオは「法典の改良」の遅れを弁解し、レケスウィントは催促を繰り返している。このことから、のちの六五三年秋の第八回トレード公会議に提案される『西ゴート法典』は、キンダスウィント王の生前、レケスウィントが共同王であった時期にサラゴーサのブラウリオに託したものであること、また「改良」の文言から、ブラウリオの編纂事業以前にすでになんらかの「法典」が存在したらしいことが読み取れる。

第2節でみたように、五世紀末以来、西ゴート王国には二種類の法典があった。ゴート人を対象とした『エウリック法典』と、西ゴート王国内のローマ人を対象とした『アラリック法典』である。適用される対象によって法が異なる「属人法」体系であった。

とはいえ『アラリック法典』成立の五〇六年から六五三年までの約一五〇年間、属人法体系が継続していたのかどうかは不明である。五六〇年代頃にレオヴィギルド王によってローマ人とゴート人の通婚を許可する法が制定されたが、その内容から、対象は両民族の住民であった可能性もある。また、現存する『西ゴート法典』の条文の多くがキンダスウィントの名をもっており、キンダスウィントの治世に数々の立法がなされたことがわかるが、適用対象がゴート人またはローマ人のいずれかに限られていたのかは疑問である。

これらを合わせて、おそらくカトリック改宗前後から、西ゴートの属人法体系には多かれ少なかれ混乱があったとみられる。キンダスウィント王の立法がすでに「法典」の体裁をなしていた可能性や、両民族に適用された可能性もある。しかしそうであっても、従来の属人法の二法典とキンダスウィントの法典の整合はなお不十分であっただろう。これらの混乱を解消し、従来の制定されたすべての法を体系的に整備する仕事こそ、レケスウィントがブラウリオに託した「法典改良」の内実であったと思われる。

六五三年、キンダスウィント王が世を去った。共同王から単独即位しようとしたレケスウィントに対して、有力者フロイアの反乱が生じた。レケスウィントはこれを鎮圧するとともに、第八回トレード公会議を招集し、即位の確認とともに法典を提出した。司教たちは賞賛をもって王に応え、翌六五四年、『西ゴート法典』は初の属地法として公布される。

第八回トレード公会議において採用されたこの手順が、西ゴート王国での王権と教会の提携の完成形態ということができる。王の名のもとに提出された世俗法が、王の招集した公会議で審議されて承認される。そのことが同時に「正義をおこなう王」として賞賛の対象となり、王の即位が承認され権威づけられる。また、この第八回トレード公会議から有力貴族の列席と議事録への署名が通例となった。これらの手順はその後、第一二回トレード公会議でのエルウィック王の立法の際にも受け継がれ、王国末期の西ゴート王国の公会議の定型となっていく。

法典は一二編に分かれている。第一編は法に関する理念が表明され、第二編は法の運用と訴訟について述べる。その第一条の「君主も臣民も法の威に服する」は、西ゴート王国の法治主義を示す条文である。以下、結婚や相続などの民法、窃盗や殺人などを扱う刑法、奴隷や解放奴隷に関する取決めなどが続く。最後の第一二編が異教徒について定めているが、その第二章は第4節で述べる反ユダヤ法であり、カトリック教会の論理を世俗法に持ち込んでいるとして、十八世紀以来、批判の対象となってきた項目である。

条文の大半は「古法」と区分され『エウリック法典』などからとられたものだが、時代に即した変更やレケスウィント名の新法もみられる。レケスウィント名の法でめだつのは司法を担当する官職の名称である。従来ローマ系の官職名であったものが、属州はドゥクス、都市はコメス、地区はティウファドゥスと、ゴート系の名称に置き換えられた。

ゴート人とローマ人の統合のうえにヒスパニアの統一を志向する西ゴート王国の政治は、『西ゴート法典』による「法の統一」をもって完成をみた。

4　西ゴート末期と王国の滅亡

ワムバ廃位事件

レケスウィント王は六七二年まで約二〇年間玉座にあった。六世紀以降の西ゴート王国においてもっとも長い治世であるが、その間の王国事情を語る史料はほとんどない。

六七二年、レケスウィント王は所領の小村で世を去った。王の死に立ち会った有力者のなかから、ワムバ(在位六七二〜六八〇)がつぎの王に推挙された。ワムバは三度まで辞退したが、「即位か死か」と詰め寄られて承知し、トレードに帰還して塗油を受けた。

これらはトレードのユリアヌスの『ワムバ王の歴史』によって詳細に伝えられている。西ゴート王国において即位の事情がわかるまれな例であり、それが第四回トレード公会議第七五議決の王位継承規定にのっとった即位であったことが確認できる。

しかし玉座をめぐる争いはやはり生じた。まずナルボンヌで争乱が起こり、鎮圧に赴いた将軍パウルスが自ら反乱の中心に立って王位を要求したのである。まもなくワムバは反撃を開始し、反乱支援に訪れたフランク軍を撃退し、パウルスを処刑した。

ユリアヌスは『ワムバ王の歴史』によって引立てを受け、六八〇年一月、ワムバ王自らの指名によってトレード司教の位に就いた。しかし同年十月、奇妙な事件が起こる。

六八〇年十月十四日、ワムバ王は不意に昏倒し意識不明に陥った。臨終とみなされたワムバは慣例に従って剃髪された。まもなく意識は戻ったが、ひとたび僧籍にはいった者は王たる資格を認められない。ワムバはエルウィック(在位六八〇〜六八七)を次王に指名し、新王が即位した。

ところがその後、健康を回復したワムバは還俗と玉座への復帰を求めた。この要求に応じて六八一年一月、エルウィック新王によって招集されたのが、第一二回トレード公会議である。ユリアヌスを首席司教とした公会議は、意識不明中の剃髪は有効であるとしてワムバの訴えを退け、エルウィックの即位を確認した。ワムバは修道院へ追いやられ、数年後に世を去ったと伝えられる。

以上が「ワムバ廃位事件」である。同じ公会議においてはワムバが設置した司教座が廃止され、またワムバが制定した聖職者に軍務を課す法をエルウィックが変更している。さらに新王エルウィックとトレード司教ユリアヌスは以前から親しい友人であった。これらのことからユリアヌスとエルウィックの共謀によるクーデタを疑う者もいる。「疑惑」は九世紀の年代記にあらわれ、ワムバの昏倒はユリアヌスに毒を盛られたためとされている。

真相は不明だが、トレードのユリアヌスの活動にはほかにも取沙汰が多い。ユダヤ人の出自でありながら、エルウィック王治世下の反ユダヤ法制定に関わりをもったことは、とりわけよく言及される。ローマ教皇庁との単意説をめぐる論争は、結果的にヒスパニア教会と教皇庁との決裂をもたらした。[3] 教会による政治介入に批判的な十九世紀の研究には、西ゴート王国滅亡の責任をユリアヌスに帰す議論さえみられる。

もっとも近年の研究は、西ゴート王国政治に対するユリアヌスの影響力の過大評価を戒めている。ユリアヌスはその文筆の才能で王国や教会の主張を明快に代弁したものの、個人的な野心によって王国政治を左右する存在ではなかったとするものである。

王国の運命を牛耳る辣腕の教会政治家であったのか、あるいは才能ある文人にすぎなかったのか。二分される評価のいずれがより適切であるか簡単には結論できない。ここでは、このような二面的な評価がユリアヌスのみならず、セビーリャのイシドルスからその弟子サラゴーサのブラウリオをへて、その弟子でユリアヌスの師にあたるトレードのエウゲニウスにいたるヒスパニア教会知識人の活動に対して、つねにみられるものであることを指摘しておく。

ユダヤ人の奴隷化

エルウィック王は六八七年に、娘キクシロの夫エギカ(在位六八七〜七〇二)を新王に指名して世を去った。しかし即位後まもなくエギカは前王の親族への攻撃を開始する。

翌六八八年の第一五回トレード公会議で、彼は、エルウィックが不正な没収で一族の富を得たと批判し、王として正義をなすには妃の親族の財産を奪わねばならないと訴えた。この会議の首席は前王エルウィックの友人でもあるトレード大司教[4]ユリアヌスであり、エギカの主張は却下されたが、まもなく六九〇年にユリアヌスが世を去ると、エギカは攻撃を強めた。六九一年にはサラゴーサに教会会議を招集し、キクシロ妃らの修道院入りを決議させてしまう。

エギカと前王勢力との緊張は高まり、六九三年には大逆事件が発覚した。この陰謀にはユリアヌスの後任であるトレード大司教シスベルトも加担していた。エギカは第一六回トレード公会議を招集し、シスベルトの破門をはじめ、連座した有力貴族の追放と財産没収を議決させる。同じ第一六回トレード公会議の第一議決では、「真にキリスト教に改宗しない」ユダヤ人(ユダヤ教徒)の財産没収も決定され、同文の条文が『西ゴート法典』に追加された。

ここで、カトリック改宗後の西ゴート王国による反ユダヤ政策を振り返っておく。

アリウス派期にはユダヤ人(ユダヤ教徒)に寛容だった西ゴート王国だが、カトリック改宗とともにユダヤ人への厳しい姿勢をみせ始めた。五八九年の第三回トレード公会議では、第一四議決において、ユダヤ人がキリスト教徒奴隷やキリスト教徒の妻をもつことなどが禁じられ、レカレド王の名のもとに、対応する世俗法も立法された。

六一二年シセブート王はユダヤ人にキリスト教の洗礼を強制する政策を実施した。ただし、当時ヒスパニア教会の第一人者でありシセブート王の師でもあったセビーリャのイシドルスは、「救いへは力によって導かれるのではない」と強制改宗を批判している。

シセブートの強制改宗政策は新たな問題を生んだ。意にそわぬ洗礼を受けたユダヤ人が、再びユダヤ教に舞い戻る現象である。神学的には、一度受けた洗礼は本人の意向にかかわらず有効であるとされるため、この現象は、キリスト教徒がキリスト教に背くものと位置づけられ、教会内の問題となった。イシドルスをはじめとする教会は、この問題の解決に苦慮することになる。

六三三年シセナンド王期の第四回トレード公会議では、ユダヤ教に戻るユダヤ人の問題を指摘したのち、改宗したユダヤ人に訴訟などを禁じる七つの議決をあげた。六三九年の第六回トレード公会議は、トレードのコンベルソ(改宗ユダヤ人)にユダヤ教の宗教儀礼を禁ずる誓約書を提出させる、キンティラ王の政策を追認した。キンダスウィント王も「キリスト教徒のユダヤ化」に死罪を告げる法を制定している。

六五三年の第八回トレード公会議は、レケスウィント王の提出した『西ゴート法典』の第一二編第二章の反ユダヤ法を一括して承認した。この法典で、ユダヤ人(非改宗者)がユダヤ教の宗教儀礼をおこなうことがはじめて禁止されるが、これもコンベルソ(形式上はキリスト教徒)に与える影響を食い止める意図があったとみられる。(5)

六八〇年の第一二回トレード公会議では、エルウィック王の提出した反ユダヤ法が承認される。これらはエルウィック王が改訂した『西ゴート法典』の第一二編第三章となった。ここで王国は六一二年以来二度目の強制改宗政策を採用している。キリスト教徒である旨の誓約書の提出をユダヤ人に義務づけたのである。違反者は追放と奴隷の没収、誓約書を提出すれば財産は安堵されるが、提出後の背教には恩赦はないとするものであった。

六九三年の第一六回トレード公会議にエギカ王が提出した反ユダヤ法も、誓約書の提出者を「真の改宗者」と呼んですべての権利を保証する一方、未提出者に対して不動産の所有やキリスト教徒との商取引を禁止する内容を含んでいる。

これら一連の反ユダヤ法は、一般に、カトリック教会の論理を世俗の刑罰で臣民に強要するものとされ、西ゴート王国の「神権政治」の象徴として批判されている。他方、大半の反ユダヤ法が君主の名のもとに制定されているところから、西ゴート王国の反ユダヤ政策は王の専行であり、教会はこれを追認したにすぎないとの分析もある。実際には、王権と教会の力関係と同様、一括して性格づけられるものではなく、その時々の王国情勢と、教会が苦慮する「コンベルソの背教」の問題解決の接点で、徐々に厳しい施策が採用されるようになったものだろう。

しかし、翌六九四年の第一七回トレード公会議の第八議決は、従来の西ゴート王国の反ユダヤ政策の文脈から大きく逸脱するものであった。会議の冒頭でエギカ王はユダヤ人たちによる王国転覆の陰謀が発覚したと述べ、これを受けた司教たちが第八議決で「ユダヤ人への罰」として、「ヒスパニアのユダヤ人全員を永久に奴隷とする」と宣言したのである。

このドラスティックな決定が、王国全土で額面通りに実行されたとは考えにくいが、少なくとも首都トレードなどでは厳しい弾圧が加速したと思われる。王国に暮すユダヤ人に大きな危機感をいだかせるものであったことは疑えない。王国のカトリック改宗から約一世紀、ヒスパニア教会を中心とした秩序形成の努力にもかかわらず、玉座をめぐる争いはあとを絶たなかった。ユダヤ人問題もまた合理的な解決を模索した果てに、合理性にほど遠い最終結論にいたった。

西ゴート王国の滅亡

エギカ王は七〇〇年に息子ウィティザ(在位七〇二〜七一〇)を共同王に立て、父子の王位継承をはかった。七〇二年にエギカが世を去ったのち、ウィティザは第一八回トレード公会議を招集して単独即位の承認を受けた。第一八回トレード公会議の議事録は残されていないが、共同王から単独即位したレケスウィントの先例に倣い、第八回トレード公会議に準ずる手順が踏まれたと思われる。

『西ゴート法典』にはウィティザの名を冠した法が二つ収録されているが、そのうちの一つは訴訟の増加と審理の簡略化のため、「熱湯による証明」を導入するものである。西洋中世で盛んになる神明裁判の、早い時期の例である。

またウィティザ王の時代に、西ゴート艦隊と東ローマ艦隊との海戦が記録されている。西ゴート族は元来海とは無縁だったが、六一〇年代シセブート王の治世に艦隊を創設した。その後に海軍の活動をうかがわせる史料はないが、七〇〇年代初期になお艦隊を保有していたことがわかる。すでに六九八年には東進するイスラーム勢力がカルタゴを落とし、西地中海に進出していた。約一世紀ぶりにあらわれた海軍記事は、地中海の激動が西ゴート王国でも看過できなくなりつつあった時代状況を、間接的に反映したものかもしれない。

ウィティザ王が七一〇年に世を去ったあと、西ゴート王国にとって最後の王位継承争いが勃発した。ウィティザの息子で共同王であったアキラが単独即位を志したものの、有力者の一人ロデリック(スペイン名ロドリーゴ)が謀反を起こして玉座を奪った。一説には、ロデリックとアキラはそれぞれ、ワムバ王とエルウィック王の縁者にあたるとされる。

ロデリックによる簒奪後も前王ウィティザゆかりの勢力は抵抗し、王国は内紛状態となった。反ロデリック勢力はジブラルタル海峡の対岸まで到達していたイスラーム勢力に支援を求め、七一一年、ウマイヤ朝の軍勢がイベリア半島に上陸した。ロデリックはイベリア半島南端のグアダレーテ河畔、ヘレスの野でイスラーム勢を迎え撃ったが戦いに敗れ戦死したといわれる。

北上するイスラーム軍をアキラら反ロデリック勢力も阻止できず、まもなく首都トレードがイスラーム勢力の手に落ちた。エギカ期以来の反ユダヤ政策に苦しんでいたユダヤ人が、首都トレードをはじめ各都市でイスラーム勢力を歓迎したことも、西ゴート王国の急速な崩壊を加速したとされる。

アキラはなおしばらく抵抗を続けたが、一般に、ロデリック敗死の七一一年をもって西ゴート王国の滅亡とする。

5　西ゴート時代の移動と交易

ヒスパニアの都市と交易

西ゴート王国時代の社会や経済について、具体的に明らかになっている部分は少ない。全体として、ローマ時代と大きな変化はなかったとみなされている。

都市も大半はローマ時代からのものである。六世紀後半に属州カルタギネンシスの中心都市がカルタヘーナからトレードに遷ったが、その他の各属州の州都は、ローマ時代後期と同様である。西ゴート時代に建設された都市は、第2節でふれたレコポリスのほか、ビクトリアクム、オロギクスの二都市が知られ、うちオロギクスはバスク地方におかれた。都市生活もおおむねローマ風に営まれ、大都市では劇場などの娯楽も享受された。都市行政もローマ以来の都市参事会が携わったが、ゴート系の役職であるコメス(市伯)が併存し、『西ゴート法典』以後はコメスに一本化された。また大都市にはユダヤ人共同体があり、七世紀末に弾圧が激化するまでは、独自の風習による生活を保っていた。

都市を結ぶローマ道が、人や物の移動を担っていた。戦乱があいついだ時期を除けば、半島内の交通に大きな支障がみられた形跡はない。七世紀においても、トレード公会議に招集された全国の聖職者の出席状況から、国内における移動がとくに困難であったと思われる要素はなく、流通ルートはほぼ保たれていたものと考えられる。

物資の流通には、ユダヤ人商人が大きな役割をはたしていた。反ユダヤ法の条文のうちに、旅行時の出頭の定めや、商取引を規制するものが含まれ、彼らが移動と交易に関わりの深い存在だったことをうかがわせる。また西ゴート王国のユダヤ人は土地を所有し荘園を営み、ブドウやオリーヴなど商品作物の生産にも携わっていた。

なお、『西ゴート法典』には、王国内を移動する羊の群れが畑の柵を壊しても罪に問われないと定める条文があり、西ゴート時代にも移動牧畜が重視されていたことが確認できる。

ヒスパニア外との交流

西ゴート時代にヒスパニア外との交易を示す史料は少ないが、聖職者の事績や写本の入手状況などを手がかりに、およそつぎのように推測される。

まず移動期にあたる五世紀においては、カルタゴおよび南イタリアとの交流がめだつ。ヒスパニアを含めて、これらの地域はそれぞれゲルマン諸部族の移動とローマ支配の混乱にみまわれたが、そのつど戦乱や圧迫を逃れて難民が往来した。異常時の動きではあるが、その背後に、平時にも船舶の往来があったことがうかがえる。ヒスパニアでは、とくに南部の諸都市、カルタヘーナの港やセビーリャの河川港が往来の窓口になっていた。

六世紀の地中海交易は、ヒスパニア南部が東ローマ領となったことから、東ローマ領カルタヘーナやマラガを拠点におこなわれたとみられる。ゴート人のカトリック聖職者であったビクラルのヨハネスも、東ローマ領を通じてコンスタンティノープルへの旅をおこなっている。

フランク王国との往来については、レカレド王に嫁ぐフランク王女の輿入れの一行が悪路と治安の悪化によって引き返したとの記述が『歴史十巻』にあり、陸路の荒廃が想像される。他方、スエヴィ王国のカトリック改宗に尽力したマルティヌスは、東方からフランク王国をへてブラガを訪れている。途中ロワール河畔の町トゥールに立ち寄ったことから、船でビスケー湾を越えた旅とみられる。ガリシア地方は海路によって、北ガリアやブリテン島と結ばれていた。

七世紀にはいると、史料上は国外への関心が激減する。ローマ教皇庁とヒスパニア教会との往復書簡は残るものの、内容はコミュニケーション不足を暗示するものが多く、全般に六世紀に比べて交流が停滞したことを思わせる。とはいえ、反ユダヤ法から七世紀末にもユダヤ人が港で海外取引に携わっていたことが知られるので、貿易が引き続きおこなわれていたことは明らかである。しかし、輸出入の品目などの細部についての情報はない。

▼補説2▲　ガラエキアのスエヴィ王国

現在のスペインのガリシア地方からポルトガル北部にかけて、イベリア半島の北西部は、ローマ時代には属州ガラエキアを構成していた。ゲルマン人の到来後、このガラエキアに建国されたのがスエヴィ王国である。

スエヴィ族は、紀元前一世紀のカエサルの『ガリア戦記』にも登場するゲルマン人の一部族である。古くから名は知られていたが、実態についてはそれほどつまびらかでなく、おそらく移動期以前から、混成部族の性格をもっていたと考えられている。

四〇七年、スエヴィ族はヴァンダル族やアラン族とともにライン川を越えてローマ帝国領内にはいった。ガリアを通過してピレネー山脈を越え、四〇九年にヒスパニアに到来した彼らは、ローマ側の混乱にも乗じてヒスパニアを席巻し、四一一年、「同盟者」として属州ガラエキアへの定住を認められた。こののち五八五年に西ゴート王国に併合されるまで約一世紀半のあいだ、スエヴィ王国はイベリア半島の北西部ガラエキアを領土として存続する。

一七〇年余りのスエヴィ王国の歩みのうち、史料が残っている時期は限られている。ヒスパニアへの到来から四六九年までの約五〇年間については、ガラエキアのカトリック司教ヒダティウスの『年代記』に語られるが、その後一〇〇年近くものあいだ、まったく動向のわからない時期がはさまる。五六一年以降五八五年までの末期に関しては、隣国西ゴートの史料であるビクラルのヨハネス『年代記』とセビーリャのイシドルスの『スエヴィ人の歴史』などからうかがえるが、断片的で不完全な情報である。すなわち、スエヴィ王国については今なお、大半が不明なままである。

ヒスパニアに到来した時期の王はヘルメリク(在位四〇六頃〜四三八頃)であった。この王の時代には、四一八年の西ゴート族のヒスパニア侵入と、その後の混乱のなかで、スエヴィ族とアスディング・ヴァンダル族の戦闘があり、アスディング・ヴァンダル族が南へ追いやられたことが知られる。ガラエキアに残ったスエヴィ族はローマ人と講和し、スエヴィ王国の領域が確定された。

つぎのレキラ王(在位四三八〜四四八)は、アスディング・ヴァンダル族のアフリカ渡航ののち南下し、エメリタ・アウグスタ(現メリダ)を占領して都とした。続くレキアル王(在位四四八〜四五六)は、西ゴート王テオドリック一世の娘を妻としたが、王自身はカトリック教徒であったことがヒダティウスの『年代記』によって知られる。スエヴィ族はそれまでキリスト教を受容していなかったので、レキアル王のカトリック受容は興味深い。ただしこれは王の個人的な信仰であり、部族に対しても伏せていたようである。

四五六年にレキアル王が西ゴート王テオドリック二世との戦いで敗死したのち、数年間で四人の王が擁立される分裂状態をへて、四六二年頃、レミスムンド王(在位四六二頃〜?)が即位した。この王の治世の四六六年に、スエヴィ王国はアリウス派キリスト教を受け入れたとみられる。おそらく勢力を増してきた隣国西ゴートの影響によるものだろう。しかし、これ以後ヒダティウスの『年代記』の記述はとだえ、王国史は闇に包まれる。

再びスエヴィ王国の消息が知れるのは、約一〇〇年後の五六一年である。このときアラミル王のもとで、第一回ブラガ会議が招集された。これによってスエヴィ王国がカトリックに改宗したことが知られる。カトリック改宗にはブラガ大司教マルティヌスの貢献があったことが知られているものの、断片的な史料は記述に食違いがあり、改宗の事情はもとより、どの王の治世だったかさえ特定されていない。ただ、隣国西ゴートの影響で一〇〇年前に受け入れたアリウス派を放棄したことから、スエヴィ王国がフランク王国との関係を深め、西ゴートに背を向けがちになっていたことがうかがえる。

アラミル王のあと五六〇年代のうちにテオデミル王が即位し、ついで五七一年からミロ王が立った。この頃から隣国西ゴートのレオヴィギルド王が活発な軍事活動を展開してスエヴィ王国を圧迫するようになった。五七〇年代にミロ王はレオヴィギルド王に服従の意を示し、西ゴートで起こったヘルメネギルドの反乱に際して五八三年、ミロ王も出兵したことが知られている。しかしこの出陣でミロ王は没した。

ミロ王の死後エボリク王が立つが、アウディカの簒奪によって王位を奪われる。この王位継承争いにレオヴィギルド王が介入し、五八五年、スエヴィ王国は西ゴート王国に併合されてその歴史を終えた。

半島の一角に存続したスエヴィ王国については、史料の少なさと断絶も原因となって歴史的な評価はないに等しい。しかし、海路を通じてガリアやブリテン島とも活発な交流をもち、またローマ末期からプリスキリアヌス派異端が残っていたスエヴィ王国には、文化的・社会的に興味深い面も多く、さらに解明されていくことが望まれる。

注

（1）属州ヒスパニアの人口は、紀元一世紀で一〇〇〇万人とされるが、六世紀には戦乱の影響などでおよそ半減していたとみられている。一方の西ゴート族は移動期に約二〇万人とされることから、ヒスパニアの西ゴート王国での西ゴート族の人口比は、おおむね三〜四％と考えられる。これらの西ゴート族はヒスパニア全土に定住したわけではなかった。西ゴート族の定住が集中したのは、現在のセゴビア付近を中心に、南はトレード、北はブルゴス付近にいたる、半島中央部である。

（2）レコポリスは、マドリードから約五〇キロほど東に位置した。現在およそ一〇〇×一五〇メートルほどの遺跡のうち北端に、細長い広間をもつ宮殿、教会堂などが発掘されている。

（3）単意説は、キリスト単性説（キリストの神人両性を否定し神性のみがあるとする主張で五世紀に異端とされた）の一種として七世紀にあらわれ、東ローマ皇帝の支持を得て東方教会に勢力をもった。西方教会はこれを異端とする姿勢を表明し、ユリアヌスもローマ教皇に同調する書簡を送ったが、そのなかの文言に教皇が不服を示し、ユリアヌスが反論して決裂した。

（4）トレードのある属州カルタギネンシスの州都は、ローマ時代カルタヘーナにおかれていた。カトリックの大司教座は州都に定められたので、トレードは大司教座でなく司教座であった。アタナギルド王のときカルタヘーナが東ローマ領となったことで、グンデマル王（在位六一〇〜六一二）の代に大司教座をトレードへ遷すことが定められたが、実行は保留されていた。保留の事情は不明だが、おそらく東ローマ軍の駆逐が進み、カルタヘーナが西ゴート領に復したためと思われる。六八〇年にトレード司教となったユリアヌスは、六八一年の第一二回トレード公会議でかつての決定に言及し、あらためて大司教座をトレードに定めると決議した。これによってトレード司教であったユリアヌスは大司教となった。

（5）『西ゴート法典』第一二編第二章には、過越しの祭りやサバト（土曜の安息日）、ユダヤ教の風習での結婚式、割礼、食事（豚肉食の忌避）など、ユダヤ教に由来する生活習慣や儀礼を禁じている。また、キリスト教徒に対する訴訟、キリスト教徒奴隷への割礼を禁止し、キリスト教徒に対しても、ユダヤ人を庇護したり仕事を与えたりすることを禁じている。『西ゴート法典』第一二編第三章では、上記の禁止のほか、キリスト教に反する書物を読むこと、キリスト教徒の地主や執行人の代理としてキリスト教徒に権力をふるうことが禁止されるとともに、旅行の制限、キリスト教の祝祭日に司教のもとで集会をおこなうことなどが定められた。

玉置さよ子

第三章　イスラーム期のスペイン

1　アンダルスの成立

イスラーム勢力のイベリア半島征服

七一一年、イベリア半島はターリク・ブン・ジヤードに率いられたマグリブ(北西アフリカ)からのイスラーム勢力の侵入に直面した。当時のイスラーム勢力は、深刻な内乱を克服したのち、ダマスクスのウマイヤ朝カリフのもと、東西に盛んな対外征服を再開しつつあるところだった。現在のモロッコにあたるマグリブ西部もイフリーキヤ総督ムーサー・ブン・ヌサイルによって征服されたばかりで、イベリア半島征服もこの一連の征服活動の延長とみなすことができる[1]。ただし、イベリア半島征服軍の人的構成は、初期段階では指揮官のターリクを含めてほとんどが新征服地マグリブ出身のベルベルであり[2]、東方出身のアラブはほとんどいなかった。マグリブのベルベルはアラブに征服された直後から部族集団単位で急速にイスラームに改宗していくが、それは莫大な戦利品収入が見込めるイベリア半島征服への参加の機会を得ようとしたためであると考えられる。

西ゴート王ロドリーゴ(ロデリック)は、ターリク軍の侵攻をいわゆるグアダレーテ河畔の戦いで迎え撃つが敗北し、以後その消息を絶った。ターリクは分遣隊をコルドバなどに派遣する一方、自らは王都トレードに進軍してほぼ無抵抗のうちに占領し、西ゴート王国は事実上滅亡した。この成功を目にして、イフリーキヤ総督ムーサーもアラブを主力とする軍を率いてイベリア半島にはいり、セビーリャ、メリダなどを征服したのち、ターリクと合流してサラゴーサを陥落させた。さらに、ムーサーの息子アブド・アルアジーズは東海岸、ポルトガル方面、バルセローナなどを征服して、七一四年までにはイベリア半島のほぼ全域がイスラーム勢力の支配下にはいった。

この征服の過程では組織的抵抗はほとんどみられず、頑強な抵抗を示したのはメリダなどわずかな都市だけであった。このように比較的容易に征服が完了した背景としては、征服軍に対する協力者の存在を指摘しなければならない。西ゴート王ロドリーゴに愛娘を奪われたセウタ太守フリアンがターリクに協力したというよく知られた伝説は、それ自体としては信じられないものの、ターリクのジブラルタル海峡横断を手助けした勢力がいたことを示唆している。また、西ゴート王国末期の断続的な迫害により、ユダヤ人(ユダヤ教徒)も征服軍に協力的だった。しかし、おそらくそれ以上に重要だったのは、西ゴート王国内部での王位継承争いである。西ゴート王ウィティザの孫娘の血を引く十世紀の年代記作者イブン・アルクーティーヤ(「ゴート娘の子」の意)によれば、ウィティザ王の死後、王位を簒奪したロドリーゴに対抗するため、ウィティザ王の息子オルムンド、ロムロ、アルダバストの三人はムスリム(イスラーム教徒)軍に協力し、その功によって兄弟はそれぞれセビーリャ、トレード、コルドバ周辺の土地の所有をムスリム側から安堵されたという。

こうしてイスラーム勢力下にはいったイベリア半島は、アラビア語でアンダルス(定冠詞をつければアル・アンダルス)と呼ばれた。この地名の初出は古く、すでに七一六年に作成されたディナール金貨には、造幣地として片面にラテン文字で **Spania**、反対面にアラビア文字で **al-Andalus** と表記されている。一般にアンダルスは、「イスラーム・スペイン」あるいは「ムスリム・スペイン」と同義、すなわちイスラーム支配下のイベリア半島と理解されているが、少なくとも当初は **(Hi)spania** と同義のイベリア半島全域を示す地理的な呼称であった。その語源については、イベリア半島を経由してアフリカへ渡ったヴァンダル族に由来するというのが通説とされているが、ヴァンダル族のイベリア半島滞在は極めて短期間でありこの通説には疑問がある。したがって、伝説上の西方の大陸「アトランティス」に由来するという説や民族大移動期に西ゴートに割り当てられた土地 Landahlauts に由来するという説などさまざまな仮説が提示されている。ただし、いずれも現時点では決定的な論拠に欠けるといわざるをえない。

ムーサー・ブン・ヌサイルがターリク・ブン・ジヤードとともにダマスクスへ凱旋すると、アンダルス総督にはムーサーの次男アブド・アルアジーズが任じられたが、まもなく征服軍のアラブ系有力者によって暗殺された。アンダルス総督職は原則としてカイラワーンのイフリーキヤ総督によって任命されたが、中央の政争と結びついたウマイヤ朝カリフ(3)によるイフリーキヤ総督の解任・任命と連動してアンダルス総督も交替をよぎなくさせられることが多かった。また、征服者として得た土地・戦利品の保持に固執する征服軍将兵はカイラワーンやダマスクスといった上位権力者の統制をきらう傾向が強く、ときに暴力的な手段で総督交替をかちとることもあった。後《こう》ウマイヤ朝成立までの約半世紀のうちに延べ二〇人もの総督が交代するという政治的不安定はこのような事情による。なお、総督の居所は当初はセビーリャであったが、まもなくコルドバに移された。

このような政治的不安定にもかかわらず、アンダルスのムスリムはさかんにガリア方面へ遠征軍を送った。南仏ラングドック地方のナルボンヌはその拠点であり、西のトゥールーズ方面へ、あるいは東のローヌ川流域方面へと略奪遠征を繰り返した。しかし、ピレネー以北での軍事行動は補給の困難や兵士として動員できる人的資源の限界もあり、順調には進まなかった。七二一年にはアキテーヌ公ウードによりムスリム軍は敗北を喫し、当時のアンダルス総督が戦死した。その後、一時ムスリム側は勢力を回復し、七三二年にはアンダルス総督アブド・アッラフマーン・ガーフィキーがバスク方面からピレネーを越え、アキテーヌ公ウードを破ってロワール川方面へと進軍した。しかし、フランク王国の宮宰カール・マルテルにトゥール・ポワティエ間の戦いで破れ、再び総督自らが戦死するという事態にいたった。これ以後もムスリム勢力は南仏での活動を続けるが、七四〇年代にアンダルスが内乱状態に陥るとそれも下火となり、拠点であったナルボンヌが七五九年にフランク王ピピンによって奪われると、ピレネー以北でのムスリムの活動は終焉を迎えた。

イベリア半島内部においても、半島の最北端までは自然環境の違いもあってムスリムの入植や支配はおよばなかった。のちに半島北部にキリスト教徒諸国が形成されるようになると、サラゴーサ、トレード、メリダの三都市を中心にした地域はそれぞれ上辺境、中辺境、下辺境と呼ばれ、キリスト教徒勢力圏に遠征する際の前線基地の役割を担うようになった。

征服者と被征服者

中東におけるアラブ・ムスリムの征服活動の場合と同様に、アンダルスにおいてもキリスト教徒やユダヤ教徒の被征服者はジンミー(保護民)として扱われた。彼らは、ムスリムと同様に唯一絶対の神を信仰し、神からの啓示を啓典としてもつ「啓典の民」とみなされ、征服者側との契約により生命・財産の安全や旧来の信仰・社会生活の保持を許された。このようにイスラーム政権下では異なる宗教の共存が制度化されてはいたが、当然のことながら、それはあくまで征服者の宗教であるイスラームの優越を前提としたものであった。ジンミーはイスラーム政権への服従を要求され、人頭税ジズヤによってムスリムよりも重い税負担を課せられていた。

アンダルスにおける征服者・被征服者間の契約としてよく知られているのがトゥドミール(テオドミーロ)の契約である。トゥドミールは、アンダルス東部のオリウエラを中心に広大な地域に勢力を張っていた西ゴート系貴族である。彼は征服軍に対して抵抗を続けていたが、七一三年にムーサー・ブン・ヌサイルの息子アブド・アルアジーズと和約を結んでその支配下にはいった。後代に編纂された複数の年代記史料などに転記されたこの和約の文面には、契約の地理的な適用範囲が明示されたうえで、そこでの住民の安全や信仰の維持が保証されるとともに、トゥドミールにはその地域の事実上の支配権も認められている。一方、それと引き替えにトゥドミールとその住民に対しては、ムスリムに反抗しないことに加えてジズヤが課せられ、その税額が貨幣、小麦、大麦、ハチミツなどの品目をあげて詳細に明示されている。アンダルス各地でおおむねこれと同様の契約が征服者と被征服者側の有力者とのあいだに結ばれ、ジズヤ収入が確保されている限りは、トゥドミールのような有力者の在地支配に対してムスリム征服者側は積極的には介入しなかったと考えられる。

しかし、和約ではなく武力によって征服が実現された場合には、征服地の五分の一《フムス》をカリフの取り分として中央政府に差し出したうえで、残りを征服軍将兵のあいだで分配することが許されていた。このように武力で征服されたとされる地域では征服軍将兵が直接土地を獲得することになった。もちろん、自らの土地所有を正当化したい征服軍将兵と、税収確保のためそれをできるだけ制限したい中央政府との思惑に左右されてさまざまなフィクションが史料に混入しているため、個々の地域の征服が和約によるのか武力によるのかの判断は極めて難しい。

ともあれ、こうして土地を得た征服軍将兵は、コルドバやセビーリャのような都市部だけでなくアンダルス各地の農村部にも入植した。もっとも、アラブとベルベルとのあいだでは入植先に大きな違いがあった。広大なウマイヤ朝の支配層を構成するアラブが主としてグアダルキビル川流域などアンダルス南部の肥沃な地域に入植したのに対して、アンダルスに限れば征服者でありながら帝国全体では被支配者に位置づけられるベルベルはおもに北方の辺境や山岳地帯に入植した。中東においては、征服事業に従事したアラブ兵士は軍営都市《ミスル》に集住し、国家から定期的に俸給を受けるのを原則としていたが、アンダルスでは軍営都市への集住は顕著にはみられず、アラブかベルベルかを問わず多くの征服軍将兵が農村地帯にも散らばっていたことが特徴的である。

ウマイヤ朝の混乱とアンダルス

八世紀半ばになると、ウマイヤ朝全域においてさまざまな矛盾が表面化し始めた。とくに深刻なのが、被征服者出身の新改宗者からの待遇改善要求、および帝国の統治方針をめぐる意見対立とも結びついた部族間抗争だったが、この二つの矛盾はアンダルスでもみられた。

七四〇年、ジブラルタル海峡のアフリカ側の港町タンジェでハワーリジュ派の影響を受けたベルベルの反乱が勃発した。ハワーリジュ派はダマスクスのウマイヤ朝に対してたびたび反乱を起こしてきた分派で、アラブか非アラブかの出自を問わず正しい信仰をもつ者であればだれにでもカリフの資格は認められるという一種の平等主義的な主張をもっていた。このため、アラブ優位のウマイヤ朝体制下で不満を募らせていたベルベル・ムスリムの共感を呼んだのである。この反乱はまもなくアンダルスにも飛び火し、ドゥエロ川流域やメリダなど半島北西部・中部で大規模なベルベル反乱が生じた。当時のアンダルス総督イブン・カタンはこれに対して討伐軍を派遣したが敗退した。

ベルベルの反乱はもう一つの混乱要因をアンダルスにもたらすことになった。タンジェのベルベル反乱を鎮圧するためにシリアから派遣されたウマイヤ朝の討伐軍が七四一年に惨敗すると、その敗残兵約七〇〇〇人がマグリブからアンダルスへ逃れてきたのである。アンダルス総督イブン・カタンはこのシリア軍の生残りをアンダルスのベルベル反乱鎮圧に利用しようとしたが、やがてシリア軍の首領バルジュ・ブン・ビシュルによって殺害され総督の座を奪われた。これに対して七一一年の征服時からアンダルスに住みついていたアラブはイブン・カタンの二人の息子のもとに結集し、シリア軍と対立した。こうして新来のシリア軍に対して、旧来の征服者としての既得権を守ろうとする「土地の者たち《アフル・アルバラド》」とのあいだで激しい抗争が繰り広げられ、バルジュ自身もこの争いのなかで戦死した。

シリア軍と「土地の者たち」とのあいだの抗争は、七四三年に任命された新総督アブー・アルハッタールによってとりあえずの解決策が提示された。すなわち、新総督の裁定によってシリア軍を構成する各軍団(ジュンド)はアンダルス南部にそれぞれ入植地を割り当てられ、これにより「土地の者たち」との住分けがはかられたのである。例えばダマスクス軍団はイルビーラ(グラナダ近郊。ローマ期のエルビーラより北西に位置する)を、ヒムス軍団はセビーリャとニエブラを、キンナスリーン軍団はハエンをというように入植地を指定され、その近郊の土地を得た。こうしてシリア軍は生活の基盤を得る一方で、その軍事力はコルドバを離れて各地に分散された。その際、シリア軍に土地を差し出すよう強いられたのは西ゴート王族出身でムスリムの征服に協力したアルダバストらキリスト教徒の先住民であり、「土地の者たち」の既得権を侵さないように配慮がなされていた。

しかし、アブー・アルハッタールの統治も長くは続かなかった。ウマイヤ朝期のアラブ支配層は、政治権力をめぐる党派抗争のなかでしだいに「北アラブ」と「南アラブ」のいずれかの系譜に自らの部族を位置づけるようになっており、この南北アラブの対立がしばしば内乱を引き起こしていた。「南アラブ」によるカリフ・ワリード二世の暗殺(七四四年)は再度内乱を引き起こし、それはアンダルスにも波及した。「南アラブ」系カルブ族に属する総督アブー・アルハッタールは露骨な親「南アラブ」優遇政策をとったために、「北アラブ」に属するキンナスリーン軍団の有力者スマイル・ブン・ハーティムと対立し、総督の座を追われた。この抗争は、七四七年にスマイルが「土地の者たち」の有力者ユースフ・フィフリーを総督に擁立することでとりあえずは収束した。ユースフはメッカのクライシュ族出身で、しかもマグリブ征服の最初の指揮官ウクバ・ブン・ナーフィウの曾孫にあたり、アンダルスでは高貴な家柄であるとして声望が高かった。この声望とスマイルに代表されるシリア軍の軍事力によってユースフは約一〇年間にわたって政権を維持することに成功した。ダマスクスのウマイヤ朝が滅亡(七五〇年)したのちも、ユースフは新王朝アッバース朝から総督の地位を追認された。しかし、それまでの対立関係や矛盾が解消されたわけではなく、辺境方面やベルベルの入植地域にはユースフ政権の支配はおよんでいなかった。

このように、七四〇〜七五〇年代のアンダルスの政治過程は、アラブとベルベルとの対立、「土地の者たち」とシリア軍との対立、そして南北アラブの対立と幾重にも入り組んだ対立関係のなかで推移していった。しかし、この政治的混乱のなかで人口の圧倒的多数を占めるはずのイベリア半島の先住民がはたした役割については、先のアルダバストの例を除けば史料は詳しくは語っていない。

2　初期の後ウマイヤ朝

後ウマイヤ朝の成立

七五五年、アンダルス南岸のアルムニェカルにウマイヤ朝カリフの一族アブド・アッラフマーンが上陸した。ウマイヤ朝を滅ぼしたアッバース朝の追跡から逃れてきた彼は、アンダルス南部に入植していたシリア軍将兵のうちウマイヤ家のマウラー（従属民）[4]の支援を取りつけることに成功した。年代記史料の記述によればシリア軍構成員のじつに二〜三割がウマイヤ家のマウラーであったという。当時のアンダルス総督ユースフ・フィフリーはこのウマイヤ家の亡命者を懐柔しようとしたが、両者の交渉は決裂した。アブド・アッラフマーンはウマイヤ家のマウラーに加えて、総督ユースフの北アラブ優遇策に不満をいだく南アラブが多いヒムス軍団をも味方につけ、七五六年、コルドバ郊外のムサーラの戦いでユースフ軍に勝利した。ユースフ政権の実力者であったシリア軍のスマイルはアブド・アッラフマーンに屈し、再起をはかったユースフもトレードへ逃亡する途上で七五九年に暗殺された。こうしてアブド・アッラフマーン一世（在位七五六〜七八八）は、アンダルスに後《こう》ウマイヤ朝[5]を樹立した。

しかし、その後のアブド・アッラフマーン一世の統治は、各地に頻発する反乱の鎮圧に忙殺された。「土地の者たち《アフル・アルバラド》」はシリア軍に続いて出現した新たな支配者の存在を快く思わず、政権樹立に功のあったセビーリャのヒムス軍団もやがて反抗的な態度を示すようになった。さらに、これらの反乱にはフランク王国やイスラーム共同体の再統一を試みるバグダードのアッバース朝など外部勢力が介入した。とりわけトレードやサラゴーサといった辺境地域の「土地の者たち《アフル・アルバラド》」は、前総督ユースフの縁者を擁立するなどして頑強な抵抗を示した。サラゴーサではフランク王カール大帝(シャルルマーニュ)の援軍も得ながら、アブド・アッラフマーン一世治世末期の七八三年まで抵抗が続けられた。なお、カール大帝が七七八年のサラゴーサ遠征の帰途で遭遇したバスク人の襲撃が、有名な叙事詩『ローランの歌』の題材となっている。また、現クエンカ周辺の山岳地帯では、預言者ムハンマドの末裔と称するベルベル系のシャクヤーがシーア派[6]的な反乱を起こし、この地域のベルベルを糾合して七六八年から七七七年まで約一〇年間にわたって後ウマイヤ朝に抵抗した。

シャクヤーの反乱が鎮圧され、それに続いてサラゴーサもアブド・アッラフマーン一世に屈服すると後ウマイヤ朝の統治はようやく安定をみるようになった。コルドバでは盛んな建設事業が開始され、王都としての体裁を整え始めた。それまでコルドバの大モスク(現メスキータ)はグアダルキビル川に面するサン・ビセンテ教会の敷地をキリスト教徒と折半して運用していたが、この時期に残り半分もイスラーム政権に買い取られ、新たな大モスク建設が開始された。それに隣接して王宮(現アルカサル)が建設されたのもこの時期である。

アブド・アッラフマーン一世の治世には、侍従《ハージブ》を中心にワジールと呼ばれる複数の高官が国政の枢機に参画し、ときに軍事行動の指揮官ともなるという後ウマイヤ朝の統治機構の原型もかたちづくられた。司法は裁判官《カーディー》が司っていたが、イスラーム法学が未発達のこの時期には、征服軍将兵のなかでもとくに敬虔とみなされた人物がムスリム同士の係争を裁いていた。

アブド・アッラフマーン一世の政権において政治・軍事の中核を担ったのは、ウマイヤ家の一族およびウマイヤ家のマウラーである。そのなかには、アブド・アッラフマーン一世自身の東方からの逃避行に付き従った股肱《ここう》の臣バドルのほか、シリア軍のなかにいたマウラーやウマイヤ家復興を伝え聞いて東方から亡命してきたマウラーなどがいる。彼らのほとんどは出自不明だが、おそらくはシリアにおいて奴隷解放や改宗といった事由によりウマイヤ家の従属下にはいった者たちであろう。しかし、その他にアンダルスでの戦争捕虜出身でウマイヤ家のマウラーとなった者もいた。マウラー以外のシリア軍将兵に対しては、セビーリャのヒムス軍団が七七〇年代にたびたび反乱を起こしたのをきっかけにアブド・アッラフマーン一世の信用はしだいに失われていった。征服地を再分配されたシリア軍は最初期の征服軍の子孫とともにジュンドと呼ばれ、十世紀後半まで後ウマイヤ朝の「正規軍」とみなされてはいるが、歴代君主の信頼はもっぱらジュンドのなかでも擬制的に同族とみなされるマウラーに向けられていた。後ウマイヤ朝の全時代を通じてワジールや侍従《ハージブ》といった高官を多く輩出したのは、アブー・アブダ家やフダイル家のようなマウラー家系であった。

ウマイヤ家の君主のもと、東方から多くのウマイヤ家一族やそのマウラーを迎えた新政権は、いわばダマスクスのウマイヤ朝の亡命政権ともいうべき存在であった。しかし、十世紀初頭までの後ウマイヤ朝歴代君主は、ダマスクスの先祖と違い、公の場でカリフを名乗ることはせずアミール(将軍、総督)という称号にあまんじていた。たしかにアブド・アッラフマーン一世は金曜日の集団礼拝の説教《フトバ》(7)から仇敵アッバース朝カリフの名を削除することを命じ、さらに自分自身の名を刻み込んだ貨幣を作成して、アッバース朝カリフのアンダルスに対する宗主権を否定した。しかし、ウマイヤ家の宗主権がアンダルスの外にもおよぶとまでは主張しなかったのである。これは、複数のカリフが並び立つことは、理念上のイスラーム共同体の統一をそこなうことになると考えられたからであった。このため、後ウマイヤ朝は、イスラーム世界全体に君臨する正統なカリフは不在であるという立場をとっていた。しかし、後ウマイヤ朝君主が自らを「カリフの末裔」と称し、ときには頌詩《しょうし》のなかでカリフと呼びかけられていたのも事実であり、その王権にはたしかにダマスクスのカリフ時代の記憶が刻み込まれていた。

後ウマイヤ朝支配の確立

アブド・アッラフマーン一世の死後、その子ヒシャーム一世(在位七八八〜七九六)、続いてヒシャーム一世の子ハカム一世(在位七九六〜八二二)が、あいついでアミール位を継承した。この二人のアミール位継承に対しては、ヒシャーム一世の兄スライマーンと弟アブド・アッラーがバレンシア地方や辺境地帯に拠って抵抗した。アブド・アッラーはフランク王国のカール大帝に支援を求め、この結果、八〇一年にバルセローナがフランク王国に占領された。

ハカム一世の治世は、強圧的な手段で中央政府の支配を国内の隅々にまでおよぼそうとした時代だった。ムスリム征服者の入植が少なく住民のほとんどが先住民出身者だったトレードでは、後ウマイヤ朝建国当初からしばしば反乱が生じていた。これに対してハカム一世からトレード太守として派遣されたムワッラド(イスラームに改宗したキリスト教徒)のアムルース・ブン・ユースフは、七九七年、トレードの有力者を欺いて虐殺し、その遺体を城砦内の掘割のなかに投げ込んだ(「掘割の事件」)。しかし、この強圧的な政策にもかかわらず、トレードではハカム一世の治世を通じて反乱が繰り返された。一方、コルドバには君主の意のままになる軍事力として外国人奴隷から成る部隊が創設され、その指揮はキリスト教徒の寵臣ラビーウに委ねられた。キリスト教圏からの戦争捕虜やピレネー以北との交易でもたらされた奴隷から成るこの部隊は、アラビア語を話さなかったためフルス(唖者)と呼ばれた。

ハカム一世の強圧的な統治は、王都コルドバの住民に対しても向けられた。当時、コルドバでは人口の増加とともにグアダルキビル川を越えてその南岸にまで都市域が広がり、大きな郊外区(ラバド)が形成されていた。その主要な住民は中下層のムワッラドで、彼らはアラブ支配層に対する不満を募らせていた。こうしたなかでハカム一世がラバド地区で課税強化を実施し、しかもその徴税責任者にキリスト教徒のラビーウを任じると、八一八年、大規模な住民反乱が生じた。住民たちはグアダルキビル川北岸の王宮にまで迫る勢いを示したが、ハカム一世はフルス軍を動員して反乱を鎮圧し、ラバド地区は破壊された。

この事件で注目されるのは、反乱にマーリク派のイスラーム法学者が関与していることである。八世紀後半から九世紀にかけてはイスラーム世界中核部でイスラーム法学が体系化されていく時期にあたるが、アンダルスからも東方に遊学して法学の知識を持ち帰る者たちがでてきていた。アンダルスではとくにメディナの法学者マーリク・ブン・アナスやその弟子たちの教説(マーリク派法学)が紹介された。ベルベル系のヤフヤー・ブン・ヤフヤーをはじめとするアンダルスのマーリク派法学者たちは、ハカム一世による課税強化をイスラーム法に規定のない非合法税であるとして激しく非難していた。ラバドの反乱は、ムワッラド住民のアラブ支配者に対する不満と、マーリク派法学者のイスラーム法に基づく統治への希求とが結びついて生じたものだったといえる。

ハカム一世の跡を継いだアブド・アッラフマーン二世(在位八二二〜八五二)の統治は、マーリク派法学者の存在を意識したものとならざるをえなかった。彼は即位と同時に父王の寵臣ラビーウを処刑し、さらにイスラーム法に規定のない非合法税の廃止を宣言して前代からの刷新をムスリム臣民に印象づけた。また、ラバドの反乱後、トレードに身を隠していたマーリク派法学者ヤフヤー・ブン・ヤフヤーの罪を許し、かえってこれを重用した。ヤフヤー自身は無位無官の身でありつづけたがアブド・アッラフマーン二世から大きな信頼を寄せられ、コルドバの裁判官《カーディー》の選任はしばしば彼の意見に左右されたという。こうして後ウマイヤ朝はマーリク派法学者を統治体制に取り込んでいった。

これと並行して行政制度の整備も進んだ。君主は、侍従《ハージブ》やワジールと定期的な会合をもつようになり、国家の重要事項が議論された。新たな官職としてコルドバに都市長官《サーヒブ・アルマディーナ》が設けられ、治安維持をはじめとする広範な都市行政を統括した。アブド・アッラフマーン二世の治世には中央集権化が進み、地方では前代までのような反乱は影を潜めるとともに、安定的に税収がコルドバにもたらされるようになった。このことは、この時期に貨幣の発行量が大きく増大していることからみてとれる。また、バグダードのアッバース朝の影響を受けて、印章や宮廷儀礼などにカリフ的な文言や所作が付け加えられ、政治文化は前代から大きく変化した。さらに君主から下賜される衣服や織物をつくる工房(ティラーズ)がコルドバのみならず各地に設置され、貨幣とともに君主の恩寵や威光を国内の隅々にまで知らしめる役割をはたした。

バグダードの影響は、生活文化の面でもみられた。当時のアンダルスにおける東方文化の象徴ともいえるのが、バグダードから移住してきた音楽家ジルヤーブである。音楽の才能を見込まれてコルドバの宮廷に招かれた彼は、料理・衣服などにおいてもバグダードの流儀をアンダルスにもたらし、それは一種の流行として宮廷のみならずコルドバの上層社会に広まっていった。

九世紀半ばにはアンダルスにもノルマン人が襲来した。アラビア語史料でマジュース(ゾロアスター教徒)と呼ばれる彼らは、八四四年に大西洋に出現し、グアダルキビル川を遡ってセビーリャとその周辺を略奪した。この襲撃は、西欧におけるものほど深刻な影響をもたらすものではなかったが、これ以後、後ウマイヤ朝では沿岸警備や艦隊の増強に力がそそがれた。

アンダルスのアラブ化とイスラーム化

九世紀になると、キリスト教徒先住民のなかにアラブ征服者の言語・生活文化を取り入れる者たちが増加し、なかには信仰のうえでもイスラームに改宗する者たちがあらわれ始めた。これらアラブ化した先住民をモサラベと呼び、さらにイスラーム化した先住民をムワッラドと呼んでいる。(8) アラブ化・イスラーム化の進展は、周辺住民を吸収しつつ急速に膨張しつつあった王都コルドバにおいてとりわけ著しかったが、コルドバから発信されるアラブ・イスラーム的な文化の影響は地方にもおよんでいった。

アラビア語を身につけたキリスト教徒のなかには後ウマイヤ朝に官吏として仕える者もいた。原則的には、非ムスリム官吏がムスリム統治にかかわる職務に就くことは許されず、彼らの権限はキリスト教徒共同体からの徴税業務などに限られるはずだったが、実際には君主に重用されて権勢をふるう者もいた。キリスト教徒の高官たちはラテン語史料では伯(comes)、司法官(censor)、徴税官(exceptor)といった官職名とともにあらわれる一方、アラビア語史料ではラテン語の comes に由来するクーミスという語で呼ばれることが多い。いずれにせよ、これらの官職名には明確な職務権限が定められていたようにはみえず、その権限はそれぞれの個人的な力量と君主からの重用の程度によっていた。

クーミスとして知られる人物には、ムスリムのアンダルス征服に協力しアブド・アッラフマーン一世にも仕えた西ゴート王族のアルダバスト、ハカム一世の寵臣でラバドの反乱のきっかけとなったラビーウ、アブド・アッラフマーン二世に仕えたイブン・アントゥンヤーンなどが知られている。イブン・アントゥンヤーンには、アブド・アッラフマーン二世の死後、イスラームへの改宗と引き替えに書記業務の責任者の地位を与えられたというエピソードが伝わっている。このことは、九世紀後半になるとイスラーム化の進展の結果、ハカム一世期のラビーウのようにキリスト教徒のままでムスリム統治にかかわる役職を担いつづけることが困難になっていたことを示している。

国家の高官でなくともコルドバの住民のあいだでは、アラビア語や服装などの点で東方流の生活習慣を取り入れることが一種の流行となっていた。このことは、九世紀の俗人キリスト教徒アルバロが自著のなかで、若いキリスト教徒のあいだでラテン語への関心が薄れアラビア語ばかりがもてはやされる現状を批判したいわゆる「アルバロの嘆き」からも知られる。また、ラバドの反乱がムワッラドを中心としていたように、アラブ化の進行と並行してイスラームへの改宗者も増えていた。アブド・アッラフマーン二世治下では大モスクの大幅な拡張工事が実施されているが、このことは改宗者の増大によりコルドバのムスリム人口が著しく増加したことを示唆している。

アラブ化・イスラーム化の流れのなかにあってもキリスト教の教会組織は存続していたが、さまざまな点で変化をよぎなくされた。トレード教会に代わって君主のお膝元に位置するコルドバ教会の影響力が強まり、教会会議もしばしばコルドバで開催されるようになった。

コルドバにおいて急速に進展するアラブ化・イスラーム化は、ラテン・キリスト教文化に愛着をいだく聖職者や俗人たちのあいだに深刻な危機感をもたらした。この危機感のなかで、八五〇年頃からイスラームや預言者ムハンマドを公衆の面前で侮辱し、自ら進んで処刑されることを望むという「殉教者」が断続的に出現した。これに対してイスラーム政権側は、社会秩序を維持する必要から、「殉教」とみなされかねない処刑という対応を可能な限り回避する一方、八五二年のコルドバ教会会議開催に介入してキリスト教会側にもこの動きの鎮静化を要請した。これを受けてイスラーム政権との協調を重視する教会主流派は、一連の事件は「殉教」ではなく自殺でありキリスト教徒にとっては罪にあたると位置づけた。

この「殉教運動」は、「過酷なイスラーム支配」への抵抗運動と位置づけられたこともあったが、むしろ「殉教者」の関心は変容しつつあるキリスト教徒社会自体に向けられていたと考えるべきであろう。「殉教運動」の擁護者で自らも「殉教」したエウロギウス自身が記しているように、当時イスラーム政権側からのあからさまな迫害は存在せず、むしろ彼の批判の対象となっているのは、自ら進んでアラブ化・イスラーム化していくキリスト教徒同胞であった。

後ウマイヤ朝の危機

ムハンマド一世(在位八五二〜八八六)治世の末期、八八〇年代になるとアンダルス各地で反乱や紛争があいつぐようになり、十世紀初頭までの数十年間、とくにアブド・アッラー(在位八八八〜九一二)の治世に後ウマイヤ朝は深刻な混乱状態に陥った。この時期、年代記史料からは北方のキリスト教徒諸国への遠征活動の記事が姿を消し、コルドバ発行の貨幣量も激減する。これらの指標は、後ウマイヤ朝の危機を如実に示している。同じ頃にアストゥリアス王アルフォンソ三世がドゥエロ川流域に進出したのも、この状況に乗じたものだった。

下辺境では、ムワッラドのイブン・アルジッリーキー(「ガリシア人」の息子の意)がコルドバ政権に反抗すると同時に、下辺境の中心都市メリダに代わって新都市バダホスを建設してムワッラド住民をそこに結集し、周辺のベルベルたちと争った。その過程で、彼は一時アルフォンソ三世のもとに身を寄せたこともあった。

上辺境では、カシー家が勢力を伸ばしていた。カシー家はトゥデーラを拠点とするムワッラドの一族で、その祖カシー（カシウス）は西ゴート系貴族だったという。カシーの曾孫ムーサー・ブン・ムーサーは、すでにアブド・アッラフマーン二世治世末期の八四〇年代から後ウマイヤ朝に対して反抗と服従を繰り返し、その実力を背景にムハンマド一世から上辺境の主要都市サラゴーサの太守職を与えられるにいたっていた。また、ナバーラ王国の祖となるバスク人たちとも姻戚関係を結ぶなど、イスラーム圏と非イスラーム圏をまたぐ境界地帯に大きな勢力を築いていた。キリスト教徒側の史料によれば、ムーサーは「スペイン第三の王」と自称していたという。ムーサーの死後、カシー家は一時的にサラゴーサを失うが、八七二年にはムーサーの息子たちが武力でサラゴーサを奪取して事実上エブロ川流域を掌中にした。

一方、サラゴーサ南西のカラタユーやダローカにはアラブ系のトゥジーブ家が勢力を張っていた。彼らは、もともとはムハンマド一世によってカシー家に対する牽制の役割を期待された一族だったが、九世紀末になるとやはり後ウマイヤ朝の統制のきかない存在となっていた。このようにカシー家とトゥジーブ家とはいずれもコルドバ政権に対して反抗的な姿勢を示していたが、その一方でサラゴーサの支配権をめぐって互いに激しく対立してもいた。両者の対立は八九〇年にトゥジーブ家がサラゴーサを手中にすると、トゥジーブ家の優位のうちに推移していった。

このような地方有力者の台頭は辺境に限ったことではなく、アンダルス南部においてもみられた。アンダルス第二の都市セビーリャにおいてすら、後ウマイヤ朝の影響力は著しく低下していた。ここではアラブ系のハッジャージュ家とハルドゥーン家がセビーリャとその周辺地域を支配するようになった。しかし、やがて両家は対立するようになり最終的にはハッジャージュ家が市政を掌握した。

後ウマイヤ朝にとって最大の脅威となったのが、マラガ北方の険峻な要害ボバストロに拠るイブン・ハフスーンである。ムワッラド家系出身の彼は、八八〇年に後ウマイヤ朝に対して反旗を翻すと、周辺のムワッラドやモサラベを動員し、さらにはアンダルス各地の反乱者らと合従《がっしょう》連衡《れんこう》を繰り返しながら勢力を拡大していった。イブン・ハフスーンは、後ウマイヤ朝の主要な税収源でありコルドバにも近いアンダルス南部の農村地帯を活動地域としたため、とくに脅威であった。一時はコルドバを直接うかがう姿勢すらみせたイブン・ハフスーンだったが、八九一年のポレイの戦いで敗北した。その後はモサラベとの関係を強化し、八九九年、イスラームからキリスト教へ改宗した。この結果、多くのムワッラドたちの離反を招くことになるが、その後も、イフリーキヤのファーティマ朝との協力関係を模索するなどしてコルドバ政権への抵抗を続けた。イブン・ハフスーン自身は九一八年に没するが、その後もボバストロ周辺は息子たちが支配しつづけた。

これら一連の騒乱は、地方有力者の中央政府に対する抵抗と、ムワッラド対アラブ・ベルベルのエスニックな抗争という二つの対立関係を軸にして展開していた。アブド・アッラフマーン二世期に進展した中央集権化は、征服期に土地を割り当てられたアラブ・ベルベルの征服軍将兵や、ムスリム征服者との協定によって西ゴート期以来の地方社会に対する影響力を維持してきた先住民有力者の地位を脅かすものである。彼らの中央集権化に対する危機感が、頻発する地方反乱の背後にあった。

その一方で、同時期に進展したアラブ化・イスラーム化は、アラブ・ベルベル征服者と先住民改宗者であるムワッラドとのあいだの対立を引き起こした。ムワッラドは、イスラームが神の下での平等を原則とするにもかかわらず、実際には征服者と先住民改宗者とのあいだに厳然とした格差が存在することに大きな不満をいだいていた。アラブやベルベルの社会では部族的な紐帯《ちゅうたい》が非常に重要な意味をもつため、マウラーとなった者を除けば、征服者の系譜をもたないムワッラドが支配者集団の一員として認められるのは極めて困難だった。このようなアラブ・ベルベル征服者とムワッラドとのあいだの対立感情は、八七二年のカシー家によるサラゴーサ占領に際して多くのアラブ系住民が虐殺された事件や、逆に八八九年にセビーリャでハルドゥーン家とハッジャージュ家(女系をとおして西ゴート王族に連なるものの、男系系譜を重視するアラブ社会では彼らは生粋のアラブとみなされた)によってムワッラドやモサラベ住民が虐殺された事件にみてとれる。

一方、激しい対立意識にもかかわらず、ムワッラド有力者にとってアラビア語と日常生活のさまざまな側面にかかわるアラブ文化とは、すでに社会のエリートとして当然身につけるべき素養となっており、じつは征服者と先住民とのあいだの差異は縮小しつつあった。例えば、イルビーラにおけるアラブ・ムワッラド間抗争では、ムワッラド側の詩人アブリーがアラブ側を罵倒する詩をアラビア語で著したのに対して、アラブ側の詩人アサディーも同様に詩を用いて相手を罵倒した逸話が伝えられている。互いに激しく対立し合いながらも、いずれも自分の立場をアラビア語詩の応酬によって表現するというイスラーム以前に遡る古いアラブの慣行に親しんでいるのである。結局のところ、両者の最大の違いは、アラブの系譜のなかに自らを位置づけることができるか否かであった。そのことは、アブリーという名がアブラ村という地名にちなむのに対して、アサディーがアサド族というアラブ部族にちなむ名であることによくあらわれている。このような文化的・言語的な差異の縮小は、やがて十世紀のカリフ制下においてアンダルスがイスラーム国家・社会として統合されていくなかで、「アンダルスの民《アフル・アルアンダルス》」という共通の帰属意識を生み出すことになる。

3　最盛期の後ウマイヤ朝

国内統一とカリフ制の成立

九世紀末の危機を克服し後ウマイヤ朝に最盛期をもたらしたのは、アブド・アッラフマーン三世(在位九一二〜九六一)である。即位の翌年、セビーリャのハッジャージュ家を屈服させた彼は、つぎつぎにアンダルス各地を平定していった。

九二八年にはボバストロを占領・破壊し、長年の懸案だったイブン・ハフスーン一族の反乱を鎮圧した。続いて彼は辺境の平定に着手し、九三二年にトレードを、さらに九三八年にサラゴーサのトゥジーブ家をくだした。以後、トゥジーブ家はサラゴーサの太守職を保持しつつも、後ウマイヤ朝のキリスト教徒諸国遠征に協力しその基地としての機能を提供した。

アブド・アッラフマーン三世は、ボバストロ陥落の翌九二九年、金曜日の集団礼拝の説教において自らをアミール・アルムーミニーン(信徒たちの長)[9]の称号で呼ばせるよう支配下の各都市に命じ、さらにナーシル(「信仰の擁護者」)という君主号《ラカブ》を名乗って、全イスラーム共同体の長たるカリフであることを公式に宣言した。それとほぼ同時に、中断していた貨幣の発行も再開された。コルドバの造幣所で新たに作成された貨幣には、今までにはなかったアミール・アルムーミニーンの銘が刻まれた。また、伝統的にアンダルスで用いられていたディルハム銀貨だけでなく新たにディナール金貨も作成され、栄華を誇るカリフの存在を内外に知らしめる役割をはたした。

カリフの血統を引くにもかかわらず、理念上のイスラーム共同体の統一に配慮してアミールという称号にあまんじてきた後ウマイヤ朝がこの時期になってカリフを称したのには、九〇九年にイフリーキヤに成立したファーティマ朝の存在が関係している。シーア派王朝であるファーティマ朝は、アッバース朝のカリフ位を全面的に否定し、自らカリフを名乗っていた。すでに二人のカリフが並立する事態となっている以上、後ウマイヤ朝にとってカリフを称することへの抵抗感は従来よりも減じていた。また、ファーティマ朝は後述のようにマグリブにおける勢力争いのライヴァルであり、マグリブのベルベル系在地勢力の支持を得るためにも、ファーティマ朝と同等の称号を名乗ることは不可欠であった。

一方、カリフ宣言がボバストロ陥落の翌年で、国内統一におおよそのめどが立った時期であったことにも注目すべきであろう。九世紀後半にみられたような地方有力者の自立的な行動とエスニックな対立を抑制するには、イスラーム的な統治理念を前面に出す必要があった。アブド・アッラフマーン三世は、カリフを名乗ることによってイスラーム化が進展したアンダルス社会の統合をはかったのである。

これと並行して、イスラーム理念に基づく統治をおこなううえで不可欠な宗派的な統合も進められた。アブド・アッラフマーン二世以降、アンダルスではマーリク派法学者の影響力が強まっていたが、それ以外の法学派や宗派の潮流も東方から流入していた。法学では、バキー・ブン・マフラドのもたらしたハディース学やそれに基づくシャーフィイー派法学があった。また、イブン・マサッラはムータジラ派神学や禁欲主義の影響を受けた教説を展開し、その信奉者を増していた。それに加えて十世紀のアンダルスでは、ファーティマ朝から送り込まれたシーア派宣教員《ダーイー》の活動が、その実際の浸透の度合いはともかくとして、深刻な脅威と認識されていた。これらに対してアブド・アッラフマーン三世は、もっとも優勢なマーリク派法学に基づいて国内の宗派的な統合をはかった。彼の治世の晩年にはマサッラ派の教説を論難するカリフの書簡が数回にわたって全国に発せられ、預言者ムハンマドゆかりの都市メディナの法的伝統を受け継ぐマーリク派法学の優位性が謳われた。シャーフィイー派法学に傾倒する王子アブド・アッラーが王位を狙った罪で九五〇年に処刑されたのも、このようなマーリク派に基づく国内の宗派的統合が背景にあると考えられる。

十世紀の後ウマイヤ朝の中央政府は、九世紀までと同様に侍従《ハージブ》とワジールを中核とするものだったが、ワジールの数は九世紀までと比べて著しく増大し、中央官界の高位者であることを示す一種の称号にすぎなくなった。将軍《カーイド》や、都市《サーヒブ・》長《アルマディーナ》官、警察《サーヒブ・アッシュルタ》長官、常備軍《サーヒブ・アルハシャム》長官、騎馬《サーヒブ・アルハイル》長官といった主要な官職は、多くの場合、ワジールたちのなかから任命された。

ワジールの称号をもつ中央政府の高官は、依然としてアブー・アブダ家、フダイル家といったウマイヤ家のマウラー（従属民）を始祖にもつ家系の出身者で占められていたが、十世紀になるとそうした家系に属さない人物がカリフとの個人的関係によってワジールに任じられる例も増えた。例えば、ハカム二世の侍従《ハージブ》を務めたジャーファル・ムスハフィーはバレンシア地方のベルベル家系出身で、即位前のハカム二世の家庭教師を務めたことが出世の糸口であった。また、十世紀の後ウマイヤ朝を代表する将軍ガーリブは、イブン・アブド・アッラフマーン（アブド・アッラフマーンの息子）とも呼ばれるようにアブド・アッラフマーン三世の解放奴隷であり、カリフからの信頼と軍事的功績とによって「二つの《ズー・ア》ワジール位《ルウィザーラタイン》をもつ者」という破格の称号を得た。

軍事においては、アブド・アッラフマーン三世は旧来の正規軍ジュンドに加えて外国人奴隷から成る軍団を積極的に活用した。彼らの出自は不明のことが多いが、まれにフランク人《フィランジュ》という記述が史料にあらわれることがあり、おそらくはキリスト教徒の戦争捕虜やピレネー以北との交易で得た奴隷であろう。このほか、宮廷にはサカーリバと呼ばれる宦官も数多く仕えていた。サカーリバとは「スラヴ人」を意味するが、彼らのすべてが中東欧出身とはいい切れない。しかし、ピレネー以北との交易で得た奴隷であることは間違いないであろう。サカーリバ宦官は、つねにカリフの側近くに仕えていたため、十世紀末にはカリフ位の後継問題に介入するほどの権勢をふるうようになった。

九三六年、アブド・アッラフマーン三世は、カリフにふさわしい新都としてマディーナ・アッザフラーの造営を開始した。コルドバの北西約五キロのシエラ・デ・コルドバ山麓に位置するこの宮廷都市は、幅一・五キロ、奥行〇・五キロの長方形をなしており、一キロ四方のコルドバ旧市街にも匹敵する規模を誇った。この新都にはカリフの宮殿だけでなく、中央官庁や軍隊の駐屯地も設けられ、多くの役人・軍人たちが居住した。都市行政を管轄する都市長官《サーヒブ・アルマディーナ》もコルドバだけでなくマディーナ・アッザフラーにもおかれた。

一方、旧都コルドバも繁栄から取り残されたわけではなかった。後ウマイヤ朝の繁栄にともなって、コルドバは多くの富やモノが集まる経済都市として、また多くの知識人が集う文化都市として、さらなる発展を遂げた。当時のコルドバの人口推計は極めて困難だが、もっとも少ない推計でも一〇万人に達していたと考えられている。

マンスールの専横

アブド・アッラフマーン三世の半世紀にわたる治世のあとも、息子ハカム二世(在位九六一〜九七六)がカリフ位を継承してムスタンシルという君主号《ラカブ》をとり、引き続き安定した統治をおこなった。しかし、つぎのヒシャーム二世(在位九七六〜一〇〇九、一〇一〇〜一三)がわずか十一歳で即位すると、イブン・アビー・アーミルという野心家の台頭を招くことになった。

のちにマンスール(スペイン語でアルマンソール)という称号で呼ばれることになる彼は、もともとはアルヘシーラス近郊のアラブ系法学者の家系出身で、自身もコルドバで法学をおさめた。その知識をかわれた彼は、ハカム二世の愛妾でヒシャーム二世の母スブフの財産管理人となったのが縁で宮廷と関係をもつようになり、しだいに学問や司法の世界から離れていった。ハカム二世の死後、サカーリバ宦官が幼君ヒシャーム二世の即位をきらってハカム二世の兄弟ムギーラを擁立しようとした際には、侍従《ハージブ》のジャーファル・ムスハフィーに協力してムギーラ殺害の実行役をかってでた。この功によって彼はワジールの地位を与えられ、ヒシャーム二世治世下の実力者の一人となった。その後、軍事的実力者ガーリブの娘婿になることでその支援を獲得した彼は、九七八年、ジャーファル・ムスハフィーを失脚させて自ら侍従《ハージブ》の地位に就いた(在任九七八〜一〇〇二)。翌年にはコルドバの東郊に新都マディーナ・ザーヒラの造営を開始し、マディーナ・アッザフラーに代わってここを新たに行政の中心地とした。この新都は、その機能においても名称(いずれも「花」や「輝き」を含意するアラビア語の三子音**ZHR**から成る)においても明らかにウマイヤ家カリフの都を意識して計画されたものであった。幼少のヒシャーム二世をないがしろにするマンスールの姿勢は、ウマイヤ家に忠実な解放奴隷ガーリブの憤りを招くことになり、やがて両者の関係は決裂した。九八一年にガーリブを敗死させ、コルドバに凱旋した彼は、ここではじめてマンスール(「神により勝利を授けられた者」)という君主号《ラカブ》を名乗り、金曜日の集団礼拝での説教においてヒシャーム二世の名とともに自らの名にも言及するよう命じた。

こうして事実上の君主の座に就いたマンスールだったが、その地位の正当性には当然疑問が投げかけられていた。現にウマイヤ家の成員による権力回復の陰謀はつねにくすぶっていた。それゆえマンスールは、イスラーム的統治者として振る舞い、イスラーム法学者たちの支持を得ることで正当性を獲得せねばならなかった。彼は歴代君主の例に倣ってコルドバの大モスク拡張工事を実施し、これによって大モスクの規模は従来の約二倍となった。また、イブン・マクウィーら当代有数の法学者の支持のもと、好学で知られるハカム二世の収集した膨大な蔵書を哲学[10]などの「異端」の書を含むものであると宣告し、イスラーム諸学問および実用に供すると判断された医学・数学以外の書物を焚書《ふんしょ》にした。彼がジハードと称してさかんにキリスト教諸国への遠征をおこなったのも、自らの権力の正当性の欠如に対する懸念と無関係ではないだろう。しかし、マンスール在世中はこうしたアーミル家支配の脆弱性が表面化することはなかった。

後ウマイヤ朝と地中海世界

アブド・アッラフマーン三世は、国内を平定するとキリスト教圏への軍事遠征を再開した。夏に定期的におこなわれた遠征（「夏の遠征《サーイファ》」）は、永続的な占領をめざしたものというよりは略奪遠征に近いものだったが、九世紀後半に著しく勢力を拡大したアストゥリアス王国（のちにレオン王国）の南下を押しとどめるのに十分なものだった。また、カリフとなったアブド・アッラフマーン三世にとって異教徒に対するジハードは、自らのイスラーム君主としての正当性を強化するものでもあり、当初はカリフ自身による親征もおこなわれた。アブド・アッラフマーン三世自身は、九三九年、シマンカス近郊でおこなわれたハンダク（塹壕）の戦いでレオン王ラミーロ二世に大敗を喫したのち、自ら軍を率いることはなくなったが、後ウマイヤ朝の北方遠征はその後も続いた。九四六年には、トレードからカスティーリャ方面へいたる要路にメディナセーリの要塞が建設され、アブド・アッラフマーン三世の解放奴隷ガーリブが駐屯した。ガーリブは、続くハカム二世の治世においても対キリスト教徒戦線において多くの勝利を得た。さらに十世紀末になるとマンスールがたびた北方遠征をおこない、九九七年には聖地サンティアゴ・デ・コンポステーラをも略奪した。

十世紀の後ウマイヤ朝は、地中海を越えてマグリブ方面にも進出した。イフリーキヤのファーティマ朝は九一七年にフェズを占領してイドリース朝を屈服させ、マグリブ西部にも勢力を広げていた。これに対して、後ウマイヤ朝は、九二七年にメリーリャ、九三一年にセウタを占領し、マグリブ経営の拠点とした。後ウマイヤ朝のマグリブ政策は、直接介入よりも現地のベルベル部族をとおして影響力を確保しようというもので、マグラーワ族などがこれに応えた。ファーティマ朝との抗争は一進一退を続けたが、エジプトを征服したファーティマ朝が九七二年にカイロに遷都し東方に拠点を移すと、後ウマイヤ朝の優位が確立した。イドリース朝の残党は九七四年にガーリブによって、また九八五年にマンスールによって掃討され、マグリブ西部のベルベル諸部族は後ウマイヤ朝の宗主権を認めた。

こうして西地中海に覇権を確立した後ウマイヤ朝のもとには、各地から外交使節が訪れた。九四九年以降、ビザンツ帝国とのあいだに使節の交換がなされ、後ウマイヤ朝からはモサラベ聖職者レセムンド（アラビア語名ラビーウ・ブン・ザイド）やユダヤ教徒医師ハスダイ・イブン・シャプルートが派遣された。ビザンツとのあいだでは、クレタ島のアンダルス系海賊集団の取締りや、シチリアから南イタリアのビザンツ領をうかがうファーティマ朝に対する共同作戦などが協議された。また同じ頃、ザクセン朝ドイツ王オットー一世とのあいだにも使節の交換がなされ、ここでもレセムンドが使者として派遣された。

十世紀のアンダルスは、地中海世界各地との交易でも繁栄した。ピレネー以北のキリスト教圏とのあいだにも奴隷輸入など一定の交易関係はあったが、主要な交易相手は同じイスラーム世界に属する中東やマグリブ地域で、アンダルス産の繊維製品や陶器などがさかんに輸出された。このためアンダルス商人やアンダルス船は、地中海各地で活躍した。また、東方からは米、綿花、サトウキビ、硬質小麦、柑橘類など新たな農作物が導入され、優れた灌漑技術ともあいまって、アンダルスの豊かな農業生産を支えた。

アンダルス社会の変化

カリフ制のもとで政治的安定を実現した十世紀のアンダルスでは、アラブ化・イスラーム化がさらに進展した。アラビア語は、支配者の言語であると同時に神の言語(コーランは神が直接アラビア語でくだしたものとされている)でもあり、アンダルス社会においては特殊な地位を占めていた。それは、学問、行政、商業活動などで読み書きをするためには必須の言語だった。ムワッラドやベルベルのような非アラブ出身者であってもアラビア語に習熟した例は珍しくない。例えば、九世紀に絶大な権威を誇った法学者ヤフヤー・ブン・ヤフヤーはベルベル出身であったし、ムワッラド出身の法学者も少なくない。彼らにとってアラビア語の習得は知識人として社会的上昇を実現するために不可欠な手段だったのである。また、すでに述べたように九世紀のイルビーラで生じたアラブ・ムワッラド間の抗争では、双方がアラビア語詩の応酬でもって相手を罵倒していた。このことは非アラブであってもアラブと同じ文化的土俵の上に立って行動していたことを示唆する。

アラビア語は、ムスリムだけでなくキリスト教徒のあいだでも通用するようになっていた。「アルバロの嘆き」にみられるように、すでに九世紀にはラテン語よりもアラビア語を優先する風潮があらわれていた。十世紀になると福音書もアラビア語に翻訳され、キリスト教徒のあいだからラテン語の知識が失われていった。ただし、ユダヤ教徒の場合はヘブライ語による著述の伝統は失われず、たとえアラビア語で著述をおこなう場合であっても、その表記にはしばしばヘブライ文字が用いられた(ユダヤ・アラビア語)。

一方、キリスト教徒先住民がアラビア語を習得すると、彼らの手によって先住民文化がアンダルス社会へ継承されることにもなった。外交使節としても活躍した聖職者レセムンドをおもな著者の一人として成立したいわゆる『コルドバ歳時記』は、アラビア半島由来の星暦(アンワー暦)の記述と、ユリウス暦やキリスト教徒聖人の祝日の記述とが同居したもので、その後のマグリブ・アンダルスの暦書の原型となったものである。また、後世のアラビア語地理書に影響を与えた五世紀の歴史家オロシウスの著作もまた、キリスト教徒が関与して十世紀に翻訳されたものであった。

　このように書き言葉のレヴェル(あるいは公の場での発話)ではアラビア語の優位性は明らかであったが、話し言葉のレヴェルでは状況はより複雑であった。先住民たちのあいだでは、征服されたあともロマンス語が話されつづけ、アラブ・ベルベル系征服者のあいだにすらロマンス語を習得し理解する者がみられた。一方、都市に暮すベルベルたちは早くにアラビア語話者となったが、農村地帯においてはかなり遅くまでベルベル語が話されていたと考えられる。また、アラビア語そのものも、日常生活で話される口語と、コーランの言語として高度に体系化・規範化された正則アラビア語《フスハー》とのあいだには、大きな乖離があった。たとえ生粋のアラブであっても、読み書きに用いる正則アラビア語《フスハー》は、使いこなすには相応の教育と訓練を必要とするものだった。アンダルスにおけるアラビア語口語は「アンダルス・アラビア語」とでも呼ぶべきものであり、アンダルスに多く入植した南アラブ諸部族のアラビア語口語をベースに、ベルベル語やロマンス語の単語を取り入れて形成されたものである。

　十世紀は、アラブ・ベルベル征服者たちのあいだにあった強固な部族的紐帯《ちゅうたい》が著しく弱まっていった時期にあたる。たしかに、古いアラブ部族に属するという出自はしばしば個々人の名声を高める役割をはたしてはいた。したがって、おそらく十一世紀の著名な文人イブン・ハズムの場合がそうであるように、ムワッラドやベルベル出身でありながら偽ってアラブの系譜を名乗るという現象は依然としてみられた。しかし、そのような系譜意識が社会的な紐帯として機能し、部族集団として人びとを動員するようなことは、九世紀末から十世紀初頭の混乱期を最後にほとんどみられなくなっていた。こうした部族的紐帯の弱体化は、先住民社会のアラブ化・イスラーム化とあいまって、アラブ・ベルベル征服者と先住民とのあいだに存在した差異を小さくする方向に働いた。こうした背景のもとで、アンダルスに生まれ育ったムスリムはその出自にかかわらず、みな「アンダルスの民《アフル・アルアンダルス》」であるという意識が形成されていったのである。

　部族的紐帯の弱体化は、アンダルスの軍事制度にも大きな影響をもたらすことになった。後ウマイヤ朝の正規軍というべきジュンドの内部は部族的な紐帯によりその結束が保たれていたため、十世紀以降、彼らの軍事力としての有用性はしだいに減じていったのである。こうしたなかで新たな軍事力として期待されたのが、奴隷軍人およびマグリブから新たに導入されたベルベル系部族民だった。ハカム二世期にマグリブ西部における後ウマイヤ朝の覇権が確立されると、帰順したベルベル諸部族が数多くアンダルスに渡り、俸給を得て軍事奉仕を提供するようになった。マンスールの時代になると、軍事力として招かれるベルベル諸部族の数はさらに増大した。マンスールにとってこれらベルベル諸部族は、親ウマイヤ家的なアンダルスの旧来の支配層に代わって、アーミル家にのみ忠誠を誓う軍団としての役割を期待されたのである。マンスールは旧来のジュンドの構成員たちの軍役を解く代わりに税を徴収し、新たに到来したベルベル系軍団や奴隷出身者の軍団の維持費用とする軍制改革を断行した。こうしてアンダルスは、主たる軍事力を外来者集団に依存する社会へと変質していったのである。

4　ターイファの時代

後ウマイヤ朝の滅亡

一〇〇二年にマンスールが没したのちも侍従職《ハージブ》は息子ムザッファル(在任一〇〇二〜〇八)に世襲され、アーミル家は実権を握りつづけた。これに対してウマイヤ家側の反感もくすぶっており、一〇〇六年にはアブド・アッラフマーン三世の孫ヒシャームを巻き込んだクーデタ未遂事件も生じた。この緊張が一気に表面化したのが、ムザッファルの死後、後継の侍従《ハージブ》となった弟のアブド・アッラフマーン、通称サンチュエロのときである。ナバーラ王サンチョ二世の娘を母とするためにサンチュエロ(小サンチョの意、アラビア語史料中ではシャンジュール)と呼ばれる彼は、ヒシャーム二世に迫って自らをカリフ後継者として指名させ、アンダルス社会の反感をかっていた。一〇〇九年、サンチュエロがレオン遠征に向かうと、不在をついてコルドバでクーデタが勃発した。先のクーデタ未遂事件で処刑されたヒシャームの息子ムハンマドがコルドバ市中の商工業者など下層民を動員して蜂起し、ヒシャーム二世を廃して自らカリフに即位した。ムハンマド二世(在位一〇〇九、一〇)はマフディー(「神に導かれた者」)という君主号《ラカブ》をとったが、この号には「救世主」という意味合いもあり、正統なイスラーム国家体制の再建を喧伝するものだった。一方、サンチュエロはコルドバへ帰還する途上で暗殺され、ここにアーミル家支配は終わった。

しかし、これで安定したウマイヤ家のカリフ国家が再建されたわけではなかった。むしろ、これをきっかけにアンダルスは深刻な内乱状態に陥る。マンスールのときに大量に導入されたベルベル軍団は強大な軍事力を有する一方で、言語・文化の違いから旧来のアンダルス住民からさげすみの目で見られていた。これら新来のベルベルのことを、すでにアンダルス社会にとけこんでいた八世紀の征服以来のベルベルの子孫と区別して、「新ベルベル」と呼ぶ。このエスニックな対立とウマイヤ家内部の主導権争いとが結びついた結果、「新ベルベル」諸部族はムハンマド二世の又従兄弟スライマーン(在位一〇〇九～一〇、一三～一六)を対立カリフに擁立して反乱を起こした。彼らの軍がコルドバに迫ると、「新ベルベル」との対立を回避しようとする一派は、「新ベルベル」を敵視するコルドバの下層民に支持されたムハンマド二世を殺害し、代わってヒシャーム二世を復位させた。しかし、それでもスライマーンと「新ベルベル」によるコルドバ攻撃はやまなかった。こうして、二年半にわたる凄惨な包囲戦のすえ、一〇一三年にスライマーンはコルドバに入城してヒシャーム二世を処刑し「新ベルベル」派が内乱の勝利者となった。ムハンマド二世の蜂起に始まる一連の内乱の過程で都市コルドバは大きな損害をこうむり、マディーナ・アッザフラーやマディーナ・ザーヒラも破壊された。

コルドバの中央政界の混乱は続いた。新カリフ・スライマーンによってセウタ太守に任じられていたハンムード家のアリーが反乱を起こし、一〇一六年にコルドバに入城したのである。ハンムード家はモロッコのイドリース朝の末裔で、後ウマイヤ朝のマグリブ進出により他のベルベル諸部族とともにアンダルスに移住した一族である。都市生活から離れて久しいため言語的にはベルベル化していたが、その血統は初期イスラームの第四代カリフ・アリーと預言者ムハンマドの娘ファーティマにまで遡る。ウマイヤ家にも匹敵するこの高貴な血統と「新ベルベル」諸部族の支持とを背景にハンムード家のアリーはカリフを称し(在位一〇一六〜一八)、ハンムード朝を開いた。それに対して、東海岸に割拠したサカーリバ宦官やワジールの地位をもつコルドバの有力者たちがウマイヤ家カリフ擁立の試みを繰り返し、またハンムード家も内部抗争に明け暮れた。この結果、両家出身者がめまぐるしくカリフ位に就き、コルドバはその争奪の的となった。

コルドバ住民の反ベルベル感情に手を焼いたハンムード朝は、結局、カリフの都の支配を断念し、根拠地のマラガへと退去した。コルドバでは有力者たちによりウマイヤ家カリフの復活が目論まれ、アルプエンテに寄寓していたヒシャーム三世(在位一〇二七〜三一)が選ばれた。しかし、そのヒシャーム三世も結局はコルドバの有力者たちと不和を生じて後ウマイヤ朝を再建することはできなかった。一〇三一年、コルドバの有力者たちは自らが擁立したヒシャーム三世の廃位を宣言した。新カリフの候補者として別のウマイヤ家出身者の名もあがったが、結局、カリフにふさわしい資質の持ち主とは認められず、カリフは不在であるとされた。あいつぐ戦乱によりウマイヤ家の人材は枯渇しており、人びとはもはやウマイヤ家出身者がカリフに即位することになんらの期待感も示しえなくなっていたのである。こうして後ウマイヤ朝は滅亡し、代わってアンダルス各地にはターイファ(群小諸王国)と呼ばれる地方政権が乱立した。

しかし、カリフがイスラーム共同体を統治するという理念そのものまでが消滅したわけではない。ハンムード朝は、コルドバ支配を断念したのちもマラガやアルヘシーラスでカリフを称しつづけていた。コルドバでは故ヒシャーム二世の名を刻んだ貨幣が発行されつづけたし、セビーリャのアッバード朝にいたっては偽ヒシャーム二世を擁立してアンダルス各地のターイファ王にその承認を迫った。また、実在の君主名の代わりに「神の僕《しもべ》」を意味するアブド・アッラーという名をカリフの名として刻み込んだ貨幣を発行したターイファ王も多い。生身の人間として実在するか否かにかかわらず、カリフの権威はターイファ諸王にとって支配の正当性の源泉として価値をもちつづけていた。したがってハンムード朝を除くターイファ諸王はあくまで王《マリク》や侍従《ハージブ》を名乗るのみで、カリフを名乗ることはなかった。しかしその一方で、有力なターイファ王は、アーミル家と同様にマームーン、ムータミドといったカリフ的な君主号《ラカブ》も用いており、現実の支配者としての威信を誇示することも忘れなかった。

ターイファの興亡

一〇〇九年に始まる内乱の一方の当事者であった「新ベルベル」諸部族はグラナダ、カルモーナ、アルコス、モロン、ロンダといったアンダルス南部に拠点を求め、それぞれターイファ政権を形成した。ハンムード朝カリフは、これら「新ベルベル」諸政権の名目的な盟主であった。しかし、コルドバから撤退したのちのハンムード朝はアルヘシーラスとマラガの政権に分裂し、しだいに弱体化していった。結局、一〇五四年頃にアルヘシーラスの政権はセビーリャのアッバード朝に滅ぼされ、マラガの政権も五六年にグラナダのジーリー朝に併呑された。

「新ベルベル」諸政権のなかで最大のものは、グラナダのジーリー朝であった。彼らはイフリーキヤのジーリー朝(11)の一族で、内部抗争に敗れた結果、十一世紀初頭に多数の部族民を率いてアンダルスへ渡りアーミル家に仕えていた。その指導者ザーウィー(在位一〇一三〜一九)は、後ウマイヤ朝カリフ・スライマーンのコルドバ入城を助けた「新ベルベル」派の中心人物である。最初、イルビーラに拠ったザーウィーは、まもなくその住民とともにグラナダに移りここを新たな拠点とした。当時、グラナダの中心は現在のアルバイシンの丘にあったが、やがてダーロ川をはさんで対岸にあるサビーカの丘、すなわち現在アルハンブラ宮殿のある場所にも城砦が築かれた。グラナダがジーリー朝の首都として発展するにつれ、この地域の中心都市はイルビーラからグラナダに移っていった。

「新ベルベル」と同じく、十世紀以降にアンダルスに到来した外来者で地方政権の支配者となったのが、サカーリバ宦官を主とするアーミル家の解放奴隷たちである。アーミル家政権の崩壊後、彼らの多くはアンダルス東海岸へと逃れ、トゥルトーザ(トルトーサ)、バレンシア、デニア、アルメリアなどに小政権を樹立した。宦官には世襲の後継者が存在しないため、これらの政権の多くは短命に終わったが、バレンシアでは最初の宦官支配者が没したのち、かつての主筋にあたるアーミル家のアブド・アルアジーズ(サンチュエロの息子)が呼び寄せられ、支配者の地位に就いた。

アーミル家の解放奴隷のなかで特筆すべきなのが、デニアを支配したムジャーヒドである。ムジャーヒドはバレアレス諸島を征服して地中海交易で大きな利益をあげる一方、文化活動のパトロンとしても振る舞い、多くの文化人をその宮廷に招いた。彼はアーミル家の解放奴隷のなかでは例外的に宦官ではなかったため、その没後は息子が後継者となり、サラゴーサのフード朝に滅ぼされるまで(一〇七六年)、比較的長命を保った。

「新ベルベル」やアーミル家の解放奴隷は、いずれもアンダルスの外から到来した外来者であったが、ターイファ諸王国のなかで数的にもっとも多いのは「アンダルスの民《アフル・アルアンダルス》」が樹立した政権である。とくに、「新ベルベル」があまり入植していない辺境地域に成立した政権は、ほとんどが「アンダルスの民」によるものだった。

サラゴーサを中心とする上辺境では、まずトゥジーブ家が自立した。九世紀末から十世紀初頭の内乱期に後ウマイヤ朝に反抗した彼らは、カリフ制期にあってもそのままサラゴーサ太守に任じられており、依然として地域社会に隠然たる勢力を保持していた。しかし、トゥジーブ家の政権は十一世紀初頭に内紛によって混乱し、それに乗じてフード家のムスタイーン(在位一〇三八〜四六)がサラゴーサを占領した。フード家は八世紀初頭のアンダルス征服以来のアラブの家系でマンスールの頃にトゥデーラ太守に任じられ、トゥジーブ家の自立とともにその影響下にはいった一族である。フード朝はつぎのムクタディル(在位一〇四六〜八二)のときに活発な拡張政策を展開し、トレードのズンヌーン朝と対峙するためナバーラ王国やカスティーリャ＝レオン王国と複雑な合従連衡《がっしょうれんこう》を展開した。

中辺境のトレードにはズンヌーン朝が成立した。ズンヌーン家はベルベル系だが、アンダルス征服とともに現在のクエンカ付近に入植した一族で、「新ベルベル」とは異なり十一世紀にはかなりの程度までアラブ化していたと考えられる。トレードでは、当初裁判官《カーディー》を中心とする有力者による自立政権が成立したが、都市防衛のためその軍事力に期待してズンヌーン家のザーフィル（在位一〇一八～四三）を呼び寄せた。つぎのマームーン（在位一〇四三～七五）は、フード朝サラゴーサのムクタディルと激しく競合しながら勢力を拡張し、一〇七五年には一時的にコルドバを占領するにいたるが、同年の彼の死とともにトレードの勢威は衰えた。

下辺境のバダホスでは、当初、太守に任じられていたアーミル家の解放奴隷サーブールがそのまま自立して政権を樹立した。しかし、その没後、バダホスの都市有力者たちはトレードの場合と同様に周辺地域に入植していたベルベル系一族の軍事力を頼り、アフタス家のマンスール（在位一〇二二～四五）を招いた。アフタス家も、「新ベルベル」とは異なり八世紀以来アンダルスに居住するベルベル家系である。アフタス朝のムザッファル（在位一〇四五～六八）は、積極的な領土拡張政策を展開すると同時に、自ら百科全書的な書物を著すほど博識な文化人であったことで知られる。

辺境地域だけでなくアンダルス南部においても、「アンダルスの民《アフル・アルアンダルス》」によるターイファ政権が成立した。後ウマイヤ朝滅亡後のコルドバでは、カリフ廃位を主導したワジールのジャフワルが政権を掌握した。ジャフワルは、後ウマイヤ朝下で多くのワジールや侍従《ハージブ》を輩出してきたアブー・アブダ家に属する。彼自身は、決して君主として振る舞おうとはせずあくまでワジールたちの合議に基づく政体であることにこだわったと伝えられるが、その死後は息子が後継者となっており、事実上の世襲政権であった。

「アンダルスの民」が樹立した政権のなかでもっとも有力だったのが、セビーリャのアッバード朝である。その祖イスマーイールはアーミル家のマンスールからセビーリャの裁判官に任命された法学者であり、セビーリャ近郊に広大な農地を有する都市有力者だった。彼はコルドバで内乱が勃発すると他の都市有力者らとともにセビーリャの市政を掌握したが、一〇二三年、病気により引退した。その子ムハンマド（在位一〇二三～四二）が裁判官《カーディー》の職務を継ぎ、さらに他の都市有力者を排除してセビーリャに単独の支配権を確立した。最後の後ウマイヤ朝カリフが廃位されると、彼は、死んだはずのヒシャーム二世を名乗る人物をセビーリャに迎え、このカリフから侍従《ハージブ》に任じられたとして自らの支配の正当性を主張した。また、各地のターイファ諸王のなかからもこの偽ヒシャーム二世をカリフと認める者があり、アッバード朝の外交政策にもおおいに寄与した。

肥沃な農業地帯を後背地にもち、グアダルキビル川をとおして海上交易へのアクセスも容易なセビーリャは、その経済力ゆえにすでに後ウマイヤ朝期からコルドバにつぐアンダルス第二の都市であった。十一世紀の内乱によってコルドバがたびたび戦火にみまわれると、セビーリャはコルドバから多くの住民を受け入れ、その繁栄はコルドバを凌ぐようになっていた。経済的な繁栄を謳歌し、さらに偽ヒシャーム二世をカリフとして擁立するアッバード朝は、ムータディド(在位一〇四二〜六九)、ムータミド(在位一〇六九〜九一)の二人の治世において盛んな拡張政策を展開した。一〇六九年にはジャフワル家の支配するコルドバを占領し、グラナダを除くアンダルシーア地方のほぼ全土を手中にするにいたった。

十一世紀のアンダルスは政治的には分裂の時代であったが、その一方で、ターイファ諸王のもと、アンダルス全土で活発な文化活動がみられた時代でもある。戦乱で荒廃したかつての文化の中心地コルドバから逃れた多くの文化人は、新たな活躍の場を地方のターイファ諸王の宮廷に見出した。ターイファ諸王の側も積極的に彼らを受け入れ、自らの宮廷を飾り立てた。例えばセビーリャでは、自らも優れた詩人であったアッバード朝のムータディドやムータミドの宮廷に、恋愛詩で知られるイブン・ザイドゥーンのような当代一流の詩人が招かれた。またトレードやセビーリャのターイファ諸王は、農学者を招いて農園での実験的な栽培をおこなわせたりするなど、自然科学の保護者としても振る舞った。サラゴーサにアルハフェリア宮を建設したフード朝のムクタディルのように、建築事業に熱心なターイファ王もいた。アフタス朝のムザッファルやデニアのムジャーヒドなどは、自らも著作活動をおこなう優れた文化人であった。また、グラナダのジーリー朝に宰相として仕えたイシュマエル、ヨセフのイブン・ナグレーラ父子は、アラビア語とヘブライ語の双方に通じたユダヤ教徒知識人でもあった。

一方、政治的混乱は、各地を流浪する知識人も生み出した。コルドバで代々ウマイヤ家に仕えていた家系に生まれたイブン・ハズムは、後ウマイヤ朝復興の望みが絶えたのち、各地を流浪しながら、法学・神学などの分野で多くの著作を残した。同じくウマイヤ家の遺臣イブン・ハイヤーンは、後ウマイヤ朝の時代を懐かしみ、ターイファ諸王の分裂を非難する立場から大部な歴史書を著した。

キリスト教徒諸国の進出

後ウマイヤ朝の弱体化とともに、イベリア半島におけるムスリムとキリスト教徒との力関係は大きく変化し始めた。この変化は、最初、分裂したムスリム諸勢力がキリスト教徒諸国の軍事力を利用しようとしたことに始まった。一〇〇九年に始まるコルドバの内乱の段階ですでに、カリフ・スライマーンを支持する「新ベルベル」派はカスティーリャ伯に、カリフ・ムハンマド二世を支持する一派はバルセローナ伯にそれぞれ軍事援助を求めていた。また、辺境のフード朝サラゴーサとズンヌーン朝トレードも、カスティーリャやナバーラの軍事援助を受けながら互いに争っていた。こうした軍事援助に対する見返りとしてムスリム諸君主が支払ったのがパーリアと呼ばれる軍事貢納金である。当初、パーリアは個々の軍事援助に対して一回限りで支払われるものだったが、やがてキリスト教徒との平和を保障するため定期的に支払われるようになっていった。ターイファ諸王はたびたびキリスト教徒の略奪遠征を受けており、これを防ぐためにもっとも有効なのがパーリア支払いと引き替えに得られる和平であった。しかしながら、パーリア支払いはしだいにターイファ諸政権にとって重い財政的負担となっていった。

十一世紀後半になると、ムスリム勢力は領土的にも後退し始めた。一〇六四年にはアンダルス西部のコインブラがカスティーリャ＝レオン王フェルナンド一世によって征服された。同年、上辺境のバルバストロもフランス人騎士を主体とするキリスト教徒軍によって占領された。バルバストロは、翌年、フード朝のムクタディルによって奪還されたが、この際にはバルバストロ失陥の知らせがアンダルス各地に広まり、イスラームの危機が叫ばれた。フード朝によるバルバストロ奪還にはセビーリャのアッバード朝からの援軍も加わっていたのである。

さらに一〇八五年にはトレードが征服された。トレードではズンヌーン朝のマームーンの死後、孫のカーディル(在位一〇七五〜八五)が即位したが、パーリア支払いのために重税を課す彼は、トレード住民の支持を失っていた。そこでカーディルはバレンシアの支配と引き替えにトレードをカスティーリャ＝レオン王アルフォンソ六世に引き渡すことを約束し、トレードの住民も生命・財産の保障と信仰の維持を条件に降伏した。中辺境の主要都市で、アンダルス屈指の大都市でもあるトレードの失陥は、ムスリムの危機感をさらに駆り立てることになった。

しかしながら、ターイファ諸王とキリスト教徒諸国との関係を、イスラーム対キリスト教という宗教対立だけでとらえるのは、一面的にすぎる。パーリア支払いと引き替えに得られるキリスト教徒からの軍事援助が、しばしば同じムスリムを攻撃するのに用いられたように、状況に応じて宗派の境界線を越えた同盟関係が形成されるのは、珍しいことではなかった。トレードを征服したアルフォンソ六世自身が、兄サンチョ二世に追われて一時ズンヌーン朝トレードに亡命していた経験をもつことは、示唆的である。このような宗派の境界線を乗り越える人物としてもっとも象徴的なのが、カスティーリャ出身の貴族ロドリーゴ・ディアス・デ・ビバル、通称エル・シッドであろう。彼は、アルフォンソ六世に疎まれて追放されたのち、サラゴーサのフード朝に仕えるなど、キリスト教圏とイスラーム圏の双方にまたがって、活動した人物だった。そもそも、エル・シッドという名自体が、配下のムスリム兵から敬意を込めてアラビア語で「サイイド」(貴人)と呼ばれたことに由来する。後世、レコンキスタ(再征服)の英雄とも位置づけられるエル・シッドだが、その実像はまったく違うものであった。

また、アッバード朝最後の君主ムータミドは、最終的にはキリスト教徒の進出に対抗するためサハラ砂漠に勃興したムラービト朝に支援を求めるが、その際、「豚の世話をするよりは、ラクダの世話をするほうがましである」と述べたと伝えられる。このエピソードは、その真偽はさておき、ムータミドがムラービト朝に支援を求めた際の葛藤をよく示している。最終的にはムスリム同胞であるムラービト朝を選択するにせよ(イスラームにおいて豚は食べるのを禁じられている)、ターイファ諸王にとっては、キリスト教徒とムラービト朝のどちらを友とするかは、必ずしも自明の選択ではなかったのである。

5　マグリブ王朝のアンダルス支配

ムラービト朝のアンダルス支配

トレード陥落を頂点とするキリスト教徒の軍事的進出のなか、十一世紀後半のアンダルスではターイファ諸王に対する不満が高まりつつあった。当時のターイファ諸王はキリスト教徒の勢力拡張を食い止めることができず、それどころかキリスト教徒諸国と同盟関係を結びつつ互いに争っていた。また、イスラーム法に規定のない非合法税をムスリム臣民に課しながら、それを財源にキリスト教徒にパーリアを支払っていることも批判の対象となった。このような批判は、バルバストロやコインブラが陥落した一〇六〇年代から顕著になり、バージーのような法学者がムスリムの統一を訴えてしだいに民衆の支持を得るようになっていた。こうした状況のなか、法学者や民衆たちの期待を集めたのが、当時、マグリブ西部に勃興していたムラービト朝である。

ムラービト朝[12]は、サハラ砂漠西部において遊牧や交易を生業としていたサンハージャ系ベルベル部族の宗教運動に端を発する。彼らはマーリク派法学者イブン・ヤーシーンを精神的指導者、部族の有力者を政治・軍事的指導者として勢力を拡大していった。十一世紀末までには、ムラービト朝はラムトゥーナ族出身のユースフ・ブン・ターシュフィーン（在位一〇六一／七一〜一一〇六）の指導下で巨大な帝国に成長し、その版図はアトラス山脈北麓に建設された首都マラケシュを中心にサハラ砂漠南縁からジブラルタル海峡にまで広がっていた。

トレードが陥落すると、バダホス、グラナダ、セビーリャのターイファ諸王も民衆や法学者の要求に従ってムラービト朝に救援を要請せざるをえなくなった。一〇八六年、ユースフ・ブン・ターシュフィーンはジブラルタル海峡を渡り、ターイファ諸王の軍勢と合流してサグラハス（アラビア語ではザッラーカ）でアルフォンソ六世に対して大勝利をおさめた。この結果、カスティーリャの領土拡大は一時頓挫し、ムスリムのあいだではムラービト朝への期待がさらに高まった。一〇八九年、ユースフはターイファ諸王の要請により再びアンダルスに渡り、アルフォンソ六世のアンダルス東南部進出の拠点アレードの砦を奪取しようとした。しかし、この第二回遠征は、ターイファ諸王間の反目と彼らのカスティーリャへの内通により、大きな成果をあげることができなかった。

ターイファ諸王に不信をいだいたユースフは、一〇九〇年、みたびジブラルタル海峡を渡り、ついにターイファ諸王の一掃に乗り出した。まず標的となったのはグラナダのジーリー朝だった。グラナダでは、裁判官《カーディー》を歴任したマーリク派法学者のイブン・アルクライイーやイブン・サフルが公然と親ムラービト朝の姿勢を示していた。民衆や法学者の支持を失ったジーリー朝最後の君主アブド・アッラー（在位一〇七三〜九〇）は、ムラービト朝に降伏せざるをえなかった。グラナダを征服したユースフはマグリブに戻ったが、彼の甥シールに率いられたムラービト朝軍はセビーリャのアッバード朝（一〇九一年）、バダホスのアフタス朝（九四年）をつぎつぎに滅ぼし、アンダルスの主要部分を支配下におさめた。

しかし、アンダルス東部ではムラービト朝の支配がおよぶまでには時間を要した。一〇九四年にバレンシアを征服して自立したエル・シッドが、サラゴーサのフード朝と連携してムラービト朝の進出をたびたび撃退したのである。ムラービト朝がようやくバレンシアを手中にしたのはエル・シッド死後三年をへた一一〇二年であった。サラゴーサのフー

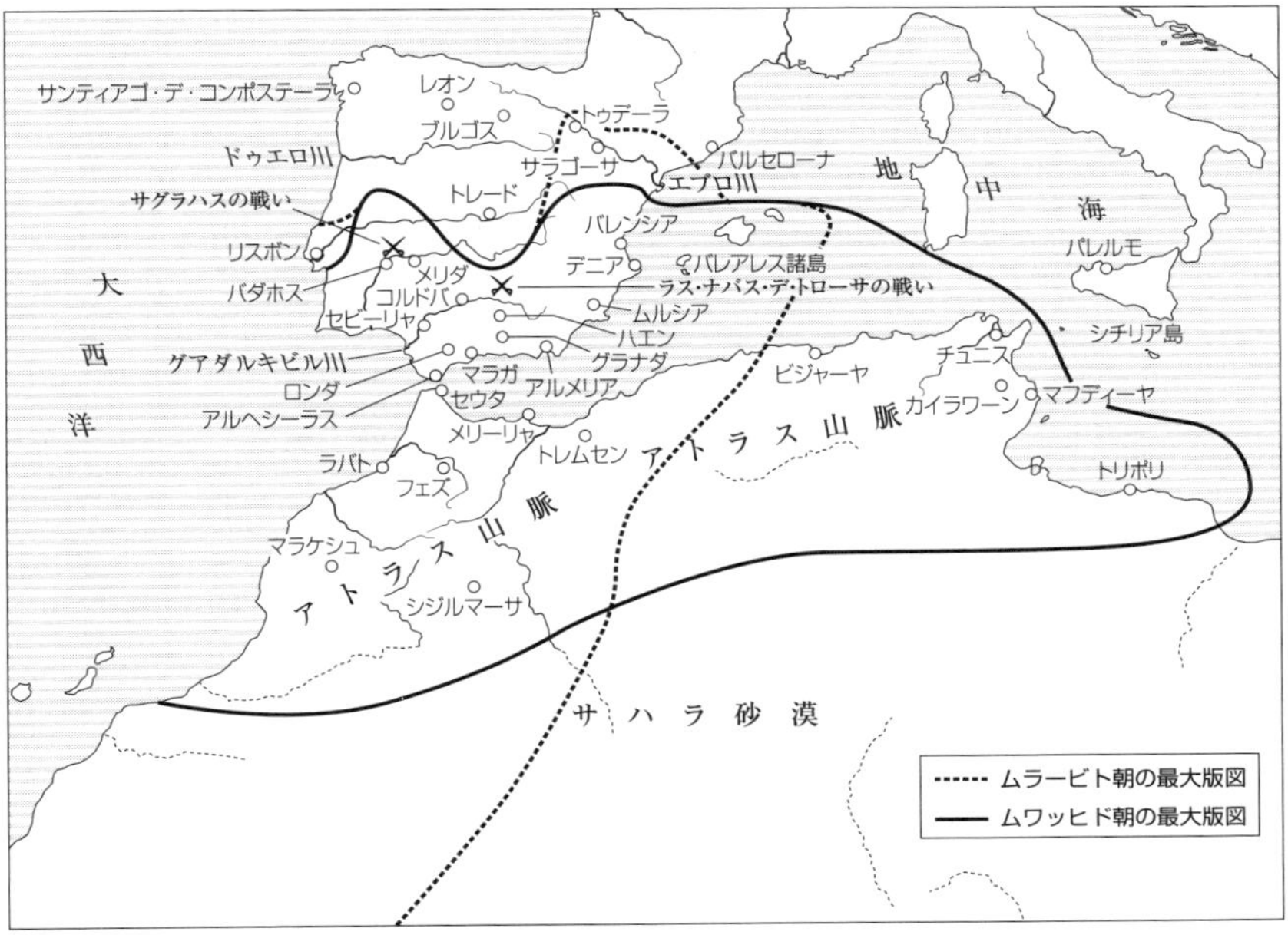

図3　11〜13世紀のアンダルスとマグリブ

ド朝の征服はさらに遅れて、ユースフの子アリー（在位一一〇六〜四三）治世の一一一〇年のことであった。

ムラービト朝君主は通常はマラケシュに居を構えたため、アンダルス統治はグラナダ、セビーリャといった主要都市の太守に任命された君主の親族やサハラの有力部族の指導者に委ねられた。アリーの治世においては、弟タミームが太守を務めるグラナダがアンダルス統治の事実上の首都であった。軍事は、主要都市に駐屯するサハラ出身のサンハージャ系ベルベル諸部族の兵士が担った。一方、徴募のあり方など詳細は不明だがアンダルス出身者からなる軍事集団も用いられ、その指導者のなかにはムラービト朝崩壊後に第二次ターイファとして自立する者もいた。しかし、彼らはサハラ出身のベルベル兵士に比べればあくまで補助的な役割を担うにとどまった。ムラービト朝後期になるとイベリア半島出身のキリスト教徒傭兵もあらわれるが、彼らはもっぱらマグリブの戦場で用いられ、キリスト教徒諸君主国の軍勢と戦うことはなかった。

軍事に比べると行政・司法の分野では、一転してアンダルス出身者が重要な地位を占めた。アンダルスのみならずマグリブの各都市においても、裁判官《カーディー》にはしばしばアンダルス出身のマーリク派法学者が任命された。ムラービト運動の創始者イブン・ヤーシーン自身もコルドバで学んだ経験のあるマーリク派法学者であり、サハラ出身のムラービト朝指導層は学問の先進地域アンダルスのマーリク派法学者を優遇した。また、マーリク派法学者の側もムラービト朝の強大な軍事力を頼った。こうして、ムラービト朝指導層とアンダルス出身のマーリク派法学者とのあいだには、緊密な相互依存関係が形成されたのである。ムラービト朝期のアンダルスは、コルドバの裁判官を務めたイブン・ルシュド・ジャッド(哲学者イブン・ルシュドの祖父《ジャッド》)をはじめ、後世に名を残すマーリク派法学者を数多く輩出した。

マーリク派法学を建国のイデオロギーとするムラービト朝は、さまざまな面でスンナ派の「正統的」なイスラーム理念に基づく統治を指向した。税制においては、イスラーム法に規定された十分の一《ウシュル》[13]税のみを徴収し、ターイファ諸王治下でみられた非合法税を廃止した。これが可能であったのは、キリスト教徒に対する軍事的勝利によりパーリア支払いが消滅したこと、そしてサハラ交易をとおして大量の金が流入していたことによる。またキリスト教徒諸国に対してイスラーム共同体の防衛をはかるジハードも展開された。アンダルスの法学者や民衆たちにとってムラービト朝はまさにイスラーム共同体の擁護者であった。

こうしたムラービト朝の姿勢は、外交関係にも反映された。ムラービト朝はバグダードのアッバース朝カリフに使節を送り、その宗主権下においてマグリブ・アンダルスを統治することを承認された。彼らは単一のカリフを頂点とするスンナ派的なイスラーム共同体の政治秩序のなかに自らを位置づけようとしたのである。その一方で、ユースフ・ブン・ターシュフィーンは「アミール・アルムスリミーン」(ムスリムたちの長)という称号をとった。カリフを意味する「アミール・アルムーミニーン」とは微妙に異なるこの称号は、たしかにアッバース朝カリフより下位に位置づけられるものであったが、マグリブ・アンダルスにおいては後ウマイヤ朝カリフの伝統がすでに存在していたことを反映したものであろう。

ムラービト朝支配の崩壊と第二次ターイファ

ムラービト朝の支配は、軍事面から揺らぎ始めた。彼らはたびたびトレードを包囲したものの、結局これをイスラーム政権の手に取り戻すことはできなかった。また、一一一八年には征服したばかりのサラゴーサをアラゴン王アルフォンソ一世に奪われ、その奪還をめざしたクタンダの戦い(一一二〇年)でも大敗を喫した。クタンダでは従軍していた多くのマーリク派法学者が戦死し、アンダルス社会に大きな衝撃を与えた。続いてアルフォンソ一世は一一二五年、アンダルシーア地方への遠征を敢行しグラナダ城下にまで達した。この遠征ではグラナダを征服するにはいたらなかったが、アルフォンソ一世は内通の約束を取りつけていたグラナダのモサラベを多数アラゴンへ連れ去った。

キリスト教徒に対するあいつぐ軍事的敗北は、イスラーム共同体防衛の担い手としてアンダルスに到来したムラービト朝の存在意義を揺るがせるものであった。また、軍事力の低下は、マグリブにおける新興のムワッヒド運動の台頭やキリスト教徒傭兵の登用による財政難をもたらし、イスラーム法に規定のない非合法税の復活につながった。支配の正当性が低下すると、ムラービト朝兵士に対するアンダルス住民の態度も変化し始めた。もともとアラブ化したアンダルス住民のあいだにはベルベルに対する根強い偏見があったが、それに加えてムラービト朝兵士の出身母体であるサハラのベルベル系遊牧民には、男たちが顔を布で巻いて隠す一方、女たちがベールを身につけないなど、他のベルベルにもみられない独特の慣行があり、奇異の目で見られていた。また、世代交代をへて初期の宗教的熱情が薄れていったムラービト朝兵士のなかには、アンダルス諸都市において乱暴狼藉を働く者もあらわれていた。こうしてアンダルス住民とムラービト朝兵士とのあいだの軋轢《あつれき》が顕在化していったのである。

イスラーム世界全体にかかわる思想潮流の変動も、ムラービト朝の動揺を深めた。信徒の外面的な律法遵守を重視する法学者に対して、内面の信仰を重視しさまざまな修行をへて神を身近に感じようとするスーフィーの影響力が増しつつあったのである。このようなスーフィズムの発展は、中東地域ではイラン出身の法学者ガザーリーが遍歴のすえにスーフィーに転向し、法学とスーフィズムとの調和をはかったことで決定的となった。

しかし、マーリク派法学を建国の理念とするムラービト朝は、こうした潮流をそのまま受け入れることはできなかった。コルドバの裁判官《カーディー》イブン・ハムディーンの進言を受けたムラービト朝君主アリーは、一一〇九年、ガザーリーの主著『宗教諸学の復興』を焚書《ふんしょ》にするよう命じた。また一一四一年には、アンダルスで多くの信徒から尊敬を集めていた二人のスーフィー、イブン・バッラジャーンとイブン・アルアリーフをマラケシュに喚問した。イブン・バッラジャーンはまもなく獄死し、イブン・アルアリーフは釈放されたもののアンダルスへの帰途で没した。一一二〇年代から反ムラービト朝のムワッヒド運動を開始したイブン・トゥーマルトが、東方に留学してガザーリーに学んだと称していることも(ただし現在の研究では二人の出会いは否定されている)、スーフィズムに対する懸念を増幅したであろう。(14)

こうしたなかで生じたのがイブン・カシーの反乱(一一四四年)である。彼はスーフィーとして修行を積んだのち、自らをマフディー(救世主)と称し、弟子たちを率いてアンダルス西部のメルトラで反乱を起こした。彼自身はまもなくムワッヒド朝に従属してマフディー宣言を撤回するが、スーフィーが権力を握ることに対して法学者たちは大きな恐れをいだいた。イブン・カシーの反乱に際して無力なムラービト朝に対し、翌年、コルドバの裁判官イブン・ハムディーン(前述の焚書を進言したイブン・ハムディーンの子)は反乱を起こし自立した。これをきっかけにムラービト朝のアンダルス支配は崩壊し、マグリブのムラービト朝政権も、一一四七年にムワッヒド朝に首都マラケシュを征服されて滅亡した。

こののち、ムワッヒド朝支配が確立するまでの四半世紀のあいだ、アンダルスは複数の政権が分立する第二次ターイファの時代に突入した。最初、アンダルスを再統合する勢いを示したのが、フード家のサイフ・アッダウラ(キリスト教徒側の史料ではサファドーラ)である。第一次ターイファの一つフード朝の末裔である彼は、カスティーリャ＝レオン王アルフォンソ七世に臣従しながらムラービト朝崩壊後のアンダルス各地を転戦した。イスラーム君主としてアンダルスのムスリムを糾合しようとした彼は、アミール・アルムスリミーンを名乗るとともにカリフ的な君主号《ラカブ》ムスタンシルを用い、一一四五年にはコルドバを占領した。しかしコルドバ支配は長続きせず、ムルシアに拠点を移したのち、一一四六年に没した。

サイフ・アッダウラ死後、ムルシアとバレンシアに拠ってアンダルス東海岸を支配下におさめたのが、キリスト教徒から「狼王《レイ・ロボ》」とも称されたイブン・マルダニーシュである。彼の父親はムラービト朝下ではアンダルス系の軍事指導者としてフラガの太守を務めていた。一一四七年、サイフ・アッダウラ死後の混乱をついてアンダルス東海岸を手中にしたイブン・マルダニーシュは、アルフォンソ七世と協力関係を保ち、キリスト教徒傭兵を用いながら、七二年に没するまで四半世紀にわたってムワッヒド朝の勢力拡大に抗しつづけた。

グラナダでは、一一五六年までムラービト朝の残党がムワッヒド朝の進出に抵抗しつづけた。また、バレアレス諸島にはムラービト朝君主の姻戚ガーニヤ家が拠った。ガーニヤ家は一二〇三年までバレアレス諸島を支配し、海軍力を背景に一時はチュニスを占領するほどの勢威を誇った。

ムラービト朝の崩壊は、再びキリスト教徒の領土拡大をもたらした。アラゴン連合王国のラモン・バランゲー(ベレンゲール)四世は、トゥルトーザ(一一四八年)に続いてリェイダ(レリダ)を征服し(四九年)、エブロ川流域は完全にムスリムの手から奪われた。アンダルス西部では、一一四七年、新興のポルトガル王国がリスボンを征服した。また、同年にはカスティーリャ＝レオン王アルフォンソ七世がジェノヴァやピサの海軍と連携してアンダルス南部にまで遠征を敢行し、アルメリアを占領した。アルフォンソ七世のアルメリア支配はムワッヒド朝に征服されるまでの約一〇年間しか続かなかったが、地中海交易の要衝であり、アンダルス海軍の一大根拠地でもあったアルメリアの征服は、ムスリム軍事力の弱体化を如実に示すものであった。

ムワッヒド朝のアンダルス支配

ムワッヒド朝は、アトラス山中のマスムーダ系ベルベル部族出身のイブン・トゥーマルトが興した宗教運動に端を発する。エジプトやイラクなどに遊学したのちマグリブに戻った彼は独自の神学を打ち立て、マーリク派法学者と対立した。彼は自らの神学こそが真の唯一神《タウヒード》信仰であり、自分に従う者たちこそが唯一神信仰《ムワッヒド》の徒であるとした。故郷のアトラス山中で出身部族ハルガ族の支持を得た彼は、自らをマフディーと称して一一二〇年代からムラービト朝に対する軍事的抗争を開始した。一一三〇年、イブン・トゥーマルトが没すると、その弟子アブド・アルムーミン(在位一一三〇〜六三)が後継者となりカリフを称した。彼は一一四七年にマラケシュを征服してムラービト朝を滅ぼし、マグリブ全域を支配する広大な帝国を築き上げた。

ムワッヒド朝のアンダルス支配は、一一四八年にセビーリャの住民から忠誠の誓いを受けた時点から始まるが、本格的に統治体制の整備が進められたのは、五六年にムラービト朝の残党が支配するグラナダを占領し、王子ユースフをセビーリャ太守に任命してからのことだった。カリフのアブド・アルムーミン自身も、一一六三年に大規模なアンダルス遠征を計画してマグリブ大西洋岸のラバトに軍勢を集結させたが、まもなく病没した。

アブド・アルムーミン死後、セビーリャ太守ユースフ(在位一一六三〜八四)がカリフに即位した。マグリブでの後継者争いを制した彼は、一一七一年にアンダルスに戻り、以後、五年間、セビーリャから帝国全土を統治した。この間に東海岸のイブン・マルダニーシュ一族をくだし、アンダルス全土をムワッヒド朝の版図とすることに成功した。カリフのアンダルス滞在中、セビーリャは事実上の首都となり、モスクや宮殿などの建築事業が盛んにおこなわれた。一一八四年に再びアンダルスに渡った彼はポルトガルに征服されたサンタレンの攻略を試みたが、戦傷がもとで没した。

つぎのカリフには、父とともにサンタレン攻略に従事していたヤークーブ(在位一一八四〜九九)が即位した。彼もまた、父と同じく即位前にセビーリャ太守を務めていた。即位後しばらくは、バレアレス諸島に拠るムラービト朝の残党ガーニヤ家のイフリーキヤ介入に悩まされ、マグリブ経営に集中せざるをえなかったが、マグリブ情勢が一段落すると再びアンダルスに渡った。一一九五年には、アラルコスの戦いでカスティーリャ王アルフォンソ八世の軍勢に大打撃を与え、マンスールという君主号《ラカブ》をとった。

ムワッヒド朝のカリフ位はアブド・アルムーミンの子孫が世襲したが、カリフ一族の権威は必ずしも絶対的なものではなかった。初期のムワッヒド運動は、イブン・トゥーマルトのもと、アシャラ(十人)と呼ばれる有力弟子たちに支えられていたが、アブド・アルムーミンはそのうちの一人にすぎなかった。しかも、アブド・アルムーミンが地中海沿岸のザナータ系ベルベル部族の出身で個人的にイブン・トゥーマルトに私淑したのに対し、他の弟子たちはイブン・トゥーマルトの出身部族ハルガ族をはじめとするアトラス山中のマスムーダ系ベルベル諸部族の有力者であった。その子孫はムワッヒド運動の古参メンバーであることと部族の軍事力とを背景に権勢を誇り、ムワッヒド朝下で長老《シャイフ》と呼ばれた。したがって、アブド・アルムーミンは長老《シャイフ》たちと協調しつつ、同時に彼らの力を牽制するという困難な政局運営をよぎなくされた。アンダルスにおいては、ムワッヒド朝歴代カリフは、貴人《サイイド》と呼ばれるアブド・アルムーミン家の者を各都市の太守職に任命する一方、アトラス山中の部族勢力を背景とする長老たちのなかからその補佐役を選ぶことにより、両者のバランスを保とうとした。

ムラービト朝とムワッヒド朝は、いずれもカリスマ的な宗教指導者のもとにマグリブのベルベル部族集団が結集した点では、極めて似た経緯をたどって成立した政権である。しかし、両者の掲げる宗教理念はまったく異なるものであった。ムラービト朝がマーリク派法学というすでに確立された「正統的」な立場に依拠したのに対して、ムワッヒド朝はザーヒル派法学、哲学、スーフィズムなど多様な要素を含む独特のタウヒード神学を掲げていた。しかも開祖イブン・トゥーマルトは無謬《むびゅう》のマフディーと位置づけられ、伝統的なマーリク派法学の立場からは「異端的」ともいえる理念を奉じていた。

一方、ムワッヒド朝は、ムラービト朝期のマーリク派法学者を堕落した存在とみなし、さまざまな側面から前代からの変革を試みた。例えば、貨幣のデザインは一般的な円形から方形に変えられた。貨幣には神と預言者ムハンマドに加えてマフディー（すなわちイブン・トゥーマルト）の三者の名が刻まれ、ムワッヒド運動によってイスラームが新たなサイクルにはいったことが示されていた。ほかに独特の書体の導入、モスクのキブラ（礼拝の方向）の修正、(15) アザーン（礼拝の呼びかけ）の文句の変更などが試みられた。これら一連の変革を周知徹底させるため、アブド・アルムーミンは、マーリク派法学者に代わってタラバと呼ばれる新たな宗教エリート層を創出しようとした。彼らは、帝国各地に派遣されて風紀粛正や徴税業務監督の任務も負ったため、行政官としての側面ももっていた。

伝統的なマーリク派法学との差異を強調するこうした政策は、ムワッヒド朝期における哲学の隆盛の一因とも考えられる。アンダルスでは豊かな哲学の伝統と、それに対する疑念とが併存していたが、保守的なマーリク派法学者の影響力が減じたムワッヒド朝のもとでは哲学者たちが活躍する素地ができたのである。宮廷医師としてカリフ・ユースフに出仕したイブン・トゥファイルや、その後継者イブン・ルシュドらがその代表である。アリストテレス哲学の膨大な注釈をおこなったイブン・ルシュドは、西欧ではアヴェロエスとして知られ、その著作のラテン語訳はスコラ哲学にも大きな影響を与えた。

しかし、すでにマグリブ・アンダルスの都市有力者としての地位を確立していたマーリク派法学者も、完全に影響力をなくしてしまったわけではない。一部、ムワッヒド朝期になって没落したマーリク派法学者の家系があるものの、ムワッヒド朝も彼らの影響力を完全に排除することはできなかった。哲学者イブン・ルシュドもムラービト朝期を代表するマーリク派法学者イブン・ルシュド・ジャッドの孫であり、彼自身セビーリャやコルドバの裁判官《カーディー》を歴任したマーリク派法学者でもあったのである。

ムワッヒド朝支配の崩壊と第三次ターイファ

ムワッヒド朝の衰退もキリスト教徒に対する軍事的劣勢から始まった。一二一二年、ムワッヒド朝カリフ・ナーシル（在位一一九九〜一二一三）は、ラス・ナバス・デ・トローサでカスティーリャ王アルフォンソ八世率いるキリスト教徒諸君主の連合軍を迎え撃ち、大敗を喫した。キリスト教勢力に対するイスラーム勢力の軍事的な劣勢を決定づけたこの戦いは、ムワッヒド朝がもはやイスラーム共同体防衛の任に堪えないことを示した。その結果、アンダルスでは伝統的な反ベルベル感情や「異端」的なタウヒード神学に対する反感が増大した。こうした矛盾は、ナーシルの後継者ムスタンシル（在位一二一三〜二四）が子を残さずに没すると、後継者争いのなかで一気に表面化することになった。

ムスタンシル没後、ムルシア太守が首都マラケシュへ進軍してカリフ位を奪取し、アーディル（在位一二二四〜二七）と号した。しかし、まもなくして、その弟のセビーリャ太守イドリースがカスティーリャ王フェルナンド三世から軍事援助を受けてアーディルに反旗を翻し、マームーン（在位一二二七〜三二）と号した。彼は、イブン・トゥーマルトの無謬性を否定する宣言を発し、その名を金曜礼拝の説教から削除するよう国内に命じた。建国の理念を否定するこの行為は、タウヒード神学に否定的なマーリク派法学者の歓心をかうためだったと考えられるが、結果的にはムワッヒド朝の分裂を推し進めるものとなった。チュニス太守でムワッヒド朝長老《シャイフ》の一員アブー・ザカリヤーはタウヒード神学の擁護者を自認してカリフに反旗を翻し、イフリーキヤにハフス朝を打ち立てた。こののち、ムワッヒド朝はハフス朝やモロッコ北部に勃興したマリーン朝との抗争に忙殺され、事実上、アンダルスから撤退した。

ムワッヒド朝撤退後のアンダルスでは自立的な政権が乱立し、「第三次ターイファ」の時代を迎えることになった。コルドバやセビーリャでは都市有力者であるマーリク派法学者が政権を握る一方、ハエンのイブン・アルアフマル（ナスル朝の祖ムハンマド一世）、バレンシアのザイヤーン・ブン・マルダニーシュ（第二次ターイファの一人イブン・マルダニーシュの一族）、ムルシアのイブン・フードら、アンダルス系の小軍事集団の指導者も台頭していった。

なかでも民衆の支持を得て一時アンダルスを統一する勢いを示したのが、イブン・フードである。第一次ターイファのサラゴーサ王家フード家の末裔を名乗る彼は、一二二八年にムルシアに入城すると、アミール・アルムスリミーンを名乗りムタワッキルという君主号《ラカブ》をとった。また、金曜礼拝の説教でアッバース朝カリフの名を唱えさせてその宗主権を認め、さらにバグダードから使節を迎えてアッバース朝の象徴である黒旗を掲げた。このように、ムラービト朝と同様にアッバース朝カリフを頂点とするイスラーム共同体のなかに自らを位置づけ、その権威を背景にアンダルス統一とキリスト教徒からのアンダルス防衛をはかったのである。イブン・フードは一時はセビーリャをも支配下においたが、バダホスをキリスト教徒から防衛するのに失敗してから支持を失い、一二三八年に没した。

第三次ターイファの政治的混乱と並行してキリスト教勢力による「大レコンキスタ」が展開された。カスティーリャ王フェルナンド三世はとくに活発な征服活動を展開し、一二三〇年にバダホス、三六年にコルドバ、四六年にハエン、そして四八年にはセビーリャを征服した。アンダルス東部では、アラゴン連合王国のジャウマ(ハイメ)一世が一二三〇年にマジョルカ島、三八年にバレンシアを征服した。アンダルス西部も一二四九年までにポルトガルによって征服された。一方、グラナダのナスル朝、ムルシアのフード家、ニエブラのマフフーズ家は、いずれもカスティーリャ王に臣従することでかろうじて政権を維持することができた。

キリスト教徒に征服されると、法学者をはじめとする知識人や富裕層の多くは、異教徒支配をきらってグラナダやマグリブなどのイスラーム政権下へと移住していった。セビーリャの名家ハルドゥーン家がチュニスに移住したのはその好例であろう。十四世紀チュニスに生まれた歴史家イブン・ハルドゥーンは、その子孫である。一方、移住するだけの経済力のない民衆は、キリスト教徒の支配を受け入れざるをえなかった。こうして、彼らの多くはイスラームの信仰を保ったままムデハルとしてキリスト教徒諸王国に残留したのである。

ムラービト朝・ムワッヒド朝期の社会と経済

ムラービト朝とムワッヒド朝の時代には、ジブラルタル海峡の両岸が一つの政権のもとに統合された。この結果、さまざまな面でマグリブとアンダルスの交流が進んだ。それを視覚的に示してくれるのがムワッヒド朝カリフ・ヤークーブ・マンスールの時代に建造された三本のミナレットであろう。セビーリャのカテドラルに今でも残るヒラルダの塔は、マラケシュのクトゥビーヤの塔やラバトのハサンの塔と同様、正方形の平面プランをもち、外壁は編目模様に交差した多弁形アーチで装飾されている。帝国の主要三都市に建造されたこの極めて似かよった三つのミナレットは、ムワッヒド朝統治の象徴でもあった。

ムラービト朝のもとで優遇されたアンダルス出身のマーリク派法学者は、マグリブにおいても裁判官《カーディー》をはじめとする司法官僚として用いられ、マグリブ・アンダルス全域に広がるマーリク派法学者のネットワークをさらに強化することになった。法学者だけでなくスーフィーの活動もジブラルタル海峡の両岸にまたがって展開され、マグリブとアンダルスの知的交流が進んだ。

経済活動も活発になった。とくにムラービト朝期には、大量の金がサハラ以南から流入した。サハラ交易に携わる遊牧民を母体とするムラービト朝は、サハラ南縁のガーナ王国を従属させていた。そのため、十一世紀以降サハラ交易が飛躍的に発展し、マグリブ・アンダルスの手工業製品やサハラ砂漠の岩塩が、ニジェール川上流で産出される金と取引された。この結果、ムラービト朝は極めて品位の高い金貨を発行することが可能となり、ムラービト朝金貨はキリスト教圏でも高い信用を誇った。カスティーリャ王アルフォンソ八世がムラービト朝金貨に似せて(アラビア文字さえ刻まれた)発行したマラベディ金貨(「マラベディ」とは「ムラービト」の転訛)は、その信用を物語るものである。

アンダルスの農村社会についてはよくわかっていない点が多い。これは、同時代のキリスト教圏に比べると、もっぱら叙述史料のみが伝わり社会経済を物語る文書史料がほとんど残っていないのが大きな要因である。しかし、十三世紀に展開された「大レコンキスタ」は、キリスト教徒入植者に征服地を割り当てるレパルティミエント文書というかたちで、征服直前のアンダルス農村社会の一端を明らかにする史料群をもたらした。これらキリスト教徒が残した文書史料を考古学的調査やムスリムの叙述史料と突き合わせて精査したギシャールらの研究(一三〇頁参照)は、アンダルスの農村のあり方について光をあてるものである。ギシャールによれば、アンダルス社会では自律的な農村共同体が租税(貢納)の支払いを媒介として直接的に国家権力と結びつくため、キリスト教圏でみられるような封建領主の存在は認められないという。彼の所論にはまだ議論の余地はあるが、アンダルス社会と封建社会との違いは注目すべき点であろう。

騎士として軍事力を提供する封建領主の不在は、アンダルス社会の非軍事性を説明するものでもある。たしかに、十世紀末のマンスールの軍制改革でジュンド(軍団)が解体されたのちも、アンダルス社会には第二次ターイファや第三次ターイファ諸政権の母体となった軍事集団があったが、いずれも小規模で持続性に乏しいものであった。ムラービト朝やムワッヒド朝のような外来の部族集団に軍事を頼らざるをえないアンダルス社会の非軍事性は、十三世紀におけるムスリム勢力の軍事的後退の大きな要因であるといえるだろう。

キリスト教徒の勢力拡大に対してイスラーム共同体を防衛することを正当性の根拠としたムラービト朝とムワッヒド朝の時代は、アンダルスのキリスト教徒とユダヤ教徒にとって大きな転機となった。一一二五年のアラゴン王アルフォンソ一世のグラナダ遠征に際しては、一部のモサラベがこれに内通したため、グラナダのモサラベを追放すべしとするファトワー(法学者の回答)がマーリク派法学者イブン・ルシュド・ジャッドによって発行された。また、コルドバに生まれたユダヤ系哲学者モーシェ・ベン・マイモン(マイモニデス)は、ムワッヒド朝の支配をきらいエジプトに移住した。キリスト教徒勢力の侵攻とそれに対するジハードが断続的に展開されるこの時代は、非ムスリムにとって決して居心地のよいものではなかった。具体的なプロセスには不明な点が多いが、この時代には改宗や移住により、アンダルスのジンミー社会は著しく弱体化したと考えられる。実際、グラナダに残された最後のイスラーム政権ナスル朝の治下には、ほとんどジンミーの存在を認めることができないのである。

6　ナスル朝とアンダルスの終焉

ナスル朝の成立

ナスル朝の創始者ムハンマド一世(史料中ではイブン・ナスルもしくはイブン・アルアフマルと呼ばれる)は、一二三二年、ハエン近郊のアルホーナで蜂起し、第三次ターイファの一つとなった。彼の出自はよくわからないが、アンダルス系の軍事集団の指導者だった。まもなく彼はハエン、グアディクスを手中にし、一二三八年(一二三七年説もある)には住民に招かれてグラナダを支配下におさめた。さらに彼は、アルメリア、マラガへと勢力を伸ばしていき、アンダルス南部に支配を確立した。

最初、ムハンマド一世はチュニスのハフス朝に忠誠を誓っていたが、状況に応じてイブン・フード、アッバース朝、ムワッヒド朝と宗主権を認める相手を変え、巧みに諸勢力のあいだを渡り歩きながら勢力を拡張していった。場合によってはキリスト教徒とも手を結び、カスティーリャ王フェルナンド三世のコルドバ征服(一二三六年)にも協力した。しかし、まもなくしてフェルナンド三世はムハンマド一世の根拠地ハエンの攻略に乗り出した。ムハンマド一世はフェルナンド三世への臣従と多額の貢納金支払いを強いられ、一二四六年、生地アルホーナを含むハエン一帯をカスティーリャ王に割譲した。こうしてムハンマド一世はムスリム君主でありながらカスティーリャ王の封建的家臣となったのである。彼は一二四八年のセビーリャ攻略に際してもフェルナンド三世のために援軍を派遣した。

フェルナンド三世への臣従は、カスティーリャとの二〇年近くにわたる平和をナスル朝にもたらした。この間、ナスル朝は内政に専念することが可能になり、またキリスト教徒に征服された地域から多くのムスリム住民が流入して人口も増加した。アンダルス各地から知識人や手工業者を数多く迎えたことは、その後のグラナダの繁栄の基礎となった。この頃グラナダの大モスクが拡張されたのも人口増加に対応するためである。たしかにハエン割譲は大きな領土的損失ではあったが、一方でグアダルキビル川流域から撤退し山岳地帯に守られたグラナダ周辺に領土を限定することにより、防衛が容易となるという利点もあった。こうして、以後二〇〇年以上続くナスル朝の基盤が形成されたのである。

ムハンマド一世の王朝樹立に多大な貢献をはたしたのは、同郷のアシキールーラ家出身のアブー・アルハサン・アリーだった。ナスル家と姻戚関係にもある彼は事実上の共同統治者とでもいうべき存在だった。しかし、両者の親密な関係は、ムハンマド一世の治世末期に一転した。そのきっかけの一つは、一二五七年、ムハンマド一世が息子ムハンマド(のちのムハンマド二世)を後継者に指名し、ナスル家が王位を独占する姿勢を明確にしたことだった。また、後述するムデハル反乱に先立って、マグリブのマリーン朝から軍事援助を得たことも、それまで軍事を取り仕切っていたアシキールーラ家にとってはその地位を脅かすものであった。一二六六年、アシキールーラ家は太守職を委ねられていたマラガとグアディクスで反乱を起こした。この反乱は、カスティーリャ、マリーン朝双方の介入を招いてムハンマド二世の治世まで続き、最終的にはアシキールーラ家はモロッコに移住した。

一二六〇年代にはいってカスティーリャ王アルフォンソ十世がカディスやニエブラを征服するとナスル朝は危機感をいだき、二〇年ぶりに両者の対立は必至となった。一二六四年、ナスル朝からの働きかけによりヘレス、アルコスなどアンダルシーア地方各地のムデハルが蜂起し、ムルシアのフード家も同調した。ナスル朝は彼らを支援し、マリーン朝からの援軍も得てカスティーリャとの戦争に突入した。いわゆる「ムデハル反乱」は、ナスル朝によるアンダルス再統合の試みでもあった。これに対して、カスティーリャ側はアシキールーラ家の反乱を支援してナスル朝を内部から揺さぶった。ムハンマド一世は、一時ムルシア、ヘレスを手中にするが、ムワッヒド朝に対する最終的な攻撃に忙殺されていたマリーン朝からは本格的な援軍は得られなかった。結局、マラガのアシキールーラ家に対応するためムハンマド一世は一二六六年にカスティーリャと和約を結び、ヘレスやムルシアはナスル朝から見捨てられたかたちとなった。

マリーン朝とカスティーリャ王国のはざまで

ムデハル反乱に際して援軍を派遣したことに始まるマリーン朝のアンダルス介入は、断続的ながら約一世紀におよび、この間、ジブラルタル海峡の制海権が国際問題の焦点となった。アルヘシーラス、ジブラルタル、ロンダの三都市は、イベリア半島におけるマリーン朝の橋頭堡《きょうとうほ》として機能し、カスティーリャ王国に対して、そしてときにはナスル朝に対しても軍事的圧力をかけつづけた。しかし、彼らがかつてのムラービト朝やムワッヒド朝のように、アンダルス全土を征服することはついに実現しなかった。マリーン朝自体にアンダルス征服の意志があったのかは議論が分かれるところだが、カスティーリャとの同盟も辞さないナスル朝の変幻自在な外交政策は、マリーン朝のアンダルス政策を大きく翻弄した。また、ザイヤーン朝やハフス朝といったマグリブ中部・東部の王朝との対立をかかえていたことも、マリーン朝の行動の自由を制約した。

マリーン朝のアンダルス介入は、一二六九年にムワッヒド朝を滅ぼしたのちに本格化した。マリーン朝君主アブー・ユースフ(在位一二五八〜八六)は、一二七五年以降、五度にわたってジブラルタル海峡を渡り、アルフォンソ十世と王子サンチョとのあいだの対立に乗じてカスティーリャと戦った。彼の子アブー・ヤークーブ(在位一二八六〜一三〇七)もまた一二九一年に親征をおこなったが、ナスル朝との関係悪化によって撤退をよぎなくされ、翌年ジブラルタル海峡の一角タリーファがカスティーリャの手に落ちた。十四世紀初頭には、マリーン朝は東隣のザイヤーン朝との抗争や王族間の内紛に悩まされ、アンダルスへの大規模な遠征はおこなわれなくなった。これに乗じてナスル朝のムハンマド三世(在位一三〇二〜〇九)は、一三〇六年にセウタを攻略した。しかし、ジブラルタル海峡の制海権を握ろうとするこの試みは、マリーン朝のみならずカスティーリャ王国やアラゴン連合王国の敵意も招き、三カ国の包囲攻撃を受けてナスル朝はセウタ支配を放棄せざるをえなかった。

この時期、ナスル朝の軍事の中核を担っていたのは、マリーン朝と対立して断続的にマグリブから亡命してきたベルベル系の部族集団だった。これらマグリブ出身者を指揮するシャイフ・アルグザート（信仰戦士の長）の地位には、王族間の争いに敗れて亡命してきたマリーン朝の一族アブー・アルウラー家やラッフー家の人物が任命された。彼らは外敵からナスル朝を防衛するのに貢献する一方で、強大な軍事力を背景にしばしばナスル朝の内紛に関与し、内政面での不安定要因ともなった。その一人ウスマーン・ブン・アビー・アルウラーは、一三一九年にカスティーリャのグラナダ進軍を撃退する一方、二五年にはイスマーイール一世暗殺に関与してナスル朝宮廷に隠然たる力を保持した。

十四世紀初頭のマリーン朝の混乱をおさめたアブー・アルハサン（在位一三三一〜五一）は、再びアンダルスへのジハードを試みた。一三四〇年、タリーファ奪回をめざしてジブラルタル海峡を渡ったアブー・アルハサンは、ナスル朝のユースフ一世とともにカスティーリャ・ポルトガル連合軍とサラード川の戦いで対峙した。しかし、アブー・アルハサンはこの戦いで大敗を喫し、以後、マリーン朝が大規模な遠征軍をアンダルスに派遣することはなくなった。勝利したカスティーリャ王アルフォンソ十一世は、一三四四年にアルヘシーラスを征服した。タリーファに続きアルヘシーラスが陥落したことは、もはやジブラルタル海峡がムスリムだけのものでなくなったことを意味した。サラード川の戦いは、ムラービト朝に始まる一連のマグリブ王朝によるアンダルス防衛の歴史に終止符を打つことになったのである。

ナスル朝の相対的繁栄

しかし、サラード川の敗戦とアルヘシーラス失陥がただちにアンダルスの滅亡に繋がったわけではなかった。アルフォンソ十一世はジブラルタル包囲中の一三五〇年、ペストで没した。この後、カスティーリャ王国はペストの流行とそれに続くトラスタマラ内乱の勃発により、ナスル朝に対して攻勢を維持することができなくなった。一方、ナスル朝にとってサラード川の敗戦は、マリーン朝の介入から自由になったことも意味していた。こうしてマリーン朝とカスティーリャ王国という南北の二大国からの軍事的圧力が減じた十四世紀後半、ナスル朝はユースフ一世(在位一三三三〜五四)とムハンマド五世(在位一三五四〜五九、六二〜九一)の治世のもとで相対的な安定と繁栄の時代を迎えることになるのである。

ムハンマド五世は、一時宮廷クーデタによりマグリブへの亡命をよぎなくされるが、巧みにマリーン朝とカスティーリャ王ペドロ一世双方の支持を取りつけて復位に成功し、以後約三〇年間という長期にわたって王座にあってナスル朝の最盛期をもたらした。復位後のムハンマド五世は、当初、カスティーリャに対してはペドロ一世との同盟関係を維持し、トラスタマラ内乱に際しても彼を支持した。しかし、一三六九年に内乱がペドロ一世の死で終わると、それに乗じてアルヘシーラスをカスティーリャから奪い、その城壁を破壊した。続いてトラスタマラ内乱に勝利したばかりのエンリケ二世と和約を結び、以後、カスティーリャとのあいだには長い平和が訪れた。また、この時期にはナスル朝からカスティーリャへの貢納金支払いもおこなわれなくなった。

一方、マリーン朝は一三六〇年代以降、あいつぐ内紛により著しく弱体化した。これに乗じたムハンマド五世は、アンダルスにおけるマリーン朝の拠点ロンダ(一三六一年)とジブラルタル(七四年)を交渉により獲得し、マリーン朝のイベリア半島に対する影響力を完全に排除することに成功した。さらにマリーン朝王族の亡命者をグラナダに受け入れ、しばしばマリーン朝の内紛に介入するようになった。一三七四年、グラナダに亡命していたアブー・アルアッバースを支援して即位させたのはその一例である。また、一三七二年にはシャイフ・アルグザートの職をマリーン家出身者から剝奪し、ナスル家の者に委ねた。こうしてムハンマド五世はマグリブ勢力からの自立をはたしたのである。

ユースフ一世、ムハンマド五世の治世は、文化的にもナスル朝の最盛期であった。ユースフ一世とムハンマド五世の宮廷に仕えたイブン・アルハティーブは、法学はもちろん、スーフィズム、哲学、医学など数多くの学問をおさめ、さらには韻文・散文双方の文学にも秀でた多彩な知識人であった。彼の後継者となったイブン・ザムラクもまた、同様の文才を備えた宮廷政治家であった。現在、アルハンブラの碑文に残されている詩の多くは彼の手になるものである。

現存するアルハンブラの主要部分が建造されたのもこの時期だった。グラナダ市街の東南に聳えるサビーカの丘には十一世紀から城砦があったが、ムハンマド一世がここに宮殿を建設して以来、歴代のナスル朝君主はその改築・増築を繰り返してきた。サビーカの丘の西端部には軍事・行政の場である城砦があり、その東にはシエラ・ネバダ山脈から引かれた水をふんだんに用いた複数の中庭をもつ宮殿建築群があった。ここに、ユースフ一世が公的な空間であるコマーレス宮を、ムハンマド五世が私的な生活の場である「ライオンの間」をそれぞれ増築した。これらに加えて丘の東や南には、宮殿で働く者たちの住居、モスクなどの宗教施設、さらには工房や店舗、公衆浴場などが存在していた。アルハンブラは、後ウマイヤ朝のマディーナ・アッザフラーにも比肩しうる、宮廷都市だったのである。

ナスル朝期の社会と経済

ナスル朝の領域では、「大レコンキスタ」期のキリスト教徒による征服を逃れてイベリア半島各地から大量のムスリム移民が流入すると同時に、ムラービト朝とムワッヒド朝の時代にジンミー社会が弱体化したため、住民の大多数がムスリムとなった。非ムスリムは、若干のユダヤ教徒とジェノヴァ人などの外国人商人だけであった。イベリア半島内で唯一イスラームが支配的なナスル朝社会は、キリスト教徒支配下のムデハルとも交渉をもっていた。バレンシアやアラゴン地方のムデハルは、グラナダのイスラーム法学者にしばしば信仰上の諸問題についてファトワー(法学者の回答)発行を依頼しており、半島内のイスラーム信仰と学問の中心地として機能していたのである。

しかし、ナスル朝下のムスリムにはキリスト教からの改宗者がいたことも忘れてはならない。キリスト教徒側の史料でエルチェと呼ばれる彼らのなかには、カスティーリャ貴族でありながら政争に敗れてナスル朝に亡命し、ムスリムとなった者たちも存在した。また、十五世紀のナスル朝宮廷で勢威をふるったバンニガシュ家（ベネガス家）の祖リドワーンは、幼少の頃にナスル朝の捕虜となったキリスト教徒であり、ムスリムとして教育を受けて出世した人物である。逆にナスル朝内部での政争に敗れてカスティーリャに逃れ、キリスト教に改宗した者もいた。

ナスル朝期は、スーフィー教団が人びとの信仰生活に深く根をおろしつつあった時代でもあった。傑出したスーフィーの周りには自然と弟子たちが集うようになり、さらには一般民衆も神への執り成しを期待して、参詣や喜捨をおこなうようになっていった。なかには、奇蹟を期待される「聖者」とでも呼ぶべき存在もいた。とりわけ非都市部では、その浸透の度合いは著しかった。グラナダ征服後にキリスト教徒が記録したハブス（ワクフ）[16]の書によれば、多くの農地がスーフィーの修道場（ラービタやザーウィヤと呼ばれた）の維持にあてられるワクフ財産として設定されていた。このようなスーフィー教団の活動に対しては、歌舞音曲をともなう修行（サマーウ）や過度の農地集積などが一部の法学者から批判されることもあったが、スーフィズムそのものは法学と並ぶイスラームの枢要な柱であるとすでに認知されていた。実際、著名な法学者でありかつスーフィーでもあるという例は枚挙にいとまがないし、ナスル朝の宮廷でもスーフィーを招いて壮麗な預言者ムハンマド生誕祭が挙行されていた。スーフィーを保護することは、イスラーム君主として自らを演出するための不可欠の要素となっていたのである。

ムワッヒド朝末期からナスル朝期にかけて、地中海交易におけるアンダルスの役割は大きく変化した。かつてのように、アンダルス商人の船が地中海の東西を行き来することは少なくなり、代わってジェノヴァ商人をはじめとするキリスト教徒の船舶が大きな役割をはたすようになっていた。一一八三〜八五年のメッカ巡礼の記録を書き残したイブン・ジュバイルは、早くも十二世紀末の段階で往路・復路ともにアルメリアに寄港するジェノヴァ船を用いていたのである。ナスル朝期になるとジェノヴァ商人はそれまで以上に重要な役割をはたした。彼らはマラガやグラナダに常駐し、サトウキビ、乾燥果実（干イチジク、干ブドウ、ナッツ類など）や絹などをナスル朝領内で買いつけて、イタリア諸都市やフランドルなどヨーロッパ各地に輸出した。サトウキビなどの商品作物栽培に王族自身が関与するナスル朝は、ジェノヴァ商人に特権を付与してその販路を確保しようとした。これらグラナダの産品に対してジェノヴァ商人は、フランドルやイングランドの毛織物、東地中海から輸入した香辛料などをもたらした。さらにマグリブとの交易もジェノヴァ商人がおこなうようになった。マグリブからは伝統的な商品である金や黒人奴隷も輸入されたが、それに加えてナスル朝期に重要になった輸入品が穀物である。グラナダは後背地として肥沃な農業地帯を有してはいたが、「大レコンキスタ」にともなって流入した大量の都市人口を養うには足りなかった。したがってジェノヴァ商人を介したマグリブからの穀物輸入は、ナスル朝の社会経済にとって決定的に重要な意味をもったのである。しかし、十五世紀になるとグラナダ沿岸の治安悪化などによりジェノヴァ商人のナスル朝への関心は薄れていき、ナスル朝経済にとって大きな打撃となった。

アンダルスの終焉

ムハンマド五世没後、十五世紀にはいるとナスル朝を取り巻く環境は著しく悪化した。カスティーリャとの長い平和は終りを告げ、一四一〇年には要衝アンテケーラが攻略された。また、カスティーリャに対する貢納金も復活した。内政においても君主位をめぐる王族間の対立が激化した。あいつぐ政変のため治世途中で位を奪われた君主は数知れず、またマラガやグアディクスにはグラナダの支配権をうかがう王族がしばしば割拠してナスル朝を分裂に陥れた。ムハンマド九世(在位一四一九〜二七、三〇〜三一、三二〜四五、四七〜五三)が四度にわたって廃位と復位を繰り返したことが、この時期の政治的混乱を如実に示している。この時代は、もともとムスリムの叙述史料の少ない史料上の空白地帯であるが、それに加えて政治的混乱のために断片的な史料から得られる情報も非常に錯綜したものになっている。十五世紀のナスル朝については支配者の正確な一覧すらつくることが難しいのが現状である。(17)

ナスル朝王族間の争いに加えて、臣下のあいだでも深刻な党派抗争が展開された。サッラージュ家(キリスト教徒側の史料ではアベンセラーヘ家として知られる)をはじめ、クマーシャ家、バンニガシュ家(ベネガス家)など複数の家門がナスル朝王族を擁して相争った。彼らの抗争はときにカスティーリャも巻き込んで展開された。例えば、サッラージュ家に支持されたムハンマド九世に対して、ユースフ四世を擁するバンニガシュ家はカスティーリャ王フアン二世の支援を得てイゲルエラの戦い(一四三一年)で勝利し、王位奪取に成功した。

伝統的にアンダルスに軍事力を提供してきたモロッコ地域では、すでに弱体化して久しかったマリーン朝が一四六五年に滅亡し、部族勢力やスーフィー教団を核とする地方政権が割拠する状態に陥った。また、ジブラルタル海峡の制海権も完全にキリスト教徒の手に渡った。ポルトガルは一四一五年にセウタを征服してマグリブ沿岸部に進出し、カスティーリャも一四六二年にジブラルタルを占領した。ジブラルタル海峡がムスリムの手から失われたことは、ムスリム商人の活動を大きく制約したのはもちろん、アンダルスにとっては軍事力調達ルートが失われたという意味ももっていた。

戦争技術の変化もキリスト教徒側に有利に働いた。イベリア半島における火砲は、一三二四年のウエスカル攻略や四四年のアルヘシーラス防衛のように、ムスリム側も用いた例がある。しかし、輸送や火薬の補給などを組織化して火砲をより効果的に使用したのは、キリスト教徒のほうだった。従来の城砦防備を無力化する火砲の存在は、レコンキスタの最終段階においてロンダやマラガの攻略などで大きな威力を発揮した。

こうした環境の悪化にもかかわらず、十五世紀のナスル朝がなお一世紀近く命脈を保つことができたのは、ひとえにキリスト教徒側が内部事情によりグラナダを征服する余裕がなかったためである。しかし、カトリック両王のもとでカスティーリャ王国とアラゴン連合王国が同君連合を形成すると、レコンキスタはいよいよ最終段階を迎えた。一四八二年以降、ナスル朝は毎年のようにカスティーリャの侵攻を受け、つぎつぎに城砦や都市を奪われていった。

しかし、この段階にいたってもなおナスル朝の内紛はやまなかった。ナスル朝最後の君主で、キリスト教徒側の史料でボアブディル(アブー・アブド・アッラーの転訛)と呼ばれるムハンマド十一世(在位一四八二～八三、八七～九二)もまた、父王アブー・アルハサン・アリー(在位一四六四〜八二、八三〜八五)や叔父ムハンマド十二世ザガル(在位一四八五〜八七)との抗争に明け暮れた。二度にわたってカスティーリャ軍の捕虜となったボアブディルはカトリック両王に臣従を誓い、その支援によって父や叔父との抗争を有利に進めようとさえした。一四八七年から八九年にかけてカトリック両王はマラガ、バサ、グアディクス、アルメリアを攻略したが、ザガルの勢力圏であるこれらの都市に対してボアブディルが援軍を送ることはなかった。

一方、グラナダの法学者たちは目前に迫ったキリスト教徒の征服を防ぐため、ボアブディルに迫って一四八七年、エジプトのマムルーク朝に対してムスリム同胞として救援を求める使節を派遣した。しかし、援軍が送られるはずはなく、マムルーク朝君主はイェルサレムの聖墳墓教会の修道士二人をカトリック両王のもとに派遣して、グラナダ攻略を見合わせるよう求めたのみだった。

一四九一年末、ボアブディルはついにカトリック両王に対してグラナダを引き渡す降伏協定に合意した。残留を希望するムスリムにはイスラーム信仰と財産の保全が許され、イベリア半島を退去する者にも財産売却の自由が認められた。翌九二年一月二日、ボアブディルはアルハンブラの鍵をカトリック両王に引き渡し、アンダルスのイスラーム政権の歴史はついに終りを告げた。しかし、降伏したばかりのグラナダはもちろんのこと、バレンシアやアラゴン地方には依然として多くのムスリムがムデハルとして居住していた。キリスト教徒支配下でのムスリム/隠れムスリムの歴史は、なお一世紀以上続くのである。

▼補説3▲　アンダルスへのまなざし

「ヨーロッパ」であるはずのスペインにおいて、かつてイスラームが信仰され、アラビア語が用いられていた。このような認識は、多かれ少なかれ人びとに奇異の念をいだかせるものであろう。それゆえにアンダルスはさまざまなあり方で人びとの関心を呼び起こすものであった。それはワシントン・アーヴィングの『アルハンブラ物語』的な「ロマンティック」なイメージと結びつくものだったり、あるいは現代においては「三宗教の共存」というユートピア的な神話と結びつくものであったりもする。しかし、近代以降のスペイン人にとっては、事はそれ以上に重大であった。アンダルスとスペインとの関係をどのようにとらえるのかは、自分たちのルーツやアイデンティティにかかわる問題だったのである。

これに関してよく知られているのは、二十世紀半ばに展開されたサンチェス・アルボルノスとカストロとのあいだの論争であろう。前者はイスラームの存在をスペインの本来の歩みから逸脱させてしまった張本人ととらえたのに対し、後者はスペインとは中世におけるキリスト教徒・ユダヤ教徒・ムスリムの三者の共存のなかから生み出されてきたものであり、アンダルスもまた現代スペインのルーツの一つであると位置づけた。

一方、この二人のアンダルス観と異なるのが、アンダルス研究の中核を担ってきたスペインのアラブ学者たちのそれである。それは、「スペイン化されたアンダルス」あるいは「スペインとしてのアンダルス」とでも呼ぶべきもので、ムスリムの征服によっても太古から続くスペインの本質は変わらずにアンダルスに受け継がれているという考え方である。アンダルスの住民の大多数が少なくとも血統の面では被征服者に連なる以上、たとえイスラームに改宗してムスリムとなっても、あるいはアラビア語を用いるようになっても、依然として彼らは「スペイン人」であったというのである。したがって、二十世紀スペインのアラブ学者たちの主要な研究テーマは、アンダルス社会や文化のさまざまな局面において「スペイン」を見出すことであった。例えば、アンダルスで生まれたムワッシャフやザジャルといった独特の詩形式のなかにガリシア詩との関連が見出され、イブン・マサッラやイブン・アルアラビーといった思想家のなかに十六世紀スペインのカトリック神秘主義者たちとの共通性が見出されたりしたのである。あるいはより広くヨーロッパの文脈のなかにアンダルスを位置づけるため、ダンテの『神曲』のなかにイスラームの影響を見出したのも二十世紀前半のスペインを代表するアラブ学者アシン・パラシオスだった。

このような方向で研究を進めるアラブ学者にとっては、カストロとサンチェス・アルボルノスの主張はいずれも受け入れがたいものであり、二人の議論はアラビア語文献を読めない素人のものとみなされていたふしすらある。アラブ・イスラーム的なるものへの嫌悪感があらわなうえに、「スペイン」からアンダルスを分離してしまうサンチェス・アルボルノスに彼らが賛成できないのはむろんのこと、自分たちの議論の前提たる「スペイン」そのものを相対化してしまうカストロもまたアラブ学者には受け入れがたかったのである。

このようなスペインのアラブ学者たちのアンダルス観は、一九七〇年代にはいってフランス人研究者ギシャールの登場によって大きな動揺をよぎなくされることになった。彼の言に従えば、アンダルスは基本的に「東洋的」な社会であり、それを「スペイン」としてとらえることはできないのだという。そして、従来のスペインのアラブ学者たちの議論を「伝統主義」として徹底的に攻撃したのである。さらに彼は考古学・文化人類学・地名研究といった隣接諸学の成果もおおいに利用することで、もっぱらアラビア語文献の読解のみに依拠してきた旧来の文献学的な手法にも批判を加えた。そのため、彼の著作は当初、スペイン国内のアラブ学者から猛烈な反発を受けることになった。しかし、ギシャールの問題提起をきっかけとして「スペインとしてのアンダルス」という枠組の解体は確実に進んでいった。この過程は、フランコの死後、スペインが自治州国家体制に移行するとともに、単一で永遠だったはずの「スペイン」が相対化されてその多元性が意識されるようになってきたことと無関係ではないだろう。一九九〇年代以降のスペインのアラブ学者たちのあいだでは、アンダルスがイベリア半島の先住民たちから受けた影響や中世ヨーロッパ史においてはたした文化的役割を否定はしないけれども、まずはアンダルスをアンダルスとしてとらえよう、そしてヨーロッパ大陸の文脈だけでなく、マグリブや中東との関連も考慮に入れながら研究を進めていこうという共通認識が形成されているように見受けられる。そしてこのことは、かつて多用されていた「ムスリム・スペイン」に代わって「アンダルス」という表現が彼らの研究対象を示すのに用いられるようになったことに、如実にあらわれているといえるだろう。

▼補説4▲　アンダルスの都市生活

アンダルスでは、同時代のキリスト教圏に比べて都市が発達し、より多くの都市人口をかかえていた。また、キリスト教圏とは異なる独自の慣行や制度に従って都市生活が営まれてもいた。ここでは、キリスト教圏と比べたときのアンダルス都市における特徴的な点を中心に述べたい。

都市の統治の実態については詳細ははっきりしない部分も多いが、キリスト教圏のように特許状が国王や領主権力などから与えられることはなく、明確に法的な自治権をもっていたわけではない。たしかに政治的な混乱期を中心に、シューラー(評議会)やマジュリス(会議)といった会合があったことはアラビア語史料中に確認できるが、これがキリスト教圏の都市参事会のようにはっきりと制度化されたものとは思われない。

多くの場合、都市にはいくつかの有力家門があり、平時は中央権力から派遣された太守に協力してその統治を支え、中央権力が弱体化すると彼らのなかから単一の指導者がでたり、彼らの集団指導体制が形成されたりして、都市が運営された。これら有力家門は、後ウマイヤ朝期までは中東から入植したジュンド(軍団)を構成する家系が主だったが、やがてイスラーム法学者の家系が中心を占めるようになっていった。彼らは法学を中心とするイスラーム諸学を身につけ、礼拝指導者《イマーム》や説教師《ハティーブ》といったモスク付きの宗教関連の役職や、裁判官《カーディー》のような司法行政の職に就いた。こうした宗教的な権威に加え、彼らは近郊農村に土地を所有し、ときには長距離交易にも従事するなど経済的にも裕福であることが多く、これらを基盤として都市の有力者として振る舞うことができた。セビーリャのアッバード家は、そうした都市有力者から出発して第一次ターイファのなかでもっとも強勢を誇った王朝にまで成長した例であるが、ほかにもムラービト朝期コルドバのルシュド家やハムディーン家、ナスル朝期グラナダのアーシム家など数世代にわたって有力家門の地位を維持する家系は多い。

アンダルスの都市は、城壁の内外にモスク、公衆浴場、水場、市場、墓地など、日常生活や信仰生活に必要な公共施設が設けられていた。とりわけモスクは、礼拝の場であると同時に、近隣住民が語らい、師匠が弟子に講義をおこない、さらには裁判官《カーディー》が裁判をおこなうなど、多目的に用いられる都市生活の中核であった。またジャーミーと呼ばれる町一番の大モスクでは毎週金曜日に集団礼拝がおこなわれ、説教《フトバ》を通じてときの支配者の再確認もなされた。

このような都市のインフラを整備・維持していくために重要な制度にワクフがある(マグリブ・アンダルスでは通常、ハブスと呼ばれるが、ここではイスラーム史一般において広く用いられているワクフという語を用いる)。ワクフとは、特定の慈善目的(ここではモスクのような公共施設の建設・維持管理)のために財産を寄進する行為、もしくは寄進財産のことである。ワクフとして設定された財産は所有権の移転が許されず、当初想定された慈善目的に半永久的に用いられることとなる。ワクフとして設定される財産は、多くの場合、農地や都市の商業施設・工房などの不動産であり、これらの不動産が生み出す収益が、都市インフラの建設や維持管理にあてられたのである。ワクフの寄進者は自らの子孫を管財人に指定することで一定程度はワクフ財産に対する影響力を保持できたし、イスラーム法が均分相続を原則とするなかで財産の細分化を避けるためにも有効な手段となった。ワクフは、寄進者の利益と社会全体の利益との両立を可能にする制度だったのである。

都市内の秩序を維持するのは、ムフタシブと呼ばれる役職だった。アンダルスで書かれた「ヒスバの書」という彼らの手引書がいくつか残されているが、それによれば、彼らは法学の知識をもつ者のなかから裁判官によって任命された。彼らの職務は、度量衡の管理や商品の品質の維持、価格操作の防止といった市場での適正な取引を守ることに加え、公道やモスクなどの公共施設が適切に整備管理されているかの監視、さらには礼拝の奨励や風紀を乱す行為の取締りなど都市内倫理を遵守させることにまでおよんだ。

キリスト教徒による征服直後の記録を除けば文書史料に乏しいアンダルスに関して、都市社会について光をあててくれるのが法学史料であるが、「ヒスバの書」とともに、有用な情報を与えてくれるのがファトワー集である。ファトワーとは権力者からの政治上の問題に関する下問から、一般信徒からの日常生活における法律相談まで、さまざまな質問に対してイスラーム法の観点から法学者が発行した回答である。そのなかでは、売買契約、遺産相続、ワクフの管理、住民同士の係争など、じつにさまざまなトピックが取り上げられている。こうしたファトワーからは、都市生活の具体的な様相を知ることができるだけでなく、イスラーム法が現実の信徒たちの生活のなかでどのように適用されたのかという理念と実践の接点を見出すことができる。こうしたファトワー集を用いた都市研究は、今後もさらなる発展が期待できるであろう。

注

(1) 現在のチュニジアにほぼ相当し、中心都市カイラワーンはウマイヤ朝のマグリブ経営の拠点だった。語源はローマの属州 Africa に由来する。

(2) イスラームによる征服前からマグリブに居住する先住民の総称。その多くは部族的な社会集団を形成し、言語的にも一定の共通性が認められるが、生業・文化などの点では極めて多様な集団を含んでいる。アラブ征服者たちは、彼らをギリシア語のバルバロイ(野蛮人)に由来する Barbar という語でひとくくりにとらえ、ここからベルベルという呼称が生まれた。

(3) イスラーム共同体の最高指導者。預言者ムハンマドの後継者・代理人として全ムスリムを指導する存在と位置づけられていた。

(4) 擬制的な血縁関係をとおして形成されたパトロン・クライアント関係の当事者。クライアントは、パトロンが属する部族や家の準構成員とみなされた。アラビア語のマウラーという語はパトロン／クライアント双方の意味に用いられるが、ここではクライアント(従属民)の意味に限定しておく。ある者がマウラーとなる事由はさまざまだが、奴隷身分からの解放やアラブ征服者を保証人にしての改宗、双方合意の契約などがある。

(5) アラビア語史料中ではたんに「ウマイヤ朝」あるいは「アンダルスのウマイヤ朝」などと呼ばれることが多い。しかし、わが国では中国史の用語法を借用して「後《こう》ウマイヤ朝」と呼び慣わすことが多いので、ここでも慣例に従う。

(6) 預言者ムハンマドの従兄弟であり女婿でもあるアリーの子孫(その多くは預言者の子孫でもある)のみにカリフの資格を認めるイスラームの一派。

(7) ムスリムの一日五回の礼拝のうち、金曜日正午過ぎの礼拝は大モスクに集まって集団礼拝の形式でおこなうことが望ましいとされている。集団礼拝の前には説教がおこなわれ、その際には当該地域の支配者の名に言及するのが慣行となっていた。このように金曜日の説教は、毎週一回、地域住民が一堂に会する機会に、支配者がだれであるかを再確認し、またときには支配者の交代が宣言される場として機能していた。

(8) モサラベ mozárabe の語源はアラビア語の「アラブ化した者 musta'rib」と考えられているが、この語形をアラビア語史料中で確認することはできない。ムワッラド muwallad(スペイン語化して muladí)は、元来アラビア語では「(非アラブだが)アラブの生れとみなされた者」を意味する。厳密には改宗第一世代はムサーリムと呼ばれ、ムワッラドと呼ばれたのは第二世代以降である。

(9) 全イスラーム共同体の長であるカリフと同義。前近代のアラビア語史料中ではカリフよりもアミール・アルムーミニーンという表現のほうがよく使われる。

(10) イスラーム世界においては、哲学《ファルサファ》は古代ギリシアの異教の学問に由来するため、異端視されることもあった。

(11) 九七二年、エジプトに根拠地を移したファーティマ朝からイフリーキヤの支配を委ねられた王朝。

(12) ムラービトとはリバート(修道場もしくは砦)に集う者の意であるが、ムラービト朝の語源となったリバートの場所や解釈については、諸説ある。

(13) 農産物や商業取引による所得などに課せられる税。「十分の一」と呼ばれるが、法規定上、実際の税率は課税対象に応じて二・五%から一〇%まで幅がある。

(14) ただし、ムラービト朝のスーフィズムに対する態度については、単純な敵視とはいい切れない側面もある。ムラービト朝は一度はガザーリーからマグリブ・アンダルスの統治を正当化する書簡を受け取っており、また焚書に同意したマーリク派法学者のなかにもスーフィズムに一定の理解を示している者がいる。しかし、スーフィズムが急速に社会的影響力を増していくなかで、ムラービト朝や体制派法学者が懸念や戸惑いをいだいていたことは間違いないであろう。

(15) マグリブ・アンダルスでは、誤った方角で建設された初期のモスクに追従した結果、正確にメッカの方角ではなく南寄りにキブラが設定されているモスクが少なくない。これらが修正の対象となった。

(16) ワクフについては、補説4「アンダルスの都市生活」を参照せよ。
(17) 従来ムハンマド十世(カスティーリャの史料ではエル・コホ)と呼ばれてきた王の名は、新たなアラビア語史料の公刊により、ムハンマドではなくユースフであると訂正されている。このため、ムハンマド十一世(エル・チキート)、十二世(ボアブディル)、十三世(ザガル)とされてきた王の世数は、それぞれ十世、十一世、十二世に訂正されなければならない。

佐藤健太郎

第四章　カスティーリャ王国

1　アストゥリアス王国とレオン王国

レコンキスタ運動の開始

西ゴート王国崩壊後、ロドリーゴ派の西ゴート貴族ペラーヨは、ウマイヤ朝のヒホン総督ムヌーザと対立し、レコンキスタ(再征服)運動の起点となるスペイン北西部のカンタブリア山中に逃れた。このペラーヨのもとで、西ゴート王国の継承国家であるアストゥリアス王国が再建され、「失われた西ゴート王国」をムスリム(イスラーム教徒)の支配から解放する再征服運動が開始されたというのが、伝統的歴史学の解釈であった。

西ゴート王権との連続性を強調する伝統的歴史学に根底的修正を迫ったのが、一九七〇年代のアビリオ・バルベロとマルセロ・ビヒルの研究『レコンキスタの社会的起源について』『イベリア半島における封建制の形成』である。これらによれば、カンタブリア山麓には古くから、バスク系先住民のアストゥリアス人やカンタブリア人(ローマ時代にはアストゥリアス人とカンタブリア人は区別されず、カンタブリア人と総称された)が定住しており、外部権力であるローマや西ゴート王権の実効的支配をまぬがれていた。したがって八世紀の西ゴート王国とアストゥリアス王国のあいだには大きな断絶があり、それが解消されるのは再征服運動の進展により、アストゥリアス王国の住民構成が大きく変化する九世紀後半以降にすぎない。フランコ体制末期に提起されたバルベロとビヒル説は、伝統的歴史解釈に依拠するフランコ政権が崩壊し、スペインの民主化が進行した一九八〇年代以降ほぼ定説としての地位を確立した（補説5「サンチェス・アルボルノス史学」参照）。現在の初期中世カスティーリャ史研究は、このバルベロとビヒル説を中心に展開しているといっても過言ではない。近年、考古史資料を基にしたバルベロとビヒル説への批判も散見されるが、八世紀のアストゥリアス王国と西ゴート王国との断絶という点では、大方の研究者の合意を得ている。

西ゴート王権と同じ外部権力の後《こう》ウマイヤ朝に対しても、アストゥリアス人の抵抗は根強く、ムスリムはこの地域にほとんど浸透できなかった。西ゴート貴族ペラーヨが避難したのは、伝統的母系制社会の解体に直面しつつも、外部権力の実効的支配を拒否しつづけたバスク系先住民社会である。そこでペラーヨは、族外婚の伝統をもつアストゥリアス人支配層と疑似親族関係《プロフィリアシオン》(1)を結んで、先住民社会に受容され、優越した軍事技術を背景に国王に選出されたのであった。アストゥリアス人を率いたペラーヨ（在位七一八〜七三七）は、七二二年頃のコバドンガの戦いではじめてイスラーム軍を破り、カンタブリア山中のカンガス・デ・オニスに宮廷を構えた。カンガス・デ・オニスはローマ時代以来アストゥリアス人の政治・宗教的中心地であり、近郊には異教の聖地に起源をもつコバドンガの洞窟教会がある。カンガス・デ・オニスの宮廷自体が、西ゴート王国とアストゥリアス王国の断絶を象徴している。

第三代のアストゥリアス王となったのは、西ゴート王国の北部辺境地域の防衛に従事したカンタブリア公ペドロの息子で、ペラーヨの女婿でもあったアルフォンソ一世（在位七三九〜七五七）である。第二代アストゥリアス王ファフィラ（在位七三七〜七三九）の息子を排除して、アルフォンソ一世が王位を継承できたのは、アストゥリアス人のあいだでなお保持されていた族外婚の伝統、国王の娘や姉妹とその配偶者による王位継承を正当とする、母系制原理によるものであった。アルフォンソ一世の即位は、アストゥリアス王国東部のカンタブリア人がアストゥリアス人とともに、イスラームへの抵抗運動に結集したことを意味する。アルフォンソ一世はウマイヤ朝末期の政治・社会的混乱、とりわけスペイン北部の辺境地域への定住を強制されたベルベル人の反乱を利用して、ガリシア地方やドゥエロ川流域への略奪を繰り返し、多数のモサラベ(イスラーム支配下のキリスト教徒)を王国内に誘致した。同時にイスラーム軍の侵攻阻止を目的にドゥエロ川流域を荒廃化させ、カスティーリャ地域への再植民運動《レポブラシオン》にも着手している。ベルベル人の反乱とアルフォンソ一世の侵攻により、ドゥエロ川流域では権力の空白、人口減少と都市機能の低下が生じ、多数の耕地が無主地・荒《こう》蕪《ぶ》地として放置された。アルフォンソ一世のもとで、アストゥリアス王権の支配領域はしだいに伸張し、モサラベによる国内の再開発とキリスト教化も進行した。

古代末期までのアストゥリアス人は、軍事・交通上の要衝に建造された城塞を中心に、牧畜の比重の極めて大きい粗放農業を営んでいた。ローマの実効支配がほとんどおよばなかったことから、母系制を基盤とする氏族制社会が維持され、定住形態は散居定住を基本とした。しかし西ゴート時代にはいると、農業生産力の上昇や人口の増加を背景に、こうした氏族制社会は解体傾向を強め、共有地を集積した支配層と民衆との社会格差も拡大した。母系制的氏族制社会の解体は、多数のモサラベが流入し、人口が飽和状態となったアストゥリアス王国時代にさらに加速する。しかしそれは、八世紀のアストゥリアス社会をなおも拘束しつづけた。これを端的に示すのは、アルフォンソ一世やシーロ(在位七七四〜七八三)にみられる女婿の王位継承である。八世紀のアストゥリアス王国では、女婿の王位継承と息子や兄弟のそれが混在しており、父系制に基づく西ゴート王国の王位継承との相違は少なくない。アストゥリアス王国において、母系と父系が混在した間接母系制原理が放棄され、父系制による王位継承が定着するのは、九世紀半ば以降のことである。その一方でアウレリオ(在位七六八〜七七四)時代には、アストゥリアス人隷属民の大規模な反乱も発生しており、伝統的な氏族制社会の解体は着実に進行していた。アストゥリアス人隷属民の反乱のなかに、アストゥリアス人とモサラベとの社会的対立の反映をみてとることも不可能ではない。

再征服運動のイデオロギー的基盤であるキリスト教の浸透も、一部に限定されていた。なるほどコバドンガの洞窟教会には、聖母マリアが祀られていたが、それは地母神信仰とマリア信仰のシンクレティズム(習合現象)の所産であった。母系制社会で重視された地母神信仰とマリア信仰との親近性を考慮したとき、再征服運動の聖地コバドンガでのシンクレティズムには説得力がある。

このように八世紀のアストゥリアス王国は、西ゴート王国とさまざまな点で断絶しており、それを西ゴート王国の継承国家とするレコンキスタ理念は、九世紀後半以降に創造された「神話」にすぎない。八世紀末までの再征服運動も、バスク系先住民であるアストゥリアス人やカンタブリア人を主体とする対外膨張運動の色彩が強い。初期再征服運動に西ゴート貴族やモサラベが関与していたことは否定できないにしても、その中心となったのは、西ゴート王権の実効的支配下に組み込まれることのなかったバスク系先住民であった。初期再征服運動は、一度としてスペイン中部や南部を支配したことのない、アストゥリアス人やカンタブリア人といったバスク系先住民による、「征服運動」として開始されたのである。

アストゥリアス王国の再編

バスク系先住民社会の痕跡を引きずったアストゥリアス王国は、八世紀末〜十世紀初頭のアルフォンソ二世(在位七九一〜八四二)とアルフォンソ三世(在位八六六〜九一〇)時代に、政治・経済・社会的にも、また宗教的にも大きな変貌を遂げる。八世紀後半の政治的混乱を収拾して即位したアルフォンソ二世は、国内に残存する異教勢力を弾圧したのみならず、ローマや西ゴートの影響の強いガリシア地方を併合し、そこにサンティアゴ教会を建立した。伝承によれば、その契機となったのは、神意による聖ヤコブの墓の「発見」であり、カール大帝、ローマ教会をはじめとする主要西方教会が聖ヤコブの墓の「発見」を祝福した。八世紀末には教会暦のなかに聖ヤコブの祭日が設定され、リエバナのベアトゥスの聖ヤコブ讃歌では、聖ヤコブはスペインに福音を伝えた使徒、苦難に直面するアストゥリアス王国の救済者として称揚されている。

リエバナのベアトゥスはアルフォンソ二世とほぼ同時代人で、終末論やトレード大司教との神学論争でも知られた修道士である。リエバナのベアトゥスの『黙示録注解』は、天と地が一体化した「第七の時代」がまもなく到来するとの終末論の表明であり、「新たな時代」に備えて人びとに悔い改めを説いた警世の書であった。八〇〇年ないし八八三年に到来するとされた終末は、八〜九世紀の国王や聖職者の内面を確実にとらえ、さまざまな歴史的事象が終末の予兆と解釈された。カール大帝が西ローマ皇帝としての戴冠式を八〇〇年のクリスマスに挙行したのは、「新たな時代」の到来を意識してのことであったし、アルフォンソ二世も、終末論に強く拘束されていた。**Alfonso** の最初の文字Aと最後の文字Oは、ギリシア語のアルファとオメガに対応しており、「始源と終末」を象徴している。自らの名前のなかに「始源と終末」を刻み込んだアルフォンソ二世が、終末を意識したとしても不自然ではあるまい。トレード大司教との神学論争は、イエスを「神に採択された子」とするキリスト養子説[2]をめぐるものである。イスラーム神学の影響を受けたトレード大司教によるキリスト養子説は、ローマ教会、フランク教会、アストゥリアス教会では異端とされたが、この論争を通じてアルフォンソ二世は、カール大帝との関係を緊密なものとする。アルフォンソ二世が建設した新都オビエドには、アーヘン(エクス・ラ・シャペル)やトレードをモデルとした宮廷・教会組織が部分的に再建され、西ゴート王国との連続性も主張され始める。聖ヤコブ崇敬の浸透、サンティアゴ教会の建立、西ゴート王国との連続性の主張が、終末論を背景にしていることは注目してよい。

アルフォンソ二世を継承したラミーロ一世(在位八四二〜八五〇)のもとで、父系制に基づく王位継承原理が確立し、母系制的氏族制社会の解体がさらに進行する。ラミーロ一世はノルマン人の侵入を撃退した王としても知られるが、その直系孫にあたるのがアルフォンソ三世である。アルフォンソ三世は、ムワッラド(イスラームに改宗したキリスト教徒)やモサラベの反乱に揺れるアンダルス(アル・アンダルス)、すなわちイスラーム・スペイン社会の混乱をつき、反乱の首謀者イブン・マルワーンやイブン・ハフスーンと提携して、大規模な再征服運動を展開した。再征服運動はアストゥリアス王国東部の旧カスティーリャ地方にもおよび、そこに複数の伯領を設定している。こうした再征服運動の結果、アストゥリアス王国の南部境域は、ドゥエロ川流域にまで達し、従来以上に多数のモサラベを支配下に組み込んだ。

西ゴート王国の一部を構成したガリシア地方やドゥエロ川流域の支配、多数のモサラベの編入は、アストゥリアス王国の住民構成を大きく変容させ、母系制的氏族制社会から封建制社会への転換を決定的なものとした。再征服運動と並行して再植民運動が推進され、人口圧と社会格差の拡大が顕在化しつつあったアストゥリアス王国北部のアストゥリアス人やカンタブリア人、モサラベが、無主地・荒蕪地の広がるドゥエロ川流域に入植・定住した。彼らは王権や揺籃期の聖俗貴族層の保護下に、あるいは自らの自発的意思によって集団入植した隷属民や自由民であり、防衛拠点としての城塞を中心に定住した。入植者の大多数は小規模な生産手段を有するにすぎない小農民で、再植民運動に際しては、一定期間の土地占有と入植者の生産手段(とくに家畜や隷属民の数)に応じて、土地所有規模が決定されるプレスーラ形式がとられた。そのため十世紀前半のドゥエロ川流域では、多数の自由農民が創出された。その一方で、広大な王領地や教会・修道院所領、世俗領主所領が構築され、地域差を含みつつも、王権の保護下に、聖俗有力貴族(伯、司教、修道院長など)を頂点とする封建的貴族層も成長しつつあった。ドゥエロ川流域の再征服・再植民運動が、多数の自由農民と封建的貴族層創出の主要契機となったのである。封建制社会への移行を決定的なものとしたアルフォンソ三世時代は、初期中世カスティーリャ史の転換点にほかならなかった。

このアルフォンソ三世が八八三年に著したとされるのが、『アルフォンソ三世年代記』である。しかしオリジナルは伝来せず、現存するのは十世紀初頭のローダ版とオビエド版の二つの写本である。『アルフォンソ三世年代記』の著者と成立年については、これまでいくつかの仮説が提示されてきたが、同年代記の著者をアルフォンソ三世自身、成立年を八八三年とするイギリスの中世史家コリン・スミスの仮説は魅力的である。ローダ版とオビエド版は、記述内容に異同を含むものの、いずれも西ゴート王国との連続性を強調した内容となっている。同年代記によれば、信仰をなおざりにし滅亡した西ゴート王国は、西ゴート王家に連なる敬虔な西ゴート貴族ペラーヨとともに再生し、奇蹟によりコバドンガでイスラーム軍を壊滅した。西ゴート王家の血脈に繋がる歴代のアストゥリアス王は、神の加護を受けてイスラーム軍を破り、王国を拡大してきた。アストゥリアス王は、イスラーム軍に奪われた西ゴート王国を回復する権利と義務を有しており、アルフォンソ三世によるドゥエロ川流域の支配も、そうした歴史的文脈のなかに位置づけられる。西ゴート王国との連続性を強調し、レコンキスタ理念を「創造」した『アルフォンソ三世年代記』の目的が、ドゥエロ川流域支配の正当化にあったことはいうまでもない。

しかし同年代記には、アルフォンソ三世時代の情報は乏しく、八八三年を最後に記述が突然中断される。アルフォンソ三世自身が八八三年に同年代記を著したと仮定しても、唐突感はいなめず、なぜ八八三年なのかという問題が残る。ここで想起すべきは、八八三年を終末と位置づける同時期の『預言的年代記』の記述である。再征服運動の飛躍的進展、イブン・マルワーンやイブン・ハフスーンの反乱に代表されるアンダルスの混乱を前に、アルフォンソ三世は終末の到来と「新たな時代」の開幕を確信していた。「新たな時代」の到来とともに、ムスリムはスペインから放逐され、キリスト教徒の王国が再建されるであろう。黙示録的世界観をもち、自らの名前のなかに「始源と終末」を刻み込んだアルフォンソ三世にとって、八八三年は世界史を分かつ分水嶺にほかならなかった。だからこそ八八三年をもって年代記の記述を終えたのである。伝統的歴史学の基本史料ともいうべき『アルフォンソ三世年代記』が、終末論の強い影響を受けていたことは、これまでの再征服運動理解にも波及せざるをえない。そもそもレコンキスタなる史料用語は、『アルフォンソ三世年代記』はおろか、中世中期から近世スペインの年代記においてすら、確認できないのである。『アルフォンソ三世年代記』を例にとれば、アルフォンソ一世はルゴ、トゥイ、アストルガなど多くの都市を「攻略」したのであって、「再征服」したのではない。レコンキスタなる語は、十九世紀後半以降のスペイン・ナショナリズム、自由主義的国家体制と密接な関係を有する近代的な歴史用語にすぎない。

レオン王国と首都レオン

アルフォンソ三世の息子ガルシア一世(在位九一〇〜九一四)のもとで、首都はオビエドからカンタブリア南麓のレオンに移された。これ以降一〇三七年までをレオン王国という。王統の連続性がみられることから、アストゥリアス王国とレオン王国を総称してアストゥリアス゠レオン王国と呼ぶ場合もある。カンタブリア南麓への遷都は、ドゥエロ川流域の再植民運動を進めるうえで重要な意味をもったが、それはまた同地域を防衛したいという王権の意志の反映でもあった。しかし十世紀は後ウマイヤ朝権力が頂点に達した時代でもあり、レオン王国は後ウマイヤ朝とドゥエロ川流域をめぐり熾烈な攻防を繰り広げた。イスラーム軍の攻撃は激しさを増し、ナバーラ王、カスティーリャ伯の支援を得たラミーロ二世(在位九三一〜九五〇/九五一)が、九三九年にシマンカスでアブド・アッラフマーン三世を撃破したとはいえ、レオン王国の軍事的劣勢は動かしがたいものであった。聖俗所領の形成や封建制の発展を背景としたレオン王国の政治的混乱、カスティーリャ伯フェルナン・ゴンサレスの分離運動が、それに拍車をかけた。オルドーニョ三世(在位九五〇〜九五六)とオルドーニョ四世(在位九五八〜九六〇)の即位にあたっては、貴族を巻き込んだ激しい王位継承争いが発生した。肥満体が一因で王位を追われたサンチョ一世(在位九五六〜九五八、九六〇〜九六六)にいたっては、治療のためアブド・アッラフマーン三世のもとに身を寄せ、その軍事援助で復位をはたしている。イスラーム軍と気脈を通じる貴族も散見され、復位したサンチョ一世が貴族によって毒殺されるなど、十世紀後半のレオン王国は政治的混乱の時代を迎えた。

その一方で「皇帝」理念や国王塗油儀礼が導入され、レオン王権の聖性と優位が強調された。「皇帝」理念は王国を三分し、「皇帝」を称したアルフォンソ三世に由来するといわれる。しかしそれが定着するのは王権が弱体化する十世紀後半であり、レオン王国への介入を強めるナバーラ王への優位、地域差が大きく分裂の契機をはらむレオン王国の政治的統合と連動していた。国王塗油儀礼(後述するカスティーリャ＝レオン王権とカスティーリャ王権には基本的に継承されなかった)については、これを西ゴート王権との連続性の主張とみることができる。封建制の進展とイスラーム軍の攻勢を前に動揺するレオン王権にとって、「皇帝」理念と国王塗油儀礼は、王権を再建・強化するためのイデオロギー的手段であった。

十世紀のレオン王国は、地域差を含みながらも、封建制社会へと転換を遂げつつあった。狭義の封建制についていえば、政治的機能の弱体性と軍事的機能の肥大化に大きな特色があった。ライン・ロワール間地域と異なって、封建制の人的契機(封主・封臣関係)と物的契機(封)の有機的結合は基本的にみられず、封主と封臣の双方が自由に封主・封臣関係を中断できたばかりか、官職の封建化や世襲化も少なかったのである。こうした封建制が、再征服・再植民運動と密接にかかわっていることはいうまでもない。再征服・再植民運動は、領主所領の拡大を促す一方で、王権に直属し軍役と課税を負担する、多数の自由農民を創出した。十世紀前半における自由農民の広範な存在と王権の安定が、ライン・ロワール間地域とは異なる封建制を定着させた主要因であった。伝統的歴史学は、この時期の封建制を中世カスティーリャ封建制の原型とし、西ヨーロッパ封建制との相違を強調してきたが、封建制概念の柔軟化と封建制の多様なあり方が提起された一九七〇年代以降、伝統的封建制像もさまざまな批判にさらされている。少なくともライン・ロワール間の封建制を唯一のモデルとし、レオン王国の封建制を非典型的とする従来の封建制像は修正されるべきであろう。

封建制社会への傾斜を深め、内乱に揺れる十世紀末のレオン王国を震撼させたのが、マンスールの侵攻であった。マンスールはバルセローナ伯領、ナバーラ王国はもとより、レオン王国へも大規模な聖戦を断行し、首都レオンを略奪したばかりではない。内通するレオン貴族やガリシア貴族に助けられてサンティアゴ・デ・コンポステーラにまで達し、サンティアゴ教会の鐘を戦利品としてコルドバへ持ち帰ったのである。レオン王国各地に破壊の爪痕を残したマンスールの侵攻は、カスティーリャ伯領やガリシア地域の分離運動とあいまって、レオン王国を深刻な危機に直面させた。それを打開するためアルフォンソ五世(在位九九九〜一〇二八)は、首都レオンに聖俗の有力貴族を招集し、王国の再建策を協議した。一〇一七年(もしくは一〇二〇年)の『レオンの都市法《フェロ》』は、その所産にほかならなかった。

レオン市はローマ第七軍団の軍営地に起源をもつ都市で、レオンの語源も軍団のラテン語に由来する。アルフォンソ三世時代にアストゥリアス王国への帰属が決定的となり、まもなく司教座と宮廷がおかれ、市場も開設されて、レオン王国の政治・経済・宗教的中心地機能を担った。マンスールの略奪をこうむったのち、アルフォンソ五世は、首都レオンを再建すべく、前述した都市法《フェロ》を発給したのである。全四八条から構成される『レオンの都市法』はオリジナルが伝来せず、現存するのは十二〜十三世紀のオビエド版とポルトガル版の二つの写本である。十二〜十三世紀に加筆修正された条項も少なくないが、十一世紀初頭に遡るものも含んでおり、そこから当時の状況を復元することができる。

十一世紀初頭の首都レオンは、囲壁に囲まれたレオン王国最大の都市で、人口は一五〇〇人程度と推定される。市内には貴族、聖職者、自由農民、奴隷やユニオールといった隷属民、手工業者、商人に加え、少数ながらユダヤ人(ユダヤ教徒)も定住していた。都市の再建と人口増加をはかるため、『レオンの都市法』は、一定の条件を付して、隷属民や手工業者、下級貴族に、領主選択権(移動の自由)と免税特権を認めた。それればかりではない。都市住民と近郊の属域(都市裁判権のおよぶ周辺地域)住民の双方に、戦時の囲壁警護を義務づけ、九日以上拘束されなかった犯罪者も、保護の対象としたのである。都市自治権に関する規定は後世の挿入であるにしても、都市裁判権は都市住民と属域住民の双方におよび、ユダヤ人に対しても法的能力を認知した。毎週水曜日に開催された週市では、市場の平和が保障され、都市住民と属域住民の双方が、流通税免除特権を享受しながら手工業製品と農産物、家畜を売買した。これらの在地商品に混じって、ユダヤ人やムスリム商人の持ち込んだオリエント産絹織物などの奢侈品も取引されたのであって、レオンの週市は国際的市場としての性格も帯び始めていた。史料上の問題を内包してはいるが、『レオンの都市法』は、レオン王国の復興と初期中世スペイン都市の実態を探るうえで貴重な史料である。

十世紀後半以降レオン王家とナバーラ王家は、イスラーム軍に対抗するため、婚姻関係を積み重ねてきた。前述したアルフォンソ五世とベルムード三世（在位一〇二八～三七）も同様であった。十一歳で即位したベルムード三世治下のレオン王国で、絶大な影響力を行使したのが、同王の叔父にあたるナバーラ王サンチョ三世（在位一〇〇〇～三五）である。親政を開始したベルムード三世は、カスティーリャ伯領を併合し、レオン王国を事実上の保護下においたサンチョ三世に危機感を強めた。これにレオン王国東部境界域の帰属問題、カスティーリャ王を称したサンチョ三世の次子フェルナンド一世の王号問題が加わる。ナバーラ王を支持するレオン貴族も多く、ベルムード三世は一時期首都を放棄せざるをえなかった。サンチョ三世が没し苦境を脱したベルムード三世は、フェルナンド一世（ベルムード三世の義兄弟でもあり、王位継承権を主張した）との対立を深める。しかし一〇三七年のタマロンの戦いに敗れ、フェルナンド一世がレオン王位を継承して、初期再征服運動を主導したレオン王国は滅亡した。

カスティーリャ伯領の発展

ブルゴスを中心とする旧カスティーリャ地域が実質的に再征服・再植民運動の対象となるのは九世紀末以降であり、イスラーム軍の主要進入路にあたったことから多数の城塞が建設された。レオン王国の東部境界域を構成した旧カスティーリャ地方に主として入植したのは、母系制的氏族制社会の伝統を引きずる、バスク人とバスク系のカンタブリア人であった。彼らは小規模な生産手段を携え、防衛拠点としての城塞を中心に定住し、城塞の防衛義務を負担した。多くの無主地・荒蕪地を含む旧カスティーリャ地方の再植民運動に際しても、プレスーラ形式がとられたため、旧カスティーリャ地方では、小規模な自有地をもち、伯を介して王権に軍役義務や課税負担を負う自由農民が多数創出された。カスティーリャ社会の中枢を占めたのは、共有地利用権と小農経営に支えられたこれらの自由農民であり、自由農民が住民の多数を占める自由村落も少なくなかった。

しかし再植民運動は、前述したように所領形成と貴族層成立の主要契機でもあった。再植民運動に指導的役割をはたした共同体支配層や教会、修道院は、王権の保護下に共同体への支配をいっそう強化し、共有地や自由農民の土地を集積して、在地領主権力(貴族層)へと成長する。自由農民の小経営に内在する不安定さが、それをさらに助長した。自由農民は単婚小家族(核家族)への傾斜を強めていた家族形態と、共有地や共有水車の用益権に支えられて、穀作地、ブドウ畑、菜園などから成る小経営を営んだ。しかし旧カスティーリャ地域は、イスラーム軍の不断の脅威にさらされた地域で、均分相続の慣行もあり、自由農民は安定した農民的小経営を実現できなかった。凶作時にはそれがいっそう顕在化し、自由農民は教会、修道院を含めた在地領主権力に土地を譲渡し、その保護下にはいっていく。これらの在地領主権力は旧カスティーリャ地方に多数確認されるが、そのなかから台頭しレオン王国最大の有力貴族となるのが、カスティーリャ伯フェルナン・ゴンサレス(在位九三二〜九七〇)であった。

フェルナン・ゴンサレスは、ラミーロ二世の保護と卓越した軍事的能力で頭角をあらわし、カスティーリャ伯領の政治的統合と世襲化を実現した。フェルナン・ゴンサレスのあと、カスティーリャ伯家はガルシア・フェルナンデス(在位九七〇〜九九五)、サンチョ・ガルシア(在位九九五〜一〇一七)、ガルシア・サンチェス(在位一〇一七〜二九)と続き、この間カスティーリャ伯は、レオン王の外戚として再征服運動やレオン王国の王位継承争いに中心的役割をはたした。しかしベルムード三世と結んで、ナバーラ王サンチョ三世と対立したガルシア・サンチェスの刺殺を機に、一〇二九年に断絶した。ナバーラ王妃ムニアがガルシア・サンチェスの姉妹であったことから、サンチョ三世がカスティーリャの慣習法遵守を条件に、カスティーリャ伯領を継承した。母系制的継承原理の最後の痕跡を、ここにみることができる。

レオン王国中西部のレオン地域やガリシア地域と異なり、ローマや西ゴートの実効的支配がおよばなかった旧カスティーリャ地方では、モサラベ住民は少なく、バスク系自由農民が人口の大多数を占めた。自由農民の一部は領主権力の支配下に組み込まれていくが、イスラームとの境界域でバスク系住民が大多数を占める特有の慣習法地域であったため、十世紀後半にはいっても比較的多くの自由農民が残存した。自由農民の広範な存在に支えられた比較的開放的な社会が、中世初期カスティーリャ社会の大きな特色であった。旧カスティーリャ地方は、封建化の進展をみたレオン王国中枢部と異なる、古くからの社会構造を保持したのである。フェルナン・ゴンサレスのもとでのカスティーリャ伯領の政治的統合、伯領の世襲化(レオン王国からの分離運動)も、こうした歴史的文脈のなかで理解されるべきであろう。

十世紀のカスティーリャ社会を象徴するのが、自由農民上層に出自する民衆騎士である。イスラームとの境界域に位置し、封建化の進展が遅れた旧カスティーリャ地方では、再征服運動に不可欠な騎士、すなわち出生貴族身分である下《イン》級貴族《ファンソン》が著しく不足していた。馬その他の騎士としての装備を自給できた自由農民上層(民衆騎士)は、それを補完する手段でもあった。カスティーリャ伯ガルシア・フェルナンデスが発給した九七四年の『カストロヘリスの植民状』は、当時の民衆騎士の状況を端的に示している。『カストロヘリスの植民状』によれば、民衆騎士はインファンソンと同額の人命金を享受することができ、相続税と死亡税を免除された。貴族身分付与の反対給付として、民衆騎士は騎士としての軍役義務をカスティーリャ伯に負担するが、それは民衆騎士がプレスティモニオ(封土ないし貨幣封)をカスティーリャ伯から受封している場合に限定された。このように民衆騎士は、カスティーリャ伯との封・家士制度を前提とすることなしに、騎士としての軍役義務をはたしたのであり、封建制の人的契機と物的契機の有機的結合は認められない。カストロヘリスはイスラームとの最前線に位置した城塞都市であり、それを防衛するうえでも、再征服運動遂行のうえでも民衆騎士は不可欠であった。

2　カスティーリャ＝レオン王国

統合と分裂の一世紀

カスティーリャ王フェルナンド一世(在位一〇三五〜六五)は、一〇三七年にレオン王位を継承し、カスティーリャ＝レオン王国が創始された。カスティーリャ＝レオン王国の成立とともに、ナバーラ王国の政治的優位は突き崩され、カスティーリャ＝レオン王国とアラゴン連合王国(一一三七年成立)を中心とする新たな政治地図が構築された。後ウマイヤ朝崩壊後のアンダルスも同様であったが、ここではキリスト教諸国以上に多くの小王国(ターイファ)が分立し、政治的亀裂はより深刻であった。アンダルスの政治的分裂は、キリスト教諸国の軍事的優位を決定的なものとし、カスティーリャ＝レオン王国の再征服運動は飛躍的な進展をみせた。ムラービト朝、ムワッヒド朝の侵攻やキリスト教諸国間の対立により、一時的に停滞もしくは沈滞することはあっても、カスティーリャ＝レオン王国の再征服運動は着実に伸展し、十三世紀初頭にはアンダルシーア北部に達した。

しかしカスティーリャ＝レオン王国は、住民構成や法制度を異にする二つの王国の同君連合国家であり、つねに分裂の危機を内包していた。これを回避するためには、再征服・再植民運動による王国の拡大、別言すれば量的拡大による国内矛盾の外部転嫁が必要であり、アンダルスからのパーリア(軍事貢納金)徴収はその一環であった。フェルナンド一世時代のアンダルスは、多数の小王国が対立した第一次ターイファ時代にあたり、同王はターイファ間の対立をついて軍事的攻勢を強め、サラゴーサ王国やバダホス王国などのターイファを保護下においた。フェルナンド一世の封臣としてサラゴーサ王やバダホス王は、緊急時の軍事援助を期待できた反面、フェルナンド一世へのパーリアの支払い(通常はディナール金貨、ディルハム銀貨による)を強要された。イスラーム法に反したパーリア徴収はターイファ諸王国内部の社会的対立を激化させ、再征服運動を容易にさせたばかりではない。当時、独自の貨幣を造幣することのなかったカスティーリャ＝レオン王国の貨幣流通量を増加させ、商品・貨幣経済や都市の発展に寄与した。再征服された地域を王国の一部に編入するだけの十分な人的資源をもたないフェルナンド一世にとって、パーリア徴収は対内的にも対外的にも効果的な戦略であった。

フェルナンド一世没後に王国は分割され、カスティーリャ王サンチョ二世(在位一〇六五〜七二)とレオン王アルフォンソ六世(在位一〇六五〜一一〇九)のあいだで王位継承争いが勃発した。カスティーリャ＝レオン王国は分裂の危機に瀕したが、アルフォンソ派の拠点サモーラ包囲中にサンチョ二世が暗殺されたことから、アルフォンソ六世がカスティーリャ＝レオン王に推戴された。この王位継承争いでサンチョ二世軍を指揮したのが、カスティーリャの下級貴族の出身とされるロドリーゴ・ディアス・デ・ビバル、すなわちエル・シッドである。エル・シッドは即位後のアルフォンソ六世に疎まれ、反逆罪を理由に王国から追放された。

アルフォンソ六世はトレード、セビーリャ、サラゴーサ王国などからのパーリア徴収を継続する一方、ドゥエロ川以南への再征服運動を加速させ、一〇八五年にスペイン中部の政治・軍事上の要衝トレードを攻略した。パーリア徴収に起因するトレードのムスリム間の対立が、攻略を容易にした一因であった。タホ川沿いの都市トレードはキリスト教諸国が攻略した最初の主要都市であり、その陥落はアンダルスを地理的に分断した。しかもトレードはかつての西ゴート王国の首都、大司教座都市であり、トレード攻略はカスティーリャ＝レオン王国によるキリスト教諸国の政治・宗教的覇権の掌握も意味した。アルフォンソ六世が教皇グレゴリウス七世から「皇帝」の称号を認可されたことは、それを象徴するものにほかならない。攻略後の大司教座都市トレードには、キリスト教徒、ユダヤ人、ムスリムが定住しており、「皇帝」権はこれら三つの一神教徒への支配と、カスティーリャ＝レオン王国の政治・宗教的優位、神から委ねられた再征服運動の主導権を根拠としていた。

同時にアルフォンソ六世は、教会改革やモサラベ典礼[3]からローマ典礼への典礼形態の転換を進め、西ヨーロッパへの開放を決定的なものとした。サンティアゴ巡礼の拡大、ローマ教皇庁との関係強化や十字軍思想の流入は、その当然の帰結であり、再征服運動は十字軍としての性格を強めた。しかし一〇八六年のサグラハスの戦いでムラービト軍に敗れ、トレード近郊も略奪されて戦局は一変する。危機に対処するためアルフォンソ六世は、国外に追放したエル・シッドを呼び寄せ、フランス騎士の来援を求めた。二人の王女ウラーカとテレーサを、ブルゴーニュ出身の有力貴族レイモン、アンリと結婚させ、レイモン没後は王位継承者のウラーカをアラゴン＝ナバーラ王アルフォンソ一世と再婚させたのも、こうした事情による。だが結果は思わしいものではなく、一一〇八年のウクレスの戦いで再度敗北する。危機的状況のなかにあってムラービト軍の北上を阻止したのは、カスティーリャから再度追放され、苦境のなかでバレンシアを領有したエル・シッドであった。

アルフォンソ六世を継承したウラーカ(在位一一〇九〜二六)時代のカスティーリャ＝レオン王国は、ムラービト軍の攻勢による再征服運動の停滞、パーリア収入の途絶、それに起因する国内経済の不振とサンティアゴ巡礼路都市でのコミューン運動の発生など、内憂外患の時代であった。ウラーカとアルフォンソ一世との対立が表面化するなかで、王位継承争いが再発し、アラゴン＝ナバーラ軍がカスティーリャに侵攻した。初代サンティアゴ大司教ディエゴ・ヘルミレス[4]に擁立されたアルフォンソ・ライムンデス(ウラーカの息子でのちのアルフォンソ七世)、ポルトガルの分離独立を求めるウラーカの異腹の姉妹テレーサの策動がこれに連動し、当時のカスティーリャ＝レオン王国は混乱を極めた。混乱収拾のためウラーカは近親婚を理由にアルフォンソ一世との結婚を「解消」し、カスティーリャ＝レオン王国とアラゴン＝ナバーラ王国の同君連合国家は瓦解した。以後アラゴン王国はカスティーリャ＝レオン王国から離れ、バルセローナ伯領との合同を模索していくことになる。

再統合へ向けて

アルフォンソ七世(在位一一二六〜五七)はタホ川流域からムスリムをほぼ一掃するとともに、「皇帝」としてバルセローナ伯、アラゴン王、ナバーラ王、ポルトガル王への宗主権を主張した。一一五一年のトゥデリェン条約では、バルセローナ伯ラモン・バランゲー(ベレンゲール)四世が未征服のムルシアを「皇帝」から授封されることなどが定められたが、ポルトガル王国の政治的自立性の強化、ムワッヒド軍の攻勢を前に、「皇帝」権は実効性を喪失しつつあった。このアルフォンソ七世治下のトレード大司教を務めたのが、トレードの翻訳活動を保護したライムンドである。一一五七年にカスティーリャ＝レオン王国は、カスティーリャ王国とレオン王国に再分裂し、両国はカスティーリャ王アルフォンソ八世(在位一一五八〜一二一四)とレオン王アルフォンソ九世(在位一一八八〜一二三〇)時代に、境界域の帰属問題、未征服地の分割問題をめぐって対立した。

政治的分裂は再征服・再植民運動の伸展を阻害することになるが、これを補完したのが十二世紀後半に、アウグスティヌス会やシトー会の会則に基づいて創建されたサンティアゴ、カラトラーバ、アルカンタラの三大宗教騎士団[5]である。これらは都市民兵とりわけ都市軍事力の中核となった民衆騎士とともに、ムワッヒド朝の攻撃からメセータ(中央台地)南部、エストレマドゥーラ、ラ・マンチャ地方を防衛するうえで重要な役割をはたした。サンティアゴ騎士団を例にとれば、同騎士団はムワッヒド軍の攻撃からエストレマドゥーラ地方の都市カセレスを防衛するために、一一七〇年にアウグスティヌス会の会則に基づいて創設されたカセレス兄弟団《コフラディア》に起源をもつ。一一七五年ローマ教皇によって承認された同騎士団は、修道士と騎士、歩兵を含む助修士から構成され、騎士団長と騎士団会議によって統括された。同騎士団は、アンダルスとの境界域に広大な所領を付与され、これらの地域の防衛、再植民運動、キリスト教徒の戦争捕虜の解放に尽力した騎士団として知られる。

カスティーリャ王アルフォンソ八世の侵攻と貴族の反乱に直面したレオン王アルフォンソ九世は、一一八八年、臨時課税の徴収や平和維持などを目的に都市代表(市民)を、聖俗の有力貴族から構成される封建会議に招集した。これについて一一八八年のレオンの議会《コルテス》(身分制議会)条例は、つぎのように述べる。「神の御名において。レオンとガリシアの王である余ドン・アルフォンソ〔アルフォンソ九世〕は、余の王国の大司教、司教、有力貴族および各都市から選出された市民とともにレオンで封建会議を開催し、〔以下の点を〕定め誓約下に確認した。聖職者であれ俗人であれ余の王国のすべての者は、余の祖先によって定められた良き慣習法を尊重すべし」。この一節からも明らかなように、「各都市から選出された市民〔都市代表〕」は、封建会議への参加を許され、三身分の代表者は従来の慣習法を再確認されたのである。臨時課税の代償として、王権は都市代表に貨幣の品位維持と慣習法の遵守を約束し、ヨーロッパ最初といわれるレオンの議会が成立した。カスティーリャ王アルフォンソ八世も、ほぼ同時期に議会を開催したとされ、カスティーリャ＝レオン王国ではイギリスやフランスに先駆けて身分制議会が発足したのであった。議会とともに注目すべきは、十三世紀初頭の二つの大学創設[6]である。アルフォンソ九世は現存するスペイン最古のサラマンカ大学を、アルフォンソ八世はトレード大司教ヒメネス・デ・ラダの献策によりパレンシア大学を創設した。

アルフォンソ八世はイングランド王ヘンリ二世の娘レオノールと結婚し、ガスコーニュ公領を嫁資として受領した。ガスコーニュ公領確保のため、アルフォンソ八世はカスティーリャとガスコーニュ公領を結ぶアラバ、ビスカーヤ、ギプスコア地方をナバーラ王国から奪い、一時はガスコーニュ公領の大半を支配したのであった。その一方で一一七九年アラゴン王アルフォンソ二世とカソーラ条約を締結し、未征服のバレンシア地方をアラゴンの勢力範囲、ムルシア地方をカスティーリャの勢力範囲と定めた。再征服運動についていえばアルフォンソ八世は、ラ・マンチャ地方の軍事上の要衝クエンカを攻略したものの、一一九五年のアラルコスの戦いでムワッヒド軍の前に敗退した。その雪辱を期すべくアルフォンソ八世はローマ教皇の支援を受け、また側近のトレード大司教ヒメネス・デ・ラダをローマや近隣諸国に派遣して、キリスト教諸国の共同戦線の構築を進めた。レオン王アルフォンソ九世とナバーラ王サンチョ七世は、ローマ教皇ケレスティヌス三世の破門令に屈し、前者はアルフォンソ八世の娘ベレンゲーラとの結婚などを条件にアルフォンソ八世と和解した。ローマ教皇インノケンティウス三世も破門令を武器にキリスト教諸国の和解に努め、ムワッヒド軍との戦争を十字軍として認定した。アラゴン王ペラ一世(ペドロ二世)、ナバーラ王サンチョ七世、フランス騎士の戦争参加は、ローマ教皇による調停の所産であったといってよい。

そのうえで一二一二年アルフォンソ八世に率いられたキリスト教徒連合軍は、ハエン北部のラス・ナバス・デ・トローサでムワッヒド軍と激突し、トレード大司教ヒメネス・デ・ラダの『スペイン事績録』によれば、約二〇万人のムスリムを敗死させたのであった。再征服運動の帰趨を決したこの勝利は、ヨーロッパ・キリスト教世界全体を狂喜乱舞させると同時に、アンダルスの中枢であるアンダルシーア地方再征服の道を切り開いた。それればかりではない。一二一七年、近親婚を理由に結婚を「解消」したアルフォンソ九世と、ベレンゲーラの息子フェルナンド三世(在位一二一七〜五二)が、カスティーリャ王位を継承した。フェルナンド三世は一二三〇年にレオン王位も継承し、カスティーリャ王国とレオン王国が再統合された。十三世紀中頃に国王側近の聖職者の著した『カスティーリャ諸王のラテン語年代記』によれば、神の摂理により「皇帝(アルフォンソ七世)の死で分離された二つの王国は、われわれの王(フェルナンド三世)の身体に統合された」のである。以後二つの王国が分離することはなく、スペイン史では一二三〇年をもってカスティーリャ王国の成立とする。

サンティアゴ巡礼路都市とメセータ都市

十一世紀後半以降、出生率の上昇やフランス人とりわけ南フランス人をはじめとする外国人移民の定着により、キリスト教諸国の人口は大幅に増大した。農業技術の改良はほとんどみられなかったが、イスラームとの境界域の再植民運動と北部スペインにおける開墾の進展が、耕地面積の拡大に寄与した。それに支えられて農業生産力も伸張し、王権や領主の開発政策、アンダルスからのパーリア収入の増加、西ヨーロッパとの人的・物的関係強化とあいまって、商品・貨幣経済と都市の発展を促したのである。

カスティーリャ＝レオン王国時代の主要都市はサンティアゴ巡礼路都市とメセータ(中央台地)都市に大別され、西ヨーロッパ世界との関係の緊密な前者は、後者以上に商業・手工業の発展をみたものの、都市領主の支配する都市が多く、都市領主権力からの離脱をめざすコミューン運動が発生した。コミューン運動を通じて一部の有力住民(有力商人や下級貴族など)が市政参加を実現する一方、属域(都市裁判権のおよぶ周辺地域)は小規模であった。後者はイスラームとの境界域に位置したため、トレードのような有力都市を除けば、商業・手工業活動は概して弱体で、したがって軍事的性格、農牧業的性格が強く、多くは国王直轄下の国王都市を構成した。属域に比較的大きな土地を所有し、商業にも携わった民衆騎士が市政をほぼ独占したのみならず、ユダヤ人などの異教徒も多く、広大な属域を所有した。イスラーム軍の侵攻にさらされたメセータ都市は、再征服された地域空間全体の再開発と軍事的防衛の拠点であり、都市への食糧供給地、都市の商品市場として、広大な属域を不可欠とした。これらの都市類型上の特色を踏まえながら、典型的サンティアゴ巡礼路都市サアグンと代表的メセータ都市トレードについて具体的に検討してみよう。

十一世紀後半以降、イスラームの脅威をまぬがれた北部スペインでは封建制がいっそう浸透し、農民の土地緊縛も強化されつつあった。封建制社会の安定とともにサンティアゴ巡礼もさかんになり、ヨーロッパ全域の多数の巡礼者が、ローマ、イェルサレムと並ぶ中世ヨーロッパの三大聖地の一つサンティアゴ・デ・コンポステーラをめざした。サンティアゴ巡礼の拡大を背景に、ブルゴス、レオン、サンティアゴ・デ・コンポステーラといった主要巡礼路都市の発展も著しく、この時期のカスティーリャ＝レオン経済の主軸となった。しかし巡礼路都市の大半を占めたのは、これらの有力都市ではなく、人口二〇〇〇〜三〇〇〇人と推定されるサアグンのような中小都市であった。

レオン南東部に位置するサアグンは、クリュニー会のサアグン修道院を都市領主とする巡礼路沿いの典型的中小都市で、小規模な属域をもち、十二世紀半ば以降週市（毎週水曜日）と年市（聖霊降誕祭の三週間）も開催された。十二世紀末〜十三世紀のものとされる「流通税表」によれば、サアグンの市場で売買された商品は、高級毛織物製品や胡椒などの奢侈品を含むものの、圧倒的多数は手工業製品、食料品、家畜などの日用品であり、サアグン市場のもつ在地的性格は否定できない。都市市場を媒介とした都市と属域の日用品の交換に、サアグン経済の最大の特色がある。サアグン市場の在地的性格に対応して、都市住民の大多数を占めたのは、属域に小規模な土地を有するカスティーリャ人とフランス人の小商人、手工業者であった。彼らがユダヤ人やモーロ人（ムデハルないしモリスコ、次頁参照）といった小数の修道院隷属民とともに、サアグンの中下層住民を構成した。その上層に位置したのが、遠隔地商業や金融業、巡礼者向けの宿泊業に従事する有力商人、属域に比較的大きな土地を有する下級貴族や民衆騎士などであり、これらは有力住民としてほぼ同一の社会層を構成した。以上のような住民構成をもつためサアグンでは、都市領主と都市住民間の対立を基調としながらも、有力住民と中下層住民、言語や慣習を異にするカスティーリャ系住民とフランス系住民、キリスト教徒と異教徒間などで錯綜した緊張関係が持続した。

このサアグンに発給された最初の都市法《フェロ》が、一〇八五年の都市法である。同都市法により、都市住民は同一の都市法に服属する住民団体を構成することになったが、都市住民の市政参加はまったく認められず、自由な経済活動や属域での土地取得も制約されて、都市住民は都市領主（サアグン修道院）の強固な領主裁判権下におかれた。修道院の有するワインの先売特権やパン焼竈の独占権（領主独占）は、これを象徴するものにほかならない。十二世紀初頭の大規模なコミューン運動は、修道院の行使した強固な領主裁判権に起因している。前述したようにウラーカ時代のカスティーリャ＝レオン王国は、アラゴン＝ナバーラ軍の侵攻など深刻な危機に直面していた。こうしたなかで一一一〇年サアグンで、有力住民の指導下に多数の都市住民の参加した大規模なコミューン運動が発生する。

サアグンの都市住民はアルフォンソ一世と提携し、修道院長を追放して、一時期コミューン都市を実現した。しかしウラーカがアルフォンソ一世との結婚「解消」に踏み切り、アラゴン＝ナバーラ軍が撤退するとともに、戦局は一変する。戦局の悪化にともなって、有力住民と中下層住民、カスティーリャ系住民とフランス系住民の対立が表面化し、有力住民とカスティーリャ系住民が戦線を離脱したのみならず、ウラーカの支援を受けた修道院長からの反撃も本格化した。都市住民間の亀裂がコミューン運動の敗北を決定的なものとし、一一一六年コミューン都市は瓦解した。このようにしてコミューン都市は短期間で崩壊したが、修道院と都市住民との対立はその後も持続し、修道院は強固な領主裁判権を一部修正せざるをえなかった。それを端的に示すのが、一一五二年の都市法《フェロ》である。同都市法は領主独占の撤廃、都市住民への属域の一部解放、修道院長の任命した有力住民の市政参加を明記しているからである。挫折したとはいえ十二世紀初頭のコミューン運動を通じて、修道院の強固な領主裁判権が一部修正され、修道院長の任命した有力住民の市政参加(限定された都市自治権)が実現したことは注目してよい。

中世スペインを代表する有力都市の一つトレードには、しばしば宮廷がおかれ、事実上の首都機能を担った。広大な属域を有した十一〜十三世紀のトレードの人口は不明だが、十五世紀末のそれは約三万人と推定される。一〇八五年にアルフォンソ六世によって攻略された国王都市トレードでは、当初ムスリムに信仰の自由と自治権が認められ、多数のムデハル(キリスト教徒支配下のイスラーム教徒)が残留した。イスラーム軍の脅威にさらされた最前線都市トレードは、キリスト教徒の定住者を十分に確保できず、都市機能を維持するためにも、多数のムデハルの残留を認めざるをえなかったのである。権力構造は変化しても、イスラーム都市との社会・経済的連続性が、再征服直後のトレードの特色でもある。しかし初代大司教となったフランス人クリュニー会士ベルナールが、大モスクをカテドラルに転換した事件を契機に、イスラーム都市との連続性が断ち切られる。モリスコ(キリスト教に改宗したイスラーム教徒)として残留する者も一部にみられたにしても、多くのムデハルがトレードを脱出し、ムデハルに代わりモサラベが都市人口の多数を占めた。当初広範な自治権を享受していたモサラベも典礼形態の変更によって、カトリック社会への同化を強制された。他方、約一五〇〇人のユダヤ人が居住し、「スペインのイェルサレム」と称された十三世紀のトレードは、スペイン有数のユダヤ人居住都市でもあった。

このように複雑な住民構成をもつ国王都市トレードの有力住民を構成したのは、カスティーリャ人やフランス人の下級貴族、民衆騎士、有力商人であった。騎士としての装備を自給できた有力商人やモサラベも、民衆騎士へと社会的上昇を遂げ、免税特権などを享受することができた。アンダルスとの境界域に位置したトレードにとって、軍事的機能は決定的に重要であり、これらの有力住民が都市行政の中枢を担うことになる。彼らは社会・経済的に一体化し、やがて都市寡頭支配層へと成長していく。主要都市役人であるアルカルデ(都市裁判官でフエスとも称された)やアルグアシル(アルカルデの判決執行にあたった都市役人)は、これらの有力住民のなかから、王権によって任命された。一一六六年に王権によって再確認された『トレードの都市法《フエロ》』によれば、カスティーリャ人を除くすべての訴訟事件は、一〇名の有力住民の陪席を受けたフエスによって裁決されたのである。キリスト教徒とユダヤ人やムデハルとの訴訟事件も、キリスト教徒のフエスのもとで裁かれることになり、十二世紀後半以降モサラベやユダヤ人、ムデハルに一定の自治権を認めながらも、都市住民全体を拘束する都市法が機能し始めた。キリスト教徒の定住者の増加が、それを促した主要因であったと思われる。国王都市トレードにあっては、上級都市役人は国王役人であり、市内には広大な所領を有する封建領主であるトレード大司教も居住し、都市自治権は制約された。コミューン運動の欠落は、これらの状況と無関係ではあるまい。

経済的にはトレードはアンダルスと北部スペイン、西ヨーロッパとの接点として重要な役割を担いつづけた。奢侈品を対象としたアンダルスとの遠隔地貿易の拠点であったし、パーリア収入も流入した。ユダヤ人金融業者も確認され、パン屋、肉屋、居酒屋などの小商業と、皮革、繊維業や金属加工業をはじめさまざまな手工業が展開された。市内には常設店舗地区が設けられ、下級都市役人により市場の平和が維持された。国内外の商人が来訪し、オリエント産絹織物や胡椒などの奢侈品のみならず、日常生活に必要な食料品、手工業製品が取引された。当時のトレードは経済的にも人口規模の点からも、カスティーリャ＝レオン王国最大の都市であり、イスラーム支配下の都市との連続性が強い。

これを背景に十二世紀のトレードは、大司教ライムンドとその後継大司教の保護下に古典文化とイスラーム学術研究の中心都市となり、内外の多数の知識人を引きつけた。「トレードの翻訳グループ」は、ユダヤ人やコンベルソ(改宗ユダヤ人)、モサラベの協力を得て、古典文化やイスラーム諸学の翻訳を手がけ、西ヨーロッパの「十二世紀ルネサンス」にも影響を与えた。翻訳対象は哲学、神学から自然科学まで多岐にわたったが、大司教ライムンド時代にとくに重視されたのは、神学と哲学であった。ドミンゴ・グンディサルボはイブン・シーナーやガザーリーの哲学書を訳出し、クレモナのジェラルドはイブン・シーナー、エウクレイデス、アリストテレスなど多数の翻訳を手がけている。翻訳活動は多くの場合、ユダヤ人やモサラベ協力者がアラビア語文献を「肉声」でカスティーリャ語訳することから始まった。協力者と翻訳者が共通言語であるカスティーリャ語で意思の疎通をはかりつつ、翻訳者がそれをラテン語に書き写したのである。これらを通じて西ヨーロッパ世界にアリストテレス哲学や新プラトン主義、イスラーム世界の知的伝統が紹介され、西ヨーロッパ世界の知的復興に大きく貢献したのである。十二世紀のトレードの翻訳活動は、多様なマイノリティ集団を包摂し、経済的にも繁栄した国際商業都市、もともとクリュニー会と関係の深いトレード大司教を擁する大司教座都市であったからこそ成果をあげることができたといってよい。

サンティアゴ巡礼

聖地サンティアゴ・デ・コンポステーラをめざすサンティアゴ巡礼は、中世ヨーロッパを代表する民衆的宗教運動の一つである。それはこの地のもつ異教ないし異端的基層とも無縁ではなかった。とくに重要なのは、民衆の崇敬を集めながらも、四世紀に異端として処刑されたプリスキリアヌス(7)であり、サンティアゴ・デ・コンポステーラは彼の埋葬地にほかならない。サンティアゴ・デ・コンポステーラは、これらの異教ないし異端的基層のうえに聖ヤコブ(大ヤコブ)崇敬を重層化させ、キリスト教的再解釈を施すことによって成立した聖地と考えられる。中世初期のサンティアゴ・デ・コンポステーラは地方的霊場にすぎなかったが、それを国際的聖地へと押し上げるうえで大きな役割をはたしたのがアルフォンソ六世である。同王は再征服運動への教皇庁の支援を確保すべく、教会改革や典礼形態の変更を断行し、教皇庁との関係強化に努めた国王として知られる。十二世紀前半には、教皇庁との関係を維持しながら教会改革に尽力したディエゴ・ヘルミレスを初代大司教として、大司教座開設、より正確にはメリダ大司教座の移転も承認されるのである。十一世紀末〜十二世紀前半は十字軍時代にあたり、再征服運動は「西方十字軍」と位置づけられ、「西方十字軍」への間接的参加を意味するサンティアゴ巡礼者も増加した。こうしたなかで教皇庁は巡礼を秘蹟に準じた禁欲的実践と認定し、民衆の宗教的エネルギーの統制をはかった。サンティアゴ巡礼は教会権力による、民衆の宗教的エネルギーの上からの組織化、民衆教化とも密接にかかわっていたのである。

伝承によれば十二使徒最初の殉教者、聖ヤコブはスペインで福音を伝えたのち、パレスティナへ帰還し、同地でユダヤ人への伝道活動に従事するものの、ヘロデ王の手にかかり殉教した。彼の遺骸は七人の弟子たちに守られてガリシア海岸に到達し、神の啓示によりサンティアゴ・デ・コンポステーラに移葬された。九世紀初頭、奇蹟によって聖ヤコブの墓が発見され、ローマ教皇の承認を得たうえで、そこにサンティアゴ教会が建立された。聖ヤコブは病気治癒や永遠の救済、贖罪、社会的不正の是正(失われた正義の回復)、戦争捕虜の解放、危難回避などに効験のある聖人とされ、十一世紀後半以降その奇蹟譚がヨーロッパ全域に浸透していった。やがて聖ヤコブは白馬にまたがって天から舞い降り、ムスリムを撃滅する「キリストの戦士」、キリスト教スペインの「守護聖人」ともみなされた。中世ヨーロッパ社会では奇蹟や聖遺物崇敬が盛んであり、聖ヤコブの遺骸を完全なかたちで保持するサンティアゴ教会は人びとの強い関心を集めた。それをさらに強化したのが、「地の果て」のメタファーである。サンティアゴ・デ・コンポステーラは、「生と死」「天と地」が一体化するヨーロッパ・キリスト教世界(日常的生活圏)の西端に位置したからである。カスティーリャ＝レオン王権や教会・修道院、都市、兄弟団《コフラディア》(8)(信徒会)による巡礼者保護、巡礼路の整備、巡礼者のための施療院(無料の宿泊施設)の設置・運営も、サンティアゴ巡礼の拡大を促した要因であった。巡礼者は「神の貧民」として、免税特権や不逮捕特権などを享受したのである。

巡礼の動機としては永遠の救済、贖罪といった宗教的動機と病気治癒に代表される現世利益が重要である。巡礼者は宗教的動機と現世利益をないまぜにしながら、聖ヤコブの執り成しによる神の奇蹟を期待したのである。聖ヤコブは万病に効く聖人とされたことから、病気治癒を目的とする巡礼者も少なくなかった。巡礼者の職業、身分は多様であり、商人、手工業者といった民衆層を中心に、国王や貴族、聖職者から貧民にいたるあらゆる階層の人びとが参加した。発心した巡礼者は旅費と服装を整え、遺言状を作成すると同時に、司祭から巡礼証明書を受け取り巡礼行に出立した。巡礼者の装束は男女で多少異なったが、男性巡礼者は褐色の外衣、上着、ズボン、鍔広の帽子、長靴を着用し、頭陀袋と巡礼杖をもった。多くの巡礼者は三〜四月に生地を出立し、春から夏にかけて巡礼行を実践した。日照時間が長くなり、食料品も豊富に流通して、移動に適した時期である。旅の危険が大きかったため、巡礼者は通常、出発地点あるいは旅の途上で、数人から数十人規模の巡礼講を組織した。講を組織した巡礼者は、講仲間として互いに助け合いながら旅の危難を回避し、パリからでも往復三二〇〇キロ、三〜四カ月以上を要した「苦難の長旅」を完遂した。サンティアゴ・デ・コンポステーラに到着した巡礼者は、市内の施療院などに一度身を落ち着け、旅の汚れを落としたあとでサンティアゴ教会にはいり、聖ヤコブの遺骸を祀った主祭壇の前で祈りを捧げた。病気治癒を祈願する巡礼者の場合は、患部をかたどった蠟燭を奉納することもしばしばであった。主祭壇の前での祈りをすませた巡礼者は、数日間聖地にとどまり、聖ヤコブのシンボルである金属製帆立貝などを購入して帰路についた。

3　レコンキスタ運動の進展

「大レコンキスタ」と国制改革

一二三〇年にレオン王国を統合したフェルナンド三世は、パーリア収入を使って反対派貴族を籠絡し、政治的統合にともなう国内の軋轢《あつれき》要因を排除した。そのうえでフェルナンド三世は、両王国の人的・物的資源を動員し、アンダルスの中枢への再征服運動に着手する。一二三〇〜四〇年代のアンダルスは、ムワッヒド朝崩壊後の政治的分裂期(第三次ターイファ時代)にあたり、ターイファ諸王間の対立も手伝って、再征服運動は急速に進展した。「大レコンキスタ」がこれである。

フェルナンド三世は、内紛に揺れる第三次ターイファ諸王国への攻勢を強め、一二三六年にコルドバ、四三年にムルシア、四六年にハエンを攻略し、グラナダ王ムハンマド一世を臣従させた。前述した『スペイン事績録』によれば、「高貴な都市(コルドバ)は、使徒ペテロとパウロの祝日にムスリムの忌まわしい支配から解放された」のである。そして一二四八年にはサンティアゴ、カラトラーバ騎士団とグラナダ王の軍事援助を得、さらにブルゴスの有力市民ラモン・ボニファスの率いるカンタブリア艦隊も動員してグアダルキビル川を封鎖し、アンダルス最大の都市セビーリャを陥落させた。こうしてアンダルスの主要都市が攻略され、約一〇万平方キロにおよぶ広大な土地を王国に編入して、再征服運動は最終局面にはいった。

一二四四年にはアラゴン王ジャウマ(ハイメ)一世(在位一二一三〜七六)とアルミスラ条約を結び、アラゴン王国との東部国境も画定させたのであった。だが急速な再征服運動、したがって再植民運動の進展は、統合まもないカスティーリャ王国にとって人的にも物的にも大きな負担を意味し、王国構造の改変が不可避となる。

アルフォンソ十世（在位一二五二〜八四）の焦眉の課題は、急速に拡大したカスティーリャ王国をいかにして防衛、維持するかにあった。この命題を解決するためアルフォンソ十世は再征服運動を必要最小限にとどめつつ、アンダルシーア地方の再植民運動の推進、王国の法的・政治的統合の強化、王国経済の振興に全力を傾注した。北アフリカ進出を企図する時期もあったが、アルフォンソ十世は短期間でそれを放棄せざるをえなかった。十三世紀前半までのカスティーリャ王国は、固有の特権をもつ複数の王国や社団のゆるい連合体で、法制度も異なっていた。そこでアルフォンソ十世はローマ法に基づく『フエロ・レアル』や『七部法典』、王権の優位を説く『スペイン史』を編纂させ、カスティーリャ王国の法的・政治的統合をめざした。『フエロ・レアル』を例にとれば、アルフォンソ十世は一二五二年、前述した巡礼路都市サアグンに新たな『サアグンの都市法《フエロ》』を発給した。同都市法後文は『フエロ・レアル』を都市法の上位法と定めており、『フエロ・レアル』を通じた王国の法的統合の一端を垣間見ることができる。

それと並行してアルフォンソ十世は、国王行政機構の整備（国王裁判所の権限強化）や議会《コルテス》の定期的開催、貴族や廷臣への奢侈禁止令、宮廷儀礼の整備など、ローマ法理念に支えられた王権強化策をつぎつぎと打ち出した。アルフォンソ十世によれば、王権は内面的問題に関してこそローマ教皇に従属するものの、世俗的問題においては「臣民」の長であり、正義を実現するために神が地上に配置した神と「臣民」の仲介者であった。議会の定期的開催は、こうした王権が「臣民」に負う義務の発露であったし、奢侈禁止令や宮廷儀礼の整備は、物価抑制や神によって定められた「あるべき社会の秩序（身分制社会の確立）」とかかわっていた。

そればかりではない。伝統的「皇帝」理念を強く意識していたアルフォンソ十世は、母ベアトリスがホーエンシュタウフェン家の出身であることを根拠に、またジェノヴァに対抗してアンダルシーア地域への進出を目論むピサのギベリン党の支持を受けて、大空位時代の神聖ローマ皇帝位を要求したのであった。アラゴン王国の政治的従属を意味する神聖ローマ皇帝位の獲得には、アラゴン王ジャウマ一世が強く反対し、ローマ教皇グレゴリウス十世もこれを承認せず、アルフォンソ十世は神聖ローマ皇帝位を断念せざるをえなかった。しかしその政治的影響は少なくなく、ジャウマ一世が王太子ペドロ(のちのアラゴン王ペラ二世〈ペドロ三世〉、在位一二七六〜八五)をシチリアの王位継承権をもつコスタンツァ(クンスタンサ、コンスタンサ)と結婚させたのは、アルフォンソ十世の神聖ローマ皇帝位要求に起因するといわれる。前述したアルフォンソ十世の一連の改革も、十三世紀後半の国際政治とりわけ神聖ローマ皇帝位の獲得と連動して追求された。神聖ローマ皇帝位獲得のための臨時課税やピサ商人への特権譲渡は、それを示すものである。

これらの政策は当然のことながら、伝統的特権擁護をめざす貴族や都市の反発を招き、貴族や有力市民を中心とした一時的な誓約団体《エルマンダー》を各地に発生させた。低品位の新貨発行による物価や賃金の高騰が、これに拍車をかけ、アルフォンソ十世の改革運動は道半ばで挫折した。王位継承をめぐって父王と対立していた次子サンチョ(のちのサンチョ四世)が、誓約団体と提携し反乱が拡大する一方、ローマ教皇との外交交渉も決裂し、一二八四年アルフォンソ十世は失意のうちに没した。

サンチョ四世(在位一二八四〜九五)とフェルナンド四世(在位一二九五〜一三一二)の時代は、再征服運動に多少の進展がみられたものの、アルフォンソ十世によって企図された改革運動への「揺り戻し」の時代であった。経済的にも後退局面にあたり、有力貴族の反乱が続発したことから、王権は貴族特権や都市特権に配慮せざるをえなかった。しかしアルフォンソ十一世(在位一三一二〜五〇)の親政開始とともに、状況は一変する。同王は一三四四年のサラード川の戦いでマリーン朝とグラナダ軍を破り、再征服運動を再開したのみならず、アルヘシーラスを攻略し、ジブラルタル海峡をムスリムの支配から解放した。

軍事的成果を背景にアルフォンソ十一世は、レヒドール制の導入や『七部法典』の実定法化を断行し、王権による都市支配とカスティーリャ王国の法的・政治的統合をはかった。レヒドールは、事実上の都市寡頭支配層を構成した下級貴族、民衆騎士、有力商人のなかから王権が任命した上級都市官職保有者であり、在地の寡頭支配層による都市支配の追認（王権による法的認知）と王権の都市支配の強化を意味した。市参事会で多数を占めたレヒドールは、王権の保護下に官職の終身保有ないし世襲化と下級都市役人の任命権を認知され、都市行政に大きな影響力を行使した。下級貴族、民衆騎士、有力商人といった都市有力住民は、王権の保護と親族・姻族ネットワークに支えられて主要都市官職を独占し、名実ともに都市寡頭支配層へと転化したのである。その契機となったのがレヒドール制の導入であり、市参事会は閉鎖的性格をいっそう強めた。一三四八年のアルカラ条例により、ローマ法を法源とする『七部法典』も、都市法《フエロ》に優越する王国統一法として実効性をもつこととなった。アルフォンソ十世時代に開始された改革運動は、十四世紀前半のアルフォンソ十一世時代に実現したのである。

経済政策と再植民運動

十三〜十四世紀前半のカスティーリャ王国では、セゴビア、トレード、クエンカ、コルドバを中心に毛織物工業が発達し、北部のカンタブリア、バスク地方でも、王権やビスカーヤ公の主導下にサンタンデールやビルバオなどの海港都市で、西ヨーロッパ貿易や造船業、鉱山開発が軌道に乗り始めた。十二世紀末にアルフォンソ八世から『サアグンの都市法』を付与され、都市的成長を開始したサンタンデールは、西ヨーロッパへの羊毛、銑鉄輸出に支えられ、十四世紀にはカンタブリア地方の中心都市となる。一三〇〇年にビスカーヤ公によって創設されたビルバオは、比較的大きな属域をもつ海港都市で、翌年カスティーリャ王国の大部分での免税特権をフェルナンド四世から認められた。この免税特権と西ヨーロッパへの羊毛輸出、製鉄業、海運業を基盤にビルバオは急速に発展し、十四世紀後半以降バスク地方の中心都市へと成長する。

英仏間の対立が激化しつつあった一二九六年にサンタンデール、カストロ・ウルディアレス、サン・セバスティアン、ビトリアなどカンタブリア、バスク地方の八都市（ビトリアを除く七都市は海港都市である）が結成した海港都市盟約団《エルマンダー・マリーナ》も、カスティーリャ北部海岸諸都市の成長を示すものである。参加諸都市の特権維持と共同防衛、紛争解決、北部カスティーリャの治安維持を目的とした海港都市盟約団は、カストロ・ウルディアレスに本部をおき、三人の盟約団代表が常駐して、紛争の解決や国王への請願文書の作成にあたった。同盟約団は固有の印章と民兵組織をもち、裁判への出頭を拒否した都市に対して制裁を科することができたのであり、固有の都市特権を維持しながらも、その「領域化」をはかる試みとして注目してよい。

アルフォンソ十世は、地方ごとのメスタ(移動牧畜業者組合)の全国メスタへの「再編」、貨幣・度量衡の統一、セビーリャへの年市開催権の付与など一連の経済政策を実施し、カスティーリャ経済の発展に尽力した。なかでも王権の保護下に組織された全国メスタは重要で、十四世紀初頭の段階で良質の羊毛を産するメリノー種を中心に、約一五〇万頭の羊を所有した。移牧ルート(カニャーダ)にそって多数の羊を移動させたため、各地の都市や村落と放牧権をめぐる争いを発生させたとはいえ、中世末期のカスティーリャ経済は、全国メスタの生産する羊毛の輸出に大きく依存していたのである。

セビーリャなどの再植民運動が本格化するのも、アルフォンソ十世の時代であった。再植民に際しては、国王委員会が入植者の軍事的貢献、社会的地位に応じて都市内外の家屋と土地を分与した。その結果、宗教騎士団や教会、有力貴族、王族による大所領が一部に形成されたにしても、入植者の多くはカスティーリャ王国の北部や中部出身の民衆であり、再征服直後のアンダルシーア地方には多数の小土地所有が形成された。アンダルシーア地方の大土地所有は、十四世紀後半以降の現象にすぎない。しかし再植民運動の進展や入植者の増加にともない、王権の保護下に信仰の自由と自治権を認められ、農村や一部の都市に農民ないし手工業者として残留を許されたムデハルとの軋轢が高まった。一二六四年アンダルシーアとムルシア地方のムデハルは、アルフォンソ十世との対立を深めていたグラナダ王に支援されて反乱を起こした。この反乱は、アラゴン王国への波及を恐れたジャウマ一世の軍事援助により鎮圧されたものの、優れた紀後半以降の大土地所有の遠因となっていく。

灌漑農業技術をもつ多数のムデハルがグラナダ王国や北アフリカに追放され、アンダルシーア地方の社会・経済再建に打撃を与えた。ムデハル反乱とイスラーム軍(グラナダ王国とマリーン朝)の侵攻などによる再植民運動の停滞は、十四世紀後半以降の大土地所有の遠因となっていく。

エストレマドゥーラ都市

エストレマドゥーラ地方の再征服運動が完了するのは十二~十三世紀であり、その過程でグアディアナ川以北にカセレス、バダホスなどの国王都市が設定された。ここではカセレスを例に、十三~十四世紀前半のエストレマドゥーラ都市の基本構造を概観しておきたい。

十三世紀前半までアンダルスとの境界域にあたったエストレマドゥーラ地方では、軍事拠点(城塞都市)を中心に再植民運動が進められたが、荒蕪地が多く、十分な数の入植者を確保することができなかった。アンダルシーア地方攻略後は同地方へ流出する入植者が続発し、いわば過疎地帯の観を呈した。これらの条件が、エストレマドゥーラ地方における牧畜の優位、グアディアナ川以南の広大な宗教騎士団領設定を説明する。カセレスを含むエストレマドゥーラ都市も、これらの条件に大きく左右された。

十五世紀末期に約五五〇〇人の人口を擁した国王都市カセレスは、エストレマドゥーラ地方の有力都市の一つで、再征服直後の一二二九年に王権から『クエンカの都市法《フエロ》』を付与され、王権の直轄下におかれた。他のエストレマドゥーラ都市と同様に、地域防衛の拠点となる城塞都市であり、軍事的性格が強く、広大な属域を有した。属域内にはカセレスの都市裁判権に服属する多数の村落(属村)が点在し、中心都市カセレスに政治的にも経済的にも従属した。カセレスの都市経済についていえば、十三世紀後半に年市開催権を認められるものの、商業・手工業活動は脆弱で、農牧業とりわけ牧畜業の比重が大きかった。商業・手工業活動はパンやワイン、農具、鍋といった食料品・日用品関連の小商業・

手工業にほぼ限定されており、都市経済は農牧業的性格を強く帯びていた。それに対応して都市市場も、都市と属域間の交換を主軸とした在地的市場として編成された。都市住民の多数を占めたのは、都市近郊に小規模な土地を所有し、農牧業を中心に小商業・手工業にも従事した都市民衆であり、少数ながらユダヤ人も含んでいた。彼らは下級都市役人職を除いて、都市行政に参与できず、レヒドールをはじめとする主要都市官職は、都市防衛に中心的役割を担った民衆騎士などの下級貴族によって独占された。これらの下級貴族は、都市共有地の簒奪や小農民からの購入により、属域に広大な土地と多数の家畜を所有し、免税特権を享受しながら、移動性牧畜業にも携わった。広大な属域の存在、希薄な人口密度、牧畜と軍事的機能の優位、民衆騎士による寡頭支配が、エストレマドゥーラ都市カセレスの特色であるといってよい。

アルフォンソ十世の文化事業

「賢王」と称されたアルフォンソ十世は、ユダヤ人を含む内外の多くの学者や詩人をセビーリャに集め、法学、歴史学、文学、自然科学に関する広範な翻訳・編纂事業をおこなわせた。十三世紀後半、大司教座と大学がおかれたアンダルシーア地方の中心都市セビーリャは、トレードと並ぶ学術研究の中心都市となったのである。最大の法学書は、ヴェネツィア人法学者ヤコボ・デ・ラス・レイエス、オビエド司教マルティネス・デ・サモーラによって編纂された『七部法典』で、国王裁判所での利用を目的にカスティーリャ語で書かれた。刑法、民法、商法、教会法など七部から構成された同書によれば、王権は神に由来しており、分割、譲渡不可能な特定の領域をもつ王国は、国王を中心とした社団国家として組織されなければならない。王国にあって「国王は皇帝であり」、神の法、自然法、理性に拘束されながらも、世俗的問題に関し至高の裁定者と位置づけられる。

歴史書としては、カスティーリャ語による『スペイン史』が代表的なものである。「臣民」教化を目的とした同書は二部構成で、第一部は天地創造からイスラームの征服まで、第二部はペラーヨからフェルナンド三世時代までを扱っている。『スペイン史』はヒメネス・デ・ラダの『スペイン事績録』などをモデルに、国王側近の聖職者によって編纂され、アルフォンソ十世の皇帝選挙を意識して、ローマ史に異常なまでの関心を寄せている。同書の主要テーマは、神の意志を体現し、歴史と伝統に支えられた王権への「臣民」の従属、イベリア半島におけるカスティーリャ王権の優位性であり、ローマ法理念に基づく『七部法典』との共通性をみてとることができる。アルフォンソ十世による法学書と歴史書の編纂は、王権を中心とした社団国家の編成によって、大きな地域差を含むモザイク国家を克服しようとの意思の表明でもあった。

文学作品としては、聖母マリアの奇蹟を集めた四〇〇編以上の詩から成る『聖母マリア讃歌集』が有名である。それはガリシア語による奇蹟譚、楽譜、挿絵を一体化した華麗な図説書で、聖母マリアの祝日に歌われることを目的とした実用書でもある。一部は「聖母マリアのトゥルバドール」を自称したアルフォンソ十世自身、大部分はガリシアの詩人アイラス・ヌネスの作とされる。自然科学の分野では、ユダヤ人の協力を得てイスラーム天文学書や岩石学書のカスティーリャ語訳がおこなわれた。『完全なる星辰予言の書』や『天文学の知識の書』『貴石誌』は、それを代表するものである。わけても重要なのは『完全なる星辰予言の書』で、同書は一二五四年にユダヤ人宮廷医イェフダ・ベン・モーシェによりカスティーリャ語訳された。またイェフダ・ベン・モーシェやラビ(ユダヤ教の宗教指導者)のイサーク・ベン・シッドなどに、アストロラーベや時計などの天体観測機器を使った天体観測をトレードでおこなわせ、それに基づきザルカーリーの観測結果を修正して、『アルフォンソ天文表』を作成させた。当時の天文学はたんなる自然科学の一分野ではなく、政治、軍事活動、日常生活の指針でもあり、天文学の振興はこれらへの応用と密接にかかわっていた。このほかアルフォンソ十世は余暇やオリエントの説話集にも関心を示し、図説書『チェス、賽子《さいころ》、双六《すごろく》の書』やダンテの『神曲』との親近性が指摘される『ムハンマドの梯子の書』をカスティーリャ語に翻訳させている。

アルフォンソ十世は大学を王国の発展と「臣民」教化の拠点と位置づけ、セビーリャ大学を創設したのみならず、一二五四年にはサラマンカ大学に特権を付与し、都市当局に教師と学生の特権保護を命じた。『七部法典』によれば、教師と学生は良質の住環境と食料を保障されなければならず、市民による暴力は許されてはならないのである。教師の俸給は国庫から支払われ、教師と学生の双方が一定の自治権をもつ兄弟団の結成すら許された。こうした特権をもつサラマンカ大学にはローマ法、教会法、医学、文法、論理学、音楽などの教師が配置されたが、とくに重視されたのは法学教師であった。「法学はいわば正義の源泉であり、世界は他のいかなるものよりも、それ〔法学〕によって裨益《ひえき》される」からである。アルフォンソ十世は文学、法学、歴史学、自然科学研究にラテン語ではなく、俗語であるカスティーリャ語の利用を命じた。学術用語としてのカスティーリャ語の利用は、カスティーリャ語の権威強化、カスティーリャ人の知的能力や教育水準の向上を目的としたものであるが、それはモザイク国家の政治・社会統合の手段でもあった。「王を頭、臣民を身体」とする新たな社団国家は、「臣民」の共通言語であるカスティーリャ語の上に構築されねばならなかったのである。

4　封建制の危機とトラスタマラ朝

封建制の危機から内乱へ

十四世紀初頭以降、カスティーリャ王国では天候不順と凶作があいつぎ、人口減少や食料品価格の高騰が生じ、社会的対立も表面化しつつあった。それに追討ちをかけたのが、十四世紀中頃のペストと内乱であり、これを機にカスティーリャ王国は危機的状況に陥った。封建制の危機がそれである。

一三四八年にカタルーニャに上陸したペストは、四八〜四九年にかけてカスティーリャ王国に飛び火し、民衆層を中心に多数の人命を奪った。地域差や階層差はあるものの、カスティーリャ王国では、人口の一五〜二〇%が失われたといわれ、アルフォンソ十一世も、ジブラルタル攻囲中にペストの犠牲となった。十四世紀半ば以降の大幅な人口減少は、多数の廃村を生み出し、賃金と物価を高騰させ、生産性の低い小規模保有地を耕作する農民の都市流入を引き起こした。農民の耕作地放棄と都市流入は、賃金や手工業製品の高騰とあいまって、定額貨幣地代に基づく領主経営を圧迫した。カスティーリャ王国北部の有力修道院の一つサアグン修道院は、一三三八〜五八年にかけて地代収入の五〇%以上を失ったし、オビエド教会もペストによる人口減少のため地代収入の約半分を喪失したのであった。

十三世紀の「大レコンキスタ」のなかで、アンダルシーア地方に広範に創出された小土地所有者の多くも、イスラーム軍の脅威やペスト、均分相続による農業生産性の低下を前に、中部・北部カスティーリャに環流した。有力貴族によるアンダルシーア大土地所有の形成は、小土地所有者が放棄もしくは低価格で売却した土地の集積、共有地の簒奪、王権による裁判権の恵与などに由来している。地域差はあるが、十四世紀後半〜十五世紀前半が封建制の危機と再編の時代であったことは間違いなく、そうしたなかで貧民の増加や社会対立の激化が顕在化し、反ユダヤ運動も続発した。

アルフォンソ十一世を継承したペドロ一世(在位一三五〇〜六九)の時代は、封建制の危機がもっとも深刻化した時期であり、ペドロ一世とその側近は一三五一年、バリャドリーに議会《コルテス》を招集し、危機打開のための施策を打ち出した。バリャドリーの議会で討議された議題は、都市行政、ユダヤ人問題、社会秩序の維持、対外貿易の振興など多岐にわたったが、とりわけ重要であったのは危機脱却のための経済政策である。ペストによる労働力不足に対応するため、病人や高齢者、十二歳以下の年少者を除き、生産年齢のすべての手工業者と農業労働者に一定の賃金での労働を義務づけ、農民の移動と農民保有地の放棄を禁止したばかりではない。手工業者の労働時間や手工業製品、食料品の価格も統制した。大工とレンガ職の労働時間は、日の出から日没までとされ、大工とレンガ職の親方の日給はそれぞれ二マラベディ[9]、二・五マラベディと定められた。すべての手工業者は一定価格以下で手工業製品を販売しなければならず、例えば靴職のつくったコルドバ皮の編上げ靴の価格は、七マラベディに統制された。同様に男性農業労働者の十月〜二月の日給は一マラベディ、女性農業労働者のそれは食事付きで四ディネーロとされた。都市代表の要請を受けてペドロ一世が公布した議会条例の実効性は不明だが、カスティーリャ王権が物価や賃金の統制、農民の土地緊縛によって封建制の危機に対処しようとしたことは明らかである。

こうした経済政策と並行してペドロ一世は、従来の慣習や特権を無視した強権的な王権強化策を断行し、有力ユダヤ人のサムエル・ハーレヴィやローマ法を学んだ下級貴族出身のレトラード(文官)を財務長官などの国王役人に積極的に登用した。ペドロ一世の王権強化策はアルフォンソ十一世の政策を踏襲したものであったが、封建制の危機のなかでの強権的な王権強化策は多くの有力貴族を離反させ、内乱の一因をつくった。その中心となったのが、ペドロ一世の異母兄弟で有力貴族家門グスマン家出身のレオノール・デ・グスマンを母にもつ、エンリケ・デ・トラスタマラ(のちのエンリケ二世)であった。レオノール・デ・グスマンの処刑を契機にペドロ一世とエンリケの対立は決定的なものとなり、一三五四年ついにペドロ派とエンリケ派の武力衝突へと発展した。両派の武力衝突は主要都市を巻き込んでカスティーリャ全土に波及し、やがて戦局は膠着状態に陥った。それを打開するため、エンリケはペドロ一世との国境紛争をかかえたアラゴン王ペラ三世(ペドロ四世)、百年戦争期のフランス王権、デュゲクラン指揮下のフランス人傭兵と提携した。これに対しペドロ一世はイングランド王権、グラナダ王やポルトガル王と結び、ビスカーヤ公領の割譲を条件にエドワード黒太子の軍事援助を求めた。ビスカーヤ公領はカスティーリャ造船業の中心地の一つであり、その領有はドーヴァー海峡の制海権確保、百年戦争の帰趨に直結したからである。

ここにおいて内乱は、百年戦争とも密接に連動することとなった。エドワード黒太子の軍事支援を得たペドロ一世は、一三六七年のナヘラの戦いでエンリケとフランス人傭兵軍を破るものの、ビスカーヤ公領の割譲に消極的であったことから、エドワード黒太子が戦線を離脱した。エンリケはフランス王シャルル五世の支援を得て軍事力の再建をはかり、デュゲクランとともに北部カスティーリャに侵攻した。民心掌握のため反ユダヤ・プロパガンダも展開し、ペドロ一世はユダヤ人と王妃との不義の子であり、キリスト教徒の犠牲の上にユダヤ人を保護する「残忍王」であるとの「黒い伝説」を流布させた。エンリケ派が有利に戦いを進めるなかでの反ユダヤ・プロパガンダは、多くのカスティーリャ人の共感を呼び、ペドロ派の支持基盤は大きく動揺した。セビーリャ、ブルゴスなどの主要都市がエンリケ支持にまわり、軍事的劣勢を挽回することができないまま、ペドロ一世は一三六九年にモンティエルの戦いで戦死した。エンリケはエンリケ二世(在位一三六九〜七九)として王位を継承し、トラスタマラ朝が創始された。

「トラスタマラ革命」

即位後もペドロ派の一部貴族や都市の抵抗が続き、エンリケ二世の権力基盤は不安定であった。エンリケ二世は権力基盤強化の一環として、また支持派貴族への論功行賞として王領地や爵位を恵与し、ベラスコ家やサルミエント家、ポンセ・デ・レオン家などの下級貴族を有力貴族に昇格させた。この「トラスタマラ革命」の過程で旧来の有力貴族家門の多くが没落ないし断絶し、「旧貴族」から「新貴族」への権力移行が進んだ。「新貴族」は流通税徴収権を含む裁判権と限嗣相続《マヨラスゴ》制度に支えられて、世俗大所領を構築し権力基盤を強化した。それがトラスタマラ朝の長期にわたる政治的錯乱要因となる。しかし「新貴族」に恵与された裁判権の中枢を占めたのは、社会・経済的特権であり、上級裁判権の多くは王権に留保された。王権はこれらの「新貴族」を主要国王役人に登用し、彼らは「勤務貴族」としての性格も強めた。正嫡のペドロ一世を殺害して成立した王権の正当性確保も、焦眉の課題であった。この課題にやがて応えることになるのが、のちの首席国璽尚書官ロペス・デ・アヤラ(エンリケ二世を含む三代のトラスタマラ朝国王に仕えた)の『ペドロ一世年代記』であった。国璽尚書官による年代記の常として同書は、内乱によって損なわれた王権への正当性付与のための、「政治プロパガンダ」としての性格を帯びていた。それによれば、ペドロ一世は従来の慣習や特権を無視し、正義を破壊した「暴君」であり、ユダヤ人やムスリムといった信仰の敵と同盟して教会を冒瀆した反逆者でもあった。エンリケ二世は「暴君」からカスティーリャ王国を解放した「解放運動の指導者」とされ、同王の反乱は「神の意志」を体現したものとして正当化された。

こうした布石を打ったうえでエンリケ二世は、内乱で疲弊した王国の再建のため議会を頻繁に開催し、物価や賃金を統制して封建制の危機の克服に努めた。議会の頻繁な開催は、臣民に耳を傾ける「正当な王」のイメージの定着、王権正当化の手段でもあった。エンリケ二世は、国王行政機構の再編による王権の安定にも意を用い、一三七一年には国王裁判所を改組して高等法院《アウディエンシア》(10)を開設した。高等法院の聴訴官《オイドール》七名のうち四名はローマ法に精通した文官から構成され、アルフォンソ十一世時代以来の王権強化策が追求されたのであった。

即位後のエンリケ二世は、ムルシア地方の返還を求めるアラゴン王ペラ三世、ペドロ派を擁護するポルトガル王フェルナンド一世との外交関係に苦慮したが、一三七五年までには両国との関係をほぼ正常化し、イベリア半島における政治的優位を確立した。フランスとの同盟を対外関係の基軸にすえたエンリケ二世にとって、重大な脅威となったのは、ペドロ一世の王女コンスタンサと結婚し、カスティーリャの王位継承権を主張したエドワード黒太子の弟ランカスター公ジョン・オブ・ゴーントであった。イングランドとの関係悪化は、カスティーリャ船のドーヴァー海峡通行を妨げ、フランドル貿易にも大きな障害となった。そこでエンリケ二世は一三七二年、フランス王シャルル五世の軍事援助要請に応じてカスティーリャ艦隊をラ・ロシェル港に派遣し、イングランド艦隊を撃破した。以後カスティーリャ海軍がビスケー湾とドーヴァー海峡の制海権をほぼ掌握し、フランドル地方への安定的な羊毛輸出が可能となった。メスタ（移動牧畜業者組合）やバスク、カンタブリア諸都市の発展が、これと連動していることはいうまでもない。

内乱の克服

ファン一世(在位一三七九〜九〇)時代にはいっても、ペストの再燃や反ユダヤ運動の高進、低品位の新貨発行に起因する社会・経済的混乱が持続し、有力貴族による教会・修道院所領の簒奪もあいついだ。百年戦争と連動したポルトガル戦争に敗退し、王権の正当性への疑念も払拭されたわけではなかった。これら内外の危機に対処するためファン一世は、アルフォンソ十一世やエンリケ二世に倣って国王行政機構の刷新と対外関係の整備に力をそそいだ。聖ヤコブの祭日にあたる七月二十五日にブルゴス郊外のラス・ウエルガス女子修道院で戴冠したファン一世は、「神の代理人である高貴な王権のもとにあってこそ、臣民の平和と正義が維持されうる」との「王権神授説」を信奉しており、国王行政機構の改革は、こうした政治理念の具現化でもあった。中世末期のカスティーリャ諸王のなかにあって、戴冠式を挙行したのは、ファン一世だけであり、王権の正当性確保がファン一世にとっていかに重大な問題であったかをみてとることができる。

ファン一世はポルトガルの王位継承をめぐるポルトガル戦争をにらみながら、議会《コルテス》を頻繁に開催し、その支持を得て、政治・経済・法制度全般にわたる広範な改革を断行した。一連の改革の中心となったのは、高位聖職者、貴族、ローマ法に習熟した法曹(文官)各四名、計一二名から構成された国王顧問会議《コンセーホ・レアル》である。これらの成員のなかでとりわけ重用されたのは、下級貴族出身の法曹(文官)であり、国王顧問会議の官僚化が開始されつつあった。月曜、水曜、金曜日の週三日開催された国王顧問会議では、レヒドールの任命や議会の招集など王国全般にかかわる主要問題が討議され、最終判断は国王に委ねられた。法制度についていえば、高等法院《アウディエンシア》の聴訴官が七名から一〇名に増員され、メディーナ・デル・カンポなど四都市を三カ月ごとに移動した高等法院をセゴビアに固定したのであった。

ファン一世は王国全土の治安維持にも配慮し、各都市から二〇名の騎士と四〇名の歩兵を供出させて、都市近郊八マイルを管轄とする治安維持機構の総都市同盟《エルマンダー・ヘネラル》を組織した。現行犯逮捕の場合、総都市同盟は即決裁判で犯人を処断することができた。流通税収入が王室財政の主要基盤を構成したことから、西ヨーロッパ貿易の拠点として経済発展の著しいビスカーヤ地方とアストゥリアス地方を王領に編入したばかりではない。二名の財務長官のもとに王国全域を一五の徴税管区に区分して徴税機構を整備し、王室財政の強化にも努めた。これを前提として、ポルトガル戦争で打撃を受けた軍事力の再建が可能となった。ポルトガル戦争を契機とした一部の「新貴族」の没落と、王太子(アストゥリアス公)制度の正式導入により、正当性を欠いた王権は安定性を増した。

聖ヤコブの祭日に戴冠した敬虔なファン一世は、教会・修道院改革にも多大な関心を示し、マリア信仰で知られるヒエロニムス会のグアダルーペ修道院やバリャドリーのサン・ベニート修道院の創建に尽力した。教会・修道院改革は聖職者の弛緩した規律是正をめざしたものであり、両修道院は「新たな信仰」の拠点と位置づけられたのである。アウグストゥスのスペイン平定に起源をもつとされる伝統的なスペイン暦を放棄し、ユリウス暦を採用したのも、同様の理由による。アルフォンソ六世による典礼形態の変更以降も、カスティーリャ=レオン王国とカスティーリャ王国の宮廷ではユリウス暦と三八年の誤差のあるスペイン暦が使用されつづけた。一三八三年ファン一世は、異教の慣習排除を目的にこれを撤廃し、ユリウス暦の採用に踏み切ったのである。

アルジュバロータの戦い

ポルトガルの王位継承をめぐるポルトガル戦争は、当時の西ヨーロッパの国際政治と連動した国際紛争であり、その帰趨を決したのがアルジュバロータの戦いであった。十四世紀末の西ヨーロッパにおける国際政治を主導したランカスター公ジョン・オブ・ゴーントは、ポルトガル王や教会大分裂期のローマ教皇ウルバヌス六世と結び、「南部戦線」での反攻に転じた。カスティーリャの王位継承と制海権の打破が、その主目的であったことはいうまでもない。これに対しファン一世はフランス王権、アヴィニョン教皇クレメンス七世と提携し、ポルトガルの王位継承権を主張してイングランド、アヴィス騎士団長ジョアン(のちのポルトガル王ジョアン一世)麾下のポルトガル軍と対峙した。

ポルトガル戦争の遠因は、トラスタマラ朝の内乱に際しポルトガル王フェルナンド一世(在位一三六七〜八三)が、カスティーリャの王位継承を要求し、エンリケ二世と対立したことに求められる。フェルナンド一世はイングランド軍と提携し、エンリケ二世治下のカスティーリャに侵攻したものの、目的を達成できず、カスティーリャの王位継承権をランカスター公に委譲した。三次にわたるカスティーリャとの戦争は、国内の社会・経済危機を深刻なものとさせ、フェルナンド一世は王位継承権をもつ王女ベアトリスとファアン一世の結婚を条件に、カスティーリャとの和平に踏み切った。フェルナンド一世没後のポルトガルでは、有力貴族に支持された王妃レオノールが摂政となり、ファアン一世妃ベアトリスを排除して、レオノールとその側近が実権を掌握した。そのため王位継承権を主張するファアン一世とレオノールとの対立が表面化した。あいつぐ戦争と物価高騰に直撃されたリスボンやポルトなどの市民も、レオノールへの不満を鬱積させていた。

一三八三〜八四年ファアン一世がポルトガルに侵攻し、リスボン包囲を断行すると、レオノールは摂政職をファアン一世に譲渡した。摂政職の委譲はカスティーリャによるポルトガル併合を意味し、ポルトガルの対外貿易の阻害要因ともなったことから、リスボンやポルト市民はこれに反発を強め、各地で民衆暴動が発生した。こうしたなかでリスボン市民や下級貴族と提携した、独立派のアヴィス騎士団長ジョアンが「王国の統治者、防衛者」に推戴され、「革命運動」はポルトガル全域に拡大した。ファアン一世は陸海軍を動員してリスボンを包囲し、「革命運動」の鎮圧にあたったが成功せず、戦況は悪化の様相をみせ始めた。しかもポルトガル戦争には、アヴィス騎士団長の支援要請を受けたイングランド軍が介入し、一三八五年ファアン一世はリスボンとコインブラ間のアルジュバロータで敗退した。アルジュバロータの戦いを機にポルトガル戦争の敗北はほぼ決定的となり、ファアン一世は国内体制の再編を強いられた。国王顧問会議の創設がアルジュバロータの戦いの直後であったことは、決して偶然ではない。

一三八六年「南部戦線」での軍事的優位を利用して、ランカスター公がガリシア地方に侵攻し、オレンセに宮廷を構えた。ガリシア地方はトラスタマラ朝の内乱にあってペドロ一世支持派の拠点となった地域であり、イングランドにも近く、最適の反攻拠点と目された。ランカスター公は、ローマ教皇ウルバヌス六世の手でカスティーリャ国王に推戴されており、フアン一世にとって大きな脅威であった。しかしランカスター公の期待に反し、ガリシア貴族の十分な支持を得られず、フランス軍と結んだカスティーリャ軍の前にしだいに追いつめられた。ポルトガル王ジョアン一世との確執、ペストの蔓延がそれをさらに助長し、ランカスター公は一三八八年フアン一世とのあいだにバイヨンヌ条約を締結した。バイヨンヌ条約によって、ランカスター公女カタリーナと王太子エンリケ(のちのエンリケ三世)の結婚が取り決められ、ランカスター公はカスティーリャの王位継承権を放棄した。同条約はポルトガル戦争の多大な軍事支出に苦しむフアン一世にとっても、朗報であった。イングランドとの和平に続いてポルトガルとも休戦協定が結ばれ、王権の正当性が確保されて、カスティーリャ王権は安定性を強めた。フアン一世は、王室財政に大きな比重を占めつつあったフランドル貿易の振興、国王行政機構の刷新など国内問題に全力を傾注することができたからである。アルジュバロータの戦いは、「強権的王政」へ向けてカスティーリャ王国が再編される重要な契機ともなったのである。

対外進出の開始

エンリケ三世(在位一三九〇〜一四〇六)は八歳でランカスター公女カタリーナと結婚し、十一歳で王位を継承した。そのため治世当初の三年間、『七部法典』に基づき摂政府がおかれたが、その構成をめぐって摂政府と有力貴族との対立が表面化した。王位継承にともなう権力の空白をつき、キリスト教徒民衆を主体とした大規模な反ユダヤ運動が勃発するのも、この時期であった。親政を開始したエンリケ三世は、下級貴族を国王顧問会議に積極的に登用し、有力貴族を排除して王権の強化に努めた。親政開始後議会の開催頻度が低下したが、それは王権強化の結果でもあった。都市への統制も強められ、断続的とはいえセビーリャ、コルドバ、ブルゴスといった主要都市へのコレヒドール(国王代官)の派遣が開始される。コレヒドールは地方の紛争解決のため主要都市に派遣された国王の委任官僚であり、下級貴族出身の文官などのなかから王権により任命された。最上級都市役人としてのコレヒドールは、市参事会を司宰し議会への都市代表選出にも大きな影響力を行使した。コレヒドールと前述したレヒドールを通じ王権は、議会も統制したのである。

王権強化政策と並行してエンリケ三世は、社会・経済危機を脱却するための経済政策も推進し、アンダルシーア商人やバスク商人の地中海、大西洋進出を積極的に支援した。両海域での政治・経済情報の収集はその一環であり、下級貴族クラビーホをティムール帝国の首都サマルカンドへ派遣したのみならず、ノルマンディーの貴族ジャン・ド・ベタンクールのカナリア諸島征服も援助したのである。対外進出の開始という点からみて、とりわけ興味深いのはクラビーホのサマルカンド旅行である。当時の東地中海世界ではティムールが急速に台頭し、従来の政治的枠組を改変しつつあった。地中海貿易の拡大をめざすエンリケ三世は、情報収集のため二人の下級貴族を東地中海に派遣した。二人の下級貴族はティムールへの謁見を許され、ティムールの使者をともなって帰国した。その返礼使としてサマルカンドに派遣されたのが、国王側近の下級貴族クラビーホであった。

クラビーホ使節団は下級貴族のクラビーホ、国王警護職のサラサール、アラビア語に堪能なドミニコ会士パエス・デ・サンタマリアの三人の正使と随行員から構成され、一四〇三年五月にアンダルシーア南部のカディス港をジェノヴァ船で出航した。シチリア、コンスタンティノープル、タブリーズなどをへてサマルカンドに到達したのは、一四〇四年九月のことであった。クラビーホはサマルカンドにおよそ三カ月滞在し、ティムールへの拝謁を許された。宮廷での饗宴に招かれ、明の永楽帝の使節団とも同席したのであった。このクラビーホ使節団がセビーリャに帰着したのは一四〇六年三月のことであり、約三年におよぶ長旅であった。帰国後まもなく国王尚書局はクラビーホの備忘録に基づいて、中世カスティーリャ語による旅行報告書『ティムール帝国紀行』を作成した。同書は実際の旅行体験に裏打ちされたカスティーリャ最初のオリエント旅行記であり、サマルカンド東方の女族国《アマゾニア》など「驚異」への言及も一部にみられるが、冷静で客観的な記述が全体の基調となっている。同書のなかでクラビーホは、サマルカンドやコンスタンティノープルをはじめとするオリエント主要都市の政治・軍事情報、絹織物や香辛料、貴金属についての経済情報、言語やエスニシティ、聖遺物関連の文化・宗教情報に言及しており、中世末期のカスティーリャ人のオリエント世界への関心を刺激した。アラゴン連合王国と異なり地中海との関係が希薄であったカスティーリャ王国は、危機脱却の手段として東地中海世界も視野に入れ始めたのである。

5　再編と復興へ向けて

「強権的王政」の胎動

エンリケ三世が早世したため、フアン二世（在位一四〇六〜五四）はわずか二歳で即位し、エンリケ三世妃カタリーナと王弟フェルナンドが摂政となった。対グラナダ戦争で政治的威信を強化したフェルナンドは、息子たち（「アラゴンの王子たち」）を国政上の要職に就けるとともに、アラゴン王家断絶後のカスペ会議でアラゴン王に選出され、ファラン（フェルナンド）一世（在位一四一二〜一六）として即位した。アラゴン王ファラン一世と継承者アルフォンス四世（アルフォンソ五世）は、カスティーリャ王国に残った「アラゴンの王子たち」やそれに連なる有力貴族と気脈を通じ、カスティーリャ王国に隠然たる勢力を保持した。アラゴン派貴族が国王顧問会議《コンセーホ・レアル》を支配し、娘でもあるフアン二世妃マリアを通じてアラゴン王ファラン一世は宮廷にも絶大な影響力を行使したのであった。「アラゴンの王子たち」の一人フアンは、ナバーラ王フアン一世（のちにアラゴン王ジュアン〈フアン〉二世）となり、カスティーリャ王権は傍系親の圧迫を受け閉塞感を強めた。それればかりではない。一四二〇〜三〇年代には有力貴族の特権侵害と土地簒奪に抗し、ガリシア地方の下級貴族が下級聖職者、市民、農民を結集して、王権への直属を求める第一次イルマンディーニョス反乱を起こした。ビスカーヤ地方ではフランチェスコ会士アロンソ・デ・メリャの指導下に、聖書の自由な解釈と財産の共有などを主張した中世スペイン最大の異端運動、ドゥランゴの異端運動すら発生したのである。

これに危機感を募らせたカスティーリャ王フアン二世の寵臣アルバロ・デ・ルナと支持派貴族は、王太子エンリケと結び一四四五年のオルメードの戦いでアラゴン派貴族を破り、閉塞状況を打破した。オルメードの勝利後アルバロ・デ・ルナが国政を壟断《ろうだん》する時期もあったとはいえ、トレードでの反コンベルソ運動を機に排除され、フアン二世は「王権の絶対性」を主張し始める。国王財政機構が整備され、議会《コルテス》への統制が強化された。高等法院《アウディエンシア》もチャンシリェリア（高等法院）と改称されて、事実上の首都機能をもつバリャドリーに移転されたのであった。

フアン二世を継承したエンリケ四世（在位一四五四〜七四）のもとでも、下級貴族や文官によって統制された国王顧問会議の国制上の位置づけをめぐって、ビリェーナ公フアン・パチェーコやベルトラン・デ・ラ・クエバなどの寵臣と有力貴族の対立が再燃した。有力貴族はアラゴン王やナバーラ王と提携して、王権と国王顧問会議の掣肘《せいちゅう》をはかり、内乱に揺れるアラゴン連合王国へのエンリケ四世の出兵を撤回させた。有力貴族との協議なしの「絶対的王権」の行使は、「王国の善」を阻害する主要因とされたためである。アンダルシーア地方の反コンベルソ運動の激化、ガリシア地方での第二次イルマンディーニョス反乱といった社会的混乱のなかで、有力貴族はエンリケ四世の廃位と王弟アルフォンソの即位を求めて再蜂起する事態にまでいたった。しかしローマ教皇パウルス二世はこれを認めず、各地に組織された総都市同盟《エルマンダー・ヘネラル》もエンリケ四世を支持し、一四六七年有力貴族は再びオルメードの戦いで敗退した。続発する反乱のなかにあっても、「絶対的王権」そのものは否定されず、国王行政機構が維持されたことは重要である。

オルメードの戦いに勝利したエンリケ四世は、王権の維持と治安確保を優先させて反乱派貴族との和解を決断した。一四六八年ロス・トロス・デ・ギサンド協定が結ばれ、エンリケ四世は王女フアナ（ラ・ベルトラネーハ）ではなく異母妹イサベルの王位継承を承認したのである。出生に疑義がもたれていた王女ファナの身の安全と王国の平和を勘案したうえでの、苦渋の選択であった。だがイサベルは一部の反乱派貴族との繋がりを保持しており、エンリケ四世との関係は緊張をまぬがれなかった。王位継承を確実なものとするためイサベルは、アラゴン派の支持を不可欠とし、一四六九年エンリケ四世の同意のないまま、アラゴン王太子フェルナンド(ファラン)との結婚に踏み切った。結婚後のイサベルとフェルナンドはエンリケ四世の正当性を承認しつつも、王女ファナの王位継承権を否定して、ファナ派貴族やこれを支援するポルトガル王との対立を深めた。エンリケ四世没後イサベルは、フェルナンドの軍事・経済援助によってファナ派貴族などとの王位継承戦争を克服し、近世スペインの「強権的王政」への道を切り開いていくことになる。

カスティーリャ経済の復興

十四世紀後半〜十五世紀前半の危機のなかでカスティーリャ経済は、経済構造の再編をよぎなくされ、新たな産業部門の台頭と経済軸の移動が生じた。十五世紀初頭に回復傾向を示し始めたアンダルシーア地方を嚆矢《こうし》として、十五世紀半ばまでにはカスティーリャ王国のほとんどの地域で、人口の増加、生産力の上昇、都市の拡大が確認され、カスティーリャ経済は上昇局面にはいった。その牽引力となったのは、西ヨーロッパへの羊毛とワイン、オリーヴ油などの商品作物の輸出であり、アラゴン連合王国に比べペストの被害が軽微で、国王行政機構の整備と王権の強化が進行したことがそれを助長した。バイヨンヌ条約によるイングランドとの和平、百年戦争からの事実上の離脱も、ドーヴァー海峡の安全航行を保障し、西ヨーロッパ貿易の拡大を促す要因となった。その結果カスティーリャ経済の主軸は、従来のサンティアゴ巡礼路(東西軸)からセビーリャ、トレード、メディーナ・デル・カンポ、ブルゴス、ビルバオを結ぶ南北軸に移動した。

カスティーリャ王国では、王権の保護や西ヨーロッパ向け羊毛輸出の増大を背景に、有力貴族や教会機関を担い手とする移動性牧羊業がいっそう発展した。こうした羊毛の主要集荷地となったのがブルゴスであり、十五世紀半ばに商人組合を結成したブルゴス商人は、バスク人やカンタブリア人海運業者を介して、大量の羊毛をビルバオ、サンタンデールからフランドル、イングランドに輸出した。羊毛を輸出する一方でブルゴス商人は、フランドル産高級毛織物製品をはじめとする手工業製品を輸入し、それをカスティーリャ全域で売却し、その過程で為替取引への関心を高めた。フランドル貿易を基軸とした西ヨーロッパ貿易は、多額の資本と海上保険を必要とし、資金調達と為替取引のための金融業の発展を促したからである。その中心となったのが、ブルゴス商人の強い影響下におかれたメディーナ・デル・カンポの大市であり、ブルゴス商人をはじめとする国内商人、フランドル商人やイタリア商人など多数の外国人商人が参加して、大規模な羊毛取引と国際的な為替取引がおこなわれた。

羊毛につぐ輸出品目を構成したのは、ビスカーヤ地方の豊富な森林と水資源、鉄鉱石を利用して生産された鉄製品で、十五世紀の第3四半期には同地方の銑鉄生産量は年間一八〇〇トン近くに達した。製鉄業に加えビスカーヤ地方では造船業の発展も顕著であり、これらの産業部門に支えられてビルバオはバスク地方の中心都市へと成長した。一三〇〇年にビスカーヤ公によって建設されたビルバオは、西ヨーロッパ貿易とりわけフランドル貿易の拠点都市として十五世紀以降急速に発展し、十六世紀初頭には三五〇〇人の都市人口を擁したのであった。八名のレヒドールを中心としたビルバオ市参事会を支配したのは、西ヨーロッパ貿易に従事し、属域に土地を所有した有力商人であり、彼らは十五世紀末にビスカーヤ商人組合を組織した。

カスティーリャ経済の第二の推進力となったのは、早くも十五世紀初頭に回復基調にはいったアンダルシーア地方であった。王権の保護下に十三世紀半ば以降セビーリャに定住し、セビーリャとブリュージュに大きな居留地を有したジェノヴァ商人が、アンダルシーア産の商品作物(ワインとオリーヴ油)や羊毛の輸出を主として担った。その主要な輸出港となったのが、西ヨーロッパと地中海を繋ぐ要衝に位置し、毛織物工業をはじめとするさまざまな手工業と商業の発展をみたアンダルシーア地方の中心都市セビーリャであった。毛織物工業の発展はアンダルシーア地方第二の都市コルドバに加え、メセータ(中央台地)都市トレード、クエンカ、セゴビアでも確認され、毛織物製品の一部はイタリアやマグリブ地方に輸出された。一四三八年の都市代表による羊毛の輸出制限と外国産毛織物製品の輸入制限要請が、国内毛織物工業の発展と密接にかかわっていることはいうまでもない。

羊毛や商品作物と並んで注目すべきは、大西洋とアンダルシーア西海岸でのイワシ、マグロ漁の発展である。ガリシア地方の海港都市ラ・コルーニャは、イギリス人巡礼者の上陸港、セビーリャとフランドル地方を結ぶ国際商業の寄港地であると同時に、イワシ漁の中心都市でもあった。アンダルシーア西部の海港都市パロスやウエルバも同様であり、両市の漁民の乗り組んだカラベラ船は、カナリア諸島やボジャドール岬(現ポルトガル)まで南下してマグロ漁に従事した。中部大西洋海域でのイワシ漁やマグロ漁の過程で蓄積された操船技術、海流や風向などに関する漁民たちの経験的知が、大航海時代を準備していくことになる。コロンブス(クリストバル・コロン)の第一回航海に参加した三隻の帆船のうちの二隻は、中部大西洋海域で漁業に携わっていたパロス港のカラベラ船であったことは、注目してよい。

毛織物工業や造船業の発展が一部にみられるにしても、主要輸出品目は羊毛と商品作物、主要輸入品目は高級毛織物製品などの手工業製品であり、カスティーリャ経済のもつ農牧業的性格は否定できない。カスティーリャ王国はこれら一次産品の輸出に大きく依存しつつ、十五世紀半ばまでにほぼ危機を脱却し、西ヨーロッパやカナリア諸島、東地中海へも進出し始めた。人口の回復傾向も鮮明となり、カスティーリャ王国の人口は十五世紀末に約四五〇万人に達した。アラゴン連合王国の四倍以上の人口をもち、経済危機を脱却しつつあったカスティーリャ王国。中世末期はカスティーリャ王国の優位とアラゴン連合王国の衰退が、決定的となった時代でもあった。

国際商業都市ブルゴスとセビーリャ

中世末期を代表する国際商業都市ブルゴスは、カスティーリャ王国の二大幹線路の交点に位置した交通の要衝で、西ヨーロッパとの羊毛貿易、それと密接な関係をもつ金融業などに支えられて急速に発展した。十五世紀末の人口が約一万人、手工業や在地商業にこれといった特色をもたないカスティーリャ北部の中規模都市であったが、ブルゴスの中心部には羊毛貿易と金融業に従事した有力商人の店舗が建ち並び、国際商業に重要な役割をはたした。ブルゴス市政を主として担ったのは、在地の有力商人や下級貴族(両者は婚姻関係や兄弟団などを通じ社会・経済的に一体化していた)のなかから王権によって任命された一六名のレヒドールである。サンタ・マリア家[11]やマルエンダ家などのコンベルソ(改宗ユダヤ人)を含む、これらのレヒドールが、閉鎖的な市参事会の中核を構成したのであり、有力家門による寡頭支配が、ブルゴス市政の基本的特色であった。手工業や小商業に従事した都市民衆の市政からの排除、有力家門間の抗争に由来する治安の悪化を背景に、十五世紀以降、国王委任官僚としてのコレヒドールも断続的に派遣されるが、それが定着するのはカトリック両王(イサベル一世とファラン〈フェルナンド〉二世)期以降である。

羊毛輸出がブルゴス経済の生命線であったことから、市参事会は羊毛輸出ルートの確保に腐心し、同ルート沿いに属域を設定するとともに、多数の村落と小都市を支配した。属域では市民的土地所有が広範に確認され、とくに寡頭支配層は国際商業と金融業のリスクを回避して、経営の安定と多角化をはかるため、また社会的威信と信用強化を目的に、多くの土地を属域に所有した。寡頭支配層は属域の土地を農業労働者を使って直接経営するか、属域農民との小作契約によって間接経営し、現物と貨幣地代収入を得ていた。市政を独占し、属域に大きな土地を所有する一方で、有力商人は同族資本を持ち寄って商社を設立し、西ヨーロッパとの国際商業に従事した。

フランドルやイングランドとの貿易が国際商業の基軸であったとはいえ、ブルゴス商人の活動領域はこれに限定されなかった。フランス、イタリア、ポルトガルとの関係も深かったし、十五世紀末にはマデイラ諸島やカナリア諸島で砂糖を買いつけ、ギニア貿易にも参加したのである。ドーヴァー海峡、地中海、アフリカ西岸にまでおよんだこの商業ネットワークを支えたのが、ブリュージュ、ロンドン、アントワープ、ナント、ルーアンなどに樹立されたブルゴス商人を中心とするカスティーリャ商人居留地であった。最大のブリュージュ商人居留地においては、半年任期、四名の領事を頂点に、商業裁判権、政治・宗教的自治権をもつコンスラード(商務館)が組織され、艦隊の艤装や羊毛の販売、海上保険の普及に関与した。ブルゴスと各都市の商人居留地間には、情報網が整備され、各市場の商品価格や海上保険に関する商業情報、政治情報が交換された。これによって商品の輸送期間やコストの削減が可能となり、国際市場での信用も強化されて、ブルゴス商人の優位が確保された。

ブルゴスと並ぶ国際商業都市セビーリャは、十五世紀末に人口約五万人を擁したカスティーリャ最大の商業・手工業都市であり、都市中心部のジェノヴァ人街には免税特権や自治権をもつ多数のジェノヴァ商人が定住した。ジェノヴァ商人以外の外国人商人としては、ポルトガル商人の比重が大きく、ブルゴス商人やバスク商人も少なくなかった。セビーリャ商人はこれらカスティーリャ内外の商人と共同出資会社を設立し、活発な国際商業を展開したのである。グアダルキビル川沿いの内陸港セビーリャでは、西ヨーロッパや北アフリカとの国際商業に不可欠の金融制度や海上保険制度が早くから発達し、広大な属域から流入する豊富な労働力にも支えられて、繊維、建築、皮革、造船、武器、石鹸製造など六〇種を超える多様な手工業が展開された。王宮、大司教座、造幣所、造船所なども配置され、セビーリャはアンダルシーア地方の政治、経済、軍事、宗教的中心地として機能した。

セビーリャ市政を担ったのは、アルカルデ・マヨル(コレヒドール補佐の国王役人)、アルグアシル・マヨル(治安維持にあたった国王役人)、レヒドールといった上級都市役人である。このうちアルカルデ・マヨル、アルグアシル・マヨル職は、属域に広大な所領を有し、海運業や商業にも投資したメディーナ・シドニア公、アルコス公などの有力貴族の手に独占された。レヒドール職は属域に中規模な土地を所有し、有力貴族とパトロン・クライアント関係にあった下級貴族や有力商人（両者は社会・経済的にほぼ同一の階層を構成し、一部のコンベルソや帰化ジェノヴァ人を含む）が掌握した。このようにセビーリャでも貴族、有力商人が寡頭支配層を構成し、市政を独占したが、有力貴族の市政関与はブルゴスにはみられない特色であった。有力貴族の市政関与は都市官職をめぐる寡頭支配層間の対立を激化させ、治安の悪化を招いた。そのため十五世紀後半以降、国王委任官僚としてのアシステンテ・レアル（他都市のコレヒドールにあたる）が断続的にセビーリャに派遣されたのである。市政から排除された都市住民の大多数を占めたのは、前述したさまざまな手工業や小商業に従事した都市民衆であった。セビーリャの経済発展は属域や他地域の農民、貧民、浮浪者を流入させ、一部を職人、徒弟、家内奉公人、他の一部を日雇い、荷役夫、乞食、売春婦、アウトローといった下層民として定着させた。ジェノヴァ人などの外国人やコンベルソに加え、セビーリャには奴隷、解放奴隷、モリスコ、ジプシー（ロマ）[12]といった言語や宗教、エスニシティを異にする周縁民も少なくなく、コスモポリタンな性格を保持した。わけても興味深いのは、中世末期に増加し始める黒人奴隷である。

アンダルスとの境界域に位置したアンダルシーア地方の中心都市セビーリャでは、十三世紀半ば以降ムスリムの戦争捕虜奴隷やモリスコ奴隷が存在し、彼らが奴隷の大多数を占めた。国際商業都市セビーリャは、奴隷所有都市としての相貌もあわせもっていたのである。セビーリャ経済が回復軌道に乗り、ポルトガルがボジャドール岬をまわりギニア湾に到達した十五世紀後半、奴隷のエスニシティ構成に大きな変化が生じた。ポルトガルが黒人奴隷貿易を本格化させるなかで、セビーリャ商人やジェノヴァ商人はポルトガル商人と共同出資会社を設立し、リスボン経由で多数の黒人奴隷を輸入したからである。エンリケ四世時代は、黒人奴隷数が伝統的なムスリム奴隷やモリスコ奴隷を凌駕し始める転換期にあたった。

十五世紀初頭以来セビーリャでは、黒人奴隷がセビーリャ大司教の保護下に、冠婚葬祭や貧窮時の相互扶助機能をもつ兄弟団を組織し、施療院すら運営していた。黒人奴隷が増加し、喧嘩や窃盗などにより風紀を乱し始めた一四七五年には、下級裁判権をもつ黒人の国王役人「セビーリャの黒人王」が任命され、奴隷間の係争事件の解決にあたった。十六世紀半ばのセビーリャは、黒人奴隷を中心に約六三〇〇人の奴隷を有する、ヨーロッパ有数の奴隷所有都市となるが、その萌芽をここにみることができる。

ユダヤ人とコンベルソ問題

十三世紀までスペインのユダヤ人は、ユダヤ人共同体(アルハマ)を拠点に自治権と信仰の自由を保障され、差別と緊張をはらむ「共存」の枠組を維持することができた。これを一変させたのが、封建制の危機の時代にあたる十四世紀半ばのペストと一三九一年の反ユダヤ運動であった。ペストの原因は悪魔サタンやムスリム支配層と提携し、キリスト教社会の破壊を目論む邪悪なユダヤ人に帰せられ、ユダヤ人観は著るしく悪化した。それを決定的なものとしたのが、内乱期のエンリケ・デ・トラスタマラ(エンリケ二世)による反ユダヤ・プロパガンダであった。メシア(救世主)としてのイエスを否定し、高利貸しや徴税請負によってキリスト教徒を収奪するユダヤ人。儀礼殺人や聖体冒瀆を繰り返す堕落した民としてのユダヤ人。こうしたユダヤ人像が封建制の危機の時代に、キリスト教徒民衆のあいだに定着していったのである。そうした伏線のうえに、一三九一年の反ユダヤ運動が発生する。

反ユダヤ運動の震源地となったセビーリャでは、一三七〇年代以降エシハの聖堂助祭フェラント・マルティネスが、物価高騰に直撃されたキリスト教徒民衆への激しい反ユダヤ説教を繰り返していた。事態の沈静化をめざしたファン一世とセビーリャ大司教があいついで没し、権力の空白が生じた一三九一年、セビーリャで民衆を主体とする大規模な反ユダヤ運動が勃発した。セビーリャで始まった反ユダヤ運動は、数カ月のあいだにコルドバ、トレード、バレンシア、バルセローナ、ブルゴスなどの主要都市に飛び火し、全国規模でのユダヤ人虐殺(ポグロム)を引き起こした。民衆を主体とするスペイン最初の大規模な反ユダヤ運動により、主要都市のユダヤ人共同体は壊滅的な打撃を受け、多数のユダヤ人が改宗を強制されたのである。以後ユダヤ人共同体の主たる基盤は、主要都市から中小都市へと移動する。十五世紀初頭にもバレンシアのドミニコ会士ビセン・ファレー(ビセンテ・フェレル)が、熱狂的な信者をともなってスペイン各地で反ユダヤ説教をおこない、同様に多数のユダヤ人を改宗させた。このようにして十四世紀末〜十五世紀初頭、ユダヤ人の三分の一が改宗し、十五世紀にはユダヤ人以上にコンベルソ(改宗ユダヤ人)が大きな社会問題となった。

しかし反ユダヤ運動は一四二〇〜三〇年代に小休止の時期を迎え、中小都市でユダヤ人共同体の再建が始まる。一四三二年の全国ユダヤ人会議は、それを象徴するものにほかならない。同会議は宮廷ラビのアブラハム・ベンベニステが、カスティーリャ全域のユダヤ人共同体代表とラビを、事実上の首都機能をもつバリャドリーに集め開催したもので、スペイン最初の全国ユダヤ人会議である。この会議では、反ユダヤ運動と多数のユダヤ人の改宗により危機に瀕したユダヤ人共同体の再建が協議され、「バリャドリーのユダヤ人共同体条例」が採択された。前文、後文と五つの章から構成されるこの条例は、学校教育、アルハマ行政、違法行為、課税、服飾規制に関する規定を含んでいるが、注目すべきは初等教育規定である。生徒二五名につき一名の教師の配属を規定した学校教育規定は、ユダヤ人共同体が再建を確信し、共同体の未来を担う子どもたちをいかに重視したかを示している。

反ユダヤ運動が一時的に沈静化したとはいえ、十五世紀後半はユダヤ人とコンベルソの双方にとって苦難の時代であった。キリスト教徒民衆の不信と敵意が持続するなかでのコンベルソの増加は、ユダヤ人共同体を縮小させたのみならず、ユダヤ人の伝統的な家族関係を寸断した。ユダヤ人とコンベルソ、コンベルソ相互の対立も表面化しつつあった。国際商業や徴税請負などに従事し、ユダヤ人共同体の支配層を構成した有力ユダヤ人は、早い時期に自発的に改宗し、国王役人や都市役人、高位聖職者としてキリスト教社会の支配層へと転じた。ユダヤ人と強制改宗させられたコンベルソは、こうした有力コンベルソに強い不信の目を向けた。キリスト教徒民衆も同様であり、キリスト教徒、ユダヤ人、コンベルソ間には重層化された相互不信の連鎖が構築された。コンベルソ社会の大多数を占めたコンベルソ民衆は、強制改宗者が多く、その同化は有力ユダヤ人以上に困難であった。彼らは改宗後もユダヤ人と同一地区に居住し、ユダヤ人と緊密な社会・経済・家族関係を維持しながら、従来と同様の手工業や小商業に従事したのである。そのためコンベルソ民衆のなかには、ユダヤ教の宗教儀礼を実践しつづける者が続出し、キリスト教徒民衆のコンベルソ全体への不信感を増幅させた。

一四四九年にトレードで勃発した反コンベルソ運動は、その当然の帰結であった。それはファン二世の寵臣アルバロ・デ・ルナがトレードの富裕なコンベルソ商人の献策により、都市特権を無視して臨時課税の徴収を命じたことに端を発している。激高したキリスト教徒民衆は、コンベルソ商人の自宅を焼討ちし、都市官職を保有する有力コンベルソの居住地を襲撃した。貴族間抗争とも連動したトレードの反コンベルソ運動は、まもなく鎮圧されるが、運動の過程で「判決法規」[13]が制定され、ユダヤ人の「血統」に連なるコンベルソの都市官職保有が禁止された。それが提起したのは、都市寡頭支配層の一翼を構成するコンベルソが、「真のキリスト教徒」なのか、それとも「隠れユダヤ教徒」(マラーノ、フダイサンテ)なのかという問題であった。十六世紀後半の「血の純潔《リンピエサ・デ・サングレ》」規約はこの「判決法規」を母胎としており、「血統」の問題が提起されたことは重大である。

貴族間抗争やエンリケ四世の王位継承争いに起因する、一四六〇～七〇年代前半の不安定な政治・社会状況を背景に、反コンベルソ運動はコルドバ、セビーリャ、ラ・マンチャ地方の中心都市シウダー・レアルに波及し、トレードでも再燃した。これに危機感を募らせたのが、「強権的王政」の確立をめざすカトリック両王とコンベルソの側近や高位聖職者であった。すでにカトリック両王即位以前の一四六〇年代に、コンベルソのフランチェスコ会士アロンソ・デ・エスピーナは、ユダヤ人がコンベルソの真の改宗を妨げているとして、ユダヤ人とコンベルソの居住地の分離、異端審問制度の導入、ユダヤ人追放すら提言していた。これを受けてカトリック両王は、十五世紀末に王権の主導する新たな異端審問制度の導入、ユダヤ人追放を決断し、言語や宗教、地方特権によって分断されたモザイク国家、モザイク社会の統合へ向けての新たな一歩を踏み出すことになる。

▼補説5▲　サンチェス・アルボルノス史学

クラウディオ・サンチェス・アルボルノスは、現代スペインを代表する歴史家であるばかりか、スペインの近代化がなぜ挫折し、フランコ体制を生み出さざるをえなかったかを、多様な角度から追究しつづけた文明史家でもある。広い視野をもつ歴史家サンチェス・アルボルノスがとくに重視したのが、初期中世カスティーリャの再征服・再植民運動の過程で醸成され、その後の歴史のなかで強化されたスペイン人特有の精神構造、政治・社会・経済構造である。初期中世カスティーリャ史こそ「スペイン、歴史の謎」を解く鍵とされ、実証的な史料批判に支えられた前封建的カスティーリャ国家・社会像を提示する。彼の自由農民(自由小土地所有者)テーゼは、カスティーリャ特有の前封建的国家・社会像の中核を構成するものにほかならない。

サンチェス・アルボルノスは一八九三年に、中世都市の雰囲気を今に伝えるマドリード北部の都市アビラに生まれた。マドリード大学文学部進学後、ドイツ実証主義の影響下にスペイン中世史学を確立した法制史家イノホーサに師事し、同大学に奉職した。一九二七〜二八年にはドープシュが教鞭を執っていたウィーン大学へ留学し、社会・経済史へも視野を拡大した。しかし帰国後のサンチェス・アルボルノスを待ち受けていたのは、スペイン政治の激動であった。第二共和政、スペイン内戦に巻き込まれ、一五年近くにわたり研究活動を中断する。自由主義者、左派共和主義者としてサンチェス・アルボルノスは、アサーニャを党首とする中道左派政党に参加し、一九三三年には外務大臣として入閣した。歴史家として農地改革委員会にも加わり、農地改革の歴史的正当性を擁護し、封建的大土地所有の解体による自由農民の広範な創設こそが、スペイン近代化の鍵であると論じたのであった。そのためスペイン内戦が勃発すると、フランコに追われてフランス、アルゼンチンへの亡命をよぎなくされ、第二次世界大戦後はブエノス・アイレス大学を研究活動の母体とする。再征服・再植民運動が、初期中世カスティーリャ封建制の特殊性（比較的強大な王権と封建制の未成熟）を説明する主要因であるとした「スペインとカロリング封建制」、膨大な史料を駆使して自由農民の広範な存在を論証した「アストゥリアス＝レオン王国における自由小土地所有者」は、いずれもアルゼンチン亡命中の論文である。

自由主義者にして敬虔なカトリックでもあったサンチェス・アルボルノスは、自由と平等の担い手としてカトリシズムの歴史的役割を高く評価する。彼にとって自由と平等の実現は神の摂理そのものであり、歴史はその実現へ向けて螺旋状の自己展開を遂げる。自由主義思想とカトリシズムに立脚した彼の歴史観にあって、初期中世カスティーリャにおける自由農民の広範な存在は、自由と平等の原点、神の摂理の歴史的顕現とされ、フランコ体制を超克する歴史的事象と位置づけられる。サンチェス・アルボルノスの自由農民テーゼは、こうした歴史観と密接にかかわっていた。

その一方でサンチェス・アルボルノスは、実証性を重視する中世史家でもあった。自由農民の広範な存在を、小規模な土地や放牧地に関する多数の寄進・売買文書の伝来、多くの小農民が領主権力の支配をまぬがれ、伯や教会、修道院との訴訟、契約の主体となっていたことなどを根拠に論証する。そのうえで、小自有地を基礎に小農経営を実現し、王権に直属する多数の自由農民の存在が、アストゥリアス王国、レオン王国の基本構造を規定し、政治的機能の弱体性と軍事的機能の肥大化によって特色づけられる特有の封建制を生み出したと断ずるのである。自由農民テーゼとそれを軸に構築された初期中世カスティーリャ社会像は、一九六〇年代に通説としての地歩を占める。六〇年代の中世カスティーリャ史研究を集大成して一九六八年に公刊された『スペイン法制史概説』は、それを端的に示している。

しかし一九七〇年代にはいるとバルベロとビヒルが、自由農民テーゼの弱点ともいうべき北部カンタブリア山系の実証研究を踏まえて、本格的な批判を展開する。初期中世の北部カンタブリア山系で、すでに封建化の進行が確認されるのであり、初期中世カスティーリャ社会を自由農民で塗りつぶす自由農民テーゼは、再検討されなければならないというのが、批判の骨子である。一九八〇年代にはサンチェス・アルボルノスのイデオロギー的偏向や論証方法への疑念も指摘され、自由農民テーゼが修正を迫られていることは間違いない。しかしスペイン学界の批判と好対照をなす動きもみられる。一九七八年に開催されたイスラーム、ビザンツ世界を含む地中海世界の封建制全般に関する国際集会がそれである。一九八〇年の同報告書では、南欧型封建制を含めた多様な封建制モデルの可能性、南欧型封建制と密接にかかわる自由農民の再評価が提起されたのであった。自由農民テーゼを否定するのではなく、サンチェス・アルボルノスの歴史観にも配慮しながら、それを南欧封建制研究に生かす方法が模索されなければならないであろう。

▼補説6▲　中世カスティーリャ都市の女性労働

中世カスティーリャ都市の女性労働のあり方は、それぞれの女性の属した都市の基本構造、階層、家族形態、女性の法的地位、教育水準、ライフサイクルによって左右された。ここでは中世中期〜末期に四〇〇〇〜五〇〇〇人の人口を有した巡礼路都市サンティアゴ・デ・コンポステーラを例に、手工業や小商業に従事した都市女性民衆労働の実態を概観したい。女性労働に関する限り都市類型による大きな差異は検出できず、サンティアゴの事例は他のカスティーリャ都市にも基本的に妥当するとみられるからである。

西ヨーロッパ社会と同様に、中世カスティーリャ社会においても都市女性民衆は、法的には父親、夫、兄弟といった男性の保護を不可欠とする「法的弱者」と位置づけられた。「法的弱者」との認識が、女性労働を考察するうえでの大前提となる。家族形態は都市と農村、階層間で格差がみられるものの、核家族(単婚小家族)を基本とし、親族関係も緊密であった。家族、親族関係以外の社会的結合としては、教区、兄弟団、ギルド(同業者組合)、インフォーマルな社会的結合を指摘できる。インフォーマルな社会的結合とは、河川、泉、水車といった炊事、洗濯のための日常的空間での人的関係を指し、都市女性民衆にとって隣人関係の強化と情報ネットワークの拠点として機能した。「法的弱者」とされた都市女性民衆は、核家族を最大の支柱としながらも、これら多様な社会的結合に多重所属し、日常生活と経済活動を営むことができたのである。

核家族を基本とし経済基盤の脆弱な都市民衆は、女性の協力なしに家計を維持することは困難であり、女性は家事や育児に加え、夫や父親の補助労働力として、またときには自立した経営主体として家庭外でのさまざまな労働に従事した。病気や怪我をしている男女、労働をなしえないほど高齢の者、十二歳以下の少年と少女を除き、すべての者が労働すべきであるとした十四世紀半ばの議会《コルテス》条令は、女性労働の常態性を端的に示している。十五世紀半ばの黒玉細工職ギルド規約も、成員の寡婦に成員外の男性と再婚しないことを条件に、親方資格を認めており、自立した経営主体としての寡婦の存在を容認しているのである。

労働形態としては、パンや魚などの食料品を扱う女性仲買商ないし小売商、乳母や女中といった女性奉公人、産婆、売春婦に加え、施療院、旅館、居酒屋などでのサーヴィス業に従事する女性も確認される。手工業と農業に関しては、サンティアゴ巡礼と密接に関係する蠟燭職、黒玉細工職、帆立貝職、および大工やレンガ職などの下働き、農業労働者が主たるものである。このうちもっとも典型的な女性労働形態とされるのは、女性奉公人とりわけ女中である。有力住民の妻は、家事や育児を女中の手に委ねるのが通例であったし、自宅からの通いが可能で専門的技術を必要としなかったことから、都市民衆や属域農民の子女であっても、家事の延長として従事できる職種であったためである。女中の多くは六〜十歳から奉公に出され、結婚年齢の十五〜二十歳で俸給と花嫁道具を支給されて、奉公先を離れるのが一般的であった。このようにサンティアゴの女性民衆は、女中などの家内労働を中心に、農業労働を含めたさまざまな労働に従事したのであり、その一部は女性黒玉細工職にみられるように、固定資本(店舗兼工房)を所有して自立した経営さえ営んだのであった。だがカスティーリャ中部や南部の都市と異なり、繊維工業の弱体なサンティアゴでは、女性労働の重要な領域とされる毛織物工業への女性の参加はほとんど確認できず、女性に開かれた手工業関連の職種は限定されていた。

前述したように都市の女性民衆は、家事や育児、夫や父親の補助的労働のかたわら、家計を補うためさまざまな家庭外労働に従事した。こうした兼業状態が、「法的弱者」としての女性の地位や専門的職業教育の不足とあいまって、女性のギルドへの結集を妨げる要因となった。そのため一般に手工業にあっては、女性の大多数はギルドから排除され、加入を認められた場合でも、専門技術を必要としない初期工程に従事せざるをえず、男女の賃金格差は大きかった。女性に開放的な黒玉細工職ギルドでも、女性成員は資格試験による正規の親方資格を認められたわけではなく、ギルド役職から閉め出され、ギルドの宗教儀礼や総会への参加も許されなかったのである。女性成員は「公的領域」から排除された二義的成員にすぎなかったのである。その一方で、男女の肉体条件や職業教育の差が、生産性や収益の差に直結しない仲買業や小売業、ブドウの剪定や脱穀などの農作業では、男女の賃金は同一とされたのであった。パン屋や魚屋のような女性が独占ないし多数を占めた職種の存在は、こうした状況と無縁ではあるまい。

注

（1）日本の養子縁組制度に近いバスク系先住民の社会慣行を指す。「異邦人」が氏族社会の成員として認知されるには、氏族成員と疑似親族関係を結ぶことが不可欠であった。これを介して「異邦人」は、平和裏に放牧地や山林など共有地の利用権を確保し、他の成員の土地を集積できた。バスク先住民社会への教会の浸透も、この回路を通じておこなわれた。疑似親族関係は、バスク先住民社会の封建化とキリスト教化に重要な役割を担った。

（2）西ゴート王国崩壊の精神的衝撃、三位一体説を否定するイスラーム教への対応を迫られるなかで、八世紀末にモサラベ教会により採択された教義。フランク教会では異端とされた。トレード大司教エリパンドがその代表者で、フランク教会と王権に支持されたリエバナのベアトゥスとの神学論争へと発展した。キリスト養子説はエリパンド没後、モサラベ教会でも急速に支持を失い、アストゥリアス王権と同教会台頭の一因ともなった。

（3）十一世紀末までモサラベが実践していたもので、ローマ典礼、ガリア典礼、アンブロシウス典礼と並ぶ西方教会の典礼の一つ。十一世紀末の教会改革でローマ典礼によりほぼ駆逐され、西方教会はローマ典礼に統一された。聖歌の歌詞と旋律のみならず、教会暦もローマ典礼と微妙な相違を示した。

（4）ガリシア地方の下級貴族の出身で、一一〇〇年サンティアゴ司教、一一二〇年初代サンティアゴ大司教に叙任される。王位継承争いではアルフォンソ七世を支持。都市領主としても有能で、都市と属域の平和維持、都市経済の活性化、巡礼誘致、都市空間の再開発に努めた。だが有力住民に指導された都市住民は、彼の強い領主制的支配をきらい、また市政への参加をめざし、ヘルミレスを追放して、一時期コミューン都市を実現した。

（5）テンプル騎士団がトレード防衛の要衝であるカラトラーバを放棄したのち、カスティーリャ王はその防衛をシトー会に委ねた。同地のシトー会の騎士と修道士の兄弟団として発足したのが、カラトラーバ騎士団であり、アンダルシーア、ラ・マンチャ地方の再征服運動に決定的役割をはたした。アルカンタラ騎士団もシトー会の会則に基づき、サラマンカ司教と騎士により創設されたが、前者と異なり主としてレオン王国の騎士団であった。

（6）スペイン最古の大学は、一二〇八年に創設されたパレンシア大学である。同大学ではフランス人やイタリア人教師が神学、法学、論理学などを教授したが、財政難のため十三世紀後半に閉鎖された。現存する最古のサラマンカ大学は、パリ大学をモデルに一二一八年頃に創設された。同大学でもっとも優遇されたのは法学教師であり、その年俸は国王役人でもあった学長の年俸の一・五〜二倍に達した。

（7）貴族出身のアビラ司教。キリスト教に異教的民衆信仰を習合させながら、禁欲的生活、女性への聖職の開放、神との直接的交感を説き、ガリシア民衆の強い支持を受けた。カトリック教義を一部否定し、「スペイン的キリスト教」を模索したが、三八五年に異端としてドイツのトリアーで処刑された。彼の遺骸は、ソンポール峠越えのローマ道（のちのサンティアゴ巡礼路）を利用して、ガリシア地方に運ばれ、サンティアゴに埋葬されたといわれる。

（8）階層、職業、性別、居住地などを異にする、多様な都市住民から構成される社会的結合で、成員の相互扶助を主目的とする。その延長線上に外部の貧民や巡礼者への施療院での慈善活動が実践された。特定の守護聖人と規約、財産をもち、守護聖人の祭日に総会を開いて、役職者の選出や会計報告などをおこなった。

（9）マラベディ金貨は一一七二年にアルフォンソ八世が、ムラービト朝のディナール金貨を模倣してつくったもので、当初の重量は三・九グラム。フェルナンド三世時代に造幣を停止されるが、その後も計算貨幣として機能した。マラベディの語源はムラービトに由来する。ディネーロは中世中期以降造幣されつづけた貨幣で、貨幣価値は時代と造幣所によって変動した。十四世紀前半のアルフォンソ十一世時代には、一ディネーロは一マラベディの一〇分の一に相当した。

（10）十四世紀末〜十五世紀半ばまでアウディエンシアは高等法院として機能した。アウディエンシアがチャンシリェリアに下属する地方高等法院となるのは十六世紀中葉以降である。

（11）マルエンダ家と親族関係にあったブルゴスの有力コンベルソ家門。中世末期のブルゴス司教パブロ・デ・サンタ・マリアは同家の祖。有力ユダヤ人であった彼の改宗は、他のユダヤ人に大きな衝撃を与えた。改宗後、彼はパリ大学で神学を学び、のちのアヴィニョン教皇ベネディクトゥス十三世の知己を得る。同教皇の庇護を受け、カルタヘーナ司教、カスティーリャ国王顧問官などを歴任し、十五世紀初頭にブルゴス司教に叙任された。

（12）スペイン語ではヒターノという。ロマは自称で「人間」を意味する。彼らは十五世紀中頃にスペインにはいり、各地を移動しながら、鍛冶やいかけ技術、家畜取引、遊芸、占い、物乞いなどによって生計を立てた。そのため十五世紀末には、王権により都市への定住と定職への従事を強制されたが、実効性はなかった。同様の措置は十六世紀にはいっても繰り返され、言語や衣服、名前の使用さえ禁じられた。

（13）アルバロ・デ・ルナと対立するトレード城代ペロ・サルミエントが、市参事会員などを招集し、一四四九年六月に作成したもの。全九章から構成され、コンベルソの異端性を告発すると同時に、コンベルソによる都市官職保有禁止を要請している。「判決法規」では、コンベルソの「血」も問題とされ、コンベルソはユダヤ人の「血統」に繋がる者として官職保有に不適切とされた。ローマ教皇はこれを認めず、サルミエントを破門に処した。

関　哲行

第五章　アラゴン連合王国

1　アラゴンとカタルーニャ

アンダルスとフランク王国のはざまで

七一一年、西ゴート王国の政治的・社会的危機に乗じてジブラルタルに上陸したイスラーム軍は、翌年にもイベリア半島北東部に分遣隊を派遣し、わずか三年のあいだにサラゴーサ、ウエスカ、リェイダ(レリダ)、ジローナ(ヘローナ)、タラゴーナ、バルセローナをつぎつぎと征服した。ついでピレネー山脈を越えたイスラーム軍は、七二五年までにセプティマニア全土を掌握し、ボルドーを経由してさらなる北上を目論んだが、宮宰カール・マルテル率いるフランク軍によって阻止された。イスラームの侵攻をロワール川の手前で食い止めた同王国であったが、南方への遠征軍が本格的に組織されたのはカロリング朝成立後の八世紀後半であり、セプティマニアこそ七五九年に国王ピピンによって征服されたものの、ピレネー山脈以南への侵攻はカール大帝の治世に受け継がれた。同国王は七七八年のサラゴーサ遠征に失敗したのち、七八五年にジローナ、八〇一年にはバルセローナを征服し、今日「旧カタルーニャ」と呼ばれるリュブラガット川以東の領域をフランク王権の支配下に編入するにいたった。またほぼ同時期には、バスク系先住民の濃密なナバーラおよびアラゴンの山岳地帯にも駐屯部隊が配備される一方、パリャース=リバゴルサについては、王国の南部辺境支配の頂点に立つトゥールーズ伯によって差配された。

以上のような叙述は、あたかもピレネー山脈以南のイスラーム統治領域が征服されて、フランク王国に決定的に併合されたかのような印象を与えるかもしれない。だがそれは、実態にはいささかそぐわない。七二〇年までに旧タラコネンシスのほぼ全域はたしかにイスラームの支配下に取り込まれたが、その実効範囲はエブロ河谷平野に限定されており、自然の要害に富んだピレネー山脈は、当初からイベロ＝バスク系先住民と多数の西ゴート系難民を収容して急激な人口増加をみていたことが知られている。逆に、サラゴーサを中心とするエブロ河谷平野は、年代記作者ラージーやウズリーが「上辺境領」と表現したように、アンダルス最北部の辺境地帯に相当し、アラブ人やベルベル人の入植は極めて希薄で、ムスリム(イスラーム教徒)人口のほとんどがムワッラド(イスラームに改宗したキリスト教徒)にほかならなかった。サラゴーサ、ウエスカ、バルセローナのワーリー(太守)がまさしくそうであり、彼らは自らの独立性を維持するためならフランク王国に支援を求めることを少しも厭わなかったのである。

七七八年のサラゴーサ侵攻の退路にあったフランク軍の後衛部隊を全滅させたことからも知られるように、バスク系先住民はもともと独立志向が極めて強く、それは、カシー家(トゥデーラを拠点として上辺境領一帯に勢力を広げた有力ムワッラド家門)のムーサーと母親を同じくするイニゴ・アリスタ(在位八二〇?〜八五一)のもとで早くも八二〇年頃にナバーラ王国が成立していることからもみてとれる。隣接するアラゴンもまた同時期に、結婚政策を介してナバーラ王家やウエスカのムワッラド家門アムルース家と結びつき、フランク王権から急速に遠ざかっていく。こうした現象は、アンダルスまたはフランク王国の一辺境領域が独立をはたしたとみなすよりも、当初からアンダルスとフランク王国のいずれにも帰属せずに、ムスリムとキリスト教徒がなかば独立した状態で離合集散を繰り広げた領域が存在していたと想定するほうがはるかに理解しやすい。

これに対してのちのカタルーニャに相当する地域は、一般に「ヒスパニア(スペイン)辺境領」の名で知られるように、フランク王国南部の辺境領域として編成されてナバーラやアラゴンとは一線を画する歴史を歩んだものとみなされている。だが、この呼称は宮廷で編纂された年代記や事蹟録に登場するのみであり、その用例をみる限り同地域もまた、政治的にフランク国王に服属しながら、空間的にはフランク王国にもアンダルスにも厳密には帰属しない領域と認識されていたようである。[1] しかもその実態は、「辺境伯」によって管理された実体のある行政体ではなく、複数の伯領(リバゴルサ、パリャース、ウルジェイ、サルダーニャ〈セルダーニュ〉、アンプリアス、ジローナ、ウゾーナ、のちにバザルー)の寄集めにすぎなかった。個々の伯領では王権によって任命された伯が租税、軍事、裁判にわたる比較的広範な権力を行使しえたが、王権に公然と反旗を翻すフランク系の伯と、王権に誠実をつくす西ゴート系の伯が互いに権力闘争を繰り広げるという、ある種のねじれ現象が当初からみられた。王位継承問題で揺れた九世紀中葉から王権が同地域への関心を急速に失っていく一方、八七〇年代にはナバーラ王家ならびにリェイダのカシー家と結んだガスコーニュ系の伯ラモン(在位八八四〜九二〇/三〇)のもとでパリャース＝リバゴルサが完全に離脱し、またほぼ同時期に六伯領の差配を任じられた西ゴート系の伯ギフレ一世(在位八七〇/八七八〜八九七)以降、カタルーニャ中核地帯の諸伯領もまた同人の家系内で決定的に世襲化されていくことになる。

伯ギフレ一世以降のカタルーニャ諸伯は、伯領の世襲化がすでに進行していた十世紀中葉においても依然としてフランク王権への誠実を示しつづけているが、それは逆に、もともと同地域が王権と伯との個人的紐帯《ちゅうたい》以外につなぎとめる術のない領域であったことを暗に物語っている。その意味でカタルーニャもまた、ナバーラやアラゴンと同じように、アンダルスとフランク王国のはざまで当初から辺境地帯特有の歴史を踏み出していたと考えなくてはならない。もし十二世紀に同君連合を実現するアラゴンとカタルーニャが共通点と同時に相違点を互いにかね備えていたとすれば、それはおそらくカロリング朝期以降の両者の発展のあり方に求められるはずである。

バルセローナ伯とカタルーニャ諸伯領

ピレネー山脈はまさしく自然の要塞であったが、大量の住人をかかえてもはや飽和状態に達しており、早くも九世紀初頭から戦闘や略奪行為によって広大な無主地が存在した同地域中・西部への入植運動が活発に展開していた。九世紀末には伯や教会によって組織的な入植事業が推進されるようになるが、私人による自発的な入植活動はそれよりもはるかに先行していたのである。無主地への入植活動は、西ゴート法の「三〇年占有」規定(無主地を三〇年間占有すると当該地の処分権が発生するというもの)に由来する土地占取制度に基づいておこなわれたが、その結果、狭小な土地を事実上所有する単婚小家族形態の独立農民が広範に生み出された。彼らは自らの土地を経営する農民であると同時に、伯のために武装し、軍役を負担する兵士でもあった。伯は当初から入植事業に積極的に関与したわけではなかったが、無主地の入植と開発の進展が結果として租税・軍役負担者の拡大をもたらし、比較的強固な伯権の社会・経済的基盤をなしたのである。

十世紀カタルーニャ諸伯領の構成は、それらを継承した伯の系統によって以下の四つのグループに分類される。すなわちパリャース＝リバゴルサ、バルセローナ＝ウルジェイ＝ジローナ＝ウゾーナ、サルダーニャ＝バザルー、アンプリアス＝ルサリョ(ルション)である。伯ラモンのもとで独自路線を歩んだ第一のグループを除くと、残る三つのグループはすべて西ゴート系のカルカソンヌ伯バロを始祖とするギフレ一世とその兄弟の家系内で継承された。これらの伯領は各グループ内で相続のたびに離合を繰り返したが、後者の三グループについていえば、祖先を共有する同族意識が卓越しており、バルセローナ伯を先頭に軍事行動や裁判集会に共同で参画することもしばしばであった。また事実上の君主と化した伯の統治行政は、「公役人」と総称される副伯やウィカリウスによって補佐された。前者は司教とともにバルセローナ、ジローナ、ウルジェイ、ビックといった都市の行政全般に関与し、後者は城塞を拠点として軍事・裁判を中心に地方行政を担当した。こうした伯権の公的性格は、社会全般にわたって深く根づいたローマ・西ゴート法の伝統に裏打ちされたものにほかならなかったのである。

間断のない人口増加と農業生産の増大に支えられ、十世紀末のカタルーニャは急激な経済発展を遂げることになる。バルセローナやジローナでは、同世紀中葉に一〇〇〇人から一五〇〇人程度であった人口が刻々と増加し、ローマ囲壁の外側に市場開設地をもつ新たな街区が形成されている。またコルドバとの和平協定によって対外的な平和を享受したこの時期には、奴隷・木材の輸出やカタルーニャ人傭兵の活躍によってディナール貨が急激に流入し、役人の俸給や土地売買などに広く使用され、農村の貨幣流通を大幅に拡充した。だが皮肉なことに、こうした経済発展は、社会全体の富を等しく増大させるのではなく、伯と独立農民とのあいだに存在する少数の貴族エリート集団に富と権力が集中していく結果をもたらした。なかでも副伯やウィカリウスは伯権の一部を行使しえただけに、かなり好都合な地位にいたといえる。コルドバとの和平協定以来、領域拡張もほとんど進んでおらず、彼らの欲求を満たすだけの土地が不足しつつあったことも災いした。こうしてバランゲー（ベレンゲール）・ラモン一世（在位一〇一八〜三五）がバルセローナ伯に即位した頃から、貴族家門間の私戦の応酬、教会所領の簒奪、農民の生産余剰の収奪、さらには伯権に対する反乱までもが頻発するようになり、カタルーニャ社会は文字通り危機的な状態に陥っていくのである。

続く伯ラモン・バランゲー一世（在位一〇三五〜七六）の治世は、その大半が興隆する貴族集団との闘いに費やされた。貴族の暴力と支配の基盤となったのは、入植運動の進展と並行して加速度的に増加していった城塞と、職業騎士からなる私兵集団である。とくにパナデスやバリェスといったバルセローナ伯領の西方に位置する辺境地帯では、それらがなかば独立した状態で数多く存在し、伯権が体現した公権力にいち早く風穴を開けた。また城塞を拠点とする周辺農村の暴力的な支配は、独立農民を一転して過酷な隷属状態に貶めた。本来ならば伯権に属する軍役招集権や裁判権といった公的諸権利が私的に流用され、新たな負担と化しただけでなく、水車・竃《かまど》・鍛冶場などの強制使用義務や、領主の恣意によって不定期に賦課される極めて多様な負担までもが加わって、農民の状態は悪化する一方であった。新たな農民負担を総称する「悪しき慣習」や「悪しき賦課租」といった表現が登場してくるのは、まさしくこの時期である。

こうした社会的危機に最初に抵抗を試みたのが、当初から大きな被害を受けた教会である。教区教会の周囲には平和領域（サグラリア）が設定され、教会財産や農民を保護する措置がとられた。また南フランスでいち早く開催されていた神の平和会議がビック司教ウリーバの提唱のもとでカタルーニャにも導入され、平和の維持、教会財産の不可侵、休戦期間の設定などが決議された。だがバルセローナ伯が系統的にとった措置は、これらとは対極に位置するものであった。すなわち、機能不全に陥っていた従来の統治組織に見切りをつけ、ウルジェイ伯をはじめとする諸伯、有力貴族や騎士たちと個別に臣従契約を取り結ぶことによって、自生的に形成された封建的支配関係のピラミッドの頂点に伯権を位置づけようとしたのである。封建的約定と呼ばれるこうした方法はつねに文書を介しておこなわれたが、同伯に対する臣従礼および誠実宣誓と開城義務が課されただけで、貴族の既得権は変わることなく維持された。それゆえ、伯権の再編とカタルーニャ諸伯領の秩序の回復が成し遂げられると同時に、農民に対する過酷な領主支配は手つかずのまま容認されることになったのである。

マンスールとその息子アブド・アルマリクがカリフの侍従《ハージブ》として実権を掌握した九八五年から一〇一〇年までは、バルセローナを筆頭にカタルーニャ諸地域がたびかさなるイスラーム軍の侵攻にさらされた時期である。だが一〇三一年に後《こう》ウマイヤ朝が解体し、各地にターイファ（群小諸王国）の群立をみて内戦状態に陥ると、両者の力関係は一気に逆転することになる。カタルーニャ諸伯領の秩序が回復されつつあった一〇五〇年代から、ラモン・バランゲー一世は隣接するリェイダ、トゥルトーザ（トルトーサ）、サラゴーサ王国の数城塞を制圧し、保護の代償としてパーリア（軍事貢納金）の供出を迫った。毎年供出されたパーリアは、ムラービト朝がイベリア半島のターイファを掌握する十一世紀末まで、カタルーニャ諸伯の貴重な財源をなした。一〇六〇年代になると、同伯はそれを財源として、直系の相続者が不在となったカルカソンヌおよびラゼス両伯領を購入し、カタルーニャで展開したのと同じやり方でラングドック貴族の誠実をも確保していった。もっともそれがトゥールーズ伯との対立を醸成することになるのであるが、伯権の再編にいち早く成功したバルセローナ伯の権勢は、いまやカロリング朝期における両者の力関係を大きく転倒させるに十分なものとなっていたのである。

ナバーラ王国とアラゴン王国

ピレネー山脈中・西部の二つのキリスト教徒支配拠点、すなわちナバーラ王国とアラゴン伯領は、急峻な山塊が屹立する山岳地帯のただなかに形成された。定住地の増加と耕作領域の拡大はここでも九世紀初頭から一貫してみられたが、上辺境領の城塞群に阻まれて平野への進出は一向にはたされなかった。十世紀初頭に国王サンチョ・ガルセス一世(在位九〇五〜九二五/六)のもとで新たな王朝が成立したナバーラ王国は、レオン王権とともに肥沃なラ・リオハ地方を征服し、パンプローナにつぐ都市拠点ナヘラを掌握したが、この段階で成功したのはそれだけである。他方、アラゴン伯領は、同王国の保護領となって独自の領域拡張の道が断たれると、続く同世紀中葉には伯家の断絶にともない完全に併合されてしまう。これ以降、アラゴン王国成立後の十一世紀後半に本格的な征服活動が開始されるまで、ナバーラとアラゴンは一〇〇年にもおよぶ専守防衛の時代にはいっていくのである。

十一世紀初頭から始まる国王サンチョ三世(在位一〇〇〇〜三五)の治世に、ナバーラ王国はイベリア半島のキリスト教徒諸国の「覇権国家」となった。西ではカスティーリャ伯領を実質的に併合し、レオン王国を保護国にする一方、東ではリバゴルサ伯領を併合し、バルセローナ伯さえもが同国王に臣従の意志を示したほどであった。また同国王の治世は、独自の文化的伝統を育んできたナバーラ王国のいわば「西欧化」の出発点であった。アラゴン最大のサン・フアン・デ・ラ・ペニャ修道院を拠点として、ピレネー山脈以南の諸修道院にベネディクト会則が導入されたのも、まさに同国王の治世である。対イスラームという点では際立った成果はなかったものの、ピレネーの南斜面にほぼ一定の間隔で城塞が配置され、西はナバーラから東はリバゴルサにおよぶ辺境防衛網が整然と組織された。そのなかに、新たな政治システムの萌芽がみられたことは特筆に値する。すなわち、国王側近の少数の貴族(バロン)集団に城塞とその管轄領域の差配を委ねる城塞保有システムがそれである。一〇八〇年代から上辺境領の征服が進められ、城塞の総数が一気に増加してくると、これが王国そのものの支配体制の根幹をなしていくことになる。

一〇三五年にサンチョ三世が没すると、カスティーリャからリバゴルサにおよぶ広大な支配領域は、四人の王子たちに分割された。すなわち、長子ガルシアにナバーラ、第二子フェルナンドにカスティーリャ、第三子ゴンサーロにリバゴルサがそれぞれ分与され、庶子で最年長のラミーロがアラゴンを継承し、こうしてアラゴン王国が成立したのである。だが各統治領域の分裂を危惧した父王の遺志に反して、一〇四三年にはリバゴルサがアラゴン王国に併合され、五四年にはアタプエルカの戦いでナバーラ国王ガルシア三世(在位一〇三五〜五四)がカスティーリャ軍によって敗死し、分裂当初の政治地図はすぐさま塗り替えられてしまう。これよりナバーラ王国は南進の道を閉ざされ、王国貴族のあいつぐ反乱に悩まされることになる。他方、アラゴン国王ラミーロ一世(在位一〇三五〜六三)はリバゴルサ併合を契機に、リェイダおよびサラゴーサ国王が支配する下リバゴルサへの侵攻を企てたが、両国王に対するバルセローナ伯の支援もあって戦況は膠着し、一〇六三年のグラウス攻防戦で敗死した。

アラゴン王国は、サンチョ三世によって組織された辺境防衛網と城塞保有システムをそのまま継承した。また王国の主要城塞は、同国王の治世に活躍した少数の貴族家系に一貫して委ねられた。アラゴン王国の城塞保有システムの特徴は、そうした国王側近の少数の貴族家系に複数の主要城塞を世襲的に管理させ、残る城塞については比較的短い周期で保有者をすげ替えることで在地化を未然に防ぐというものであった。それゆえ、王国の大部分の城塞はカタルーニャ型の臣従契約を介さずに、いわば「生来の家士」(**vasallaje** ***naturaleza***)によって一貫して保有されたのである。

これに対して国王ガルシア没後のナバーラでは、領域拡張の道を閉ざされた王国貴族が国王城塞を保有したままカスティーリャ国王に臣従し、王位を継承した国王サンチョ四世(在位一〇五四〜七六)に対して幾度となく反乱を企てている。同国王はサラゴーサ国王との結びつきを強化し、パーリア収入を用いてラ・リオハの城塞拠点を掌握するなどしたが、もはや焼け石に水であった。一〇七二年に再び蜂起した王国貴族は、城塞保有と軍事奉仕に関する双務契約的な協定を同国王と締結している。だがそれによっても事態は収拾されず、一〇七六年に国王サンチョ四世が貴族反乱の渦中で殺害され、これに介入したカスティーリャならびにアラゴンによって王国が分割・併合されてしまうのである。

同時期のアラゴン王国は、国王サンチョ・ラミレス(在位一〇六三〜九四)のもとで飛躍の時代を迎えつつあった。サンティアゴ巡礼路の途上に位置するハカは国王城塞の所在する村落にすぎなかったが、同国王の治世に作成された流通税表の内容から察するに、すでに十一世紀中葉には西欧とアンダルスやオリエントの産物が行き交う交易拠点と化していたようである。同国王は一〇七六年にハカ司教座を設置してこれを「都市」とし、翌年には都市法《フエロ》を賦与して、ピレネー山脈以北の商人や職人(手工業者)の定住を奨励した。また同都市で造幣されたハカ貨は、アラゴン連合王国成立後もアラゴン王国の象徴として長らく流通しつづけた。他方、同国王は、自ら王弟ガルシアをハカ司教に叙任したためにローマ教皇庁と対立したが、サン・フアン・デ・ラ・ペニャ修道院を核としてクリュニー改革を導入するなど、祖父にもまして積極的な「西欧化」政策を推進している。ただ以上のような継続的な発展をみながらも、上辺境領の征服は遅々として進んでいなかった。十字軍の先駆けと称されるバルバストロ征服(一〇六四年、翌年ムスリムによって奪回)はもっぱらウルジェイ伯とピレネー山脈以北の騎士の軍勢に帰せられるもので、アラゴン王国は関与すらしていないのである。

ナバーラ王国の併合、続くサラゴーサ国王の死没(一〇八一年)は、臨界点に達していた山岳地帯の人口を一気に南方へと進出させる最大の契機となった。一〇八〇年代には、ウエスカおよびバルバストロ北方の城塞群が年を追うごとに征服され、都市拠点としては初となるモンソン征服(一〇八九年)という戦果が生まれた。さらに父王を継いだ国王ペドロ一世(在位一〇九四〜一一〇四)の治世には、ウエスカ(一〇九六年)およびバルバストロ(一一〇〇年)という二大都市拠点が征服され、サラゴーサの征服が完全に視野にはいるにいたった。王国の急激な領域拡張と、都市や城塞拠点の飛躍的な増加によって、従来のバロン家系以外の新興貴族集団が新たに城塞保有者層に組み込まれることになったが、それを王国の征服活動に差し向けることができたのが、アラゴン王権の強みであったといえよう。

▼補説7▲「封建変動」とカタルーニャ、アラゴン、ナバーラ

地中海南ヨーロッパが、北西ヨーロッパと比較して封建制が完全な発達をみなかった地域であるとか、完成した封建制が北西ヨーロッパから遅れて移植された地域にすぎなかったといった言説は、もはや遠い過去のものとなりつつある。一九七〇年代以来の地域研究の蓄積によって、地中海南ヨーロッパにも封建制の自生的な形成過程があったことが明らかにされる一方、そこで抽出された封建制の発展モデルはしだいに地中海南ヨーロッパの空間的枠組を飛び越えて、いまや広く西ヨーロッパ封建社会論全般に多大な影響力をおよぼすまでになっているのである。

地中海南ヨーロッパ型の発展モデルというとき、真っ先に念頭に思い浮かぶのはカタルーニャのそれであろう。カタルーニャには、十世紀後半から十一世紀末までの一世紀半で約一万五〇〇〇点もの文書史料がほとんどオリジナルの状態で伝来しており、この他に類例をみない圧倒的な史料基盤に裏打ちされたいわば「カタルーニャ・モデル」は、南フランス研究やスペイン北西部研究にも多かれ少なかれさまざまな影響を与えつづけている。その概要は、本文で採用したとおり、比較的強固な公権力に支えられた従来の社会体制が、一〇二〇年頃から表面化する城主層の興隆とそれによって現出した政治的・社会的危機の渦中で一気に解体に向かう一方、早くも六〇年頃には新たな社会体制が、伯と城主層との封建的臣従契約を媒介として急速に再編成されてくるというものであった。

一九九〇年代にはいってようやく総合的な地域研究が日の目を見始めたナバーラならびにアラゴン研究においても、

「封建変動」または「封建革命」と表現されるカタルーニャ型の封建化の論理が参照枠として極めて強く意識されている。カタルーニャと異なり私有の城塞がほとんど存在しなかった両地域では、国王サンチョ三世没後の王国の分割相続を起点として、同国王の治世に創出された城塞保有システムがいかなる変化を遂げていったかに議論が集中する傾向が強い。

まずナバーラの場合は、王国の分裂を契機に貴族反乱が頻発し、その結果、王権と貴族が城塞保有と軍事奉仕をめぐって協定を取り結んだ一〇七二年がさしあたりの到達点とみなされている。この協定では、国王は貴族の誠実と軍事奉仕を確保するために城塞を賦与し、後者の誠実がはたされている限りこれを没収してはならないとされ、逆に貴族は城塞を保有する限り国王への誠実と軍事奉仕をはたさなくてはならないが、もしこれを望まないならば、平時に城塞を放棄する自由が認められると規定されている。こうして十一世紀初頭に生まれた城塞保有システムは、いち早くナバーラで「封主＝封臣」関係を創出するシステムへと変貌を遂げたことになる。封建化の様式とリズムは政治的・社会的危機をともなう点でカタルーニャのそれに比較的近く、スペイン北部全体ではカタルーニャにつぐ早さで封建社会に移行したと主張する向きもあるほどである。

他方、アラゴンでは、国王サンチョ三世治世に確保された前線地帯に城塞がもっぱら集中し、上辺境領の城塞群とわずか二十数キロの距離で対峙していた。この状態は上辺境領の征服が本格化する一〇八〇年代までほとんど変化がみられず、城塞の総数も城塞保有者の血統も十一世紀初頭に編成された当初の状態のままで維持された。変化の兆しがみられたのは国王サンチョ・ラミレス、続く国王ペドロ一世の治世であるが、それでもカタルーニャやナバーラのような政治的危機が表面化することもなく、征服活動の展開と並行して極めてゆるやかな道をたどったのである。

アラゴンの場合には、『国王ペドロ一世治世の慣習法文書』と呼ばれる協定文書が伝来している。国王ペドロ一世治世と謳われてはいるが、これが発給されたのは続く国王アルフォンソ一世が没した一一三四年であり、同国王治世に表面化したさまざまな要素(ピレネー以北の貴族や騎士団による城塞領有など)を排除して、従来の「正常な」関係に立ち戻ろうとする意志が込められている。ここで注目すべきは、城塞保有と軍事奉仕に関する規定であろう。そこではナバーラの「協定」以上に、城塞保有をめぐる王権と貴族の権利・義務関係が細かく規定されているが、とくに軍事奉仕についていえば、城塞を保有する貴族だけではなく、城塞を保有しない貴族や自由人までもが、国王に対して一定の軍事奉仕を負担することになっているのである(前者は毎年三カ月間、後者は毎年三日間)。

これをいかに解釈するかでアラゴンの封建化のクロノロジーは大きく変わってくる。城塞の保有に関係なく軍事奉仕が自由人全般に賦課されるという事実に注目すれば、十二世紀初頭においてもアラゴン王権は事実上の公権力として機能していたとみなすこともできよう。だが近年では、軍事奉仕の遂行期間の差にアラゴン型の封建制の核心があると想定されている。すなわち、カタルーニャやナバーラのような政治的・社会的危機を経験しなかったアラゴンでは、すべての貴族と自由人を城塞や「封地」の賦与によって繋ぎとめる必要はなかったが、それでも王権と貴族とのより強固な紐帯《ちゅうたい》を打ち立てるべく、封建的な支配関係が導入されなくてはならなかったとするのである。こうした理解では、アラゴンの封建化が両隣の地域とさほど隔たりのない歩みをたどったことが強調されているのである。

2　アラゴン連合王国の成立と発展

同君連合の成立に向けて

十二世紀のカタルーニャ諸伯領とアラゴン王国は、十一世紀後半に形成された政治・社会システムの結晶化の時代を迎えつつあった。だが両者には、さまざまな面で大きな相違がみられた。前者では、バルセローナ伯を頂点とした封建的社会秩序が一定の確立をみたうえで、カタルーニャ諸伯領の統合と、新カタルーニャ、南フランス諸地域、さらには地中海への対外進出が準備されることになる。これに対してアラゴン王国では、王国の政治・社会システムの変化が一〇八〇年代に始まった急激な領域拡張と密接に結びついており、それがエブロ河谷平野のさらなる征服の過程で、新たな要素をともないながら深化を遂げていったのである。

カタルーニャでは、バルセローナ伯ラモン・バランゲー三世(在位一〇九六〜一一三一)のもとで、いわゆる『バルセローナ慣習法』がほぼ決定的なかたちで成立をみている。全一七四条からなる『慣習法』は、『西ゴート法典』や教会法に由来する諸規定と、ラモン・バランゲー一世の治世から登場してきた平和・休戦規定や、「封地」と軍事奉仕に関する封建的性格の色濃いもろもろの慣習で構成されている。新たな社会秩序が成立する過程で、西ゴート法はもはや絶対唯一の法的基準ではなくなっていた。『慣習法』は、そうした西ゴート法の範囲外の案件に対処しながら裁判行政の拡充をはかるものであったが、これによって新たに成立した封建的社会秩序は、いまやより強固な法的基盤を獲得したのである。

この時期には、同伯によるカタルーニャ諸伯領の政治的統合が飛躍的に進展している。バザルーおよびサルダーニャ両伯領が併合され、依然として独立した状態にあったパリャース、ウルジェイ、ルサリョ、アンプリアス諸伯とはそれぞれ臣従契約が結ばれて、同伯のヘゲモニーは決定的なものとなった。彼はまた、リェイダ方面への進出を狙うアラゴン国王アルフォンソ一世(在位一一〇四〜三四)を牽制してカスティーリャ＝レオン王国と同盟を結ぶなど、半島のキリスト教徒諸国との外交に積極的に乗り出す一方、旧タラゴーナ大司教座の再建をめざしてローマ教皇との外交交渉にもおよんでいる。カロリング朝期以来、長らくカタルーニャ諸地域を管轄してきたナルボンヌ大司教の存在もあって事態は思うように進展しなかったが、教皇の同意のもと、バルセローナ司教ウラゲーがタラゴーナ大司教に叙任されると(一一一八年)、同大司教座の再建がしだいに現実のものとなっていった。

カタルーニャの対外進出の出発点を画したのも、やはり同伯の治世である。まず南フランス方面では、カルカソンヌおよびラゼス両伯領がベジエ副伯(トランカヴェル家)に奪われ、その後ろ盾をなしたトゥールーズ伯との対立が避けられなくなったが、異母兄弟のナルボンヌ副伯を臣従させ、結婚政策によってプロヴァンス伯の全支配領域が領有されると、トランカヴェル家までもが同伯に臣従し、オクシタニア全域でのヘゲモニーが打ち立てられた。また当時、バレアレス諸島を拠点とするムスリムの私掠行為が無視できなくなっており、同伯は自由航行権の賦与を条件にピサと協定を結び、一一一五年までにアイビサ(イビーサ)とシウタット・ダ・マジョルカ(パルマ・デ・マジョルカ)を共同で占領している。だがムラービト軍によって半島の前線が脅かされたため、占領軍は撤退をよぎなくされた。なお「カタルーニャ」「カタルーニャ人」といった呼称が初出するのは、この遠征を題材とした十二世紀後半のピサの年代記史料においてである。

他方、王弟アルフォンソが国王に即位したアラゴン王国では、一〇八〇年代以来の征服活動が新たな局面を迎えていた。アルフォンソ一世は一一〇七年までに西部および東部辺境の数拠点を掌握し、サラゴーサ攻撃の進路を着々と整えていった。だが同都市攻略を前に、結婚政策を介して打ち立てようとしたカスティーリャ＝レオン王国との政治的統合に失敗すると、同王国やピレネー山脈以北との政治問題に忙殺されて、ほぼ一〇年を費やすことになってしまう。こうして同国王は一一一八年、ベアルン副伯ガストンやその弟ビゴール伯サンテュルを筆頭に、ピレネー山脈以北の貴族や騎士を大量に動員して、ついにサラゴーサを陥落させるにいたる。これ以降、エブロ川以南の征服は驚くべきスピードで展開し、ベルチーテ、トゥデーラ、タラソーナ、ソリア、カラタユー、ダローカといった一連の都市拠点がつぎつぎと同国王の軍門にくだっていった。だがそうした急激な領域拡張は、カスティーリャ＝レオン国王やバルセローナ伯を刺激せずにはおかず、バレンシアへの侵攻までもが現実味を帯びてくると、両者はあからさまにアラゴン王国の動きを封じようとした。こうしたなかで同国王は、リェイダの前線拠点フラガの攻略に着手するも敗北し、一一三四年に同地で戦死した。

前述の城塞保有システムを核とする王国の支配体制は、アルフォンソ一世の治世にいくつもの新たな要素を加えている。急速な領域拡張によって城塞の総数は大きく増加したが、先代国王の治世まで城塞保有者の大半を占めていた従来の貴族家系出身者は、もはや征服された全城塞拠点の三分の一を保有するのみとなっている。残る三分の二は、ベアルン副伯を筆頭にピレネー山脈以北の貴族・騎士と、征服の過程で同国王の信頼を得たアラゴン家、ルナ家、ウレア家といった新興貴族家系によって保有されるところとなった。またとくに人的資源の乏しいエブロ川以南では、一一二〇年代にベルチーテ騎士団やモンレアル騎士団が創設されるなど、世俗貴族権力の発達を阻害する要素が登場し、こうした傾向はさらにテンプル騎士団や聖ヨハネ騎士団がこの地で数城塞拠点を確保するなかで決定的なものとなっていく。

十字軍思想に深く傾倒した国王アルフォンソ一世は、テンプル騎士団を筆頭に、東方の諸騎士団に王国全体を遺贈するとした、特異な遺言状を作成させている。それが深刻な政治的危機を現出させないはずもなく、アラゴン貴族は、サラゴーサ領有を主張して同地に駐屯したカスティーリャ＝レオン国王アルフォンソ七世の宗主権を認める一方で、ロダ＝バルバストロ司教であった王弟ラミーロを国王に推戴して王国の延命をはかった。これを認めなかったナバーラ貴族が国王ガルシア・ラミレス(在位一一三四〜五〇)を擁して離脱したため、両王国の同君連合はもろくも潰えたが、国王ラミーロ二世(在位一一三四〜三七)の高度な政治判断のもと、ピレネー山脈両側の諸勢力との関係を維持しながら、アラゴン王国の枠組自体は失わずにすんだ。同国王は一一三七年、わずか生後一年の王女ペトロニーラをバルセローナ伯ラモン・バランゲー四世(在位一一三一〜六二)に嫁がせて、自ら退位すると、カスティーリャ＝レオン王国のヘゲモニーからもまぬがれることに成功した。こうして言語や法・制度を異にするイベリア半島北東部の二つの国家が、ついに同君連合を実現することになったのである。

発展とその限界

一一三一年、バルセローナ伯に即位したラモン・バランゲー四世は、イベリア半島の領土とカルカソンヌおよびラゼス両伯領を継承した。そして一一三七年には、アラゴン王女ペトロニーラとの結婚同盟によって、同君連合成立の端緒が開かれることになった。もっとも当初は、アラゴン王国がかかえていた政治的諸問題を一身に引き受けることになり、これを打開すべくカスティーリャ＝レオン王国やローマ教皇庁との折衝がさかんに繰り広げられた。前者に関しては、サラゴーサに対する同国王アルフォンソ七世の宗主権を認めて臣従の意をあらわし、また同王国によるアルメリア征服に際しても援軍を投じている。こうした関係が高じて、一一五一年には、未征服のバレンシアおよびムルシアの征服権がアラゴン連合王国に承認されるにいたった(トゥデリェン条約)。後者については、前述の国王アルフォンソ一世の遺言状が問題の焦点であったが、同伯は、聖ヨハネ騎士団やテンプル騎士団に分与されるはずであったアラゴン王国に対する諸権利を放棄させ、とくに後者に対しては補償として同王国の六城塞や国王収入の一〇分の一を賦与し、ローマ教皇の承認を得るにいたっている。

同伯の治世後半から、はじめてアラゴン国王を名乗ったアルフォンス一世(アラゴン国王としてはアルフォンソ二世。在位一一六二〜九六)をへて、ペラ一世(アラゴン国王としてはペドロ二世。在位一一九六〜一二一三)へと続く十二世紀後半のアラゴン連合王国の動向は、おおよそつぎの三点に集約されよう。すなわち、第一に、新カタルーニャおよび下アラゴン南部の征服と入植の進展、第二に、オクシタニア覇権の新たなピークとその挫折、第三に内政面では、王権の強化と行政システムの拡充である。

まず征服と入植の進展については、新カタルーニャがラモン・バランゲー四世の晩年までに、下アラゴン南部はアルフォンス一世治世の半ばまでにほぼ完了をみている。まずトゥルトーザが、ジェノヴァ人とモンカーダ家のギエム・ラモンとの共同作戦で一一四八年に征服されると、翌年には、ウルジェイ伯アルマンゴル六世と共同でリェイダおよびフラガが征服され、カタルーニャ−アラゴン間のエブロ川交通路が完全に確保された。トゥルトーザとリェイダには、入植許可状がすぐさま発給されて、バルセローナ市民が保持するものに近い諸特権が賦与されている。さらに一一五〇年代にはいると、新カタルーニャ最西端に残るムスリム城塞群が征服され、同地域での征服がついに完了をみた。この地にはまた、同時期にポブレットやサンタ・クレウスといったシトー会修道院が創建されている。他方、アラゴンでは、ラモン・バランゲー四世によってアルカニスを筆頭に下アラゴン一帯が征服されると、ついでアルフォンス一世のもとでアルバラシンやテルエル一帯が征服されて、バレンシアに対する前線を構築すべく入植と防備が急ピッチで進められた。だがこれ以降、一一七九年のカソーラ条約(ムルシアの征服権をカスティーリャに譲渡)、ムワッヒド軍を破ったラス・ナバス・デ・トローサの戦いへの参加(一二一二年)など、カスティーリャ＝レオン国王アルフォンソ八世との政治関係が優先されるとともに、オクシタニア問題にも忙殺されて、連合王国独自の征服活動はしばらく停滞することになる。

オクシタニア方面では、同君連合成立直後の諸問題が一定の収束をみた一一五〇年頃から再び活発な動きがみられた。ラモン・バランゲー四世は、甥のプロヴァンス伯ラモン・バランゲー三世を支援して貴族反乱を抑える一方、トランカヴェル家に対する上級領主権を強化し、カルカソンヌ、ナルボンヌ、モンペリエ、さらにはアキテーヌにいたるまで同盟関係を拡大して、カペー王権と結んだトゥールーズ伯を孤立させることに成功している。ところが、アルフォンス一世の治世には、こうした力関係が大きく変化した。前述のプロヴァンス伯が相続人を残さずに没すると、同国王はこれを併合し、自らプロヴァンス伯を称した(一一六六年)。だが、これがトゥールーズ伯との新たな火種となり、両者の争いが休戦協定をはさみながら一一七六年まで繰り広げられたのである。同年の和平協定では、プロヴァンス併合の代償として、ラングドック諸伯・副伯領に対する上級領主権の放棄を約束する一方、同国王は、ベアルン副伯、ビゴール伯、フォア伯の誠実を確保するなど、既存の同盟関係の強化に奔走している。こうしたなか、第三回ラテラノ公会議でカタリ派異端の擁護者を破門するとの決議がくだされると、その中心地であるカルカソンヌとベジエをかかえるトランカヴェル家が支援を要請し、これに応じた同国王は再びトゥールーズ伯との「大戦」へとなだれこむことになった。

以上のような敵対関係は、続くペラ一世の治世に好転した。彼は、結婚政策によってトゥールーズ伯レイモン六世と同盟関係を構築し、自らはモンペリエの継承権をもつマリアを妻に迎えて、父王とは異なる協調路線をオクシタニア政策の軸にすえた。ところが、これが逆にあだとなった。カタリ派異端に対するローマ教皇庁の政治的圧力が日増しに高まるなか、教皇使節の殺害という事態が生じても異端を放置しつづけたオクシタニアに対して、ローマ教皇インノケンティウス三世の裁可により、フランス国王フィリップ二世の家士シモン・ド・モンフォールに率いられた北フランス貴族中心の対カタリ派(アルビジョワ)十字軍が組織されたのである。異端根絶を目的とした十字軍は、オクシタニア領有を目論む北フランス貴族と南フランス貴族との戦争へと変質する一方、後者を支援すべく出撃したペラ一世は一二一三年にミュレの戦闘で敗死し、これをもってアラゴン連合王国のヘゲモニーは事実上の終焉をみて、カペー王権の南フランス進出を招くことになるのである。

発展と挫折を同時に経験したこの時代には、アルフォンス一世統治期を中心に、王権を強化すべく制度面で幾多の努力がかさねられている。カタルーニャでは、三伯領(ルサリョ、パリャース・ジュサ、ウルジェイ)が併合される一方、ペラ・ダ・リュサをはじめとする城主に対して、国王の上級領主権の強化がはかられた。またアラゴンにおいても、カタルーニャほど表面化しなかったとはいえ、城主に対する同様の措置が講じられている。その際には前述の『バルセローナ慣習法』が体系的に利用され、王権に対する軍事奉仕と開城義務が城主個別に強制された。またこうした政治的統合の過程で、国王文書の集成と分類作業が必要となり、バルセローナ教会聖堂助祭ラモン・ダ・カルダスの指揮のもとで『封地大典《リーベル・フェウドールム・マヨール》』が編纂されている。これは、彩色挿画で飾られた記念碑としての側面と、高度に整備された行政文書登録簿としての性格をかね備えたものであり、個々の文書が伯領や地域ごとに分類され、各セクションに空白が設けられて新たに発給された文書を随時付け加えられるよう配慮されている。

一一七〇年代のカタルーニャでは、司教主導の平和・休戦会議が国王の領域的な平和行政システムの核にすえられるようになり、これと並行してウィカリウス管区が再編され、下級騎士から登用されたウィカリウスがその一翼を担うようになっていく。また財政基盤を拡充すべく、統一的な租税システムの構築が模索されたのもこの時期である。ラモン・バランゲー四世の治世には、旧カタルーニャの数伯領で租税調査がおこなわれ、続くアルフォンス一世の治世には、前述のラモン・ダ・カルダスのイニシアティヴのもとで、国王役人(バイリウス)に管轄地域ごとの租税徴収記録を定期的に提出させ、国王収入の安定化がはかられた。もっともその中心をなしたのは王領地収入にすぎなかったが、アルフォンス一世、ついでペラ一世の治世には、財政難から新たな領域的租税の導入も試みられている。すなわち、王権の平和行政に由来するボヴァティクムと、貨幣品位の維持と引き換えに課税されるモネダティクムがそれである。(2)これらの導入は貴族や教会の組織的な抵抗を呼び起こしたが、ペラ一世の治世以降、国王の即位や軍事遠征に際して賦課される臨時租税として慣習化していくことになる。

それぞれの都市と農村

同一の君主のもとに統合された二大地域の社会経済構造は、地政学的な位置関係もさることながら、おのおのの歴史的条件によっても特徴づけられており、幾多の点で大きな相違がみられた。カタルーニャ農村では、十一世紀末までに城塞を核とする領主所領が大幅に増大した。こうしたなかで独立農民や自由保有農民の状態は急激に悪化し、旧カタルーニャを中心に農民の隷属化現象が広範に生じている。裁判権を掌握したいわゆるバン領主のもとで、農民たちは、土地の保有関係を媒介とすることなしに、極めて多様な恣意的賦課租や軍役に由来する諸賦課(しばしば貨幣で代納された)、共有地使用料、水車、竈《かまど》、鍛冶場などの強制使用に服することを強制された。また、領主の恣意的賦課租と並んで、のちに隷属身分の表徴をなす「悪しき慣習」を構成するいくつかの要素、すなわちインテスティア(遺言状なしに死亡した農民の動産と家畜を分割・没収)やクグシア(姦通罪を犯した妻の財産を分割・没収)などが、ジローナ司教区を中心に早くも一一五〇年頃には一般化しつつあった。(3)

王権は、こうした傾向に対抗するいわば唯一の盾であった。とくに伯領地では解放特許状を介して入植が推進されてきた経緯があるため、少なくとも一一五〇年代までは、伯領地における農民の状態は貴族所領におけるそれと対照的であった。ところが、貴族との臣従契約に際してウィカリウスの官職と権限がしばしば賦与されたため、伯領地内部にも農民収奪の芽が着々と育ち始めていた。アルフォンス一世治世には、領域的平和の導入とウィカリウス管区の再編によってこうした傾向に一定の歯止めがかかるかにみえたが、一一七〇年代から十三世紀初頭にかけて、伯領地においても恣意的賦課租や「悪しき慣習」を構成する諸要素が広範に導入されるようになり、十三世紀前半にはこれらが完全に定着することになるのである。こうして一二〇二年のサルベーラ平和・休戦会議では、身体刑をもって領民を処罰する権利が、領主固有の権利として承認されるにいたっている。

ただ以上のような農民の隷属化は、十二世紀中葉から征服が進んだ新カタルーニャにはあまりみられなかった。同地域では、迅速な入植活動の必要性から、領主の恣意的賦課租や「悪しき慣習」の免除を謳った解放特許状が数多く発給されており、国王役人の差配に服するのみで、法的には事実上「自由」な集落が広範に形成されている。また急速な領域拡張と社会形成のリズムが連動していたアラゴンにおいても、征服と入植によって生じた高い人的流動性が、強固な領主支配の確立を依然として妨げていた。さらに下アラゴンでは、人的資源の枯渇と辺境防衛の緊急性というなかば相反する状況に対処しなくてはならなかったため、カスティーリャの『セプルベダの特許状』(一〇七六年)に範が求められ、恩赦を梃子に罪人の入植までもが奨励され、入植者に対しては原則として占有地の自衛が義務づけられた。こうしたなか、ダローカやカラタユーといった辺境都市では、都市共同体(コンセーホ)が形成されて、事実上の自治がおこなわれるとともに、多数の村落を内包する比較的広大な属域が、各都市を中心とする集団的な防衛の枠組となっていった。

十二世紀は都市の経済活動が急激な発展をみた時代であったが、ここでもアラゴンとカタルーニャとでは大きな違いがあった。アラゴンでは、征服された従来の都市拠点以外に新たな都市はほとんど創出されず、商業活動はユダヤ人やムデハル(キリスト教徒支配下のイスラーム教徒)が掌握したままで、定期市の自生的な発達も、商工業従事者の入植による市域の拡張もあまり進まなかった。それゆえ市場の開設は、王権によって上から組織されるのが通例であった。例えば、エブロ川を利用した内陸交通の要所であり、同地域の政治的・経済的中心でもあったサラゴーサでは、ペラ一世の認可のもと、トレード門のそばに形成された新街区に市場開設地が移設されている(一二一〇年)。また同都市では、少数の有力市民で構成された都市共同体の存在が一一三〇年あたりから知られている。彼らは、ウエスカやバルバストロの有力市民と同じように、自らの富を属域の土地の購入や下級貴族との縁組に差し向けて都市寡頭支配層を形成していった。

カタルーニャ都市、なかでもバルセローナを筆頭とする海港都市は、地中海を舞台とする国際商業への参入によってすでに活況を呈していた。一一六〇年にバルセローナを訪れたユダヤ人トゥデーラのベンヤミンによれば、地中海各地の船舶や商人が同都市の港を賑わしていたという。もちろん十三世紀の本格的な地中海進出を予感させるカタルーニャ人の旺盛な商業活動もすでに開始されていた。彼らの活動は、トリポリ、アレクサンドリアなど、いまや東地中海各地でも展開されつつあった。とくに一一八七年に商業特権を獲得したレバノンの都市ティールには、バルセローナ人の居留地が早くも存在していたことが知られる。また、ナルボンヌやプロヴァンス諸港に向かう従来の南フランス航路や、のちに地中海商業覇権をめぐって対立するジェノヴァには商船が定期的に就航していたし、バレンシアやアンダルシーアにも陸路または沿岸航行型の小型船舶を用いて往来していた。こうした商業活動の隆盛を受けて、バルセローナでは、手工業者が数多く居住するアル・ピ街区(北西)やサン・ペラ街区(北東)、船主や商人が集中するマル街区(南東)など、従来のローマ囲壁の外側に形成された新街区が急速な拡張をみて市域が四倍以上に膨れ上がっていた。また商業や手工業、金融業を営み、王権に対する債権を梃子に徴税請負人としても活躍したユダヤ人は、ローマ囲壁の内側、とくに北西の一画にユダヤ人共同体(アルハマ)を形成し、隆盛を極めた。

カタルーニャ都市の自治特権の強化は、国王役人や都市領主との管轄権の配分が比較的円滑におこなわれたため、激しい衝突もほとんどなく、比較的ゆるやかな歩みをたどっている。バルセローナは、流通諸税の免除、同司教や国王役人との権利の分配、「悪しき慣習」の全廃など、王権の保護のもとで着々とその道を歩んでいたが、本格的な自治権の獲得は十三世紀のジャウマ（ハイメ）一世の治世まで持ち越される。十二世紀の段階で都市自治権を獲得していたのは、わずかにサルベーラ、パルピニャ（ペルピニャン）、リェイダのみであった。唯一ビックでは、同司教の領主権の排除と自治権を要求する運動が激しく繰り広げられたが、王権の支援とカロリング朝期以来の強固な領主特権の前にあえなく敗れ去っている。

3 地中海進出

王権と統治契約主義

十三世紀初頭から十四世紀前半まで、国王の在位期間でいえば、ジャウマ一世（在位一二一三～七六）に始まり、ペラ二世（アラゴン国王としてはペドロ三世。在位一二七六～八五）、アルフォンス二世（アラゴン国王としてはアルフォンソ三世。在位一二八五～九一）、そしてジャウマ二世（在位一二九一～一三二七）の治世にわたる約一〇〇年間は、王国内の制度的拡充と、飛躍的な対外進出によってアラゴン連合王国が地中海の一大強国に成長した時代である。もっともその道程は、当初から幾多の困難に直面していた。父王の戦死によりわずか五歳にして国王に即位したジャウマ一世の治世は、カタルーニャおよびアラゴン全土に吹き荒れた貴族反乱で幕を開けている。その後、マジョルカやバレンシアであげた輝かしい戦果によっても貴族の不満は一向に解消されず、同国王の晩年、続くペラ二世の治世においても、貴族反乱が両地域を幾度となく席巻している。こうした事態は、十二世紀後半以来、行財政機構の整備を通じて王権を公権力に昇華させようとした国王の強権的な統治姿勢と、十一世紀以来の封建的支配関係に根ざした双務契約的な関係を固持しようとする貴族の志向との衝突の帰結というべきものであった。ペラ三世治世末期に定式化される政治的「統治契約主義」は、後者の立場に代表される十一～十二世紀の封建的支配関係に直接の起源をもっており、実際にはカタルーニャを中心に、十三世紀の段階においてもさまざまな領域であらわれている。王権が貴族・騎士の特権を保護する限りで誠実が保証されるという政治理念は、いまや集団的なレヴェルへの拡大をよぎなくされ、戴冠時に国王が法や特権の遵守を宣誓し、これに対して家士としての「臣民」全体が国王に誠実を誓うという形式をとるようになっていった。そこにはすでに貴族だけでなく、十二世紀後半の王権主導の平和・休戦会議に列席した教会、そして十三世紀を通じて興隆しつづけた市民の姿がみられるようになっていた。

貴族反乱の頻発は、王権の強化が否応なしに伸展しつつあったことのしるしでもある。十三世紀中葉には、ジャウマ一世によってボローニャ大学出身のローマ法学者が重用され、封建的慣習法や都市法《フエロ》由来の地域法を盾に特権を主張する貴族勢力に対抗して、領域的・統一的な法観念の導入がはかられた。こうした傾向が法解釈の必要性を高めたため、この時期には重要な法典の編纂があいついでいる。例えば、ハカの都市法を筆頭に多様な地域法が手つかずのまま残存していたアラゴンでは、ウエスカ司教ビダル・デ・カネーリャスによって勅撰の『アラゴンのフエロ』が編纂されている(一二四七年)。また教会法ではラモン・ダ・ペニャフォルトの編纂事業が有名であるし、ペラ・アルベルトが封建的慣習法を中心に『バルセローナ慣習法』の抄典を編んだのもこの時期である。

ジャウマ二世の治世に成熟期を迎えることになる統治システムは、複数の王国の連合体という連合王国特有の性格に根ざしたものとなっていった。国王不在時の一時的な任命ないしは常設というかたちで設置されたプロクラドール(プルクラドー)職やゴベルナドール(グバルナドー)職、また十五世紀に一般化する総督職(リョクティナン)や副王職(ビレイ)は、各王国における王権の全権を委任された官職である。ジャウマ一世の幼少時に初出するプロクラドール職は、同国王の長子ペラがカタルーニャのそれに任ぜられて以来(一二五七年)、十三世紀を通じて断続的に設置されたが、一三〇九年から成年に達した国王の長子に与えられる連合王国全体で唯一の官職に転ずる一方、各王国には、有力貴族のなかから国王またはプロクラドールによってゴベルナドールが任命されるようになった。続く一三六三年からは、前者がゴベルナドールの官職名で表示されるようになり、後者はしばしば総督職によって代替されるようになっていく。

国王の統治は本来、聖俗貴族の諮問を不可欠の要素としてきたが、十三世紀にはそこから二つの重要な制度が形成されている。すなわち、国王の常設の諮問機関である国王顧問会議《クンセイ・レイアル》と、各身分の代表者で構成された身分制議会、いわゆるコルツないしコルテスがそれである。まず十三世紀末葉に確立をみた国王顧問会議は、尚書長を筆頭とする常設の宮廷官職に、プロクラドール、司教、アラゴンのフスティシア(大法官)、有力貴族十数名、数名の有力市民を加えた事実上の中央統治府というべきものであり、国王裁判所としても機能するものであった。なかでも同会議を主宰する尚書長によって統轄された尚書局は、一二五〇年頃から裁判、軍事、財政にわたる文書行政を一手に引き受けて、王国行財政機構の中枢機関となっていった。ここから財政部門を管轄する財務長職が一二八五年に、裁判行政に特化した国王法院が八六年に、それぞれ分離・形成されるにいたるのである。

コルツ(コルテス)は、国王またはゴベルナドールによって、連合王国を構成する王国ごとに招集された身分制議会である。カタルーニャならびにバレンシアでは、原則として三身分(聖職者、有力貴族、国王都市代表)の代表者で構成されたが、アラゴンでは、一貫して四院制(第四身分として下級貴族が加わる)がとられた。各王国の議会《コルツ》は、財政難に直面した王権による臨時租税の協賛を通じて発達し、カタルーニャでは前述のボヴァティクム、アラゴンではモネダティクムの課税がその確立を促した。さらに一二八三年のバルセローナの議会で国王立法の同意権が賦与されたことにより、その機能はしだいに立法主体となっていく。また両地域共通の問題を討議する場合には、リェイダまたはモンソンで共通議会が開催された。

ジャウマ一世の治世前半にはたびたび招集された議会も、その治世後半からペラ二世の治世にかけてしばしば招集が滞るようになる。王権の強化にともない、国王と貴族との個人的紐帯《ちゅうたい》はますます稀薄になり、後者の意向は議会参加による特権要求に反映されるようになった。こうして招集を望まない国王と定期的開催を要求する貴族という構図が、ますます浮彫りになっていったのである。なかでも歴代国王によるカタルーニャ優先政策に不満を募らせるアラゴン貴族は、固有の地方諸特権《フエロス》の遵守を求めて「同盟」(ウニオン)を形成し(一二八三年)、議会《コルテス》を自らの「国家的利益」要求の場に変えていった。カタルーニャの議会は、一二八三年に年一回の招集が決定されたものの、これを渋るジャウマ二世との妥協の産物として三年に一回の招集というかたちに落ち着いた(一三〇一年)。これに対してアラゴンの議会は、同国王によって「同盟」が武力鎮圧されたのち一三〇七年に、隔年開催という形態をとることになった。また一二八九年のモンソン共通議会から、議会閉会中に臨時租税の徴収・管理にあたる議会代表部が断続的に設けられるようになり、十四世紀中葉には、これが常設機関として組織され、十五世紀を通じて、王権と対抗する各王国の事実上の統治府と化していくのである(すなわち議会常設代表部《ディプタシオ(ディプタシオン)》、カタルーニャではのちにジャナラリタット)。

対外発展

領域拡張が停滞した十二世紀末から十三世紀初頭は、たびかさなる貴族反乱によって連合王国全土が分裂状態に陥っていた時期である。すでに親政を開始していたジャウマ一世はこうした状況を打破すべく、西地中海貿易の重要拠点であるマジョルカの征服を企図した。一二二八年、バルセローナ王宮に招集された議会において軍事的・経済的支援が確保されると、その翌年、サロウ岬からカタルーニャ艦隊が出帆した。王国軍は同年にシウタット・ダ・マジョルカを占領したが、マジョルカ全土のムスリム拠点が掌握されたのは一二三二年のことであった。同市の征服直後に土地の分配が開始されると同時に、入植を促進すべく一二三〇年には流通諸税の免除を中心とした解放特許状が賦与され、バルセローナ人にもバレアレス諸島での商業特権が与えられている。他方、メノルカは一二三一年に同国王と家士契約を取り結び、アルフォンス二世治世の一二八七年までその征服が持ち越されたが、アイビサおよびフルマンテーラは、タラゴーナ大司教とこれと結んだルサリョ伯およびポルトガル王子によって一二三五年に征服され、三者で分配されるにいたった。

一二六二年、ジャウマ一世は、バレアレス諸島と、ルサリョおよびサルダーニャ両伯領、南フランスのモンペリエをあわせて、マジョルカ王国を成立させ、総督を任命して島嶼部の統治を委ねた。そこには、ウィカリウス管区とバイリウス管区からなる典型的なカタルーニャ型の地方行政制度が導入されている。シウタット・ダ・マジョルカの人口は同島全体の約五〇％を占め、その大半がカタルーニャ人で構成されたが、そのほかにもプロヴァンス人、ジェノヴァ人、さらにはマグレブ出身のユダヤ人の定住さえもが奨励された。また同市には、六名で構成される市参事会の設置が承認されている。これは全島会議の構成員選出権をも有する独特の機関であったため、都市による農村住人（フォラーネイ）の政治的支配が決定的なものとなった。一二六七年、ジャウマ一世没後の分割相続により、マジョルカは王弟ジャウマ（二世、在位一二七六～八五、一二九五～一三一一）のもとで独立した王国となり、国王ペラ二世とたびたびあいまみえることになる。

他方、カスティーリャ王国との一連の条約によって征服権が保持されていたバレンシアにおいても一二二九年に新たな動きが開始されていた。当時のバレンシアは三つのターイファに分裂しており、なかでも北部のターイファがジャウマ一世に帰順を申し出るなど、征服の機はすでに熟していた。だが同国王はマジョルカ征服に戦力を傾注していたため、征服のイニシアティヴは当初、アラゴン王国の貴族や都市軍によって握られていた。一二三二年にマジョルカ征服を完了した同国王が自ら参戦すると、三五年までにブリアナやペニスコラを中心にバレンシア北部が征服されている。同国王はその翌年、モンソンの共通議会《コルツ》でカタルーニャ人の参戦を促し、これによっていっそう本格化した征服活動は一二三八年のバレンシア市の降伏という最大の戦果を生み、同地方中部一帯が掌握された。続く一二三九年から四五年までに南部のシャティバやデニアが陥落し、こうしておよそ一五年間にわたったバレンシア征服は事実上終結をみたのである。ジャウマ一世はその後、カスティーリャ王国と結んだアルミーラ（アルミスラ）条約（一二四四年）を尊重して、アラカン（アリカンテ）以西の領有を控える一方、ムルシアのムデハル反乱に際しては同国王アルフォンソ十世の援軍要請に応えてこれを鎮圧するなど、同王国との政治関係を優先しながらバレンシアの国境画定に努めている。

バレンシアの征服は、生命・財産、法・慣習、宗教を保証する降伏協定を軸に進められたため、従来のムスリム人口の大部分がムデハルとして少数のキリスト教徒の支配下にとどまっていた。十三世紀後半には、約三万人のキリスト教徒に対してムデハル人口は約二〇万人を数えたとされ、ことに同地方中部から南部にかけては、従来の定住地がなんら変わることなく存続していた。それゆえ、たびたび勃発したムデハル反乱は、極めて大規模なものにならざるをえなかったのである。他方、ジャウマ一世は、降伏直後のバレンシア市に『バレンシア慣習法』を賦与し（一二四〇年）、バレンシア全体を固有の政治空間にすべくそれを他の諸都市にも拡大していった。一二六一年には、独自に招集された議会《コルツ》において、新たに編纂された『慣習法』がバレンシア王国の共通法として承認されるにいたっている。これはローマ法理念と新カタルーニャ型の解放特許状のエッセンスを盛り込んだ独自の慣習法であり、貴族権力の発達を抑制しようとした王権の意志がそこかしこにみてとれる。だがこのことが、同地方北部を中心に多数の土地を獲得したアラゴン貴族の不満をますます醸成していくのである。

アラゴン連合王国の対外発展の一大転機をなしたのは、続くペラ二世の治世から開始されたシチリア領有戦争である。同国王はプロクラドール在任時にシチリア国王を称したマンフレートの息女コスタンツァ（クンスタンサ、コンスタンサ）を娶っており、地中海利権をめぐって同王国と比較的良好な関係を築いていた。だがローマ教皇と結ぶフランス王家とその傍系アンジュー家が地中海に進出し、ナポリおよびシチリアが征服され、ついでジャウマ一世以来、政治的・経済的関係の深いチュニスにまで十字軍が派遣されるにいたると、全面的な対立はもはや避けられないものとなった。一二八二年、反アンジュー朝暴動「シチリアの晩鐘」が勃発すると、これを機にペラ二世はトラパーニに上陸し、シチリアの領有権を掌中に入れた。だがローマ教皇マルティヌス四世はこれを認めず、同国王を破門したうえ、連合王国を彼の義兄弟にあたるカペー家の傍系シャルル・ド・ヴァロワに譲渡するとの裁可をくだした。その後、フランス軍はマジョルカ国王ジャウマ二世と連携してカタルーニャに侵攻したが、カタルーニャ＝シチリア連合艦隊の反撃にあって敗走し、マジョルカ王国も続く国王アルフォンス二世の治世に占領されることになった。

アルフォンス二世が継嗣を残さずに没したため、その弟ジャウマ二世がシチリアを除く全王国を継承し、シチリアは末弟フラデリック(フェデリーコ二世、在位一二九六〜一三三七)に委ねられた。ジャウマ二世は、カスティーリャとのアルミーラ条約を破棄してアラカンを領有する一方、ローマ教皇ならびにフランス勢力とアナーニ条約(一二九五年)およびカルタベロッタ条約(一三〇二年)を結び、シチリア領有戦争を終結させている。これらの条約の背後ではシチリア領有権の放棄と引き換えにサルデーニャの獲得が承認される一方、シチリアそのものはフェデリーコ二世以降もアラゴン王家の傍系の手に一貫して確保され、一四〇九年には決定的に併合されることになる。また戦争終結後、戦いの場を失ったカタルーニャ人傭兵集団(アルムガバルス)は、トルコ人の進出にさらされていたビザンツ皇帝のもとに参じてコンスタンティノープルから小アジアへと進撃し、アテネならびにネオパトリア両公領をわがものとした(一三一一、一九年)。それらは、シチリア国王フェデリーコ三世(在位一三五五〜七七)の宗主権のもとにおかれたが、同国王がアラゴン国王ペラ三世に実妹を嫁がせる際に嫁資としたため、一三五七年に連合王国の一部をなすことになる。

シチリア領有をめぐる一連の戦争は王国の財政を逼迫させ、王権の議会《コルツ》依存をますます強めていった。また、それはアラゴンの議会《コルテス》の同意を得ないままに開始された軍事行動であったから、すでにバレンシア問題で不満をいだいていたアラゴン貴族が「同盟」を結集し、大規模な反乱を繰り広げている。ジャウマ二世は、対外的にもカスティーリャとのムルシア＝アラカン領有問題、アルメリア征服の失敗などをかかえており、ローマ教皇とのあいだで領有が約束されていたサルデーニャの征服に乗り出すのが大幅に遅れていた。同島はピサ人およびジェノヴァ人の政治的・経済的影響下におかれていたが、島内のカタルーニャ人を通じてまずは反ピサ民衆暴動が扇動された。これに乗じて一三二三年、ようやく王子アルフォンスに率いられた艦隊が同島に派遣され、翌年にはカッリャリを筆頭にピサ人の軍事拠点が制圧されている。もっともその後もジェノヴァ人やピサ人の援助によって反乱・暴動が頻発したため、これに対処すべく戦略拠点を中心にカタルーニャ人を集中的に入植させる政策がとられた。だが、これよりアラゴン連合王国は、たびかさなるサルデーニャ反乱と、それを支えたジェノヴァとの泥沼の戦争に足を踏みこんでいくことになる。コンベルソ（改宗ユダヤ人）の年代記作者ギエム・マスカロが「最初の悪しき年」と表現した一三三三年の食糧危機は、対ジェノヴァ戦争によってシチリアおよびサルデーニャからの穀物供給がとだえたことにその原因の一端があったのである。

王国の中核カタルーニャ、カタルーニャの中枢バルセローナ

ジャウマ一世は、あろうことかアラゴンの議会《コルテス》で公然と、ヒスパニアでもっとも高貴な国はカタルーニャであると高らかに宣言したという。同国王を筆頭に歴代国王は良くも悪くもカタルーニャ、なかでもバルセローナを政策の軸にすえたが、それはまさに連合王国全体に占めるその政治的・経済的地位を反映していた。十四世紀前半の人口は、カタルーニャが約五〇万人と突出しており、これに対してアラゴンならびにバレンシアにはそれぞれ約二五万人、バレアレス諸島は約六万人といったところであった。カタルーニャのなかでもバルセローナの人口増加はめざましく、十三世紀を通じて約二万五〇〇〇人から約四万人まで増加し、一三四八年のペスト以前には五万人に達するほどの勢いであった。カタルーニャ第二の都市パルピニャは約一万三〇〇〇人程であったし、サラゴーサやバレンシアはバルセローナの約二分の一程度の人口で推移していたから、その突出ぶりは際立っていた(4)。

十三世紀は、自治権の強化によって、都市が国王役人の軛《くびき》から解放されていく時期でもあった。バルセローナの場合は、ジャウマ一世によって賦与された一連の諸特権を通じて、五名からなる市参事会と、「百名」の有力市民によって構成されたその諮問機関である百人会議《クンセイ・ダ・セン》が成立をみて、実質的な市政はこれらが担うことになった。市参事会員は、

後者に設けられた一二名の選出委員によって毎年改選される一方、自ら百人会議の構成員を選出するなどして寡頭支配を強化していった。これらはいずれも、遠隔地商業や金融業を営み、都市内外に多数の土地を集積すると同時に、自ら国王役人を歴任するケースもしばしばであった、都市寡頭支配層の政治的・経済的支配のもとにおかれていたのである。また一二八三年に賦与されたペラ二世の特権以降、都市の財源は流通諸税を中心とした租税収入によって賄われたが、しだいに肥大化する軍事・公共支出を支えることができなくなり、十四世紀中葉から公債を発行して資金確保に乗り出すことになる。

バルセローナは、小売商人が軒を連ねたブラット広場を中心に、大きく四つの街区で構成された。すなわち、ローマ囲壁と海岸のあいだに位置するフラマノーおよびマル街区、旧市街の北側に形成されたアル・ピおよびサン・ペラ街区である。とくに前者の二街区は、船主、遠隔地商人、金融業者などが集中するもっとも富裕な地区であった。一二六〇年から、ランブラ(旧市街西側を南北に貫く目抜き通り)にそって海岸まで到達する新たな囲壁の建設が着工されると、その後も四街区全体を取り巻くように着々と囲壁が増設されていった。またランブラ沿いの新囲壁の外側にも、ラバルと呼ばれる新たな街区が形成されており、ここには多数の手工業者が居住していたことが知られている。バルセローナ手工業の中核をなしつつあったのは、何よりも毛織物工業であった。とくにシチリア領有戦争によって南フランス諸港からの毛織物供給がとだえてからは、自前の毛織物生産への移行が推進されるようになった。十三世紀後半から十四世紀初頭には、織布工や染色工などがそれぞれ王権の認可のもとで独自のギルド(同業者組合)を形成している。製品の大部分が輸出向け生産であったため、それらのギルド規約では市場での競争力を確保すべく品質の監督・管理に極めて厳重な注意がはらわれている。

十四世紀末葉の反ユダヤ暴動以前に、同都市のユダヤ人は四〇〇〇人余りを数えたようである。彼らは固有の法、規約、役人を備えたアルハマを形成し、上級役人で構成されたアルハマ当局の指揮のもとで自治を享受した。またその管轄下には、タラゴーナ、ビラフランカ・ダル・パナデス、ムンブランといった近郊都市や農村のユダヤ人までもが加えられていた。都市当局や教会の政治的圧力によって、徴税請負業務からの排除、ユダヤ人金融業者に対する利子上限設定や債権没収など、十三世紀を通じて表面上は一連の反ユダヤ政策がとられたが、王権そのものがアルハマからの金融や租税収入に大きく依存していたこともあって、ほとんど成果をみなかった。一二六四年のバルセローナ討論を筆頭に(5)、ユダヤ人の改宗を目的として幾度となく開催されたドミニコ会士とユダヤ人ラビ(ユダヤ教の宗教指導者)との討論会は、そうした状況を背景とするものにほかならない。

他方、新旧カタルーニャにおける農民の法的地位の格差は、それまでにもまして歴然たるものになっていった。ジローナ司教領を筆頭に、旧カタルーニャの教会所領における農民の隷属状態は悪化の一途をたどった。彼らはいまや、身体刑の執行を含む領主の処罰権に服すると同時に、「悪しき慣習」を自らの法的身分を表徴するものとして受け入れなくてはならなかった。また、ローマ法の導入と並行して広範に普及した長期貸借契約は、王領地への移動の禁止など、契約内容を文書化することによって隷属農民の法的身分規定の確立をいっそう促した。なかでも「悪しき慣習」の構成要素であるラメンサ(レメンサ、身分買戻し)や土地への緊縛状態が農民の法的身分規定の核にすえられたことは、征服地への人口流出に対処しなくてはならなかった旧カタルーニャの領主にとって非常に好都合であったのである。

海上貿易の展開

十三世紀から十四世紀前半は、バルセローナを機軸とするカタルーニャ海上貿易の上昇局面である。その基本的な特徴は、オリエント産の香辛料や奢侈品、フランドル産の毛織物などの輸入と再輸出に立脚した中継貿易にあり、これにサフランや毛織物といった固有の農産物・手工業製品の輸出が組み込まれていた。それは四つの貿易ルート、すなわち東地中海、西地中海、イベリア半島、さらに北大西洋でそれぞれ展開されている。まずカタルーニャ海上貿易で最大の利益を生んだのは、香辛料がおもに取引された東地中海ルートである。これは、バルカン半島近海の島嶼部を経由してコンスタンティノープルに向かうルートと、クレタ、ロドス、キプロスを経由してベイルートやアレクサンドリアに向かうルートに大きく分けられる。前者ではおもに蠟、銅、木綿、奴隷、後者では胡椒、シナモン、丁子、生姜などの香辛料や、砂糖、漆、ホウ砂、蘇芳などの買付けがおこなわれる一方、自前の農産物(サフラン、オリーヴ油、米)や手工業製品(毛織物、珊瑚細工)が輸出されている。

ついでカタルーニャ人にもっともなじみの深い西地中海では、南フランス、マグリブ、イタリアがおもな取引先であった。南フランスは、シチリア領有戦争の勃発まで、カタルーニャ人の伝統的な毛織物供給地であり、ローヌ川を北上してシャンパーニュ大市へ向かう内陸ルートもここに接合していた。マグリブ貿易は、ムワッヒド朝の解体とマジョルカの征服以降、アラゴン連合王国と同地方の諸スルタンとの政治的・経済的関係が打ち立てられたことで急速に拡大していった。そこでは、金、奴隷、小麦、羊毛、蠟、皮革、珊瑚などの買付けがおこなわれる一方、香辛料、シチリア産小麦、染料、ワイン、塩などが再輸出されている。また東地中海やマグリブへの中継基地であるシチリアからは、小麦、珊瑚、絹、砂糖、木綿、サルデーニャからは、塩、小麦、羊毛、チーズ、皮革、銀、錫、珊瑚が供給され、消費または再輸出にまわされた。

イベリア半島では、連合王国内部の諸地域がカタルーニャ商業のネットワークに緊密に組み込まれている。アラゴンは小麦、羊毛、食肉の一大供給地であり、エブロ川を利用する内陸ルートを介してカタルーニャ人からオリエント産の香辛料、高級織物、奴隷を輸入した。またバレンシア固有の生産物(羊毛、絹、亜麻、米、果実)はもっぱらカタルーニャ人によって取り扱われたが、バレンシア人がカタルーニャで商品を買いつけることはごくまれであったので、貿易収支の面でバランスがとれていたとはいいがたい。これに対して、半島西部諸港との取引は、カタルーニャ海上貿易の周縁に位置するものにすぎなかった。アルメリアを筆頭とするグラナダ王国諸港、セビーリャを中心とするアンダルシーア諸港にはカタルーニャ人の居留地が早くから形成されていたが、これら諸港で活躍したのはむしろバレンシア人やマジョルカ人であり、彼らはさらに十四世紀を通じてマグリブ貿易でも中心的な役割を担うようになっていく。

十四世紀前半にイングランドやフランドルへの貿易ルートが確立した大西洋岸でも、カタルーニャ船が足繁く就航するようになっている。彼らは、サフランや武具などの自前の商品、オリエント産の奢侈品や香辛料を携えて行き、帰路の積荷として上質な毛織物を持ち帰った。もっとも十五世紀には、ガリシア、カンタブリア、ビスカーヤ海運の発達や、ジェノヴァ人と連携したカスティーリャ商人の興隆にあって、イベリア半島西部から大西洋に抜けるルートではカタルーニャ人の市場が少なからず侵食されていくことになる。

以上のような海上貿易の隆盛は、船舶や商品の保全、商業取引の円滑化を目的とする法や制度の発達を促した。バルセローナの商人や船主はすでに十三世紀前半から商人組合を組織していたが、同世紀後半から十四世紀初頭にかけて賦与された一連の国王特権によって、同港で船積みされる積荷の事実上の独占権、さらには沿岸警備費用の名目で港湾税の徴収権を獲得する一方、同市参事会員によって選出・任命された二名の代表者が統轄するクンスラット（商業裁判所）を早くも備えている（一二八二年）。これを先駆けとして二名のコンスル（領事）によって統轄されるクンスラット・ダ・マル（海事裁判所）がバレンシア（一二八三年）、ついで独立期のマジョルカ（一三二六年）に創設され、百人会議が毎年選出・任命した二名のコンスルと一名の裁判官で構成されるバルセローナのそれが一三四八年に改革・創設された。さらにその翌年には、商業裁判所に加えて、取引所や倉庫を備えた商務館が設立されている。

トゥルトーザやパルピニャといったそのほかのカタルーニャ海港都市と並んで、海外の主要なカタルーニャ人居留地にも、十三世紀後半からクンスラットと商務館が漸次創設され、当初は国王によって、ついで同世紀末からしばしばバルセローナの市参事会によって選出・任命されたコンスルが派遣されるようになっていった。おもな海外居留地のクンスラットは、南フランス（モンペリエ、マルセイユ）、マグリブ（チュニス、ベジャイア）、オリエント（アレクサンドリア、ベイルート＝ダマスクス）、イタリア半島（ジェノヴァ、ピサ、ガエタ、ナポリ）、さらにグラナダ王国、シチリア、サルデーニャなどにも多数分布しており、個々の居留地では、コンスルが商業取引にまつわる紛争の処理、居留地行政、在地権力との外交交渉など、多方面にわたる職務を担っていた。

コンスルと、彼が任命した裁判官は、一二六〇年から七〇年に成立した『海事慣習法《クストゥマス・ダ・ラ・マル》』に依拠して係争案件を裁いたようである。さらに一三七〇年には、より体系的な『海事法令集《リブラ・ダル・クンスラット・ダ・マル》』がバルセローナのクンスラット書記によって編纂されることになる。いずれもイタリア起源の慣習法の影響を色濃く受けているが、とくに後者にはコンスル歴任者が発給した海事条例や判決事例までもが盛り込まれ、数多くの写しが作成されるとともに、イタリア語、フランス語、カスティーリャ語にも翻訳されるなど、各地のコンスルが裁判に際して参照すべき実務的な法典として、地中海各地に広く普及していった。

また地中海を股にかけたカタルーニャ海上貿易の隆盛は、当初はイタリア人、ついでバルセローナ人が自ら引受人となった海上保険や、やはりイタリアに端を発する為替手形など、商業技術の発達によって支えられた。もっとも、前述のように王権の深い関与があったこともみすごしてはならない。それは、王権の貨幣政策にも象徴的に表現されている。造幣主体である国王は本来、造幣収入の増加と王室債務の縮小を狙って、カタルーニャでおもに流通したバルセローナ貨の銀純分を低下させるのが常であった。[6] だが高額の取引が展開される東地中海貿易においては品位の低い貨幣は役に立たず、国王ペラ二世は高品位のクロアット貨を造幣し（一二八四年）、二名のバルセローナ市参事会員を貨幣監督官に任命して品位の維持にあたらせている。カタルーニャ海上貿易の象徴とみなされたクロアット貨の普及は、バレンシアやマジョルカで同品位のラル貨造幣を促したし、アラゴン王国で長らく流通したハカ貨の後退という現象をも呼び起こし、連合王国全体の貨幣制度の統一傾向を促進させることになった。

4　危機の諸相

発展の代償

十三世紀後半から十四世紀前半にかけて地中海全域に政治的・経済的ヘゲモニーを打ち立てたアラゴン連合王国は、十四世紀中葉あたりから一転して空間的拡張を遂げた王国諸地域の維持に汲々とし始める。前述のようにサルデーニャ領有は、たびかさなる反乱とジェノヴァとの終りのみえない戦争の出発点にすぎなかった。またこれが遠因となって深刻化した一三三三年の食糧危機は、同時代人がまさしく「最初の悪しき年」と認識したように、危機と表される時代の予兆を告げるものにすぎなかった。事実、ヨーロッパ全土を失意のどん底に突き落とした一三四八年の大ペストを筆頭に、十四世紀から十五世紀前半を通じてほぼ一〇年周期で発生した飢饉や疫病の流行は王国全人口の三分の一余りを喪失させたといわれる。それは深刻な労働力不足と生産水準の低下を招くとともに、一三九一年の反ユダヤ暴動に極まる社会の騒擾状態を王国各地にもたらすことになった。(7) けれどもこうした現実は、イベリア半島に発して地中海全域におよんだ一大覇権の華々しい記憶に妨げられて、国内政策にも対外政策にもなかなか反映されなかったのである。

一三三六年にサラゴーサで戴冠した国王ペラ三世(アラゴン国王としてはペドロ四世。在位一三三六〜八七)の五〇年におよぶ治世は、そうした時代の出発点にほかならなかった。同国王は歴代国王にもまして強権的な統治志向を振りかざし、即位から一〇年余り議会《コルツ》を招集しなかった。その結果、アラゴンでは、王位継承問題に絡んで前述の「同盟」が再び結成される一方、バレンシアでは、そうした国王の統治姿勢に危機感をいだいた諸都市が公然と反旗を翻すという事態に発展していった。国王は両王国の特権を尊重する姿勢をいったんは示したものの、最終的に、側近の筆頭貴族バルナット・ダ・カブレーラらを擁し、カタルーニャ諸都市、聖ヨハネ騎士団、さらには傭兵の支援を受けながらそれらを鎮圧し、特権を剝奪するにいたったのである(一三四八年)。

同国王はその一方で、傍系の手に委ねられていた地中海島嶼部の政治的統合にも果敢に乗り出している。手始めは、前述のアナーニ条約(二二五頁参照)によって国王ジャウマ二世の復位が承認されて以来、その孫ジャウマ三世(在位一三二四〜四九)のもとで独立王国として存続していたマジョルカ王国であった。同王国がモンペリエの領有権をめぐってフランス王国と対立すると、ペラ三世はこれに乗じてバレアレス諸島、ルサリョ、サルダーニャを征服した(一三四三〜四四年)。ジャウマ三世はこれに対抗すべく、一三四八年にモンペリエを売却してフランス王国に支援を求めたが、その翌年、リュクマジョーの戦闘で戦死している。

他方、ジェノヴァによって扇動された一連のサルデーニャ反乱が熾烈を極めるなかで、ペラ三世は一三五一年からヴェネツィアおよびビザンツ帝国と同盟を結び、これに対処しようとしたため、対ジェノヴァ戦争はいまや地中海全域におよぶ国際紛争の様相を呈した。同国王はまたジェノヴァの政治的・経済的影響下におかれていたコルシカで反ジェノヴァ暴動をあおりながら、一三五三年から五四年にかけてカタルーニャ艦隊をサルデーニャに派遣して本格的な征服活動に着手している。だが最終的に掌握されたのは西部のアルゲロ(アルゲー)に限定され、シチリアと並ぶ重要な穀物供給地がこれをもって事実上失われることになった。ここからペラ三世は、傍系が統治するシチリア王国に目を向けることになる。

シチリアについては、結婚政策による統合が画策された。同国王はシチリア国王フェデリーコ三世の実妹を娶る一方、自らの娘クンスタンサをフェデリーコに嫁がせて、一三六八年には前者の結婚で得た第二子マルティ(のちアラゴン連合王国国王マルティ〈マルティン〉一世)の子(マルティ、のちシチリア国王マルティ一世)と、後者の婚姻の所産でシチリア王位継承権を有するマリアとの将来の結婚を確約させている。またこれらの結婚政策の副産物が、ギリシア諸公領の併合であったことはすでに述べたとおりである(一三九〇年代まで領有)。ペラ三世は、第二子マルティにシチリア王位継承権を確約しつつ、カタルーニャ艦隊を派遣して王位を狙うミラノ公の牽制に努めた。その後、一三九二年に当初の思惑通り王女マリアとの結婚が成立し、孫のマルティがシチリア国王に即位する。だが彼が一四〇九年に夭折したため、これをもってアラゴン国王マルティ一世がシチリア国王をかねることになるのである(シチリア国王としてはマルティ二世)。

ペラ三世の治世はまた、カスティーリャの王位継承問題や百年戦争と連動しながら、カスティーリャ王国との外交関係が極度に悪化した時期でもあった。すなわち、同国王ペドロ一世とイベリア半島覇権をめぐって争った「二人のペラ(ペドロ)」戦争がそれである(一三五六〜六九年)。ムルシア＝アラカン領有問題と、カスティーリャ王国と同盟関係にあったジェノヴァとの商業上の軋轢《あつれき》に端を発したこの戦争は、アラゴンやバレンシアにも飛び火し、連合王国全体をしだいに追いつめていった。だがここからペラ三世は、カスティーリャ先代国王アルフォンソ十一世の庶子で、国王ペドロ一世の異母兄弟にあたるエンリケ・デ・トラスタマラに軍事的援助を施し、同王国の内戦をあおって戦局の打開を狙ったのである。

▼補説8▲　マジョルカとアラゴン連合王国

アナーニ条約で国王ジャウマ二世の復位が承認され、一二九八年にそれが実現して以来、マジョルカ王国では、アラゴン連合王国からの政治的独立を確固たるものにすべく、王権が商業活動に積極的に介入して、経済的な独立をかちえようと尽力している。例えば、バルセローナへの依存関係を断ち切るべく、カタルーニャ人に対する関税障壁が設けられる一方、ベジャイアやチュニスなど、マグリブ諸港にマジョルカ人コンスルが派遣され、バルセローナのクンスラット支配からの脱却も模索されている。また島内に農業集落の建設が奨励され、食糧の自給がはかられたのもこの時代である。だがこれらの一連の経済政策は、マジョルカ商業の伝統的な性格をなんら変化させるものではなかった。

マジョルカは、イスラーム期から一貫して、キリスト教ヨーロッパとマグリブおよびアンダルスを結ぶ西地中海商業の一大中継拠点であった。一二二九年の征服以前には、ジェノヴァ人やピサ人がムスリムと停戦協定を結んでさかんに寄港しているし、征服後には、カタルーニャ人やプロヴァンス人がこのルートに大挙して参入してくることになった。だがマジョルカ人口の約五〇％がシウタット・ダ・マジョルカに集中したことからも明らかなように、彼らは、バレアレス諸島固有の資源や生産物をあてにしたわけではなく、マグリブ貿易からあがる莫大な利益を求めてこの地に足を運んだのである。そこでは、穀物、繊維製品（毛織物、麻織物）、香辛料、ワインがマグリブやアンダルスに輸出または再輸出される一方、マグリブから金、奴隷、羊毛、穀物、蠟、皮革が供給されて、キリスト教ヨーロッパへの再輸出にまわされた。マジョルカ生まれで、俗語で幾多の神学書や詩・散文を著したかの「カタルーニャ語の父」ラモン・リュイがチュニジア宣教の旅を思い立ったのも、もとはといえば緊密な商業関係に根ざしたマジョルカとマグリブとの心理的な近接性によるものであったといえるかもしれない。

国王ペラ三世による決定的な併合を前にした十四世紀前半に、マジョルカ商業は全盛期を迎えている。独立した貿易圏を創出しようとした王権の政策とは裏腹に、従来の中継拠点としての機能は一貫して維持された。入港税の徴収記録によれば、マジョルカ船やコリウール船以外に、カタルーニャ船、南フランス船、イタリア船、ビスカーヤ船、フランドル船までもがシウタット・ダ・マジョルカに寄港していたことがうかがわれる。マジョルカ商業の生命線であるマグリブならびにアンダルスとの商業関係はますます強化され、イスラーム圏への禁輸品目に指定された鉄鉱石や穀物さえもがローマ教皇庁やカスティーリャ国王のたびかさなる警告に反して輸出されつづけた。キリスト教ヨーロッパ諸国への金の還流が進むなかでマジョルカでは、一三一〇年にいち早く独自のラル金貨が造幣されている。また当時、マジョルカのユダヤ人のあいだでは海図の製作がさかんにおこなわれており、マグリブの同胞を介して入手されたアフリカ大西洋岸や同内陸部に関する正確な情報は、マジョルカ人がモロッコ大西洋岸からアンファを経由してカナリア諸島に達する航路を開拓する手引にもなった。

一三四三年のマジョルカ王国の併合は、アラゴン連合王国にさまざまな影響をおよぼすことになる。いち早く金貨造幣に踏み切っていた同王国の併合によって、アラゴン連合王国もまた金貨の造幣と使用が主流となりつつあった当時の地中海商業圏に否応なしに接合されることになり、一三四六年には、深刻な社会・経済的危機が胚胎していたにもかかわらず、高品位のフローリン(フィオリーノ)金貨の造幣に踏み切っている。マグリブ貿易に重きをおくマジョルカ人を仲介者として得たことで、バルセローナ人はマグリブに商船を就航させることがまれになり、香辛料や奢侈品を扱う東地中海貿易にますます傾斜していった。国王ペラ三世治世の行政改革は、マジョルカ王国の『宮廷法』に倣ったものであるし、一三四八年のバルセローナのクンスラット改革も、マジョルカのクンスラットに範をとったものである。またマジョルカのユダヤ人は実用的な世界地図をも製作しており、なかでも国王の「地図製作官」アブラハム・クレスケスがアラゴン連合王国のジュアン一世の要請に応じて製作した『カタルーニャ世界地図』は、海岸線の形状、海港都市の位置、距離の正確さもさることながら、アフリカ内陸部やオリエントに関する広範囲な情報に満ちており、中世末期以降の地理的情報の拡大に大きく寄与した。

社会・経済的危機

一連の対外戦争は、マジョルカ王国の征服を除けば、アラゴン連合王国にいかなる政治的・領域的利益をもたらさなかった。それどころか、傭兵の雇用や軍隊の維持に莫大な費用がかさみ、かねてからの人口減少と生産の落込みが拍車をかけて、戦費の調達がますます困難になっていった。その結果、即位時の強権的な統治姿勢は影を潜め、ペラ三世は議会《コルツ》への依存度をかつてないほどに強めていかざるをえなかった。バレンシアのドミニコ会士フランセスク・アシメーニスが統治権力の契約的起源説を唱えたのは、皮肉にもこの時代のことであった。かくして議会閉会中の租税徴収・管理にあたる議会常設代表部《ディプタシオ(ディプタシオン)》が、カタルーニャでは一三五九年に常設化され、六三年には、アラゴンならびにバレンシアでもそれぞれ常設機関となるにいたった。とくにカタルーニャのジャナラリタットは、毛織物製品や穀物に対する独自の租税システムによって運営されると同時に、王権や国王役人による法・慣習や特権の侵害を抑止する「統治契約主義」の牙城に成長していくことになる。

同時期にはまた、尚書局と財務長職の機能分化が進み、中央行財政機構のさらなる組織化がはかられると同時に、地方行財政機構もいっそうの整備・拡充をみている。都市貴族による寡頭支配を緩和すべく、一連の市政改革が試みられたのもこの時期であった。さらにバルセローナやバレンシアの囲壁の増設、バルセローナ、バレンシア、サラゴーサに所在する王宮の改築、バルセローナの造船所の改築、ウエスカ大学やパルピニャ大学の創立など、公共投資や学芸の奨励もさかんにおこなわれている。だがこれらの一見華々しい施策は、危機的状況を覆い隠すものではなく、むしろそれを助長させるものであった。

なかでもペストや飢饉によって人口の約三〇%が失われたカタルーニャとその中枢バルセローナの状況は深刻を極めた。一三四六年に造幣された高品位のフローリン金貨は、生産の低下、貿易バランスの悪化、債務の増大によって海外に流出し、実質価値が年々下落する一方であった。逆に品位が一貫して維持されたクロアット貨は信用度の高さから退蔵もしくは投機にまわされ、フランス貨幣の急激な流入を招いた。王室財政が王領地の減少と莫大な債務にあえぐ一方、ジャナラリタット財政やバルセローナ市財政もまた、租税収入の減少と軍事・公共支出の膨張に対処すべく公債発行に踏み切ったが、財政収入が公債による借入金で占められることになって、債務が雪だるま式に増大していった。一三八〇年代にはこれらが軒並み償却不能に陥り、バルセローナの個人銀行が連鎖的に破綻して、金融危機が表面化した。こうした公財政の危機を回避すべく、バルセローナ市当局は一四〇一年にジャナラリタット財政、同市財政を管理下におき、両替と預金業務もおこなうヨーロッパ初の公営銀行を設立した。これによって金融危機は回避されるかにみえたが、新たな入金も都市債務の縮小もままならず、のちの内戦期に向けて累積債務はとめどなく増大していき、内戦下の一四六八年に事実上の破綻という事態を迎えるのである。

一三九一年に連合王国全土に波及した最大の反ユダヤ暴動は、十四世紀前半から飢饉や疫病の発生ごとにたびたび生じていた都市暴動の一環として把握されなくてはならない。その核心はつねに、市政を牛耳ってきた寡頭支配層に対する中・下層市民の蜂起にほかならなかった。市政改革を断行したペラ三世の没後、カタルーニャ諸都市の市政は急速に反動化しており、反ユダヤ暴動もすぐさま都市当局に対する暴動へと連動していった。バルセローナではその過程で、商人や手工業者など、中・下層市民を中心に極めて多様な構成をとるブスカが形成され、市政改革を強く訴える一方、従来の都市寡頭支配層で構成されたビガとの対立を深めていくことになる。他方、深刻な労働力不足にみまわれたカタルーニャ農村では、ラメンサ農民の社会経済的地位が相対的に向上する兆しがみられた。ラメンサ農民のなかには、おりからの人口減少と都市への人口流出によって生じた空き経営地を集積して経営の拡充をはかったり、身分買戻しによって解放を求めたりする者があいついだ。また旧カタルーニャの教会所領では、領主居館の襲撃が頻発している。以後、王権は一貫してラメンサ農民を保護する側に立ち、農村に胚胎した社会的な亀裂をますます広げていくのである。

こうして国王ジュアン一世(在位一三八七～九六)ならびにマルティ一世(在位一三九六～一四一〇)の時代にますます深刻な危機的状況にさらされたアラゴン連合王国は、後者が一四一〇年に継嗣を残さずに没し、五〇〇年以上にわたって継承されてきたバルセローナ伯家の血統が断絶すると、王位継承に絡む政治的危機をもかかえこむことになった。これより二年間、王位の空白が生じ、同王国はまさしく解体の危機に直面することになったのである。

トラスタマラ朝の成立と地中海へゲモニーの再編

国王マルティ一世の死によって生じた空白は、内外に数多くの問題をかかえたアラゴン連合王国にとっては致命的であった。同国王は生前にウルジェイ伯ジャウマ三世(アルフォンス三世の曾孫)を王位継承者に指名していたが、カタルーニャやアラゴンの貴族から強硬な反対に遭っていた。また同人以外にも、フラデリック(シチリア国王マルティ一世の庶子)、カラーブリア公ルイ・ダンジュー(ジュアン一世の孫)、ガンディア公アルフォンス(ジャウマ二世の孫)、フェルナンド・デ・アンテケーラ(カスティーリャ国王ファン一世とペラ三世の娘アリオノーの子)らが国王候補者として推挙されていたが、各王国貴族の政治的思惑が入り乱れてなかなか候補者が一本化されず、アラゴンやバレンシアでは深刻な内乱に発展する気配さえみられた。

こうしたなかで一四一二年、各王国の高位聖職者や法学者が参集し、新国王選出を目的とする会議がアラゴンのカスペで開催された。ここでは、継承権の法的正当性よりも、連合王国そのものの存続が最優先事項とみなされたうえに、当時、イベリア半島に退避していたアヴィニョン教皇ベネディクトゥス十三世(アラゴン人ペドロ・デ・ルナ)の後ろ盾もあって、トラスタマラ家のフェルナンド・デ・アンテケーラが国王に推戴された。政治的にも経済的にも膨張を続けるカスティーリャ王国の脅威に直面して、アラゴン連合王国は同王国と同じトラスタマラ朝の新国王を自ら選択したのである。

ウルジェイ伯の反乱を鎮圧し、ファラン一世(アラゴン国王としてはフェルナンド一世)として即位した同国王は、カスティーリャ人主体の国王顧問会議を編成して、カスティーリャ型の強権的王政の導入をはかった。だが国内に支持基盤をもたないうえに、頼みの綱の王室財政が底をついた状態ではそれもかなわず、即位直後に各王国の議会《コルツ》招集を強いられ、特権の尊重を誓約するほかなかった。なかでも統治契約主義派の本拠であるカタルーニャでは、議会を介する立法手続きの軽視が糾弾の的となってジャナラリタットのたびかさなる政治介入を招いたし、国王ジュアン一世以来、王権唯一の支持基盤として一時的に議会参加が認められていた第四身分(下級貴族)の排除をも承認せざるをえなかった。対外的には、ジェノヴァと休戦協定を結び、エジプトやマグリブとの外交関係を回復する一方で、地中海島嶼部の再統合に乗り出して、シチリアを併合し、サルデーニャ反乱を鎮圧した。また彼は、アラゴン連合王国の国際的地位を確保すべく、自らの後ろ盾となった教皇ベネディクトゥス十三世を見限り、コンスタンツ公会議の決定に従って統一ローマ教皇マルティヌス五世を承認している。

ジェノヴァ人とカタルーニャ人は、サルデーニャおよびコルシカ領有問題を皮切りに、西地中海、イベリア半島南部のアンダルシーア市場、アフリカ大西洋岸、北大西洋にわたる商業覇権をめぐって激しい対立を繰り広げてきた。十四世紀中葉以降の歴代国王による地中海再統合政策は、ジェノヴァ人と彼らと結んだカスティーリャ海運の台頭によってカタルーニャ人の商業覇権が否応なしに侵食されつつあったことのしるしである。トラスタマラ朝の成立は、ファラン一世の王子たち(「アラゴンの王子たち」)によるカスティーリャ内政への介入など、同王国との政治的・経済的関係を有利なかたちで再構築する好機となるかにみえたが、実際にはジェノヴァ人とカスティーリャとの同盟関係は強化される一方であり、有望な市場となりつつあったモロッコやカナリア諸島といったアフリカ大西洋岸の貿易ルートからカタルーニャ人はますます排除されていった。ファラン一世を継いだ国王アルフォンス四世(アラゴン国王としてはアルフォンソ五世。在位一四一六~五八)の攻撃的な地中海再統合政策は、こうしたカタルーニャ商業の深刻な危機に最後の抵抗を試みるものであった。

同国王は即位当初、父王の対外政策を引き継いで、一四二〇年にサルデーニャ反乱を平定し、その足でジェノヴァ勢力とアラゴン連合王国派が対立していたコルシカに軍事介入を敢行している。だがその翌年、軍事支援を期待してナポリ王位継承者に自身を推す同王国貴族の声が高まると、彼はコルシカを捨ててナポリに上陸した。もっとも同王国には、プロヴァンス伯ルネ・ダンジューを推すミラノ公派の一大勢力が存在し、アルフォンス四世を王位継承者に指名したナポリ女王ジョヴァンナ二世の意志が覆されて、同王国は一四二三年にミラノ公派の掌中に落ちてしまう。その後、彼はカスティーリャ内政に介入した「アラゴンの王子たち」を保護すべくイベリア半島に帰還し、王弟ジュアン(のち国王ジュアン二世)とともに同王国内の利権確保に奔走する。だがジュアンのカスティーリャ介入によって軍事出費を強いられてきたアラゴンの議会《コルテス》が財政支援を拒否したため、一四三〇年にカスティーリャ国王フアン二世と休戦協定が結ばれ、「アラゴンの王子たち」がカスティーリャ内政から締め出された。これは事実上、同王国内におけるトラスタマラ家由来の利権をアルフォンス四世自らが放棄したことを意味するものであった。

一四三二年、同国王は再びナポリ王位継承権を要求したが、ミラノ公、ヴェネツィア、フィレンツェ、ジェノヴァ、さらにはローマ教皇庁までもがこれに反発し、プロヴァンス伯ルネ・ダンジュー(二世)擁立を主張した。一四三五年、同国王はカタルーニャ艦隊を率いて再びナポリに出帆したが、ガエタ沖の海戦でジェノヴァ艦隊に大敗を喫し、ミラノ公の捕虜となってしまう。ところがこのとき、イタリア半島支配をめぐって同公との和約が成立し解放されると、翌年からナポリ継承戦争が七年にわたって繰り広げられることになった。結果的に勝利をおさめてナポリに入城したアルフォンス四世はさらに、ミラノ公領の継承権をも狙ってイタリア半島覇権をめぐる戦争に積極的に介入し、フランス王権の支援を受けたミラノやフィレンツェと熾烈な戦いを繰り広げたが、同半島の政治地図に大きな変化もないまま一四五〇年に休戦協定が結ばれた。

一四三五年の出帆以来、アルフォンス四世は王妃マリアを総督に任命してカタルーニャに帰還することはなかった。この間、チュニジア沖の海賊討伐、エジプト遠征、オスマン帝国の進撃にさらされたバルカン半島や、ロドスの聖ヨハネ騎士団の保護など、東地中海の覇権争いにも積極的に介入し、新設・再編された海外クンスラット網を利用して地中海全域を股にかけた文字通りの「帝国」を実現させようと試みている。連合王国全体の重心は、新たに宮廷が設けられたナポリに移動する一方、各王国には国王が自由に任免できる副王や総督が配置されて、これをカスティーリャ人主体の国王顧問会議が統べるという統治形態がとられた。新たな中心となったナポリ王国は、独自の尚書局と財務長職が設けられて、連合王国全体の行財政機構とは切り離されたかたちで統治された。またナポリ宮廷には、アルフォンス四世の手厚い保護のもとで数多くの人文主義者が集い、イタリア・ルネサンスがイベリア半島に伝播する回路の役割をはたした。けれども先来の王領地や支持基盤が存在しない同王国の統治は、イベリア半島の各王国からの財政支援に依存せざるをえなかったし、東地中海貿易に従事するカタルーニャ資本が急速に同王国へと流出して、危機にあえぐ同地域の深刻な状態にますます拍車をかけることになったのである。

内戦

アルフォンス四世がナポリ王国に常駐したために、国王不在のなかで総督によって統治されたイベリア半島の各王国はそれぞれ異なる政治的・経済的諸問題をかかえながら、それらを一向に打開することができないでいた。これらのなかではバレンシアのみが、十四世紀中葉のペスト以来、急速に人口を回復し、自前の農産物や羊毛の輸出能力に支えられて社会・経済全般にわたる危機的状況を回避することができたにすぎない。アラゴンは、相変わらずカスティーリャ介入を企てる王弟ジュアンへの軍事支援で経済的に疲弊していたし、マジョルカは、一四五〇年から五四年にかけて同島全土に吹き荒れた民衆反乱によって壊滅的な被害をこうむっていた。他方、王妃マリアが総督として統治したカタルーニャでは、従来の社会対立が経済的危機にあおられるかたちで重層化し、事態はますます混迷の度を深めていった。有力貴族と下級貴族、金融業者や有力毛織物商からなる都市寡頭支配層と中小商人や手工業者、領主と王領地の回復をめざす国王役人ならびにラメンサ農民といった対立の構図は、王権の政治的思惑が絡んで、ついにはカタルーニャ社会全体を分断する深い溝を修復不可能なものにしてしまったのである。

アルフォンス四世は、一四四〇年代から下級貴族、中小商人や手工業者、ラメンサ農民を保護する政策を打ち出し、財政支援を拒む統治契約主義派の有力貴族や、王権を抑制する装置となって久しいジャナラリタットやバルセローナ市当局を支配する都市寡頭支配層に対抗しようとした。なかでも同国王治世のバルセローナ市政改革はその象徴である。市参事会員の選出方法を連合王国諸都市で普及しつつあった「くじ引き《インサクラシオ》」選出制に改めて都市寡頭支配層の独占状態を緩和しようとしたのもその一環であるが、このときは彼らの猛烈な抵抗に遭ってさしたる成果はあげられなかった。だがタラゴーナの市民家系出身のガルセラン・ダ・レケセンスが総督に任命された一四五三年を機に、同人の尽力によって商人や手工業者を主体とするブスカ市政が実現した。七年にわたって市政を掌握したブスカは、市政面では市参事会および百人会議の身分上の格差を解消する一方、経済面では貨幣流通量の不足を解消し、自らの支持母体である国内毛織物産業関連の商人・手工業者を保護すべく、クロアット貨の切下げ、外国産毛織物製品の国内販売禁止、さらにカタルーニャ関連の輸出入商品をカタルーニャ船に限定する一連の保護主義的政策を打ち出した。だがこれらの政策が、外国産毛織物の輸入業者や地代生活者からなるビガの強い反発を招き、彼らがジャナラリタットに結集してブスカのみならず王権そのものと全面的に対峙する契機を生んでしまうのである。

他方、王弟ジュアンは一四二一年以来、ナバーラ王女ブランカ(シチリア国王マルティ一世の寡婦)と結婚し、第一子ビアナ公カルロス(カルラス)をもうけるとともに、同王国をブランカと共同で統治していた(ナバーラ国王としてはファン一世)。だがブランカの死後、一四五一年にジュアンがカスティーリャ有力貴族家門出身のファナ・エンリケスと再婚すると、王位継承権をめぐる父子の対立が表面化し、同王国はビアナ公擁立を主張するベアウモンテス(ボーモン派)と、ジュアン側に立つアグラモンテス(グラモン派)との深刻な内戦状態に陥った。またこのナバーラ王位継承問題は、ジュアンが介入してきたカスティーリャ内政問題にも結びつき、最終的に両王国間の国境紛争にまで発展している。こうしたなかでカルロスは、たびかさなる捕縛と釈放の果てに、叔父アルフォンス四世を頼ってナポリ宮廷に逃亡し、同国王が一四五八年に没すると、現地貴族が彼を副王に推戴するシチリアへと身を移した。ナポリ王国を除く連合王国の大部分を継承したジュアン(アラゴン国王としてはファン二世、在位一四五八〜七九)は、こうした事態を警戒し、バルセローナにカルロスを呼び戻して和解に臨んだが(一四六〇年)、同人とカスティーリャ国王との内通が発覚したため、リェイダで彼を逮捕させたのである。

ナバーラ王位継承問題に端を発した両人の対立は、一四六二年より一〇年にわたって繰り広げられるカタルーニャ内戦の伏線をなすものであった。カルロスの釈放要求は連合王国全土で沸きあがったが、とくにカタルーニャでは、彼の逮捕が地方特権の侵害とみなされ、リェイダの議会《コルツ》でこの問題にかかわる全権がジャナラリタットに委任された。連合王国全土の支援を得たジャナラリタットの圧力を前にして、ジュアン二世は一四六一年、ジャナラリタットの許可なくカタルーニャへの入国が禁止されるという屈辱的な内容の協定を結ばざるをえなかった。だが統治契約主義派を結集して達成されたつかの間の勝利は、結果的にジャナラリタットの支持母体であるビガの復権を招くことになる。翌年には、王妃ファナ・エンリケスと王子ファラン(のちのファラン二世)がブスカと結んで王党派を結集したが、改革が行き詰まり市民の支持を失いつつあったレケセンスとブスカの市参事会員がビガによって市政から排除され、衝突は避けられないものとなった。ついで同年二月、ジローナのラメンサ農民が同地方の王党派の支援を受けて蜂起し、ここに全面的な内戦の火蓋が切って落とされることになった。

以降一〇年におよぶ内戦の経緯は、三つの局面に大きく分けられる。まず一四六二年から六三年までの二年間には、ラメンサ農民の本拠地であるジローナが着火点となった。ジャナラリタット軍はラメンサ農民軍を鎮圧すべく同都市に進軍し、滞在中の王女ファナ・エンリケスと王子ファランを包囲下においた。ジュアン二世はフランス国王ルイ十一世の軍事支援を得てこれに対抗し、王妃と王子の救出、バルセローナ包囲、タラゴーナ占領と一連の戦果をあげていった。ジャナラリタット側は、軍事支援を見込んでカスティーリャ国王エンリケ四世を国王に推戴したが、ジュアン二世がエステーリャ割譲を条件に彼を翻意させたため、進退が極まった。ついで一四六三年から六六年までは、ジャナラリタット側がポルトガル元帥ペドロ(ウルジェイ伯ジャウマ三世の孫)に王位を認めて戦局の打開をはかった時期である。だがペドロは、ジャナラリタットやバルセローナ市参事会の意向を無視して奮戦したあげく、国王軍の攻勢にあって敗死した。ジュアン二世はリェイダやトゥルトーザを占領したうえで、カタルーニャの議会や諸特権の尊重と投降者の恩赦を約束し、統治契約主義派の内部崩壊を狙った。

一四六六年から七二年にわたった内戦の最終局面は、当初の性格とはいささか異なる様相を呈していく。ジャナラリタット側は、かつてアルフォンス四世とナポリ王国継承権を争ったルネ・ダンジューを王位継承者として推戴したが、これを機にフランス軍がカタルーニャに侵攻し、実子ジャン・ド・ロレーヌ、ついで甥のジャン・ド・カラーブリアがカタルーニャ総督に任命された。ジローナが占領されて窮地に立たされたジュアン二世は、ここから外交戦略を駆使して戦局を有利に導こうとする。すなわち、百年戦争の敵対関係を利用して、イングランド国王やブルゴーニュ公と同盟を結ぶ一方、一四六九年には王子ファランとカスティーリャ国王エンリケ四世の異母妹イサベル(のちのイサベル一世)とを結婚させ、同王国との同盟関係をも再構築して、フランスを孤立状態に陥れようとしたのである。さらに一四七〇年には、フランス軍の駆逐を目的とする臨時課税がモンソンの共通議会《コルツ》で承認され、同年にルネ・ダンジューが死没すると戦局は一気に王党派に傾いた。こうして一四七二年、最後の反乱拠点バルセローナが陥落し、カタルーニャ全土におよんだ内戦は国王側の勝利でひとまず幕を閉じたのである。

一〇〇年におよんだ危機と、その果てに勃発した一〇年間の内戦は連合王国の本来の中核地帯であったカタルーニャに壊滅的な被害をもたらした。その間に生じた幾多の問題は何一つ解消されないまま、それどころか明らかに深刻の度を極めた状態で、続く国王ファラン二世(アラゴン国王としてはフェルナンド二世。在位一四七九〜一五一六)の治世に委ねられた。またカタルーニャと民衆反乱によって荒廃したマジョルカが、アラゴン連合王国の対外発展という局面においてそれぞれ担っていた経済的機能はすべてバレンシアに集中することになり、大量の資本と人口の流入をみて新たな王国の中核地帯としての地位を高めていくことになる。

注

（1）「ヒスパニア辺境領」(Marca Hispanica)の言及は、『フランク王国年代記』の八二一年の記述を皮切りにわずか一五例を数えるにすぎない。『年代記』では、時期を同じくして、「ヒスパニア」(Hispania)がアンダルスを意味するものとして使用されており、「ヒスパニア辺境領」はそこで「ヒスパニア」とも「フランク王国」とも明確に区別された固有の領域として扱われている。だが、同地域に対する王国の関心の減退と並行して、同語の言及は八五〇年の記述を最後に完全に姿を消すのである。

（2）ボヴァティクム(bovaticum, bovatlle, bovatje,「家畜の保全」〈pax bestiarum〉に由来)は、カタルーニャの平和・休戦制度と関係の深い一種の「平和維持税」であり、すでにラモン・バランゲー三世の治世に最初の言及がみられる。アラゴンでは、平和・休戦制度の伝統がなかったこともあり、当該租税はほとんど実体をともなわなかった。他方、貨幣の造幣に際して賦課される租税として一般に知られるモネダティクム(monedaticum, monedatge, monedaje)は、アラゴン連合王国では、国王が従来の貨幣価値を維持することに対する一種の担保として賦課されるという形式をとった。カタルーニャでは、十三世紀初頭に当該租税の定着をみたが、その後も新貨幣が比較的頻繁に造幣され、たびたび改悪をともなったために、同世紀中葉に完全に免除されている。これに対して、ハカ貨が長らく維持されたアラゴンでは、モネダティクムが臨時租税の中心をなすこととなった。

（3）ここでいう「悪しき慣習」(mals usos)は、領主制的賦課租の総称である十一世紀の「悪しき慣習」(malos usaticos)とは異なり、隷属農民の法的身分を規定するさまざまな不自由や無能力を指す。一般には、アルシーナ(arsina, 放火・火災時に動産の三分の一を没収)、インテスティア(intestia)、アショルキア(exorquia, 相続人なしに死亡した農民の動産と家畜を没収)、クグシア(cugucia)、土地への緊縛、さらにはラメンサ(remença, 身分買戻し)で構成されたと想定されている。

（4）増大する都市の消費需要と輸出向けの商品作物需要に支えられ、カタルーニャ農村もまた経済的な繁栄を享受している。とくにこの時期には作物の地域特化が急速に進展した。穀物は、リェイダ、アンプルダ、パナデス、タラゴーナなどの平野部で生産されたが、これらの地域だけでは都市の消費需要は賄いきれず、アラゴン、サルデーニャ、シチリアなどからの供給に依拠せざるをえなかった。また米はエブロ川下流域やアンプルダが主要な生産地であり、同地方の輸出作物の筆頭であるサフランはバルセローナからリェイダまでの平野部で栽培された。とくに後者は利潤率が高かったので、穀物耕地からの転作が広範におこなわれている。ピレネー山脈では鉄鉱石を筆頭に各種の鉱物が産出され、隣接諸地域には武器生産の中心地がいくつも存在したし、ウルジェイやパリャースでは、エブロ河谷平野に達する移動放牧が展開され、毛織物を主体とする農村工業も発達をみている。

(5) ジャウマ一世の主宰のもと、十三世紀ユダヤ人共同体を代表するラビ、ジローナのナフマニデス(モーシェ・ベン・ナフマン)と、コンベルソのドミニコ会士パブロ・クリスティアニとのあいだでおこなわれたバルセローナの公開討論がそれである。それはユダヤの虚偽性を暴くというドミニコ会の企図に基づいたものであったが、国王がそこでナフマニデスに自由な発言を許したという事実をみすごしてはならない。

(6) 一二二二年に造幣されたドゥブレンク貨は、カタルーニャの紋章が刻印された初のバルセローナ貨であったが、銀純分はわずかに一二分の二にすぎず、王室債務の縮小はともかく、品位が低すぎて海上貿易では使いものにならなかった。一二五七年には銀純分一二分の三のテルン貨が造幣されたが、これも海上貿易の興隆という局面においては通用せず、ムスリムのディナールやディルハム、ヴェネツィアのグロッソ銀貨の模造貨が造幣され、東地中海貿易の支払いにまにあわせていたのである。

(7) 徴税記録から推定される人口減少の規模は以下のとおりである。すなわち、約五〇万人を数えたカタルーニャ全体の人口は一三七八年までに約三五万人に減少し、さらに後述の内戦をへたのちの一四九七年には約三〇万人まで落ち込んでいる。なかでもバルセローナの人口減少は著しく、一三四〇年の約五万人が一四七七年には約二万人になっている。これと対照的であったのがバレンシアであり、大ペスト後も比較的早期に人口を回復し、カタルーニャの内戦を尻目に人口増加をみて、約七万五〇〇〇人を擁する連合王国最大の都市となるのである。他方、ペストや飢饉の実害のみならず、ドミニコ会士ビセン・ファレー(ビセンテ・フェレル)らに扇動されたキリスト教徒の反ユダヤ感情の高まりにより二重の打撃を受けたのがユダヤ人である。一三九一年の反ユダヤ暴動によって王国の全ユダヤ人口の五%が失われたと推定されており、約五万人を数えた人口は十五世紀末には約三万人まで減少している。

足立　孝

第六章　カトリック両王の時代

1　カトリック両王の即位

カスティーリャ王位継承戦争

一四六四年以降、カスティーリャ王国は、寵臣政治の打破を政治課題とする有力貴族の思惑と王位継承問題が複雑に絡み合って、事実上の内戦状態にあった。ロス・トロス・デ・ギサンド協定を根拠に王位継承権を主張するイサベルは、一四七四年十二月十一日、エンリケ四世が死去するとただちにセゴビアで議会《コルテス》を開催し、女王即位を宣言した(1)(在位一四七四〜一五〇四)。翌一四七五年一月、イサベルとフェルナンド(アラゴン王太子)は、トレード大司教カリーリョと枢機卿ペドロ・ゴンサレス・デ・メンドーサの仲介により、王国の共同統治に合意した(セゴビアの裁定)。一方、カスティーリャとアラゴンの王朝的結合を危惧するポルトガル王アフォンソ五世(在位一四三八〜八一)は、一四七五年五月にプラセンシアにおいてエンリケ四世の娘フアナ(ラ・ベルトラネーハ)と結婚し、フアナもカスティーリャ女王を宣言した(2)。こうして始まったカスティーリャ王位をめぐる内戦は、イサベルとフェルナンドの統治するカスティーリャとポルトガルとの国際戦争の様相を呈した。

当初アフォンソ五世は、盟友ストゥニガ家の協力を得てドゥエロ川中流域における軍事的優位を得るなどの成果をあげたが、イサベル側は、一四七六年三月にトロ郊外でポルトガル軍を撃破してアフォンソ五世のカスティーリャ侵攻計画を阻止することに成功した。トロの戦いに勝利したイサベルは、国内政策をとおして着実に女王としての地位を確立していった。まず、同年四月にマドリガルで議会《コルテス》を開催し、「正義」のための統治を標榜しつつ、王国の秩序回復の一環として農村および街道における犯罪に対処するためにサンタ・エルマンダーを創設した。エンリケ四世期に組織された総都市同盟《エルマンダー・ヘネラル》を直接の前身とするこの組織は、諸都市が世帯数に応じて一定数の騎士と弓兵を保持し、エルマンダー会議がそれを統括するというものであり、王権主導と全国規模という点で、中世の自警的な都市同盟《エルマンダー》とは性格を異にしていた。また、王権にとって、議会を介さず都市臨時課税を得るための有効な手段としても機能した。さらにイサベルは、地位と所領の安堵を条件に、ストゥニガ家、テリェス＝ヒロン家、パチェーコ家らのフアナ派の有力貴族を恭順させることに成功し、王国中央部と南東部を事実上平定した。こうして、内戦におけるイサベル側の優位は確定的となった。

その後イサベルは、一四七七年春頃にエストレマドゥーラ地方の大半を平定した。さらに同年七月から翌年十二月にかけてアンダルシーアに行幸し、イサベル派であったセビーリャのグスマン家（メディーナ・シドニア公）とコルドバのディエゴ・フェルナンデス・デ・コルドバ（カブラ伯）の忠誠を確認するとともに、説得と威圧によってフアナ派であったポンセ・デ・レオン家（カディス侯）やアルフォンソ・フェルナンデス・デ・コルドバ（アギラール領主）を恭順させた。同時に、セビーリャやコルドバなどの大都市から有力貴族の影響力を排除することに成功した。こうして、アンダルシーアの風土病的な有力貴族間の勢力争いと都市における有力貴族の権力乱用に終止符が打たれた。

一四七九年一月、アラゴン王フアン二世が死去し、フェルナンドが同国王フェルナンド二世（在位一四七九〜一五一六。カスティーリャ共治王としてはフェルナンド五世、在位一四七四〜一五〇四）として即位してカスティーリャ王国とアラゴン連合王国の政治的統合が実現した。この時点で、ガリシア地方を除いて、エストレマドゥーラのメデリィンとメリダの二市に限定されていたフアナ派の勢力は、同年二月のアルブエナの戦いにおける敗北によってポルトガル軍とともに一掃された。この結果、ポルトガル国内でもカスティーリャ王国との戦争を無意味とする意見が高まり、カスティーリャ王位継承戦争は収束を迎える。

平和の構築

一四七九年九月、カスティーリャとポルトガルとのあいだにアルカソヴァス条約が締結され、ポルトガル王アフォンソ五世はカスティーリャ王位に関する諸権利を放棄し、イサベルはフアナを支持した貴族に恩赦を与え、その財産の回復を保証した。また、カスティーリャ王女イサベルとポルトガル王太子ジョアンとの婚約が成立した。アフォンソ五世との婚姻が無効とされたフアナは、新たにカスティーリャ王太子フアンと将来結婚するか、ポルトガルで修道院生活を送るかの選択を強いられた。フアナは後者を選択してコインブラのサンタ・クララ修道院にはいったが、一五三〇年にこの世を去るまでカスティーリャ王位を主張しつづけた。カスティーリャ王位継承戦争のあいだに争点となった海外領土をめぐる問題は、カスティーリャがポルトガルのボジャドール岬以南の排他的航海権を、ポルトガルがカスティーリャのカナリア諸島の領有権を認めることで決着した。

全国平定にとって最後の障害となっていたガリシア地方では、第二次イルマンディーニョス反乱(一四六七〜六九年)ののち、貴族の権力乱用や貴族家系と都市自治体との対立が恒常化するなか、フアナ派のカミーニャ伯ペドロ・アルバレス・デ・ソトマヨールや陸軍副総帥《マリスカル》ペドロ・パルド・デ・セラがカトリック両王(イサベル一世とフェルナンド二世)への抵抗を続けていた。両王は一四八〇年十月、フェルナンド・デ・アクーニャをガリシア総督に任命し、抵抗勢力に対して居城の包囲や追放あるいは処刑などの厳しい処分をおこない、八二〜八三年のあいだに同地方を平定することに成功した。

2　スペイン王国の基盤形成

財政再建

カトリック両王のもとで誕生したスペイン王国は、トラスタマラ朝によるカスティーリャ王国とアラゴン連合王国との同君連合であり、構成各国が固有の法制度や統治機構、議会《コルテス》、貨幣制度や軍制を維持したままの「多元性」を容認するゆるやかな「統合」を実現したにすぎなかった。この点で、スペイン王国は、近世国家の特徴的政体である「複合王政」の典型的事例であった。もっとも、スペイン王国を構成する諸国のうち、カスティーリャ王国が、面積や人口はもとより経済、財政、その他の面でアラゴン連合王国を凌駕していた。(3) そのうえ、王権強化をめざすカトリック両王は、身分制国家の遺物であるアラゴン連合王国の統治契約主義《パクティスモ》ではなく、「強権的王権」を是認するカスティーリャ王国の政治的伝統に依拠したスペイン王国の統治をおこない、その結果、カスティーリャ王国が事実上近世スペインの核となった。したがって、カトリック両王の諸改革の大部分も必然的にカスティーリャ王国を中心におこなわれた。

一四七六〜七九年のあいだに王国秩序と国王権威の回復にほぼ成功したカトリック両王は、七九〜八〇年のトレードの議会を皮切りに、王権の強化と統治機構の整備を本格的に開始した。まず、王室財政の再建の一環として「恵与」の見直しを実施し、貴族の反乱が事実上始まった一四六四年九月以降の「恵与」を無効として、該当する王領地や年金の返還を命じた。この王令により、年間三〇〇〇万マラベディの王室収入が回収されたが、同時に、貴族に対する国王の政治的優位が確立するとともに、同王令以前に獲得した所領や権益の安堵を得た貴族の経済的・社会的地位が保障された。さらに両王は、一四九五年、取引税《アルカバーラ》の徴収について定額納入制度《エンカベサミエント》を導入し、税収入の安定化をはかった。その反面、規定額以上の税収入は望めず、実質的な税の徴収権が都市自治体に譲渡されるかたちとなった。この意味において、この制度は両王と都市自治体の寡頭支配者層とのあいだに結ばれた一種の政治協定であった。こうしてカトリック両王は、制度的刷新をおこなうことなく、既存の財政制度の正常化、効率化をとおして財政再建をおこない、その結果、一四八〇年の時点で一億五〇〇〇万マラベディであった通常収入を、一五〇四年の時点で増税額をも含めて三億一四〇〇万マラベディに引き上げることに成功した。また両王は、グラナダ戦争やその他必要に応じて、都市や教会に対し都市特別献金、サンタ・エルマンダー献金、教会特別献金、十字軍献金などの名目でさまざまな臨時課税をおこなった。これらの臨時課税は、通常課税の六〇〜七〇％に達することもあった。国庫収入の総額は年々増加し、十六世紀初頭には二〇〇万ドゥカード（一ドゥカード＝三七五マラベディ）に達した。その一方で借入金も増加し、一四九〇年頃から長期公債《フーロ》がさかんに発行されるようになった。

統治機構の整備

一四八〇年のトレードの議会では、国王顧問会議《コンセーホ・レアル》の改革もおこなわれた。その構成員は国王の直接任命による一二名（高位聖職者の議長一名、騎士三名、レトラード〈文官〉八名）とされ、その三分の二（八名）の多数で議決された。司教や爵位貴族は自由に出席する権利を有したが、議決権を奪われて徐々に足を遠ざけ、国王顧問会議は官僚化された最高行政機関となった。国王顧問会議の内部には、業務の多様性および複雑性に対応して複数の専門部局が設けられた。専門部局は、のちにエルマンダー会議、異端審問会議、宗教騎士団会議、財政会議、インディアス（スペイン領アメリカ）会議などへと発展し、国王顧問会議自体は、一四九四年に宮廷内に設置されたアラゴン会議と区別され、カスティーリャ会議と称されることとなる。このような顧問会議の発展とともに、国王と各会議を仲介する国王秘書官の政治的役割も増大した。

カトリック両王は、都市部における治安の回復や有力貴族の政治的影響力の排除をめざし、必要時に限定した一時的派遣を求める都市自治体の抵抗を克服して、一四九四年に王国全体に六五のコレヒドール(国王代官)管区(そのうち二つはアシステンテ・レアル管区)を設置した。コレヒドールは都市の市参事会《レヒミエント》を統括し、管区内で司法、行政、軍事にわたる広汎な権限を掌握した。コレヒドールは派遣対象都市の出身者以外から任命され、権力乱用を防止するため業務監査制度《レシデンシア》が設けられた。コレヒドール制の普及により、有力貴族が占めていた地方長官職(アデランタードとメリーノ・マヨル)は名誉職化した。

議会は、十五世紀前半に都市の寡頭支配者層が都市代表職《プロクラドール》を独占して以来、事実上、王太子承認と都市臨時課税協賛の場と化していたが、両王は一四八〇年のトレードの議会において、都市代表を派遣できる都市を一七(九二年以後はグラナダを含めて一八)に限定し、都市の政治的影響力の排除に努めた。以後、一四九八年まで議会を開催せず、法令も王令や勅令のかたちで公布した。さらに、コレヒドールをとおして都市代表の人選管理をはかり、議会の弱体化を決定的なものとした。

カトリック両王は司法制度の改革にも着手した。国王裁判権については、都市のアルカルデ(判事)もしくはコレヒドールが第一審にあたり、高等法院《チャンシリェリア》が控訴審裁判所とされた。高等法院は一四八九年、従来の巡回制を改めバリャドリーに固定化された。一五〇五年にはもう一つの高等法院がグラナダに設置され、王国の裁判管区はタホ川を境に南北二つに分けられた。とくに重要な事案は、直接もしくは上告により国王顧問会議において裁かれた。また、「良き統治」を実現すべく、一四八四年、当時有効であった諸法を整理し新たな法源とするため、アロンソ・ディアス・デ・モンタルボに命じて『カスティーリャ法令集』を編纂させ、世帯数二〇〇以上の都市にその購入、常備を義務づけた。王国法の整備は、一五〇三年のフアン・ラミレス・デ・アルカラによる『カトリック両王勅令集』の編纂や〇五年の『トロ法令』の公布をとおしてさらに進められた。

教会政策

カトリック両王、とりわけイサベルは、個人的宗教心と国家理性に従って行動した。一四八〇年のトレードの議会において、教会のアジール権に対する国王司法権の優位を宣言し、九三年には、ローマ教皇アレクサンデル六世から、修道服の着用と剃髪を常習的に怠る「不良聖職者」に関する裁判権を獲得するなど、教会に譲歩しない王権の姿勢を示した。高位聖職者の知的水準と宗教的資質の向上をめざすと同時に、経済・政治・軍事的観点から、高位聖職者、とくに大司教と司教を統治体制の忠実なる協力者として取り込むことに努めた。さらに、騎士団領の多大な収入と騎士団の軍事・政治的重要性に着目して三大宗教騎士団の掌握を企図し、フェルナンドを一四八六年にカラトラーバ騎士団、九三年にはサンティアゴ騎士団とアルカンタラ騎士団の団長職に就かせることに成功した。両王の三大騎士団団長職の管理権は、一五〇一年に教皇アレクサンデル六世によって認められ、三大騎士団領は事実上の王領地と化した。

カトリック両王は一四八六年、教皇インノケンティウス八世から、征服中のグラナダおよびカナリア諸島に関して、さらにイサベル死後の一五〇八年には、教皇ユリウス二世からインディアス(スペイン領アメリカ)に関する国王教会保護権《パトロナート・レアル》を獲得することに成功した。このような「国家教会」を求める国王の意図は、一五二三年にカルロス一世(在位一五一六〜五六)が教皇ハドリアヌス六世からスペイン王国全体についての国王教会保護権を承認されることで完成する。

修道院に関しては、十四世紀末以降、ドミニコ会やフランシスコ会などの修道会内部で現状維持を是とする因襲派と清貧や修道生活を重視し、修道士の知的水準の向上や資格の厳格化などの改革を主張する厳修派との対立がみられたが、カトリック両王は厳修派を支持し、一四八六年以降、イサベルの聴罪師であったエルナンド・デ・タラベーラやフランシスコ・ヒメネス・デ・シスネーロスを介して修道院改革を推進した。(4)

アラゴン連合王国内の改革

アラゴン連合王国内での王権の強化と中央集権化を企図するフェルナンドは、不在の機会が多くなったアラゴン、バレンシア、カタルーニャに国王代理の常置を決定するとともに、一四九三年にアラゴンとカタルーニャ(バレンシアは一五〇六年)の各国王法院を再編し、国王代理を介して国王裁判機能の充実をはかった。さらに、一四九四年には、宮廷内にアラゴン会議《コンセーホ・デ・アラゴン》を設置し、アラゴン連合王国の司法および行政に関する最高機関と位置づけた。もっとも、国王の司法権および行政権を代表する地方官職については、カスティーリャ王国のコレヒドール制のようなめだった改革はおこなわなかった。フェルナンドの都市政策は、都市の内部対立を鎮め、寡頭支配者層の権力の安定化をはかることを主眼としていた。そのため、市参事会員の選出に際する係争を避け、市参事会の「偏り」や「縁故関係」による悪影響を排除すべく、都市自治体が作成する候補者名簿に基づく市参事会員の「くじ引き《インサクラシオ》」選出制の普及に努めた。しかし、財政については、議会常設代表部《ディプタシオ》が諸税や公債など王室財政の重要な部分を管理しており、国王が新たな政治費用や軍隊の維持費を得るにも議会の承認を必要とした。アラゴン連合王国における国王の財政基盤の脆弱性は、王権の行使にとって大きな障害となり、フェルナンドの王権の強化および中央集権化の企図は、統治契約主義およびディプタシオの前に概して大きな成果をあげることができなかった。

3　宗教的統一への道

異端審問

カスティーリャ王国では、一三九一年のユダヤ人虐殺(ポグロム)および一四〇七〜一五年のあいだの説教運動以降に大量に出現したコンベルソ(改宗ユダヤ人)の存在が宗教的・社会的問題となっていた。コンベルソの改宗の真偽を問うための装置が社会的に必要とされ、聖職者の内部では異端審問を求める議論が高まっていた。[5] 即位してまもないイサベルも、ドミニコ会士アロンソ・デ・オヘーダから、セビーリャにおけるコンベルソの行状に関する報告を受けていた。その報告は、多くのコンベルソがユダヤ教の実践と解される行為[6]を公然とおこないながらも、キリスト教徒であると公言して公職に就きあるいは聖職禄を享受しているというものであった。カトリック両王は、一四七七〜七八年にかけてエストレマドゥーラとアンダルシーアへ行幸したが、その間にセビーリャを訪れ、オヘーダの報告書にある現実を目の当たりにした。異端審問の必要性を痛感した両王は、その設置許可をローマ教皇に求め、一四七八年十一月、教皇シクストゥス四世から王国内における異端審問官の実質的な任命権を獲得した。

もっとも、イサベルはただちに異端審問所を設置することはせず、慎重を期すため、当時セビーリャ大司教であったメンドーサ枢機卿とイサベルの聴罪師で『カトリックの反論』を著したエルナンド・デ・タラベーラに穏健なる問題解決を委ねた。彼らは約二年間、公教要理教育と説教活動をとおしてコンベルソに「正しい」カトリック信仰の実践を説いたが、期待された成果をあげることはできなかった。そこでイサベルは、一四八〇年九月、セビーリャに最初の異端審問所を設置し、スペインの近世異端審問制度が誕生した。その後、カスティーリャ王国では、一四八二年から九三年にかけて、コルドバ、トレード、サラマンカ、バリャドリー、ブルゴス、クエンカなどの主要都市(グラナダには一五二六年)に、アラゴン連合王国では、中世的異端審問所の存在や押収財産の帰属および裁判手続きをめぐる局地法との摩擦を克服しつつ、一四八三年にサラゴーサ、八四年にバルセローナとバレンシアに、ナバーラ王国では一五一三年にパンプローナに異端審問所が設置された。一四八〇年代の異端審問活動は苛烈を極め、当時の年代記作者プルガールによると、二〇〇〇人のコンベルソが背教者として処断され、一万五〇〇〇人が教会と和解するために悔罪《かいざい》した。異端審問は、異端審問会議の管轄下におかれ、一四八三年に初代異端審問長官となったドミニコ会士トマス・デ・トルケマーダは、押収財産の処分や審問手順を記した『異端審問指図書』の作成や異端審問官への「血の純潔《クンピエサ・デ・サングレ》」規約の適用などをとおして同制度の発展基盤を築き、その権限をスペイン王国全体におよぼすことで同制度による集権的機能の獲得にも貢献した。

異教徒の追放

カトリック両王の治世初期の時点で、カスティーリャ王国では、約二〇〇のユダヤ人共同体に一万五〇〇〇世帯のユダヤ人が居住していた。民衆の反ユダヤ感情は、一四九一年の「ラ・グアルディアの聖なる子」事件の事例がみられたものの、ポグロムの時期と比べると比較的落ち着いていた。両王は、一四七六年のマドリガルと八〇年のトレードの議会《コルテス》において、ユダヤ人に対し、居住域の制限、公職従事の禁止、ユダヤ人標の表示、キリスト教徒召使いの雇用禁止、農地購入の制限などを命じたが、これらは伝統的ユダヤ人政策の踏襲にすぎず、あくまでも違法な攻撃から国王隷属民としてのユダヤ人を保護する姿勢を堅持した。実際に両王の周囲には、首席ラビ(ユダヤ教の宗教指導者)のアブラハム・セネオールをはじめ、多くのユダヤ人の医者や財務官がみられ、イサベルの即位とともにすべてのユダヤ人の法的・社会的地位が急激に悪化したわけではなかった。

では、一四九二年三月末のユダヤ人(ユダヤ教徒)追放令はどう理解されるべきであろうか。追放という手段は、一四八〇年代の苛烈な審問活動の経験をとおして、コンベルソのカトリック信仰の不徹底がユダヤ人による改宗勧誘や日常生活におけるユダヤ人との接触によると結論づけた異端審問所が提案し、両王が八三年にその問題がもっとも深刻であったアンダルシーアに適用したのが最初であった。その後、一四八六年にサラゴーサとテルエルでもユダヤ人の追放が企図された。一四九二年の追放令は、コンベルソのキリスト教への同化を目的とし、その障害であるユダヤ人の存在を根絶すべく、彼らにキリスト教への改宗か国外退去かの選択を迫ったものであり、異端審問活動がスペイン王国全体に波及した当然の結果であった。追放令によってスペインを退去したユダヤ人の数は、八万〜一五万人と推算されている。(7)

もっとも、ユダヤ人の追放は、収税面で一時的な影響をおよぼしたものの、全体として大きな経済的・財政的危機をもたらすことはなかった。

ムスリム(イスラーム教徒)については、十五世紀末の時点で、グラナダ地域を除くカスティーリャ王国内で二万〜二万五〇〇〇人のムデハル(キリスト教徒支配下のイスラーム教徒)が比較的小規模な共同体を各地で形成し、宗教的自由と自治権を享受していた。アビラ、ブルゴス、バリャドリー、セゴビア、トレードなどの都市部に住むムデハルは、小売商業、運送業、製陶業、武器製造業、建築業などに従事して都市社会に融合していたが、コンベルソとは異なり社会・経済的地位が低く、キリスト教民衆の大きな反感をかうことは少なかった。また、農村部のムデハル、とくにグアディアナ川流域の宗教騎士団領やムルシア北部に住むムデハルは、安価な農業労働者や漁民として領主の保護を享受していた。アラゴン連合王国では、アラゴン王国に約三万人、バレンシア王国に五万人以上のムデハルが居住し、その大半は領主裁判権のもと、従順で熟練した農業労働者として保護されていた。

一四九二年、グラナダ王国の征服(グラナダ陥落)によって、新たに二〇万人以上のムデハルがカスティーリャ王国に組み込まれた。彼らの大部分はグラナダ市内とアルプハラス地域に居住し、グラナダ降伏協定によって信仰の自由、イスラーム法および諸慣習の尊重、キリスト教への強制改宗の禁止などが保障されていた。カトリック両王はグラナダ大司教エルナンド・デ・タラベーラに同地域のムデハルの改宗を委ねた。タラベーラは、アラビア語を用いてキリスト教的慈愛による穏和な改宗政策をおこなったが、期待された成果をあげることができなかった。一四九九年十月に赴任した枢機卿シスネーロス[8]は降伏協定を無視し、ファキーフのキリスト教への強制改宗、モスクのキリスト教教会への改築、コーランの焼却などの強硬な手段を用いてムデハルの改宗をはかった。これが発端となり、ムデハルが同年十二月にアルバイシン地区で、翌年一月にはアルプハーラスで暴動を起こした。さらに一五〇一年七月にはロンダでムデハルの反乱が生じた。カトリック両王は、こうしたムデハルの行動を降伏協定違反とみなし、一五〇二年二月、イスラーム教徒追放令を公布して、ムデハルにキリスト教への改宗か国外退去かを迫った(ナバーラでは一五一六年)。その結果、数多くのムデハルがキリスト教に改宗し、モリスコと呼ばれた。こうして生じた大量のモリスコのなかには、イスラームの伝統的な生活様式と信仰を実践しつづける者もみられた(モリスコ問題の発生)(9)。

カトリック両王は、二つの追放令をとおしてスペイン王国から異教徒の存在を消し去るとともに、異端審問によってカトリック信仰による王国の宗教的統一を理論上達成した。この宗教的統合は、「複合王政」下のスペイン王国にとって、王国の凝集性を高めるための重要な手段であり、唯一の王国統合原理として機能した。しかし、その一方で、「血の純潔」概念の発展を決定的なものとし、スペイン社会とりわけカスティーリャ社会に独特の社会的価値観と差別意識を定着させることとなった。

4　カスティーリャ王国の拡大

グラナダ王国の征服

カトリック両王によるグラナダ征服戦争は、一四八一年十二月のグラナダによるサアラの占領に対抗して、翌年二月にカスティーリャがアラマを占領したときから始まった。グラナダ王国では、国王《アミール》アブル・ハサン・アリ(アブー・アルハサン・アリー、在位一四六四〜八五)と王子ボアブディルの対立が高じ、ボアブディルがムハンマド十一世(在位一四八二〜八三、八七〜九二)を自称して内戦が生じていた。カトリック両王は、一四八三年に王子ボアブディルをグラナダ国王と認めて彼とのあいだに休戦協定を締結し、国王アブル・ハサンおよびその後継者の王弟ムハンマド・イブン・サッド(ムハンマド・ブン・サード、ムハンマド十二世ザガル、在位一四八五〜八七)と対峙した。そして、一四八五年六月から八七年八月にかけて、ロンダ、ロハおよびマラガを陥落させ、グラナダ王国西部の占領を終えた。その間、ボアブディルは、一四八七年四月にグラナダ入城をはたした。このとき、カトリック両王とボアブディルとのあいだには、ボアブディルのための新たな独立所領の設置と両王へのグラナダ市の引渡しに関する協定が締結された。一四八八年、カトリック両王は王国東部の占領に取りかかり、ボアブディルの支配地となるべき諸都市を早々に降伏させたのち、八九年十二月、ザガル派の拠点であったバサ、グアディクス、アルメリアを困難な包囲戦のすえにようやく陥落させた。しかし、一四九〇年初頭、八七年の協定の実施条件をめぐる対立によりグラナダ市包囲戦が始まった。カトリック両王は、一四九〇年にグラナダ近郊のベガ地域を占領し、九一年四月にはグラナダ市を完全に孤立させ、同月末にはグラナダ攻略の決意を世に示すべくサンタ・フェ市の建設に着手した。抵抗の無意味を悟ったボアブディルは、一四九一年十一月二十五日に降伏協定に調印し、九二年一月二日にグラナダ市をカトリック両王に明け渡した(レコンキスタ〈再征服〉の終焉)。

レコンキスタ後の旧グラナダ王国には、アンダルシーア・ベティカや新カスティーリャ地方を中心に各地から多くのキリスト教徒が入植した。また、コレヒドール制や高等法院をはじめ、改革を経験したばかりのカスティーリャ王国の諸制度が導入された。それらは、伝統的在地権力との「しがらみ」に縛られることなく効果的に機能し、カトリック両王は、グラナダ地域においてその権威をより強く発揮することができた。また、教会組織も当初から国王教会保護権のもとで機能した。これらの点で、まさにグラナダは、近世スペイン王国の種々の特徴を最初に備えた地域となった。

カナリア諸島の征服とインディアスの「発見」

カナリア諸島は、一四〇二年、国王エンリケ三世の資金援助を受けたフランス人騎士ジャン・ド・ベタンクールの征服活動をとおしてカスティーリャ王国の支配するところとなった。一四二〇年代以降は、七七年にイサベルが直接介入するまで、ラス・カサス家やペラーサ家などのセビーリャの都市貴族家系が、その征服と植民の主導的役割をはたした。(10)

カナリア諸島は、カスティーリャ王位継承戦争(一四七五〜七九年)のあいだも、カスティーリャとポルトガルの争点の一つとなり、イサベルは、未征服であった三島（グラン・カナリア島、テネリーフェ島、ラ・パルマ島）の王領地化を宣言した。しかし、人員や財政上の困難により征服活動を直接実行することはできず、フランチェスコ・デ・リベロルやジアノット・ベラルディなどのジェノヴァ商人に資金援助をあおぎながら、「征服契約《カピトゥラシオン》」をとおして個人に三島の征服活動を委ねた。この「征服契約」に基づいて、一四七八年六月〜八三年には隊長《カピタン》フアン・レホンとランサローテ司教フアン・フリアスがグラン・カナリア島を征服し、九二年九月〜九六年五月にはアロンソ・フェルナンデス・デ・ルゴがラ・パルマ島の征服を達成した。その間、一四九三年十二月には同じくルゴがテネリーフェ島の征服に着手した。しかしながら、このシステムは、王室、資金援助者、征服者の三者間の利害調整を必要とし、征服地の植民と編成を複雑化する結果を招いた。

カナリア諸島への入植者は、カスティーリャ人、とりわけアンダルシーア出身者が多数を占めたが、カナリア経済の主軸である奴隷貿易や砂糖生産に資本面で貢献したジェノヴァ人やポルトガル人の入植者もみられた。行政面では、グラナダ地域と同様、コレヒドール制などのカスティーリャ国内の諸制度が導入され、司法上はグラナダの高等法院《チャンシリェリア》管区に帰属した。また、教会組織も国王教会保護権のもとにおかれた。カナリア諸島は、カディス港から海路六日の距離に位置していたこともあり、ヨーロッパの西端として認識された。

十五世紀のイベリア半島では、モロッコの小麦、スーダンの金と奴隷の獲得およびアジアとの直接商業の実現をめざす当時のヨーロッパに共通の経済的欲求が高まっていた。そして、ヨーロッパの西端という地理的条件や航海技術の発達、熟練船員の存在、航海関連の学問的知識と情報の蓄積などを背景に、カナリア諸島とグラナダ王国における征服植民活動の経験、レコンキスタの延長上の北アフリカ征服の願望、征服地への布教精神、勇猛心や冒険心の高揚の気運といった固有の要因が、新大陸到達のための好環境を形成していた。そのなかでイサベルは、一四九二年四月、距離計算の誤謬と航海海域の問題点のゆえにポルトガルで拒否されたコロンブス（クリストバル・コロン）の「西廻りアジア・ルート」案[11]を最終的に受け入れ、彼を「大洋の提督」に任じると同時に、到達後に領有すべきインディアスの副王ならびに総督の地位とそれに付随する種々の権限を終身かつ世襲的に享受することを認めた（サンタ・フェ協定）。コロンブスは、一四九二年八月三日、ナオ船サンタ・マリア号を旗艦とし、二隻のカラベラ船ニーニャ号とピンタ号を従えて、水先案内人ペドロ・バスケス・デ・ラ・フロンテーラやピンソン兄弟などの経験豊かな乗組員八六名とともにパロス港を出航し、十月十二日、西インド諸島のサン・サルバドール島に到達した。さらにカリブ海域を踏査したのち、十二月六日にエスパニョーラ島に上陸した[12]。

発見地およびのちに発見される土地に関する支配権の獲得と中部大西洋におけるポルトガルとの領域問題の見直しが急務となり、カトリック両王は一四九三年、教皇アレクサンデル六世から「贈与大勅書」を得て、アソーレス諸島の西方一〇〇レグア（約五五〇キロ）以西をカスティーリャの排他的航海水域および征服地域とすることに成功した。しかし、ポルトガルはこの「教皇子午線」に納得せず、一四九四年のトルデシーリャス条約によって、新たにカボ・ヴェルデ諸島の西方三七〇レグア（約二〇〇〇キロ）の子午線が、カスティーリャとポルトガルとのあいだの探検・征服活動の境界とされた。

インディアスの統治については、サンタ・フェ協定に基づきコロンブスが初代インディアス副王および総督となったが、一四九七年に更迭され、以後、コロンブスの子ディエゴ・コロンが一五〇八〜一五年に副王となるものの、副王と総督の職はコロンブス家の家産とはならなかった。その間、一五一一年には聴訴院《アウディエンシア》がサント・ドミンゴに設置された。カスティーリャ国内でも、インディアスに関連したさまざまな制度や法が整備された。一五〇三年には、インディアスとの商品移動や関税、移民、水先案内人の養成などを独占的に差配し、インディアス貿易に関する商業裁判権を賦与されたインディアス通商院《カサ・デ・コントラタシオン》がセビーリャに創設され、一二年には、スペイン人とインディオとの関係を規定する最初の法としてブルゴス法が制定された。翌年には、法学者ロペス・デ・パラシオス・ルビオスによって『勧降状《レケリミエント》』が起草され、インディアスにおける征服戦争の正当化が試みられた。征服戦争の正当性をめぐるこの時期の議論は、のちにインディアス新法で発展をみせるインディオの権利と人間としての尊厳に関する新たな法的概念の芽生えとしてとらえることができる。

5　カトリック両王の外交政策

半島外交

カトリック両王の外交政策は、基本的に、イベリア半島はカスティーリャ王国の利害、ヨーロッパはアラゴン連合王国の利害にそくして展開された。ピレネー山脈以北のヨーロッパからみれば、フェルナンドがスペインの外交政策を推進する主役としてみえたのも当然である。「複合王政」下のスペイン王国にとって、統合的な「国家理性」が存在したことは否定できず、この点において、スペイン王国の「統合」は、国内ではなく、外交面において「外部から」先に実感されたといえる。

カトリック両王は、半島内の諸王国に対しておもに婚姻外交を展開した。ポルトガルとは、一四七九年のアルカソヴァス条約により、カトリック両王の長女イサベルとポルトガル王太子アフォンソの婚約が成立し、九〇年に両者の結婚が実現した。この結婚は翌年のアフォンソ王太子の死去によって終わったが、イサベル王女は一四九七年にポルトガル王マヌエル一世(在位一四九五～一五二一)と再婚した。マヌエル一世も、王妃イサベルの死後、一五〇〇年に再びカスティーリャ王女マリアと結婚した。両者のあいだに生まれたイサベル王女こそ、一五二六年にカルロス一世と結婚しフェリーペ二世の母となる人物であり、フェリーペ二世によるポルトガル王位の継承も、このイサベルのポルトガル王位継承権に由来するものであった。この意味において、カトリック両王の婚姻外交政策は、まさに半島内のアラゴン連合王国とカスティーリャ王国とポルトガル王国の王朝的「統合」を準備するものであった。

ナバーラ王国とカスティーリャ王国との王朝的「統合」も、この時期の重要課題の一つであった。ナバーラ王国との外交政策は、基本的には、ナバーラ王国内の親カスティーリャ勢力の保護を考慮しながら、フランスとの直接的な対立をなるべく避けるかたちで展開された。このような外交方針は、一四七六年のフェルナンドによるフランシスコ・ド・フォアのナバーラ王位継承権の承認およびベアウモンテス派(ボーモン派)との同盟関係の維持というかたちで受け継がれた。カトリック両王は、ナバーラとの婚姻外交を企図したが、次女フアナとナバーラ王フランシスコとの結婚計画は一四八三年の同王の死によって頓挫し、王太子フアンとフランシスコの妹でナバーラ女王となったカタリーナとの結婚もフランス王ルイ十一世の干渉により実現できなかった。カタリーナは一四八四年、ジャン・ダルブレと結婚し、両者は九二年にナバーラの共同統治を開始した。ナバーラ王国をめぐるカスティーリャとフランスの対立が徐々に深刻化していくなかで、カトリック両王は一四九五年三月、ナバーラとのあいだにマドリード条約を締結し、ナバーラの中立を確約させることに成功した。

ヨーロッパ外交

フランスとの関係は、カトリック両王の外交にとって最重要課題であった。カスティーリャ王国が、一三六八年のトレード条約以来フランスとのあいだに友好関係を基本的に維持していたのに対し、アラゴン連合王国は、一二八二年のシチリア問題以来、西地中海およびイタリア半島においてフランスとのあいだでしばしば衝突を繰り返していた。

アラゴン王フアン(ジュアン)二世(在位一四五八〜七九)は一四七五年、フランス王ルイ十一世がカタルーニャ内戦(一四六二〜七二年)の際の報酬問題を理由にルサリョ(ルシヨン)とサルダーニャ(セルダーニャ)を占拠したため、フランスに対抗すべくイングランドおよびハプスブルク家とのあいだに新たな同盟関係を結んだ。また同年、ルイ十一世がカスティーリャ王位継承戦争に際してファナ（ラ・ベルトラネーハ）を支持してカスティーリャ国内に侵攻したため、イサベルもアラゴン王が提唱する反フランス同盟に参加した。これは、カスティーリャ王国の対フランス外交にとって大きな転換点であったが、ブルゴーニュ＝フランドルとの密接な商業関係や一四七一年のウェストミンスター条約が示すイングランドとの通商関係の正常化の流れを考慮すれば十分に理解できることであった。

またカトリック両王は、一四八九年、イングランド王ヘンリ七世とのあいだにメディーナ・デル・カンポ条約を結び、フランスに奪われた領土[13]の回復をめざすと同時に、イングランド王太子アーサーと王女カタリーナとの婚約を成立させた。さらに、ブルゴーニュ公領をめぐってフランス王と対立していた神聖ローマ皇帝マクシミリアン一世とのあいだに、ブルゴーニュ公位継承者フィリップ（のちのフェリーペ一世）と王女ファナ（のちのファナ一世）、王太子ファンとマルガリータ・デ・アウストゥリアの婚約を成立させた。フランスを共通の敵とするカトリック両王、ヘンリ七世、マクシミリアン一世の三者は、一四九〇年九月、オーキング条約を締結して同盟関係を確認した。

イタリアでは、ナポリ王国がスペインとフランスとの争点となった。一四四三年にアラゴン連合王国のアルフォンス四世（アラゴン王としてはアルフォンソ五世。在位一四一六～五八）によって征服されたナポリ王国は、同王の死後、その庶子のフェルディナンド一世（在位一四五八～九四）の統治下にあった。アンジュー家によるナポリ支配を主張するフランス王シャルル八世は、一四九三年八月、ルサリョおよびサルダーニャの返還と引き替えに、フェルナンドに対しナポリに関するシャルル八世の諸権利の尊重ならびにナポリ王家との婚姻外交の停止を求めた（バルセローナ条約）。その後、翌一四九四年八月にイタリアに侵攻し、九五年初頭にナポリ王国のほぼ全域を占領、ナポリ王アルフォンソ二世（在位一四九四～九五）を廃位した。しかし、教皇アレクサンデル六世はシャルル八世のナポリ支配を認めず、カトリック両王もアルフォンソ二世の庶子でシチリアに亡命していたフェルディナンド二世（在位一四九五～九六）のナポリ王位を支持した。さらに、一四九五年三月には、オスマン帝国との戦いを名目に、ローマ教皇庁、神聖ローマ帝国、スペイン、ミラノ公国、ヴェネツィア共和国からなる第一次神聖同盟が成立し、事実上のフランス包囲網が形成された。ゴンサーロ・フェルナンデス・デ・コルドバ率いるスペイン軍は、同年七月にナポリ市を奪回し、アレクサンデル六世もフェルディナンド二世の即位を支持した。フランス軍は最終的に一四九六年八月に降伏し、シャルル八世はやむなくナポリから撤退した。アレクサンデル六世は、同年十二月十九日、教皇の利益をよく擁護した功績により、フェルナンドとイサベルにそれぞれ「カトリック王」と「カトリック女王」の称号を与えた。両者がカトリック両王と称されるゆえんである。

一四九六年、ナポリ王フェルディナンド二世が死去し、庶子ファドリーケがナポリ王を宣言したが、フェルナンドは、アルフォンソ五世に由来する自己のナポリ王位継承権を主張してファドリーケの即位を認めず、九八年にシャルル八世を継いだフランス王ルイ十二世も、アンジュー家以来のナポリの支配権を主張した。一五〇〇年十一月、カトリック両王とルイ十二世は、グラナダ条約を締結してナポリ王国の分割支配を取り決め、一五〇一年後半から同王国の占領を開始したが、翌年秋には境界線の画定や権益の分配をめぐる対立が高じて両者のあいだに再び戦争が生じた。大総帥《グラン・カピタン》フェルナンデス・デ・コルドバ率いるスペイン軍は、一五〇三年十二月のガレラーノの戦いで決定的な勝利をおさめ、フランス軍をナポリから放逐することに成功し、ここにナポリ王国のスペインへの帰属が事実上確定した。

6　カトリック両王期の終焉

イサベルの死とカスティーリャの危機

イサベル女王の晩年、スペインを取り巻く国際情勢の不安定要因が再び表面化した。一五〇一年に実現したカタリーナ王女とイングランド王太子アーサーとの結婚は、翌年のアーサーの死によって終わり、イングランドとの婚姻外交を重視するカトリック両王は、一五〇三年にあらためてカタリーナと新王太子ヘンリ(のちのヘンリ八世)の婚約を取り決めた。さらに同年には、王太子フアンの死去によって「ブルゴーニュ公」フィリップ（フィリップ美公）に嫁いだフアナ王女がカスティーリャの王位継承者となった。また、フランス王ルイ十二世がナバーラ王国の南仏領（フォア、ベアルン、ビゴール）の領有権を主張するガストン・ド・フォアを公然と支援したことから、ナバーラ王ジャン三世と女王カタリーナはカトリック両王に接近し、一五〇四年三月、ナバーラ王太子アンリとフィリップ美公夫妻の娘イサベルとの婚約が成立した（メディーナ・デル・カンポ条約）。

イサベルは、一五〇四年十一月二十六日に死去し、フアナがカスティーリャ王位を継承した（フアナ一世。のちにフアナ・ラ・ロカ〈狂女王〉とも呼ばれる）。しかし、フアナが精神疾患により統治能力を欠いていたため、一五〇五年のトロの議会《コルテス》において、イサベルの遺言通りフェルナンド二世がカスティーリャの「正当な統治者」として正式に承認された。フェルナンドは、同年九月にフランス王ルイ十二世とのあいだにブロア協定を締結し、フィリップ美公（フェリーペ一世）へのフランスの支援の停止と引き替えに、フランス王の姪ジェルメーヌ・ド・フォアとの再婚とナポリ王位の譲渡を約束した。[14] 一五〇六年四月、女王フアナはフェリーペ一世とともにフランドルからカスティーリャに帰国した。フェリーペは、二カ月足らずのあいだに貴族や他の政治勢力の支持を集め、同年六月、フェルナンドにカスティーリャの統治を放棄させることに成功した（ビリャファフィラ協定）。フェルナンドはカスティーリャを去りアラゴンに帰国したが、同年九月のフェリーペの死により事態は再び急変した。カスティーリャの統治は、枢機卿シスネーロスを議長とする貴族評議会に急遽委ねられることになった。その構成員のうち、陸軍総帥（ベラスコ家）、海軍提督（エンリケス家）、インファンタード公（メンドーサ家）とアルバ公（アルバレス・デ・トレード家）は、王権の擁護を提唱しつつフェルナンドによる統治の復活を支持したのに対し、ナヘラ公（マンリーケ家）、ビリェーナ侯（パチェーコ家）とベナベンテ伯（ピメンテル家）は、王太子カルロスの即位とハプスブルク家のマクシミリアン一世の摂政就任を望んでいた。シスネーロスはフェルナンドに帰還を要請したが、フェルナンドは国王顧問会議と協力して王国を統治するよう助言を残してナポリに向かった。その間、アンダルシーアではメディーナ・シドニア公(グスマン家)やプリエゴ侯(フェルナンデス・デ・コルドバ家)の専横行為により再び治安が悪化した。(15)

フェルナンドの統治

フェルナンドは、一五〇六年九月から翌年八月までナポリに滞在して政情の安定化をはかりつつ、大総帥フェルナンデス・デ・コルドバを勇退させ、フアナ女王と自らの名でナポリ王国を支配した。カスティーリャに帰還したフェルナンドは、マクシミリアン派の領袖ナヘラ伯と和解し、さらに翌年にはアンダルシーアにおける混乱を収拾した。

ナバーラ王国については、女王カタリーナと国王ジャン三世が一五〇六年八月にトゥデーラ条約を結んでフェリーペ一世との接近をはかり、フェリーペの死後はマクシミリアン一世による摂政政治を支持するなど、フェルナンドとの関係は悪化していた。もっとも、ナバーラ王夫妻は一五〇九年、パンプローナ司教の叙任をめぐり教皇ユリウス二世から破門され、ルイ十二世には再び南仏領のガストン・ド・フォアへの引渡しを要求されるなど、外交的に窮地に立たされた。イングランドについては、一五〇九年六月にカタリーナ王女とヘンリ八世との結婚が実現し、翌年には友好条約が締結された。また、マクシミリアン一世とのあいだには、一五〇九年十二月にブロア協約が成立し、マクシミリアンは王太子カルロスの王位継承権の保障と引き替えにカスティーリャの摂政となる意志を放棄した。この間、フェルナンドは、聖地イェルサレムの解放をめざして北アフリカの海岸部においても軍事活動を展開した。オリベト伯ペドロ・ナバーロ率いるスペイン軍は、一五〇九年五月にオラン、翌年一月にはブージーを征服し、さらに同年七月にはトリポリを占領することに成功した。しかし、同年八月、チュニス攻略のための拠点であったジェルバ島の征服には失敗した。

イタリアでは、一五一〇年二月に教皇ユリウス二世とヴェネツィアが和解し、一五〇八年以来のカンブレー同盟体制が崩壊した。さらにユリウス二世は、同年六月、ミラノを支配しつづけるフランスを排除すべく、フェルナンドのナポリ王位を認めてスペインへの接近をはかった。これはナポリの現状に法的根拠を与えるものであったが、ルイ十二世はこれに反発し、翌年九月にマクシミリアン一世と接近した(ピサの和解)。フェルナンドはフランスに対抗すべく、同年十月、教皇ユリウス二世およびヴェネツィアとともに第二次神聖同盟を結成した。

イタリアにおける戦争は、ナバーラ王国の運命を大きく左右した。一五一二年四月のラヴェンナの戦いでガストン・ド・フォアが戦死し、ガストンが主張したナバーラに関する諸権利がガストンの妹ジェルメーヌとその夫フェルナンドの手中にはいると、ルイ十二世は態度を一変させ、ただちにベアルン、フォア、ビゴールのナバーラへの帰属を認めるとともに、ナバーラとの同盟を結んだ。ナバーラ王国の中立が崩れると、フェルナンドは同年七月十七日、一四九五年のマドリード条約違反を理由にアルバ公にナバーラ侵攻を命じ、アルバ公は短期間でナバーラ王国の大部分を占領することに成功した。教皇ユリウス二世は、一五一二年七月二十一日、フェルナンドのナバーラ侵攻の正当性を認め、フェルナンドは、王妃ジェルメーヌのナバーラ王位継承権に依拠して翌八月にナバーラ王を宣言した(ナバーラ併合)。

スペインとフランスの戦争状態は、一五一三年四月のオルテーズの和議によって収束し、ルイ十二世はフェルナンドのナバーラ王位を承認した。フェルナンドは、一五一五年、ブルゴスの議会において、ナバーラとカスティーリャの経済的関係や統合に際する法手続きの容易性、カスティーリャの強固な王権と強力な軍事力などを考慮し、ナバーラ王国(南仏領はフランスが領有)のカスティーリャ王国への帰属を決定した。しかし、ナバーラは地域特権を認められ、固有の議会や顧問会議、貨幣制度などを維持することができた。

フェルナンドは一五一六年一月二十三日に死去し、シスネーロス枢機卿がカスティーリャの「統治者」となり、フェルナンドの庶子でサラゴーサ大司教であったアルフォンソ・デ・アラゴンがアラゴン国王代理となった。また、シスネーロスはナヘラ公ディエゴ・マンリーケをナバーラ副王に任じたが、これらすべては、王太子カルロスが二十歳になりスペインに到来するまでの措置であった。カルロスは一五一七年九月、母であるカスティーリャ女王ファナ一世の王国スペインの土を踏んだ。

カトリック両王の治世の意味

カトリック両王、とくにイサベルがカスティーリャにおいておこなった政策は、アルフォンソ十世が『七部法典』のなかで示した「強い王権」の理念を出発点に、主として十四世紀半ば以降、アルフォンソ十一世やトラスタマラ朝の歴代国王によって考案、実施された諸制度の改革が中心であった。異端審問所でさえ、すでに一四六二年にエンリケ四世がその設置を教皇に対して要請していた。イサベルの諸改革の成功は、トラスタマラ朝の歴代国王が推進してきた政治路線の結実した姿であり、バル・バルディビエソの述べるように、ロス・トロス・デ・ギサンド協定に際して「正当なる王位継承者」と宣言して以降、「強い王権」の実現をめざしたイサベルの強固な意志とフェルナンドの協力の賜にほかならなかった。

諸改革の結果、有力貴族は政治権力を確保する手段を手放し、その代わりに社会的・経済的権益の保障を得た。高位聖職者は国王教会保護権のもとで国王の有力な協力者となり、議会は本来の機能を完全に喪失した。都市の寡頭支配者層も、カスティーリャではレヒドール(市参事会員)職の分配、アラゴン連合王国では市参事会員の「くじ引き」選出制《インサクラシオ》によりその地位の安定を得たが、都市政治の中心から遠のくことになった。カトリック両王は、既存の諸権力を政治から遠ざけることに成功し、国王の政治的優位を確立させたのである。こうして、カトリック両王期の特徴である強権的《アウトリタ》王政《リスモ》がスペイン王国において実現されたのであった。

スペイン王国の強権的王政は、主としてカスティーリャを基盤とし、統治契約主義の伝統の強い旧アラゴン連合王国にはおよばなかった。近世スペイン王国が実現した「統合」が、単一の「王朝」による地域的多元性を容認する「複合王政」のもとでのゆるやかなものであったことはすでに述べたとおりであるが、カトリック両王は、スペイン王国の

「統合」原理をカトリックに求め、異端審問と異教徒の追放をとおして宗教的統一を実現し、国家的凝集性の確保に努めたのであった。

中央集権的制度に裏づけられたスペイン王国の「国家的統合」はブルボン期まで待たねばならないが、外交面に目を向けると、カトリック両王期には、確実にスペイン王国の共通利害が存在し、「国家理性」が機能していた。イベリア半島内では、スペイン王国の影響領域が意識され、グラナダ王国の征服、婚姻政策によるポルトガルとの同盟関係の形成、ルサリョとサルダーニャの奪回、ナバーラ王国における均衡維持が重要な外交課題とされた。また、半島外のヨーロッパとの外交に関しては、イタリアにおける利害経験とアラゴン王フアン二世の外交的遺産により、「キリスト教世界」という概念を受け入れつつも、近代的な勢力均衡の理論がいち早く実践された。スペイン王国のヨーロッパ外交は、フランスの「覇権主義」に対峙するものであり、アラゴン連合王国の外交政策の延長線上にカスティーリャの人的・経済的資源を用いておこなわれた。スペイン王国におけるカスティーリャの役割はすでにこの時点で運命づけられたといえる。カトリック両王期は、ヨーロッパにおけるスペインの外交的・軍事的プレゼンスとしての基盤が構築された時期であり、この基盤はまさに次世代のカルロス一世期に飛躍的な拡大を遂げることになる。

▼補説9▲　カトリック両王期の人文主義

イタリアを起源とする人文主義運動は、十四世紀後半という比較的早い段階からイベリア半島に影響をおよぼした。とくにアラゴン連合王国では、アヴィニョンやローマ、ロドス島でのビザンツの知識人たちとの接触をとおして、一三七〇年頃にはトゥキュディデスやプルタルコスなどのギリシア人の著作が知られ始め、十四世紀末から十五世紀前半には、ボッカッチオやダンテなどの作品がカタルーニャ語に翻訳された。その後、アルフォンス四世のナポリの宮廷をとおして、イタリア・ルネサンスがスペインに浸透し、ペトラルカ、アルベルティ、ブルーニなどの人文主義者の著作やオヴィディウス、ベルギリウス、ルカヌス、キケロ、セネカなどの古典が数多く翻訳された。カスティーリャ王国の場合は、枢機卿ファン・ヒル・デ・アルボルノスが一三六七年にボローニャに設立したスペイン人のためのサン・クレメンテ学寮における法学および古典文学の勉学を介して、イタリアの人文主義との接触が始まった。その後、一四二〇年代～五〇年代にかけて、新詩法を導入したサンティリャーナ侯イニゴ・ロペス・デ・メンドーサやファン・デ・メナ、アリストテレスやセネカを翻訳したペドロ・ディアス・デ・トレードの影響により、ファン二世の宮廷において古典文学への関心が高まった。カスティーリャに人文主義を導入したといえる人物は、多くの著作や翻訳を残し、多くの弟子を育成したコンベルソのブルゴス司教アロンソ・デ・カルタヘーナであった。

このような時代背景のなか、スペインの人文主義はカトリック両王期に開花し、人文主義者のなかにはコンベルソも少なくなかった。一四七四年にバレンシアからスペインにはじめて導入されたとされる印刷技術も、人文主義の普及と知識人層の拡大に重要な役割をはたした。カトリック両王、とくにイサベルの知的欲求は大きく、イタリアから優れた人文主義者を招聘した。ジェラルディーノ兄弟は、宮廷でファン王太子やファナ王女のラテン語教師を務めた。ラテン語教育の成果は著しく、ファナ・ラ・ロカがフランドルの宮廷で即興でおこなったラテン語の演説に、コンベルソのファン・ルイス・ビベスが感嘆したというエピソードは有名である。また、テンディーリャ伯イニゴ・デ・メンドーサに招かれたミラノ出身のペドロ・マルティル・デ・アングレリアは、一四九二年から宮廷で自由七科《リベラル・アーツ》の教師を務め、多くの貴族やその子弟が彼に学んだ。イサベルは一五〇〇年、彼に「わが宮廷における騎士たちの自由科の教師」の称号を授与している。海軍提督ファドリケ・エンリケスの保護を受けスペインを訪れたシチリア出身のルキオ・マリネオ・シクロも重要であった。ペドロ・マルティルとマリネオ・シクロの著作は、カトリック両王個人ならびに両王によるスペイン「統一」(分裂したイタリアとの比較において)の偉業に対する賞賛に満ちており、とくに、マリネオ・シクロが一五三〇年に著した『スペインの偉業』は、ハプスブルク朝初期のスペインの「祖国意識」の是認に貢献することになる。

カトリック両王の周囲には、アルフォンソ・デ・パレンシアやディエゴ・デ・バレーラ、エルナンド・デル・プルガールなどの歴史家、法学者ロペス・デ・パラシオス・ルビオスなど、スペイン人の人文主義者も多数みられた。また、イサベルのラテン語教師を務めたベアトリス・ガリンド、大学で教鞭をとったルシア・メドラーノ(サラマンカ大学)やフランシスカ・デ・ネブリーハ(アルカラ大学)などの女性人文主義者もいた。

しかし、とりわけカトリック両王期を代表するスペインの人文主義者は、アントニオ・デ・ネブリーハであった。コンベルソのネブリーハは多くの学問分野に精通していたが、とりわけ偉大なラテン語学者であり、サラマンカ大学やアルカラ大学で教鞭をとった。彼の著書『ラテン語入門』(サラマンカ、一四八一年)とその補完的著書『ラテン語-カスティーリャ語辞典』(一四九二年)および『カスティーリャ語-ラテン語辞典』(一四九五年)は、人文主義の門戸を開く鍵であったラテン語学習に大きく貢献した。また、カスティーリャ語の積極的な推進者として、一四九二年八月十八日、ヨーロッパ最初の俗語文法書である『カスティーリャ語文法』(サラマンカ)を上梓し、カスティーリャ語をラテン語同様、確立した文法規範をもつ成熟した言語として学問分野での使用に耐えるものにしようと努めた。カスティーリャ語は、同書のイサベル女王への献辞のなかでネブリーハが用いた「言語は帝国の伴侶」の表現通り、スペイン帝国に広く浸透することになった。

トレード大司教であったシスネーロスがアルカラ・デ・エナレスでおこなった文化活動もスペインの人文主義にとって重要であった。シスネーロスは、一四九九年にアルカラ大学を創設し、神学と聖書学をとおしてエリート聖職者の育成をはかった。そして、聖書学の一環として言語教育を重視し、三言語学寮《コレヒオ・トリリングエ》で聖書学に不可欠なラテン語、ギリシア語、ヘブライ語の徹底教育をおこなった。さらに、ラテン語、ヘブライ語、アラム語、ギリシア語による『多言語対訳聖書《ポリグロタ》』の作成を計画し、半島の内外から聖書や言語の専門家を募った。もっとも、ロッテルダムのエラスムスには計画に参画するよう要請したが拒まれ、ネブリーハとはラテン語訳聖書《ブルガータ》をめぐって意見が対立した。ネブリーハが新たな校訂本の模索も含めて、ブルガータ版の翻訳不備を改めるべきと主張したのに対し、シスネーロスは、異端審問を考慮しつつ、「新たな聖書翻訳の意図」を排除する姿勢を貫いてネブリーハの意見を退けた。六巻におよぶ『多言語対訳聖書』は、一五一四～一七年にかけて出版され、スペインの人文主義を代表する書物の一つとなったが、同時にシスネーロスがめざした神学教育の改革の限界、ひいてはキリスト教的人文主義の限界を象徴することとなった。異端審問所の存在が、スペインの人文主義からネブリーハやエラスムスの有した批判的・文献学的視点を奪ったとはいわないまでも、人文主義の流れを特定の分野に限定してしまったことに疑いの余地はない。改宗の経験をもつレオン・エブレオ(ユダー・アブラバネル)やファン・ルイス・ビベスといった十六世紀初頭の優れた人文主義者が、イベリア半島を避けて国外に活躍の場を選んだ事実がそれを示しているといえよう。

注

(1) カスティーリャ大貴族のうち、メンドーサ家(サンティリャーナ侯・インファンタード公)、ベラスコ家(陸軍総帥)、エンリケス家(海軍提督)、グスマン家(メディーナ・シドニア公)、ピメンテル家(ベナベンテ伯)がただちにイサベル支持を表明した。

(2) ストゥニガ家(プラセンシア伯)、パチェーコ家(ビリェーナ侯)、テリェス＝ヒロン家(ウルエニャ伯)、ソトマヨール家(カミーニャ伯)などの有力貴族がフアナを支持した。

(3) カスティーリャ王国は、人口四三〇万人、面積三八万五〇〇〇平方キロ、アラゴン連合王国は、人口八六万五〇〇〇人、面積一一万平方キロ。ナバーラ王国は、人口一二万人、面積一万一七〇〇平方キロ、ポルトガル王国は、人口一〇〇万人、面積八万九〇〇〇平方キロであった。

(4) 改革の拠点となった修道院として、ドミニコ会のサン・グレゴリオ修道院とサン・エステバン修道院、ベネディクト会のサン・ベニート修道院などがあげられる。

(5) 神学的議論も起こり、『信仰の砦』を著したフランシスコ会士アロンソ・デ・エスピーナや『キリスト教統一の擁護』を著したアロンソ・デ・カルタヘーナは、コンベルソの立場から隠れユダヤ教徒(マラーノ、フダイサンテ)に対する厳格な処罰を説き、ディエゴ・デ・バレーラやドミニコ会士ファン・デ・トルケマーダは、客観的な視点から不当に糾弾されるコンベルソの擁護を説いた。

（6）主として、サバト（土曜の安息日）の尊重、割礼の実施、小斎日の食肉の禁止、ユダヤ祈禱の合唱、ユダヤ教の祝祭の実施、ユダヤ式埋葬などがあげられる。

（7）スペインを追われたユダヤ人の多くはポルトガルやナバーラ、プロヴァンスに逃れた。ポルトガルに逃れた者のなかには、改宗してキリスト教徒となり再びスペインに戻る者もいた。その後、一四九七年にポルトガル、九八年にナバーラ、一五〇〇年にプロヴァンスでユダヤ人追放令があいついで出され、セファルディー（スペインを含む地中海世界のユダヤ人の総称）は、フランス南西部やイングランド、フランドル、アフリカ北部（フェズ、テトゥアン、タンジェ）、イタリアに新たな定住地を求めた。セファルディーの移動は十六世紀をとおして生じたが、とくにオスマン帝国のバヤジット二世はセファルディーの定住を支援し、サロニカ、イスタンブル、アドリアノープルなどの都市には重要なセファルディー共同体が成立した。

（8）イスラームの教義や法を深く理解した知識人であり、法学者であることが多い。シスネーロスは、イスラーム社会のなかで尊敬と信頼の対象であったファキーフをカトリックに改宗することで、一般のイスラーム教徒の改宗を促そうと考えた。

（9）グラナダのモリスコには、キリスト教社会に完全に同化するための猶予期間が与えられた。この猶予期間は、一五六六年にフェリーペ二世がイスラーム習俗の全面禁止を命じるまで定期的に更新された。

（10）ジャン・ド・ベタンクールは、ランサローテ島、フエルテベントゥーラ島とエル・イエロ島の一部を征服した。一四二〇年頃には、セビーリャ出身のラス・カサス家とペラーサ家がエル・イエロ島の残りの部分とゴマラ島を征服した。

（11）コロンブスの航海計画案にみられる距離の誤謬とは、カナリア諸島とアジア東部との距離を約二四〇〇海里（約四四四五キロ）と算出したことであり、その数値が誤りであることは当時のポルトガルの専門家には明白であった。また、航行海域の問題点とは、カナリア諸島海域の航行がアルカソヴァス条約に抵触したことである。

（12）インディアスの踏査はさらに進み、一四九三年に小アンティール諸島とプエルトリコ、九八年にはトリニダード島とオリノコ川の河口がコロンブスによって発見された。一四九九年以降は、イサベルの認可を得たアロンソ・デ・オヘーダやファン・デ・ラ・コサ、ビセンテ・ヤネス・ピンソンらの航海者がトリニダード島とアマゾン川河口のあいだのアメリカの海岸部を踏査したが、すでにこの頃には航海者のあいだで、発見された領域がアジアの一部ではないとの認識が芽生えていた。アメリゴ・ヴェスプッチは一五〇四年、報告書簡のなかで「新世界」の表現をはじめて用い、〇七年に地図作製者マルティン・ヴァルトゼーミュラーが『世界誌学入門』のなかでインディアスを「新世界」という名称で紹介した。その後も、ビセンテ・ヤネス・ピンソンによるホンジュラスおよびユカタン半島海岸部の踏査、バスコ・ニュネス・バルボアによる「南《マル・》の海《デル・スル》」(太平洋)の発見(一五一三年)、フアン・ポンセ・デ・レオンによるフロリダ海岸部の踏査がおこなわれ、一五一六年にはフアン・ディアス・デ・ソリスがラプラタ川にまで到達した。この頃になると、征服と植民活動は、エスパニョーラ島にとどまらず、大アンティール諸島のジャマイカ、プエルトリコ、キューバへと拡大していた。もっとも、新大陸における発見と征服はその道を歩み始めたばかりであり、ヨーロッパの人びとにとってインディアスはまだまだ未知の世界であった。

(13) イングランドはギュイエンヌ、スペインはルサリョとサルダーニャの奪還をめざした。

(14) ジェルメーヌとのあいだに男子が生まれた場合はその子に、それ以外の場合はルイ十二世本人にナポリ王位が譲渡されることになっていた。男子が生まれた場合でも、その子にアラゴン連合王国を継承させる意志がフェルナンドになかったことは、スペイン王国の「統合」の維持にとって非常に重要である。

(15) メディーナ・シドニア公は、一五〇二年に王領地に編入されたジブラルタルの奪還を試み、プリエゴ侯は過酷な異端審問活動に対する暴動を扇動するとともに、コレヒドールの権威を脅かした。

大内 一

第七章　スペイン帝国隆盛の時代

1　帝国の誕生とその課題

ブルゴーニュ公家とハプスブルク家の遺産

母方の祖父フェルナンド王の訃報に接したブルゴーニュ公シャルル二世（のちの神聖ローマ皇帝カール五世）は、一五一六年三月十四日にブリュッセルの聖ギュデール教会で、カスティーリャやアラゴンでおこなわれたものをはるかに凌ぐ盛大な葬儀を執りおこない、両国の新国王「カルロス一世」（在位一五一六～五六）として即位することを宣言した。スペイン諸王国では、議会《コルテス》の宣誓をへていないカルロスの即位は正式に認められておらず、弟フェルナンド（フェルディナント）を擁立しようとする動きもあった。それを抑えるシスネーロスの摂政政府や諸都市が、新王のすみやかなる渡航を再三にわたって促したにもかかわらず、実際に彼が出航したのは、翌一七年の九月になってからのことであった。必要な資金を調達し、またフランス王との関係を調整して低地地方（現在のオランダとベルギーを含む地域）やフランシュ・コンテの領土の安全を確保しておく必要があったためである。カルロスはブルゴーニュ公・フランドル伯である以上フランス王の臣下であるとするフランス側の主張を、シエーヴル侯に実質的に率いられたブルゴーニュ側が全面的に受け入れた結果が、一五一六年八月のノワイヨン条約であり、そこでは、ナバーラ王国をアルブレ家に返還することまでが取り決められていた。しかし、自分たちの王をフランス王の臣下とする条約など、シスネーロスをはじめとするカスティーリャ人が受け容れるはずもなかった。

カルロスを乗せた船は予定の航路をだいぶ西にはずれてアストゥリアス海岸に到着し、そこから一行はフアナ女王が幽閉されているトルデシーリャスへ向かい、息子への統治権委譲に同意させることに成功したが、その間にシスネーロスの病状がしだいに悪化して、十一月に死去したため、新王は彼に会うことはできなかった。カスティーリャ人のあいだには、フェリーペ一世のときと同様にブルゴーニュ公の家臣ら(カスティーリャでは「フランドル人」と呼ばれた)が利権を貪るのではないかという懸念があったが、それは的中した。彼らは、貴族や高位聖職者のみならず従僕にいたるまで、国王の恩典に群がった。

バリャドリーにはいったカルロス一行は入市式をおこなったが、ブルゴーニュ宮廷の豪奢をつくした家臣団、フランドル風のきらびやかな衣装をまとった貴婦人たち、そして弱冠十七歳の新王を迎える街の人びとのあいだに、熱狂はなかった。一五一八年二月に同市で開催された議会では、議長を務めたバダホス司教モタが、新王はナポリ王国やオーストリアで、オスマン帝国と直接対峙することから、全キリスト教世界を防衛する責務があるとして、高額の献金を要求した。それに対して都市代表団《プロクラドール》は、王位は王と王国とのあいだの協約に基づくものであるとして、新王がカスティーリャ語を習得し、ナバーラを割譲せず、母フアナを女王と認め、外国人をカスティーリャ王国の官職に就けず、跡継ぎができるまでは弟をスペインから出さないことなどを条件に、二億マラベディの課税を承認した。

しかしそのわずか一カ月後に、フェルナンド王子のカスティーリャ・アラゴン王即位によるハプスブルク家領分裂の可能性を根絶するために、彼がフランドルへ送られたことで、カスティーリャ人の不信はますます強まり、民衆のあいだでは、フランドル人の奸臣どもがコンベルソ(改宗ユダヤ人)と結託して異端審問制度を廃止しようとしているという噂が広まった。五月に開会されたアラゴン王国の議会では、各部会とも国際的な新王の威勢にはまったく無関心で、王国の旧来の特権を完全に認めさせることのみに固執し、年明けになってようやく、カスティーリャの半分以下の献金で落着した。一五一九年二月にはバルセローナでカタルーニャの議会《コルツ》が開催され、再び献金を得るための粘り強い交渉が始まった。三月には、ブルゴーニュ公国の最高の栄誉のしるしである金羊毛勲章を、カスティーリャやアラゴンのおもだった貴族に授与する式典がおこなわれた。ブルゴーニュ公を団長とし騎士道精神の練磨をめざす金羊毛騎士団は、これ以降、カルロスの雑多な領国でエリート間の連携をはかる手段となった。

一月にはマクシミリアンの訃報も届いており、長孫カルロスは神聖ローマ皇帝選挙で勝利すべく、対立候補のフランス王フランソワ一世と争うことになる。フランドル人もカスティーリャ人もそれぞれの地域的利害から立候補に冷淡ななかで、宣伝活動は、前年に国璽尚書に登用されたピエモンテ出身の法学者ガッティナラの主導でおこなわれた。三代前から帝位を独占していたハプスブルク家の家長ではあるものの、フランス語しか話せないカルロスは到底ドイツ人とは呼べなかったが、遠いスペインの王であるとみられたことが、ドイツにとってより無害な存在であると受け取られ、かえって有利に働いた。フッガー家やヴェルザー家、そしてジェノヴァやフィレンツェの銀行家たちが、選帝侯を買収するための資金を総額八五万フローリンも融資したことは決定的であったが、その担保となったのは、宗教騎士団領をはじめとするカスティーリャ王国の税収であった。ともあれ、七月にバルセローナに届いた当選の報は、市民には喜びをもって迎えられた。彼らはカタルーニャが再びカスティーリャと対等になれる機会であるととらえたのである。もっとも、議会が年明けにようやく決定した献金額は宮廷人のバルセローナにおける滞在費を賄うのがやっとだった。

スペイン諸王国の反乱

即位式典がおこなわれるアーヘンへカルロス(カール五世)が行く前に、カスティーリャ王国で旅行や式典や債務返済のための資金を調達し、イングランドに立ち寄って同盟関係を確認するという計画が立てられた。金印勅書で定められた期限までに即位式典をおこなうため、出港地に程近いサンティアゴ・デ・コンポステーラで議会《コルテス》が一五二〇年三月に招集されたが、先回からわずか二年後に北西の辺境で招集されたことで、王国の支配層は不満と不信感を強めていった。

議場では、ガッティナラとモタが、全キリスト教世界に平和を達成するという美辞麗句で飾り立てた帝国理念を披瀝したが、王国内のことしか関心のない代議員たちは従来と同様の請願を繰り返すだけで、議論がかみ合わないままに、途中から議場はラ・コルーニャに移され、結局、個々の代議員に対する国王側の贈賄と恫喝のおかげで、二億マラベディの課税が新たに承認された。トレードとサラマンカの代表団が議決に参加できなかったことは、正当性に異議を唱える十分な根拠となった。加えて、国王の不在中の摂政はカスティーリャ人を任命してほしいという代議員側の請願も受け入れられず、カルロスの家庭教師だったユトレヒト出身のルーヴァン司教アドリアン・フロレンゾーンが任命された。カスティーリャの指導層は明らかに強い不快感をいだいており、そのことをカルロスも知っていたが、即位式典を優先させて五月二十日に出航した。

国王への抗議の先頭に立っていたトレードは、すでに四月下旬にコレヒドール(国王代官)を追放して、反乱の烽火をあげていた。セゴビア市民は、議会から帰還した代議員を虐殺した。サラマンカやトロといった主要都市も同調した。八月には、トレード市会の呼びかけで聖会議《サンタ・フンタ》という対抗政府が結成されたことにより、のちにコムニダーデス反乱と呼ばれるこの反乱は明確に政治的な性格を持ち始めた[2]。反乱側はさらに正当性を確立すべく、トルデシーリャスを占領して幽囚の身のフアナ女王の説得を試み、彼女が少なくとも反発しなかったことをもってお墨付が得られたものとした。

一五二〇年夏の反乱の空気は農民や都市下層民にも波及したが、彼らは国王や摂政政府のみならず、封建領主に対して、ひいては既存の社会秩序そのものに対して反抗し始め、そのことが聖会議にとって命取りとなった。それまで若い外国人の王とその取巻きに反感をもちつつも事態を静観していた大貴族は、これを機に国王派に傾き、軍隊を引き連れて摂政政府に馳せ参じた。聖会議の側としては、王やその取巻きによる専制からの自由を求める自らの主張に照らせば、都市下層民や農民と共闘するのが理にかなっていたが、聖会議成員自身が都市内の既存の社会秩序と都市による属域支配の頂点に立っていたから、苦しい立場に立たされた。聖会議が孤立していくのをみて、フランドルへの羊毛輸出を生業とする、ブルゴスを中心とする北部諸都市がまず、国王側に帰順した。反乱者たち(コムネーロス)は、都市の手工業保護の立場から、上質羊毛の輸出を制限してそれを国内の毛織物製造業者にまわすことを要求していたのである。毛織物製造業者が市政を支配するセゴビアなどの中部諸都市は、依然として反乱側に残留した。

十二月には国王側がトルデシーリャスを奪回し、それ以降女王は沈黙したので、反乱側は「正統な」君主による承認という正当性の根拠を失った。下級貴族や法曹関係者を中心とする穏健派があいついで国王側に帰順し始め、残留者はますます急進化したが、翌一五二一年四月のビリャラールの戦いで国王軍に大敗を喫し、反乱は実質的に終息した。

同じ頃にバレンシア王国でも反乱が起こった。こちらも国王のドイツ行きが直接の引き金となったが、根本的な原因は、市政を牛耳り穀物の投機的売買で価格を吊り上げていた都市寡頭支配層に対する職人層の不満である。バレンシア市のギルド(同業者組合)が武装して海岸防備にあたるという計画が国王に認可され、武装したギルドは団結して防衛の《ジャル》誓約団体《マニーア》を結成し、ペストの流行で副王や支配層の人びとが不在となっていた市内をやすやすと占拠し、「十三人評議会」による統治を開始した。貴族や寡頭支配層は抗議したが、彼らは王が代理人を送って議会を開催することに強い不満を表明していたのに対し、ジャルマニーアはそれを了承したため、王は後者を支持した(一五一九年)。イタリアの都市コムーネを理想として、市の行政の混乱を解消し食糧供給を確保するための施策がつぎつぎにおこなわれた。

やがて、王国内の他の都市でもジャルマニーアが結成されて首都のそれの傘下にはいり、既成の寡頭支配層が市会から放逐されるケースが続出した。農村部に広まった運動は反領主闘争の様相も帯び始めた。そこでようやく王権と貴族は事態の深刻さを悟って一五二一年七月頃から本格的な鎮圧に乗り出した。すると反乱は尖鋭化してメシア(救世主)待望的な性格を帯びるようになり、また、優秀な労働力として領主に優遇されていたムデハル(キリスト教徒支配下のイスラーム教徒)農民に対する襲撃と強制洗礼も始まった。だが八月のオリウエラの戦いで大敗を喫し、十月にはバレンシアも陥落し、反乱は実質的に終息した。

イタリアの覇権をめぐって

反乱の平定後、おもだった指導者には極刑がくだされたが、それ以外の関係者にはおおむね寛大な措置がとられた。都市寡頭支配層は王権に抵抗する気力を失い、彼らも貴族層もそれぞれ自分たちより下の階層の人びとの不満を抑圧するためには王権に依存せざるをえないことを悟り、結局王権に抵抗する勢力がなくなって、イベリア半島諸王国はしばらく平静が保たれる。しかし外での戦いがカルロス一世を苦しめることになる。四つの王家の遺産を一度に相続した彼は、それぞれの王家がかかえていた紛争も同時に相続せねばならなかった。とりわけ大きな問題だったのは、ピレネー諸地域とイタリアをめぐるアラゴン王家の紛争と、ソーヌ川西岸地域およびアルトワ伯領といったかつてのブルゴーニュ公国の領土の奪回、そしてハプスブルク家によるミラノ公国の宗主権の主張であった。いずれの問題においても、敵国はフランスである。カルロスの両親の結婚はそもそもフランス挟撃の同盟強化のためだったのだから、当然のなりゆきともいえる。

コムニダーデス反乱を利用してナバーラ王国に侵入したフランスに報復する意味もあって、反乱が終わるやいなやカルロスは、ミラノを攻撃し占領した。一五一六年以降フランス占領下にあったこの公国を、かつての支配者スフォルツァ家のために奪回するというのが口実だったが、この地を友好的勢力の支配下におくことは、西地中海の領土を中欧やフランシュ・コンテさらには低地地方と結びつける通路を確保するうえでも極めて重要だった。フランス軍は反撃したが、一五二五年のパヴィアの戦いで皇帝軍はフランス軍に圧勝し、フランソワ一世を捕虜としてマドリードに連れ帰った。釈放と引き換えに翌二六年に締結されたマドリード条約で、フランス王はイタリアにおけるあらゆる権益の主張を放棄させられたばかりか、シャルル突進公《ル・テメレール》の死後ブルゴーニュ公国から奪取した土地をすべて返還させられることになっていた。しかしイングランドをはじめとするその他のヨーロッパ諸国は皇帝が絶対的な覇権を握るのを恐れて、急速にフランス王への支持が集まり、教皇クレメンス七世とイタリア諸国とイングランドがフランスとのあいだに対ハプスブルク同盟(コニャック同盟)を結んで皇帝に対抗したため、マドリード条約はほとんど履行されなかった。

　フランスとのあいだに再び戦端が開かれ、カルロスは同盟を切り崩すためにローマへ進軍した。しかしこのとき、財政難のため給料の支払いが遅れていた皇帝の軍隊は、ローマの町を一週間徹底的に略奪したため(一五二七年五月)、ヨーロッパ各地で皇帝に対する激しい非難の大合唱が起こった。それを機にフランソワ一世はナポリを海と陸から包囲した。しかしフランス軍の陣地にペストが蔓延して兵力は激減し士気は低下した。翌年には、フランス艦隊を率いるジェノヴァ人アンドレア・ドリアが、ガッティナラの説得により皇帝側に寝返った。彼はフランス王の契約不履行やその他さまざまな行違いから、不満を募らせていたのである。海軍力が弱い[3]皇帝にとって、ジェノヴァ海軍が味方についてくれるのは、願ってもないことだった。ドリアがジェノヴァからフランス軍を追い出して皇帝の臣下になることを宣言すると、すぐに彼に帝国艦隊の大提督の地位が与えられた。それにともなってジェノヴァ共和国は皇帝の保護下にはいり、皇帝直属の自由都市とほぼ同等の地位を与えられた。

　一五二九年六月にはイタリアからフランス軍が完全に追い出され、その年の八月にはカンブレー和約が結ばれた。この条約ではマドリード条約の条文がほとんどそのまま繰り返され、カルロスの唯一の譲歩はソーヌ川西岸地域に関する権利を留保するということだけであった。六月には教皇とのあいだでバルセローナ条約も結ばれ、カルロスのナポリ王国領有権を教皇が認める代わりに、カルロスはフィレンツェ共和国のメディチ家による支配の復活を助けるという内容だった。一時はコニャック同盟に参加して裏切ったスフォルツァ家に対しても、ミラノ公国を再び返還し、カルロスはイタリアの征服者ではなく、正統な秩序を回復させる保護者として立ちあらわれるように細心の注意をはらった。翌三〇年にはボローニャで教皇による戴冠式が挙行された。

ハプスブルク家によるスペイン支配が始まった頃、「新世界」進出にも新たな展開があった。西廻りでアジアの豊かな国々に到達するというコロンブスの当初の目的が、「アジア」と「豊かな国」と別々にではあるが、真に達成されたのである。

世界帝国への道

アメリカ大陸を迂回して真のアジアに到達しようとする試みにはじめて成功したのはポルトガル人のフェルナン・マガリャンイス(マゼラン)である。以前の仕事への報酬をめぐって自国王と仲違いした彼は、長年温めていた計画をカスティーリャ宮廷に売り込んだ。香料貿易による利益を期待した王は、一五一八年三月に成立した契約で、五隻の船を艤装して二年分の食糧と二三四人の乗組員をつけて、モルッカ諸島(ただしトルデシーリャス条約でポルトガル領になる部分を除く)の総督の地位を約束した。一五一九年九月に出航した船隊は、二一年七月にフィリピンで隊長を失ったものの、十一月にようやくモルッカ諸島に到達し、ポルトガル商人に混じって香料を買いつけた。バスク人の水先案内人エルカーノが残った船団を率いてサンルーカルの港に戻り、世界周航を完遂したのは、一五二二年九月のことだった。持ち帰った香料を売って得たお金は航海の費用全部を賄ってあまりあった。

しかし、この航海の成功のおかげで、トルデシーリャス線が太平洋上のどこを通っているのかということが問題になった。当時の測量技術では正確にわからず、カスティーリャとポルトガルの双方の王権がモルッカ諸島の領有権を主張した。その間に、フランスと戦争したり、オーストリアをおさめる弟フェルディナントのオスマン帝国軍撃退を助けたり、皇帝戴冠式挙行費用を捻出したりする必要がでてきた。何より、こうしたヨーロッパ政策を維持継続するためには、ポルトガルとの同盟をより強固にすることが不可欠だった。一五二九年のサラゴーサ条約で、三五万ドゥカードと引き換えにモルッカ諸島はポルトガル王国に譲渡され、スペインはアジアの香料貿易の富に与《あずか》るのを諦めざるをえなくなる。

他方、アメリカ大陸内奥部の豊かな国に到達することに成功したのは、エルナン・コルテスとフランシスコ・ピサロで、それぞれアステカ帝国(一五二一年)とインカ帝国(三三年)を征服した。これらの征服事業に際し、ヨーロッパで覇権を維持するのに精一杯のスペイン王権は、軍隊も戦費も出していないから、アメリカ大陸の征服がカール五世の事績であるとは到底いうことができない。カスティーリャ人を中心とする雑多な社会的出自の少人数の冒険家たちが、自腹を切ったり方々から資金をかき集めたりして、自ら大西洋を渡って山中に分け入って、征服事業を達成したのである。自分たちの百倍を超える敵軍と戦って勝利した武勲は、カスティーリャ人の勇敢さの証として大仰に語り伝えられることになるが、それが可能になった最大の原因は、アステカ人やインカ人に支配されていた先住民部族のほぼ全部が最終的には反旗を翻し、東の海から来た白い人びとの軍勢に、戦闘と兵站で積極的に協力したためである。征服者たちの有能さの証は、自分たちに協力することこそが現状打破や現状維持のための唯一にして最善の手段であり、自分たちに抵抗することは運命に逆らうことと同様に不可能であると、先住民に信じ込ませたことにある。

先住民文明が数百年間にわたって蓄積した貴金属はすぐに略奪しつくされてしまい、その後の征服者たちは、未知の黄金郷を求めてさらに未開の地の探索を続けるか、さもなければ、獲得したエンコミエンダ(特定地域の先住民を使役する権利。布教義務をともなう)を最大限に利用して、農畜産物の増産に励むかであった。国家の官僚機構が実質的に浸透していない段階では、エンコミエンダ所有者と先住民首長の協力関係が、経済面でも社会面でも植民地支配の基盤となっていたが、かつてアステカやインカを滅ぼすのに協力した先住民諸部族でさえも、征服者たちがそれまでの艱難辛苦を埋め合わせようと剝き出しにした際限ない欲望の餌食となって、土地財産を奪われ虐待され酷使されて、過労や疫病で死んでいく者が続出した。一五四五年に上ペルーのポトシで、四六年に北メキシコのサカテーカスで、銀の大鉱脈が発見され、汲めどもつきぬかにみえた富の源泉は、奔流のようにスペインへ向けて流れ出し、植民地や本国の経済や社会を大きく変えていくことになる。しかし先住民の状況はそれでよくなるどころか、ますます悪化していった。

王権は、征服者たちの成果を横領するために、着実に手を打っていった。一五二四年にはインディアス会議がカスティーリャ会議から独立し、植民地の財政と司法にかかわる権能をインディアス通商院《カサ・デ・コントラタシオン》から吸収して、植民地行政の中枢の役割を担うことになった。一五三五年にはメキシコに、四三年にはペルーに副王府がおかれ、スペイン人居住地域の拡大にともなって、司法行政機関である聴訴院《アウディエンシア》や、市会《カビルド》が各地に設置された。一五四二年のインディアス新法で官職保有者のエンコミエンダ所有は禁止され、エンコミエンダそのものを段階的に廃止する方向性が打ち出された。この新法の制定には、ラス・カサス神父をはじめとする植民地で活動する托鉢修道会士らが、エンコミエンダ所有者による先住民の搾取と奴隷化を告発したことが大きな影響を与えたが、王権は先住民保護を求める声を、植民地に中央集権的官僚制を打ち立てるための布石として利用したのである。

オスマン帝国との対決

カルロスがヨーロッパの問題にかまけているあいだに、スペイン諸王国の地中海沿岸はムスリムの私掠船に荒らされ放題になっていた。カトリック王フェルナンドが築いたアフリカの橋頭堡は、彼が死ぬと本国からの糧食と兵員の補給が滞りがちになってすぐに衰退し始めたし、カルタヘーナやアルメリアなどの重要な港の防衛も非常に手薄になっていた。一五一六年には、ムスリム私掠船団の指導者ウルージがアルジェを占領し、カスティーリャ王への朝貢関係を断ち切って、周辺の諸都市へも勢力を拡大した。彼の死後跡を継いだ弟のハイルッディーン（キリスト教世界ではしばしば兄と混同されて「バルバロッサ」の名で知られた）は、オスマン皇帝に臣従して、アルジェ総督の地位と兵員を与えられ、アルジェは私掠船の一大拠点となり、マグリブの中心都市として繁栄し始めた。西地中海はハイルッディーンのガレー船がわが物顔に動きまわり、この海域を航行するキリスト教徒の船は、つねに海賊の襲撃を恐れなければならなかった。

他方でオスマン帝国は陸からも、皇弟フェルディナントがおさめるハプスブルク家領を脅かし、一五二九年と三二年の二度にわたって、ウィーンを包囲した。しかしこれに対しては、カルロスは援軍を送って撤退させることに成功する。一五三三年にハイルッディーンがチュニスを占領して、それまでカスティーリャ王に朝貢していたスルタンを追放し、シチリア海峡を支配してイタリア半島を間近に脅かすにおよんで、カルロスはチュニス奪還計画に着手した。フランス王を除く数多くの主要なキリスト教世界の君主がこの遠征に参加して、一五三五年には奪取に成功し、その成果はヨーロッパ中に華々しく宣伝された。しかしアルジェへうまく逃げおおせたハイルッディーンは、報復としてメノルカ島を略奪した。

カルロス不在中の摂政を務める王妃イサベルをはじめとしてカスティーリャ王国やアラゴン連合王国の人びとは、カルロスが遠征を続行してアルジェを征服してくれることを望んだ。イタリアに近いチュニスよりも、もっと自分たちの近くの海賊の本拠地のほうが切実な問題だったのである。しかし十字軍続行のためには他のヨーロッパ諸国、とりわけフランスの協力が不可欠だったにもかかわらず、実際には中立を守らせることさえできなかった。一五三五年にスフォルツァ家が断絶すると、フランス王は再びミラノ公国の領有権を主張して、翌年には、同地への進軍の経路にあたり皇帝の義弟が支配するサヴォイア公国に侵攻した。カルロスはチュニスからの帰途ローマに立ち寄り、教皇パウルス三世と枢機卿と諸国の大使の居並ぶ前で、遠征の際に発見したフランソワ一世とハイルッディーンのあいだの内通を示す書簡を振りかざして、キリスト教の大義への裏切りを告発した。そしてプロヴァンスとフランドルからフランスに侵攻したが、決定的な勝利をおさめることはできず、サヴォイア公国も解放できぬまま、一五三八年には講和をよぎなくされた。この年にはオスマン帝国攻略のための神聖同盟が皇帝と教皇とヴェネツィア共和国とのあいだで結ばれたが、イオニア海のプレヴェザの海戦では、アンドレア・ドリアとヴェネツィア艦隊の連携が不十分だったせいでハイルッディーンの艦隊にあえなく蹴散らされ、すぐに同盟も解消された。フランス王は講和の条件として神聖同盟への参加を義務づけられていたにもかかわらず、結局参加しなかった。しかしカルロスの故郷のヘントで反乱が起こったときには、自国領内の軍隊の通行を許可した。

フランスとの講和がまがりなりにも成立し、かつ神聖同盟といういわば大十字軍が放棄されたことで、カルロスはスペイン諸王国のための小十字軍に専念する余裕ができた。一五四一年春にアルジェ征服計画に着手し、十月末には一万二〇〇〇人の水兵と二万四〇〇〇人の歩兵を乗せた大艦隊がバレアレス諸島を出発した。しかしアルジェ海岸に到着するやいなや大嵐のために大損害をこうむり退却した。これでカルロスの敵たちはいっせいに勢いづいた。カルロスの息子フェリーペ(のちのフェリーペ二世)がミラノ公になった(一五四〇年)ことに反発したフランソワ一世は、一五四二年に四たびカルロスと戦端を開いた。フランドル戦線ではカルロスはヘンリ八世の支援を受けたが、スレイマン大帝の命を受けたハイルッディーンの艦隊はニースを攻略しトゥーロンの港に大っぴらに出入りしてフランスを積極的に援助した。それでもカルロスがパリ近くまで侵攻すると、フランス王は和を求め、資金がつきていたカルロスもそれに応じて、一五四四年にクレピー和約が結ばれ、双方が三八年のニース協定締結時以降に奪取した領土を返還することが取り決められた。一五四六年にはスレイマン大帝とのあいだにも休戦協定が結ばれた。一五四七年にはフランソワ一世が没して、フランス王との長い抗争はひとまず終わる。

カルロスのおこなう戦争の資金をもっとも多く提供し、もっとも優れた将軍を輩出し、もっとも士気の高い兵士たちを大量に送り出してきたのはカスティーリャ王国だった。もっとも忠実で頼りになる諮問官もカスティーリャ人やその他スペイン諸王国の人びとだった。カルロスは自分の長男のフェリーペをカスティーリャでカスティーリャ人として育て、やがて妻亡きあとのカスティーリャの摂政を彼に任せるようになる。そしてカスティーリャを拠点にして、彼の生涯の最後の事業である、プロテスタントとの戦いに乗り出すことになる。

キリスト教世界の分裂

カルロスは皇帝即位直後のヴォルムス帝国会議にマルティン・ルターを呼び出して、教会に対する非難を撤回させようとしたが失敗に終わった。皇帝がドイツを離れているあいだに、ジッキンゲンの騎士戦争(一五二二年)やミュンツァーの農民戦争(二五年)が勃発し、ルター派の運動は宗教の問題を超えて、社会革命的様相を帯び始めた。こうした動きをルター本人は厳しく批判し、領邦君主らは徹底的に弾圧したが、彼らのあいだでも、皇帝の権力に対する反発から改革派の教義に惹きつけられる者が続出した。

こうした状況に危機感をいだいたカルロスは、一五三〇年にアウクスブルクで帝国議会を招集したが、歩み寄りの努力は失敗し、プロテスタント諸侯は翌年シュマルカルデン同盟を結んで皇帝に対抗した。オスマン帝国軍のウィーン接近に対処する必要のあった皇帝は、一五三二年のニュルンベルク宗教和議で、一般公会議開催まで休戦し、協力してイスラーム勢力と戦うという約束を取りつけた。しかし、皇帝が教義の問題に介入するのは皇帝教皇制への布石であるとみた教皇は公会議開催に非協力的で、フランスとの敵対関係もあって、公会議はなかなか実現しなかった。一五三四年にはヘンリ八世もカトリック教会を離脱し、自らを首長とする英国国教会を設立した。

スペインにおいても、ルター派とみられる人物は一五二〇年代から散発的に摘発されているが、当初はルターが旧約聖書とそのヘブライ語原典を重視したりユダヤ人に寛容な態度を示したりしたことが警戒されて、ルター派取締りは隠れユダヤ教徒《フダイサンテ》取締りの一環としておこなわれた。しかし改革派諸宗の勢力拡大や英国国教会の成立などで、プロテスタントがスペインにはいる機会が増大するにつれて、それ自体として取締りの対象となり、神との直接の対話を重視するエラスムス主義者や照明派《アルンブラードス》(4)などがそれと混同されて摘発された。イサベル一世没後のフェリーペ一世派とフェルナンド二世派の対立が尾を引いていたカスティーリャ王国の摂政宮廷では、後者が前者を粛清するために「ルター派」であるとの告発が利用され、多くの著名な知識人が犠牲となった。

キリスト教という共通の信仰に基づいてヨーロッパのすべての諸侯を糾合し、ムスリムと戦うことを夢見てきたカルロスにとって、その共通の信仰そのものが分裂するというのは到底受け入れがたいことであった。しかしクレピー和約の締結を受けて一五四五年にようやく開かれたトリエント公会議には、改革者側の代表者は一人もこず、カトリックの伝統的な教義が確認されるだけだったので、歩み寄りどころか溝は深まるばかりであった。一五四六年にルターが死に、プロテスタント諸侯のなかで皇帝側に寝返る者がでたことなどを好機ととらえたカルロスは戦端を開き、翌年のミュールベルクの戦いでシュマルカルデン同盟をほぼ壊滅に追いやった。しかし教皇パウルス三世は皇帝の覇権を警戒して、一五四八年には公会議を中断してしまった。フランソワ一世の後継者アンリ二世は、教皇ともプロテスタント諸侯とも同盟を結んで皇帝に対抗した。キリスト教会の分裂はもはや押しとどめられなくなり、フェルディナントも現状容認の方向に動いた。一五五五年にはついにアウクスブルクの宗教和議で、各領邦君主が自分の領国の宗派を選択することが認められた。自分の生涯をかけた事業が土台から崩壊していくのをみて、カルロスは引退を決意した。

遺産の分割に際し彼は、皇帝位とオーストリアの領土は弟フェルディナントに与え、スペイン諸王国とそれに付随するイタリア(本来神聖ローマ帝国に属していたミラノも含む)、マグリブ、インディアスの領土は、息子のフェリーペに与えた。それに加えて自分の生地である低地地方やフランシュ・コンテも息子に相続させ、さらに、皇位継承でもめたフェルディナントとの同盟は今後あまりあてにならないとみて、その代わりに、カトリック信仰が復興したイングランドの女王メアリとの結婚を息子のために用意した。この二人のあいだの息子が低地地方とイングランドの連合王国の王となり、フェリーペの前妻(ポルトガル王女)とのあいだの息子カルロスが残りの領土を継ぐという構想である。スペインを中心として、地中海と大西洋へ延びる、「皇帝《インペラートル》」を名乗れない君主のもとの新たな帝国の幕開けである。

2　スペイン帝国の確立

行財政機構の整備とその問題

カール五世はカトリック両王が築き上げた行政機構を生かしつつも、自分の必要に応じていくつもの機関を付け加え既存のものも改変していったため、代替りの頃にはかなり異なったものになっていた。

もっとも大きな改変は、ガッティナラが一五二二年から二四年にかけておこなった、国王顧問会議《コンセーホ・レアル》の多元化である。なかでも重要なのが、一五二二年の国務会議の設置である。これはブルゴーニュ公国の枢密会議《コンセイユ・プリヴェ》が原型で、その構成員の半数近くが、カスティーリャ・アラゴン王として即位した公に随伴して、王の側近として権勢をふるう集団を形成し、王家自体に関する事柄、個別の王国の枠を超えて王の領国全体にかかわる事柄、および外交を司る機関として発達していった。したがって当初はフランドルやフランシュ・コンテの出身者が大部分を占めていたが、しだいにカスティーリャ人も加わるようになり、やがては大多数になっていった。しかし、コムニダーデス反乱後のカール五世と、前半期のフェリーペ二世の治世において、家臣団の頂点では、ガッティナラ(ピエモンテ出身)やグランヴェル父子(フランシュ・コンテ出身)のような、自分の出身国に愛着をもたず自分の権力を郷土の利益のために利用しない、ある意味国際人とも呼べるような人びとが、ひたすら自分と主君の権勢拡大のためだけに奉仕していた。

財務会議は、カスティーリャ王国の財政を近代化するために、ブルゴーニュ公国の会計院《シャンブル・デ・コント》を模して、一五二三年に設けられた。したがってこちらも設立当初はブルゴーニュ公国出身者が多く、時代がさがるにつれてカスティーリャ人が多数を占めるようになった。その権能はカスティーリャ王国の枠を超えてカール五世の領土全体の財政に関与するようになる一方、従来カスティーリャ会議のもとで王国財政を司っていた財務会計局《コンタドゥリーア・デ・アシエンダ》と経理局《コンタドゥリーア・デ・クエンタス》はしだいに権限を奪われ、前者はフェリーペ二世の治世までには消滅し、後者は財務会議の付属機関として生き延びた。

地域別顧問会議では、カスティーリャ会議からインディアス会議が分離したことのほかに、アラゴンやカタルーニャの議会の反対を押し切って、ナポリとシチリアがアラゴン会議の管轄を離れ、一五五五年にイタリア会議が設置されたこともあげておかねばならない。フェリーペ二世の治世のあいだには、一五八八年にフランドル会議が低地地方の諸顧問会議とは別にマドリードに設置され、またポルトガル会議が王国併合にともなって八二年に設置された。

侍従長や副王や大使や軍司令官は伝統的に貴族の職務と考えられていたため、国務会議と国防会議には爵位貴族が多く加わっていたが、その他の顧問会議からは大貴族は極力遠ざけられ、下級貴族や商人の家系の出身であるレトラード(文官)が、フェリーペ二世の治世までには大多数を占めるようになっていった。これはカトリック両王の政策を継承している。十六世紀後半に行政事務の文書化が進むと、とりわけ大きな権力をもつようになったのは、各顧問会議の書記官と、王の秘書官である。

このような組織を用いても、カール五世の政府にはつねに資金が不足していたのは、財政に重大な欠陥があったからである。数多くの領国の一つ一つで財政も税制もまちまちであり、税制はたとえ一国内であっても地方や身分によってさまざまだった。一つの領国の税収は基本的にその国のためだけに使われることになっており、君主がおこなう外交・戦争などはその数多の領国が協力すべき共通の政策としてではなく、君主個人の事業として認識されることが多く、そのための資金を王権が恒常的に吸い上げるシステムは存在せず、必要になったら余剰のある国から徴収するしかなかった。どこでもおおむね、個人所得や固定資産に一定の割合でかかる税は存在せず、消費財やその売買にかかる税が中心であった。そもそも、カール五世とその顧問官《コンセヘーロ》たちは、領内の一年間の税収を推計して予算を編成してから国家の事業計画を立てるということをせず、なんらかの事業をおこなう必要がでてくれば国庫の現有資金をかき集め、臨時の税を徴収し、それでも足りなくなったら主としてドイツやイタリアの銀行家たちから借りていた。

財政の不備は、当時のヨーロッパの他の王室でも似たような状況ではあった。カトリック両王の後継者は、教皇庁から与えられた諸特権に基づいて、領内の聖職者から半強制的に献金を徴収し、十字軍勅書の収入と宗教騎士団の財産を自由にできるという有利な点もあったし、インディアス(スペイン領アメリカ)からの銀の流入も、世紀中葉までにはかなり大きなものになっていた。ただカール五世の場合、取り組んでいた国家事業の規模があまりにも大きすぎた。

彼はその戦争資金を、低地地方、ナポリ王国、シチリア王国などからも得ていたが、しだいにカスティーリャ王国の税収の占める比率が高くなっていった。経済が発展しつつあり、コムニダーデス反乱以降は政情も安定していたし、議会はフランドルなどのそれと違って会計報告を要求しなかったという事情もある。戦争資金の大部分は、住民から徴収する税ではなく、外国人銀行家からの短期借款《アシエント》に頼っていたが、あとで税収によって返済せねばならないから、結局同じことであった。インディアス銀の流入によって、カスティーリャ王国の税収への依存率はますます高くなったが、同時に王と王国にとってネガティヴな結果ももたらした。利息の利率は固定されていたから、金額がインフレのせいで高騰していったのである。そのうえ、アメリカ大陸の富の過大評価により、ハプスブルク家の信用は過剰に増大し、貸付額も膨らんでいき、それにともなって出費も増えていった。カール五世の治世が終わろうとする一五五四年には債務は四五〇万ドゥカードに膨れ上がり、経常収入の二倍にも達した。

フェリーペ二世が即位した一五五六年、教皇ユリウス四世はフランス王と同盟を結んでナポリ王国を征服しようとした。これを迎え撃つフェリーペは、戦争資金を確保するために、一五五七年に国庫支払停止宣言《バンカロータ》をおこない、ほとんどの債務を、特定の税収に設定された低利の長期公債《フーロ》に切り替えさせた。この戦争は、同年にフランドルのサン・カンタンでフェリーペ側軍勢が華々しい勝利をおさめて大勢が決し、一五五九年のカトー・カンブレジ条約により、フランスのイタリアやフランシュ・コンテへの進出の可能性は完全に閉ざされ、カール五世のフランスとの抗争はようやく息子の代で全面的な勝利に終わる。しかし財政機構の改革は一向におこなわれず、一五七五年と九六年にも国庫支払停止宣言が出される。一五七五年にはまた、カスティーリャ王国の取引税《アルカバーラ》の税率が大幅に引き上げられ、八〇年の同税の税収は六一年の二・七五倍にまで上昇したが、これは王国臣民の経済活動にダメージを与え、国王への親しみの情をなくさせる効果のほうが大きく、財政再建の効果としては、取引税に設定された長期公債の利息の支払いが可能になったというだけであった。

首都マドリード

カール五世は宮廷を一カ所に固定せず、自分の数多の領国全域にわたって廷臣や側近の顧問官・秘書官を引き連れて頻繁に移動していた。しかしその息子は、后メアリが一五五八年に子を残さずに死んでイングランドと低地地方の連合王国の夢が潰え、翌年にカスティーリャに戻ってからは、宮廷を一カ所に落ち着かせることを考えるようになる。領土の拡大と官僚機構の整備にともなって中央政府の行政事務が複雑化・肥大化したことと、父王の指示により当時のヨーロッパでもっとも華やかな故国ブルゴーニュ公国の宮廷儀礼を採用したことで、宮廷は極度に膨張し、頻繁な移転に耐え切れなくなったためである。フェリーペにとって故郷であり、彼の領土の広がりのなかで要の位置にあるカスティーリャ王国に宮廷がおかれることには何の不思議もなかった。しかしこの王国自体、カトリック両王期にいたるまで、首都が一カ所に定まっていたことはなかった。もっとも有力な候補地は、ちょうど中央に位置し、ヒスパニア首座大司教座のあるトレードだったが、聖界権力と俗界権力の激しい軋轢《あつれき》が生ずる可能性があったし、三方をタホ川に囲まれていて市街地の膨張が困難なこともあって退けられた。結局、人口一万人に満たない小さな町マドリードが選ばれたのは、一五六一年のことであった。王の狩場が近くにあったことと、市内にムデハル様式の城があって、歴代カスティーリャ王は何度も滞在したことがあり、カール五世がその拡張事業を手がけていたということが、選定の理由である。

フェリーペ二世はこの工事を完成させ、四つの建物を、それぞれ王、王妃、王妹フアナ、皇太子カルロスに割り当てた。二階にそれぞれの建物の主人の謁見の間や居室や寝室があり、三階には奉公人や貴婦人らの部屋が、一階や地階には顧問官や秘書官の執務室とダイニングルームや厨房などがあった。しかし王は、城外の市街地の整備には徹底して無関心で、唯一の公共工事は、王城の西を流れるマンサナーレスという小川にかかる大仰なセゴビア橋だけだった。マドリードは宮廷の所在地として選ばれただけであり、帝国の首都と定められたわけではなかったのである。

しかし宮廷がおかれた以上、官吏や貴族はもとより、商人や職人、修道士や浮浪者にいたるまで、大挙して押しかけてくることは避けられなかった。一五六五年には早くも人口は三万人に達し、世紀末には七万四〇〇〇人にまで膨れ上がって、セビーリャに迫る勢いになった。二階建て以上の家屋は官吏や宮廷人を宿泊させる義務が課されたため、それをきらって「悪意の家《カサ・デ・マリシア》」と呼ばれる平屋建ての、もしくは表からはそのように見える家屋ばかりが建設され、市街地面積は急速に拡大していった。市域と郊外の境界を示すための門であったはずのプエルタ・デル・ソルは、すぐに市街地の中心になった。しかし市街には、目を引くような公共建築も教会も修道院もなく、狭いまがりくねった道路の隅には糞尿や残飯が堆積して強烈な臭いを放ち、それをあさるヤギやブタが無数に歩き回っていた。[5]

アメリカ植民地の経営

カール五世は、ラス・カサス神父をはじめとする知識人や聖職者らによるアメリカ(インディアスとも呼ばれた)植民地支配に対する非難に心を動かされ、治世末期の植民地政策に取り入れていった。しかしフェリーペ二世は、摂政時代から、父王のそうした政策に距離をおいていた。摂政を任された一五四三年は、インディアス新法発布の翌年であり、新法に反発したエンコミエンダ所有者の反乱に本国から対処し、条文の一部撤回に動いたのはフェリーペであった。破綻状態のカスティーリャ王国の財政に直面したのも彼だった。一五四九年には、エンコミエンダから賦役徴収権がはずされた。しかしフェリーペは一五五六年に即位するやいなや、インディアス会議に強制労働導入の通達を出した。その直前には、植民者から、五〇〇万ドゥカードの献金を受け取っていた。巨額の負債をかかえていたフェリーペは、受け取らざるをえなかったということもある。しかしかりに献金がなかったとしても、強制労働導入に踏み切るのは時間の問題だったともいえる。一五五七年の国庫支払停止宣言以降、国庫の負債を穴埋めし、しかも父王と同様の対外政策を遂行していくために、フェリーペはインディアスからの貴金属に大きく依存するようになっていく。貴金属の産出量をあげることが至上命題であり、鉱山の利益が最優先され、先住民に対する道徳的な配慮は背景に退いてしまう。財務会議の議長とインディアス会議の議長をフアン・デ・オバンドという一人の聖職者がかねるようになるのは、決して偶然ではない。フェリーペの治世には、財政とインディアスが緊密に結びついていた。

カール五世の治世の後期に、インディアス支配の正当性や先住民に対してとるべき態度を議論し、「旧世界」で実現できなかった理想的なキリスト教共同体を、無垢で善良な未信徒のいる「新世界」で実現することを夢見ていたスペインの知識層や聖職者たちは、フェリーペ二世の治世になると、鳴りを潜めてしまう。ラス・カサスの論敵であったセプルベダが、征服者たちの蛮行を非難し、インディオの美点を認め、スペイン人に抵抗する権利を容認する一方で、キローガやモトリニアのような、インディオを守ろうとしてきた宣教師たちが、インディオを「キリスト教徒らしい」生活へ導くことがスペインの使命であり、そのために必要ならば暴力の行使も許されると主張するようになって、植民者と宣教師の議論の対立軸が曖昧になり、ラス・カサス的理想主義は孤立する。

そうしたなかでフェリーペ二世は、植民地行政の再編に乗り出す。一五六七年には、インディアスの状況に関する無名の一修道士によって提出された覚書がきっかけとなって、カスティーリャ会議と異端審問会議の議長ディエゴ・デ・エスピノーサと親交のあったオバンドにインディアス会議の査察が命じられる。その結果、顧問官たちが海外領土の実情にも関連する法律にもまったく無知であることが判明した。そこで翌年には大評議会《フンタ・マグナ》が開かれ、インディアスに関する文書を集成することが決定された。その作業は地理学者・年代記作者のフアン・ロペス・デ・ベラスコに委託され、分野別に全七巻の書物として編纂された。

また、植民地行政を刷新するためにオバンドは、副王を交代させ、ヌエバ・エスパーニャ(現在のメキシコを中心とする地域)にはマルティン・エンリケスを、ペルーにはフランシスコ・デ・トレードを任命した。新副王は、植民地の修道士をインディオの布教に専念させ、白人入植者の司牧は在俗聖職者に任せるように、役割分担を明確にしたが、これはオバンドが事前に与えた指示に忠実に従っている。植民地の修道会はメキシコやリマの大司教の統制下にはいらないから、修道会の勢力が伸張すれば、教皇からカトリック両王以来のスペイン王に与えられていた植民地司教の任命権が、意味をなくしかねないのである。

スペイン王権によるアメリカ支配の正当性を疑問視する議論は、スペインの知識人のあいだで依然として続いていたが、一五六八年の評議会は、こうした議論をいっさい禁止した。(6) モトリニアは、アステカ族の支配はそれ自体が周囲の部族を武力によって征服し専制的に支配していたものであるから、その支配にそもそも正当性がなかったとする論を展開した。そのことがスペイン人征服者の行動を正当化するわけではないが、少なくとも神の摂理を体現したという意味はあったというわけである。

ペルー副王領の場合は、ビルカバンバでインカ王族トゥパク・アマルの抵抗が一五七二年まで続いていたから、事態はより深刻だった。トレードがスペイン支配の正当性を主張するために依拠した、ユカイ文書と呼ばれるインカを誹謗する匿名の文書は、彼の側近のキリスト教聖職者が書いたものと推測されている。強制労働の導入にあたっては、さまざまな識者に諮問した結果、カスティーリャ王国とペルー王国は各個に独立した王国であり、先住民は自由人である以上、そのようなことはできないという意見が大勢を占めた。しかしトレードは結局、貴金属を本国の政府に送ることが「公共の利益」であるという理由づけにより強制労働を正当化し、インカ帝国時代の労役の名をとって「ミタ」と名づけた。ただし先住民の労働力は、国王の官吏の仲介をへて有償で提供されるという点が、エンコミエンダとの違いである。同じ頃、ヌエバ・エスパーニャでも、同様のシステムが完成する。

レパント沖の海戦

フェリーペ二世は、父カール五世の地中海における抗争を継承せざるをえず、少なくとも一五八〇年頃まではそれが、低地地方の問題などよりもむしろ、彼の優先事項だった可能性が高い。治世の初期に、フランスとの抗争にかかりきりでいたあいだに、オスマン帝国とイスラーム勢力の問題はますます深刻化しており、マグリブ海岸の要塞は何度も攻撃を受けていた。フェリーペは、一時はオスマン帝国と休戦条約を結ぶことも考えたが、カトー・カンブレジ条約の締結でキリスト教圏からの攻撃の恐れがなくなったので、イスラームとの戦いを再び始めることを決意した。当時はハイルッディーンの後継者ドラグトがナポリ王国の海岸やコルシカ島を荒らしまわっていた。その根拠地の粉砕により、マグリブのムスリムとオスマン帝国との連絡を絶つために、トリポリ遠征が企てられた。シチリア副王メディナセリ公の指揮下に、シチリア人とジェノヴァ人を主力とする兵士を乗せた艦隊がシラクーザを出港したが、途中でジェルバ島を占領するやいなや(一五六〇年二月)オスマン海軍の総攻撃を受けて壊滅的打撃を受け、一万人以上の兵士が捕虜となり二六隻のガレー船を失った。その後フェリーペは、常備艦隊の艦船の数をカール五世期の四倍に増やした。

一五六二年には、神聖ローマ皇帝がオスマン皇帝と平和条約を結び、それまでのハプスブルク家の対オスマン共同戦線の一角が崩れた。一五六五年にオスマン海軍はマルタ島を占領しようとした。これを撃退したのは、カール五世によってシチリア王の臣下としてマルタ島に授封されていた聖ヨハネ騎士団である。一五六六年にはスレイマン大帝が死去したので、フェリーペが攻勢に転ずる機会がきたようにも思われたが、低地地方の情勢がそれを許さなかった。イベリア諸王国では、モリスコ(キリスト教に改宗したイスラーム教徒)への同化圧力を強めていった結果、一五六八年十二月にはグラナダ王国のムスリムが蜂起し、それに呼応してアラゴン連合王国のムスリムも、フランスのユグノー諸侯やオスマン海軍の支援を受けて決起の準備をしているという情報が、キリスト教徒側の軍事・宗教関係当局者のあいだで流布し、国王の耳にもはいっていた。

グラナダの反乱がまだ終息しきらない一五七〇年七月に、オスマン海軍がキプロス島に上陸し、ヴェネツィア政庁がフェリーペ二世と教皇パウルス五世に救援を求めてきた。フェリーペは低地地方問題とモリスコ問題で手一杯だったが、それでも教皇が提唱した神聖同盟に加わることに合意したのは、教皇庁の権威や補助金《スブシディオ》などの支援が結局は自らの領土の保全に利すると判断したためである。同盟諸国の艦隊が八月にクレタ島に集結してキプロスへ向かったが、到着しないうちにニコシアが七週間の包囲戦のすえ陥落すると(九月)、秋以降のこの海域の航海が危険だという理由で、同盟艦隊はいったん解散した。しかしオスマン軍はヴェネツィアのほかの領土も攻撃しようとする構えをみせていたので、翌年五月には神聖同盟の結成が正式に宣言された。フェリーペ二世は艦隊の総司令官を、モリスコ反乱鎮圧の武勲も記憶に新しい異母弟のドン・フアン・デ・アウストリアに任せた。艦隊は全部で二一三隻のガレー船から成り、そのうち半分はスペイン王権が出していたが、大部分がシチリアやナポリで建造されたものだった。

一五七一年十月七日のレパント沖の海戦で、激しい戦闘のすえ、同盟軍は戦死者・戦傷死者計一万三〇〇〇人と戦傷者一万人を出しつつも、オスマン帝国軍のガレー船を八四隻沈め、一二七隻を拿捕し、一万二〇〇〇人のキリスト教徒捕虜を解放した。戦勝の報がもたらされ、戦闘に参加した司令官を迎えるたびに、各地で盛大な祝賀行事が開かれた。カトリック世界の人びとにとっては、勝てるはずがないと思っていたオスマン帝国艦隊相手に勝てたという点で、心理的に重要な意味をもつ勝利であった。しかし相手方艦隊を壊滅させたわけではなく、数十隻が敗戦後姿をくらました。オスマン皇帝セリム二世は敗戦の二年後には強力な艦隊を再建したのに対し、キリスト教国側のほうが、失った艦船を再建するのに長い時間と多くの資金を費やした。フェリーペは現有艦隊を三倍にしようとして一二〇隻のガレー船を建造するよう命じたが、漕ぎ手の数が足りず、盗み、偽証、重婚、瀆神などの廉で捕まった人たちがつぎつぎとガレー船送りになった。維持費も足りず、平時にはマグリブの海岸を略奪しながら糧食を補給するありさまだった。ヴェネツィアは結局キプロス島を奪還できなかったし、一五七三年三月には同盟を離脱してオスマン帝国と講和条約を結んだ。

他方、ドン・ファンの率いる艦隊は同年十月に、チュニスを占領した。彼はチュニスの防備を固め守備隊をおくことを兄王に対して主張したが、低地地方の反乱の鎮圧に追われるフェリーペにはそのような余裕はなかった。その翌年には、オスマン艦隊がチュニスを再征服し、さらにシチリアのスペインの要塞を荒らしまわった。フェリーペは取り戻すことに固執せず、一五七八年、八〇年、八一年とあいついでオスマン帝国と休戦条約を結んだ。アルカセル・キビルの戦いでのポルトガルの大敗北によって、スペイン王権は、マグリブへの進出を諦めて、地中海はオスマン帝国の海であることを実質的に認めざるをえなくなる。その意味で、この戦いは地中海全体の歴史のなかで、レパント沖の海戦以上の意味をもつといっても過言ではない。ヨーロッパ世界の中心は地中海から大西洋へ移りつつあった。

低地地方の反乱

メアリ・テューダーが一五五八年に子を遺さないまま死去したことで、フェリーペ二世のヨーロッパの領土のなかで、旧ブルゴーニュ公家の領土だけが、地中海圏でない異質な地域として残った。しかしフランドルを生まれ故郷とするカール五世にとっては、この土地を自分の直系の子孫に継がせずに、歴史的・地理的に繋がりの深い神聖ローマ帝国に組み込むという選択肢はありえなかったし、そうした思い入れは息子にも伝わっていた。他方、低地地方の人びとの側からすれば、カール五世をごく自然に自分たちの君主と認めることはできても、カスティーリャで生まれ、カスティーリャ人の家臣に囲まれて育ち、カスティーリャ語しか話せないフェリーペに、カール五世と同様に接するのは困難だった。

それでもフェリーペが皇太子時代や治世の初期に低地地方に滞在していたあいだは、各地で暖かい歓迎を受けていた様子が記録に残っている。フェリーペとメアリの婚姻契約をグランヴェルとともにまとめたのは、金羊毛騎士団員エフモント伯である。彼はまたホールネ伯とともにサン・カンタンの戦いでフェリーペ側の軍勢――主として低地地方人から成っていた――を率いて大勝利をもたらした。オランイェ公ウィレムは、もともとドイツの出身だが、十一歳のときに従兄が低地地方とフランシュ・コンテに遺した広大な領土を相続することを許された。そのときの条件が、ブリュッセルの全州総督宮廷でカトリック教徒としての教育を受けることで、それ以来彼は、カール五世にことのほか目をかけられて育ち、金羊毛騎士団員にも列せられた。

そのような彼らがフェリーペに反乱を起こした原因の一つは、全州総督の側近会議で実権を握ったアラス司教グランヴェルに対する反感である。フランシュ・コンテ人である彼は、そのことで最初からよそ者とみなされていたが、フェリーペの利益のために忠実に奉仕していくことで、「スペインの」手先とみられるようになる。平民階層出身の法律家であることも、地元貴族層の軽蔑と嫌悪の対象となった。[7] もう一つの大きな問題は、プロテスタントの迫害である。といってもフェリーペは、父王が低地地方を対象として制定した「異端」取締りのための諸法規を厳格に適用しただけである。しかし父王の時代とは違って、「異端」はすでに独立した複数の宗派に成長していたため、取締りの対象となった人びとの数は、処刑も含めて、急激に増大した。それによって引き起こされる社会不安を、カトリック教徒が大部分を占める貴族層も、みすごすことはできなかった。

おもだった貴族たちはまず、グランヴェルの解任を全州総督を通じて国王に要求し、一五六四年にようやく彼に無期限の「休暇」が与えられた。しかしプロテスタント迫害の問題は未解決のままだったので、一五六五年末には二〇〇人を超える貴族が盟約を結んで総督宮廷に押しかけ、異端取締りをやめることを要求した。総督も、オスマン帝国の脅威への対応に忙殺される国王も、時間稼ぎをしているあいだにプロテスタントの勢力がドイツから流入し、飢饉の影響もあって、一五六六年八月にフランドル南部でカルヴァン派民衆による聖像破壊暴動が始まり、瞬く間に低地地方全体に広がった。王はアルバ公(フェルナンド・アルバレス・デ・トレード)に事態の収拾を命じた。公が九〇〇〇人の歩兵と一二

○○人の騎兵を率いてブリュッセルに到着したのが翌年八月のことである。九月にはさっそく、騒擾評議会なる特別法廷が設置され、聖像破壊者やプロテスタント牧師のみならず、国王に対して武器をとったありとあらゆる人びとが裁かれ、一二○○人以上が処刑された。一五六八年には、エフモント伯やホールネ伯のような、暴動には距離をおいていた大貴族までが処刑され、見せしめとされた。オランイェ公のように亡命した貴族の領地は没収され、公は亡命者を糾合してドイツ国境から反撃を開始した。

いったん沈静化しかけていた低地地方の暴動は、一五六九年にアルバ公が戦費を賄うために大増税を打ち出したことで、大規模な反乱へと発展した。「海乞食《ワーテルヘーゼン》」と呼ばれた私掠船団が北海を跳梁し、彼らに助けられてオランイェ公が一五七二年四月にデン・ブリールに上陸し、ホラント州とゼーラント州を中心に、反乱の実質的指導者として、傘下の都市を増やしていった。一五七三年末にアルバ公は解任された。後任のレケセンスは懐柔策をとったが効果はなく、一五七五年のフェリーペの第二回国庫支払停止宣言ののち、給料未払いのまま放置されたスペイン兵が翌年十一月にアントウェルペンを略奪した結果、南部諸州が反乱側と結んで(ヘントの和約)、「外国」軍の撤退や信教の自由を要求する。新総督ドン・フアン・デ・アウストリアはいったんこれを受け入れたもののその後一貫せず、パルマ公アレッサンドロ・ファルネーゼが、一五七八年十一月に低地地方方面軍の総司令官として派遣され、七九年一月には南部諸州は取り戻したものの、オランイェ公に率いられた反乱側は八一年七月に、低地地方に対するフェリーペの統治権を否認する布告を出した。(8)

ポルトガルの併合と覇権の翳り

一五七八年のアルカセル・キビルの戦いにおけるセバスティアン王の戦死で、ポルトガル王家は消滅の危機に直面した。王には息子も兄弟もおらず、後継者は、すでに六十七歳になっていた大叔父の枢機卿エンリケのみだった。(9) つぎの後継者は、最後の王にもっとも近い血縁で男子が優先という原則に従えば、エンリケの甥でセバスティアンの母方の叔父でもあるフェリーペに王位が転がり込むはずであったが、やはりエンリケの甥であるクラート修道院長アントニオも名乗りをあげた。私生児であるとするフェリーペ側の攻撃に対しアントニオは、両親はのちに正式に結婚したとして反論した。教皇庁に調停を願い出ようという意見もでたが、フェリーペがそれを拒否したのは、それが先例になって教皇庁の権力が強まることを恐れたのと、自分が法的に絶対に正しいと確信していたためである。

結論がでないままにエンリケは一五八〇年一月に死去した。フェリーペは側近のポルトガル人クリストバル・デ・モウラを派遣して懐柔工作をおこなう。彼はポルトガルの支配層の人びとに対し、フェリーペ王はポルトガルの法や習慣を尊重するし、ポルトガルを併合するのでなく、アラゴンやナバーラと同じように国王を兼任するだけであると言って説得し、好条件の利益誘導を個別にかさねていった。リスボンの大商人たちは、カスティーリャとの合邦による海外市場の拡大に期待を寄せた。フェリーペがアルカセル・キビルの捕虜八〇〇人の身代金を肩代わりしたことに感謝する貴族も多かった。他方、抵抗する者を迅速に制圧するため、かつて低地地方で全欧を震撼させたアルバ公の軍勢が国境地帯に配備された。

アントニオが、議会の一部とリスボンを含む一部の都市の支持を受けて、一五八〇年六月に即位を宣言してリスボンに入城すると、フェリーペの命を受けたアルバ公は八月にはリスボンに到着してアントニオ側の軍勢を蹴散らし、兵士たちに街を略奪させた。九月にはフェリーペがポルトガル王即位を宣言し、翌年四月には議会でフィリーペ一世(在位一五八〇〜九八)として承認された(ポルトガル併合)。当時のヨーロッパでは法的に何の問題もない王位継承のはずだったし、ポルトガル独自の法制度や習慣を尊重するという約束もおおむね守られた。にもかかわらず、カスティーリャ人によって武力で征服されたという記憶は、多くのポルトガル人の心のなかに残り、子々孫々に受け継がれていった。他方、ポルトガル王国には当然、アジアとアフリカ各地に散らばる植民地がついてきたから、フェリーペの領土はこれ以上拡大しようのないまでに拡大し、近隣のヨーロッパ諸国からは、存在そのものが攻撃的であるとみられるようになる。

この超大国に最初に挑戦したのが、イングランド女王エリザベス一世である。もともとフェリーペは、フランスを最大の脅威とみていて、イングランドのエリザベスには、プロテスタントであっても、悪感情をいだいていなかった。しかしエリザベスは、スペイン王権によるアメリカ交易独占を打破しようとして、低地地方の独立派を支援し、ドレイクやホーキンズといったイングランド人の私掠船がイベリア半島やインディアスの海岸を荒らしまわり、そうした活動は、ポルトガル併合後はますます活発化した。一五八五年にはエリザベスは低地地方の反乱側と同盟を結び、寵臣レスター伯の率いる援軍を送ったし、八七年にはカディスを攻撃した。フェリーペは低地地方の反乱を鎮圧しインディアス通商路の安全を確保するためにはイングランドを攻撃するのが最善の方法であると判断して、一五八八年、一三〇隻の艦船と一万一〇〇〇人の水夫と一万九〇〇〇人の兵士を乗せた大艦隊を送り込んだ。

当初は低地地方のいずれかの港に入港して、パルマ公の率いる兵士らを乗せてから、イングランド攻撃に向かう予定だったが、「海乞食」に阻まれ、その間にドーヴァー海峡でイングランド船の砲撃によりかなりの損害を受け、上陸を諦めて退却した。このときはまだ一一二隻が無傷だったが、帰路で嵐に遭って大半の船が沈没し、乗組員は海に溺れるか、イングランド海岸に漂着して虐殺された。しかしこの戦いによって、スペイン王の大西洋における覇権が失われたわけではない。フェリーペの治世のあいだに大西洋を行き来した船のうち、難破したものが五%だったのに対し、私掠船の攻撃を受けたものはわずか一%にすぎなかった。そもそも無敵艦隊のほとんどはイングランド船の攻撃ではなく嵐によって沈んだのである。イングランド遠征の失敗は、レパント沖の海戦がカトリック陣営にもたらしたのと同じような精神的効果のみを、イングランド人にもたらしたといえる。ただ、カリブ海域や北米にイングランド人やフランス人が侵入してくるのを、スペイン側が妨げることは、しだいに困難になっていったのは事実である。

世紀後半以降、カトリックとプロテスタントの内戦で弱体化していったフランスに対しては、フェリーペは当初は不介入政策をとった。なまじカトリックを支援すれば、ドイツのプロテスタントの援軍がきてしまうことを恐れたのである。しかし一五七二年のサン・バルテルミの虐殺で、プロテスタントの有力者の多くが殺されてからは、カトリック派（リーグ）と結んで、しきりに介入しようとした。

一五八九年にアンリ三世が暗殺されると、フェリーペは娘イサベル・クララ・エウヘニアを、アンリ二世の孫であるという理由でフランス女王にしようとした。リーグの指導者を買収し、低地地方で反乱軍に対し劣勢になることも気にかけず、フランドルにいたパルマ公の軍隊をフランスに侵入させたが、結局フランス人の広範な支持を得ることはできなかった。アンリ三世の遺言で後継者に指名されていたブルボン家のアンリ・ド・ナヴァールがアンリ四世として即位し、プロテスタントからカトリックに改宗して成聖式をあげると（一五九四年）、長く続いたフランス内戦は終息へと向かう。フェリーペは莫大な財力と軍事力を費やして「再統一」されたフランス」という新たな脅威をつくりだしてしまった。

3　経済の実態

食糧と原料の生産

ヨーロッパ最大の覇権国家であった十六世紀のあいだに、スペインの人口は大きく増加し(10)、それに見合うように食糧の生産量も増えている。十分の一税《ディエスモ》に関する教会の文書により、農業生産高の推移を知ることができるが、例えばトレード大司教区では、一五〇七年から〇八年にかけての飢饉のあとは順調に増えつづけ、世紀中葉以降はその伸びは鈍化するが、九〇年代まで高い水準を保っている。旧カスティーリャ（メセータ〈中央台地〉の北部地域）では、一五八〇年代に頂点に達し、九〇年代にはいるとかなり落ちてくる。コルドバ司教区では世紀中葉が頂点なのに対し、セビーリャ大司教区では、世紀末まで上昇傾向がとまらなかった。半島東海岸の諸地域でも、農業生産高は上昇した。ラメンサ（レメンサ、身分買戻し）農民を人格的に解放したグアダルーペの裁定（一四八六年）で農村社会が安定し、富裕な長期借地農が耕作の主導権を握ったカタルーニャでは、地域によって異なるが一五六〇年代から八〇年代頃まで農業生産高が上昇した。バレンシアでは一五八〇年代まで上昇しつづけ、一六〇九年のモリスコ追放まで下降することはなかった。バスク地方では、一五三〇年代後半から八〇年代後半までのあいだの上昇率が三〇％以上であった。

あらゆる地域のこうした上昇傾向は、小麦、オリーヴ、ブドウという、地中海世界の基幹作物すべてにおよんだ。しかしこの一〇〇年間に、スペインのどこでも、輪作・施肥・農具・単位面積当り収量の、どれをとってみても、格段の進歩がなかったことがわかっている。生産高の上昇は、耕地面積の拡大によるものである。とりわけブドウ畑が、地中海性気候の土地のみならず、カンタブリア海沿岸の西岸海洋性気候の土地にまで広がったことが注目される。これは都市の人口の増大により需要が増えたためである。料理用のオリーヴ油は、生産が困難な土地ではラードやバターで代用されることが多かったのに対し、ワインは都市の社会生活に不可欠とみなされていたのである。また、この地域ではキビの栽培が広まり、小麦やライ麦との二毛作により農業生産高が上昇した。スペイン全域で、都市の周辺部では野菜や果物の栽培が盛んになり、半島南東部では灌漑地の拡大もみられた。

二圃制ないし三圃制の輪作で、一ヘクタール当り一〇〇〇〜一四〇〇リットルの収量であっても、十六世紀スペインの農民たちは、自分たち自身の食糧を生産し、地主の消費生活や商業活動を支え、なおかつ農村よりも速い速度で増えていく都市の住民にも食糧を供給できていた。一五八〇年代頃までは、農耕用の家畜を一頭でも所有している農民にとっては、よい時代だった。飢饉が長く続いたことはなかったし、穀物の値段は日ごとに上昇した。日雇い農などを雇っている場合、インフレのおかげで、支払うべき賃金は実質的に目減りしていった。インフレは地代の上昇にも繋がったが、自分の家族をかろうじて養える程度の保有地をもち、入会地が利用できたおかげで、その影響は緩和された。機織などの副業からの収入が、耕作からの収益を補っていた。

しかし一五八〇年代にはいると、状況は一変し、農業で生活できなくなって離農して都市へ流入する人が続出する。一五七五年以降の取引税《アルカバーラ》の税率大幅引上げや、九〇年の無敵艦隊再建のためのミリョネス税(三〇九頁参照)の徴収などの大増税が、おもな原因である。王権が入会地の払い下げを推進していったため、一般農民による利用が制限されたり、利用できても使用料を徴収されるようになったりしたことが、これに追討ちをかけた。

そうした施策が、ヨーロッパ全域で始まった「小氷河期」と呼ばれる現象の影響で天候が不順となり、低温化とあいまって各地で洪水や旱魃や疫病(ペストなど)の流行が頻発した時期とかさなったために、多くの中小農民は最低限の食糧と種籾を得るための債務がかさんで破産していったが、貸しつける側は富農層を形成していった。

手工業原料として代表的な生糸の生産は、かつてのナスル朝の支配領域(グラナダ「王国」)と、ムルシア地方やバレンシア王国でおもにおこなわれており、そこからコルドバやトレードなどへ向けて、またイタリア諸都市へ向けても、大量に売られていた。この取引ではジェノヴァ商人が、前貸制により効率的に取引をおこなっていた。羊毛生産に関しては、十六世紀を通じて、農民や地主の利益を代表する市会と牧羊業者のあいだで、放牧路をめぐって頻繁に訴訟が起こっているが羊の数はさほど増えているわけではない。一五五六年までは、カトリック両王期とさほど変わらず、二五〇〇万頭から三〇〇〇万頭のあいだを上下しており、六〇年以降は二〇〇〇万頭に達することすらない。羊毛の輸出量も一五四〇年代がピークである。冬場に食べさせる草の値段がインフレで高騰しつづけたことと、最大の市場だったフランドルが低地地方反乱で荒廃したことで零細業者は淘汰され、大規模な業者だけが生き残った。

商品の製造と流通

当時のスペインの手工業生産は、ほとんどの都市のほとんどの部門において、当該都市とその周辺住民の生活必需品の生産に限られており、その範囲を超える活動がおこなわれていたのは織物業くらいである。

カスティーリャ王国の毛織物業は、カトリック両王期以来の繁栄が、一五七〇年代ぐらいまでは持続した。例えばセゴビアでは、一五七九年から八四年までのあいだに、六〇〇台の織機から一万六二〇〇巻の高級毛織物を生産しており、これは同時代のヨーロッパの毛織物生産のさかんな都市と比べても引けをとらない。コルドバの毛織物生産量もこれに匹敵しており、それに加えてここでは絹織物も織られていた。また各地の農村では、農民がチュラ種の羊毛を使った低品質の安価な織物を農閑期に織って、生活の足しにしていた。十六世紀になるととくに、問屋制家内工業が伸展してきた。商人が原材料を職人に前貸しして、要求通りに製品を生産させるシステムだが、これが織職のみならず、紡績職・剪毛職・梳毛職にも適用された。当時の毛織物業が、技術的には手工業の段階にありながら市場が急速に拡大したことが、商人が職人を従属させるシステムの伸張の背景にある。職人は一般に、遠隔地での販路をもたないし、遠隔地の市場で通用するような高級毛織物を完成させるのに必要な高価な羊毛や染料を自分で手に入れることもできなかった。他方で、原料の羊毛をあらかじめ商人が配布することで、羊を飼育していない農民が、安価な毛織物の大量生産に参加することが可能になった。絹織物業も繁栄が続いており、一五六〇年代末のグラナダには約四〇〇〇台の織機があったとする記録があるが、そこでも問屋制家内工業がかなりの程度おこなわれていた。トレードにはその半分程度の織機があった。バレンシアはとりわけ、ジェノヴァ職人の定着により絹織物業が発展し、ビロード織職の親方の数は世紀初頭から一五七五年までに二倍に増えて六二七人となり、生産量は三倍になった。

しかし十六世紀スペインの織物生産のピークは一五七〇年から八五年までのあいだであり、その後は落込みがめだつ。カスティーリャ宮廷ではもともと羊毛輸出業者の影響力が強く、保護貿易的な政策がほとんどおこなわれなかったことに加えて、一五七五年以降の取引税大増税の与えるダメージがやはり大きかった。製造コストが上昇して外国製品に比べて割高感を与えるようになった国内製品は、ますます売れなくなり、商人は手工業への投資を手控えて、土地や長期公債その他各種債権に投資するようになっていった。取引税は市会が一括して納入し、個々の納税者への割当は市会の裁量に任されていたから、多くの市会で食糧の安定供給を確保するために農民への増税を避けた結果、コルドバやトレードの一部の織物ギルドでは、組合員の担税額が一〇倍になったところもあった。一五九〇年から始まったミリョネスと呼ばれた売上税は、肉とワインと油と酢に課されたから、これらの食品の価格が高騰し、その結果労賃も高騰したため、当然、競争力はますます低下した。他方で、農業の危機は、購買力の低下と消費者の減少をもたらした。パンの値段が高騰したことで、都市の中下層民が生活必需品以外の商品を購入する余裕がなくなってしまったのである。結局、織物産業のなかで生き残ったのは、農村で生産される低品質の毛織物で、とりわけ旧カスティーリャの北部農村から商人によって買い集められて、人口増加が続いていたカンタブリア海沿岸の諸都市で売られた。

十六世紀を通じて、カスティーリャ王権の商業政策は、食糧と手工業製品の安定供給を第一に考えていたため、輸入にほとんど制限を設けなかった。そのためカスティーリャ王国は、イベリア半島東部諸国やイタリアや北西ヨーロッパ諸国の織物、および香料や奴隷をはじめとするポルトガル王国の植民地物産など、さまざまな商品の主要な市場となった。スペインの主要な国際商業ルートのなかでも、旧カスティーリャ諸都市からカンタブリア海沿岸の海港都市をへて、北西ヨーロッパとりわけフランドルへ向かう通商路は、十五世紀の段階ですでに確立していた。(11) フランドル諸都市の毛織物工業が低地地方反乱の影響で活動を停止し、ドーヴァー海峡の航行自体が極めて危険になるなかで、一五六一年から世紀末にかけて同地への羊毛輸出量は四分の一に減少した。メディーナ・デル・カンポやその周辺小都市で年に一回か二回開催される大市が、ドゥエロ川流域の諸都市とカンタブリア海沿岸の海港都市とのあいだの結節点の役割をはたし、ヨーロッパ各地の商品が大量に掛売りで取引されるとともに、為替や債権も取引され、王権の借款契約やその返済もおこなわれていたのだが、フェリーペ二世の二度の国庫支払停止宣言で、金融市場のみならず商品取引市場も大きく混乱したことも、この地域の衰退が始まった大きな要因である。

その結果として、一五七三年以降、イタリアの毛織物工業都市がカスティーリャ王国の羊毛の主要な市場となる。カスティーリャ王国からの羊毛輸出量全体は、一五五九年から八二年までおよそ八〇〇万リブラ（一リブラは約四六〇グラム）で一定しており、これは四〇年代後半（一四〇〇万リブラ）には遠く届かないが、従来フランドルへ流れていた分をイタリアが吸収したことは確かである。この時期は、低地地方への戦費送金のための銀をバルセローナから地中海を通ってジェノヴァに陸揚げし、さらにはミラノを経由して送り始めた時期とも符合する。銀とともに織物や鉄が輸出され、帰路には穀物や金物が輸入された。バレンシアを拠点とした国際商業も盛んになり、地元の絹、エスパルト（イネ科植物で、葉を縄・ござ・粗布・かごなどの材料として用いる。和名アフリカハネガヤ）、乾燥果実、米が輸出され、さまざまな手工業製品やシチリア島の穀物が輸入された。半島東岸諸国では、世紀末になっても、人口も商業もカスティーリャほど悪化しなかったが、それはイタリアに目を向けたことが幸いしたともいえる。

インディアス交易と価格革命

アメリカ大陸からの貴金属の流入、とくに一五三〇年代以降の銀の大量流入が、当時のスペインの経済に大きな影響を与えたことは事実である。インディアス通商院の記録によれば、カルロス一世の治世のあいだに八七トンの金と五六七トンの銀がセビーリャ港に着荷した。フェリーペ二世の治世には、金の着荷は五二・五トンだが、銀は六八六七トンにまで達している。といっても現在の全世界の銀の産出量の一年分が一万三〇〇〇トン以上だから、それと比べると、お話にならないくらい少ない。しかし一四九二年の時点で、全ヨーロッパで流通していた金はわずか九〇トンで、銀も三二〇〇トン程度だったから、そこへ八〇年足らずのあいだに、それぞれ一三九・五トンと七四三四トンが加わったことが、ヨーロッパ中の経済に大きな衝撃を与えたのである。

貴金属の着荷を金額になおすと、カール五世期が三五〇九万ペソなのに対し、フェリーペ二世期が一億七七三三万ペソであるから、後者のほうがはるかに多いのは明らかである。しかし物価上昇率をみると、カール五世期は年平均二・

八％であるのに対し、フェリーペ二世期は一・三％で、かえって鈍化しているのがわかる。このような現象が起きた要因は、国庫の債務の大幅な増大と、商品の需要の顕著な増加である。需要の増加の要因としては、人口増と経済発展による国内需要の増加と、インディアスにおける市場の創出に加えて、他のヨーロッパ諸国における市場の出現もあげることができる。

一五五二年まで、貴金属をカスティーリャ王国の外へ持ち出すことが禁止されていたため、カール五世とのあいだに巨額の短期借款契約を結んでいる外国人銀行家らは、カスティーリャ王国内で現金による償還を受けた場合、国内でなんらかの商品を大量に買って国外で売りさばくことが多かった。市場の拡大による取引量の増大に見合うだけの貴金属の流入があったため、カスティーリャ王国の経済は発展した。グアダルキビル川流域では、代表的な輸出用商品作物であるブドウやオリーヴの畑が拡大したし、メセータ都市では毛織物工業が発達して、ワインとオリーヴ油と小麦および毛織物が、インディアスやスペイン諸王国で売られた。大西洋の向こうから送られてくる資金のおかげで、新しい土地を開墾したり新しい事業を起こしたりして、ますます増大する需要に対処することができた。

インディアスに輸出される商品の価格は極端に高騰した。征服当初の植民者は、自分たちが消費する商品を、贅沢品はもとより食品や衣料品などの必需品でさえほとんど生産できず、本国からの輸送などのコストは極端に高かったのに対し、貴金属だけはほとんど無尽蔵に産出することができたからである。例えば、アンダルシーア産のワインの価格は、一五一一年を一〇〇とすると四九年には七五五になった。そのおかげで大量の貴金属がカスティーリャ王国に流れ込んだ。さらに、輸出される商品の価格の高騰が国内向け商品の価格にも波及した結果、かつては投資に向けられていた資金のかなりの部分が消費市場に流れ込む。カスティーリャ王国の市場の購買力は国内の商品供給能力を大幅に上回ってしまうのである。一五五二年に毛織物の輸出を禁止する勅令がでたのは、このためである。

このような状況に陥ると、国外から商品を大量に輸入せざるをえなくなり、国外への貴金属の流出を容認することをよぎなくされる。帝国政策のための出費により、外国人銀行家からの借款はフェリーペ二世の時代にも増える一方だが、その返済のための貴金属も、一五五二年以降は(六〇年から六六年までを除いて)自由に外国に流出するようになる。カール五世期には、外国から買うよりももっと多く、植民地に対して売りつけることにより、カスティーリャ王国は富を蓄積した。しかしフェリーペ二世期には、植民地に対して売りつけるよりももっと多く外国から買うようになったため、王国からは貨幣がなくなった。貴金属がもっとも大量に流れ込んでいながら貨幣が不足するという、パラドックスがここに生ずることになる。貨幣不足が、物価上昇速度の鈍化の原因となっていたのである。

インフレの影響をもっとも受けやすいのは手工業者と商人や金融業者であり、土地所有者と(日雇い以外の)農民は影響を受けにくい。たとえ借地農であっても、自分がつくった作物の一部を入手でき、その価格が他の商品よりも急速に上昇していったからである。地主にはいる地代は、現物のことも多いし、貨幣であっても、短期の契約にすれば儲けがでる。他方で、インフレの被害を受けた都市の商工業者や金融業者は、不動産や不動産を担保とした債権(センソ)に投資するようになる。アメリカ大陸での農業経営の安定化により一五七五年あたりから農産物の価格が下落し始めると、債務を払えず土地を失う農民が続出し、彼らの土地を新旧の地主が集積していく。こうした地主の多くは貴族化して所有地の大部分を譲渡不可の限嗣相続財産《マヨラスゴ》として土地売買市場から撤退させるため、土地価格は高騰し、一度失った土地の再入手は極めて困難になる。都市においては、職工《オフィシアル》層の賃金はインフレに見合った上昇がないため、生産手段をもたない彼らの貧困化は雇い主たちよりも深刻である。このインフレの時代を通じて進展したプロセスは、富が貨幣に換算される度合いが、土地や債権や公債や肩書への投資の増大によって大きくなったことであるが、これは王権による帝国政策が原因で、インディアスからの銀はそれを可能にしただけである。

世界の十字路セビーリャ

カスティーリャ王国による大西洋交易独占の拠点であるインディアス通商院がセビーリャにおかれ、アメリカ大陸と往来する船はつねにセビーリャを起点ないし終点とすることが義務づけられていたため、大西洋交易がもたらす富にありつこうとした商人や船乗りは、イタリア方面からも北海方面からもここにやってきたし、アフリカ方面からは奴隷や香料を満載したポルトガル船が入港した。四つの方角からの商品と人間の流れが交わり滞留する場所であったことが、「世界の十字路」と呼ばれたゆえんである。それぱかりかセビーリャにはヨーロッパ中から、起死回生や一攫千金を狙うありとあらゆる野心家たちが、われもわれもと集まってきた。黄金世紀スペインで流行した悪漢小説のほとんどで、登場人物がセビーリャで活動したり、大西洋交易に言及したりしている。

しかしこの都市の発展の基盤は根本的に脆弱である。中世後期におけるセビーリャの経済的機能は、農産物の集散地としての機能であった。アメリカ植民地の貴金属がセビーリャに流れ込んできたのは、手工業生産や金融業が活発におこなわれていたからではなく、カスティーリャ王権による政治的決定の結果にすぎない。もっともその決定は、集められた農産物の販路が国外の遠隔地にまで拡大していたとか、地方行政権力の中心地で官僚機構を担う人材に事欠かなかったことなど、相応の事由あってのことであるが、もともとセビーリャは生産ではなく流通の中心地であり、そしてアメリカ大陸交易が始まってからは投機の中心地と化していった。手工業は停滞したままで、織物、船舶の修繕、石鹼など、中世以来の伝統的な部門に限られていた。セビーリャを夢の都にしていたインディアスからの莫大な財宝の到着は、じつは航路の天候や海賊や戦争といった偶発的要素に支配されていた。そして中央政府の経済政策にも大きく左右されたが、政治的決定の中心地はつねに遠くにあったためにセビーリャの商人はそれに影響を与えることができず、これもまさに天災のようなものであった。そうした政策のおもなものは、セビーリャに着荷した民間人所有の貴金属をいっせいに没収して長期公債で償還することと、新たな課税である。どちらもフェリーペ二世の治世には非常に頻繁におこなわれ、それ自体がおよぼす破壊的な影響もさることながら、資産の隠匿と不正、それを阻止するための規制の強化、規制をすりぬけるための贈賄による不正といった悪循環を生んでいった。

セビーリャに本拠をおく貴族たちは、他の地方の貴族よりも、インディアスとの交易やそれにともなう商業活動に積極的に参加していた。とりわけ多かったのが、船主になる者と、広大な領地でとれるブドウやオリーヴを、アメリカやヨーロッパの市場で売りさばく者であった。また、富裕な平民とのあいだの縁組も頻繁におこなっていた。これは別に彼らの心性がブルジョワ的、つまり蓄財と投資それ自体を究極の目標とするようになったわけではない。インフレによる生活水準の低下をできるだけ避け、貴族にふさわしい生活と衒示的消費を維持するための必要悪として、商業と商人に接近したというだけであり、思考の枠組は完全に身分制秩序の範囲内にある。また、社会のより下層の人びと、とくに職人層が、一攫千金を狙って自分の商品を新世界で売ろうとするようになったことも、儲けに眼がくらんだとか、前向きな企業家精神をもつようになったというようなことだけでは、あまりにも大きなリスクを冒す理由を説明できない。むしろ、急激なインフレで生活水準が維持できなくなった、あるいは維持できなくなるのではないかという強迫観念に囚われたと考えられる。

4　葛藤の社会

特権を死守する貴族

第3節で述べたような経済発展により、一部の富裕化した平民が、貴族と並ぶ、あるいは貴族を上回る威光や権力を手に入れるようになった。そのため、中世以来の身分制秩序が打撃を受けたのは事実であるが、崩壊したわけではない。富の力でおこなわれようとしたことは、身分制秩序を倒すことではなく、秩序の内部の階梯をあがることだったからである。

したがって、身分制の頂点に立つ貴族の人数は、カール五世とフェリーペ二世の治世を通じて増えつづけることになる。一五二〇年には、カスティーリャ王国の爵位は三五で、アラゴン連合王国とナバーラ王国の爵位はあわせて二五であったが、一六一九年にはそれぞれ、一五二と五〇にまで増えている。広い意味での貴族、つまり納税を免除されている俗人すべてを含めると、一五九一年の時点でカスティーリャ王国には約六〇万人の貴族がいて、これは人口の一〇%に達していた。これよりも貴族の割合が多い国は、当時のヨーロッパではポーランド以外にはなく、西欧諸国の大部分で三%に達していなかったことを考えると、突出して高いといえる。[12]

スペイン貴族にとっての最高の栄誉は大公《グランデ》に列せられることで、カトリック両王の治世の末期からすでにこの呼称はあったが、カール五世の治世の初期にその特権が制度化されたと考えられている。一五二〇年の時点で、二〇人の爵位貴族がこの称号を与えられていた。カスティーリャ王国から一五人、アラゴン連合王国から四人、ナバーラ王国から一人である。この地位は終身ではあるものの、爵位と違って相続はできず、歴代の王が随時与えるものとされ、金羊毛騎士団員にはほぼ確実に与えられた。フェリーペ二世が死去した一五九八年の時点での大公は、全部で四一人に増えていた。王は大公に対して御前での載帽と着席を許し、王妃は大公と大公妃を謁見する際には起立し、着席用のクッションを与え、彼らのためにおりおりに式典が催され、王侯のように厚遇されたが、「スペインで確実にこの称号が与えられているのは一二家族だけである」と、十六世紀後半の記録にある。このような位階制度の複雑化は、王の求心力を高めるためのものであったのは明らかである。

中下級貴族は、騎士《カバリェーロ》と郷士《イダルゴ》に大きく分かれるが、その区別は曖昧である。中世のカスティーリャ王国においては、騎士身分は財力のある平民に広く開かれていたため、血統による貴族性を意味する郷士《イダルゴ》よりもむしろ低くみられることが多かった。しかし十六世紀になると、騎士とは富裕なイダルゴのことであると認識されるようになった。この時代に騎士と呼ばれたのは主として、爵位をもたない領主や宗教騎士団員および市参事会員《レヒドール》たちである。王室の財政難のせいで、こうした地位の多くが売りに出され、経済発展で財力をつけた平民層がそれらの地位を購入し、郷士身分も財力に物をいわせて獲得していったが、現実にこうした地位を獲得し維持するのに十分な財力をもつ人びとのほうが、古くて「純粋」（＝ユダヤ人やモーロ人〈ムデハルないしモリスコ〉の血が混じっていない）な血統以外には誇るべきものをもたない人びとよりも、社会的に尊敬されるようになってきたのである（「血の純潔」）。

しかし、郷士や騎士が一人増えれば、高額納税者が一人減ってしまうことになる。それに対して、爵位貴族の王に対する軍事的・財政的な貢献の義務は平民一人分よりも実質的にははるかに大きいから、王権は富裕な騎士に対して熱心に爵位を売ろうとする。こうして大量に爵位貴族をつくりだしはするものの、王権は彼らを内政にはかかわらせないようにして、もっぱら副王や大使および軍司令官などの要職に就けた。王の威光を対外的に示すことを担うこれらの職務に就けば、報酬よりも経費のほうがはるかに巨額になってしまい、財政難に陥るのは必至であった。しかし他方で、一五〇五年のトロ法令で、貴族には家督相続者のための譲渡分割不可の相続財産（限嗣相続財産）を設定することが許されていたから、少なくとも家督を相続した者が、破産することは滅多になかった。限嗣相続財産はその性質上、抵当に入れることも差し押さえることもできないからである。

家督を相続できない貴族や下級貴族の多くは、法律を勉強して、スペイン帝国の膨張する官僚機構の人材需要を満たし、その職階を上昇することをめざす。そのことで平民出身のレトラード（法学の学位を取得し官僚制の職階を上昇していくにともなって、郷士身分やそれより上の貴族の位を獲得できた）と競合するようになる。貴族の本来の役割である軍役奉仕をおこなう者はほとんどいなくなり、納税も軍役もどちらも平民が担うようになって、平民層のあいだでその不満は鬱屈していく。

貴族の次男・三男の受け皿としては教会もある。キリスト教信仰で統合された信心深い社会であるがゆえに、司教座にも修道院にも一般に富が集中した。その財産は分割・譲渡不能とされ、貴族と違って、王権のために外交や軍事で財産を消費させられることも少なかった。

分裂する農村社会

当時のスペインで農民は全人口のおよそ五分の四を占めていた。彼らのなかには、北部海岸地域におけるように郷士《イダルゴ》身分をもつ者がいなかったわけではないが、圧倒的多数は平民である。都市の市域内に居住して市壁内外の農地を耕す農民もある程度いたし、南部の諸地域では農民ばかりが何千人も集住して都市と呼べるほどの集落を形成するケースもあったが、大部分は人口数十人から数百人の農村に住んでいた。彼らの境遇は、居住地が王領地である（その場合、都市の属域であることが多い）か領主所領であるかによっても違っていたが、もっとも根本的な差は、耕作している土地との関係によるものである。

この頃になると、各村に数人の富裕な農民が出現し始めた。毎年どのような状況下でも大量の市場向け余剰農産物を産出し、穀物で投機をおこなうこともできる彼らは、世紀後半の文献にはすでに「有力者《ポデローソ》」として言及されている。こうした人びとが、カスティーリャ王国のみならず、アラゴン連合王国においても、農村生活を支配していた。彼らの多くは、じつは自前の土地はさほど所有しておらず、貴族や司教座や修道院から広い土地を借りている借地農であった。カスティーリャ王国の中央部やアンダルシーア地方では数年で終了ないし更新される短期の借地契約が多かったのに対し、北部や東部の海岸諸地域では主としてエンフィテウシスと呼ばれる永代ないし長期契約がおこなわれていた。しかしいずれのケースでも、彼らは、広大な土地を耕せるだけの多数の役畜と大がかりな農具を所有し、用益権を譲り受けた土地のうちで比較的よい土地は日雇いや期間雇いの労働者を利用しつつ自分で耕し、それ以外の土地は貧乏な農民に又貸しすることもあった。こうした有力農民は、村役人に影響力をおよぼすことができたり、自らが村役人であったりする場合が多く、そうした影響力を彼らはおもに、村会保有地や村落共有地を私物化するために用いた。家産の分散を防いでその増大をはかるために、同じような有力農民の家族同士が戦略的に婚姻関係を結び、限嗣相続財産や礼拝堂付《カペリ》司祭禄《ャニア》基金などを設定し、中下級貴族の生活をできる限り模倣して、彼らの仲間入りをすることをめざした。

大多数の農民は、中層ないし下層であるが、この両者の区別は曖昧である。中層農民は、気象条件のよい年には多少の農産物を市場で販売する余裕があるものの、不作の年には種蒔用の保存と自家消費と地代や十分の一税の支払いだけで精一杯になり、不作が何年も続けば無産者に転落してしまうからである。バレンシア、カタルーニャ、ガリシア、アストゥリアスなどでは、地代も安く、用益権が半永久的に続くことが多いため、農民による土地への投資意欲が刺激された。しかしアンダルシーアやメセータ地域では、地代が高く、しかもその値上げが借地契約更改のたびごとに、収穫がよければよいほど大幅におこなわれた。このような地域では、農民の生活状況は、自分の土地をどれだけもっているかということと、共有地をどれだけ利用できるかにかかっていた。しかし、十六世紀には、貴族と教会への土地の集中と不可譲渡(死手譲渡)化が進み、世紀後半には王権が国王直轄入会地の売却を積極的に推進したため、農村社会の格差はますます拡大していった。

農村自体は孤立した社会ではなく、人の移動がかなり頻繁におこなわれる場所であり、住民の半分近くは、村外出身の奉公人を雇ったり、村外から配偶者を迎えたり、村外へ移民したりして、[13]なんらかのかたちで外の世界と接触をもっていた。しかし貧富の差の拡大ということを除けば、村落の社会構造や生活様式は中世末と変わらなかった。流出したのは、村内で配偶者や土地や仕事を見つけられなかった、つまり村が必要としなかった人びとか、村の生活に満足できない人びとだったからである。繁栄する都市やインディアスなどの存在は、農村社会を変化させる方向ではなく、むしろ原状を維持する方向に働いた。

沸騰する都市社会

手工業と商業が、都市に特徴的な経済活動であるのはもちろんだが、当時のスペインの都市で、手工業者が戸主数の過半数を占めるようなところは、セゴビアやクエンカなどの一部の織物業都市を除いて、ほとんどなかった。つまり現代でいう第三次産業が優勢だったことになるが、そのなかでも、商業や運輸・宿泊業や金融業などに従事する人びとは、どんな商業中心地でも一〇%を超えることはなかった。行政や司法の中心地では、官吏や法曹関係者の数が商人の数を上回ることもあったし、その他の専門職の人びと、非熟練労働者や奉公人や奴隷などのほかに、貴族や聖職者、金利・地代生活者、貧民やならず者など、到底産業に従事しているとは言いがたい人びとも都市には大勢住んでいたのである。

とはいえ、ある程度以上の規模の都市なら、職人はギルドに組織されているのが普通である。すでに十三世紀から、イベリア半島にも信仰の深化と相互扶助を目的とする職能別信心会《コフラディア》は存在したが、既存のそうした組織を吸収し発展させつつ生産活動を組織し規制する役割を担うギルドが、スペインのあらゆる都市と職能で一般化したのは、十六世紀になってからのことである。

平民が個人としての意識をもつことが困難だった身分制社会において、同業者間の公私にわたる互助組織としてのギルドは、それに所属する職人一人一人に、自分の職能を誇りに思い、ひいては自己の人格の尊厳を意識するための拠り所を提供した。それぞれのギルドは都市当局に特権を認められ、職能集団との直接の交渉相手として認定された。当然、このような組織を必要とするのは、職人だけとは限らず、農民とりわけ園芸農家や、商人や海事関係者までがギルドを形成するようになった。また、成員の人格的尊厳の拠り所としてのギルドは、お互いにその職能の高貴さを競い合うようになり、その抗争に勝利したいくつかのギルドが「大」ギルドとみなされて、「小」ギルドよりも優位に立つようになる。職人の世界に貴族社会固有の差別的基準が浸透していき、ついには、成員資格として先祖代々のキリスト教徒であることの証明を要求するギルドもでてきた。

十六世紀の経済成長の影響がいちばん大きかったのは織物業部門であるが、一部の親方のなかには、織機や職工を集中させて大規模な生産を展開する者がいたものの、前貸制に絡め取られて商業資本の支配下にはいってしまう親方のほうがむしろ多かった。もっと悲惨だったのは職工で、価格革命が進行しても、名目賃金の上昇に一定の限度があったため(物価上昇に見合った賃金上昇分を製品価格に上乗せすると売行きが落ちることを雇い主が恐れたから)実質賃金は大幅に低下してしまい、十六世紀のあいだに半減したケースもある。一五八〇年代以降の農業危機も、原料の供給と製品の需要の両面で、手工業に打撃を与えた。こうしたなかでギルドがとった方策は、各都市における排他的特権を強化し、徒弟修業期間を長期化し、親方の定員を固定し、空席を埋める新親方を親方の息子と娘婿に限るなど、ひたすら自閉することだった。

平民でありながら経済的に貴族を追い越すような地位を手に入れたのは、遠隔地に販路をもつ卸売商人と金融業者である。彼らは、土地に投資はしてもそこに財産の基礎をおかないため、経済外的制約をともなう土地所有制度の残る農業社会にあって、そうした社会の限界を超える可能性をもつ人びとであった。カスティーリャ王国では、ブルゴス、メディーナ・デル・カンポ、セビーリャなどで輩出した遠隔地商人や金融業者がこれにあてはまるし、それにセゴビアやトレードやコルドバなどの毛織物製造業者も加えることができる。しかし経済が沈滞していたアラゴン連合王国では、このような人びとは比較的少なく、「都市貴族《シウタダンス・ウンラッツ》」や騎士に押されぎみであった。

カスティーリャにおいても、このようないわばブルジョワジーの成長の可能性は、コムニダーデス反乱の敗北により、完全に阻止されたとはいわないまでも、阻害されたことは確かである。反乱鎮圧後にできた体制は、帝国政策の維持発展のために王国の人的・物的資源を効率的に吸い上げることを目的として、膨大な経済的・社会的特権をもつ貴族階級を利用して、王国のあらゆる階層を制圧した。社会的に上昇して貴族階級に参入しようとするブルジョワジーは、この体制に適応するよりほかはなかった。この体制のもとでは、王権の利害にかなうような経済活動ならば王権から特権を与えられて、その発展の可能性は大きく、ブルジョワジーが貴族と並ぶほどの巨富を築くことも可能であったが、長い目でみると、経済の自立した発展を阻害する障害となった。こうしたブルジョワジーによっておこなわれていた活動は、生産とはほとんどあるいはまったく関係がない。生産活動は、農村では封建的社会関係に制約され、都市ではギルド的規制に制約されていた。ブルジョワジーの活動はどちらかというと、商品の流通と金融や投機の局面にとどまっていた。したがって、カスティーリャのブルジョワジーが農業や工業を活性化する可能性は限られていた。それゆえ彼らが身分制社会の枠組を変えることは極めて困難だったし、変える意欲も、変えたほうがよいという発想も、生まれることはほぼありえなかった。

彼らは商業や金融業のかたわら、投資の多角化と、同時に社会的上昇のために、土地や税収や裁判権やレヒドールの地位を購入し、娘に高額の嫁資をつけて地元貴族との縁組を整えた。こうした資産や地位の購入には、商業や金融業で獲得した資金が充当されたわけだが、商業活動や金融業にとってもプラスになるものでもあった。しかし、世紀末に経済状況が悪化すると、身分制秩序内での社会的地位の上昇それ自体が目的になった。(14)

宗教的マイノリティ

コムニダーデス反乱の鎮圧は、すでにレヒドールの地位を占めていた大商人や金融業者が、貴族の位を手に入れようとする願望を強める効果も生み出した。都市が王国の政治で主体性をもてる可能性が失われてしまった以上、市政で頭角をあらわした者が国政に参画してさらに出世していく道は閉ざされてしまったので、有意義に思われた人生の目標は、貴族位以外にはないということになってしまったのである。他方で貴族も、中央政府の官僚機構から排除されたから、市政に影響力をおよぼすことに関心を強めるようになり、爵位貴族は傍系親族やパトロン・クライアント関係を結んだ下級貴族や法律家らを市参事会に送り込もうとしたし、議会で国王に請願をおこなって、レヒドールの半分以上を貴族身分の者に割り当てる都市条例を成立させていく。内政の実権を握る法律家官吏のポストや、司教座聖堂参事会員などの高位聖職者の地位も、ブルジョワジーと下級貴族の両方が奪い合う。

都市社会内部の緊張関係は、とりわけカール五世が帝国政策遂行のための財政上の必要から官職や郷士《イダルゴ》身分を大量に売りに出した一五四〇年代から激しくなった。そこで伝統的に貴族性の根拠の一つとされてはいたが必須条件ではなかった「血の純潔《リンピエサ・デ・サングレ》」(異教徒とりわけユダヤ人の血が混じっていないこと)が、スペインにおける宗教的統一の達成と、ムスリムやプロテスタントとの戦いをとおしてのカトリック信仰の高揚のなかで、世紀中葉からしだいに脚光をあびる。競争相手を蹴落とすために、ユダヤ人の血を引いているという告発がさかんにおこなわれる。血統の純粋さしか誇るもののない没落傾向の貴族は、新興階層を攻撃するために、平民身分を脱出できそうもない都市中下層民(職人、小売商、非熟練労働者など)の嫉妬を利用して扇動する。

一五四七年にトレードの大司教座聖堂参事会が設けた「血の純潔規約」(「血の純潔」を成員資格とする規約)は、スペイン中のさまざまな団体に広まる。異端審問所は、特権身分と平民層の大多数の支持を背景に、隠れユダヤ教徒の摘発を熱心におこない、大金持ちの地元名士や評判の高い聖職者や知識人の名声を一瞬にして失墜させて、社会に恐怖とカタルシスを広めることにより、自らの存在意義を認知させ、影響力を拡大しようとする。こうして、追放したはずの「ユダヤ人」の問題は、依然としてスペイン社会を脅かしつづける。コンベルソは人数自体が極めて少なく、隠れユダヤ教徒はさらにそのなかの一部だったから、その問題は宗教的マイノリティの問題というよりも、むしろマジョリティ社会の歪みの表現だったといえよう。

これに対して、イスラームからのキリスト教への改宗者の場合は事情が異なる。ジャルマニーアの乱の暴徒による強制改宗を、王権は一五二六年に有効と判断し、改宗か亡命かの二者択一をアラゴン連合王国在住のムスリムにも適用した。同じ年にグラナダでは、四半世紀前に改宗した人びとに関する対策会議が国王臨席のもとに開催され、彼らの文化的特異性が列挙されて、除去すべきものとされた。この年にはまたグラナダに異端審問所も設置された。なお、この頃から彼らに対する「モリスコ」という呼称が定着した。

改宗によって彼らの居住地は教区に編入され、司牧のための聖職者が派遣された。だが、熱心で有能な宣教者はアメリカ大陸に流れていたこともあって、宣教の実効性は乏しく、むしろ反発だけが強まった。他方で、モリスコに対して同化が強制されることもなかった。グラナダ王国ではモリスコの代表が財政難にあえぐカール五世に多額の献金をしたし、バレンシア王国やアラゴン王国では、モリスコを安価で優秀な労働力として、ときには私兵としてさえ利用する貴族らが抵抗したためである。一五六八年の時点でかつてのナスル朝の領域におよそ一五万人、また十六世紀末の時点でバレンシア王国におよそ一三万人、アラゴン王国で六万人、これほど多くの人びとが、可視的に別社会を成していたのである。支配階級の人びとにとってはそのことがたいした問題ではなかったのだが、征服民キリスト教徒大衆の目には、モリスコは労働市場での不当な競争相手と映っていた。

世紀中葉になって、オスマン帝国が西地中海での覇権を確立させ、ムスリム勢力の潜在的協力者への警戒が強まったことと、トリエント公会議後のヨーロッパ全域を覆った宗教的不寛容の空気のなかで、対モリスコ政策は大きく変化する。グラナダ王国の場合、軍政長官で実質的な副王であるモンデハル侯に率いられた、武力で国王に奉仕する貴族たちに対し、彼らの影響力を削ごうとするグラナダ高等法院《チャンシリェリア》の法律家官吏らが、モリスコへの攻撃を強化し、こうした官吏らの頂点に立つカスティーリャ会議の主導で、一五六七年には、モリスコ同化のための諸施策を、罰則をともなって強制的に執行する布告が出された。これに反発したモリスコは一五六八年末に反乱を起こしたが、鎮圧されたのち、カスティーリャ王国内のグラナダ王国以外の土地へ強制移住させられた。

その結果最大のモリスコ集住地域となるバレンシア王国では、一五六八年にすでに武器没収が実施された。一五七五年には、アラゴン王国のモリスコが南仏のユグノーと内通してナバーラ王国侵攻を企てたとして、数名が処刑される。

バレンシア大司教の提案により、一五八二年にはカスティーリャ会議がモリスコ追放を決議する。しかしフェリーペ二世は用意された勅書への署名を拒んだ。彼が依然として同化のための努力を続けようとした背景には、一度キリスト教徒になった者を追放することは背教という大罪に陥れることになるという意見への配慮や、イングランド・オランダとの交戦状態にあるなかで、大勢の敵対的な集団を強制的に一カ所に集めて船で移動させるのは、危険で不可能であるという配慮が働いたと考えられる。しかしその後も、モリスコに対するマジョリティ社会の反感は増大する一方であった。

▼補説10▲ 黒い伝説

「黒い伝説」という言葉が最初に使われたのは、スペインの歴史家フリアン・フデリアスが一九一三年に発表した論文の題名としてであり、それによると「われわれのいう黒い伝説とは、スペインは異端審問制度が支配し、無知で狂信的であり、教養ある民族のなかに数えられることはできず、昔も今もつねに暴力的な抑圧をしようとし、進歩と改革の敵であるという伝説である」。

こうした「伝説」は、十五世紀のアラゴン王家によるナポリ王国支配やボルジア家に対するイタリア人の反感に、すでにその萌芽がみられるが、まとまった文書としては、一五八〇年に低地地方の全州議会で発表された『令名高きウィレム公の弁明ないし擁護』が最初である。その内容は、大別すると、三つの主張から成っている。一つは、フェリーペ二世の私生活に関する根拠の不確かな醜聞の流布であり、二つ目は、スペイン人によるプロテスタントの狂信的弾圧への非難であり、三つ目は、アメリカ大陸における二〇〇〇万人にのぼるとするインディオ大量虐殺に対する非難である。この文書が発表される少し前に、フェリーペはオランイェ公ウィレムをお尋ね者とする布告を発したため、反乱者たちは、「生来の主君」と縁を切ることになり、当時のヨーロッパの価値観に照らせば激しい非難を覚悟せねばならなかった。そこでウィレムは、自らの立場を弁明し、かつ、自らを支持する者の大部分がプロテスタントであったことから、広くプロテスタントの大義に訴えるために、この「弁明」をおこない、翌年にはそれを印刷・出版してヨーロッパ中に広めたのである。

また、フェリーペ二世側近の秘書官だったアントニオ・ペレスが亡命先で出版した『サラゴーサ事件抄録』や『報告書』も、カスティーリャとその君主の評判をおおいに貶めることに貢献した。彼は国王周辺に出入りする情報を操作することで、数多くの宮廷人や外交官から賄賂を受け取って巨万の富を築いていたが、ドン・ファン・デ・アウストリアの秘書エスコベードに秘密を握られると、彼がドン・ファンをたぶらかしているとして王に密告し、暗殺を黙認させた(一五七八年)。翌年のドン・ファンの病死後、ペレスは文書偽造や国家機密漏洩が発覚して投獄されたが、一五九〇年にはアラゴン王国へ逃亡し、祖先がこの地の出身であることを利用して、同王国司法当局の保護下にはいった。そこで王が、王国ごとの法に拘束されない異端審問所を用いて訴追し逮捕しようとすると、再び逃亡してブルボン家の保護を求めた。その後はナヴァールとイングランドの宮廷を行き来するうちに、どちらからも信用されなくなった。

この段階ではまだ、異端審問所があまり問題にされていないということは注目に値する。この当時のヨーロッパでは、一四八〇年以降のスペインで「隠れユダヤ(教徒)」の廉《かど》で何千人もの人びとが火炙りになったことに対しては、無関心であるどころか、賞賛さえしている。グイッチャルディーニは「スペインはユダヤ人と異端者だらけの国だから、異端審問がなくなったらカトリック国でなくなってしまう」とまで言っている。しかし一五五九年に二四名のプロテスタントがバリャドリーで処刑されたときには、その生残りの一人がラテン語で書いた報告書に、凄惨な拷問場面をおどろおどろしく活写した版画の挿絵をつけた冊子が六七年に出版されると、ヨーロッパ中の人びとに広く読まれ、スペインへの激しい憎悪をかきたてた。

スペイン人によるアメリカ植民地での残虐行為の情報源は、ラス・カサスの『インディアスの破壊についての簡潔な報告』(一五五二年刊)であるが、一五六七年に出版されたフランス語訳のタイトルは『スペイン人が西インドで犯した暴政と残虐行為について——低地地方一七州のための教訓および警告として』となっており、原書の「キリスト教徒」の語をすべて「スペイン人」と訳すなど、かなり恣意的な訳であった。さらにアメリカ大陸でのスペインの悪評を決定的にしたのは、デューラーの弟子のテオドール・ド・ブリが、フランクフルトで一五九〇年から逐次刊行した『インディア旅行集成』全二五巻で、ユグノー入植者を情報源としつつ、最新の銅版画技術を駆使してスペイン人の残虐行為を活写し、付録としてラス・カサスの『報告』のラテン語訳もつけた。この出版は、カトリック教徒がユグノー攻撃のために一五八七年にアントウェルペンで刊行した『現代の異端者たちの残虐行為の現場』への報復であり、カトリックとプロテスタントの情報戦の一環だったが、これ以降、ラス・カサスの『報告』の翻訳には必ずブリの挿絵が使われるようになった。

黄金世紀の著述家たちは、スペインの汚名をすすごうとしたが、啓蒙の世紀にはいると、彼らの著作は読まれなくなった。シラーの戯曲『ドン・カルロス』(一七八七年)の成功が、スペインのイメージをさらに悪化させた。父王フェリーペ二世に婚約者を横取りされ、圧政や狂信と戦って自由を守った悲劇の英雄として描かれた主人公が、啓蒙知識人の心をつかんだのである。この戯曲を一八七八年にオペラ化したヴェルディは、愛国的なイタリア人としての心情を、「占領下の」祖国を嘆くフランドル人代表団のアリアに込めた。大航海時代のスペイン人のアメリカ大陸における残虐行為を、三〇〇年後に熱心に告発し始めたのが、アメリカ合衆国の人びとで、ちょうど西部開拓や米墨戦争・米西戦争の時期とかさなる。「黒い伝説」は、スペインを取り巻く国々による、時代ごとの政治的利害に応じた、イメージ操作の産物なのである。

▼補説11▲　帝国と学術

十六世紀のスペインが政治的・経済的には絶頂期にありながら、学術においては劣っていたという見方は、部分的にしか正しくない。一五五九年にフェリーペ二世が、スペイン人の国外の大学への留学を禁じた勅書は有名だが、禁止する理由としては、国内の大学の学生数の減少や、外国での高額の授業料の支払いが資金の流出に繋がることなどがあげられている。かりに、学生が「異端」思想に染まる危険を避けるのが目的ならば、当時の価値観からすればそのほうがむしろ立派な理由になるはずだから、言及があるはずである。また、この勅令はあまり実効性がなかった。たしかに世紀後半に外国で勉強したスペイン人の数は減ったが、皆無には程遠い。他方で、学生の流出が少ないのは、スペインの大学の研究・教育の水準が十分に高かった証拠であるとも考えられる。

異端審問制度がスペインにおける科学の進歩や他のヨーロッパ諸国との交流を妨げたわけでもないということを象徴的に示すともいえるのが、サラマンカ大学で「コペルニクス体系」すなわち地動説が、一五六一年から、ユークリッドの原論とプトレマイオスの数学大集成と並んで、選択科目として開設されたという事実である。もっとも、授業が実際におこなわれた形跡はないのだが、教皇庁がコペルニクスの著書を一六一六年に禁書にしてからも、サラマンカ大学の科目表には掲載されつづけていた。コペルニクス体系のほうが天体の運行を整合的に説明できると主張する修道士もいたし、十字架の聖ヨハネは神との合一経験を語る際に、地動説を前提とした表現を用いている。コペルニクスの著書をスペインの異端審問所が禁書にするのは、一六三二年になってからである。

当時のスペインでさかんだったのは応用科学である。医学では、ブリュッセル出身でカール五世とフェリーペ二世に侍医として仕えたヴェサリウスがスペインで多くの弟子を育て、一五五一年にはサラマンカ大学に解剖学の講座が開設された。他方で一五七一年のカスティーリャ議会《コルテス》では、医師養成カリキュラムに占星術を加えるよう請願があったが、これが病気の進行を知るうえで不可欠だというのは、知識人のあいだでも依然として常識であった。

帝国の人的・物的資源を正確に知るための術としてフェリーペ二世は地理学を重視して、一五六一年からカスティーリャ王国全土で戸口調査をおこない、七五年にはさらに、各農村の人口、経済活動、資源、定期市、公共建築物や宗教施設、祝祭などの詳細な調査を開始させた。その調査結果の一部が『地誌報告書』として残っている。一五六六年にはアルカラ大学教授ペドロ・エスキベルにスペイン全土の詳細な地形図をつくらせ、七〇年にはフランドル人アントン・ヴァン・デン・ヴィンガルドに主要都市の都市図をつくらせている。帝国の維持に不可欠なインディアス航路の安全確保のために、一五九八年にインディアス会議は、経度の正確な測定法を発見した者に巨額の懸賞金を出すと発表した。ガリレオ・ガリレイが応募したとも伝えられているが、このときは結局満足のいく解答を出した者はおらず、問題の解決は十八世紀まで持ち越されることになる。エル・エスコリアル宮殿には、世界中の領土から珍しい動植物や鉱物や地形や気候や人間生活に関する文献や図版が集められ、薬草の研究や化学ないし錬金術の実験が最新式の器具を使っておこなわれていた。公共工事のための土木工学を公権力が重要視したのは当然であるが、とりわけ水理学では、イタリア人技術者ファネーロ・トゥリアーノによる、タホ川の水をトレード市内に汲み上げる機械が特筆される。一日一万六〇〇〇リットルの水を水面から一〇〇メートルの高さのアルカサルまで汲み上げるこの設備は、一〇〇年近く稼動しつづけた。議会や市会は数学も振興しようとしたが、実際に求められていたのは、実用的な目的の数学である。当時出版された「数学書」のタイトルは、例えば『実践算術』『会計係の手引』『仕立職のための実践的にして簡略なる幾何学の書』『商人にも農民にも非常に有用な会計の書』などである。一五八二年に設立された王立数学アカデミーも、その目的はじつは建築家やさまざまな分野の技術者を養成するのが目的で、計算のほかに宇宙形状誌、航海術、兵法、建築学などの授業がカスティーリャ語でおこなわれていた。

このように、国力の最盛期に応用科学に熱中していたことが、スペインの科学の遅れの原因であるともいえる。十七世紀の科学革命は、パラダイムの転換であり、理論ないし基礎科学の分野での発見なので、実用には直接関係がない。このような発見が他のヨーロッパ諸国でおこなわれていた頃は、スペイン社会にはすでにそのような研究にうつつを抜かす余裕はなくなっていたのである。それに対して、ルネサンス期の人文主義者たちは、スコラ哲学でよくおこなわれたような、社会的有用性を無視した抽象的思弁を軽蔑しており、彼らがまた科学の担い手でもあったことから、十六世紀スペインで応用科学のほうへ関心が偏ることは避けられなかった。

他方、人文主義的な人文学研究が、十六世紀後半のスペインで異端審問所による激しい弾圧を受けたことは事実である。異端審問や王権がもっとも恐れていた学問は、価値観の転換を引き起こすものである。応用科学は既成の価値観において「有用」と認められるものを追求するのであるからまったく危険はない。文献学の手法で聖書やその他カトリック教義の根幹を成す書物のテキストを確定して読解し、従来の解釈を変えてしまうことこそが、もっとも恐れられたのである。

注

(1) 船の帆には、のちのスペイン帝国を象徴することになる、現在の王室の紋章にもはいっている「彼方へ」の銘が書かれてあったが、ラテン語ではなく、フランス語でである。この文言は、フィリップ善良公の礼拝堂付司祭ルフェーブルが書いた、ヘラクレスを主人公とする騎士道小説から採られたものである。少年時代のカルロスはこの種の小説を愛読していた。

(2) 反乱指導者らがめざしたのは、同時代イタリアの都市コムーネのようなものになることでも近代的な立憲王政を樹立することでもなく、彼らの頭のなかで理想化されたカトリック両王の治世への回帰であった。そこでは「スペイン諸王国」の利益を第一に考えた政治がおこなわれていたし、議会に代表される王国臣民と国王とのあいだで中世以来の双務契約としての主従関係が確立していたはずだった。つまり反乱者たちは何も新たなものを創出しようとしていないのだが、まさにそのことこそが彼らにとって正当性の根拠であった。

(3) 皇帝の陸軍は、カトリック両王期のイタリア戦争を戦った部隊の伝統を引く主としてカスティーリャ人志願兵から成る部隊(のちに歩兵連隊《テルシオ》と呼ばれるようになる)をその中核とするが、人数は全体の三割に満たない。ただしドイツ人やワロン人やイタリア人の傭兵部隊をあわせれば、当時のヨーロッパで最強の軍隊であった。それに引き換え海軍は、紛争が起こるたびに、さまざまな領国の貴族や商人や私掠船団に傭船料を払ってかき集めていたのであり、常備艦隊はもっていなかった。カタルーニャやバレンシアやマジョルカが当時政治的・経済的に沈滞していたこともあって、それらの諸王国の海事活動の伝統はあまり生かされなかった。

(4) エラスムス主義者とは、ロッテルダム出身のデシデリウス・エラスムスの思想を信奉する人びとであり、文献研究の手法による聖書とりわけ福音書の正確な解釈に基づいた信仰を唱道した。カトリック聖職者の腐敗を痛烈に批判し、典礼や修道院制度を二義的なものであると主張したが、他宗派への寛容を強調した点で同時代のプロテスタントとは一線を画していた。照明派《アルンブラードス》は、カスティーリャ王国のカトリック「異端」であり、神と人間とのあいだのいっさいの媒介者を否定し、俗世で結婚生活を営みつつ、聖書をとおして、神との直接の合一体験を得ることをめざした。シスネーロスが主導したフランシスコ会改革の支持者のうちの急進派にその淵源があると推測されているが、エラスムス主義者からも強い影響を受けた。

(5) 宮廷がカスティーリャ王国に固定されたことにより、帝国はカスティーリャ的性格を強く帯びるようになり、それ以外の領国の人びとが疎外感をいだくようになったことはいなめない。ヨーロッパ全域に覇権を維持するならば、例えばブリュッセルを首都にしたほうが、他の大都市との交通・通信の便から考えても、より有利だったはずである。

マドリードの北西およそ四〇キロの地にフェリーペが建設させた離宮エル・エスコリアルも、ヨーロッパからカスティーリャへの帝国の重心の移動をよくあらわしている。本来はヒエロニムス会の修道院として、サン・カンタンの戦勝を記念するモニュメントと、国王の霊廟の役割をはたさせるために建設された。フランドルの豪壮な教会建築を見慣れたカール五世はグラナダの王室礼拝堂を「小商人の教会のようだ」と言って、そこに埋葬されることを拒否したのである。フェリーペはカスティーリャ王国の伝統的なプラテレスコ様式やムデハル様式の建築を悪趣味であるとしてきらい、当時流行していたイタリアのルネサンス様式と、即位初期のフランドル滞在中に見た建築様式を好み、この二つを融合させた簡素で均整のとれた壮大な建築は当時の内外の人びとから賞賛された。

（6）一五七一年には、ラス・カサスがバリャドリーに遺していた文書が押収され、その出版が禁止された。それに先立って、ペルーにラス・カサスが遺した蔵書を押収していた副王トレードは、本国で賞賛された。

（7）またフェリーペは一五五九年に、カール五世以来の懸案だった低地地方の司教区再編に着手した。これは行政上の境界や君主の支配領域の境界と、司教区や大司教区の境界が一致するようにしたもので、その結果、君主による教会支配がより容易になったが、地元の聖界・俗界貴族は既得権益を脅かされ、これもグランヴェルの仕業と考えるようになった。

（8）事態がここまで悪化したのは、「異端者に君臨するつもりはない」という言葉に代表されるような、フェリーペの宗教的不寛容がその一因であるのは確かだが、この言葉は結局、アウクスブルクの宗教和議で認められた「領土の属する者に宗教も属す《クーユス・レギオー・エーユス・レリギオー》」と同じことを言っているにすぎず、当時のヨーロッパでは正義として広く受け入れられるはずの考え方であった。しかし、臣民の感情を無視して正しさを強引に押しつけたことで、低地地方人は、フェリーペ二世の支配の正当性そのものを問題にするようになったのであり、まさに自分の父祖の地の臣民にそれを疑問視されたことが、フェリーペの激しい怒りをかきたてたのである。問題は宗教ではなく、むしろ政治であった。

（9）彼は即位にあたって、議会の要請に従って、結婚して子どもをもうけるために、還俗の許可を教皇グレゴリウス十三世に願い出たが、フェリーペの教皇への働きかけが奏功して、結局還俗は認められなかった。

(10)　一五〇〇年にはおよそ四二〇万人であった人口が一六〇〇年には六四〇万人になっており、一〇〇年間で約一・五倍以上になっている。同じ時期に、北西ヨーロッパの人口は一・四倍になり、地中海域は一・二倍になったのと比べても、スペインの人口増加率はかなり高いといえる。ただし、一五五〇年のスペインの人口がおよそ五三〇万人だったことを考慮すると、その増加のスピードは世紀後半には鈍化していることがわかる。これに対して、北西ヨーロッパ諸国の人口増加のスピードは、世紀を通じてあまり変化がない。

(11)　税関の記録によると、一五五九年に多額の商品を輸入した商人は、メディーナ・デル・カンポ、ブルゴス、バリャドリー、トレード、ビルバオ、ビトリアなどの市民に多い。一五七八年には、相変わらずメディーナ・デル・カンポ(多額の輸入をした商人は一八人)、ブルゴス(一六人)が多いが、それについでいるのがトレード(一三人)とマドリード(六人)であり、バリャドリーには一人しかいなくなっている。これは、宮廷がマドリードに配置されたことと、人口と商業の重心がしだいに南のほうへ移動していったことを反映している。

(12)　カスティーリャ王国内部では、ガリシアを除く北部地域でもっとも高く、現在のアストゥリアス州とカンタブリア州に相当する地域でそれぞれ七五%と八五%を占めていたが、メセータ地域では北から南へおりるにつれて二五%から八%に減少し、アンダルシーアでは六%から七%である。これに対して、アラゴン王国やバレンシア王国では貴族の割合は一〇%に達しなかったし、カタルーニャにいたっては、都市貴族《シウタダンス・ウンラッツ》を算入しても三%にも満たなかったが、それでも西欧諸国と比べれば少し高かった。

(13)　人口の都市への集中が進んだのも十六世紀の特徴である。一五〇〇年の時点で、スペインで人口一万人以上の都市に住む人びとの割合は、一〇%にものぼり、北西ヨーロッパはもとより(六・七%)、地中海ヨーロッパ全域の平均(九・五%)よりも高かったが、一五五〇年には一一・五%に上昇し、一六〇〇年には一四・四%に達した。

(14)　それをフェルナン・ブローデルは「ブルジョワジーの裏切り」と呼ぶわけだが、彼らが近代以降の歴史家たちの期待を「裏切」ったのは確かだとしても、同時代の他の階層の人びとや自分たち自身をはたして裏切っていたのかどうか、考えてみる余地はあると思われる。

宮﨑和夫

第八章　スペイン帝国衰退の時代

1　寵臣政治の始まりとパクス・イスパニカ

寵臣政治とレルマ公爵

「太陽の沈むことなき帝国」が創出された輝かしい十六世紀と比較すると、十七世紀のスペインは、国際社会での覇権が失墜し、国内の政治や経済も混乱した「衰退《デカデンシア》」の時代といわれている。

一五九八年、フェリーペ二世の死去にともない、息子フェリーペ三世(在位一五九八〜一六二一)が即位した。王は、狩猟好きではあったが政務には熱心ではなく、国政を寵臣レルマ公爵に委ねる「寵臣政治」というかたちをとった。

フランスのリシュリューや、イギリスのバッキンガム公の例にみられるように、寵臣政治というシステムは十六世紀末から十七世紀前半のヨーロッパ諸国で一般的にみられた現象である。スペインにおいても、フェリーペ二世末期には、宮廷内における最高位の王の奉公人であり、なおかつ国政の支配者でもあるクリストバル・デ・モウラのような寵臣の姿が認められ、この政治システムは十七世紀の王たちに受け継がれた。王の名のもとにあらゆる決断をくだす寵臣の存在は、王と臣民たちとの距離を遠ざけるという面もあるが、肥大化する国政の場に機動力をもたらすという期待があったからである。

のちのフェリーペ四世期に国政の改革に努めたオリバーレス伯公爵と比較すると、フェリーペ三世の寵臣であったレルマ公爵は私利私欲を優先する害臣という面が強かった。レルマは、一五八五年から皇太子時代のフェリーペ三世に仕えて信頼を獲得し、九八年に王が即位すると侍従長に就任した。権力の座に就いたレルマは、宮廷における前王の側近たちの影響を払拭するため、一六〇一年に宮廷をマドリードから自らの所領に近いバリャドリーに移すという大胆な策にでた(一六〇六年にマドリードに戻る)。また、レルマの影響力は宮廷内にとどまらず、各顧問会議《コンセーホ》の議長や異端審問長官のような中央政府の要職は、彼の家門または取巻き《エチューラス》によって独占された。さらに、本来は国王が臣下に与えるべき爵位や土地の授与、宗教騎士団への入団といった恩典をレルマが濫発し、その費用により国家の財政は悪化した。

フェリーペ三世期の行政機関は、基本的には十六世紀のシステムを継承していた。しかし肥大した各顧問会議は機動力を欠き、国政における問題解決に遅滞が生じていたため、組織の再編がおこなわれた。一六〇二年には財務会議への査察がおこなわれ、汚職を解消し、複数の部局が同じ問題を担当していた管轄を明瞭にするため、「財務会計会議《コンセーホ・イ・ラ・コンタドゥリーア・デ・アシエンダ》」に改組された(一六八七年まで存続)。また、インディアス会議に関しても、複雑化する同地の問題に迅速に対応するために、業務の一部を財務会計会議や国防会議に分担させる案が出された。

しかし、レルマ期(および、のちのオリバーレス期)の組織改革としてもっとも特徴的だったのは、評議会《フンタ》の増設であった。評議会は限定された問題のみに対応する臨時の小委員会で、数名の顧問官や専門家から構成された。この時期に設置された評議会には、インディアスでの軍事問題に対応する「インディアス戦争評議会」、国庫の債務問題に対応する「返済評議会」、おもにポルトガルの財政問題に対応する「ポルトガル財務評議会」などがある。カトリック両王期以降、レトラード(大学でおもに法律をおさめた下級貴族や商人の家系出身の官僚)を重用して顧問会議主導の政治がおこなわれていたが、評議会増設には、そうした政治に対する大貴族の巻返しという背景もあった。しかし、委員の任命権はレルマが握っており、自らの取巻きばかりを登用する偏った人選がおこなわれたために、政治に機動力を与えるという評議会の目的は達成されなかった。とくに返済評議会は横領や贈収賄の温床となり、一六〇六年と〇七年には主要メンバーが公金横領で告訴されるという事態にいたった。

またフェリーペ三世期には、十七世紀のカスティーリャ経済を混乱に陥れた貨幣政策が開始された。逼迫する王室財政への窮余策として、一五九九年、政府はそれまで銀と銅の合金であったベリョン貨を銅のみで鋳造し、一六〇三年にはベリョン銅貨に二倍の価格を刻印して流通させるという措置をとった。その後も繰り返しベリョン貨の増鋳や額面切上げがおこなわれたため、カスティーリャは激しいインフレに苦しみ、それは一六八〇年代に貨幣改革が実施されるまで続いた。

スペイン王権と国内各王国との関係

国内政治に関しては、フェリーペ三世期にはいっても、スペイン各王国内の慣習や法を尊重しつつ王権がゆるやかな統合を維持するという、従来の統治方法が保たれた。しかし、寵臣政治は、各王国の貴族や都市代表者と国王との距離を遠ざけ、中央政府からの指示に対する各王国の抵抗が以前より強まるなど、国王と各王国の関係に変化をもたらした。また、レルマも、フェリーペ二世末期から続く内政的課題を解決するため、各王国の議会《コルテス》との衝突を回避する妥協的な対応をとった。

十六世紀には王権に対して従順であったカスティーリャ王国においても、フェリーペ三世期には議会の力が強まった。長期公債《フーロ》によって債務が膨れ上がり、財政が危機的な状況にあった王権は、ミリョネス税（基幹食品の売上税）の徴収をカスティーリャ王国に求めた。一六〇〇年に開かれた議会で、カスティーリャ諸都市は、ミリョネス税の徴収に応じることと引き換えに、都市代表者の徴税権獲得に成功した。しかしミリョネス税徴収によっても王権の財政は好転せず、一六〇七年にフェリーペ三世は国庫支払停止宣言《バンカロータ》をおこなった。

カスティーリャ王国の議会の力は、レルマの権力が絶頂期であった一六一〇年代前半は一時弱まったものの、レルマの失脚と前後する一七年から二〇年にかけて、主導権を回復した。議会は王権に対し、新たなミリョネス税の徴収を承認する見返りに、ベリョン貨鋳造による安易な貨幣政策をやめ、カスティーリャ王国の経済回復のために有効な方策を講じるよう強く要求した。フェリーペ三世はこの要求に応じ、カスティーリャ顧問会議に対応策の検討を命じた。しかし、提出された方策は、王室財産や官職・領主権の売却、減税、カスティーリャ以外の王国からの税収入や徴募の増加といった、従来からの対応策の踏襲にすぎなかった。

カスティーリャ王国以外の各王国と中央政府との関係に目を転じると、アラゴン王国との関係は、一五九一年のアントニオ・ペレス事件[1]にともなうアラゴンの反乱以降、修復されていなかった。フェリーペ三世は一五九八年の即位直後にアラゴンを訪れ、中心都市サラゴーサで反乱の加担者に恩赦を与える懐柔策をとり、ある程度の効果を得た。さらに、一六〇九年から一四年にかけて実施されたモリスコ追放(次頁参照)によりアラゴンの経済は悪化し、この立直しが最優先課題となったため、当面の対立は回避された。

カタルーニャでは、一五九九年に議会《コルツ》が招集された。カタルーニャに派遣される国王役人への査察や、バルセローナ異端審問所におけるカタルーニャ人の登用が認められたことにより、当初は中央政府との関係は良好であった。しかしその後、農村や都市共同体の支配権をめぐって争う貴族や都市支配者に武力で仕える盗賊団《バンドレーロ》の活動が活発化し、ビックやペルピニャンといったカタルーニャの主要都市が攻撃され、治安が悪化した。これに対し、一六一六年に中央政府から派遣された副王アルブケルケ公は、厳しい取締りを開始した。盗賊団への武器流出を防ぐためにカタルーニャ貴族の武器保有も制限したため、盗賊団のパトロンを務める一部の貴族たちの反発をかった。さらに一六一八年、アルブケルケ公の後任のアルカラ公は、未納であった国王への五分の一税《キント》支払いをバルセローナ市当局に強要したため、都市住民の反発も招いた。

一五八一年よりスペインの支配下におかれていたポルトガル王国でも、政治・行政の要職にカスティーリャ人が多く登用されたことや、マドリードの消極的な対外政策（三三八頁参照）が原因でアフリカやインディアス（スペイン領アメリカ）東部沿岸のポルトガル植民地をオランダに侵略されたことから、スペイン支配への不満が徐々に高まっていた。これらの不満を慰撫し、ポルトガル貴族への支配を強化するため、一六一九年にフェリーペ三世自らがリスボンまで出向いた。スペインに忠誠を誓う一部の貴族は歓迎したものの、王へのあまりに贅沢な歓待はポルトガル住民の反感をかった。

モリスコ追放

十六世紀にイスラームからキリスト教へ強制改宗させられたモリスコたちは、その後も非同化的で、キリスト教徒住民とのあいだに絶え間ない軋轢《あつれき》が生じていた。一六〇九年四月九日、国務会議の要請を受けたフェリーペ三世は、ついにモリスコ追放を承認した。イベリア半島に住むモリスコ共同体の運命を大きく変えることになる一連の追放令の先鞭が、バレンシアで発せられた。

スペイン王権がこの時期に、モリスコ追放という困難な事業に踏み切ることができたのは、当時の国際情勢に帰するところが大きい。フランス、イギリスとあいついで協定を結び、さらに最大の懸案事項だったオランダとも一二年間の休戦協定を結んだことで、周辺国との当面の戦争状態から抜け出すことができた（三三八頁参照）。その結果、海軍の余力を、モリスコの国外輸送に振り向けることが可能となった。モリスコ追放の決定に主導的な役割をはたしたのは、レルマ、敬虔なカトリックであったフェリーペ三世妃マルガレーテ、バレンシア大司教リベーラやドミニコ会士ブレダなど一部の聖職者[2]、モリスコをオスマン帝国の内通者とみなしていた元軍人の政治家たちであった。

スペインのモリスコのなかでももっとも団結した共同体組織をもつバレンシアのモリスコは、以前からオスマン帝国に内通している可能性を指摘されていた。十六世紀には、オスマン帝国支配下のバルバリア（マグリブ）私掠船が、バレンシアを含むレバンテ地方（イベリア半島東部）の沿岸地域を幾度となく襲撃して大きな被害を与えていたが、この手引をしているのがこの地のモリスコではないかという訴えが都市当局や異端審問所にたびたび出されていた。これらの事情により、バレンシアのモリスコに対する追放令が、真っ先に出されることになった。一六〇九年四月九日にフェリーペ三世により承認されたバレンシアのモリスコ追放は、同年九月二十二日バレンシア副王カラセーナ侯爵の名で追放令として公布された。バレンシア在住のモリスコは、三日以内に当局が指定した場所に集合するよう命じられ、携行できる動産の持出しは認められていたものの、土地や家屋などの不動産は領主に引き渡された。また、追放令には、条件によって残留を許可する条項も含まれてはいたが(3)、許可されることはまれだった。この強制的な追放令に対し、ムエラ・デ・コルテスとバル・デ・ラクアルでモリスコの反乱が起こったが、追放を監視するために北イタリアのロンバルディアから派兵されていた歩兵連隊《テルシオ》によってただちに鎮圧された。バレンシアのモリスコは、居住地近隣の港でスペイン海軍の軍艦に乗せられ、わずか四カ月でその大部分が北アフリカに追放された。

続いて、一六一〇年一月にアンダルシーアとムルシアで追放令が発布され、この地のモリスコはおもにセビーリャ、マラガ、カルタヘーナの各港から乗船させられた。一六一〇年五月にはアラゴンとカタルーニャのモリスコに対して、サラゴーサとバルセローナで追放令が出された。ロンセスバーリェスなどを経由してピレネー山脈を越えフランスに向かった者も若干いたが、多くはロス・アルファーケス（タラゴーナ）港から北アフリカへ追放された。さらに一六一〇年七月に、カスティーリャおよびエストレマドゥーラで追放令が出された。一六一三年十月、最後の追放令が、ポルトガルとの国境に近いエストレマドゥーラのリコーテ谷に集住していたモリスコに対して出され、約四年におよんだプロジェクトは終了した。

スペイン国内では、モリスコ追放という困難な事業を達成したことに対し、フェリーペ三世やレルマを賞賛する声が高かった。また対外的には、スペイン王権がこれほど大規模な事業を達成する政治力と軍事力をもつというデモンストレーションとなり、諸外国に与えたインパクトは大きかった。

イベリア半島から追放されたモリスコの総数はおよそ三〇万人にのぼり、優秀な農民や手工業者であったモリスコの国外流出はスペイン経済に打撃を与えたが、影響の現れ方は地域によって大きく異なっていた。バレンシアは、総人口の約四分の一(約一二万人)を失い、影響は多方面にわたった。農業では、米とサトウキビの栽培が著しく減少した。小麦も不足し、カスティーリャやイタリアのサルデーニャから輸入せざるをえなくなった。金融の分野では、モリスコが大量の貨幣を国外に持ち出したことで貨幣不足が深刻化し、一六一三年バレンシアの金融機関が破産した。さらに、モリスコがいなくなった土地への再植民事業は、バレンシアの外からの入植者の呼寄せがうまくいかず、不成功に終わった。[4] アラゴン王国では、流出したモリスコは全人口の六分の一から七分の一にすぎなかったが、エブロ川とその支流に多くが集住していたため、この地域での農業生産に大きな影響がでた。グラナダとムルシアでも追放の損害は比較的大きく、十分の一税《ディエスモ》の徴収額が減少した。またリコーテ谷では、モリスコが活発に従事していた絹産業が、決定的な損失をこうむった。しかし、総人口の二%しか失わなかったカスティーリャでは、特定の職種(例えば荷馬車引などの運送業)への影響にとどまった。

パクス・イスパニカ(スペインの平和)

十七世紀にはいっても、スペイン王権の対外政策の基本は、ヨーロッパやインディアスにおけるスペイン領の確保とそこから得られる経済的利益の独占、およびカトリックを基盤とする普遍的帝国の維持であった。しかし、一億ドゥカードにも達する負債やイギリスやオランダとの長い戦争という、フェリーペ二世からの負の遺産が問題となっていた。これらを解消すべく、フェリーペ三世期には、外交工作を綿密に展開することにより、国庫の負担となる戦争をできるだけ回避するという政策がとられた。敵対していたフランス、イギリス、オランダとあいついで講和条約締結に成功し、束の間の休戦状態が訪れた十七世紀初めのこの時期は「スペインの平和《パクス・イスパニカ》」[5]と呼ばれている。スペインは、ローマ、ウィーン、パリ、ロンドン、リスボン、ヴェネツィア、ジェノヴァといったヨーロッパの主要都市に大使を派遣していたが、この時期はゴンドマールやスニィガに代表される外交手腕に長けた有能な人物が多く、彼らの人脈や情報はパクス・イスパニカを支える重要な要素になった。

一五八五年から続いていたイギリスとの戦争状態は、反スペイン政策を掲げる女王エリザベス一世の存命中には解消しなかった。イギリスは、オランダ独立運動への支援を続け、一五九九年にはイベリア半島北部ラ・コルーニャを攻撃し、カナリア諸島の中心都市ラス・パルマスを占拠した。さらに、イギリス人の私掠船団は、イベリア半島の大西洋側やインディアスの海岸で略奪を繰り返していた。

しかしながら、一六〇三年にエリザベスが死去し、スコットランド王ジェイムズ六世がイギリス王ジェイムズ一世として即位すると、ゴンドマール伯など有能なスペイン大使の活躍もあり、両国の関係は好転した。ジェイムズ一世は、ヨーロッパの主要な王家と同盟を結ぶことでイギリスの安全を確保しようとし、親スペイン政策を展開した。一方、スペインは、オランダとの戦争を早期終結させるためにもイギリスとの関係を修復する必要があった。両国の交渉の結果、一六〇四年八月にロンドン条約が締結された。大西洋から強大な脅威が消えたスペインは、オランダとの戦争に集中できる情勢となった。一方イギリスは、スペイン本国との自由な貿易活動を許され、スペイン領に居住するイギリス人の信仰の自由も条件付きで認められた。

大陸側に目を向けると、スペインの最大のライヴァル、フランスとの関係は、一五九八年、フェリーペ二世の死の直前にヴェルヴァン条約が結ばれていたため、フェリーペ三世期には両国の直接的な武力衝突は回避された。しかし、水面下では互いに策謀をめぐらすなど、両国の緊張関係は続いていた。スペインは、「ビロン公の陰謀事件」[6]（一六〇二年）に典型的にみられるように、在パリ外交官に多額の運動資金を提供し、情報収集や人脈確保をする「情報戦」を展開していた。対するフランス王アンリ四世は、スペインと戦争を続けるオランダ軍に資金や兵力を提供する一方、北イタリアのサヴォイア家を援助することでイタリアにおけるスペイン支配に揺さぶりをかけた。また、アラゴン王国のモリスコとひそかに連絡をとり、反乱計画を支援した。さらにフランス商人による偽ベリョン貨幣鋳造とスペインへの持込みを容認することで、経済面からもスペインを圧迫した。一六〇九年、ドイツ西部のクレーヴェ公領をめぐり近隣諸侯とオーストリア・ハプスブルク家とのあいだで相続問題が起こると、アンリ四世はドイツのプロテスタント諸侯と盟約をかわし、ハプスブルク家に対する戦争の準備を始めた。スペインが再びフランスと戦火を交えるのは時間の問題であった。

しかし、一六一〇年五月、アンリ四世の暗殺によって、事態は急変した。王位を継承したルイ十三世はまだ八歳であったため、アンリ四世妃マリ・ド・メディシスが摂政についた。熱心なカトリック信者で対抗宗教改革の推進者でもあったマリ王妃は、ベリュール枢機卿の助言を得て、カトリックを基盤としてスペインと同盟する政策に転じた。両国外交官の尽力により、一六一五年には二重の婚姻政策が実現し、フェリーペ王子(のちのフェリーペ四世)はフランスのエリザベート王女と、フェリーペの姉アナ(アンヌ)はエリザベート王女の兄ルイ十三世と結婚した。これにより、ヨーロッパの覇権をめぐるスペインとフランスの戦いは、数年間延期されることになった。

オランダとの休戦

一五六八年に始まったオランダ独立戦争(八十年戦争)は、十七世紀にはいってもスペインを苦しめていた。フランドルの統治は、フェリーペ二世の遺言により、一五九八年から娘のイサベル・クララ・エウヘニアとその夫であるオーストリア・ハプスブルク家出身のアルブレヒト大公に託された。大公夫妻は、独立をめざす北部諸州とは戦う一方で、南部諸州に対してはその経済発展に力をそそいだ。一六〇〇年のニーウポールト砂丘における戦いでは、スペイン軍はオランダ軍に完敗したが、オランダ独立戦争のなかでも屈指の激闘となったオーステンデ包囲戦(一六〇一〜〇四年)では名将スピノラの指揮により勝利し、戦況はスペインに優勢であった。しかし、疲弊しきった南部諸州住民の窮状をみかねたアルブレヒト大公は一六〇七年に休戦を決意し、これを支持したレルマは、「異端に屈するのか」というマドリード宮廷内の主戦派の声を抑え、オランダとの講和条約締結に乗り出した。一六〇九年四月九日にアントウェルペン条約が締結され、スペインとオランダのあいだで一二年間の休戦が実現した。

軍事力では圧倒的に優位だったスペインがオランダに「引分け」に持ち込まれた最大の理由は、スペインの財政問題だった。一六〇四年から〇五年にかけてはインディアス貿易による収入が減少して国庫が財政危機に陥り、兵士への賃金支払いが滞った結果、一六〇六年にはフランドル駐留スペイン軍内部で反乱が起こった。さらに一六〇七年、国庫が破産すると、スペイン王権はこれ以上フランドル軍を維持することが困難になった。また、当時ヨーロッパ最強と謳われたスペイン歩兵連隊の活躍で陸上ではスペインが優勢だったものの、海上ではオランダ艦隊のほうが優勢であった。オランダは、スペインの兵力を分散させることを目的として、スペイン・ポルトガルの植民地および大西洋の主要航路を執拗に攻撃していた。これに対してスペインは、一五九八年から一六二五年にかけてインディアスで捕虜となったオランダ人をすべて絞首刑にするという厳しい対応で臨み、海外植民地におけるスペインとオランダの戦いは激しさを増していた。また、隣国のフランスにとってフランドル(スペイン領低地地方)での戦闘の長期化は、スペインを疲弊させるためにも、国内のユグノー派の注意を国外に向けさせるためにも好都合であったため、オランダに対し武器や兵士、資金の提供を続けていた。

スペインとオランダの講和条約締結によって利益を得たのは、どちらかといえばオランダの側だった。一二年の休戦期間中、ヨーロッパでの覇権維持に汲々としていたスペインに対して、スペインがもっていた大西洋間のあらゆる交易活動に介入していったオランダは、アフリカ西部、インド、インディアス東部、ブラジルなどにつぎつぎと交易拠点を築き、ヨーロッパでも屈指の強国に成長していた。

地中海の状況――サヴォイアとヴェネツィア

十七世紀初めのイタリアは、ミラノ公国、ナポリ・シチリア・サルデーニャの三王国、およびトスカーナ西南海岸がスペイン総督の支配下におかれ、残りの部分にローマ教皇国家、ヴェネツィア、ジェノヴァ、ルッカ、サンマリノの四共和国、その他数多くの公国が分立していた。スペイン側からみると十六世紀にはおおむね満足すべき状態であったイタリアの支配状況は、十七世紀にはいると少しずつ変化した。フランスは、一五五九年のカトー・カンブレジ条約以降半世紀にわたって手をつけていなかったイタリアに再び干渉し始めた。また、西地中海におけるオスマン帝国の影響力が前世紀と比較して後退した結果、オスマン帝国からイタリアを守るというスペイン支配の正当性が揺らぎ始め、サヴォイア公国とヴェネツィアで、スペイン支配に反発する動きがみられた。

北イタリア・サヴォイア公国のカルロ・エマヌエーレ一世は野心的な人物で、領土拡張をめざして一五九八年にピエモンテにおけるフランスの飛び領地サルッツォに攻め入り、この占領をフランスに承認させるようスペインに働きかけた。一六〇一年のリヨン条約において、フェリーペ三世はフランスにサルッツォ放棄を認めさせたが、アルプスのフランス側斜面へのサヴォイア公の侵略は認めなかったため、サヴォイア公の不満が残った。その後、サヴォイア公はスペインとの伝統的な同盟関係を捨ててフランスに接近し、フランスと合同でミラノ進軍を計画した。しかし、一六一〇年にアンリ四世が急死すると、これらの企ては頓挫した。

さらに、サヴォイア公は、同じく北イタリアにあるマントヴァ公国の相続問題にも干渉した。一六一二年、マントヴァ公フランチェスコ二世が死去すると、サリカ法により女子の相続は認められず、王位はフランチェスコの娘ではなく、弟のフェルナンド・ゴンツァーガ枢機卿へ移った。フランチェスコの義父にあたるサヴォイア公はこれを不服とし、孫娘がマントヴァ公領下の肥沃なモンフェルラート地方を相続できると主張した。一方、スペインは、北・中イタリアの宗主権を主張する神聖ローマ皇帝の意向を受けて、ゴンツァーガ家断絶の場合、領土は皇帝直轄領になると主張し、サヴォイア公に対し隣国への干渉を慎むよう命令した。しかしサヴォイア公はそれを無視し、一六一三年にモンフェルラートに侵攻した。スペイン領ミラノ総督イノホーサ侯の緩慢な対応の機先を制してフランスが仲介に乗り出し、一六一五年に結ばれたアスティ条約でサヴォイア公のモンフェルラート支配が認められた。一六一六年、フランス、オランダの援軍やヴェネツィアの資金援助を得たサヴォイア公は、再びモンフェルラートに侵攻した。しかし、このときミラノ総督はレルマの消極的な対外政策に反対する名声主義者《レプタシオニスタ》のビリャフランカ侯に交代しており、新総督は積極的に応戦したため、サヴォイア公は敗北を喫した。一六一七年、パヴィア条約が結ばれ、モンフェルラートはマントヴァ公国領に戻った。しかしこのモンフェルラート問題は、イタリアにおけるスペインの支配力低下をヨーロッパ諸国に印象づけるとともに、スペイン国内ではレルマの平和主義的外交政策への批判を高める結果になった。

一方、ヴェネツィア共和国は、一六〇六年のローマ教皇庁との紛争以降、教皇庁を支援するスペインへの敵対心からフランスへ接近していった。一六一五年から一八年にかけては、アドリア海でウスコク(オスマン帝国からの逃亡者を起源とするクロアチア出身のスラヴ人で、私掠活動に従事し、オーストリアのフェルディナント大公〈のちの神聖ローマ皇帝フェルディナント二世〉の庇護下におかれていた)の活動が活発化し、ヴェネツィアの商業活動に重大な支障がでていた。ウスコクをめぐるヴェネツィアとフェルディナント大公の対立は陸上まで飛び火し、ヴェネツィアは大公領を攻撃した。オランダはヴェネツィアに援軍を派遣し、サヴォイア公はイギリスをこの紛争に引き入れるべく外交活動を展開した。スペインにとって、自らの敵がイタリアに集結し共同で作戦を展開するのは好ましくない状況であった。ナポリ王国副王のオスーナ公はウスコクに船艦を与えて援助し、ミラノ総督ビリャフランカ侯や、駐ヴェネツィアスペイン大使ベドゥマール侯もヴェネツィアへの介入を画策した。

しかし先手を打ったのはヴェネツィアだった。一六一八年、ヴェネツィアは、共和国転覆を狙う陰謀を企てているとして、オスーナ公をマドリードに告発した。(7) 信憑性の薄い訴えではあったものの、平和主義路線をとっていたマドリードの宮廷は、本国の指示を受け入れずに独走しがちな外交官たちへの牽制もあり、これを認めた。ベドゥマール侯はブリュッセルに転出させられ、オスーナ公所属のナポリ艦隊はイタリア南部のブリンディジへと撤退させられた。

しかし、オスーナ公やビリャフランカ侯に代表されるような、ヨーロッパ内のスペイン領で散見される名声主義者の動きはその後ますます活発化し、ついにはレルマによる平和路線を塗り替えて、一六二〇年代以降のスペイン対外政策の主流になっていく。

フェリーペ三世期の地中海政策は、イタリアに限定されていたわけではない。オスマン帝国とバルバリアの私掠船団が障害になったものの、スペインの地中海進出は遠方にまでおよんだ。一六〇二年にペルシアがオスマン帝国の東の国境を攻めると、この機に乗じてナポリのガレー船団を率いたサンタ・クルス侯がマグリブにおける私掠船の寄港地を攻撃し、さらにはザキントスやパトモスといったエーゲ海諸都市、アルバニア西部のドゥレスまで遠征した。また、追放されたモリスコが多く移り住んだモロッコの都市へ遠征がおこなわれ、一六一四年にはラ・マモラが、また一九年にはラルーシュがスペイン軍によって攻略された。

三十年戦争緒戦への介入

一六一七年、ブリュッセル、パリ、ウィーンなどで大使を務めたスニィガがスペインに帰国し、国務会議のメンバーに加わった。これによってスペインの対外政策は大きく転換した。スニィガは、大使時代の経験から、「異端」のカルヴァン派から神聖ローマ皇帝とその領地を守るという使命に燃えており、また、ヨーロッパにおけるスペイン領確保には神聖ローマ皇帝の後ろ盾は欠かせないとも考えていた。一六一八年にレルマが失脚すると、レルマ主導の消極的な対外政策も廃され、代わってオーストリア・ハプスブルク家と協力しつつ、ピレネー以北におけるスペインの覇権拡大をめざす方向へと政策が転換した。

一六一七年、オーストリア南東部のグラーツにおいて、フェリーペ三世の義兄にあたるハプスブルク家のフェルディナント大公とスペイン側使者オニャーテ伯が会見した。スペインは、多額の選挙資金を提供して次期神聖ローマ皇帝選でフェルディナントを推薦する代わりに、アルザスとイタリアの皇帝領の一部を譲り受けるという密約を得た。スペインの支援は功を奏し、二年後の一六一九年、フェルディナントが神聖ローマ皇帝位を獲得した(フェルディナント二世)。

一方、一六一七年よりフェルディナントはボヘミア王国の統治者にもなっていた。国政の場にカトリックのドイツ人官吏を多く登用するフェルディナントの手法に、プロテスタント貴族の不満は高まり、一六一九年、貴族たちはプロテスタント諸侯のリーダーであったファルツ侯フリードリヒ五世をボヘミア国王に選出した。カトリックによる普遍的帝国の維持をめざすウィーンとマドリードの両ハプスブルク家にとって、このボヘミア問題はみすごすことができず、ヨーロッパ全体を巻き込む三十年戦争(一六一八〜四八年)の緒戦がボヘミアで開かれた。イギリスのジェイムズ一世は、ゴンドマール伯の外交工作もあり、スペインとの同盟を優先したため、義弟であるフリードリヒ五世の支援を断念した。またフランスは、両ハプスブルク家の連携を弱体化する方法を模索しつつも、ボヘミア問題には不介入の方針をとった。各国が対応に逡巡しているあいだに、スペインは積極的にフェルディナントを支援した。一六二〇年、フランドルの精鋭部隊を率いたスピノラ将軍が、フリードリヒ五世の故郷であるパラティネート低地を占領した。また同年スペインは、北イタリアから軍を動かして、約一万七〇〇〇人の兵力をドイツのカトリック諸侯軍に合流させ、プラハの西、ヴァイサー・ベルクでの戦いに勝利した。

2　改革の試みと挫折

オリバーレス伯公爵の行財政改革

一六二一年三月、フェリーペ三世が死去し、息子のフェリーペ四世(在位一六二一～六五)が即位した。国王の交代によって、王に仕える側近の顔ぶれも一新した。レルマ失脚後に寵臣の地位を占めていたウセーダ公爵(レルマの息子)は退けられ、国政はフェリーペ四世の養育係で一六一八年以降国務会議を率いていたスニィガに任された。宮廷における最高位の奉公人である侍従長には、一六一五年より皇太子宮で仕えていたスニィガの甥、オリバーレス伯公爵(8)が登用された。一六二二年にスニィガが死亡すると、国政の指導者というスニィガの職務はそのままオリバーレスに引き継がれ、フェリーペ四世の「全能なる」寵臣として宮廷でも中央政府でも権力をふるった。

権力を掌握するために、オリバーレスはレルマとほぼ同じ手法を使った。すなわち、皇太子時代から侍従として仕えることで王の個人的な信頼を獲得したのち、王の即位後は侍従長と主馬頭としてつねに影のように王に寄り添う。さらに、敵対する勢力を宮廷や中央政府から遠ざけ、代わりに自分の係累や友人を要職に就け、国王から与えられた評議会《フンタ》の招集権を行使して顧問会議《コンセーホ》をへずに国政の重要事項を決定する、といった方法である。しかし、オリバーレスがレルマと異なっていたのは、フェリーペ三世期にはレルマが握っていた貴族への恩典を再び王の手から授与するようにするなど、フェリーペ四世をつねに政治に関与させようとし、王の権威を高めるプロパガンダに腐心した点である。またフェリーペ四世も、父王と比べると政治にかかわろうとする意欲は高かった。

権力の座に就いたオリバーレスは、国内、とくにカスティーリャにおける経済と人口の回復と、国際社会におけるスペイン王権の名声《レプタシオン》回復という、二つの難題に精力的に取り組んだ。一六二二年、オリバーレスは「改革大評議《フンタ・グランデ・デ・レフォルマ》会《シオン》」を創設した。同年八月に招集された最初の会合では、カスティーリャの財政再建と人口増加を目的とするさまざまな改革案が出され、十月にフェリーペ四世によって承認された。まずは中央政府および宮廷の財政削減と綱紀粛正をめざし、増えすぎた官僚や宮廷使用人の罷免、国王が貴族に与える恩典の削減、奢侈品の輸入制限などが計画された。税制・金融改革としては、農民や商人に不評のミリョネス税を廃止し、代わりにカスティーリャの市町村一万五〇〇〇カ所から一人当り平均毎月六ドゥカードを徴収して軍費にあてること、また平価切下げによるベリョン貨幣の安定などが提案された。加えて、カスティーリャ王国内のあらゆる臣民が参加する金融システムとして金融公庫《エラリオ》の創設が検討された。オリバーレスの構想は、カスティーリャ住民に対し所有財産の二〇分の一を金融公庫に投資するよう義務づけ、見返りに年三%の利息を保証し、集めた資金を農民や手工業者に貸しつけて産業促進に役立てる、というものであった。

　一六二三年、大評議会の改革要項が公布され、フェリーペ四世はカスティーリャで議会《コルテス》を招集して、カスティーリャ諸都市にこの要項を承認させようとした。しかしカスティーリャ諸都市は、計画の妥当性は認めたものの、行財政改革全般にオリバーレスの支配がおよぶことで議会が弱体化することを危惧し、これを承認しなかった。とくに中央政府と農民・手工業者が直接繋がる金融システムである金融公庫は、都市の寡頭支配者にとって徴税権などの既得権益をそこなうものでしかなく、その創設資金を拠出することには大きな抵抗があった。一六二五年六月、カスティーリャ諸都市は交渉のすえ、一二〇〇万ドゥカードの徴税と引き換えに、二三年の改革要項凍結を政府に認めさせた。政府主導の重商主義的経済計画によってカスティーリャ経済を活性化させるというオリバーレスの試みは、その対象となるカスティーリャから拒否されるという皮肉な結果となった。

　また、一六二一年にアントウェルペン条約が期限切れとなり、オランダとの戦争が再開されると、国際社会におけるスペイン王権の威信回復をめざすオリバーレスにとって、兵員徴募と戦費調達は大きな課題となった。もともと、「スペイン王国」を構成する諸国のうち、王権の対外政策を支えていたのは、伝統的に議会の力が弱く王権に従順なカスティーリャであり、アラゴンやカタルーニャなどの他の王国は地方諸特権《フエロス》を盾に人的・物質的負担には応じていなかった。しかし、疲弊したカスティーリャから王権がこれ以上の負担を引き出すのは難しく、またフェリーペ三世期末からは、カスティーリャ諸都市の側も王権に対し各王国に応分の負担を求めるよう繰り返し請願していた。

このような状況を把握していたオリバーレスは、一六二四年十二月、フェリーペ四世に宛ててつぎのような進言書を提出している。「国王陛下。あなた様の王国のもっとも重要な案件は、あなた様がスペイン国王となられることです。すなわち、陛下、あなた様がポルトガル、アラゴン、バレンシアの国王、バルセローナ伯爵であることに満足されず、スペインを構成するこれらの王国をカスティーリャの形式と法にのっとっておさめられるように、［私の］熟慮をかさねた内密の進言を受けつつお考えになり、お働きになることです」。加えて、このような王権の方針に対して各王国が反発する場合には、武力による威嚇も辞さぬ強い態度を示すべきだが、それと並行してアンダルシーアのメディナ・シドニア家やポルトガルのブラガンサ家のような各王国の有力家門との婚姻政策も進めるべきだ、とも述べている。オリバーレスの進言書は、スペイン王国の実態が凝集性を欠く「複合王政[9]」であることを指摘し、これを廃して「カスティーリャの形式と法にのっとって」諸国を統合するという中央集権的王政の実現を提言している。十七世紀のヨーロッパ各国においては、各地方の特殊性を削減して主権国家としての地位を強化する動きがみられるが、オリバーレスの提言もその流れの一つである。

このようなオリバーレスの政治理念は、一六二六年に「軍隊統合計画《ウニオン・デ・アルマス》」というかたちで具現化した。総勢で一四万人にのぼる兵員徴募を、フランドルからインディアスにいたるまでの、スペイン帝国を構成するすべての支配地域に割り当てるという計画であった[10]。割当に際しては各王国の人口や経済事情が考慮されており、カスティーリャ、フランドル、ナポリからの徴募はおおむね成功した。しかしそれ以外の地域ではうまく実施できず、とくにアラゴン、バレンシア、カタルーニャは猛烈に反発した。一六二六年一月から三月にかけて、フェリーペ四世がこれらの王国に出向き、議会を招集して説得に努めた結果、カスティーリャ軍の侵攻を恐れたアラゴンとバレンシアからは、兵員徴募の代わりに一部戦費の負担を引き出すことに成功した。しかし、カタルーニャだけは最後まで負担に応じようとせず、フェリーペ四世とオリバーレスの不興をかった。

「軍隊統合計画」の失敗に加え、長期公債《フーロ》やジェノヴァ商人との短期借款《アシエント》による累積負債、さらに二〇〇〇万ドゥカードの貨幣鋳造が引き起こした一三%ものインフレによって、スペイン王室の財政状況は悪化し、一六二七年一月、国庫支払停止宣言《バンカロータ》が宣告された。これによって大きな打撃を受けたジェノヴァ商人は、スペイン王室への新たな貸付を控えるようになった。一六二八年以降、オリバーレスは、ジェノヴァ商人に代わり、北ヨーロッパとの交易で財力を蓄えたコンベルソ(改宗ユダヤ人)のポルトガル商人との関係を強化した。彼らからの新たな借款引出しにはある程度成功したものの、膨らみつづける戦費の補塡は困難を極めた。さらに、一六三一年には新たに塩税を導入したものの、家畜の飼料や魚の保存に大量の塩を使う北部地域から強硬な反発を受け、同年九月、バスクで住民の反乱が起こった。結局王権は、必用な経費をその都度カスティーリャから徴収するという従来からの方法を改めることはできず、オリバーレスの立案したさまざまな改革は失敗に終わった。

一六四〇年代の危機——カタルーニャ反乱とポルトガル独立

一六四〇年代にはいると、スペイン王国内各地で反乱や反乱未遂事件があいついだ。とくに一六四〇年には、カタルーニャとポルトガルでスペイン王権から離反する動きが起こり、オリバーレスのめざした中央集権的政治の破綻が明らかになった。

マドリードの中央政府とカタルーニャとの関係は、「軍隊統合計画」をカタルーニャが完全に拒絶したことで、そもそも険悪であった。一六三五年にスペインとフランスの戦争が始まると(三五五頁参照)、カタルーニャは、フランスに対峙する地理的な条件のために、スペイン軍の戦略拠点になった。カタルーニャ村落へのカスティーリャ軍の駐屯は、住民にとって重い経済的負担であり、また、カスティーリャ兵士による略奪行為も頻発した。その結果、一六四〇年五月にジローナ近郊のサンタ・クローマ・デ・ファルネス村で民衆が蜂起し、カスティーリャ軍の駐屯に協力的だった国王役人が殺害され、騒乱は短期間でカタルーニャ農村部に拡大した。さらに同年六月七日、「キリスト聖体の日」の祝日であるこの日、バルセローナ市で宗教行事に参加していた刈取り人《サガドース》が暴動を起こして地方高等法院《アウディエンシア》の役人を襲撃、副王サンタ・クローマ伯を殺害し、これがカタルーニャ反乱の始まりとなった。

カタルーニャの議会常設代表部《ジャナラリタット》は、地方貴族と都市支配者のあいだにあった長年の対立を克服し、一六三八年以降パウ・クラリスを中心に政治的結束力を強めていた。カタルーニャ反乱が起こると、議会常設代表部はスペイン王権から離反して共和制をとり、カスティーリャ軍に対して抵抗する方法を模索した。一方、カタルーニャ民衆の敵意は、マドリードから派遣されていた役人やカスティーリャ軍兵士に対してだけではなく、重税を強要していたカタルーニャの上層階級にも向けられていた。カタルーニャの上層階級は、この反乱が社会革命に転化することがないよう、カタルーニャ内の各社会階級を束ねる凝集力を必要としており、カタルーニャの君主としてフランス王ルイ十三世を迎える方策をとった。一六四〇年十月、議会常設代表部はフランスと防衛協約を結び、翌四一年一月には代表者三人がルイ十三世への忠誠を誓って、カタルーニャはフランスの支配下にはいった。同月のモンジュイックの戦いでフランス・カタルーニャ連合軍はカスティーリャ軍に勝利し、カタルーニャの反乱は、短期制圧というフェリーペ四世とオリバーレスの意図に反して、長期化した。

しかし、農村部においては、ルイ十三世の専横的な統治姿勢と、横行するフランス軍による略奪行為により、フランスへの反発が徐々に強まった。都市部でも、バルセローナ商人がフランス商人と対立するなど、フランス支配による経済的損失を訴える声が高まった。また、一六五一年にはペストが流行し、長期の戦争状態に疲弊したカタルーニャ住民のあいだには厭戦気分が広がった。一六五二年、フェリーペ四世の庶子フアン・ホセ王子率いるカスティーリャ軍が進軍すると、バルセローナは降伏した。これにより、一二年におよんだ反乱は終結し、カタルーニャはスペイン王権に帰順した。翌一六五三年、フェリーペ四世は、反乱首謀者への恩赦とカタルーニャの諸特権尊重という寛大な処置をとる一方で、カタルーニャの服従を要求し、毎年五〇万リブラの対フランス戦の戦費負担と、国王がバルセローナ市の官職任用に干渉できる権限を認めさせた。

一五八一年にスペインに併合されたポルトガル王国でも、カタルーニャ同様、オリバーレスの中央集権的な行財政改革に対して批判が高まっていた。ポルトガルの貴族や聖職者に対する高額な寄付金の要求、さまざまな農産物への課税、ブラジル防衛を目的とする臨時税の徴収と、あいつぐ負担の要求に、スペイン王権からの離脱を望む声が高くなっていった。一六四〇年にカタルーニャで反乱が起こると、反乱がポルトガルに飛び火することを恐れたフェリーペ四世は、ポルトガル貴族のリーダーであったブラガンサ公爵に対し、ポルトガルを離れてマドリードに住居を移し、ポルトガル軍を率いてカタルーニャに遠征するよう命じた。ポルトガル貴族たちは、以前からフランスの宰相リシュリューの支援を得て、スペインからの分離独立を画策していたが、フェリーペ四世のこの命令は結果的にその動きを加速させた。一六四〇年十二月一日、リスボン王宮の衛兵がポルトガル貴族の一部によって襲撃され、オリバーレスの信頼厚い国王役人バスコンセーリョスが暗殺された。さらに、フェリーペ四世の従姉妹で当時ポルトガルの副王であったマルガリータ・デ・サヴォイアは、スペインに護送された。この時期、カスティーリャ軍の主力はフランス戦線とカタルーニャの反乱鎮圧にあてられていたため、ポルトガルへ派兵する余力はなく、王宮占拠から五日後にブラガンサ公がポルトガル国王ジョアン四世(在位一六四〇～五六)として即位すると、ポルトガルは事実上スペインからの独立を達成した。フェリーペ四世にとって、晩年、ポルトガル奪還は宿願となり、一六六三年から六五年にかけて遠征軍をたびたび送ったもののいずれも失敗に終わった。結局一六六八年のリスボン条約でポルトガルの独立は正式に承認された。

カタルーニャとポルトガルのあいつぐ反乱は、オリバーレスの権力を弱め、カスティーリャでの信望を失ったオリバーレスは一六四三年に失脚した。失脚後、オリバーレスが増設した数々の評議会は一部を除いて廃止され、オリバーレス派の人物は政治の中心から退けられた。また、フェリーペ四世も、寵臣の力に頼らずに自らで政務をとる意思を示すようになった。一六四七年、オリバーレスの甥ルイス・デ・アロが寵臣の座に就いたものの、フェリーペ四世はオリバーレス時代のように国政の全権を与えることはせず、メディナ・デ・ラス・トーレス公の一派も登用して、政治に二元性をもたせた。また王の個人的な相談係としてマリア・デ・アグレーダ修道女が重用され、ここでもアロは王の信頼を独占することができなかった。

カタルーニャとポルトガル以外の地域でも、一六四一年のメディナ・シドニア公によるアンダルシーア反乱未遂事件、四七年から四八年のスペイン領ナポリとシチリアの反乱、四八年のイハル公によるアラゴンの反乱未遂事件、四七年から五二年のスペイン南部諸都市の食糧暴動と、スペイン王国内各地で断続的に反乱が起きた。とくに、当時五〇万人の人口をかかえ、スペイン帝国内でもひときわ活気のあったナポリでの民衆反乱は、フランス王の支援を受けて一時はスペイン王権からの離脱にまでいたったが、その後フアン・ホセ王子率いるスペイン軍に鎮圧された。

フェリーペ四世期後半は、国内の財政状況が悪化した。フェリーペ四世は、一六四七年、五三年、六〇年、六二年と、続けて国庫支払停止宣言をおこなった。また、一六四二年から五二年までペストが流行し、とくにバレンシア、ムルシア、アンダルシーアで多くの犠牲者がでた。さらに一六四五年以降、インディアスからの銀の輸入量が激減したことに加え、安易な貨幣操作によってカスティーリャ経済は混乱した。

名声回復への試み——フランス、オランダとの関係と三十年戦争

フェリーペ四世期には、オーストリア・ハプスブルク家との連携による「普遍的なカトリック帝国」の維持と、前王

の寵臣レルマの平和主義路線によって低下した国際社会におけるスペインの名声回復が、対外政策の基本方針となった。

一六二一年にアントウェルペン条約の有効期限が切れると、スペインはオランダとの戦争を再開し、一六二〇年代はおおむね優勢のうちに戦いを進めた。まずはじめにスペインは、オランダ船舶の入港を厳しく取り締まるために、ヨーロッパや北アフリカのスペイン帝国領内において、港湾を使用するすべての船舶に船籍証明書の携行を義務づけた。さらに、ドーヴァー海峡に面したフランドルの港湾都市ダンケルクにあった海軍基地を再編し、スペイン艦隊による北海の監視活動を強化した。オランダの海上輸送と漁業は、スペインによるこれらの「経済封鎖」により深刻な影響を受け、オランダ国内の農産物、木材、塩の価格が高騰した。陸上の戦闘では、フェリーペ三世時代から数々の武勲をあげてきた古参の将軍スピノラが再びスペイン軍の指揮をとり、ユーリヒ(一六二二年)、ブレダ(二五年)などのオランダ要衝を陥落させた。

劣勢となったオランダは、フランスに資金援助を求めるとともに、新大陸に活路を見出そうと艦隊を派遣し、一六二四年にポルトガル領ブラジルの首都バイアを占領した。翌二五年にはトレード将軍率いる一万二〇〇〇人のスペイン・ポルトガル連合軍によりバイアは奪還されたが、オランダ艦隊はその後も新大陸各地で攻撃を続けた。一六二八年にはキューバのマタンサ沖でスペイン船団を拿捕して積荷の大量の銀を奪い、三〇年には砂糖産業で潤うブラジル北部のペルナンブーコを攻略した。新大陸からの富を遮断することでスペインを経済的に圧迫するというオランダの戦略は効を奏し、一六三〇年以降、戦局は徐々にスペインにとって不利になっていった。

また、一六二〇年代から三〇年代半ばにかけて、スペインとその最大のライヴァルであるフランスとの関係は、緊張の度合いを増していった。ルイ十三世と宰相リシュリューの中央集権的政治により国力を強化しつつあったフランスは、国際社会での覇権獲得をめざし、あらゆる機会を利用してスペインの対外政策に干渉した。一六二七年から三一年にかけて起こった北イタリアのマントヴァ公国とその西側のモンフェルラートにおける係争は、三十年戦争での直接対決を控えた両国の前哨戦となった。一六二七年十二月にマントヴァ公ヴィンチェンツォ二世が死去すると、フランスは、ヴィンチェンツォにもっとも近い男系の親族でフランスに帰化していたヌヴェール公シャルルを公位継承者に推挙した。北イタリアにおけるフランスの支配強化を警戒したスペインは、グアスタッラをおさめていたチェーザレ二世を継承順位が低いにもかかわらず強引に推挙してこの問題に介入し、さらにスペインとフランスのあいだで揺れ動くサヴォイア公を味方につけるため、マントヴァ公領に属するモンフェルラートのサヴォイア併合を認めた。一六二八年、スペインはミラノ総督軍をモンフェルラートに侵攻させ、ポー川に面したカサーレ要塞を包囲した。これに対しフランスは、一六二九年と三〇年にルイ十三世自らがリシュリューとともに軍隊を率いてモンフェルラートに侵攻し、スーザの戦いでサヴォイア軍を破るとカサーレ包囲網を解き、さらにポー川流域の要衝ピネローロを占領した。結局、一六三一年三月のケラスコ条約によってスペインとフランスの和平が成立したが、スペインの意に反し、マントヴァ公位はヌヴェール公によって継承された。スペインにとってマントヴァ継承問題への介入は、戦費不足を招いたうえに、教皇庁やイタリア諸侯の警戒心を引き起こし、対外政策に悪影響をおよぼした。

一六一八年に始まった三十年戦争は、三〇年代にはいると、プロテスタントの擁護をめざすスウェーデン王グスタフ・アドルフの参戦という局面を迎えていた。フランスの資金援助を得たスウェーデン軍は、神聖ローマ皇帝軍を圧倒し、南ドイツまで進軍した。スペインは、神聖ローマ皇帝の協力者という立場から、フェリーペ四世の弟フェルナンド枢機卿率いる一万五〇〇〇人の兵士を皇帝軍に合流させた。一六三四年九月、ドイツ南部ネルトリンゲンの戦いでハプスブルク連合軍はスウェーデン軍を破り、その南進を食い止めた。同年十月スペインは、勝利に貢献したことへの見返りとして、フェルディナント皇帝からオランダ戦支援の約定を取りつけたが、財政問題をかかえる皇帝からの援助は実際にはおこなわれなかった。ネルトリンゲンでの輝かしい勝利は、フランスに対抗しうる両ハプスブルク家の連携強化には繋がらなかった。

一六三五年五月、フランスは両ハプスブルク家優勢のままで戦争が進展することを恐れて、ついにスペインとオーストリアに宣戦布告した。フランスの参戦によって三十年戦争は、カトリック対プロテスタントという宗教戦争から、各国が覇権を争う国際戦争へと変質した。財政状況の厳しいスペインは、戦争を早期に終結させるため、フランドル、ドイツ、北イタリアの三方からフランスに攻撃をしかけ、初期の戦局を有利に進めた。とりわけ一六三六年七月におこなわれたフランドル側からの進軍は、パリに近いコルビ攻略という戦果をあげ、パリ住民を震撼させた。また、一六三八年にはフランス軍がカタルーニャへの侵攻と、スペイン北部の港町フエンテラビアの包囲をおこなったが、スペイン軍はこれを退けた。しかしながら、一六三七年の一年間で戦争にかかった費用は一三〇〇万ドゥカードに達し、これは国庫の収入の約二倍に相当した。オリバーレスは外国人商人からの短期借款《アシエント》で戦費を補填しようとしたがうまくいかず、資金不足によってスペインは徐々に形勢不利になっていった。

一六三八年、フランスと同盟関係にあるスウェーデン軍によって、ライン川中流域が占領されると、北イタリアとフランドルを結ぶ「スペイン街道」の通行に重大な障害がでた。さらに翌年のダウンズの海戦では、スペイン海軍がオランダ海軍に敗北を喫し、その結果スペイン船のドーヴァー海峡やイギリス海峡の航行が困難になった。オランダへの物資や兵員の補給ルートを海上でも陸上でも絶たれたスペインは、オランダ戦で苦戦を強いられた。また同年に、スペイン・ポルトガル合同艦隊がブラジルのペルナンブーコ奪回作戦を展開したが、ここでもオランダ軍に敗北した。一六四〇年からは、カタルーニャおよびポルトガルの反乱によってイベリア半島内にも新たな戦線が生じた。さらに、一六四三年のロクロワの戦いで、スペイン軍歩兵連隊《テルシオ》が、大砲やマスケット銃という新装備に切り替えたフランス軍に大敗した。当時ヨーロッパ最強といわれていたスペイン歩兵連隊の敗北は、スペインの衰退とフランスの隆盛を各国に印象づけた。

ウェストファリア条約とピレネー条約——スペイン覇権の終焉

一六三五年以降、フランスとスウェーデンはプラハの包囲やバイエルン侵攻といった作戦を共同で展開し、神聖ローマ皇帝領内において有利に戦争を進めていた。しかし一六四〇年代にはいると三十年戦争は膠着状態に陥り、長期の戦争で疲弊した各国からは和平を望む声が高まった。一六四五年からドイツのミュンスターとオスナブリュックでヨーロッパ諸国とドイツ諸邦の君主約二〇〇名が和平交渉にはいり、一六四八年十月、両都市でウェストファリア条約が結ばれた。初の全ヨーロッパ的国際条約である同条約では、カトリックとプロテスタントの同権化が公認され、カトリックを基盤とした帝国を維持するために「異端」のプロテスタントと戦うというスペインの帝国理念が完全に否定された。最大の勝利者はフランスとスウェーデンであり、とくにフランスは、ハプスブルク家の権力基盤を弱めるという最重要事項を達成したうえに、領土問題でもアルザス地方の領有権を認められた。これに対してスペインは、一六四二年にリシュリューに代わってフランス宰相となったマザランの巧みな外交術により和平対象からはずされ、カタルーニャを今後もフランス王権下におくことやポルトガル侵攻のためにフランス軍がスペイン領内を通過することなど、無理難題を要求された。スペインには、ウェストファリア条約はマザランの陰謀と映った。ウェストファリア条約に反発したスペインは、一六五九年まで単独でフランスとの戦争を続けた。

一方、フランスとの対立はオランダへの接近を生んだ。フェリーペ四世は、フランスとオランダという二大強国と同時に戦うことはもはや不可能であると認識していた。また一六四〇年にポルトガルがスペイン王権から離脱したことで、ポルトガルの海外領土をめぐる大西洋上でのスペインとオランダの直接対決は以前より減少していた。オランダ側も、フランドル支配を狙うマザランの野心を警戒し、スペインとの連携を歓迎した。一六四八年一月、ウェストファリア条約に先立つこと九カ月、ミュンスターでスペインとオランダの講和条約が締結され、オランダの独立が正式に承認された。

一六四八年、フランスで「フロンドの乱」が起こり(五三年まで継続)、フランス国内が混乱状態に陥ると、これに乗じてスペインはフランスに攻勢をしかけ、戦局は一時スペインに有利となった。一六五二年には、フランドル総督レオポルト大公によるダンケルク海軍基地の奪還、ミラノ総督カラセーナ侯による北イタリアのカサーレ要塞の制圧、さらにはファン・ホセ王子によるカタルーニャ奪還と、勝利が続いた。しかしマザランは一六五四年、イギリスとウェストミンスター条約を結び、スペインとの戦いにイギリスを引き入れることに成功した。一六五五年、イギリス海軍はスペイン南部の港町カディスを経済封鎖し、新大陸でもスペイン領ジャマイカを占領した。さらに一六五八年のダンケルクの戦いで、ファン・ホセ王子率いるスペイン軍がフランス・イギリス連合軍に敗北した。窮地に追い込まれたスペインは、フランドル全域をフランスに奪われる危険性もでてきたため、和平交渉に乗り出した。

一六五九年十一月、スペイン北部ビダソア川に浮かぶロス・ファイサネス(フェザン)島でおこなわれたマザランとスペイン側代表者アロとの直接交渉の結果、一二四項目から成るピレネー条約が締結された。領土問題では、フランスはロレーヌ公領から撤退する一方で、アルトワ伯爵領やティオンヴィル、モンメディといったフランドル諸都市の領有をスペインに認めさせた。またピレネー地域では、ルシヨン(ルサリョ)およびセルダーニュ(サルダーニャ)の半分を手に入れたが、これはカタルーニャ領の五分の一に相当する面積であった。さらにマザランは、フランスが将来的にスペイン王権とその帝国を手に入れるための布石として、ルイ十四世とフェリーペ四世の長女マリア・テレーサの婚姻に関する条項を盛り込んだ。スペインは、マリア・テレーサ王女のスペイン王位継承権放棄をフランス側に強く要求し、その埋合せとして五〇万エスクードの持参金支払いを約束した。しかしマザランの予測通り、危機的な財政状況にあるスペインはこのような多額の持参金を支払う能力はなく、四〇年後に起こるハプスブルク朝からブルボン朝への王朝交代の下地がここでつくられた。ピレネー条約は、スペインの時代が終わり、フランスの時代が到来したことをヨーロッパ諸国に知らしめた。

3　覇権の喪失と国内の混乱

マリア・アンナ王妃の摂政とファアン・ホセ王子の政権掌握

マドリードとウィーンの両ハプスブルク家間では、連携強化のため同族結婚が繰り返されていた。一六四九年、フェリーペ四世は二番目の妻として皇帝フェルディナント三世の娘マリア・アンナ(スペイン語名マリア・アナ)を迎えたが、彼女はフェリーペにとって実の姪であった。一六六一年、二人のあいだに生まれたカルロス二世は精神的にも肉体的にも生来病弱で、「呪われた王」(エル・エチサード)という異名をもつほどであった。一六六五年、カルロス二世(在位一六六五～一七〇〇)はわずか四歳で即位するが、病弱な王は国政を束ねるシンボルとしての凝集力を欠くため国内政治は混乱し、国際政治においては各国のスペイン王位継承問題への介入を促した。

フェリーペ四世は、遺言のなかでカルロス二世が十四歳に達するまでの摂政としてマリア・アンナを指名し、一方では国政が一人の寵臣に掌握されることを避けるため、国務会議議長や異端審問長官など、国政の要職を担う大貴族たちで構成される「統治評議会《フンタ・デ・ゴビエルノ》」を創設し、マリア・アンナを補佐させた。しかし遺言は守られず、マリア・アンナは、婚姻の際にオーストリアから連れてきた自らの聴罪司祭ニタルトを独断で主席大臣に任命した。外国人であるニタルトは、国庫の財政悪化や対外戦争での失敗もあり、マドリード宮廷での評判は悪かった。これに対し、フェリーペ四世と女優マリア・カルデロンとのあいだに生まれた庶子で、対外戦争において数々の武勲をあげていたファアン・ホセ王子は、貴族や軍人の厚い支持を受けていた。また、ファアン・ホセ王子はカタルーニャ副王時代(一六五三～五九年)に地方諸特権《フェロス》を尊重する政治をおこなったことから、カタルーニャにおける人気も高かった。一六六八年十月、マリア・アンナとニタルトは統治評議会を動かし、王室への反逆罪という嫌疑で、ファアン・ホセ王子を拘束しようとした。ファアン・ホセ王子はカタルーニャへ逃亡して体制を立て直し、翌年一月、四〇〇〇人の兵を引き連れてマドリードに進軍した。この示威行為に屈したマリア・アンナと評議会は、ニタルトを罷免した。しかし、マドリードにおける自らの権力基盤がまだ脆弱であることを悟ったファン・ホセ王子は、アラゴン司教総代理《ビカリオ》の任命を受けてサラゴーサで雌伏した。

一六七〇年代にはいると、アンダルシーアの下級貴族でナポリ生まれのバレンスエラが、マリア・アンナの信頼を得て瞬く間に宮廷内での地位を築いた。一六七五年にカルロス二世が十四歳に達すると、マリア・アンナは統治評議会を解散させ、バレンスエラを主席大臣に指名し、国政の全権を委ねた。マリア・アンナの馬丁から成り上がったバレンスエラの権力掌握は大貴族にとって衝撃であり[11]一六七六年十二月、ファン・ホセ王子をはじめ、アルバ公、オスーナ公、メディナ・シドニア公など二四人の有力貴族たちはこれに抗議する「声明文」を発表し、バレンスエラの投獄、マリア・アンナの退任、ファン・ホセ王子の主席大臣就任を要請した。政治の実権を掌握する機会を狙っていたファン・ホセ王子は、サラゴーサから一万五〇〇〇人の兵を引き連れてマドリードに進軍し、一六七七年一月、マドリードのブエン・レティーロ宮殿においてカルロス二世への忠誠を誓って主席大臣の地位に就いた。マリア・アンナはトレードに隠遁させられ、バレンスエラは爵位と財産を剝奪されフィリピンに追放された。

ファン・ホセ王子の治世は三年間という短さであったが、とくに国内政治において改革的な機運が高まった。政治汚職が厳しく取り締まられ、カスティーリャの激しいインフレを抑制し経済を回復させるために「商業評議会《フンタ・デ・コメルシオ》」や「貨幣評議会《フンタ・デ・モネーダ》」が設立された。また、カルロス二世のアラゴン訪問とアラゴンでの議会開催を実現し(カルロス二世在位中に国内で開かれた唯一の議会となった)、地方諸特権《フェロス》を尊重する姿勢を示したため、地方での人気は高かった。しかし、一六七七年から三年間続いた凶作と、バレンシアとアンダルシーアでのペスト蔓延に加え、折り悪しく新大陸からの貴金属輸入がこの三年間はまったくとだえたため、国庫は逼迫し、一六七八年には部分的な国庫支払停止宣言をよぎなくされた。

さらに国際政治においても、オランダ戦争(三六三頁参照)に敗北した結果、一六七八年のネイメーヘン条約によってフランシュ・コンテをフランスに奪われ、ファン・ホセ王子の重要な支持基盤であった軍人たちの信頼を失った。内外での失策が続くと、マドリード入城の際には最高潮に達していたファン・ホセ王子の人気は瞬く間に急落した。挽回策を打ち出そうとしていた矢先、ファン・ホセ王子は突然高熱を発し、一六七九年九月に急逝した。

メディナセーリとオロペーサの経済改革と「新たな地方特権尊重《ネオフォラリスモ》」

ファン・ホセ王子の死後、マリア・アンナ母后は幽閉先のトレードから宮廷に戻り、メディナセーリ公(在任一六八〇〜八五)とオロペーサ伯(在任一六八五〜九一)という二人のカスティーリャ貴族を主席大臣に登用した。メディナセーリとオロペーサは有能な政治家ではあったものの、過去の「全能なる」寵臣たちとは異なり、国王の個人的信頼を得て宮廷と政府の双方で全権を掌握することはなかった。

メディナセーリとオロペーサの経済改革は、その主目的を、対外戦争のための戦費捻出を狙うことにおくのではなく、国内産業を直接保護し育成することにおいた点で、十八世紀ブルボン朝の啓蒙諸改革の先駆けとなる性格をもっていた。彼らが取り組んだ改革には、行政のスリム化、教会や異端審問所の権限削減などさまざまなものがあるが、とくに国内経済に大きなインパクトを与えたのは貨幣改革であった。

カスティーリャでは十六世紀末から、財政が逼迫するたびに質の悪いベリョン貨幣を大量に鋳造し一時凌ぎをするという貨幣政策を繰り返し、その結果、激しいインフレが続いていた。一六八〇年二月、メディナセーリは財務会議を通じて、ベリョン貨の五〇%の平価切下げと、ベリョン貨に対して極端に高騰していた銀貨の価値を制限する法令を公布した。さらに一六八六年十月、オロペーサは、銀貨についても二〇%の平価切下げを実施し、加えて金の価格をあげた。その結果、本位貨幣である金貨と銀貨の比率は、他のヨーロッパ諸国に比べて高率の一対一六となり、カスティーリャへの金の流入が促進された。これらの措置により、商品の価格が一時的に五〇%も急落し、とくに一六八〇年から二年間はカスティーリャの経済活動は麻痺状態に陥った。しかし痛みをともなうこの改革によってカスティーリャ貨幣の信用は回復し、商取引の安定化や投資の活発化を好材料に経済活動は活性化した。またこの時期、カスティーリャの人口は増加し始め、農業や手工業も回復に転じた。

回復に向かう経済とは対照的に、中央政府の混乱はますます激しくなった。経済回復は税収増加にただちには繋がらず、新大陸からの貴金属輸入は低調で、さらに一六八八年から始まったアウクスブルク戦争(三六三頁参照)の戦費がかさみ、九〇年代にはいると国庫は恒常的に破産状態となった。また、一六八九年にカルロス二世がオーストリアから迎えた二番目の妻、プファルツ(パラティーノ)選帝侯女マリア・アンナは政治に野心を示し、自国から連れてきたオーストリア人廷臣を重用した。マドリード宮廷は一時的に親ハプスブルク派が優勢を占めたものの、主席大臣が空位のままで政治は一貫性を欠き、さらに待ち望まれていたカルロス二世の世継ぎがマリア・アンナに生まれなかったことから、宮廷内では徐々に「太陽王」ルイ十四世を支持する親ブルボン派が増えていった。

マドリード中央政府と各地方の関係に目を転じると、カルロス二世の時代は、マドリードからの干渉が弱まり周辺諸地域の自律性が高まる「新たな地方特権尊重《ネオフォラリスモ》(12)」の時代であった。オリバーレス時代の中央集権的政策の失敗に懲りた中央政府は、各王国や各地方が地方諸特権《フェロス》を保持しつつゆるやかに結びついている「複合王政」というスペイン王国の統合原理に、あえて手を加えようとはしなかった。中央政府の現状維持的方策は各地方で歓迎され、例えばカタルーニャの歴史家フェリウ・デ・ラ・ペニャはその著作(一七〇九年)のなかでカルロス二世を「スペイン最良の王」と称えている。

周辺諸地域ではカスティーリャほど激しいインフレをこうむらなかったため、一六六〇年代以降、徐々に活力を取り戻した。アラゴンやバレンシアは、フェリーペ三世期のモリスコ追放による人口減少と経済衰退の痛手から、ようやく回復し始めた。またカタルーニャも、一六五〇年代を最後にペスト禍におそわれず、人口が回復した。この時期のバルセローナは、都市と農村部を有機的に結びつけた分散的織物製造や、北ヨーロッパへのブランデー輸出によって潤い、スペイン国内でもっとも活力のある都市となっていた。

フランスとの戦争と覇権の喪失

ウェストファリア条約(一六四八年)以降、ヨーロッパの国際政治は大きく変化し、各国がその場の利害に応じて同盟と離反を繰り返して、ヘゲモニーを争うようになった。スペインの国際紛争への関与の仕方も、「カトリックの擁護」や「ハプスブルク帝国の防衛」といった大義が失われた結果、大きく変化した。政府や宮廷内では、多大な犠牲をはらうことになる国際紛争への関与を避けようとする意見が大勢を占め、海洋国として振興著しいオランダやイギリスには歩調を合わせつつ、拡張主義のフランスとは対峙する、という方法がとられた。しかし、こういった消極的な対外政策にもかかわらず、フランドルやカタルーニャの防衛には多額の費用がかかり、また、オランダやイギリスの軍事援助に対する謝金も巨額であったことから戦費は減少しなかった。加えてそれまでスペイン王室を支えてきたジェノヴァやポルトガル商人の資金力が、オランダやイギリス商人の台頭によって低下したこともあり、王室の財政状況は好転しなかった。

十七世紀後半、フランス王ルイ十四世は、一六六〇年にスペインから迎えたマリア・テレーサ(マリー・テレーズ)王妃の権利を交渉のカードとして、スペイン王室の後継者問題や領土問題に介入し、スペインに対し四回の戦争をしかけた。まずはじめに、一六六七年から六八年にかけては、フランドルの帰属をめぐって「遺産帰属戦争」が起こった。ルイ十四世は、「遺産返却法」(相続において初婚で生まれた子どもが優先され、親の遺産のすべてがその子どもに返却される)というフランドルの一部地域にあった慣習法を利用し、フェリーペ四世の最初の結婚で生まれた娘であるマリア・テレーサ王妃にフランドルの相続権があると主張した。一六六七年五月、フランス軍の進軍によって、フランドルとフランシュ・

コンテが占領された。しかし、フランスのこの軍事行動に脅威を感じたオランダ、イギリス、スウェーデンの三国は同盟を結成し、戦争の調停に乗り出した。一六六八年五月、アーヘン(エクス・ラ・シャペル)で講和条約が結ばれ、スペインはフランシュ・コンテの領有はかろうじて守ったものの、フランドルの一二の重要都市をフランスに奪われた。

一六七二年から七八年にかけては、フランスとオランダのあいだで「オランダ戦争」が起こり、スペインはフランドルを防衛するためオランダの同盟国として参戦した。しかし、スペイン・オランダ連合軍は、主戦場となったフランドルでフランス軍に敗北をかさね、一六七八年九月のネイメーヘン条約でフランシュ・コンテがフランスに譲渡された。オランダ戦争の期間中、戦火はイタリアとカタルーニャにも飛び火した。一六七四年からシチリア島北部のメッシナでは反スペイン暴動がたびたび起きていたが、フランスはこの機会を利用し、一六七六年に艦隊を派遣してシチリア占領を試みた。しかし地中海におけるスペインの海軍力は健在であり、さらにオランダ艦隊の協力もあって、フランスに勝利した。これとは対照的に、ピレネー地域のフランス領ルシヨンにおける塩税反乱を支援していたカタルーニャは、一六七五年にフランス軍に攻め込まれ、カタルーニャ北部のアンプリアスが破壊された。

オランダ戦争以降、フランスは東北部国境地域において「統合政策《レユニオン》」を推し進めた。これは、フランス国内の国王裁判所内に設けた「統合法廷」をとおし、過去の条約の不備を巧みに利用して国境地域にフランスの主権を押しつけるというものであった。この政策の一環として、フランスはスペインに対しフランドルを正式に放棄するよう圧力をかけたが、スペインがこれに応じなかったため、一六八三年にルクセンブルクに攻め入った。フランス軍に屈したスペインは、一六八四年にレーゲンスブルク(ラティスボン)条約を結び、ルクセンブルクとフランドルの一部をフランスに割譲した。

しかし、こういったフランスの拡張主義はヨーロッパ諸国の警戒心を呼び起こし、一六八六年、スペイン、オランダ、神聖ローマ皇帝、スウェーデン、ドイツ諸侯は「アウクスブルク同盟」を結んでフランス包囲網を敷いた(一六八八年よりイギリスも加盟)。一六八八年、ドイツのプファルツ(パラティーナ)選帝侯の後継者問題をめぐってフランスが出兵したことで、同盟国側とフランスとのあいだで「アウクスブルク戦争」(九年戦争、一六八八〜九七年)が勃発した。スペインの領土内では、フランドル、カタルーニャ、イタリアがおもな戦場となったが、スペイン軍はいずれの戦場でも劣勢であった。とくにカタルーニャでは、フランスとの国境に近いロザスの要塞が一六九三年に陥落し、翌年カタルーニャ副王軍がテル川の戦いで敗北したことで、フランス軍はジローナ周辺まで侵攻した。さらに一六九七年には、バルセローナがフランス軍に占領された。しかし、敗北をかさねるスペインとは対照的に、イギリスやオランダなどの他の同盟国はフランスに対し優勢に戦いを進めた。この結果、一六九七年に同盟国側とフランスのあいだでライスワイク条約が結ばれ、同盟国側は領土問題に関しフランスから大幅な譲歩を引き出すことに成功した。一六七八年のネイメーヘン条約以降にフランスに奪われた各国の領土はほぼすべて返還されたため、敗北をかさねていたスペインもバルセローナ、ルクセンブルク、フランドル諸都市を取り戻すことができた。

ハプスブルク朝スペインの断絶と後継者をめぐる争い

一六九〇年代後半にはいると、病弱なカルロス二世が嗣子のないまま死去する可能性が高まり、広大な領土を保有するスペイン王位をめぐり、ヨーロッパ各国の外交折衝は激しさを増した。

カルロス二世が嗣子のないまま死んだ場合の王位継承順位は、じつはフェリーペ四世の遺言状のなかにすでに記されていた。父王は病弱な息子の将来を予測したかのように、フランスにスペイン王位を奪われることを防ぐためルイ十四世と結婚した長女マリア・テレーサ(母親はフランス・ブルボン朝出身のエリザベート)の家系を王位継承から除くことを明示し、カルロス二世の同腹の姉で皇帝レオポルト一世に嫁いだマルガリータ王女の家系を第一継承者に指定していた。しかし、王位継承権放棄と引き換えにスペインが支払う約束であったマリア・テレーサの持参金が未払いであったため、ルイ十四世は妻の権利を頑強に主張しつづけた。さらにルイ十四世は、同じく王位継承権を主張する皇帝レオポルト一世と外交折衝を繰り返し、一六九八年一月にはスペイン領の分割方法について秘密裏に皇帝の合意を取りつけた。一方、オランダとイギリスもスペイン王位継承問題に強い関心を示し、調停役と称して分割交渉に干渉した。

しかし、カルロス二世およびマドリードの中央政府は、「太陽の沈むことなき帝国」を瓦解させる分割相続は是が非でも回避しなければならなかった。一六九六年九月、体調が悪化したカルロス二世は、バイエルン選帝侯ヨーゼフ・フェルディナントにスペイン王としてすべての領土を相続させるという遺言状を作成した。カルロス二世の姉マルガリータの孫にあたるヨーゼフ・フェルディナントは、王位継承順位が高く、さらにバイエルン選帝侯という小国からの選出は、ヨーロッパ各国の勢力バランスに与える影響が少ないという利点もあった。しかし、一六九九年二月、ヨーゼフ・フェルディナントが突然の死を遂げたことで、すべては白紙に戻った。

カスティーリャ貴族のあいだでは、病状が進み悪魔祓いにまで頼るカルロス二世を前に、ルイ十四世という強い指導者が率いるフランスから後継者を迎えることを望む声が高まった。また、一六九七年のライスワイク条約においてルイ十四世がとった、スペインへ領地を返還するという懐柔策も、宮廷内に親ブルボン派を増やす一因となった。この結果、一七〇〇年六月の国務会議において、フランス・ブルボン朝から王位継承者を迎える案がほぼ満場一致で採択された。同年十月、カルロス二世は、スペインの不分割を条件として、ルイ十四世の孫、アンジュー公フィリップ(フェリーペ五世として即位)にスペインの王位を譲る遺言状を作成し、その一カ月後にこの世を去った。

4　広がる経済格差と社会格差

十七世紀の人口

十七世紀のヨーロッパは全般的に気候が不安定な時代であり、「小氷河期」といわれるほど平均気温が低下した地域もあった。スペインでは、降雨の異常が多く、多くの地域が旱魃や集中豪雨に繰り返しみまわれた。さらに蝗害なども加わり、二、三年連続で凶作にみまわれることも珍しくなく、庶民は慢性的な低栄養状態に陥っていた。このような状況に追討ちをかけ、庶民を大量死にいたらしめたのがペストなどの疫病で、十七世紀には大規模な流行が四回記録されている。

(1) 大西洋ペスト(一五九六〜一六〇二年)　スペイン北部カンタブリア海に面したサンタンデールから上陸し、アンダルシーアまで拡大した。南下の過程でとくにカスティーリャに重大な被害をもたらし、人口の一〇%に相当する六〇万人が犠牲になった。

(2) ミラノペスト(一六二九〜三〇年)　イタリアからプロヴァンス経由でスペインに到達し、アラゴンとカタルーニャで流行した。

(3) 第一次地中海ペスト(一六四七〜五四年)　バレンシアから上陸し、七年もの長期にわたってアラゴン、カタルーニャ、ムルシア、アンダルシーアというスペイン東部・南部地域に蔓延した。バレンシアやサラゴーサでは人口の約二〇%が失われ、さらにセビーリャは一六四九年の一年間で人口の半分に相当する七〇〇〇〇人が命を落とし、都市機能は麻痺状態に陥った。

(4) 第二次地中海ペスト(一六七八〜八四年)　第一次地中海ペストと同様に、スペイン東部・南部で流行した。

ペストのような大規模な疫病に加え、モリスコ追放、インディアスへの移民、対外戦争のための徴募など、十七世紀のスペインには人口増加を妨げるさまざまな原因が存在した。十七世紀のスペインの人口は、研究者により値は異なるが、一六〇〇年頃には六五〇〇万〜七〇〇〇万人、一七〇〇年頃には七〇〇〇万〜七五〇〇万人と推定されている。大幅に人口が増加した十六世紀や十八世紀と比較すると、十七世紀は停滞期であった。

経済の衰退と回復――内陸部と沿岸部の地域間格差の拡大

十七世紀のスペインにおいては、前世紀とは対照的に、農業、手工業、商業の各部門で活動が鈍化、衰退した。この衰退は一様に起きたのではなく、原因と深刻さ、さらに衰退からの回復状況に、地域によって著しい差がみられた。十七世紀は、経済的に進んだ沿岸部と遅れた内陸部という、現代まで続く地域間格差が創出された時代であった。

衰退がもっとも深刻だったのは、内陸部のカスティーリャであった。一五八〇年以後下降に転じていたものの九一年には五三〇万人だったカスティーリャの人口は、大西洋ペストや凶作、インディアスへの移住、徴兵によって、十七世紀半ばには四〇〇万人にまで減少した。

人口の減少は、カスティーリャの産業に重大な影響を与えた。農業生産は、十六世紀の開墾ブームが終わる一五八〇年以降は減り始めていたが、人口の減少に加え小作料の高騰(カスティーリャでは短期契約で土地を借りる小作農が多かった)、貴族や領主が一般農民に開放していた入会地の占有などのさまざまな要因により、さらに衰退が進んだ。工業生産では、十六世紀末からオランダとの品質・価格競争に敗れて衰退を始めていたセゴビアやクエンカの毛織物業は、十七世紀にはもはやカスティーリャの主力産業ではなくなっており、生産量が激減した。商業では、一五六八年から始まったオランダとの戦争によって羊毛の対オランダ輸出がとだえ、これに代わる新たな販路を創出できずに衰退した。羊毛輸出で栄えたブルゴスの人口は、一六〇〇年の一二万人から一七〇〇年の八万五〇〇〇人にまで減少した。

また、カスティーリャにおける各産業の衰退には、政府がカスティーリャだけに適用した二つの政策、すなわちベリョン貨の乱鋳による物価の乱高下、戦費調達を目的としたミリョネス税の導入という影響も大きかった。十七世紀後半にはペストの流行がおさまり、加えてメディナセーリやオロペーサの貨幣改革もあって、カスティーリャの経済はゆるやかに回復し始めた。しかし、人口と農業生産が十六世紀の水準に戻るには、十八世紀半ばまで待たなければならなかった。

内陸部のカスティーリャとは対照的に、半島沿岸地域では人口の減少や産業の衰退を経験したものの、比較的早い時期に危機から脱却した。

地中海に面した東部沿岸地域のなかでも、とくに危機の克服が顕著だったのはカタルーニャである。カタルーニャの人口は、大規模なペスト流行のうち大西洋ペストの被害に遭わなかったことと、南フランスからの人口流入(おもに農業と行商に従事)とにより、十七世紀にはいってからも増加を続けていたが、一六二〇年代になって転換期を迎えた。旱魃などの天候不順に加え、一六四〇年から五三年まで続いたカタルーニャ反乱、たびかさなるフランス軍による侵攻、地中海大ペストの被害により人口が減少し、農村の荒廃が進んだ。さらに、カタルーニャの主産業であった毛織物業は、安価で派手なフランス製品に市場を奪われ、衰退した。しかし一六六〇年代以降、気候が好転し収穫が安定したことで、人口と農業生産が回復に転じた。とくにブドウ栽培が活性化したことでブランデーの生産量が増え、バルセローナから北ヨーロッパへの輸出ルートが確立された。落ち込んでいた毛織物産業も、フランドルやフランスの技術を積極的に導入するとともに、それまで都市にあった工場を農村に分散させて安価な労働力を利用することで、一六八〇年以降は国際的競争力をもつ産業への復活を遂げた。カタルーニャ以外の東部沿岸地域であるバレンシアやムルシア、および南部沿岸地域であるアンダルシーアも、おおむねカタルーニャと同じ動向を示し、十七世紀前半の衰退と後半の回復を経験した。

一方、十七世紀にはむしろ発展した地域として、大西洋に面した北部沿岸地域があげられる。この地域では、十七世紀に人口が著しく増加した。とくにガリシアの人口は、一六〇〇年の六三万人から一七〇〇年の一一〇万人と、一世紀のあいだに七五%の増加という驚異的な伸びを示した。アストゥリアスも同様の伸びを示し、カンタブリアやバスク地方においても伸びは鈍るものの増加している。これらの地域における人口増加の最大の要因は、トウモロコシ栽培の導入にあった。トウモロコシは、この地域の湿潤な気候に合っていたため高い収穫量が得られ、十七世紀前半から広く栽培されるようになった。とくに、穀物が不作の年には救荒食として役立った。また、トウモロコシは小麦と栽培時期がずれるため、年間を通じて同じ耕作地を有効活用できるようになった。さらに耕作地の生産性を保つため施肥が必要となり、肥料製造とその流通といった副次的産業も創出した。

天候不順による凶作とペストによる人口減少は、内陸部と沿岸部の双方にダメージを与えたが、沿岸地域のほうが危機から早期に脱却できた。その理由として、沿岸地域ではスペイン帝国を維持するための経済負担をこうむらなかったこと、いち早く回復した農業が他の産業の回復を牽引したことをあげることができる。さらには、沿岸地域は港を保有しているため食糧の輸出入調整が容易で、とくに凶作時には外国からの輸入により穀物を確保できたこと、また漁業に依存できたことも回復に寄与した。

広がる社会格差

十七世紀スペイン社会の身分制秩序は、基本的には前世紀の秩序がそのまま引き継がれていた。国王を頂点とし、貴族・聖職者といった特権階級と、それ以外の平民(農民、手工業者、商人)から構成され、さらに奴隷(黒人やモーロ人)がその下に存在した。しかし十七世紀において特徴的な点は、身分間の、さらに同じ身分のなかでも格差が広がり、富める者と貧しい者の明暗がはっきり分かれたことである。

十七世紀において全人口のうち貴族が占める割合は、地域によって差があるが、おおむね一〇%程度であったと考えられている。王の子息を指す称号の「インファンテ」を除けば、貴族社会の頂点に君臨したのは大公《グランデ》で、カスティーリャ、アラゴン、ナバーラの貴族のなかでも最名家に与えられ、王族と同じように遇される称号であった。しかし、十六世紀後半には一二家族にしか与えられていなかった称号は、カルロス二世期には二四家族に与えられ、さらに富裕な銀行家が財力によってこの称号を買うという事態も起こり、大公の権威はやや衰えた。

カスティーリャでは、貴族の称号は公爵(自動的に大公をかねる)、侯爵、伯爵に限られ、上記三爵位の次期候補者としてまれに子爵《ビスコンデ》が使われた。一五二〇年にはカスティーリャの爵位貴族はわずか三五人であったが、フェリーペ三世の治下で二〇の侯爵位と二五の伯爵位が、フェリーペ四世の治下では六七の侯爵位と二五の伯爵位が、カルロス二世の治下では七八の侯爵位と二〇九の伯爵位が創出され、爵位貴族の数は時代がくだるにつれて跳ね上がった。もともと爵位は、王に対する特別な奉仕への見返りとして与えられるものであったものが、とくにフェリーペ四世期以降は王室に出入りする富裕な商人が金銭で購入する、または王室への借金のかたに授与されるというケースが増えた。貴族は免税特権を保有していたものの、王は軍事的・財政的貢献を比較的自由に貴族から引き出すことができたため、貴族の数が増えることは王室にとってメリットがあった。貴族の増加は政治の場にも影響を与え、十六世紀には顧問会議において多数を占めていたレトラード(文官)の力が十七世紀になると後退し、中央政府において爵位貴族の力が強まった。また爵位貴族が増えるに従い、彼らに仕える封臣の数も増加した。

経済規模の収縮により、爵位貴族たちのあいだに土地こそが富を安定的に生み出す源泉であるという意識が強まり、諸領内の農民への支配が強化された。しかし、インフレによる物価の高騰によりとくに奢侈品の支払いがかさみ、さらに宮廷で派閥を維持するための交際費、自らの地位に見合った使用人を雇う人件費、王から求められる軍事的・財政的貢献などの支出が莫大で、貴族たちの台所事情は概して苦しかった。貴族たちは、所領から得られる収益をあげるために農民から徴収する小作料や租税を増額し、一方でイタリアや新大陸の副王に代表される実入りのよい役職に就けるよう宮廷内で奔走した。

サンティアゴ、アルカンタラ、カラトラーバといった宗教騎士団への入団は、貴族のなかで特別な意味をもっていた。スペインにおいては、イスラームからの領土防衛は恒常的な問題であり、それゆえこの任務に就く宗教騎士団が他のヨーロッパ諸国に比べて強大化した、という経緯をもつ。十七世紀においては「血の純潔《リンピエサ・デ・サングレ》」規約(三七三頁参照)を採用する騎士団が多かったため、貴族にとって騎士団への入団は自らの血統の正しさが証明されたことにほかならなかった。さらに、騎士団の所有する広大な領地からあがる利益も大きかったため、入団者の数は増えつづけた。

貴族のヒエラルヒーの一番下に位置したのは、騎士《カバリェーロ》と郷士《イダルゴ》であった。彼らを隔てるのはおもに収入の差であり、収入が乏しくわずかな土地を自ら耕作することさえある郷士に対し、裕福な騎士は市参事会員《レヒドール》や、爵位をもたないものの領主であることが多かった。騎士の身分は平民に開かれており、例えば居住する村落の防備に私財を投じて貢献した場合など、騎士の身分とミリョネス税免除などの経済的特典が与えられた。この方法を使い、多くの平民が貴族身分を手に入れた。

聖職者の世界に目を転じると、十六世紀半ばのトリエント公会議以降に強まったカトリック教会内部の改革的潮流は十七世紀にはいっても続き、教区司祭や修道会の教化活動によって民衆のなかにもキリスト教徒としての生活が徐々に浸透していった。社会全体の信仰心が強まるなか、十七世紀は聖職者の数が増えつづけ、献策家《アルビトリスタ》[13]たちは子をもうけず産業活動にも従事しない聖職者の増加をスペイン経済のマイナス要因とみなし、これを警戒する文書を発表している。限嗣相続《マヨラスゴ》制度によって相続の対象とならない貴族の次男・三男は、聖職者になることで地位と収入を得た。また、聖職者の身分は平民にも開かれていたため、出自に関係なく社会的地位を得られる聖職者を志願する平民が増えた。しかし世俗の身分は教会のなかにも持ち込まれ、王族や大貴族の子弟は大司教や司教などの高位聖職者に、平民たちは教区付司祭などの下級聖職者に就くのが常であった。スペインの首座大司教座であるトレード大司教座には爵位貴族をはるかに凌ぐ二五万ドゥカードもの年収がはいったが、貧しい教区司祭は信者からの寄付やミサの謝金で生活を支えねばならなかった。

さらに十七世紀の特徴として、修道会活動の活発化があげられる。十七世紀前半には修道院の数はスペイン全土で三千を数え、とくに托鉢修道会が施設を増やした。各修道会活動の場も二極化し、フランシスコ会や三位一体会のような托鉢修道会が貧しい民衆の救済をめざし福祉活動を活発化させたのに対し、イエズス会、ベネディクト会、ヒエロニムス会などの非托鉢系修道会は子弟教育を通じて貴族に接近し、修道士たちの生活は華美になった。また、身分を問わず未婚の女性や寡婦たちの受け皿としての役割を、カルメル会などの女子修道会が担うようになり、修道女の数も増加した。

平民の世界においても、貧富の差が拡大した。農村では、広大な土地(貴族からの借地が多かった)、役畜、農機具を保有し、市場向けに大量の農産物を出荷する有力者があらわれた。都市では、手工業者はギルド(同業者組合)に組織されていたが、その職能の高貴さによってギルド間にヒエラルヒーが生じ、例えば銀細工職人や宝石職人のギルドは都市の秩序のなかで他のギルドより発言権や財力をもっていた。商人のなかでは、スペイン国外にも交易のルートをもつ卸売り業者や金融業者が財力を蓄えた。

一方、日雇い農民、一般の職人、小売業者は、十七世紀スペインの経済的衰退の影響をより強くこうむった。とくに、カスティーリャの農村部では凶作や重税に苦しむ農民の棄村があいつぎ、彼らは生活の糧を求めて都市に流入したものの、多くは生業をもたない貧困層に転落した。地域にもよるが、人口における貧困層の占める割合は、二〇%から多いところでは五〇%を占め、都市の治安を悪化させた。貧困層に対しては、公権力による「救済」と「排除」という両面の措置がとられるようになった。王権や修道会が施療院を増設し、各都市の信心会は食糧配給や医療サーヴィスをおこなった。その一方で、都市当局による治安維持が強化された。浮浪者は強制収容され、ガレー船や北アフリカの防備へと送致されることもあった。

社会不安の増大

貧困化によって圧迫された民衆のエネルギーは、さまざまなかたちで噴出し、社会の不安定要因となった。都市では食糧暴動が頻発し、農村では重税を課す領主への暴動が頻発した。困窮した人びとが都市ではならず者《ピカロ》へと転落して犯罪行為に走り、農村部では棄農した人びとが盗賊団を組んで所領地内の村々を襲撃した。とくにフェリーペ三世期のカタルーニャでは、盗賊活動が活発化した。しかしこういった盗賊団の活動には中央政府に対する抵抗運動という側面もあり、ロカギナルダやジュアン・サーラといった盗賊団の首領は一種の「義賊」としてカタルーニャ民衆に称えられた。

他のヨーロッパ諸国でも広くみられた「魔女狩り」も、民衆の社会不安の噴出と考えられるが、スペインにおける魔女狩り事件として知られているのは、一六〇八年から〇九年にかけて起きたナバーラ北部山岳地帯スガラムルディでの騒動である。この地域を管轄するログローニョ地方異端審問所は魔女として数名を処刑したものの、民衆の集団ヒステリー的な騒乱がおさまらなかったため、中央の異端審問会議がこの事件に介入した。担当審問官による合理的な実地調査により、魔女の存在は明確に否認され、騒動は鎮静化した。他のヨーロッパ諸国と比較して、魔女騒動による処刑者の数がスペインにおいて極端に少ない理由は、国家の機関である異端審問所が実証的な審理を重視し、民衆の狂乱を抑制する方策を恒常的に打ち出していたことによる。

さらに、十七世紀スペイン社会の不安要因として、この時代の人びとの「血の純潔《リンピエサ・デ・サングレ》」へのこだわりがあげられる。血の純潔とは、先祖にユダヤ人やモーロ人の「汚れた」血が混ざっていない由緒正しきキリスト教徒こそ社会のなかで名誉をもつ、という考え方である。これが法令として具体化されたものが、「血の純潔」規約(三・四代遡ってもユダヤ人やモーロ人の血が混じらない瑕疵のない家系であることの証明を要求する規定)であり、十六世紀後半から市会などの公職、大学の学寮、修道会、宗教騎士団、ギルドなど各種団体が、入会審査の際にこの純潔規定を導入するようになり、ユダヤ教やイスラームからの改宗者である新キリスト教徒たちはさまざまな団体から排除されるようになった。もっとも貴族のなかには、財力をもつコンベルソ(改宗ユダヤ人)の家系と姻戚である者は珍しくなく、これを隠蔽するため家系図の捏造が頻発した。一方、金融や手職にかかわる仕事は、コンベルソの「臭い」がするという理由で古くからのキリスト教徒から忌避され、こういった社会通念がスペインのその後の産業発展を阻害したとも考えられる。政府の有力者のなかには、この規定に否定的な者も少なからず存在し、とくにオリバーレスは規定を無視してコンベルソ家系のポルトガル商人を重用した。しかし、キリスト教徒の一般民衆は純潔規定を支持し、財力をもって社会的に上昇を遂げた一部の富裕なコンベルソに対し不信感をもちつづけた。[14]

▼補説12▲　十七世紀の衰退とアルビトリスタ(献策家)

カスティーリャ語のアルビトリオ(提案)から派生した言葉であるアルビトリスタは「献策家」を意味し、危機に瀕したスペイン王国、とくにカスティーリャの経済や政治を立て直すために、さまざまな方策を提案した人びとを指す。アルビトリスタの起源は十五世紀末まで遡るが、フェリーペ二世期にルイス・オルティスが登場し、一五五七年の国庫支払《バン》停止《カロ》宣言《ータ》に対応する方策を提示したことで、政治の場において一定の評価を得るようになった。さらに十七世紀にはいり、国内の経済活動が鈍化し、国際政治の場でもスペイン王権の威信が失墜し始めると、衰退の原因を分析し、そこからの脱却をめざして、多くのアルビトリスタが膨大な数の著作を発表するようになった。

アルビトリスタが対象とした分野は多岐にわたっているが、ここではグティエレス・ニエトの分類に従って、五つのグループに分けて紹介する(Gutiérrez Nieto, Juan Ignacio, “El pensamiento económico político y social de los arbitristas”, *Historia de España fundada por Ramón Menéndez Pidal, XXVI, El Siglo del Quijote(1580–1680): Religión, filosofía, ciencia*, Espasa Calpe, Madrid, 1986, pp.235–351)。

(1) 金融・財政の分野を対象としたアルビトリスタ。ルイス・オルティスのように、フェリーペ二世期における財政破綻の危機感に促されて献策を始めた人びとが先駆けとなっている。十七世紀には、のちにオリバーレスが採用した「金融《エラ》公庫《リオ》」の構想を打ち出したバリェ・デ・ラ・セルダなどがおり、即効性のある財政再生プログムの献策に努めたグループといえる。

(2) 広く経済全般を対象としたアルビトリスタ。とくにフェリーペ三世期からフェリーペ四世前半期において隆盛となった。カスティーリャの経済回復を目的に、政府主導の干渉主義的な経済政策の推進や商取引における法令の遵守を提唱した。もっとも多かったのは農業問題に取り組んだ者たちで(ペドロ・デ・バレンシア、フェルナンデス・ナバレーテ、カハ・デ・レルエラなど)、一五八〇年代以降衰退に転じていたカスティーリャ農業の問題点——長期公債《フーロ》への過度の投資、共有地の過度の開墾、農地の荒廃など——を綿密に指摘し、重農主義への転換を提言している。さらに商取引に関しては「トレード学派」と呼ばれる急進的なグループが存在し、一六〇〇年から三〇年代までにダミアン・デ・オリバーレスやサンチョ・デ・モンカーダといった重商主義者を輩出している。とくにコンベルソ商人の家系出身であるモンカーダは、スペインが外国人商人の「植民地」と成り下がっていることを指摘し、外国製品の輸入を全面的に規制する保護貿易主義と自国の産業を育成する重商主義を柱とした改革案の必要性を述べている。

(3) 国際社会におけるスペイン王権の「名声《レプタシオン》」の維持・回復を目標に、対外政策や軍備に関して献策をおこなった政治的アルビトリスタ。とくにヘロニモ・デ・セバーリョス、マテオ・ロペス・ブラーボ、F・アルバレス・デ・トレードなど。

(4) スペインの衰退の原因を社会の構造や人びとの価値観から探ろうとした社会的アルビトリスタ。ゴンサレス・デ・セリョリゴやガスパール・グティエレスは、物乞いの急増という当時の社会状況から人びとの労働の軽視を批判している。またベニート・デ・ペニャローサは人びとの「血の純潔」へのこだわりが社会の活力を奪っていると指摘している。さらに、原始共産制的な理念が散見されるフランシスコ・マルティネス・デ・マタの著作は、十八世紀に啓蒙改革の中心人物であったカンポマネスに高く評価されている。

(5) 限定した分野における技術開発を提言した専門的・技術的アルビトリスタ。ドゥエロ川の航行に関する著作を残した

M・ヒル・デ・コルドバや、造船に関する提言を残したディエゴ・ラミーレスなど。

以上紹介してきたのは一定の評価を得ているアルビトリスタであるが、じつのところアルビトリスタのなかには、「机上の空論」ともいうべき奇策を提案する者も多く、それゆえ黄金世紀の文学作品には、アルビトリスタを「現実離れした夢想家」として揶揄する描写も多い。とくに奇知主義の大家であり、政治家としてもスペイン領イタリアで活躍した経験をもつケベードは、自らの作品のなかでアルビトリスタの無能ぶりを痛烈に批判している。さらに二十世紀にはいると、ヘクシャーなどの国際経済学者たちは、スペインのアルビトリスタの著作は冗漫で、ヨーロッパ経済思想史のなかでは二流の思想にすぎないという厳しい評価をくだした。しかし、イギリスのハミルトンやフランスのビラールといった外国人のスペイン史研究者によって詳細なアルビトリスタ研究が始められ、さらに二十世紀後半になるとマラバールやグティエレス・ニエトといったスペイン人研究者による検証も進んだことで、優れたアルビトリスタの思想が、近世スペイン、さらには近世ヨーロッパの経済思想史のなかでも再評価されてきている。

注

（1）「アントニオ・ペレス事件」に関しては、第七章の補説10「黒い伝説」を参照のこと。ペレスを逮捕しようとするマドリードの中央政府に対し、アラゴンは地方諸特権《フェロス》を盾に応じようとせず、この対立は一五九一年のサラゴーサ暴動へと拡大した。カスティーリャ軍が越境して暴動を鎮圧し、さらに政府は地方諸特権をカスティーリャに有利なかたちに改編したため、アラゴンの不満が残った。

（2）モリスコ追放の決定に教会がはたした役割は議論の対象になっている。もちろん、リベーラやブレダなど、この事業に対し幾人かの聖職者がはたした役割は大きい。しかしながら教皇パウロ五世は福音伝道活動を支持し、最後まで追放には批判的であった。また異端審問所も、モリスコの取締りにより得られる収入を失うような方策には消極的だった。

（3）例えば、「家屋、砂糖生産の設備、収穫した米、灌漑用水路などを保持し、その情報を新たな入植者に伝えるため、一〇〇軒につき六軒の割合でモリスコの家族がとどまることができる」(第五条)、「四歳以下のモリスコの子どもは父親の同意があれば残留できる」(第九条)、「六歳以下のキリスト教徒父親とモリスコ母親のあいだに生まれた子どもは残留できる」(第一〇条)、「キリスト教徒から信頼を得、教区司祭が改宗の真性を認めたモリスコは残留できる」(第一一、一二条)など。

(4) 全体の六%がバレンシア外からの移住で、マジョルカ島、ジェノヴァ、フランス出身者が多かった。

(5) パクス・イスパニカ(Pax Hispanica)。「パクス・ロマーナ」(ローマの平和)になぞらえた言葉。

(6) 勇猛果敢さから「フランスの雷光」とあだ名され、アンリ四世の寵臣であったビロン公爵が、スペインに内通していたという嫌疑で一六〇二年に斬首された事件。

(7) ヴェネツィアの指導者を暗殺し、兵器庫を爆発させ、ナポリ副王艦隊を入港させるという計画で、容疑者三人の死体も示された。しかしセコ・セラーノは、この計画はヴェネツィアの賃金支払いに不満をもつオランダ人傭兵の一部によって企てられたが、事前にこの計画を知ったヴェネツィアによって巧みに利用されたという説を立てている(Pérez Bustamante, Ciriaco, *La España de Felipe III, Historia de España fundada por Ramón Menéndez Pidal*, XXIV, Espasa Calpe, Madrid, 1979 のなかの Seco Serrano, Carlos による序文参照)。

(8) 本名はガスパール・デ・グスマン。一六〇七年よりオリバーレス伯爵、二五年よりサンルーカル・ラ・マヨール公爵。

(9) 近代国民国家とは異なる近世国家の政体。各地域の諸権利・諸特権を尊重してゆるやかに統合している王政。

(10) 具体的には、カスティーリャとインディアスに四万四〇〇〇人、カタルーニャ、ポルトガル、ナポリに各一万六〇〇〇人、フランドルに一万二〇〇〇人、アラゴンに一万人、ミラノに八〇〇〇人、シチリアに六〇〇〇人、バレアレス諸島とカナリア諸島に六〇〇〇人が、それぞれ割り当てられた。

(11) ヘンリー・ケイメンはこの事件を「近世スペインが経験した最初のクーデタ」と評している[Kamen 1981]。

(12) カルロス二世期を「ネオフォラリスモの時代」と定義したのはJ・レグラであるが(Reglá, Joan, *Els virreis de Catalunya*, Barcelona, Editorial Vicens-Vives, 1980〈1ªed. 1956〉)、マドリード中央政府が、どの程度「意識的」にネオフォラリスモ政策を推進しようとしていたかという点で、研究者の意見は分かれている。サンチェス・マルコスは、カルロス二世のカタルーニャ訪問が実施されず、また議会常設代表部《ジャナラリタット》が一六五二年に一部失った官職の任命権も回復されなかったことをあげ、中央政府の政策が地方諸特権《フェロス》「尊重」にまではいたってはいなかったと指摘している(Sánchez Marcos, Fernando,

Cataluña y el Gobierno central tras la guerra de los Segadores, 1652–1679, Barcelona, Universidad de Barcelona, 1983)。

（13）「献策家《アルビトリスタ》」に関しては、本章の補説12「十七世紀の衰退とアルビトリスタ」を参照のこと。

（14）この血の純潔規定は、スペイン社会の閉鎖性を示す論拠といわれてきたが、近年、血の純潔規定の広まりはスペイン社会の開放性や流動性を示すものであるという逆説的な指摘が出されている。ユダヤ人やモーロ人によって「汚染」されていない由緒正しきキリスト教徒こそが、社会のなかで「名誉」と正当な支配根拠をもつという規定の理念に照らし合わせると、たとえ貴族や聖職者といった特権階級でさえ、その「血」によっては地位や身分を失う危険にさらされたからである。しかし特権階級のなかでも、王族や上級貴族・上級聖職者はこの規定の適用外とされており、身分制社会の秩序を揺り動かす力をもっていた規定も、そこまではおよばなかった。

増井実子

第九章　十八世紀のスペイン

1　ブルボン王朝の始動

スペイン継承戦争の二つの顔──国際戦争と内戦

オーストリアを除く諸国は、フィリップがフランス王位の継承権を放棄することを条件に、カルロス二世の遺言に基づいて彼がスペイン国王フェリーペ五世(在位一七〇〇～二四、二四～四六)として即位することを承認した。しかし、状況を甘くみたルイ十四世は、フェリーペがフランス王位をかねる可能性を示唆し、フェリーペの名において、オランダ兵が駐留するフランドル(オランダ独立後のスペイン領低地地方)の要塞をフランス軍に占領させるなどの動きをみせた。(1)

これに対しイギリス(イングランド)とオランダはオーストリアとともに、一七〇一年九月ハーグにて「大同盟」を結成し(〇三年ポルトガルとサヴォイアも参加)、翌〇二年五月フランスとスペインに宣戦を布告する一方、〇三年ハプスブルク家のカール大公はスペイン国王カルロス三世と自らを宣した。これにより、すでに一七〇一年イタリアを舞台に始まっていたスペイン継承戦争(一七〇一～一四年)は、かつてない規模の国際戦争となった。それは、伝統的な王位継承戦争を超えて諸国を巻き込んだヨーロッパでの覇権争いであり、海外植民地の権益争奪戦でもあった。イギリスとフランスの北アメリカ植民地争奪戦は、アン女王戦争(一七〇二～一四年)と呼ばれる。

イベリア半島での戦況は当初大同盟に有利に展開し、大同盟軍はポルトガルから国境を脅かすとともに、海上からはアンダルシーア沿岸部を攻撃し、一七〇四年ジブラルタル(ヒブラルタール)を占領した。一方フェリーペは、旧態依然としたスペイン軍の改革に手間取るが、同年フランス軍の援軍を得て戦況を膠着状態に持ち込んだ。

そこでイギリスは、カタルーニャ公国の抱込みを始めた。実際、同公国では、一六四〇年のカタルーニャ反乱の際にフランス軍がみせた略奪行為や、その後のルシヨン(ルサリョ)とセルダーニュ(サルダーニャ)のフランスへの併合などへの民衆の記憶は消えておらず、フランスの経済的影響力の増大は、ブルジョワ層にとって脅威だった。

ルイ十四世も同公国の反フランス感情を認識しており、フェリーペは一七〇一年二月マドリードにはいり、五月カスティーリャ王国議会《コルテス》を開催して国王宣誓をおこなうと、十月にはカタルーニャに赴きカタルーニャ公国議会《コルツ》を開催した。議会でフェリーペは、同公国の「地方諸特権《フエロス》」(独自の政治体制の存立根拠であった固有の法制)の尊重を誓い、同公国にインディアス(スペイン領アメリカ)との交易特権を与えた。また議会もフェリーペを新国王として承認した。

しかしその後、長引く戦争遂行のためフェリーペが財政と徴兵の集権化を進めたことで、カタルーニャでは、フェリーペが約束に反しフランス流の中央集権的絶対王政を導入するのではないかとの疑念が高まった。そこで同公国はイギリスの誘いに乗って一七〇五年七月ジェノヴァ条約を結び、同年十一月カール大公を乗せた大同盟の船隊がバルセローナに上陸すると、同公国はカールをスペイン国王として承認した。

時をへずしてアラゴン王国とバレンシア王国もカタルーニャの決断に従った。アラゴンの場合は、地方諸特権への侵害への反発からだったが、バレンシアの場合、フェリーペを支持する特権諸身分への反発から民衆がカール大公を支持した。農民は過酷な領主制のもとにあり、カールは農民に状況の改善を約束していた。

こうして、スペイン王国は二つに分裂し、マドリードとバルセローナにそれぞれの宮廷がおかれることになった。これが内戦としてのスペイン継承戦争の始まりで、スペインではブルボン側の大義は消え去ったかに思われた。大同盟軍はポルトガルからマドリードに進攻し、フェリーペはブルゴスに退却した。従来の諸特権の喪失を恐れフェリーペに不信をいだくカスティーリャ大貴族のなかには、カールを承認する者も出始めた。

だが、フェリーペ側は危機的状況を打開するため、大同盟軍をプロテスタントを含む「異端者」であると非難するプロパガンダを広め、当初からフェリーペをおおむね歓迎していたカスティーリャの民衆から強い支持を得た。さらに、フェリーペのフランス人顧問官たちはカスティーリャ軍を急遽再編し、同軍はフランス軍とともに一七〇七年四月にアルマンサの戦いに勝利してバレンシア王国とアラゴン王国を征服した。そして、同年六月両国の地方諸特権は廃止されたが、この措置は、カタルーニャの抵抗をより強めることになった。だが、一七一一年にはカタルーニャはバルセローナとその周辺部を残すのみとなった。

一方、国際戦争としての戦況はまったく異なった。大同盟軍は一七〇八年、サルデーニャ、シチリア、メノルカを占領し、フランドルでも戦いを優位に展開した。これに、一七〇八〜〇九年の凶作がフランスに追討ちをかけ、ついにルイ十四世は敗戦を意識し始めた。

ところが、状況は一七一一年四月、カールの兄、神聖ローマ皇帝ヨーゼフ一世が死去し、カールが神聖ローマ皇帝に選出されたことで一変した。イギリスにとっての最大関心事は、ヨーロッパの勢力均衡と自らの海外権益の拡大であり、カールがオーストリアとスペインをおさめることは、イギリスの望むところではなかった。そこで、一七一二年から和平交渉が始まり、一三年四月フランスと大同盟側諸国とのあいだでユトレヒト条約が締結され、大同盟軍は同年カタルーニャから撤退した。翌一四年三月にはオーストリアとフランスとのあいだでもラシュタット条約が締結された。

その結果、スペイン王位とフランス王位が永久に兼任されないとの条件で、フェリーペはスペイン王として承認された。突出した利益を得たのはイギリスで、スペインからメノルカとジブラルタルを得たほか、三〇年期限のアシエント(インディアスへのアフリカ人奴隷の独占供給権)を獲得した。サヴォイアはスペインからシチリアを、オーストリアはスペインからスペイン領フランドル、ミラノ、ナポリ、サルデーニャを獲得した。

このように、国際戦争としてのスペイン継承戦争は、ユトレヒト条約の締結で実質的に終了したが、カタルーニャは一七一三年七月、議会で戦争継続を決定していた。しかし、一七一四年九月十一日にバルセローナ市百人会《クンセイ・ダ・セン》議筆頭参事官ラファエル・カザノーバ率いる都市民兵隊はカスティーリャとフランスの連合軍に屈し、内戦としての継承戦争は終結することとなった。そして、カザノーバと九月十一日《オンザ・ダ・サテンブラ》の抵抗は、十九世紀に誕生するカタルーニャ・ナショナリズムによって英雄化され、象徴的なできごととなっていった。

新組織王令

スペイン継承戦争の結果、スペイン王国は、一人の君主のもとに独自の政治体制をもつ諸王国が並存する「複合王政」から、オリバーレスがめざしたような中央集権的国家となっていった。すなわち、アラゴン連合王国を構成していた諸王国に対し新組織《ヌエバ・プランタ》王令を発布(一七〇七年六月バレンシア王国とアラゴン王国、一五年十二月マジョルカ王国、一六年一月カタルーニャ公国)して、それら諸国の地方諸特権《フェロス》を廃止し、それらをいわば国家として消滅させたのである。また伝統的自治権の拠り所であった固有の政治的諸機関(議会常設代表部、議会、従来の高等法院《アウディエンシア》および市参事会《ワンセイ・ムニシパル》)も廃された。

そして、一七〇七年の新組織王令にあるように、「スペインのすべての諸王国」は「同じ法、慣例、慣習、裁判」、つまり「カスティーリャ王国のそれら」によって「一元的に」統治されねばならなかった。だが実際は、アラゴン連合王国の諸国が、合法的に即位した君主に「反逆」し、自発的に降伏しなかった大逆罪のゆえに「征服」され、地方諸特権の廃止も正当化されたのに対し、継承戦争でフェリーペを支持したナバーラ王国とバスク諸県(アラバ、ビスカーヤ、ギプスコア)は、地方諸特権と固有の政治的諸機関の存続が許された。

また、カスティーリャの諸制度のさまざまな欠陥が考慮されたこともあって、実質的にはじめてアラゴン連合王国の諸国に導入されることになった絶対王政は、カスティーリャでのそれと比べてより純化されたものとなった。つまり、諸制度のカスティーリャ化とは理論であって、必ずしも現実ではなかったのである。

より具体的にみていくと、まず、一七〇七年に征服されたバレンシアとアラゴンでは軍部に全権が与えられていたが、強い権限をもつバリャドリーとグラナダの高等法院《チャンシリエリア》を厳密に模したそれが両国に設置されたため、高等法院と軍部とのあいだで行政の主導権をめぐる争いが頻発した。そこで、一七一一年にあらためてアラゴンに公布された勅令(大同盟軍が一〇年八月サラゴーサを奪回しアラゴンに地方諸特権を復活させたことへの対抗措置として公布された)では、廃止された副王職に替わる最高統治責任者に方面軍司令官職《カピタン・ヘネラル》をすえ、高等法院をより権限の制約された地方高等法院《アウディエンシア》に改編した。また、「政策協調《レアル・アクエルド》」なる制度を導入し、地方高等法院は方面軍司令官のおこなう行政を諮問することで両者は連携して統治にあたるものの、方面軍司令官が議長《プレシデンテ》として地方高等法院を主宰し、後者が前者に従属するという軍事的支配の原則を明確にした[2]。ただし、方面軍司令官が裁判長《レヘンテ》のくだした裁判の判決を覆す裁定をおこなうことは禁じられた。方面軍司令官職および地方高等法院の設置と「政策協調」の導入は、その後マジョルカとカタルーニャの新組織王令でも適用され、バレンシアでも一七一六年にアラゴンと同様の措置が適用された[3]。さらに「政策協調」は、一八〇〇年にカスティーリャ王国にも導入された。また、バレンシアとアラゴンでは民法の廃止が非常な混乱をもたらしたため、一七一一年勅令はアラゴンの民法を復活させた。民法の存続はマジョルカとカタルーニャにも適用されたが、バレンシアでは民法は復活しなかった。

自治体行政も大きく改編され、身分別に「くじ引き」で選出された市参事会員(クンサリェーなどと称された)から成る従来のクンセイ・ムニシパル(市参事会)は全廃され、カスティーリャの制度、すなわちレヒドール(市参事会員)から成るアユンタミエント(市参事会)が導入された。レヒドールは重要都市の場合終身職で国王が任命し、継承戦争でフェリーペを支持した貴族の家系のみで構成された。また、コレヒドール職も導入され、主要都市の参事会を統括した。

新組織王令以後のアラゴン連合王国諸国には、カスティーリャ人の役人が多数配置された。例えば、地方高等法院《アウディエンシア》では、裁判長と検事はすべて、裁判官も半数以上をカスティーリャ人が占めた。コレヒドールもほとんどがカスティーリャ人で、しかも軍人の軍管区司令官《ゴベルナドール・ミリタール》が任命された。

カタルーニャ語圏の三国（カタルーニャ、バレンシア、マジョルカ）では、裁判での言語はカスティーリャ語とされた。とくにカタルーニャでは、「カスティーリャ語の導入を最大の配慮のもとにおこなうべし」とするコレヒドールへの「秘密訓令書」（一七一七年）が発令され、公文書でのカスティーリャ語の使用が義務化された。だが、それらは十九世紀的な国民形成とは異なり、多分に懲罰的な意味合いが濃い措置で、しかも民衆が言語的・文化的にカスティーリャ化されることもなかった。またカタルーニャでは、バルセローナを常時監視する要塞《シウタデーリャ》が建造され、さらに、カールを支持した廉でバルセローナ大学など既存の全大学が廃止され、フェリーペを支持したサルベーラに新たな大学が設置された。

諸制度の改革

アラゴン連合王国の各国では、方面軍司令官につぐ第二の権力としてフランスのアンタンダンを模した地方監察官《インテンデンテ》が重要な役割をはたした。これは、一七〇七年よりバレンシアで試行されたのち、一一年、カスティーリャ軍が大規模に展開している地域（継承戦争での被征服地域およびポルトガルとの国境地域）に正式導入され、一三年カタルーニャにも導入された（その後マジョルカにも）。その二大業務は、軍事（兵糧や兵舎の供給などの部隊の維持、給与の支払い）とそれを支える財政（徴税）であった。

この職は一七一八年に全国的制度となり、スペインは二二の地方監察管区《インテンデンシア》に区分され、これはのちの県《プロビンシア》制度の起源となった。ただし、司法権と警察権も付与されたことで、カスティーリャではコレヒドールと権限をめぐる紛争が頻発し、このため一七二四年、地方部隊（方面軍）の駐留しない管区は廃止され、管区は九つとなった。ところが、新税（カタストロ税)をカスティーリャに導入するため一七四九年再びこれは全国的制度となった。(4) 管区の数は最終的には三一前後で推移した。(5)

アラゴン連合王国の各国では税制も一変し、地方監察官が徴税業務を統括した。まずバレンシアとアラゴンでカスティーリャの税制、すなわちレンタス・プロビンシアレス(取引税《アルカバーラ》とミリョネス税という間接税から成り、カスティーリャ税収の主要部分を占めた)が導入された。だがこの税制は、煩瑣かつ複雑で特権諸身分は免税されており、商工業の発展を阻害し民衆の生活を圧迫するものとして、カスティーリャで長年批判されていた。しかもこの税制一変は、徴収の現場に非常な混乱をきたしたため、納税者の所得に応じて課税することを理念とした直接税が新設されることとなった。

この新税制はバレンシアに一七一五年、アラゴンには翌年導入され、カタルーニャとマジョルカには最初から新税が導入された。新税は国ごとに名称と割当金額が異なり、カタルーニャではカタストロと呼ばれた。(6) 新税は三つに区分され、カタルーニャの場合、不動産そのものと不動産や債権からの所得に課税し全身分を対象としたレアル、労働による収入に課税し平民身分のみを対象としたペルソナル、商工業活動の収益に課税したガナンシアル、となっていた。また、その徴収のために、住民の所得と財産を調査した台帳が各自治体により作成された。その結果、新税はカスティーリャの税制と比べ、合理性、公平性、税収の安定性という点で大きく優ることになり、アラゴン連合王国からの王室の税収は前世紀に比し一〇倍になった。

ところで、従来の国内関税《プエルトス・セコス》は廃止され税関は海岸線へ移動したため、カタルーニャなどの物産のカスティーリャ王国市場への流通が促された。他方、生活物資の多くを輸入に頼るナバーラととくにバスク諸県では、税関の移動で物価が上昇し暴動が生じたため、一七二三年に国内関税が復活した。

中央行政に関しては、機能不全に陥っていた従来の多様な顧問会議《コンセーホ》に立脚する制度に替わって、新たに専門分野別の大臣の職を設置し、各分野の重要な権限を顧問会議から大臣とその部局(省)に移行していった。大臣制度は、国王付《コンセーホ・デ》秘書職《ル・デスパーチョ》が専門分化したもので、一七一四年には外務《エスタード》、陸軍《ゲーラ》、海軍《マリーナ》（インディアス）、法務《フスティシア》、財務《アシエンダ》の五つの秘書職制度の原型が成立した。これらは、一七二四年に五つの省として整備され、事実上の大臣制度が確立した。

大臣は国王が自由に任命し、大臣は国王と直接協議して職にあたった。その結果、分野別の顧問会議《コンセーホス・テマティコス》は軒並み権限を減らされ、各顧問会議は担当大臣の管轄下におかれることとなった。他方、領域別の顧問会議《コンセーホス・テリトリアレス》は、一七〇二年にフランドル会議が廃止され、〇七年にはアラゴン会議とイタリア会議が廃止されたことで、カスティーリャ顧問会議（カスティーリャ会議）のみが存続することになった。これは十八世紀に権限を強めた唯一の顧問会議で、従来の特権を維持しつつアラゴン会議の権限をも吸収して、最高裁判所の権能をあわせもつスペイン王国の最重要行政機関の地位を享受した。

また実質的に首相と目される人物はほぼつねに存在し、外務大臣が実質的な首相に相当する場合が多かったが、首相職そのものが設置されることはなかった。身分制議会については、固有の議会を廃止されたアラゴン連合王国の各国の都市代表がカスティーリャ議会に参加することになったが、その形骸化はますます進み、王太子の王位継承権承認、新国王即位の儀式、王の要望の追認などがおこなわれたにすぎなかった。

混沌から安定へ

フェリーペ五世の治世のうち一七一四年までは、フランスの明確な保護下にあった時期で、ルイ十四世自らが、彼が派遣したフランス人をとおしてフェリーペを遠隔操作していた。これらのフランス人には、オリー、マドリード駐在大使アムロー、将軍バーウィック等々がいたが、なかでも、ルイ十四世の信任が厚く、王妃マリア・ルイザ（サヴォイア）の女官長を務めていたウルシーノの重要性は際立っていた。諸改革が始まったのもこの時期で、軍隊に関しても、常備軍の整備、連隊《レヒミエント》制度の導入、階級制度の整備、キンタス（対象者五人から一人を「くじ引き」で選ぶ）をはじめとする徴兵制の整備などが開始された。

ところが、和平が実現したことに加えて、一七一四年一月に王妃マリア・ルイザが死去し、十二月に王がパルマ公国のイザベラ・ファルネーゼと再婚したことで、状況は大きく変化していった。イザベラはスペインに到着すると、ウルシーノをはじめとするフランス人を罷免し、スペインに対するフランスの影響力は大きく低下した。翌年ルイ十四世が死去したことは、この流れを決定的にした。

以後スペインの外交方針の二本柱となったのは、インディアスをイギリスの野望から守ることと、ユトレヒト条約の結果失った失地を回復することだった。とくに後者の点は、イタリア領土を回復することで自分の子たちをイタリア諸国の王位に就けようとするイザベラの個人的利害と混同されることとなった。

イザベラの野望は、彼女の寵臣でパルマ人聖職者のアルベローニによって実行に移されていった。彼は、なんら正式な役職に就くこともなく実権を握り、一七一七年スペイン海軍にサルデーニャを、翌年にはシチリアを占領させた。だが、ユトレヒト体制を堅持しようとするイギリス、フランス、オランダ、オーストリアは四国同盟を結成してこれに対抗し、フランスはバスク地方に侵攻した。このため、スペインは撤退をよぎなくされ、アルベローニは失脚した。

その後、政権は外務大臣だったスペイン人グリマルドが担っていたが、一七二四年、王が突然、前妻の子ルイス(ルイス一世)に譲位したことで、状況は再び大きく変化していった。譲位の背景には、フェリーペの重度の鬱《うつ》状態があった。彼は宗教的罪悪感につねにさいなまれていた。また、フランスに強い郷愁の念をもちつづけ、フランス王の座を切望していた彼にとって、フランスとの敵対関係は耐えがたいものだった。

ところが、ルイス一世は病で即位後わずか七カ月後に世を去り、フェリーペの治世下で冷遇されてきた大貴族を中心に強い反対論があったにもかかわらず、フェリーペは同年十二月に復位した。そして、イザベラの意向を受けてオランダ出身のリペルダ男爵が政権の実権を握ることとなった。彼はスペイン継承戦争以来の宿敵オーストリアのカール六世に接近し、国内での十分な合意を得ることなくオーストリアにインディアスとの交易特権を提供するとの条件で、一七二五年オーストリアとウィーン条約を締結した。

だが、この条約は、国内で強い反感を招いただけでなく、ユトレヒト体制の堅持で結束していたイギリスとフランスの強い反発も引き起こし、翌年リペルダは失脚した。そして、英仏両国のさまざまな圧力のもと、一七二九年にセビーリャで条約が結ばれたが、その結果、スペインは両国の意向に従うことを条件に、イザベラとフェリーペの第一子カルロスのパルマ公位への即位が三一年に実現した。

政権は以後、地方監察官などの豊富な行政経験をもつ官僚出身者のパティーニョによって運営されることとなり、外国人の影響力は減少していった。パティーニョは、スペイン外交を危険な孤立主義から現実主義的な路線へと転換していったが、イザベラの意向は無視できず、戦争は今後も不可避だった。それゆえに、彼は軍隊改革と財政改革を中心とする国内改革を断行していった。

パティーニョはまず、フランス支配期に始まった軍隊改革を明文化する勅令を一七二九年に発布した。とくに力を入れたのが海軍の改革で、すでに一七一七年に海軍学校がカディスに設置され、二四年にはラ・カラーカの海軍工廠が建設されていたが、彼はさらに沿岸部を三つの海軍区に区分し(フェロル、カディス、カルタヘーナ)、それぞれに造船所を設置することとした。また、タバコ経営を国の直轄とするなどの財政改革の結果、国庫収入は三〇%増加した。重商主義政策もこの時期以降、強く推進されていき、このような改革路線はその後もカンピーリョやエンセナーダによって引き継がれていった。ただし、戦争への出費は、国家財政を圧迫していった。

その戦争とは、フランスとオーストリアのあいだで始まったポーランド継承戦争(一七三三～三五年)だった。スペインは、イタリアでの勢力拡大を期待し、フランスの求めに応じて一七三三年に「第一回家族協定」を締結して参戦した。その結果、一七三四年カルロスのナポリ＝シチリア王への即位が実現したものの、三八年のウィーン講和条約の事前交渉では、スペインは蚊帳の外におかれ、パルマはオーストリア領となった。

積極外交から中立路線へ

地中海政策が相対的に好転した一方で、スペインは、インディアスにおける経済権益を合法・非合法に拡大しようとするイギリスとの関係に悩みつづけた。そして、イギリスが密貿易と非合法な定住を継続したことで両国の緊張は高まり、ついに両国は一七三九年から四八年にかけて、「ジェンキンズの耳戦争」と称される戦争状態となった。

他方ヨーロッパではオーストリア継承戦争(一七四〇〜四八年)が勃発した。そこで、イギリスとの対抗上フランスの援助を必要としていたスペインは、イタリアでの失地回復をさらに進める意図もあって、再度フランスの求めに応じて一七四三年「第二回家族協定」を結び、ヨーロッパでの戦線にも身を投じた。

その結果、一七四八年のアーヘンの和約でイザベラの第二子フェリーペのパルマ公位即位が実現した。とはいえ、それは彼の一代限りとされたし、イギリスの大西洋での不法行為は不問にされ、ジブラルタルやメノルカについてもなんら話題にもされなかった。フランスはスペインの意向を今回も黙殺したのだった。とはいえ、この条約によって、イギリスがスペインから得ていたアシエント契約は解消されることとなり、イギリスとの緊張は短期間だが解消されることとなった。

ところでこの間、一七四六年にフェリーペ五世が死去し、前妻マリア・ルイザとの第二子がフェルナンド六世(在位一七四六〜五九)として即位していた。新王はイザベラとその取巻きを宮廷から退け、アーヘンの和約後は、中立外交に徹した。その背景には、二度も家族協定を結んだフランスに対する不信があった。それゆえ、スペインはどちらかに偏ることなく英仏両国とそれなりの外交関係を維持することに努めた。当時の政権を担っていたエンセナーダとカルバハルがそれぞれ親フランス派と親イギリス派だったことも、外交の中立性に寄与した。また、フェルナンドの妻がポルトガル出身だったこともあり、一七五〇年には植民地の領土問題に関してポルトガルとマドリード条約が締結されたが、最終的な解決にはいたらなかった。

また、先述のイギリスとの戦争を契機に、エンセナーダによって海軍の改革がさらに進められ、スペイン海軍はイギリスには劣るものの、フランスとは比肩しえるヨーロッパ有数のものとなった。エンセナーダはまた、軍隊改革と直結する財政改革も加速させ、徴税業務を国の直轄とした。とくに重要だったのは、カタストロ税をカスティーリャ王国（ナバーラとバスク諸県は含まない）に導入する試みで、一七五〇〜五三年にカスティーリャで住民台帳が作成された（エンセナーダ国富調査）。だが、これは課税対象に含まれることになる特権諸身分の激しい反発を招いた。

この時期には学芸も振興され、サン・フェルナンド王立美術アカデミーが設立されたほか、スペイン啓蒙思想の先駆けとなるフェイホーの著作が宮廷でも評判となった。

ところが、一七五四年にカルバハルが急死し、ロンドン駐在大使だったアイルランド系のウオールが外務大臣となったことで、状況は変化していった。彼は、親交のあったイギリスのマドリード駐在大使キーンの意向を受けて、同年エンセナーダを失脚させた。その結果、カタストロ税の導入計画は中止され、海軍改革も抑制されることになった。

そこに一七五六年、七年戦争が勃発した。これは、オーストリア、フランス、ロシアの陣営と、プロイセン、イギリスの陣営とのあいだで戦われた戦争で、同時にイギリスとフランスとの植民地争奪戦争でもあった。イギリスとフランスはそれぞれがスペインに同盟を働きかけたが、スペインはいずれの選択を決断することもできず、受動的な中立路線に追い込まれたが、このことは結果的にイギリスに有利に作用した。ウオールはなんら有効な決断をできずにいたが、そのようななか、一七五九年八月、父王と同じ病を患っていたフェルナンド六世は、半狂乱状態で嗣子なく死去した。

2　カルロス三世の時代

カルロス三世とエスキラーチェ暴動

異母兄フェルナンド六世が嗣子なく死去したことで、イザベラ・ファルネーゼの第一子ナポリ王カルロ七世(シチリア王としてはカルロ五世、在位一七三四〜五九)は、一七五九年にスペイン王カルロス三世(在位一七五九〜八八)として即位した。[7] 彼の治世は啓蒙改革の時代と呼ばれ、さまざまな諸改革が試みられた。だが近年、彼とその治世を過度に賞賛する見解は修正されつつある。

また、しばしば忘れられがちなことだが、この王は啓蒙専制君主である前に、「専制君主」であった。それは「たとえ理にかなっていても、政府を批判することは犯罪である」「〔臣民は〕がらくたを取り上げると泣く子ども」という王の言辞にもあらわれている。また、学校教育でカタルーニャ語を禁止したのも、父王ではなく、カルロス三世だった。

この王が十八世紀の他の王と異なっていた点の一つは、スペイン王になる以前に、すでに二五年間ものあいだナポリで王としての経験を積んでいたこと、しかも、タヌッチなど啓蒙改革派に支えられて諸改革に着手していたことだった。だが、彼に社会経済改革まで含めた諸改革の必要性を強く認識させることになったのは、のちに述べる七年戦争での敗北(一七六三年)とエスキラーチェ暴動の惹起(六六年)であった。

王は即位すると、ナポリ時代からの側近でシチリア出身のエスキラーチェを財務大臣に任命し政権運営を託した。さらに一七六三年には、ジェノヴァ出身のグリマルディを外務大臣にすえた。エスキラーチェは、さまざまな性急ともいえる改革を矢継ぎ早に実施していった。例えば、財政改革の柱としてカスティーリャ王国領へのカタストロ税の導入が再び試みられ、そのための準備委員会が設置されたが、これは特権諸身分の反発を招いた。

さらに、一七五九年から続いていた不作によって穀物価格が上昇していたにもかかわらず、エスキラーチェは六五年七月、カスティーリャ顧問会議検察官カンポマネスの提言を受け、穀物の最高取引価格設定《タサ・デ・グラーノス》を廃止し、穀物流通を自由化した。だが、この措置は市場での投機と穀物不足を誘発した。マドリードではパンの価格が一七六一年と比べて約二倍にまで達し、民衆の不満は非常に高まった。

この措置は、当時のヨーロッパで台頭してきていた重農主義的で反保護主義的な経済思想に基づくものだった。だが、この思想がスペインに浸透した一七五四〜六〇年は穀物生産が比較的順調だったときであり、この政策の実施は時宜を得たものではなかった。

加えてエスキラーチェは、王の強い意向を受け、犯罪抑止を目的に一七六六年三月十日、伝統的な服装だった長外套と鍔《つば》広帽子の着用をマドリードで禁止する服装取締令を布告すると、民衆の怒りはさらに拡大した。三月二十三日「枝の主日」の日曜日、聖週間の行列に参加しようとする群集とワロン人(フランドル南部の人びと)から成る首都警備兵とのあいだで衝突が生じ、暴徒化した民衆はエスキラーチェの館をおそった。民衆はまた、カルロス三世期になってから始まった首都の社会資本整備の象徴であった街灯も攻撃の対象とした。

事態は翌日さらに悪化し、数十人単位の死者がでた。暴動参加者たちは宮廷でエスキラーチェの罷免、食糧価格の引下げ、首都警備兵の廃止、服装取締令の廃止を要求した。これに対し、王は自ら宮廷バルコニーに立ち、群衆の要求をのんだ。だがこれは王にとって忘れることのできない屈辱となり、民衆に対する不信を強めた王はこの夜半にアランフエスの離宮へ向かい、十二月までマドリードに戻ることはなかった。(8)

また、マドリードでの暴動が勝利したとの知らせは即座に全国に伝わり、五月末まで一〇〇以上の市町村で、高騰した食糧価格の引下げを要求する民衆の騒擾や暴動が生じ、サラゴーサとバスク地方のギプスコアでは流血事件にまでいたった。

当時よりエスキラーチェ暴動については、改革に反対する反動的貴族およびイエズス会が民衆を扇動し、「不必要な」「憎むべき」外国人大臣を排斥するための暴動を起こさせたとする解釈がなされてきた。しかし近年、地方暴動だけでなく、首都暴動も基本的にはアンシャン・レジームに固有の典型的かつ突発的な食糧暴動だったとする見解が主流となってきている。

飢饉のとき、当時のヨーロッパでは、一般的に民衆はとくにだれかに扇動されずとも街頭に出て暴徒化し、穀物の適正価格を要求し、彼らが食糧不足の責任者とみなす人物を攻撃(「危機の擬人化」)した。それゆえ、この暴動の場合、改革に不満をもつ特権諸身分は民衆を事前に扇動したというよりも、もしなんらかの扇動があったとすれば、それは自然発生した民衆暴動を特権諸身分が利用しようとした可能性のほうが高いと考えられている。実際、事前の陰謀を裏づける史料は確認されていない。

自治体改革とイエズス会士追放

エスキラーチェ暴動は王と政府関係者に非常に大きな衝撃を与え、のちの諸改革を方向づけることになった。まず王はエスキラーチェを罷免し、アランダ伯をカスティーリャ顧問会議議長にすえ、彼に政権を委ねた。民衆の要求事項はすべて撤回されたが、服装に関しては、伝統的服装を禁じる代わりに、死刑執行人に長外套と鍔広帽子を着用させるという奇妙な処置が採られた。また、王に暴言を吐いた者一名が死刑に処された。その一方で、ブエン・レティーロの王宮庭園が民衆に開放されたが、「品位ある」服装を着用することが入場の条件とされた。

また、民衆の不満緩和と治安の向上を目的に自治体改革がおこなわれ、三つの役職が新設された。一つは「住民代表委員」で、食糧供給体制と市場の監視を任務とした。二つ目は「住民代理人」で、住民の要望を自治体に伝えることを任務とした。これらの役職の選出は、教区ごとに、在俗のすべての男性納税者が選挙代理人を投票で選ぶという間接選挙でおこなわれた。だが投票率は非常に低く、これらの役職が自治体の寡頭支配体制を打ち崩して十分な効果を発揮することもなかった。

さらに、一七六八年マドリードは街区（バリオ）に区分され、各街区に「街区判事」がおかれた。その選出方法は右記二つのそれと同じで、街区の全住民を登録しその活動や出入りを監視しながら、治安と衛生を維持することを任務とした。これは治安向上に多少の効果ありと認められ、翌年、同様の制度が全国の中心的な諸都市に拡大された。

エスキラーチェ暴動の犯人探しもおこなわれ、その結果、一七六七年二月の王令に基づいて、暴動の首謀者としてスペインとインディアスからイエズス会士が追放された。その数は五二七一人（うちスペインからは二六四一人）におよび、同会の財産はすべて国家によって没収された。また同会を擁護したとの廉で、特権身分の者数名が追放された。

調査にあたった秘密委員会は、カンポマネスを中心とする少数の委員によって組織され、アランダはこれに関与していなかった。この調査委員会は、しかしながら、イエズス会の暴動への組織的な関与を確かな証拠に基づいて立証したわけではなかったし、それを裏づける史料は現在にいたるも確認されていない。だが、同会の追放は王の強い意向だった。スペインに限らず、国王教権主義《レガリスモ》の立場に立ちローマ教皇の影響力を自国から排除しようとしていた当時のカトリック諸国の君主たちにとって、同会はその存在を許容することのできないものとなっていた。実際、ポルトガルは一七五九年、フランスは六二年に同会を追放している。

スペインも一七五三年に国王の聖職授与権を教皇からかちとっていたし、カルロス三世は王の事前許可なしに教皇の教書をスペインで公布することを禁じ、王の事前承認がない場合、教皇庁や異端審問所による禁書指示は無効とした。だが、たとえ王が司教を任命できたとしても、「国家内の国家」と非難され教皇権至上主義《ウルトラモンタニスモ》を掲げるイエズス会は司教の権力の枠外にいたし、インディアスの先住民教化地域であるレドゥクシオンやミシオネスでは、同会は副王の権力のおよばないほぼ独立した「国家」を築き上げていた。

啓蒙改革者は、同会の知的傲慢さ、莫大な富、特権諸身分の子弟教育に絶大な影響力をもっていること、暴君放伐論《モナルコマキ》を自らの政治理論としていること、などの点でも同会を強く批判していた。また人間の自由意志の役割を重視する同会は、他の修道会やジャンセニストと神の恩寵の理解をめぐって激しく対立していた。それゆえ同会の追放措置は、司教たちや他の修道会から強い反発を受けることはなく、むしろおおむね好意的に受け止められた。

啓蒙改革派と政府行政機構の改革

カルロス三世は、当初より積極的に啓蒙改革派を登用していった。カンポマネスやホベリャーノスらに代表される啓蒙改革派は、一般的に郷士《イダルゴ》などの下級貴族の出で、彼らは必ずしも一枚岩だったわけではないが、周囲からはゴリーリャと呼ばれていた。

これに対し、アランダを首領とするアランダ派は一般的に伝統的大貴族の出であった。アランダ自身は開明的な貴族で、同派も啓蒙改革そのものに全面的に反対したというわけではなかったが、同派は啓蒙改革派からは守旧派と位置づけられていた。

それゆえ、王はアランダを一七七三年にパリ大使駐在として左遷し、以後外務大臣グリマルディが政権の実力者となった。だが、彼はのちに述べるアルジェ遠征の失敗の責任をとらされ一七七六年に罷免された。グリマルディの追落しに成功したアランダ派は、アランダを後任にすえるべく画策したが、王はグリマルディの進言もあって、後任にフロリダブランカを任命した。フロリダブランカは王の命を受け、一七七三年、教皇にイエズス会の解散を承諾させた功績により頭角をあらわした人物で、彼自身はその出自や経歴から自分をゴリーリャと認識していた。

彼が外務大臣として実質的な宰相となった当時、六つの大臣職のうちの四つまでをアランダ派が占めていた。だが、同派の大臣職は徐々に啓蒙改革派に取って代わられていき、それにともない、「王による絶対主義《アブソルティスモ・レヒオ》」から「大臣によ《アブソルティスモ・》る絶対主義《デ・ロス・ミニストロス》」への移行の動きがよりいっそう明確になっていった。そして、その移行が進展するということは、王は理論的には王国の継続性を象徴する至高ではあるが、しかし一つの機関にすぎなくなることを意味した。

実際、啓蒙改革派は、王権神授説による王の大権に対し疑問を投げかけ始めていたし、王の大権は王国にとって「悪」であるとさえ考えていた。だが同時に啓蒙改革派は、王権こそが自分たちを敵対勢力の批判や攻撃から守ってくれているのであり、王権の庇護があってはじめて自分たちの「大臣による絶対主義」が可能となっていること、王国の悪弊は、王の大権があってこそ治すことができるものであることを熟知していた。それゆえ、啓蒙改革派が王権を実際に公然と批判することはありえなかった。

このような「大臣による絶対主義」の動きに対し、アランダ派と王太子カルロス(のちのカルロス四世)は強い不満をいだいていた。そこで、王太子の依頼でアランダが一七八一年に作成した「政府計画」には、大臣制度が確立して以後ほとんど開催されなくなっていた国務顧問会議《コンセーホ・デ・エスタード》を、大臣たちの行動を監査する機関として復権させる案が示されていた。だが、フロリダブランカの目を恐れる王太子は、以後アランダとの書簡による親交を絶った。

「大臣による絶対主義」の動きは、一七八七年、一人だけ残っていた最後のアランダ派大臣が死去し、同年フロリダブランカが国家最高会議《フンタ・デ・エスタード》を設置したことで頂点に達した。これは内閣の前身といえる機関で、外務大臣の主宰で週に一度開催された。その結果、王が各大臣と個別に共議することはなくなり、外務大臣(フロリダブランカ)に他の大臣が従属することと、外務大臣が実質的に首相であることが制度化された。すなわち、宰相専制主義《デスポティスモ・ミニステリアル》の確立である。これは、王がフロリダブランカに絶大な信頼を寄せていたからこそ可能となったものであると同時に、君主の権力が大きく削減されることを意味した。

他方で、一七七六年に外務大臣となったのが、当時すでに啓蒙改革者としても行政人としても高い評価を得ていたカンポマネスではなく、フロリダブランカだったことは、啓蒙改革の行方に少なからぬ影響を与えた。フロリダブランカが優先したのは、第3節で扱うカンポマネスやホベリャーノスが推進しようとした小農保護主義的な社会経済改革ではなく、自らの権力基盤の強化であり、行財政の技術的な改革だった。カンポマネスは一七八三年にカスティーリャ顧問会議議長に就任したが、すでにその影響力には翳りがみえた。

軍隊改革と大学改革

軍隊改革は、カルロス三世期の政府にとって、フェルナンド六世期より引き継いだ重要課題の一つだった。外交戦略上も、国内の治安維持の点からも、軍隊の重要性は極めて高かった。それゆえ、七年戦争での敗北とエスキラーチェ暴動の惹起は、軍隊改革の必要性を政府にいっそう強く認識させた。

まず、一七六八年に軍隊に関する勅令が公布された。その内容は、戦術と訓練の重要性を強調し、階級制度に基づく厳格な規律と諸規則を定めるものであった。だが、従来高く評価されてきたこの勅令は、実際は父王の治世の一七二八年にパティーニョによって明文化されたものとなんら変わるものではなく、世紀末にいたっても部隊ごとに戦術はばらばらだった。

カルロス三世期の軍隊改革で模範とされたのはフリードリヒ二世のプロイセンの常備軍だった。そこで、装備と軍艦の近代化促進、将校養成所の設立、兵器工場の新設などもおこなわれたが、プロイセンのような強力な常備軍を保有するための喫緊《きっきん》の課題は、何よりもまず財政基盤の強化と、確固とした徴兵制度の確立であった。しかし、国家財政は相変わらず脆弱だったし、徴兵制度改革にいたっては、政府は手痛い挫折を経験することになった。

それまでの徴兵は、報奨金が支払われる志願兵、対象者五人から「くじ引き」で選ぶキンタス、浮浪者やごろつきの強制徴兵などより構成されていた。このなかで、キンタスに関しては、さまざまな免除規定があったため民衆のあいだで不満が非常に強く、実質的にほとんど機能していなかった。だが政府は、新規徴兵を安定的に確保するために、一七七〇年の勅令でキンタスを本格的に実施することにした。

だが、キンタスの制度的欠陥を改善することなく実施されたこの措置は、民衆の全国規模での強い抵抗に直面することになった。なかでも、一七七三年にキンタスが実施されることになったカタルーニャでは、同年バルセローナを中心に「キンタス暴動」と呼ばれる組織的な激しい抵抗が生じ、徴兵を忌避する無数の若者がフランスに逃亡するという事態を招いた。そのため政府は、一七七五年同地方へのキンタスの実施を撤回せざるをえなくなったばかりか、その他の地方でも、七〇年の勅令は骨抜きの状態となってしまった。

大学改革もまた、王とその政府が諸改革の重要項目の一つとして着手したものだった。当時のスペインの大学の学術的な水準はかなり低かったうえに、宗教の影響を強く受けていた。しかも、自然科学にほとんど重要性が与えられていなかった。

エスキラーチェ暴動の数カ月後、王は当時のスペインでもっとも優れた学者の一人グレゴリオ・マヤンスに大学改革案の起草を命じた。また、政府は各大学にもそれぞれの改革案を提出させたが、改革の名に値する報告書は、セビーリャ都市長官兼アンダルシーア地方監察官のオラビーデが提出した合理主義と経験主義に基づくセビーリャ大学の改革案のみだった。

大学改革で本丸とされていたのは、大学学寮《コレヒオ・マヨル》の解体だった。学寮の設立の趣旨は、貧しい学生に就学の機会を提供することにあったが、しだいにその目的は忘れられ、十六世紀以後は有力貴族の子弟しか入寮できなくなっていた。学寮の学生はコレヒアレスと呼ばれ、多くは怠惰な学生生活を送っていたにもかかわらず、カスティーリャ王国の特定の大学の学寮出身者は政府や教会の要職を独占し、強力な圧力団体としての派閥を形成してきた。

これに対し、一般に下級貴族などの出で苦学を強いられた通学生はマンテイスタと呼ばれ、彼らの立身出世は、まさに自身の勤勉さにかかっていた。十八世紀にゴリーリャと呼ばれていた啓蒙改革派とは、このマンテイスタであり、彼らは学寮の悪弊を強く批判していた。それにもかかわらず、大学学寮の解体が実現したのは、カルロス三世期ではなく、カルロス四世期の一七九八年のことだった。

他方で、十八世紀のスペインの教育上の革新は、政府が意図した教育改革のむしろ枠外で、特定の分野における専門職業教育上の必要性から生じた。それはおもに二種類あり、一つは軍事上の必要性から航海術、軍事技術、外科、数学などを教えるさまざまな王立の専門学校だった。だが、それらは地理的に偏在しており、十分な講師陣や優秀な学生の確保に苦しんだ。もう一つは、商工業の盛んなセビーリャ、バレンシア、バルセローナなど半島周辺部に設立された民間の専門学校だった。とくに、バルセローナでバルセローナ商業評議会《フンタ・デ・コメルシオ》の保護下に設立されたさまざまな専門学校では、工学、数学、航海術、経済、物理、商学、製図などが教授された。

外交と植民地改革

七年戦争では、過去の経験からフランスに都合よく利用されることを警戒して、王は当初中立外交を維持した。しかし、一七五九年十月ケベックがイギリスの手に落ちたことで、インディアスはイギリスのかつてない脅威にさらされることになった。しかも、イギリスは多年にわたりスペイン船を攻撃し、ホンジュラスの一部を不法占拠していたばかりか、それに対するスペインの抗議を無視していた。

そこで王は一七六一年、すでにフランスの敗北が濃厚になっていたにもかかわらず、フランスの誘いに応じて「第三回家族協定」を結び、イギリスとの戦争に加わった。戦況はマニラとハバナをただちに占領されるなど防戦一方で、一七六三年のパリ条約でスペインはイギリスにフロリダを割譲しポルトガルにサクラメントを返却するなど、屈辱的な結果に終わった。

外交的失態はさらに続いた。フランスから一七六七年に譲渡されたマルビーナス(フォークランド)諸島にイギリスが基地を設置していたことで、七〇年に再びイギリスと紛争が生じた。だが、フランスはスペインの援助要請に応えず、スペインはイギリスへの謝罪をよぎなくされた。

またスペインは、マグリブ地方とも問題をかかえていた。スペインの漁船は同地方沿岸でモロッコやアルジェリアから組織的に海賊行為を受けていたし、スペインがセウタなどを占拠していたことも火種となっていた。モロッコとは一七六七年に条約が締結され、同国との漁業紛争は一応解決していたが、スペインはアルジェリアとの問題を一挙に解決するために、七五年アルジェ遠征をおこなった。だが、計画は事前に敵方に察知されていたため、遠征は多大な犠牲者を出して失敗に終わった。

他方、懸案だったポルトガルとの植民地での国境問題は、カルロス三世の姪がマリア一世としてポルトガル王に即位したことで、一七七七年にサン・イルデフォンソ条約が締結され、サクラメントはスペイン領、リオ・グランデはポルトガル領とすることが決められた。

ところで、七年戦争の敗北により、植民地統治や大西洋貿易は抜本的な解決を迫られることになった。後者については第3節でふれるが、植民地統治に関しては、その制度改革は、一七六五年にヌエバ・エスパーニャ(現在のメキシコ)副王領全権巡察使、七五年にはインディアス大臣となったガルベスによって推進された。

改革の中心的な課題は、クリオーリョ(インディアス生まれの白人)による官職売買によって腐敗していた植民地行政、とりわけコレヒドールによる不正蓄財の横行を是正することにあった。その抜本的改革策としてインディアスに地方監察官職が導入されていき、その職にはペニンスラール(本国人)が任命された。だがこの職はコレヒドールと権限が重複したうえ、植民地住民の本国への従属を強化する一連の中央集権的改革は、クリオーリョやメスティーソ(白人とインディオの混血)はもとよりインディオをも巻き込んだ深刻な反乱(一七八〇年のトゥパク・アマルの大反乱や八一年のソコーロの反乱など)を引き起こしていった。

しかも、イギリスの北アメリカ一三植民地が一七七六年にアメリカ合衆国独立宣言をしたことで、事態はより複雑な様相を呈していった。フランスはイギリスから七年戦争で受けた屈辱を晴らすため積極的に動き出したが、スペイン政府内部では、イギリス王への「反逆者」たちを支援するべきか否かについて激しい論争が生じた。もし独立が成功すれば、それはインディアスの植民者たちに独立思想という悪影響を与えることが予測された。

だが、結局は主戦論が優勢となり、一七七九年スペインは再びフランスと協定を結び、イギリスとの戦争にはいった。しかし、財政の抜本的改革を意味するカスティーリャ王国へのカタストロ税導入は実現されることはなく、戦費はフランス出身の銀行家カバルスからの数百億レアルもの借入金で賄われた。この借入金の返済のために、政府は国債(バレス・レアレス)の発行に踏み切り、一七八二年には国債引受銀行のサン・カルロス銀行を設立した。

戦争の結果、スペインはホンジュラスに不法滞在するイギリス人の排除に成功し、一七八三年のヴェルサイユ条約では、ジブラルタルこそ奪回できなかったものの、フロリダとメノルカを回復した。とはいえ、パリ駐在大使として国際情勢を熟知するアランダ伯などにとっては、インディアスの保持はもはや極めて困難なことに思われた。

3 啓蒙改革期の経済と社会経済政策

経済政策の転換

スペインの経済は十七世紀末から回復基調となり、一七一七年に約七五〇〇万人だった人口は、九七年には約一〇五〇〇万人に達した。その要因には、スペイン継承戦争以後スペイン本土が大きな戦場とはならなかったことや疫病の減少などもあげられるが、とくに重要だったのは人口増に刺激されて回復を始めた農業生産が、十八世紀前半をとおして順調に増加していったことだった。その結果、一七六〇年代までは食糧が大きく不足することはなく、それゆえ、この間に農業が大きな問題として取り上げられることはなかった。

世紀前半の経済政策が、貨幣の獲得を目的とするコルベール主義の影響を受けた重商主義に基づいていたことも、農業問題が重要視されなかったことの一因だった。政策の中心は、外国から奢侈品の輸入を抑えるため、奢侈品の製造を目的とした王立工場(集中作業所)を設立することにあったのである。その結果、サンタ・バルバラのタピスリー工場、サン・イルデフォンソのガラス工場、ブエン・レティーロの陶磁器工場、グアダラハーラの毛織物工場などが設立された。だが、これらは、非常に高コスト体質で販路も限られていたため、採算を実現できたものは少なかった。

また、貿易の振興を目的にマドリード五大ギルド会社が設立され、大幅な独占権が付与された。植民地貿易に関しても、その振興を目的に、一七一七年大西洋貿易の独占港(インディアス通商院)がセビーリャからカディスに移され、二八年にベネズエラでのカカオ栽培とその貿易を担うカラカス航海ギプスコア会社が、四〇年には砂糖とタバコのそれを担うハバナ会社が設立された。だが、これらの特権会社によってもイギリスなどの密輸横行を阻むことはできなかった。

ところが、カルロス三世期になると、経済政策は二つの要因で大きく転換していった。一つは、第2節でもふれたが、自由放任を主張する重農主義思想が一七五〇年代後半にスペイン政府に浸透していったことだった。その結果、カルロス三世期には、世紀前半のコルベール主義的政策が批判され、経済的自由主義に基づく諸政策が実施されていった。

例えば、七年戦争に敗北したことで大西洋貿易を再構築する必要があったこともあり、一七六五年、「自由貿易《コメルシオ・リブレ》」規則が公布され、カディスに加えてバルセローナなどの本国九港とアンティーリャス諸島との直接取引が許可された。これにより、長らく続いてきた独占港の制度は崩れた。この措置は一七七八年の「自由貿易」規則でさらに拡大され、上記九港に新たに四港を加えた本国一三港と、メキシコ、ベネズエラを除くインディアスの二二港に直接取引が許可された。その結果、一七七八年と八二〜九六年の平均との比較では、輸出額は四倍、輸入額は一〇倍もの増加となった。また、ギルド(同業者組合)も技術進歩を妨げるものとして批判の対象となり、ギルド規則を制限する勅令が出されていった。

政策転換のもう一つの要因は、エスキラーチェ暴動が生じたことで、カンポマネスを中心とする啓蒙改革派によって、農耕と家畜飼育が結合した小経営をおこなう安定した小農民の創出が急務であると認識されたことだった。一七五〇年代半ば以降人口圧が高まり始め、食料品価格と地代が徐々にではあるが上昇し始めていた。そして、一七五九年に始まった不作は事態を急速に悪化させ、穀物を輸入により賄えなかった内陸部では以後慢性的な食糧不足に直面することになったのである。このような状況下、第2節でみたように、経済自由化政策の一環として穀物取引が自由化されたことでエスキラーチェ暴動が生じたのだった。

ここで重要なことは、一七六四年にマドリードで逮捕された浮浪者のじつに八五%もが農村出身だったということからもわかるように、暴動と農村の荒廃が直結していたことである。それゆえ、啓蒙改革派は社会秩序を保つために、安定した小農民を創出し保護することが不可欠との認識を強くもつようになった。こうして、経済自由化と小農保護は、ときには融合し、ときには対立しながらも、カルロス三世期の経済政策の二つの基本軸となっていった。

農業改革

貧農の増加と都市への流入の背景には、耕地不足と借地契約に関する問題があった。耕地不足は、世紀前半の農業生産の拡大が主として耕地面積の拡大によりなされていたことに起因していた。借地契約に関しては、とくに問題となったのは新旧カスティーリャやアンダルシーアの状況だった。そこでは短期借地契約が一般的だったため、農民は土地の改良にインセンティヴ(誘因)を見出しにくく、しかも、穀物価格の上昇を受けて土地の需要が高まっていたため、地主(領主)は借地期間や地代を恣意的に変更した。このように農民の土地保有権が未確立の状況下で、多くの借地農が困窮し、没落した者は都市へ流入していたのだった。

これと対照的だったのがカタルーニャで、そこでは長期(永代)借地契約が一般的で、グアダルーペの裁定により農民の土地保有権が確立しほぼ家産化していたため、農民は農地改良にインセンティヴを見出しやすく、土地は比較的有効に利用されていた。

農業改革の試みとしては、まず土地分配がおこなわれた。一七六六年五月から七〇年までに公布された一連の法律によって、農業生産の増加と土地分配の改善を目的に、貧農や小作農に耕作可能な自治体所有地の分配がおこなわれた。だがこの措置は、分配地の収益性が低く割当面積も少なかったうえ、寡頭支配層の牛耳る自治体の不正などもあって、十分な効果があったとはいえなかった。

また、借地契約の改善は地主の抵抗が強く、結局一七八五年の法律で、地主が直接経営する場合以外の借地農の追放が禁止されたにとどまった。これと関連して、限嗣相続《マヨラスゴ》制度も問題とされた。限嗣相続の設定が長期借地契約を妨げ、土地市場の拡大を妨げていたからである。だがこれも、一七八九年の法律で、中小規模の農地の限嗣相続の設定が禁止されたにすぎず、大土地所有者(大貴族)は対象外とされた。ただし、カタルーニャは地域全体が伝統的に長子相続地域だったが、このような問題は生じていなかった。

教会の永代土地所有財産《アモルティサシオン》もカンポマネスやホベリャーノスらの啓蒙改革派によって批判の対象となった。エンセナーダ国富調査によると、教会はカスティーリャの土地の約一五%を所有するばかりか、農業生産では約二四%も占めていたのである。だが、教会財産の売却を意味する永代所有財産解放《デサモルティサシオン》が実現されることになるのは、国家財政が危機的状況に陥ったカルロス四世期の十八世紀末のことだった。

さらにカンポマネスは、メセータ(中央台地)の北部と南部のあいだで長距離移牧をおこなうメスタ(移動牧畜業者組合)を激しく批判した。メスタは十八世紀に移動牧羊頭数を急増させていて、耕作可能な広大な土地が牧羊の移動や飼養のために占有されていた。そこで、小農民に耕地や草地を確保することを目的に、一七七九年と八八年の法律で農民の農地の囲い込みが許可され、八六年にポセシオン(牧草地永代利用権)が、九六年にはメスタ巡回裁判官が廃止された。だが、これらの措置は小農民保護という点では限られた効果しかもたず、しかもメスタそのものは廃止されることはなかった。

このように、改革の成果は容易にはあがらなかったが、一方でカンポマネスやオラビーデは、これらの問題を一挙に解決する手段として、小農民保護の立場に立つ「農地法」の制定を構想し、一七六六年四月から審査を開始していた。それは、教会の土地取得、限嗣相続制度、メスタ諸特権を制限し、貴族や聖職者の土地を長期分益小作契約によって農民に貸与するという内容だった。だがこれは、結局政府内の議論に終わってしまい、しかも一七八〇年代になると「私的利益の追求」を妨げるとの理由で、経済的自由主義の側から批判されるようになった。結局、啓蒙改革派は、特権諸身分の利害を大きくそこねるような改革を進めることはできなかったのである。

新村建設

失敗に終わった「農地法」は、啓蒙改革派の思想を象徴するものの一つだったが、彼らの理想が実際にかなりの程度実行された事例としては、新村建設事業があげられる。それは、「スペインのすべての村落に適用されるモデル」村落の建設をめざしたユートピア的ともいえる計画だった。

まず基本原則がカンポマネスによって策定され、一七六七年には新定住地域特別法が制定された。建設地にはシエラ・モレーナからグアダルキビル渓谷にいたる地域が選ばれたが、それは、アンダルシーアでは大土地所有制度のもとで、多くの日雇農が苦しい生活を強いられていたことと、マドリードからセビーリャやカディスにいたる王道沿いで廃村が進み、盗賊が頻出して治安が悪化していたためだった。

新村建設は、新定住地域総監督官に任命され、カンポマネスから計画の実施を委ねられたオラビーデの手によって進められていった。新村落へは当初、ドイツ語圏諸地域から約七二〇〇人のカトリック教徒が移住したが、過酷な開拓事業や病気のために帰国者や死亡者があいついだため、のちには国内からの定住者も受け入れられるようになり、一七七六年には、ラ・カロリーナなど一五の新村で、約二五〇〇家族の定住が確認されている。

これらの新村落が「啓蒙の恩恵」を示すモデルとされたのは、市参事会員の住民による選出、役職の売買や世襲の禁止、自治体支配層の不正の温床となりがちな共有地設定の禁止、教区付教会以外の宗教施設の設立の禁止、教会・修道院による永代所有財産の設定の禁止、限嗣相続財産の設定の禁止、メスタの羊の通行禁止、などが規定されていたからだった。そして農民には、一定の分与地と農具や耕運用の家畜が与えられた。

だが、分与地は譲渡も分割も集積も許されていなかった。つまり、新村落では小農民は中間的諸団体＝社団（土地貴族、教会、メスタ、自治体寡頭支配層）の抑圧から解放されてはいたが、同時にそこは資本主義的発展の契機を欠く社会でもあった。そこでは小農民は、従順な「国家の神経」でありつづけることを期待されていたのであり、これこそが、啓蒙改革者の理想としたものだった。

だが、新村事業が孤立した社会的実験だったとはいえ、それが一定の成功をおさめたことは、特権諸身分や周辺自治体の市参事会の反感を招いた。そして、オラビーデが不敬虔で、カトリックに対して辛辣な批判をしているとの一部聖職者の訴えにより、オラビーデは、啓蒙改革者の「行過ぎ」に対する守旧派の憎悪のスケープゴートとして、一七七六年異端審問にかけられ八年の禁固刑に処された(9)。

貧民対策

エスキラーチェ暴動によって、貧民問題は治安対策の点からも啓蒙改革派の功利主義的な観点からも、政府の最重要項目の一つとして認識されるようになった。実際、近年の研究は、マドリードのような都市の場合、住民の二〇～四〇%もが貧民だったと推計している。

十八世紀後半の貧民対策がそれ以前のものと大きく異なる点は、教会による無選別で慈善的な救貧行為が、「有用性《ウティリダー》」の観点から、貧民の「怠惰」を放置し助長するものとして啓蒙改革派から激しく批判され、貧民を生産的な臣民にするために国家が救貧行為を主導しようとしたことにあった。つまり、スペインでは、教会による慈善《カリダー》から国家による福《ベネフィ》祉《センシア》への移行の動きがこの時期に始まったのである。

貧民はまず、稼ぎの術をもたない未亡人、孤児、老人、病人などの「一文無しの貧者《ポブレス・デ・ソレムニダー》」やなんらかの原因で落ちぶれはしたが困窮を隠そうとする「恥を知る貧者《ポブレス・ベルゴンサンテス》」などのいわゆる「良き貧民」と、住所不定で職業をもたない「怠惰」な「浮浪者」などのいわゆる「悪しき貧民」とに区別され、「良き貧民」を優先的に救済されるべきものとした。

じつは、このような貧民の分類自体は決して目新しいものではなかった。だが、エスキラーチェ暴動以後のスペインでは、「浮浪者」を社会的に「有用な」臣民へと矯正すべく、彼らに強制的に労働を課す方針が明確となった点がそれ以前とは異なっていた。まず、エスキラーチェ暴動の際に逮捕された「浮浪者」や「ごろつき」が、のちにプラド大通りとなる道路の拡張工事に従事させられたほか、一七七五年には、「浮浪者」を毎年徴用して軍隊や公共事業などの「有用な」労働に従事させることが勅令で定められた。

他方、そのような重労働に従事することができない者は、作業所と宿泊所をかねていた救貧院に収容されることになった。一七六六年五月に設立されたマドリードのサン・フェルナンド救貧院は、そのモデルとなるものだった。また政府は、司教の監督下におかれた孤児院を各教区に少なくとも一つは設立することと、孤児をそこに収容し、読み、書き、計算、手仕事などを教えることを義務づけた。ただし、孤児院に収容された孤児の一年目の死亡率は七五%を超えた。

さらに、失業、疾病、障害、老い、死などに対するセーフティーネットの役割を担ってきた信心会やギルドなどの半宗教的な相互扶助制度に代わって、互助会や公営質店などの世俗的な相互扶助制度の導入が進められた。兵士とその未亡人や遺児のための軍隊互助会の設立は、そのような動きの典型的な事例であった。また、一七八三年に在宅での救貧を組織する慈善委員会《フンタ・デ・カリダー》とその活動資金を確保するための慈善基金《フォンド・ピオ》が設立され、教会にこの基金への拠出を促した。

だが、これら一連の措置は成功したとは必ずしもいえなかった。おそらくは国家の貧民に対する抑圧と監視の側面が強化されたこともあって、政府の救貧を拒絶する貧民が少なからず存在したし、また、貧民対策への国家の拠出は非常に限られたものでしかなかった。そして、それゆえに、貧民対策の少なからぬ部分が、結局は聖職者によって担われざるをえなかったのである。

祖国の友・経済協会と『民衆的工業論』

経済的自由主義と小農保護を基軸とする経済政策の意義を広く全国に示す必要のあった啓蒙改革派にとって、彼らの改革思想を普及するための媒体として機能したのが、祖国の友・経済協会《ソシエダー・エコノミカ・デ・アミゴス・デル・パイス》だった。それは、重農主義や自然の理法といった新思潮に基づき、経済の自由化と地域経済の発展を促進することを意図した一種の文化団体であった。

経済協会のモデルとなったのは、一七六五年にベルガーラで啓蒙的貴族のサークルによって設立されたバスク経済協会だった。この協会は、農業、科学と有用技能、商工業、政治と文芸の四部会をおいたが、とくに教育に力を入れ、ヨーロッパ諸国に留学生を派遣したほか、この協会が設立した学校では、数学、語学、地理、技術などが教授された。また、この協会は農業と工業の技術向上を奨励し、その結果、エルカル兄弟によるタングステンの単離の成功という成果ももたらされた。ビトリアの救貧院もこの協会の手によるものだった。

このようなバスク協会の活動は、すぐさま政府内の啓蒙改革派から賞賛されることになった。そして、カンポマネスは一七七四年、自著『民衆的工業論《インドゥストリア・ポプラール》』を全国に三〇〇〇部配布し、バスク経済協会の例に続くよう全国の有志に強く促した。

『民衆的工業論』の意図は、小農民の生活を安定させるために、有効に利用されていない農民の婦女子や余剰時間を活用して、小農世帯に副業としての家内工業(紡績や織布)を奨励することにあった。彼は「怠惰」に過ごす人間に仕事を与え、農民を農業労働から引き離すことなく副次的収入を小農世帯にもたらす家内工業に着目したのだった。

また、これと関連して一七八三年の勅令では、すべての手工業は「名誉ある」もので、手工業への従事は貴族身分の喪失には繋がらず、手工業者の自治体役職就任を禁じている自治体規約は無効であるとした。それは、アンシャン・レジーム期のカスティーリャ社会では、「血の純潔《リンピエサ・デ・サングレ》」と絡んで、農業以外の「手仕事《オフィシオ・メカニコ》」に就くことが蔑視されていたためだったが、この勅令によっても、根強い差別感情を払拭することは容易ではなかった。

ともかく、カンポマネスの一七七四年の呼びかけに応えて、その後三〇年間に全国で六七の経済協会が設立された。だが、そのなかで活動の実体があったのは約二〇にすぎず、いずれの協会でも、その創設者や会員に名を連ねた者の多くは聖職者や貴族で、ブルジョワの参加はごくわずかだった。しかも、バルセローナ、カディス、ビルバオなどのように商工業が盛んな都市では、ブルジョワの利害を代表する諸制度(ギルドと司法機関をかねていた商業評議会《フンタ・デ・コメルシオ》や商業裁判所《コンスラード・デ・マル》など)がすでに確立していたため、協会は設立すらされなかった。

要するに、祖国の友・経済協会は成功したとはいえなかった。その多くは休眠状態にあったし、スペインの経済構造を近代化することもできなかった。だが、比較的活発に活動していたバスク、マドリード、セビーリャ、サラゴーサ、バレンシア、パルマ・デ・マジョルカなどの協会は、工業の分野では大きな役割をはたすことは結局なかったとはいえ、農業の分野では、灌漑の拡大、新しい耕作法の試行、肥料の普及などに努めたし、アダム・スミスのような最先端の経済思想や植物学の普及にも寄与した。また、新思想に関心をいだく進歩派の人びとのサロンとして機能していたことも、みすごすことのできない点であった。

プロト工業諸地域

いわゆる工業化(産業革命・工業化の第二局面)が生じた地域では、それに先立つ時期に、自家消費やごく限られた局地的消費ではなく、本格的な市場向けの販売を目的としておこなわれた農村工業が広範に展開していることが一般的であった。それゆえ、そのような農村工業はプロト工業(工業化の第一局面)と呼ばれている。

十八世紀のスペインには、このようなプロト工業地域がじつは複数存在し、そのいずれもが、人口が増加した世紀前半に着実な成長を示した。そのなかで、ガリシアは亜麻織物を生産していた唯一の地域で、非常に細分化された小規模《ミニフン》農地《ディオ》で重い地代を負担していた同地方の農民にとって、亜麻織物は重要かつ不可欠な副収入源だった。

ガリシアの亜麻織物業の特徴は、地域内で農業と農村工業の地域間分業が生じていなかっただけでなく、工程間の特化も生じていなかったことにあった。つまり、基本的には、農民自らが亜麻を栽培し、紡績し、織布していた。そのうえ、通常は仕上工程でおこなわれる漂白を農民が紡糸に施していたこともあり、商人が生産を組織することに関心を示すことはなく、彼らはもっぱら完成品である亜麻布の買入れだけをおこなっていた。

つまり、そこには生産の組織者もギルドも存在せず、全工程が同一の農民世帯の副業としておこなわれていたのである。カンポマネスが『民衆的工業論』の執筆に際しガリシアの事例を一つの理想としたのは、まさにこの点にあった。そして、この特徴のゆえに、同地方では工業化に向けた動きが生じることはなく、十九世紀になると工業化が挫折し、大量の移民を生み出すこととなった。

他方、毛織物のプロト工業地域は、カスティーリャのセゴビア、カメーロス、ベハル、アンダルシーアのアンテケーラ、バレンシアのアルコイ、カタルーニャの中北部など、十八世紀のスペインには複数存在した(ただしセゴビアは都市工業としての性格が強かった)。

それらはいずれも、副業収入を不可欠とする貧農を基盤とする地域だったが、ガリシアとは異なり、生産は製造業者

（織元）によって問屋制家内工業として組織されていた。また、紡績は一般的に農民世帯の婦女子の副業としておこなわれたが、織布工と製造業者は農村部のなかの商工町に住み、その仕事は一般的に専業としておこなわれた。そして、これらの地域ではいずれも工業化に向けた動きがみられはしたものの、結局カタルーニャ以外では工業化が挫折していった。

つまり、十八世紀スペインのプロト工業諸地域のなかで、最終的に工業化したのはカタルーニャだけだった。同地方ではまず、十七世紀末以降、ブドウ蒸留酒《アィグアルデン》の北西ヨーロッパへの輸出が急増し、それにともなって、同地方ではブドウ栽培に適した南東部がブドウ栽培・醸造業に特化する一方、中北部は毛織物業に特化していった。そして、購買力が上昇していった南東部の需要を背景に、中北部の毛織物業は発展を始め、国内関税が廃止されたこともあって、スペイン他地域へも販路を広げていった。

また、同地方では、その首都であるバルセローナで十八世紀初頭以降、輸入綿布を用いた捺染業が生成していた。そして、政府が一七一六〜二八年にかけて、マルタ島産の綿糸を除くあらゆる外国産綿製品の輸入を禁止し、更紗（捺染綿布、スペインではインディアナスと呼ばれた）の輸入代替を促したことで、バルセローナではマルタ綿糸を用いて織布と捺染をおこなう集中作業所（ファブリカ・ディンディアーナス）の設立が三〇年代以降、増加していった。

カタルーニャ綿業は国内市場を主たる市場として成長を続けたが、さらに一七八〇年代になると、更紗需要の高まりと植民地（おもに現在のベネズエラ）産綿花の供給安定化を受けて、中北部の毛織物製造業者たちが綿の紡績・織布業に業種転換していき、バルセローナと農村中北部にはゆるやかな分業関係が形成されていった。機械化も進展していき、一七八〇年代にジェニー紡績機が、九〇年代にはバルガダーナ紡績機（改良版ジェニー）、水力紡績機、馬力巻上げ機が普及し、一八〇二年にはミュール紡績機も導入された。(10) また、中北部のタラーサとサバデイでは、毛織物業でも工業化が進展していった。

こうして、カタルーニャは、スペインでは唯一の、ヨーロッパでも有数の綿工業地域として発展していった。だが、このことは、地域間の経済格差が著しく、しかも半島周辺部に経済の中心が位置するという、その後長く続くこととなるスペインの経済構造が形成されていったことも意味した。

4 旧体制の危機

フランス革命とスペイン

一七八八年十二月カルロス三世が没し、父王の跡を継いで四十歳で即位したカルロス四世(在位一七八八～一八〇八)は、かねてよりアランダと親交が厚かったが、父王の遺言に従いフロリダブランカを外務大臣(事実上の首相)の座にとどめた。

王は息子のフェルナンド(のちのフェルナンド七世)の王位継承の承認を目的に、一七八九年九月十九日にカスティーリャ議会を開催した。そこでは、限嗣相続の制限などの諸改革も議題となるはずであったが、フランスでの革命の進展、とくに同月六日のヴェルサイユ行進の一報が伝わると、十月十七日、議会は急遽解散となった。フロリダブランカは、議会がフランスの国民議会のような様相を呈するのではないかとひどく恐れたのである。

彼はフランスでの一連のできごとに関する情報や、とくに「邪悪な」共和主義思想のスペインへの流入を防ぐため、フランスとの国境に軍隊を配置して「防疫線」を築き、異端審問所に君主制や教皇を批判する出版物の検閲と、大学や啓蒙思想家の監視を強化させた。また、一七九一年には政府関係以外の定期刊行物の発行が禁止され、在留外国人、とくにフランス人に対する監視も強化された。そして、多くの啓蒙思想家は沈黙をよぎなくされた。

実際、フロリダブランカの危惧にはそれなりの根拠があった。いまだ全国を網羅する体系的で効果的な治安維持制度は確立しておらず、一七八二年に警察総監職が設置されたとはいえ、その権限はマドリードに限定されていた。しかも、一七八七年から続く旱魃で穀物価格が高騰していたため、賃金労働者が急増していたカタルーニャでは、八九年二月にバルセローナでパン暴動《ラブンボリス・ダル・パ》が起こり、軍隊と民衆の衝突が生じた。さらにバレンシア市では一七九一年に食糧不足と失業の改善を訴える絹織物工たちが、事態が改善されなければ市を焼きはらい「フランスで起きたことと同じことをする」と市当局を脅していた。フランスでのできごとは、スペインで人びとの大きな関心を呼んだうえ、革命的世論を形成するためのさまざまな種類の出版物がバスティーユ占領以後あらゆる経路でスペインに流入していたのである。

またフロリダブランカは、対外的にはフランスに対し敵対的介入政策を採ったが、これは国王にとって、同盟国の喪失と彼の従兄弟であるルイ十六世の命を危険にさらすことを意味した。それゆえ、伝統的有力貴族で構成されるアランダ派の巻返しもあって、国王は一七九二年二月フロリダブランカを罷免し、パリ駐在大使のアランダを後任にすえた。

フランスの革命指導者たちは、アランダの外務大臣(首相)への就任を歓迎した。実際彼は、前任者の政策を大きく転換させ、フランスに対し宥和政策を採り、国境での「防疫線」を弱め、フランスでのできごとを記した出版物の流通を容認した。彼には、フランスとの伝統的な同盟関係は、イギリスから植民地を守るためにも、ルイ十六世を守るためにも不可欠であるとの確信があった。

ところが、三月にジロンド派が実権を握り、革命の輸出が意図されるにおよんで、事態はアランダの思い描くものとは大きく異なっていった。四月には、フランスはオーストリアとプロイセンに宣戦布告し、八月十日にはテュイルリ宮が襲撃され、フランスで王権が停止され、翌月にはパリで「九月の虐殺」が生じた。このような事態を受けて、アランダはついに宥和政策を放棄せざるをえなくなった。

そこでスペイン政府がルイ十六世を復権させるために選んだ方針は、ひそかに戦争の準備を進めつつも、オーストリアとプロイセンがフランスに勝利し革命が終了した暁には、仲介の労をとるというものだった。だが、アランダの期待に反し九月二十日にプロイセンがヴァルミで敗北し、翌日フランスで国民公会が発足すると、彼は中立政策に転じた。このような対応に不信感を募らせた国王は、十一月、アランダを罷免した。

ゴドイと国民公会戦争

王が宰相に任命したのは、弱冠二十五歳のマヌエル・ゴドイだった。三〇カ月前まで一介の近衛兵士だったゴドイが大抜擢されたのは、王妃マリア・ルイサがゴドイと愛人関係にあり、王がそれを容認していたからだと巷間では公然と語られ、スペイン史でも長らくそのように説明されてきた。それゆえ、王妃とゴドイは時をへずして人びとの激しい批判の的となった。だが、実際のところは、王妃の寵愛を得ていたことは確かだとしても、司法官を基盤とするフロリダブランカと大貴族の支持を得るアランダのいずれの政策に対しても失望したがゆえに、王は、従来のいずれの党派とも無縁なゴドイを登用したのだった。

寵臣ゴドイの最優先課題は、国王夫妻の望みをかなえること、つまりルイ十六世の命を救うことにあった。そのため表面上は中立政策を採りつつも、国民公会議員の買収を含め、さまざまな策が弄された。しかしその甲斐もなく一七九三年一月、ルイ十六世は処刑され、義憤に駆られるカルロス四世はフランスとの戦争に向けて大きく舵をとることになった。

だが、戦争を始める政治的大義がなかった。そこで、ゴドイは聖職者を動員してフランスとの戦争を「邪悪な」「国王殺しの」「神の敵」であるフランスに対する愛国的《パトリオティコ》な聖戦であるとするキャンペーンをおこなった。実際、啓蒙思想こそがカトリックの最大の敵であり、啓蒙思想こそが革命の種を播いたととらえていた聖職者たちは、熱狂的にこの情宣活動に参加し、スペイン教会を愛国的組織として売り出していった。フランス人商人が居留するおもだった商業都市ではフランス人に対する暴力行為が頻発した。

スペインでは「国民公会戦争」、カタルーニャでは「大戦争《ゲーラ・グラン》」と呼ばれる対フランス戦争は、一七九三年三月に始まった。戦況は一七九四年以降、スペインにとって著しく不利なものとなり、カタルーニャではフルビアー川以北が、バスク地方でもミランダ以北と以西が占領された。前線のスペイン兵は戦意を喪失し飢えと疲労に苦しんだ。

このような屈辱的な戦況のもとで、国家財政が悪化し人びとの不満が高まるなか、ゴドイに対するいくつかの敵対的活動が生じた。それらの批判は、非常に異なる立場と目的からなされたものだったが、逆にいえばそれはゴドイに対する不満がいかに根深いものであるかを物語っていた。

一つはマジョルカの教育家ピコルネイが、ゴドイの不徳を訴え民衆蜂起による政権転覆と新体制樹立を企てたもので、事態のなりゆきに応じて立憲君主制と共和制の二つの声明が準備されていた。だが、彼とその仲間は一七九五年二月に逮捕された。

二つ目は、当時名声を得ていた航海士マラスピーナの企てで、王国をゴドイの誤った政策から救い出すために新政権を樹立し、フランスとの伝統的な同盟関係を堅持することで、植民地をイギリスから守ると同時にそこでの独立の動きを封じ込めることを目的としていた。これはアランダ派の外交政策に近い内容で、マラスピーナはその計画を王に伝えようとしたが、この動きを察知したゴドイにより一七九五年十一月に逮捕された。

三つ目は、テバ伯が一七九四年に記した著作で提議されたもので、これはアランダを首領とする貴族層の、寵臣ゴドイと王妃への強い敵意を物語るものだった。それはゴドイの異様な出世と、彼が貴族の伝統的な諸特権を簒奪していることに対する怒りの表明であった。そして、多くの顧問会議によって権力が王権と貴族で分かち合われていた時代に戻るべきであると主張していた。だが、テバもゴドイによって流刑に処されることになった。

最後は、フランスに亡命していた急進的啓蒙思想家によるもので、彼らにとって、スペインの再生には諸特権の廃止は不可欠であり、革命はそのための重要な一歩であった。なかでも際立った存在だったのが一七九二年からバイヨンヌで活動していたマルチェーナで、その地はスペインに向けた革命の宣伝拠点となっていた。彼は同年そこで『スペイン国民《ア・ラ・ナシオン・エスパニョーラ》に告ぐ』と題した宣言を五〇〇〇冊発行し、スペインでの革命の必要性を述べていた。だが彼は、ブルジョワの不足や諸地域の独自性の強さなどスペインの特殊性も考慮に入れており、じつは何よりも、異端審問所の廃止、議会《コルテス》の再構築、聖職者の悪弊や権力の削減といった啓蒙改革の進展の必要性こそを説いていた。ゴドイにとっては皮肉なことに、フランスとの戦争は、スペインの各層にフランス革命の理念を広める役割もはたしたのである。

対仏追従への道

一七九四年末になるとフランスも戦争に疲れ始め、ロベスピエールが失脚し恐怖政治から脱したこともあって、フランスは、国際的孤立からの脱却をめざし、きたるべきイギリスとの戦争に備えてスペインを同盟国として取り込むことにした。他方スペインでは、たびかさなる敗北と財政悪化によって各層の不満が高まり、革命前夜のような状況にあった。そこで、ゴドイはフランスの提案に乗り一七九五年七月、バーゼルで講和条約を結んだ。この条約でフランスは占領地をスペインに返還したが、それはスペインを対英戦争に引き込むためだったにもかかわらず、ゴドイは王から平和公《プリンシペ・デ・ラ・パス》という誉れ高い称号を得た。

さらに、総裁政府に移行したフランスとゴドイは一七九六年八月、サン・イルデフォンソ条約を結んだ。これは、いわば新たな「家族協定」であると同時に、「国王殺し」の共和国と「古い」王国のあいだで結ばれた奇妙な軍事同盟条約でもあり、一八〇八年まで続く対仏追従の始まりでもあった。国民公会戦争を上回る惨禍をスペインに与えることになる対英戦争は一七九六年十月に始まった。そして一七九七年二月、スペインはサン・ビセンテ岬沖の海戦で完敗し、トリニダード島を占領された。

その後、スペインはイギリスの激しい攻撃を各地で撃退し、戦争に疲れたイギリスは、一七九七年夏にフランスと講和したが、トリニダード島とジブラルタルの返還を求めたスペインは交渉の場から除外されたばかりか、フランスもその要求に理解を示さなかった。戦争のこのような無残な結末に加え、軍事支出が激増したうえに植民地との連絡が断たれたことで財政は窒息寸前の状態に達し、さらに不作で穀物価格が高騰し、国王夫妻との仲が若干冷えたことも加わって、追い詰められたゴドイは、政治的立場をまたもや転換させた。

まず内政に関して、ゴドイは同年十一月、著名な啓蒙改革派のホベリャーノスを法務大臣にすえるなど啓蒙改革派を登用した。対外的にはゴドイは、フランスの総裁政府から距離をとり始めた。彼が英仏講和の際の総裁政府の仕打ちに憤慨していたことに加え、総裁政府は、イギリスの同盟国であると同時に王の娘の嫁ぎ先でもあったポルトガルへの軍事行動を求めていたのである。さらに、マドリードには、スペインが思想的により近い立場にある他の諸王国から孤立し、「共和制」で「国王殺し」のフランスに服従していることが現状を悪化させているとの強い苛立ちがあった。

これに対し総裁政府はカルロス四世に圧力をかけ、啓蒙改革派大臣たちもゴドイの追落しに積極的に加担したことで、一七九八年三月、彼は解任された。そして、新たに政権を担うことになったのが、若き急進的啓蒙改革者のウルキーホだった(一七九九年二月より正式に外務大臣＝首相)。

この啓蒙改革派内閣のもとで、ホベリャーノスは、異端審問所の権限の大幅削減、カルロス三世期には理念の提示にとどまっていた永代所有財産解放《デサモルティサシオン》や大学改革などの実現に向け動き出したが、彼は保守派の激しい攻撃にさらされ、一七九八年八月解任された。それでもウルキーホは、軍隊への給与の支払いも滞るほどの破綻に近い状態にあった財政を立て直すため、永代所有財産解放に踏み切った。彼はさらに異端審問所の廃止も計画していた。

対外的には、フランスの圧倒的軍事力を前に、ウルキーホはフランスの側について行動するしかなかった。彼には、スペインの利害にとって革命の理念よりもイギリスのほうが危険であるとの確信もあった。再開された戦争では、一七九八年八月フランス艦隊が地中海でイギリスに破れメノルカが占領された。エジプトで孤立していたナポレオン軍が帰還できたのは、スペイン艦隊の協力があったからだった。

ところが、一七九九年十一月九日(ブリュメール十八日)、ナポレオンを第一統領とする統領政府が発足し、一八〇〇年十二月ナポレオンはウルキーホに替えてゴドイを権力の座に戻した。しかも、実質的な首相を意味するようになっていた外務大臣としてではなく、大将軍《ヘネラリシモ》としてであった。この交代劇の裏には、ウルキーホによって悪化していた教会との関係修復を王が望んでいたこともあったが、何よりもゴドイが前回の失脚の反省を踏まえナポレオンに忠誠を誓っていたことがあった。それゆえ、ゴドイは実質的にほぼナポレオンの傀儡《かいらい》と化していた。

王国の危機とフェルナンド派

権力の座に復帰したゴドイは、彼の失脚に啓蒙改革派大臣たちが加担したことへの私怨もあって、啓蒙改革派を登用した以前の政策を一八〇度転換させた。彼は啓蒙思想および啓蒙改革派の最大の敵である聖職者たちと結び、いまや反動勢力の先頭に立って前政権の実力者たちの迫害を始めたのである。その結果、ホベリャーノスはマジョルカで投獄され、影響力のある啓蒙改革派は軒並み解任させられた。

一方、ナポレオンはスペインにポルトガルへ軍事侵攻するよう執拗に迫っていた。同様の要求を拒んだことで失脚した苦い経験のあるゴドイは渋る王を説得して、一八〇一年五月ポルトガルを攻撃した。「オレンジ戦争」と呼ばれるこの戦いはすぐに終了し、翌月バダホス条約が締結され、ポルトガルは以後自国の港をイギリス軍に提供しないこと、占領されたオリベンサをスペインに割譲すること、一五〇〇万リブラの賠償金をスペインに支払うことなどが決められた。だが、ポルトガルを占領することで、イギリスからメノルカ、マルタ、トリニダード島を返還させようと考えていたナポレオンは、この戦争の結果に不満だった。

一八〇二年三月、戦争に疲弊した英仏はアミアンの和約を結んだが、トリニダード島は返還されなかった。戦争は翌年再開され、ナポレオンはゴドイに無条件の協力を要求したが、ゴドイは毎月六〇〇万リブラをフランスに支払い、スペインの港にフランス軍艦の入港を認めることを条件に、今回は中立の立場を採った。

だが、一八〇四年五月に皇帝となったナポレオンは、スペインの海軍力が必要不可欠との考えから、ポルトガルの一部を王国としてゴドイに与えるとの約束を彼とかわした。ゴドイは同年十二月参戦し、スペイン艦隊はフランスの指揮下におかれることとなった。この戦争は、一七九六年に始まった対英戦争を上回る惨禍をもたらし、一八〇五年十月、スペイン・フランス合同艦隊はカディス近くのトラファルガル岬の沖合でイギリス艦隊に撃沈された（いわゆる「トラファルガーの海戦」）。イギリスもネルソン提督を失ったものの、スペインは手塩にかけて再建したスペイン艦隊を失い、アメリカ植民地との連絡は途絶した。

トラファルガルでの敗戦後、自身への悪評が頂点に達していたゴドイは、一八〇六年イギリスとロシアに接近しナポレオンからの離反をはかるが、同年六月フランス軍がイエナの戦いで勝利すると、ナポレオンへのよりいっそうの追従の道を選んだ。一八〇七年にはフランスに協力するために、ドイツへ一万四〇〇〇人のスペイン兵を派遣し、教会財産の七分の一を売却した。ナポレオンはさらに大陸封鎖に関連して、ポルトガルの征服をゴドイにもちかけ、同年十月両者はひそかにフォンテーヌブロー条約を結んだ。そこには、ポルトガル遠征のためフランス軍がスペインを通過することと、征服後のポルトガルは三分割され、ゴドイにはアルガルヴェとアレンテージョが与えられることが定められていた。だが、この条約成立の数日前に、国王夫妻とその寵臣にとって重大な陰謀が発覚した。

先述のテバの著作に代表される貴族層のゴドイに対する批判は衰えるどころか、ますます激しさを増し、ゴドイは「享楽的怪物」「スペインの墓掘人」と揶揄されていた。平和公《プリンシペ・デ・ラ・パス》ゴドイに対抗するため有力な首領を必要としていた彼ら貴族層は、やがて必然的に王位継承者であるアストゥリアス王子《プリンシペ・デ・アストゥリアス》フェルナンドのもとに、フェルナンド派と呼ばれる党派を結成していった。ゴドイを寵愛する国王夫妻との関係が冷え切っていたフェルナンドも、彼らを庇護し鼓舞した。

一八〇六年になるとフェルナンド派の行動は大胆さを増していき、フェルナンドは、ナポレオンに対し自分をゴドイの理想的な代替者として売り込み始めるが、〇七年にはいって王がゴドイに王子・王女への尊称である「殿下《アルテサ・セレニシマ》」の称号を授けるにおよんで、事態は緊迫の度を高めた。その決定は、フェルナンドと彼の党派には、正当なる王子を王位継承から排除し、王の死後に寵臣を摂政にすることを企てたものと映ったからである。

そこでフェルナンドとその党派は、フランス皇帝の承認のもとカルロス四世にフェルナンドへの譲位を認めさせ新政府を樹立するというクーデタを画策した。だが「エル・エスコリアルの陰謀」と呼ばれるこの計画は、一八〇七年十月、密告によって王の知るところとなり、フェルナンドは密謀を主導した貴族たちに罪を押しつけ、自らは国王夫妻に許しを請うた。

ところが結果的には、人びとのカルロス四世に対する不信は頂点に達し、フェルナンド派は予想外の成果を得ることになった。国王夫妻が息子を許したとの報がゴドイによって伝えられると、すべては王子を貶めるために寵臣と王妃が王の承認のもとに仕組んだ罠であるとの噂が広まったのである。そして、フェルナンドは、ゴドイの追放と王国の威信回復を願う人びとにとって、象徴的な存在となっていった。

社会経済危機と財政破綻

穀物不足は十八世紀半ば以降顕在化し始めていたが、一八八〇年代にはいると不作の頻度が増し、食糧問題はさらに深刻になっていた。改革派の諸政策は特権諸身分の抵抗によって骨抜きにされた部分が多く、農地の構造的な不足は解決されず、カスティーリャやアンダルシーアを中心に土地制度は相変わらず柔軟性に欠け、安定した小農は育っておらず、農地経営にも進歩はみられなかった。その結果、例えば広大な農地を有するアンダルシーアでも、十八世紀末には慢性化していた穀物不足を補うため、穀物輸入が恒常化していた。

拡大基調にあった商工業も、賃金の上昇や不安定な政治状況、とくに戦争による影響によって危機的な状態に陥っていった。甚大な被害を与えたのは、一七九六〜九七年と一八〇四〜〇七年の対英戦争であった。植民地貿易が途絶したことは、貿易商に対してはもちろんのこと、綿花など原材料の輸入に支障をきたし、国内需要をも落ち込ませたことで、カタルーニャの綿工業へも少なからぬ被害を与えた。また、農業でも植民地に農産物を輸出していた部門では同様の被害がもたらされた。

このような経済的混乱に加え、一七九〇年代に食糧問題がいっそう悪化したことや、とくに風土病(マラリア、天然痘、チフス)や新たな伝染病(黄熱病)の発生によって、カルロス四世期には死亡率が上昇した。もっとも、平均寿命は十七世紀の二十五歳に対して十八世紀は二十七歳でしかなかったことを考慮すると、人口メカニズムそのものは、十八世紀にはいってからとくに改善されていたわけではなかった。

また、経済危機にともなう貧困化によって世紀転換期には社会対立が増加していき、それはしばしば暴力的なものとなった。例えば、バレンシア市の絹織物工、アビラやグアダラハーラの王立織物工場の労働者、フェロルの造船所の労働者は、大きな労働争議ないし暴動を起こしたし、アンダルシーアでも、貴族＝領主が横領を目的に自治体共有地の復活をはかったことなどに対して暴動が発生した。

危機は当然ながら国家財政にもおよんだ。財政赤字のいっそうの悪化は、一七九三〜九五年の国民公会戦争で戦費調達のため国債が発行されたときに始まり、赤字補塡のために九五年、教会が購入する土地と貴族が限嗣相続財産として設定する土地への一五％の課税措置が決められた。さらに一七九六〜九七年の対英戦争は財政に強烈な打撃を与え、返済期日の過ぎた負債と国債の利払いのため、九八年には慈善宗教団体の土地と大学学寮を売却し、その収入を国債償却基金へ充当すること、つまり永代所有財産解放がおこなわれることになった。加えて、一八〇五年にカルロス四世が教皇庁から教会財産の一部売却許可を得たこともあり、一七九八年から一八〇八年のあいだに、教会関係財産の約六分の一が売却され、国債償却基金への入金総額は一五億レアルに達した。

しかし、それでも、永代所有財産解放によって財政が立ち直ることはなかった。一八〇四年から再び対英戦争が始まったこともあり、〇六年以降は、国債保有者への利払いの遅延がひどくなり、政府職員への給与の支払いも数カ月単位の遅れが生じるようになった。というのも、一八〇八年の独立戦争直前の財政収支は、国庫の通常収入が五億レアルだったのに対し、支出は九億レアルにもおよんだばかりか、これに二億レアルもの利子が追討ちをかけていた。とどまるところを知らない財政赤字の増加は、絶対王政そのものを最終的な破綻へと導いていたのである。

▼補説13▲　カルロス三世期の検閲

フロリダブランカは、一七八九年九月に生じたフランスでの革命の発生を知ると、異端審問所に君主制や教皇を批判する出版物の検閲と、大学や啓蒙思想家の監視を強化させ、政府関係以外の定期刊行物の発行を禁止した。では、フロリダブランカは、フランスでのできごとを受けて、啓蒙改革派としての思想信条をまげざるをえなかったのだろうか。結論を先取りすれば、じつは彼はやむをえない事情により突如変節したわけではなかった。

たしかに、カルロス三世期のごく初期にはそれなりに思想の自由はあったし、王の事前許可がない場合、教皇庁や異端審問所の禁書指示は無効とされた。また、異端審問所の権限は十八世紀にはいると削減され、一七七〇年の王令では「異端と背教の罪」以外の審理が禁じられた。カルロス三世期に火刑に処された者はわずか四人だった。

しかしながら、検閲はじつは、イエズス会が追放されたとき、同会の「有害な」教義を取り締まるためにすでに強化されていた。しかも、検閲の対象はそれ以外の思想にまでおよぼされ、その結果、思想の自由の進展は大きく足踏みすることになった。

さらに、カルロス三世期の言論の自由に非常に大きな影響を与えることになったのは、フロリダブランカの外務大臣就任だった。王からの絶対的な信頼を背景に彼が自らの権力基盤を強化していった結果生じたのは、「啓蒙なき絶対王政」とでもいえるような状況だった。実際、一七八七年の国家最高会議の設置の際に彼が記した「秘密の訓令書」には、カトリックの擁護と教皇への忠誠の義務、異端審問所の保護と強化が説かれていた。

この「啓蒙なき絶対王政」をより雄弁に象徴しているのは、一七八一年に発行が始まった評論雑誌『エル・センソル』（評論家）が八七年に発禁処分とされたことである。この雑誌は、十八世紀スペインのもっとも典型的な急進的啓蒙評論であり、その思想はヨーロッパの啓蒙思想とほぼ完全に一致していた。著者は顧問会議の弁護士だったカニュエロとペレイラで、彼らはこの雑誌の目的を「われわれのあらゆる不幸の源である」「この時代のわれわれの国に特徴的な悪弊」と戦うことにあると記していた。

この雑誌が取り上げた項目は、聖職者、異端審問所、植民地、スペイン帝国の歴史的評価、農業・貿易・財政など多岐にわたり、スペイン社会の現状肯定主義を打破するために、反啓蒙主義や教条主義や異端審問所に対して、風刺的批判を戦闘的に展開していった。

それゆえ、この雑誌の発禁処分とその著者に対する異端審問の開始は、カルロス三世期の改革路線とヨーロッパの啓蒙思想を背景に生じていた政治的潮流に対して、根強い不満をいだいていた異端審問所や聖職者たちが、ついに勝利したことを意味した。つまり、スペインの啓蒙思想は一七八九年以前にすでに閉塞状態に追い込まれていたのである。

だが、このできごとは、遅くとも一七八二年には生じていた一つの現実が、明確なかたちを採ってあらわれたものにすぎなかった。同年、パリで刊行されたパンクークの『方法百科』におさめられた「スペイン」の項目が、保守派の激烈な反発を引き起こしたのである。

この項目の無名の著者、マソン・ド・モルヴィエは、遅れていて嗜眠《しみん》状態にあるスペインの現状を、そして宗教・検閲・異端審問に比重がおかれすぎている状態を強く批判していた。彼によれば、スペインは、ヨーロッパのいかなる国よりも遅れており、いわば「ヨーロッパの植民地」と化していた。そして、「ヨーロッパはスペインに何を負っているというのか」「スペインはヨーロッパのために何をしてきたというのか」と問うたのであった。

たしかに、一七八〇年前後はヨーロッパ規模で教条的かつ反啓蒙主義的な護教論が台頭しつつあった時期だったが、スペインのそれは、ヨーロッパのそれとは思想的経緯を異にしていた。マソンの問いかけが導火線となり爆発したスペインの護教論は、ヨーロッパは近代をとおしてスペインを妬み憎んできたのであり、スペインは被害者なのであると主張することで、「誇り」と「名誉」に基づくスペインのアイデンティティを創造していったのである。

このように、事態は、「カルロス三世のスペイン」と「啓蒙のヨーロッパ」の対立という様相を呈したのであり、その結果、スペインでは非常に保守的で愛国的な本質論が醸成されてしまったのだった。しかも、マソンの論文への批判には、カルロス三世自身も加担していた。つまり、対照的な扱いをされることの多いカルロス三世期とカルロス四世期だが、両者の最大の違いは、フランス革命がカルロス三世期にではなく、わずかの差でカルロス四世期に生じてしまったことにあり、反動的転回はすでに一七八二年には生じていたし、検閲と護教論という点では二つの時期はじつは連続していたのだった。

▼補説14▲「小さなイングランド」——カタルーニャの工業化とその要因

カタルーニャは十八世紀末に「小さなイングランド」、十九世紀には「スペインの工場」と呼ばれるようになった。だが、十八世紀スペインのプロト工業地域のなかで、なぜ同地方だけが、他のヨーロッパ先進諸地域と同様に綿工業を主導部門として工業化しえたのか。この問いを「消費」「制度」「産業集積」という三つの側面に着目して述べる。

同地方の経済発展の起爆剤となったのは、ブドウ蒸留酒《アイグアルデン》の輸出だった。フランスのシャラント産ブドウ蒸留酒《オー・ド・ヴィ》はオランダ人船乗りなどに非常に好まれていたが、十七世紀後半にオランダとフランスの通商関係が悪化すると、オランダ商人は代替生産地を確保する必要に迫られた。この需要にすばやく反応したのが、粗質ワインの生産地だったカタルーニャ南東部だった。アラゴン連合王国の諸国では、カスティーリャ王国のようなワインや蒸留酒の専売制度《エスタンコ》が存在せず、しかも、カタルーニャでは農民の土地保有権が確立していたことが、このような迅速で柔軟な対応を可能にした。

一方、毛織物業に特化したカタルーニャ中北部がスペインの他の毛織物産地との地域間競争を優位に展開できた要因は、「集積の経済」の効果にあった。他の産地が比較的大規模で、地理的にも経済的に孤立していたのに対し、カタルーニャ中北部の場合、比較的狭い範囲のなかに、多数の小規模産地が群がるように密集していたのである。集積の経済の効果とは、(1)技術の波及や改良促進の効果、(2)産地内や隣接地に補助産業が成立することで、その産地に特化した投入財やサーヴィスを産地が享受できるようになり、間接費が低減される効果、(3)その当該産業に特有の技能労働が創出され集積される効果である。

(1)については、中北部が一七八〇年代に急速に綿業に転換したことや、機械化が急速に普及したことがあてはまる。(2)に関しては、中北部に隣接する特定の小村落の出身者によって、スペイン中にカタルーニャ商人ネットワークが形成され、彼らが原材料をスペイン他地域から同地方へ、また製品を同地方から他地域に搬送するとともに、各地の市場動向を迅速に製造業者に伝えていたことがあてはまる。それは、一種の交易離散共同体《ディアスポラ・メルカンティル》で、更紗《インディアナス》(捺染綿布)もこのネットワークを介してスペイン他地域に販売された。(3)に関しては、ある産地が他の産地から織布工を引き抜いたり、他の産地に仕事を請け負わせたりすることで、中北部が需要の変動に機敏に対応していたことがあてはまる。また、毛織物業の生産組織、労働力、道具などの地域的経営資源がそのまま綿業に適用できたことは、業種転換を容易にした。

ところで、啓蒙改革派はギルドを激しく批判していたが、同地方の毛織物業は農村工業でありながら、織元《パライラ》(製造業者)や織布工はギルドを組織していた。そして、近年の研究では、同地方の場合、少なくとも十八世紀半ば頃までは、ギルドという制度・非市場組織は、成長促進的な役割をはたしたことが指摘されている。まず、ギルドの品質検査制度は、産地ブランドの確立に貢献した。また、徒弟修業による技能訓練は、外国産と競争しうる規格化された製品作りに役立った。さらに、親方試験で親方の子弟が優先されたことは、農村部で最低限の熟練労働を確保する役割もはたした。

他方、十八世紀初頭にバルセローナで更紗捺染業が成立した要因には、同市に絹や亜麻などの織物業の一定の集積があったことに加えて、カタルーニャでは、他のヨーロッパ先進諸地域と同様、十七世紀の時点でインド産やレヴァント産の更紗の流行が始まっていたことがあった。同地方の場合は、レヴァント産更紗がマルセイユ経由でバルセローナに輸入されていた。そして、十八世紀をとおしてスペイン他地域でも主要都市を中心に、在来織物(毛織物や亜麻織物など)から更紗への消費転換が進んでいった。

更紗が流行したのは、軽量で虫に喰われにくく洗濯も容易だったということに加えて、何よりもそれがヨーロッパにとって未知の物産で、「舶来趣味」を刺激する異国情緒に満ちた捺染が施され、中産層にも手の届く「半奢侈品」だったからだった。人びとは、まさにその所有を顕示するためにそれを消費したのである。

ところが、インディアスではヨーロッパ産の亜麻織物が好まれたこともあって、カタルーニャ産更紗の市場としては、植民地の重要性はかなり低かった。ただし、一七七〇年代以降、北西ヨーロッパへのブドウ蒸留酒の輸出と対になって、フランス産やシュレージェン産の白地亜麻織物が輸入され、バルセローナで捺染されたあとに、植民地へ輸出されるようになっていった。そして、一七七八年の「自由貿易」規則が外国産品でもスペインで再加工したものを国産と認定していたこともあって、八〇年代以降、捺染亜麻布の植民地への輸出は増加していき、このことは、植民地からの綿花輸入を促す一因ともなっていった。

注

(1) ルイ十四世は、フランスに亡命していたジェイムズ二世の息子をイングランド王に擁立することも画策していた。

(2) レアル・アクエルドは、インディアスで実施されていた制度を模したもの。

(3) ちなみに、方面軍司令官は、グラナダ、アンダルシーア(セビーリャ)、エストレマドゥーラ、カスティーリャ・ラ・ビエハ、ガリシア、カナリア諸島にも設置されていた。またカスティーリャ王国では一七一七年にアストゥリアスに地方高等法院が新たに設置された。

(4) さらに一七六六年には、地方監察官の司法権と警察権がコレヒドールに委譲された。

(5) そのうち八つは地方部隊の駐留する管区(カタルーニャ、アラゴン、バレンシア、マジョルカ、アンダルシーア、エストレマドゥーラ、サモーラ、ガリシア)。

(6) 国別の新税の名称と割当額はカタルーニャではカタストロ＝カダストラ(九〇万ペソ)、バレンシアではエキバレンテ(七五万ペソ)、アラゴンではウニカ・コントリブシオン(五〇万ペソ)、マジョルカではタリャ(三二万ペソ)。

(7) ナポリ＝シチリア王位は、三男フェルナンドに譲られた。

(8) 王はこのとき、設立されたばかりの王立セゴビア砲術士官学校の学生と大砲をアランフエスとマドリードのあいだに配置した。

(9) オラビーデはその後、おそらくは王の了解のもとで、監禁先からフランスに逃亡し、フランス革命の生き証人として、カルロス四世期にスペインに戻っている。

(10) 紡績工程の機械化の進展と萌芽的工場制工業化は、一七九〇年代後半に始まる一連の対英戦争によってマルタ島綿糸の輸入が困難となったことで、より促進された。

奥野良知

世界歴史大系《せかいれきしたいけい》　スペイン史１―古代～近世―

2008年７月15日　１版第１刷印刷
2008年７月31日　１版第１刷発行

編　者　関哲行《せきてつゆき》・立石博高《たていしひろたか》・中塚次郎《なかつかじろう》
発行者　野澤伸平
発行所　株式会社　山川出版社
〒101-0047　東京都千代田区内神田1―13―13
電話　東京　03(3293)8131(営業)　8134(編集)
http://www.yamakawa.co.jp/
振替　00120-9-43993
印刷所　凸版印刷株式会社
製本所　株式会社　ブロケード
装　幀　菊地信義

Printed in Japan ISBN978-4-634-46204-5

執筆者紹介（執筆順）

関《せき》　哲行《てつゆき》（編者）
1950年生まれ。流通経済大学社会学部教授。
主要著書：『スペイン巡礼史』（講談社現代新書，2006），立石博高編『スペイン・ポルトガル史』（共著，山川出版社，2000），田北廣道編『中・近世西欧における社会統合の諸相』（共著，九州大学出版会，2000）

立石《たていし》　博高《ひろたか》（編者）
1951年生まれ。東京外国語大学外国語学部教授。
主要著書：『世界の食文化14　スペイン』（農山漁村文化協会，2007），大内一・立石博高・染田秀藤『もうひとつのスペイン史』（共著，同朋舎出版，1994），遅塚忠躬・松本彰・立石博高編『フランス革命とヨーロッパ近代』（共編著，同文舘出版，1996），立石博高編『スペイン・ポルトガル史』（編著，山川出版社，2000），松本彰・立石博高編『国民国家と帝国』（共編著，山川出版社，2005）

中塚《なかつか》　次郎《じろう》（編者）
1952年生まれ。フェリス女学院大学国際交流学部教授。
主要著書・論文：柴田三千雄ほか編『歴史のなかの地域』（共著，岩波書店，1990），歴史学研究会編『社会的結合と民衆運動』（共著，青木書店，1999），「スペイン農村革命の担い手たち」（『歴史学研究』第673号，1995）

阪本《さかもと》　浩《ひろし》
1954年生まれ。青山学院大学文学部教授。
主要著書・訳書：『３日でわかるローマ帝国』（ダイヤモンド社，2001），Ｒ・Ｌ・ウィルケン『ローマ人が見たキリスト教』（共訳，ヨルダン社，1987），Ｐ・ガーンジィ『古代ギリシア・ローマの飢饉と食糧供給』（共訳，白水社　1998）

玉置《たまき》さよ子
1955年生まれ。福岡教育大学教育学部教授。
主要著書：『西ゴート王国の君主と法』（創研出版，1996），立石博高・中川功・関哲行・中塚次郎編『スペインの歴史』（共著，昭和堂　1998），立石博高編『スペイン・ポルトガル史』（共著，山川出版社，2000）

佐《さ》藤《とう》健《けん》太《た》郎《ろう》　1969年生まれ。早稲田大学イスラーム地域研究所客員准教授。
主要著書・論文：私市正年・佐藤健太郎編『モロッコを知るための65章』(共編著，明石書店，2007)，「ヤンナイルとアンサラ――西方イスラーム世界の祭」(『歴史と地理』599号, 2006)， Sufi Celebrations of Muḥammad's Birthday (*al-Mawlid al-Nabaw*) and the Ulama's view on it in al-Andalus and al-Maghrib, 1300–1400, The Journal of Sophia Asian Studies, vol. 24, 2007.

足立《あだち》　孝《たかし》　1970年生まれ。弘前大学人文学部准教授。
主要論文：Documents of Dispute Settlement in Eleventh-Century Aragon and Navarra:King's Tribunal and Compromise, *Imago Temporis Acti. Medium Aevum*, vol. 1 (in Press)., Documents of Dispute Settlement in Eleventh-Century Aragon: A Genetic Approach, Shoichi Sato (ed.), *Genesis of Historical Text. Text/Context*, Nagoya, 2005.,「中世初期スペイン農村史における大所領と独立農民」(『史学雑誌』第114編第8号，2005)

大内《おおうち》　一《はじめ》　1956年生まれ。大阪大学大学院言語文化研究科教授。
主要著書・論文：松田武・阿河雄二郎編『近代世界システムの歴史的構図』(共著，渓水社，1993)，大内一・立石博高・染田秀藤『もうひとつのスペイン史』(共著，同朋舎出版，1994)，立石博高・中川功・関哲行・中塚次郎編『スペインの歴史』(共著，昭和堂，1998)，「一五世紀カスティーリャ王国における世俗領主収入と王権――新貴族ストゥニガ家の台頭」(『史林』第69巻第2号，1986)

宮﨑《みやざき》　和夫《かずお》　1965年生まれ。筑波大学大学院人文社会科学研究科准教授。
主要著書：歴史学研究会編『多元的世界の展開』(共著，青木書店，2003)，深沢克己・高山博編『信仰と他者――寛容と不寛容のヨーロッパ宗教社会史』(共著，東京大学出版会，2006)，歴史学研究会編『幻影のローマ――〈伝統〉の継承とイメージの変容』(共著，青木書店，2006)

増井《ますい》　実子《じっこ》　1966年生まれ。常葉学園大学外国語学部准教授。
主要著書・論文：立石博高・中川功・関哲行・中塚次郎編『スペインの歴史』(共著，昭和堂，1998)，「グラナダにおけるカトリック両王のムデハル統治(1492〜1499年)」(『スペイン史研究』9，1994)，「セルバンテス時代のアルジェ——アントニオ・デ・ソーサ『アルジェの地誌と歴史』から」(『スペイン史研究』第19号，2005)

奥野《おくの》　良知《よしとも》　1965年生まれ。愛知県立大学外国語学部准教授。
主要論文：“Entre la llana i el coto. Una nota sobre l’extensió de la industria de coto als pobles catalans el darrer quart del segle XVIII”, *Recerques. Cultura, Historia, Economia*, núm. 38, Barcelona, 1999.,「毛から綿へ——カタルーニャ農村部への綿業の拡大に関する一考察(1779〜1806年)」(『スペイン史研究』第13号，1999)，「18世紀カタルーニャの地域工業化——産地形成と業種転換を中心に」(『社会経済史学』第67巻第3号，2001)

付　　　録

索　引

人名索引

◆ア　行

アーヴィング, ワシントン　Irving, Washington (1783–1859)……129
アヴェロエス(イブン・ルシュド)　Averroes (Ibn Rushd) (1126–98)……114
アウグスティヌス(聖)　Augustinus, Aurelius (354–430)……37
アウグストゥス(ローマ皇帝, オクタウィアヌス)　Augustus (前63–後14, 位前27–後14)……12–16, 18, 19, 21
アギラ(西ゴート王)　Agila (Ágila) (?–555, 位549–554)……43, 44
アグリッパ　Agrippa, Marcus Vipsanius (前63頃–前12)……13, 17
アサーニャ　Azaña Díaz, Manuel (1880–1940)……191
アシメーニス, フランセスク　Eiximenis, Francesc (1327頃–1409)…236
アタウルフ(西ゴート王)　Ataulfus (Ataúlfo) (?–416, 位410–416)……37, 38
アタナギルド(西ゴート王)　Athanagildus (Atanagildo) (位555–567)……44, 45, 47
アフォンソ5世(ポルトガル王)　Afonso V (1432–81, 位1438–81) 248, 250
アブド・アッラー(後ウマイヤ朝)　'Abd Allāh (844–912, 位888–912)……84
アブド・アッラフマーン(1世, 後ウマイヤ朝)　'Abd al-Raḥmān I (731–788, 位756–788)……77–79, 83
アブド・アッラフマーン(2世, 後ウマイヤ朝)　'Abd al-Raḥmān II (792–852, 位822–852)……81, 83, 85, 86, 88
アブド・アッラフマーン(3世, 後ウマイヤ朝)　'Abd al-Raḥmān III al-Nāṣir (890–961, 位912–961)……87–92, 96, 143
アブド・アッラフマーン・ガーフィキー　'Abd al-Raḥmān al-Ghāfiqī (?–732)……73
アブド・アッラフマーン(サンチュエロ)　'Abd al-Raḥmān b. Muḥammad b. Abī 'Āmir (Sanchuelo) (?–1009)……96
アブド・アルムーミン(ムワッヒド朝)　'Abd al-Mu'min (?–1163, 位1130–63)……112–114
アマラリック(西ゴート王)　Amalaricus (Amalárico) (502–531, 位526–531)……42, 43
アラリック(西ゴート王)　Alaricus (Alárico) (370頃–410, 位395–410)……34, 37
アラリック2世(西ゴート王)　Alaricus (Alárico) II (?–507, 位484–507)……41–44
アランダ伯　Aranda, Conde de (Pedro Pablo Abarca de Bolea y Ximénez de Urrea) (1719–98)……393–396, 401, 412–415
アルバ公(フェルナンド・アルバレス・デ・トレード)　Alba, Duque de (Fernando Álvarez de Toledo) (1507–82)……301–303
アルフォンス1世(バルセローナ伯, アラゴン王アルフォンソ2世)　Alfons I (1154–96, 位1162–96)……153, 213–217
アルフォンス2世(バルセローナ伯, アラゴン王アルフォンソ3世)　Alfons II (1265–91, 位1285–91)……219, 222, 225
アルフォンス4世(バルセローナ伯, アラゴン王アルフォンソ5世)　Alfons IV (1394–1458, 位1416–58)……180, 240–243, 245, 265, 266, 271
アルフォンソ1世(アストゥリアス王)　Alfonso I (720頃–757, 位739–757)……137, 138, 142, 151, 156, 157
アルフォンソ1世(アラゴン=ナバーラ

王）　Alfonso I（1073–1134, 位1104–34）…………*109, 118, 208, 210–213*
アルフォンソ2世（アストゥリアス王）　Alfonso II（759–842, 位791–842）……………*139, 140*
アルフォンソ2世（アラゴン王）　Alfonso II ──→アルフォンス1世
アルフォンソ3世（アストゥリアス王）　Alfonso III（848–910, 位866–910）……………*84, 85, 139–143, 145*
アルフォンソ3世（アラゴン王）　Alfonso III ──→アルフォンス2世
アルフォンソ5世（アラゴン王）　Alfonso V ──→アルフォンス4世
アルフォンソ5世（レオン王）　Alfonso V（994–1028, 位999–1028）*145, 146*
アルフォンソ6世（カスティーリャ＝レオン王）　Alfonso VI（1040–1109, レオン王位1065–1109, カスティーリャ王位1072–1109）…………*104, 106, 150, 151, 157, 160, 176*
アルフォンソ7世（カスティーリャ＝レオン王）　Alfonso VII（1105–57, 位1126–57）……………*111, 151, 152, 154, 212, 213*
アルフォンソ8世（カスティーリャ王）　Alfonso VIII（1155–1214, 位1158–1214）……………*113, 115, 117, 152–154, 165, 214*
アルフォンソ9世（レオン王）　Alfonso IX（1171–1230, 位1188–1230）……………*152–154*
アルフォンソ10世（カスティーリャ王）　Alfonso X（1221–84, 位1252–84）……*120, 121, 163–166, 168–170, 224, 270*
アルフォンソ11世（カスティーリャ王）　Alfonso XI（1311–50, 位1312–50）……………*122, 164, 165, 171, 172, 174, 175, 234, 270*
アルブレヒト大公　Albrecht（Alberto de Austria, El Archiduque）（1559–1621）……………*340, 341*
アルベローニ　Alberoni, Giulio（1664–1752）……………*387*
アルマンソール　Almanzor ──→マンスール
アレクサンデル6世（教皇）　Alexander VI（1431?–1503, 位1492–1503）……………*254, 262, 265*
アレッサンドロ・ファルネーゼ（パルマ公）　Alessandro Farnese（1545–92）……………*302*
アロ, ルイス・デ　Haro y Sotomayor, Luis Menéndez de（1598–1661）……………*352*
アンジュー公フィリップ　Philippe d'Anjou ──→フェリーペ5世
アントニヌス・ピウス　Antoninus Pius, Titus Aelius（86–161, 位138–161）……………*25*
アンリ4世（フランス王）　Henri IV（1553–1610, 位1589–1610）……*305, 340, 342*
イェフダ・ベン・モーシェ　Yehuda ben Moses（13世紀）……………*169*
イザベラ（ファルネーゼ）　Isabella Farnese（1692–1766）……*387–389, 391*
イサベル1世（カスティーリャ女王）　Isabel I（1451–1504, 位1474–1504）……………*182, 245, 248–250, 254–256, 260, 261, 265–267, 270, 272, 273, 289*
イシドルス（セビーリャの）　Isidorus Hispalensis（San Isidoro de Sevilla）（560頃–636）……………*51, 53–56, 60–62, 67*
イニゴ・アリスタ（ナバーラ王）　Íñigo Arista（?–852, 位820頃–851）……*199*
イブン・アビー・アーミル　Ibn Abī 'Āmir, Muḥammad ──→マンスール
イブン・アルアフマル　Ibn al-Aḥmar, Muḥammad ──→ムハンマド1世（ナスル朝）
イブン・アルハティーブ　Ibn al-Khaṭīb, Lisān al-Dīn Muḥammad（1313–74）……………*123*
イブン・カシー　Ibn Qasī（?–1151）……………*110*
イブン・ザイドゥーン　Ibn Zaydūn, Aḥmad（1003–70）……………*102*
イブン・シャプルート, ハスダイ　Ibn Shaprūṭ, Ḥasdai（915頃–970頃）*93*
イブン・ジュバイル　Ibn Jubayr, Muḥammad（1145–1217）……*125*
イブン・トゥファイル　Ibn Ṭufayl, Muḥammad（1105頃–85頃）……*114*

イブン・トゥーマルト　Ibn Tūmart, al-Mahdī Muḥammad（1080頃-1130）……110,112-115
イブン・ハイヤーン　Ibn Ḥayyān, Abū Marwān Ḥayyān（987-1076）……103
イブン・ハズム　Ibn Ḥazm, ʻAlī（994-1064）……95,103
イブン・ハフスーン　Ibn Ḥafṣūn, ʻUmar（?-918）……85,86,88,141,142
イブン・ハルドゥーン　Ibn Khaldūn, ʻAbd al-Raḥmān（1332-1406）116
イブン・フード　Ibn Hūd, al-Mutawakkil Muḥammad（?-1238）……115,116,119
イブン・マルダニーシュ(狼王)　Ibn Mardanīsh, Muḥammad b. Saʻd (Rey Lobo)（1124-72）……111,112
イブン・ヤーシーン　Ibn Yāsīn, ʻAbd Allāh（?-1059）……105,108
イブン・ルシュド　Ibn Rushd, Abū al-Walīd Muḥammad ⟶アヴェロエス
ウァリア(西ゴート王)　Vallia (Walia)（?-418,位416-418）……37-39
ウァロ,マルクス　Varo, Marcus Terentius（前116-前27）……12
ウィティザ(西ゴート王)　Witiza（?-710,位702-710）……45,63,64,71
ウィリアトゥス　Viriatus（?-前139）……10,19
ウィレム(オランイェ公)　Willem van Oranje（1533-84）……301,302,324
ヴェサリウス　Vesalius, Andreas（1514-64）……327
ウェスパシアヌス(ローマ皇帝)　Vespasianus（9-79,位69-79）……20-22
ウオール　Wall y Devreux, Ricardo（1694-1777）……390
ウラーカ(カスティーリャ＝レオン女王)　Urraca（1080-1126,位1109-26）……151,156,157
ウラゲー(タラゴーナ大司教)　Oleguer（1060頃-1137頃）……210
ウルキーホ　Urquijo, Mariano Luis de（1768-1817）……417
ウルシーノ　Ursinos, Princesa de los (Ana María de la Trèmoille)（1642-1722）……386,387
エウリック(西ゴート王)　Euricus (Eurico)（420?-484,位466-484）……39-41
エウロギウス　Eulogius (Eulogio)（?-859）……84
エギカ(西ゴート王)　Egica (Égica)（?-702,位687-702）……60-64
エスキラーチェ　Esquilache, Marqués de (Leopoldo de Gregorio)（1741-85）……391-393
エドワード黒太子　Edward the Black Prince（1330-76）……172,174
エラスムス　Erasmus, Desiderius（1465-1536）……274
エリザベス１世(イングランド女王)　Elizabeth I（1533-1603,位1558-1603）……304,339
エルウィック(西ゴート王)　Ervigius (Ervigio)（?-687,位680-687）……58-62,64
エルカーノ　Elcano, Juan Sebastián（1476-1526）……284
エル・シッド(ディアス・デ・ビバル,ロドリーゴ)　El Cid（1043?-99）……104,106,150,151
エンセナーダ　Ensenada, Marqués de la (Cenón Somodevilla Bengoechea)（1702-81）……388-390
エンリケ２世(カスティーリャ王)　Enrique II（1333?-79,位1369-79）……123,172-175,177,188,234
エンリケ３世(カスティーリャ王)　Enrique III（1379-1406,位1390-1406）……178-180,260
エンリケ４世(カスティーリャ王)　Enrique IV（1425-74,位1454-74）……181,182,187,190,244,245,248,249,270
エンリケ・デ・トラスタマラ　Enrique de Trastámara ⟶エンリケ２世
オクタウィアヌス　Octavianus ⟶アウグストゥス
オバンド,フアン・デ　Ovando, Juan de（?-1575）……296,297

オラビーデ　Olavide y Jáuregui, Pablo Antonio de (1725–1803) ……398,405,406
オリバーレス伯公爵　Olivares, Conde-Duque de (Gaspar de Guzmán y Pimentel) (1587–1645) ……333, 346–352,355,361,374,382
オルティス, ルイス　Ortiz, Luis (16世紀前半生まれ) ……374
オロシウス　Orosius, Paulus (4–5世紀) ……30,37,95
オロペーサ伯　Oropesa, Conde de (Manuel Joaquín Álvarez de Toledo-Portugal y Pimentel) (1650–1707) ……360,367

◈カ　行

カエサル　Caesar, Gaius Julius (前100–前44) ……11,12,16,67
カザノーバ, ラファエル　Casanova, Rafael (1660?–1743) ……382
カストロ, アメリコ　Castro, Américo (1885–1972) ……129,130
ガストン(ベアルン副伯)　Gastón IV, Vizconde de Bearn (?–1131) ……211,212
ガストン・ド・フォア　Gastón de Foix (1489–1512) ……267,269
カタリーナ(キャサリン・オブ・アラゴン)　Catalina (Catherine of Aragon) (1485–1536) ……265,266,268
カタリーナ(ナバーラ女王)　Catalina (1468–1517, 位1483–1512/17) ……264,267,268
ガッティナラ　Gattinara, Mercurio Arborio (1465–1530) ……279, 280,283,291
カトー(大), マルクス・ポルキウス　Cato, Marcus Porcius (前234–前149) ……9
カトリック両王(イサベル1世とフェルナンド2世)　Los Reyes Católicos ……127,128,185,190,248, 250–254,256–260,262–266, 270–273,291–294,297,307,315,333
カバルス　Cabarrús, Francisco (1752–1810) ……401
ガーリブ　Ghālib b. ʻAbd al-Raḥmān (?–981) ……90–93
カリーリョ(トレード大司教)　Carrillo, Alfonso (1410–82) ……248
カール5世(神聖ローマ皇帝)　Karl V ⟶カルロス1世
ガルシア1世(レオン王)　García I (?–914, 位910–914) ……143
ガルシア3世(ナバーラ王)　García III (?–1054, 位1035–54) ……205
ガルシア・フェルナンデス(カスティーリャ伯)　García Fernández (?–995, 位970–995) ……147,148
ガルシア・ラミレス(ナバーラ王)　García Ramírez (?–1150, 位1134–50) ……212
カール大公(神聖ローマ皇帝カール6世)　Karl VI (1685–1740, 位1711–40) ……379–381,384,387
カール大帝(シャルルマーニュ)　Karl der Große (Charlemagne) (742–814, 位768–814) ……78,80,139,140,198
カルタヘーナ, アロンソ・デ(ブルゴス司教)　Cartagena, Alonso de (1385–1456) ……272
カルバハル, ホセ・デ　Carvajal y Lancáster, José de (1698–1754) ……389,390
ガルベス　Gálvez, José de (1720–87) ……400
カール・マルテル　Karl Martell (689–741) ……73,198
カルロ7世(ナポリ王)　Carlo VII ⟶カルロス3世
カルロス(フェリーペ2世の息子)　Carlos ⟶ドン・カルロス
カルロス(カルラス, ビアナ公)　Carlos (Carles), Príncipe de Viana (1421–61) ……243,244
カルロス1世(神聖ローマ皇帝カール5世, ブルゴーニュ公シャルル2世)　Carlos I (1500–58, 位1516–56, 神聖ローマ皇帝位1519–56, ブルゴーニュ公位1506–55) ……254,263, 267–269,271, 277–280,282,283, 285–296,298,300, 301,310,315,322,323,327
カルロス2世　Carlos II (1661–1700,

位1665-1700) …………358,359,361,
364,365,369,370,379
カルロス3世(ナポリ王カルロ7世)
Carlos III (1716-88,位1759-88, ナポリ王位1735-59) …………391,392,
394,395,397-400,
402,403,412,417,422-424
カルロス4世 Carlos IV (1748-1819,
位1788-1808) ………………396,399,
404,412,414,
417,420,421,424
カンポマネス Campomanes y Pérez de Sorribas, Pedro Rodríguez (1723-1802) ……………………375,392,
394-397,403-405,408-410
キケロ Cicero, Marcus Tullius (前106-前43) ………………………………19
ギフレ1世(バルセローナ伯) Guifré I (?-897,位870/878-897) 200,201
キンダスウィント(西ゴート王) Chindasuinthus (Chindasvinto) (?-653,
位642-653) ………………45,56,57,62
キンティラ(西ゴート王) Chintila
(?-640,位636-640) ………55,56,62
グイッチャルディーニ Guicciardini,
Francesco (1483-1540) …………325
グラックス,センプロニウス Gracchus,
Sempronius (前217頃-前154) ……9
クラビーホ Clavijo, Ruy González
de (?-1412) …………………179,180
クラリス,パウ Claris, Pau (1586-1641) ……………………………………350
グランヴェル Granvelle, Antonio
Perrenot de (1517-86) …………291,
300,301
グラン・カピタン(大総帥) El Gran
Capitán ⟶フェルナンデス・デ・コルドバ, ゴンサーロ
グリマルディ Grimaldi, Jerónimo
(1720-86) ……………………391,395
グレゴリウス(トゥールの) Gregorius
Turonensis (538/9-594)
…………………………………42,43,48,49
グレゴリウス7世(教皇) Gregorius
VII (1020?-85,位1073-85) ……150
クレスケス,アブラハム Cresques,
Abraham (?-1387) ………………236
クローヴィス(フランク王) Clovis
(465頃-511,位481-511) ………41,42
ケベード,フランシスコ・デ Quevedo
y Villegas, Francisco Gómez de
(1580-1645) ……………………376
ゴイスウィンタ Goisvintha (Gosuinda) (?-588) ………………45,47-50
コスタンツァ(クンスタンサ, コンスタンサ, アラゴン王ペラ3世妃)
Costanza(Constança, Consttaza)
(1247-1302) ……………………164,224
ゴドイ,マヌエル Godoy, Manuel (1767-1851) ……………………414-420
コルテス,エルナン Cortés, Hernán
(1485?-1547) ……………………285
コロン,ディエゴ Colón, Diego (1478?-1526) ……………………………262
コロンブス(コロン,クリストバル)
Columbus, Christopher (Colón, Cristóbal) (1451-1506) ……184,261,262
ゴンサレス・デ・メンドーサ,ペドロ(枢機卿) González de Mendoza,
Pedro (1428-95) ………………248
コンスタンティヌス(ローマ皇帝)
Constantinus I (274?-337,位306-337) ……………………28,29,31,36
ゴンドマール伯 Gondomar, Conde
de (Diego Sarmiento de Acuña)
(1567-1626) …………………339,345

◆サ 行

サンタ・クローマ伯 Santa Coloma,
Conde de (Dalmau de Queralt)
(?-1640) ……………………………350
サンチェス・アルボルノス,クラウディオ Sánchez Albornoz, Claudio
(1893-1984) ………129,130,191-193
サンチョ1世(レオン王) Sancho I
(?-966,位956-958,960-966) ……143
サンチョ2世(カスティーリャ王)
Sancho II (1038?-72,位1065-72)
………………………………………105,150
サンチョ2世(ナバーラ王) Sancho II
(?-994,位970-994) ………………96
サンチョ3世(ナバーラ王) Sancho III
(992?-1035,位1000-35) ………146,
147,204,205,208
サンチョ4世(ナバーラ王) Sancho IV
(1040-76,位1054-76) ……………206

サンチョ7世(ナバーラ王) Sancho VII (1154–1234, 位1194–1234) ……153, 154
サンチョ・ガルセス1世(ナバーラ王) Sancho Garcés I (?–925/926, 位905–925/926) ……204
サンチョ・ラミレス(アラゴン＝ナバーラ王) Sancho Ramírez (1043–96, アラゴン王位1063–94, ナバーラ王位1076–94) ……206, 208
シエーヴル侯(ギヨーム・ド・クロイ) Seigneur de Chièvres (Guillaume de Croÿ) (1458–1521) ……277
ジェルメーヌ・ド・フォア Germaine de Foix (1488?–1537) ……267, 269
シクストゥス4世(教皇) Sixtus IV (1414–84, 位1471–84) ……256
シスネーロス Cisneros, Francisco Jiménez de (1436–1517) …254, 258, 267, 269, 273, 277, 278
シセナンド(西ゴート王) Sisenandus (Sisenando) (?–636, 位631–636) ……54–56, 62
シセブート(西ゴート王) Sisebutus (Sisebuto) (?–621, 位612–621) ……51–53, 61, 64
ジャウマ1世(バルセローナ伯, アラゴン王ハイメ1世) Jaume I (1208–76, 位1213–76) ……162, 163, 166, 219–224, 226
ジャウマ2世(バルセローナ伯, アラゴン王ハイメ2世) Jaume II (1267–1327, 位1291–1327) ……219, 220, 222, 225
ジャウマ2世(マジョルカ王) Jaume II (1243–1311, 位1276–85, 1295–1311) ……223, 225, 233, 234
ジャウマ3世(マジョルカ王) Jaume III (1315–49, 位1324–49) ……233
シャルル2世(ブルゴーニュ公) Charles II ⟶カルロス1世
シャルル5世(フランス王) Charles V (1337–80, 位1364–80) ……173, 174
シャルル8世(フランス王) Charles VIII (1470–98, 位1483–98) 265, 266
ジュアン1世(バルセローナ伯, アラゴン王フアン1世) Joan I (1350–96, 位1387–96) ……236, 238, 239
ジュアン2世(バルセローナ伯, アラゴン王フアン2世, ナバーラ王フアン1世) Joan II (ナバーラ王位1425–79, アラゴン王位1458–79) ……180, 240, 242–245, 249, 264, 271
ジョアン4世(ポルトガル王) Joãn IV (1604–56, 位1640–56) ……351
ジョン・オブ・ゴーント(ランカスター公) John of Gaunt (1340–99) ……174, 176, 178
ジルヤーブ Ziryāb, ‘Alī b. Nāfi‘ (790?–852) ……82
スインティラ(西ゴート王) Suinthila (Suintila) (?–631, 位621–631) ……51, 53–55
スキピオ(大スキピオ) Scipio, Publius Cornelius (Africanus) (前235–前183) ……8, 16
スキピオ・アエミリアヌス(小スキピオ) Scipio Aemilianus, Publius Cornelius (前185–前129) ……10
ストラボン Strabon (前64頃–後21頃) ……17, 18
スニィガ Zūñiga, Baltasar de (1561–1622) ……339, 344, 346
スピノラ Spínola, Ambrosio de (1569–1630) ……341, 345, 353
スライマーン(後ウマイヤ朝) Sulaymān, al-Musta‘īn (965–1016, 位1009–10, 13–16) ……97, 98, 100, 104
スレイマン大帝(オスマン帝国) Süleyman (1494–1566, 位1520–66) ……288, 298
聖ヤコブ(大ヤコブ) Santo Jacob el Mayor ……139, 140, 160, 161, 175, 176
セネオール, アブラハム Seneor, Abraham (1412頃–93頃) ……257
セネカ, アンナエウス Seneca, Lucius Annaeus (前4?–後65) ……18
セバスティアン(ポルトガル王) Sebastião (1554–78, 位1557–78) …302
セプルベダ Sepúlveda, Juan Ginés de (1490?–1573) ……296
セルトリウス, クィントゥス Sertorius, Quintus (前124?–前72) ……11

◆タ　行

タヌッチ Tanucci, Bernardo (1698–

1783) ……391
タラベーラ,エルナンド・デ　Talavera, Hernando de (1428–1507) ……254,256,258
ターリク・ブン・ジヤード　Ṭāriq b. Ziyād (?–720頃) ……70–72
ディアス・デ・ビバル,ロドリーゴ　Díaz de Vivar, Rodrigo ──→エル・シッド
ディアス・デ・モンタルボ,アロンソ　Díaz de Montalvo, Alonso (1405–99) ……253
ディオクレティアヌス(ローマ皇帝)　Diocletianus (240?–313頃,位284–305) ……28
テオドシウス(ローマ皇帝)　Theodosius (346頃–395,位379–395) ……29,34
テオドリック大王(東ゴート王)　Theodoricus (454頃–526,位474–526) ……42–44
テバ伯　Teba, Conde de (?–1834) ……415
トゥドミール　Tudmīr (Teodomiro) (7–8世紀) ……73,74
トゥパック・アマル　Túpac Amaru (?–1572) ……297
トラヤヌス(ローマ皇帝)　Trajanus (53–117,位98–117) ……20,22,24,25
ドリア,アンドレア　Doria, Andrea (1466–1560) ……283,287
トルケマーダ,トマス・デ　Torquemada, Tomás de (1420–98) ……256
ドン・カルロス　Don Carlos de Austria (1545–68) ……294,326
ドン・フアン・デ・アウストリア　Don Juan de Austria ──→フアン・デ・アウストリア

◆ナ　行

ナーシル(ムワッヒド朝)　al-Nāṣir, Muḥammad (1181–1213,位1199–1213) ……115
ナポレオン　Napoléon I (Bonaparte, Napoléon) (1769–1821,位1804–14,15) ……417–419
ニタルト　Nithard, Juan Everardo (1607–81) ……358,359
ネブリーハ,アントニオ・デ　Nebrija, Antonio de (1444–1522) ……273,274
ネロ(ローマ皇帝)　Nero (37–68,位54–68) ……19,20,22

◆ハ　行

ハイメ1世(アラゴン王)　Jaime I ──→ジャウマ1世
ハイメ2世(アラゴン王)　Jaime II ──→ジャウマ2世
ハイルッディーン　Khayr al-Dīn (1483?–1546) ……286–288,298
ハカム1世(後ウマイヤ朝)　al-Ḥakam I (771–822,位796–822) ……79–81,83
ハカム2世(後ウマイヤ朝)　al-Ḥakam II, al-Mustanṣir (915–976,位961–976) ……89,91,92,96
ハスドルバル　Hasdrubal (?–前207) ……8
パティーニョ,ホセ　Patiño, José (1670–1736) ……388,397
ハドリアヌス(ローマ皇帝)　Hadrianus (76–138,位117–138) ……24,25
ハドリアヌス6世(教皇,フロレンゾーン,アドリアン)　Hadrianus VI (1459–1523,位1522–23) ……254,280
ハミルカル・バルカ　Hamilcar Barca (?–前229) ……7
バランゲー・ラモン1世(バルセローナ伯)　Berenguer Ramon I (?–1035,位1017–35) ……202
ハーレヴィ,サムエル　Haleví, Samuel (1320頃–60) ……172
バレンスエラ　Valenzuela, Fernando de (1636–92) ……359
パレンシア,アルフォンソ・デ　Palencia, Alfonso de (1423–90) ……273
ハンニバル　Hannibal (前247–前183) ……7
ピサロ,フランシスコ　Pizarro, Francisco (1478頃–1541) ……285
ヒシャーム1世(後ウマイヤ朝)　Hishām I (757–796,位788–796) ……80
ヒシャーム2世(後ウマイヤ朝)　Hishām II, al-Mu'ayyad (965–1013,位976–1009,1010–13) ……90,91,97–99,102
ヒシャーム3世(後ウマイヤ朝)　Hishām III, al-Mu'tadd (974頃–1036,

位1027-31) ……………………………98
ビベス,フアン・ルイス　Vives, Juan Luis (1492-1540) …………272,274
ヒメネス・デ・ラダ(トレード大司教)　Jiménez de Rada, Rodrigo (1170-1247) ……………………153,154,169
ピンソン兄弟　Pinzón (15世紀中頃-16世紀第1四半期) ………………262
フアナ(ラ・ベルトラネーハ)　Juana la Beltraneja (1462-1530) ……181, 182,248-250,264
フアナ1世(ラ・ロカ)　Juana I la Loca (1479-1555, カスティーリャ王位1504-55, アラゴン王位1516-55) ……………265,267-269,272,278,280
ファラン1世(バルセローナ伯, アラゴン王フェルナンド1世, フェルナンド・デ・アンテケーラ)　Ferran I (1380-1416, 位1412-16) ………180, 239,240
ファラン2世(バルセローナ伯, アラゴン王)　Ferran II ⟶フェルナンド2世
ファレー, ビセン　Ferrer, Vicent (1350-1419) ……………………………189
フアン1世(アラゴン王)　Juan I ⟶ジュアン1世
フアン1世(カスティーリャ王)　Juan I (1358-90, 位1379-90) ……………………………175-178,188
フアン1世(ナバーラ王)　Juan I ⟶ジュアン2世
フアン2世(アラゴン王)　Juan II ⟶ジュアン2世
フアン2世(カスティーリャ王)　Juan II (1405-54, 位1406-54) ………127, 180,181,190,241
フアン・デ・アウストリア　Juan de Austria (1545-78) ……299,302,325
フアン・ホセ　Juan José (1629-79) ……………………351,352,357-360
フィリップ(アンジュー公)　Philippe ⟶フェリーペ5世
フィリップ(美公, カスティーリャ共治王フェリーペ1世)　Philippe le Beau (1478-1506, 位1504-06) ……………………265,267,268,278,289
フィリーペ1世(ポルトガル王)　Filipe I ⟶フェリーペ2世(スペイン王)
フェイホー　Feijóo, Jerónimo Benito (1676-1764) ……………………390
フェリウ・デ・ラ・ペニャ, ナルシス　Feliu de la Penya, Narcís (?-1712) ……………………………361
フェリーペ1世(カスティーリャ共治王)　Felipe I el Hermoso ⟶フィリップ(美公)
フェリーペ2世(スペイン王, ポルトガル王フィリーペ1世)　Felipe II (1527-98, スペイン王位1556-98, ポルトガル王位1580-98) ………263, 288,290-296, 298-305,309-311,313, 315,324-327,332,338-340,374
フェリーペ3世　Felipe III (1578-1621, 位1598-1621) …………332-339, 342,344,346,348, 353,361,370,373,375
フェリーペ4世　Felipe IV (1605-65, 位1621-65, ポルトガル王位1621-40) ……………………333,340,346-352,354, 356-358,362,364,370,375
フェリーペ5世(アンジュー公フィリップ)　Felipe V (1683-1746, 位1700-24, 24-46) ……………………365,379-381, 383,384,386-389
フェルディナント1世(神聖ローマ皇帝)　Ferdinand I (1503-64, 位1556-64) ……………………277,278,284,287,290
フェルディナント2世(神聖ローマ皇帝)　Ferdinand II (1578-1637, 位1619-37) ……………………………345,354
フェルナン・ゴンサレス(カスティーリャ伯)　Fernán González (?-970, 位932-970) ………………143,147,148
フェルナンデス・デ・コルドバ, ゴンサーロ(グラン・カピタン)　Fernández de Córdoba, Gonzalo (1453-1513) …………………………266,268
フェルナンド(アラゴン王太子)　Fernando ⟶フェルナンド2世(アラゴン王)
フェルナンド(カルロス1世の弟)　Fernando ⟶フェルディナント1世(神聖ローマ皇帝)

フェルナンド1世(アラゴン王) Fernando I ⟶ファラン1世
フェルナンド1世(カスティーリャ=レオン王) Fernando I (1016-65, カスティーリャ王位1035-65, レオン王位1037-65) ……*104, 146, 149, 150, 205*
フェルナンド2世(アラゴン王, カスティーリャ共治王フェルナンド5世) Fernando II (1452-1516, カスティーリャ王位1474-1504, アラゴン王位1479-1516) ……*182, 244, 245, 248, 249, 254, 255, 263, 264, 267-270, 286*
フェルナンド3世(カスティーリャ=レオン王) Fernando III (1201-52, カスティーリャ王位1217-52, レオン王位1230-52) ……*115, 116, 119, 120, 154, 162, 169*
フェルナンド6世 Fernando VI (1713-59, 位1746-59) ……*389-391, 397*
フェルナンド7世 Fernando VII (1784-1833, 位1808, 1814-33) ……*412, 419, 420*
フェルナンド・デ・アンテケーラ Fernando de Antequera ⟶ファラン1世
ブラウリオ(サラゴーサ司教) Braulio (581以降-651頃) ……*56, 57, 60*
ブランカ(ナバーラ女王) Blanca (?-1441, 位1425-41) ……*243*
フランコ, フランシスコ Flanco Bahamonde, Francisco (1892-1975) ……*130, 191*
フランシスコ・ド・フォア(ナバーラ王フランシスコ1世) Francisco I de Foix (1469-83, 位1479-83) *264*
フランソワ1世(フランス王) François I (1494-1547, 位1515-47) ……*279, 283, 287, 288*
フリアン(セウタ太守) Julián (伝承7-8世紀) ……*71*
プリスキリアヌス Priscilianus (340?-385) ……*31, 32, 37, 69, 159*
プリニウス(大) Plinius (23頃-79) ……*16, 23*
プルガール, エルナンド・デル Pulgar, Hernando del (1436?-93) ……*256, 273*
プルデンティウス Prudentius Clemens, Aurelius (348-405以降) ……*30*
フロリダブランカ Floridablanca, Conde de (José Moñino) (1728-1808) ……*395, 396, 412-414, 422*
フロレンゾーン, アドリアン Florenszoon Boeyens, Adrian ⟶ハドリアヌス6世(教皇)
ベアトゥス(リエバナの) Beatus (Beato) de Liébana (?-798) *139, 140*
ベタンクール, ジャン・ド Béthencourt, Jean de (1360-1406頃) ……*179, 260*
ペドロ1世(アラゴン=ナバーラ王) Pedro I (1068?-1104, 位1094-1104) ……*206, 208, 234*
ペドロ1世(カスティーリャ王) Pedro I (1318-69, 位1350-69) ……*123, 171-173, 178*
ペドロ2世(アラゴン王) Pedro II ⟶ペラ1世(バルセローナ伯)
ペドロ3世(アラゴン王) Pedro III ⟶ペラ2世(バルセローナ伯)
ペドロ4世(アラゴン王) Pedro IV ⟶ペラ3世(バルセローナ伯)
ペトロニーラ(アラゴン女王) Petronila (1136-?, 位1137-62) ……*212*
ペニャフォルト, ラモン・ダ Penyafort, Ramon de (1185?-1275) *220*
ベネディクトゥス13世(アヴィニョン教皇, ペドロ・デ・ルナ) Benedictus XIII (1328-1423) ……*239*
ペラ1世(バルセローナ伯, アラゴン王ペドロ2世) Pere I (1177-1213, 位1196-1213) ……*213-216, 218*
ペラ2世(バルセローナ伯, アラゴン王ペドロ3世) Pere II (1240-85, 位1276-85) ……*164, 219, 221, 223, 224, 227, 231*
ペラ3世(バルセローナ伯, アラゴン王ペドロ4世) Pere III (1319-87, 位1336-87) ……*172, 219, 225, 232-236, 238*
ペラーヨ(アストゥリアス王) Pelayo (?-737, 位718-737) ……*136, 137, 142, 169*
ヘルミレス, ディエゴ(サンティアゴ大司

教） Gelmírez, Diego（1069?-1140）……151,160
ベルムード3世（レオン王） Vermudo III（?-1037,位1028-37）……146,147
ヘルメネギルド Hermenegildus（Hermenegildo）（?-585）……45,47-50,69
ペレス,アントニオ Pérez, Antonio（1540-1611）……325,335
ベンベニステ,アブラハム Benveniste, Abraham（1406-54）……189
ベンヤミン（トゥデーラの） Benjamin de Tudela（1130-73）……218
ボアブディル Boabdil ──→ムハンマド11世
ホノリウス（西ローマ皇帝） Honorius（384-423,位395-423）……37,38
ホベリャーノス Jovellanos, Gaspar Melchor de（1744-1811）……395,397,404,417,418
ポンペイウス（大）,グナエウス Pompeius Magnus, Gnaeus（前106-前48）……11
ポンペイウス（小）,グナエウス Pompeius, Gnaeus（前80頃-前45）……12

◆マ 行

マイモニデス（モーシェ・ベン・マイモン） Maimonides（1135-1204）……118
マガリャンイス,フェルナン（マゼラン） Magalhães, Fernão de（1480-1521）……284
マクシミリアン1世（神聖ローマ皇帝） Maximilian I（1459-1519,位1493-1519）……265,267,268,279
マザラン Mazarin, Jules（1602-61）……356,357
マゼラン Magellan ──→マガリャンイス,フェルナン
マソン・ド・モルヴィエ,ニコラ Masson de Morvillers, Nicalas（1740-89）……423,424
マヌエル1世（ポルトガル王） Manuel I（1469-1521,位1495-1521）……263
マームーン（ムワッヒド朝） al-Ma'mūn, Idrīs（1185/6-1232,位1227-32）115
マヤンス,グレゴリオ Mayáns y Siscar, Gregorio（1699-1781）……398
マリア・アンナ Maria Anna（Mariana de Austria）（1633-96）358-360
マリア・テレーサ（マリー・テレーズ） María Teresa（Marie-Thérèse）（1638-83）……357,362,364
マリア・ルイサ María Luisa de Parma（1751-1819）……414
マリア・ルイザ（サヴォイア） Maria Luisa de Saboya（1688-1714）……386,387,389
マリウス,セクストゥス Marius, Sextus（?-33）……23
マルクス・アウレリウス Marcus Aurelius Antoninus（ローマ皇帝）（121-180,位161-180）……26
マルティ1世（バルセローナ伯,アラゴン王マルティン1世） Martí I（Martín I）（1356-1410,位1396-1410）……233,234,238
マルチェーナ Marchena, José（1768-1821）……416
マルティル・デ・アングレリア,ペドロ Mártir de Anglería, Pedro（1459-1526）……272
マンスール（イブン・アビー・アーミル,アルマンソール） al-Manṣūr, Muḥammad b. Abī'Āmir（938-1002）……91-93,96,97,101,118,144,145,203
ミロ（スエヴィ王） Miro（?-583,位571-583）……46,49,68,69
ムーサー・ブン・ヌサイル Mūsā b. Nuṣayr（640-716/7）……70,72,73
ムータミド（アッバード朝） al-Mu'tamid（1040-95,位1069-91）102,105
ムハンマド1世（後ウマイヤ朝） Muḥammad I（823-886,位852-886）……84,85
ムハンマド1世（ナスル朝,イブン・アルアフマル） Muḥammad I（1195-1273,位1232-73）……115,119,120,124,162
ムハンマド2世（後ウマイヤ朝） Muḥammad II, al-Mahdī（?-1010,位1009-10）……97,98,103
ムハンマド3世（ナスル朝） Muḥammad III, al-Makhlū'（1257-1314,位1302-09）……121

ムハンマド５世(ナスル朝)　Muḥammad V, al-Ghanī (1339–91, 位1354–59, 62–91) ……123, 124, 126
ムハンマド11世(ナスル朝, ボアブディル)　Muḥammad XI (?–1533頃, 位1482–83, 87–92) ……127, 128, 259, 260
ムハンマド12世(ナスル朝, ザガル)　Muḥammad XII al-Zaghal (位1485–87) ……128, 259
メアリ(イングランド女王)　Mary I (1516–58, 位1553–58) ……290, 300
メディナセーリ公　Medinaceli, Duque de (Juan Francisco Tomás de la Cerda y Enríquez) (1637–91) ……360, 367
メリャ, アロンソ・デ　Mella, Alonso de (?–1445頃) ……181
モーシェ・ベン・マイモン　Moses ben Maimon ──→マイモニデス
モトリニア　Motolinía, Toribio de (?–1569) ……296, 297

◆ヤ　行

ヤークーブ(ムワッヒド朝)　Ya'qūb, al-Manṣūr Abū Yūsuf (1160–99, 位1184–99) ……112, 117
ヤコブ──→聖ヤコブ
ヤフヤー・ブン・ヤフヤー　Yaḥyā b. Yaḥyā al-Laythī (?–849) 81, 94
ユースフ１世(ナスル朝)　Yūsuf I (1318–54, 位1333–54) ……122–124
ユースフ(ムワッヒド朝)　Yūsuf, Abū Ya'qūb (1139–84, 位1163–84) ……114
ユースフ・フィフリー　Yūsuf al-Fihrī (?–759) ……76–78
ユースフ・ブン・ターシュフィーン(ムラービト朝)　Yūsuf b. Tāshfīn (?–1106, 位1061/71–1106) 106–108
ユリアヌス(トレードの)　Julianus (?–690) ……59–61

◆ラ　行

ライムンド(トレード大司教)　Raimundo (?–1152) ……152, 159
ラス・カサス　Las Casas, Bartolomé de (1474–1566) ……286, 295, 296, 325
ラミーロ１世(アストゥリアス王)　Ramiro I (791?–850, 位842–850) 140
ラミーロ１世(アラゴン王)　Ramiro I (1000?–63, 位1035–63) ……205
ラミーロ２世(アラゴン王)　Ramiro II (?–1157, 位1134–37) ……212
ラミーロ２世(レオン王)　Ramiro II (?–950/951, 位931–950/951) ……93, 143, 147
ラモン・バランゲー(ラモン・ベレンゲール)１世(バルセローナ伯)　Ramon Berenguer (Ramón Berenguer) I (?–1076, 位1035–76) ……202, 203, 210
ラモン・バランゲー(ラモン・ベレンゲール)３世(バルセローナ伯)　Ramon Berenguer (Ramón Berenguer) III (1082–1131, 位1096–1131) 210
ラモン・バランゲー３世(プロヴァンス伯)　Ramon Berenguer (Ramón Berenguer) III (?–1166) ……214
ラモン・バランゲー(ラモン・ベレンゲール)４世(バルセローナ伯)　Ramon Berenguer (Ramón Berenguer) IV (1113–62, 位1131–62) ……111, 152, 212–215
リシュリュー　Richelieu, Armand Jean du Plessis de (1585–1642) ……332, 351, 353, 356
リペルダ男爵　Ripperdá, Barón de (Juan Guillermo) (1680–1737) ……387, 388
リュイ, ラモン　Llull, Ramon (1232?–1316?) ……235
ルイ11世(フランス王)　Louis XI (1423–83, 位1461–83) ……264
ルイ12世(フランス王)　Louis XII (1462–1515, 位1498–1515) ……266–269
ルイ13世(フランス王)　Louis XIII (1601–43, 位1610–43) ……340, 350, 353, 354
ルイ14世(フランス王)　Louix XIV (1638–1715, 位1643–1715) ……357, 361, 362, 364, 365, 379, 381, 386
ルイ16世(フランス王)　Louix XVI (1754–93, 位1774–92) ……413, 414
ルイス１世　Luis I (1707–24, 位1724) ……387
ルター, マルティン　Luther, Martin

(1483–1546) ……………………289,290
ルナ,アルバロ・デ　Luna, Álvaro de (1390?–1453) …………………181
ルナ,ペドロ・デ　Luna, Pedro de ⟶ベネディクトゥス13世(アヴィニョン教皇)
レアンデル(セビーリャ大司教)　Leander (Leandro) (540–600) ….48–50
レオヴィギルド(西ゴート王)　Leovigildus (Leovigildo) (?–586, 位568–586) ………………45–50,52,57,68,69
レオン・エブレオ(アブラバネル,ユダー)　Hebreo, León (Juda Abravanel) (1460頃–?) ………………274
レカレド1世(西ゴート王)　Reccaredus I (Recaredo I) (?–601, 位586–601) ………………………45–52,61,66
レケスウィント(西ゴート王)　Reccesvinthus (Recesvinto) (?–672, 位653–672) ……………45,56–59,62,63
レセムンド　Recemundus (Recemundo) (10世紀頃) …………………93,94
レルマ公爵　Lerma, Duque de (Francisco Gómez de Sandoval y Rojas) (1553–1625) …………………332–337, 341,343,344,346,353
ロデリック⟶ロドリーゴ
ロドリーゴ(西ゴート王)　Rodericus (Rodrigo) (?–711, 位710–711) ……………………………64,70,71,136
ロペス・デ・アヤラ,ペロ　López de Ayala, Pero (1332–1407) ……..173
ロペス・デ・メンドーサ,イニゴ(サンティリャーナ侯)　López de Mendoza, Íñigo (Marqués de Santillana) (1398–1458) ………………………272

◆ワ　行

ワムバ(西ゴート王)　Wamba (位672–680) ………………………55,58–60,64

事項索引

◆ア　行

アウクスブルク戦争　Guerra de la Liga de Augsburgo …………361,364
アウクスブルクの宗教和議　Paz de Augsburgo ……………………………290
アウディエンシア(インディアス)⟶聴訴院
アウディエンシア(スペイン)⟶地方高等法院
アグラモンテス(グラモン派)　agramonteses ……………………………243
アシエント⟶短期借款
アシエント⟶奴隷独占供給権
「悪しき慣習」　Mals Usos (Malos Usos) ………………………203,216–218,228
アシステンテ・レアル　asistente real ……………………………………187
アステカ帝国　Imperio Azteca …285
アストゥリアス王国　Reino de Asturias …..92,136–139,141,143,145,192
アストゥリアス人　asturianos …..13, 136–139,141
アタナシウス派　atanasianos ……..37
アッシリア　Asiria ……………………5
アフル・アルアンダルス(「アンダルスの民」)　ahl al-Andalus …………95, 100,101
アミール(将軍, 総督)　amīr …80,88
アメリカ=スペイン戦争　Guerra Hispano-Estadounidense ……………326
アラゴン王国　Reino de Aragón ………………………………162,163, 166,204–206,209, 211–213,223,231,278, 323,335,338,340,380–382
アラゴン会議　Consejo de Aragón ………………………252,255,292,386
アラゴンの王子たち　Infantes de Aragón ……………………180,240,241
アラゴン連合王国　Corona de Aragón ………………………………111,116, 122,128,149, 180–182,184,198, 206,209,213,215,219,

224,226,229,232,234,
236,238–241,245,249,251,
254–256,258,263,264,270,271,287,
298,315,317,320,322,382,384,385,424
新たな地方特権尊重(ネオフォラリスモ) neoforalismo ……360,361
『アラリック法典』 *Breviario de Alarico* ……41,57
アラルコスの戦い Batalla de Alarcos ……153
アラン(アラン人) alanos ……35,36,38,67
アリウス派 arrianos ……36,37,39–42,47–50,61,68
アルカソヴァス条約 Tratado de Alcaçobas ……250,263
アルカバーラ──→取引税
アルカラ条例 Ordenamiento de Alcalá ……165
アルカラ大学 Universidad de Alcalá ……273,327
アルジュバロータの戦い Batalla de Aljubarrota ……176–178
アルハマ──→ユダヤ人共同体
アルハンブラ宮殿 Alhambra ……99,124,128
アルビジョワ十字軍 Cruzada albigense ……215
アルビトリスタ──→献策家
アルフォンソ天文表 Tablas Alfonsíes ……169
アルミーラ(アルミスラ)条約 Tratado de Almizra (Tractat d'Almirra) ……223,225
アルムガバルス(アルモガバレス)──→カタルーニャ人傭兵集団
アントウェルペン条約 Tratado de Amberes ……341,347,353
イエズス会 Compañía de Jesús ……372,393–395,422
イエズス会士追放 expulsión de los jesuitas ……393,394
イスラーム教徒(ムデハル)追放令 expulsión de los musulmanes ……258
イダルゴ──→郷士
異端審問会議 Consejo de Inquisición ……252,256,296,373
異端審問所・制度 Inquisición 190,255–257,270,273,278,322,324,325,327,328,335,337,360,373,394,412,415,417,422,423
異端審問長官 Inquisidor General ……256,333,358
イベリア人 iberos ……5–7
イルマンディーニョス反乱 revuelta irmandiña ……181,250
インカ帝国 Imperio Inca ……285,297
インディアス会議 Consejo de Indias ……252,286,292,295,296,327,333
インディアス新法 Leyes Nuevas de Indias ……263,286,295
インディアス通商院(カサ・デ・コントラタシオン) Casa de Contratación ……262,286,310,313,402
インディアナス(捺染綿布) indianas ……411,425
インテンデンシア──→地方監察管区
インテンデンテ──→地方監察官
ヴァンダル(ヴァンダル人) vándalos ……30,34–38,67,72
ヴイエの戦い Batalla de Vouillé ……41,42,44,46
ウェストファリア条約 Paz de Westfalia ……356,362
ヴェルサイユ条約 Tratado de Versailles ……401
ウニオン・デ・アルマス──→軍隊統合計画
ウマイヤ朝 Banū Umayya (Los Omeyas) ……64,70,72,74–77,79,136,137,203
永代所有財産解放(デサモルティサシオン) desamortización ……404,417,421
『エウリック法典』 *Código de Eurico* ……40,41,57,58
エスキラーチェ暴動 Motín de Esquilache ……391–394,397,398,403,406,407
エストレマドゥーラ都市 ciudades extremeñas ……167,168
エル・アルガール文化 cultura de El Argar ……4
エル・エスコリアル宮殿 Monasterio

de El Escorial ……………………328
エル・エスコリアルの陰謀　conspiración de El Escorial ………………420
エルマンダー・ヘネラル──→総都市同盟
エルマンダー・マリーナ──→海港都市盟約団
エンコミエンダ　encomienda ……285, 286, 295, 297
エンセナーダ国富調査　Catastro de Ensenada ……………………390, 404
黄金世紀　Siglo de Oro ……313, 326
王太子(アストゥリアス公)制度　Príncipe de Asturias ……………………176
王立工場　Reales Fábricas ………402
オスマン帝国　Imperio Otomano ……………………………298, 300
オランダ独立戦争(八十年戦争)　Guerra de los Ochenta Años …340, 341
オレンジ戦争　Guerra de las Naranjas ……………………………418

◈カ　行

改革大評議会(フンタ・グランデ・デ・レフォルマシオン)　Junta Grande de Reformación ………………346
海港都市盟約団(エルマンダー・マリーナ)　Hermandad Marina ……………………………165, 166
海事慣習法　Costumes de la Mar ……………………………231
海事法令集　Llibre del Consolat de Mar ……………………………231
改宗ユダヤ教徒・改宗ユダヤ人──→コンベルソ
価格革命　Revolución de los precios ……………………………310, 320
隠れユダヤ教徒(偽装改宗者)　marranos (judizantes, criptojudíos) ……………………………190, 322, 325
カサ・デ・コントラタシオン──→インディアス通商院
カスティーリャ王国　Reino de Castilla/Corona de Castilla ………………107, 120–123, 127, 136, 152, 154, 162–166, 170, 171, 174, 176, 178, 180, 182, 184, 223, 234, 239, 248, 249, 251, 255–258, 260, 263, 264, 269, 272, 278, 279, 287–289, 291, 293–295, 297, 308, 309, 311–313, 315, 317, 320, 327, 334, 335, 347, 380, 383, 385, 390, 391, 398, 401, 424
『カスティーリャ語文法』　*Gramática castellana* ……………………………273
カスティーリャ会議・カスティーリャ顧問会議　Consejo de Castilla ……………………………252, 286, 292, 296, 323, 335, 386, 392, 393, 397
カスティーリャ伯領　Condado de Castilla ……………144, 146–148, 204
カスティーリャ法令集　Ordenanzas reales de Castilla …………………253
カスティーリャ＝レオン王国　Reino de Castilla y León ……………100, 149–153, 155, 156, 159, 176, 210–213
カスペ会議　compromiso de Caspe ……………………………180, 239
家族協定(第1回)　primer Pacto de Familia ……………………………388
家族協定(第2回)　segundo Pacto de Familia ……………………………389
家族協定(第3回)　tercer Pacto de Familia ……………………………399
カソーラ条約　Tratado de Cazola ……………………………153, 214
カタストロ税　catastro …………385, 390, 391, 401
カタルーニャ公国　Principado de Cataluña ……………………380–382
カタルーニャ諸伯領　Condados de Cataluña ………………201, 209, 210
カタルーニャ人傭兵集団(アルムガバルス)　Almogàvers ………………225
『カタルーニャ世界地図』　*Mapamundi* ……………………………236
カタルーニャ反乱　Rebelión de Cataluña …………349–351, 368, 380
カトー・カンブレジ条約　Paz de Cateau-Cambrésis ………293, 298, 342
神の平和　Paz de Dios …………203
カラカス＝ギプスコア会社　Real Compañía Guipuzcoana de Caracas ……………………………402

カラベラ船　carabela ………………184
刈取り人(サガドース)　segadors 350
カルタゴ　Carthago ………………8,64
カルタゴ人　carthaginenses ……5–8,16
カンタブリア人　cántabros ……13,46,136,137,139,141,146
カンタブリア戦争　Guerras Cántabras ………………13
議会(コルツ)　Corts ………221–225,232,236,239,244,245,279,335,380
議会(コルテス)　Cortes ……153,163,171,174,175,178,179,181,194,221,222,225,226,241,248,249,251–253,255,257,267,269,270,277,278,280,293,327,334,335,347,348,359,380,386,412
議会常設代表部──→ジャナラリタット，ディプタシオ(ディプタシオン)
騎士団──→宗教騎士団
旧石器時代　Paleolítico ………………4
ギリシア人　griegos ……………5,6,16,25,30,271
ギリシア文化　cultura griega ……25
キンタス(徴兵制)　quintas ……386,397,398
グアダルーペの裁定　Sentencia de Guadalupe ………………305,403
九月十一日(オンザ・ダ・サテンブラ)　onze de setembre ………………382
グラナダ王国　Reino de Granada ………167,230,258–261,271,298,323
グラナダ降伏協定　Capitulación de Granada ………………128,258
グラナダ(征服)戦争　Guerra de Granada ………………180,252,259
グランデ──→大公
クリオーリョ　criollos ……………400
「黒い伝説」　Leyenda Negra 324,326
クンスラット(商業裁判所)　consulat ………………230,231,234,236,241
クンスラット・ダ・マル(海事裁判所)　consulat de mar ………………230
クンセイ・ダ・セン──→百人会議
軍隊統合計画(ウニオン・デ・アルマス)　Unión de Armas ……………348,349
啓蒙改革・啓蒙改革派　Reforma Ilustrada ………………375,391,395,396,398,403–408,417,418,422,425
啓蒙思想・啓蒙思想家　Ilustración ………………412,414,415,422,423
ケルティベリア　Celtiberia …………6
ケルティベリア人　celtíberos ……9,10
ケルト　Celta ………………6,7,32
ケルト人　celtas ………………6
献策家(アルビトリスタ)　arbitristas ………………371,374–376
限嗣相続制度・限嗣相続財産(マヨラスゴ)　mayorazgo ……….173,312,316,318,371,404–406,412,421
後ウマイヤ朝　los Omeyas (Banū Umayya) ………………72,77–82,84–90,92,93,96,98–104,109,124,131,143,149
郷士(イダルゴ)　hidalgos ………………315–317,322,371,395
高等法院(チャンシリェリア)　Chancillería ………………253,261,323,383
降伏協定──→グラナダ降伏協定
国王教会保護権(パトロナート・レアル)　Patronato Real ………254,261,270
国王教権主義(レガリスモ)　regalismo ………………394
国王顧問会議(コンセーホ・レアル)　Consejo Real …………175,177,178,180,181,221,239,241,252,253,267,291
国民公会戦争　Guerra de la Convención ………………414,416,421
国務会議　Consejo de Estado ……291,292,344,358
国庫支払停止宣言(バンカロータ)　bancarrota ………………293,296,302,309,334,349,352,359,374
ゴート　Godo ………………35,43,65
ゴート人　godos ………29,40,41,43,46,50,55,57,58,66
コバドンガの戦い　Batalla de Covadonga ………………137,142
コムニダーデス反乱　rebelión de las Comunidades ………………280,282,

291, 293, 320, 321
コムネーロスの乱　rebelión de los Comuneros ⟶コムニダーデス反乱
コルツ⟶議会(コルツ)
コルテス⟶議会(コルテス)
コレヒドール(国王代官)　corregidor ……179, 185, 187, 252, 253, 255, 260, 261, 383, 384, 400
コンスラード(商務館)　consulado ……186
コンセーホ・レアル⟶国王顧問会議
コンベルソ(改宗ユダヤ教徒・改宗ユダヤ人)　conversos ……62, 159, 185, 187, 189, 190, 226, 255–258, 272, 278, 322, 373–375

◆サ　行

再植民運動(レポブラシオン)　repoblación ……138, 141, 143, 144, 146, 147, 149, 152, 162, 163, 165–167, 191
再征服(レコンキスタ)⟶レコンキスタ
サガドース⟶刈取り人
サラゴーサ条約　Tratado de Zaragoza ……284
サラード川の戦い　Batalla de El Salado ……122, 123, 164
サラマンカ大学　Universidad de Salamanca ……153, 170, 273, 327
サン・イルデフォンソ条約　Tratado de San Ildefonso ……416
サン・カルロス銀行　Banco de San Carlos ……401
サン・カンタンの戦い　Batalla de San Quintín ……293, 301
参事会員(ローマ)(デクリオネス)　decuriones ……16, 17, 22, 23, 65
三十年戦争　Guerra de los Treinta Años ……344, 345, 352, 354–356
サンタ・エルマンダー　Santa Hermandad ……249, 252
サンタ・フェ協定　Capitulaciones de Santa Fe ……262
サンタ・フンタ⟶聖会議
サンティアゴ(教会)　Catedral de Santiago ……139, 140, 144
サンティアゴ巡礼　peregrinación a Santiago ……151, 154, 155, 159–161, 194, 206
ジズヤ(人頭税)　jizya ……73, 74
氏族制社会　Sociedad gentilicia　17, 138, 141, 146
自治都市(ムニキピウム)　municipium ……16, 22, 23
七年戦争　Guerra de los Siete Años ……390, 391, 397, 399, 400, 402
『七部法典』　*Siete Partidas* ……163–165, 168–170, 178, 270
シチリア王国　Reino de Sicilia ……233, 293
シチリアの晩鐘　Vísperas sicilianas ……224
シチリア反乱　revuelta de Sicilia ……352
ジハード　jihād ……92, 108, 119, 122
ジプシー(ロマ)　gitanos (romaníes) ……187
ジャナラリタット(議会常設代表部)　Generalitat ……222, 237, 239, 242–245, 350, 382
ジャルマニーア(ヘルマニア，防衛の誓約団体)　germanies ……281, 322
宗教騎士団　órdenes religiosas ……152, 166, 167, 254, 258, 279, 293, 315, 333, 370, 373
自由農民　Campesinos alodiales ……141, 144–148, 191–193
「自由貿易」規則　reglamento sobre el comercio libre ……402, 426
商業評議会(フンタ・デ・コメルシオ)　Junta de Comercio ……399, 409
城塞保有システム　Sistema de honor-tenencia ……205, 208, 211
照明派　alumbrados ……289
新キリスト教徒　cristianos nuevos ……373
神聖同盟(1538年)　Liga Santa …287
神聖同盟(1571年)　Liga Santa …299
神聖同盟(第一次，1495年)　Liga Santa ……266
神聖同盟(第二次，1511年)　Liga

Santa ……269
新組織王令(ヌエバ・プランタ)　Decretos de Nueva Planta ……382–384
新定住地域特別法　Fuero de las Nuevas Poblaciones ……405
「新ベルベル」　beréberes《nuevos》 ……98–101,104
ジンミー(保護民)　dhimmī ……73,118,119,124
スエヴィ(スエヴィ人)　suevos ……35–38,46,48,49,66–68
スペイン街道　camino español ……355
スペイン継承戦争　Guerra de Sucesión Española ……379,380,382,401
スペイン内戦　Guerra Civil Española ……191
スペイン辺境領──→ヒスパニア辺境領
聖会議(サンタ・フンタ)　Santa Junta ……280,281
『聖母マリア讃歌集』　*Cantigas de Santa María* ……169
専制君主政(ドミナトゥス)　dominatus ……28
総都市同盟(エルマンダー・ヘネラル)　Hermandad General ……175,181,249
属域(都市裁判権のおよぶ周辺地域)　alfoz (tierra) ……155–157,167,168,183,185,186,281
属州(プロウィンキア)　provincias 8
祖国の友・経済協会　Sociedades Económicas de Amigos del País ……408,409

◈タ　行

大公(グランデ)　Grandes ……315,369
大航海時代　La época de los descubrimientos ……184,326
大臣制度　Sistema ministerial ……385,386
大戦争(ゲーラ・グラン)──→国民公会戦争
大土地所有　latifundio ……166,167,171,191,405
第二共和政　Segunda República 191
ターイファ(諸王国)　taifas (mulūk al-ṭawā'if) ……96,98–100,102–107,111,116,131,149,162,203,223
ターイファ(第二次)　segundas taifas ……107,109,111,118
ターイファ(第三次)　terceras taifas ……115,116,118,119,162
大レコンキスタ──→レコンキスタ
ダウンズの海戦　Batalla de las Dunas ……355
タルテッソス　Tartessos ……5
短期借款(アシエント)　asiento 293,311,349,355
「血の純潔」(規約, リンピエサ・デ・サングレ)　Limpieza de Sangre ……190,256,259,322,370,373,375,409
地方監察官(インテンデンテ)　intendente ……384,385,400
地方監察管区(インテンデンシア)　intendencia ……384
地方高等法院(アウディエンシア)　audiencia ……350,383,384
地方諸特権(フエロス)　fueros ……222,348,358,359,380–382
チャンシリェリア──→高等法院
長期公債(フーロ)　juro ……252,293,294,308,313,334,349,375
寵臣政治　valimiento ……332,334,346
聴訴院(アウディエンシア)　audiencia ……286
徴兵制──→キンタス
ディプタシオ(ディプタシオン, 議会常設代表部)　Diputació ……222,236,255
デクリオネス──→参事会員(ローマ)
デサモルティサシオン──→永代所有財産解放
テルシオ──→歩兵連隊
統治契約主義──→パクティスモ
統治評議会(フンタ・デ・ゴビエルノ)　Junta de Gobierno ……358,359
トゥデリェン条約　Tratado de Tudellén ……152,213
トゥール・ポワティエ間の戦い　Batalla de Poitiers ……72
独立農民　Pagesos alodials ……201,202
ドミナトゥス──→専制君主政
トラスタマラ革命　revolución Trastámara ……173

トラスタマラ朝・トラスタマラ家　los Trastámaras ………170,173,177,178,238-241,251,270
トラスタマラ内乱　guerra civil de Trastámara ……………………122,123
トラファルガーの海戦　Batalla de Trafalgar ……………………………419
トリエント公会議　Concilio de Trento ……………………………290,323,371
取引税(アルカバーラ)　alcabala ……………………………294,307,308,385
トルデシーリャス条約　Tratado de Tordesillas ……………………262,284
奴隷・奴隷解放　esclavos, emancipación de esclavos …………10,17,23,24,58,61-63,80,89-93,95,96,100,101,126,145,187,202,261,309,313,369
奴隷制　esclavitud ……………………17
奴隷独占供給権(アシエント)　asiento ……………………………………381,389
奴隷貿易　comercio de esclavos ……………………………………187,261
トレード公会議　concilio de Toledo ……………………31,50-59,61-63,65
トレードの翻訳グループ　escuela de traductores de Toledo …………159
トロの戦い　Batalla de Toro ……249
トロ法令　Leyes de Toro …………316

◈ナ　行

ナスル朝　Banū Naṣr (Banū al-Aḥmar, los Nazaríes) ………………116,118-128,132,307,323
ナバーラ王国　Reino de Navarra ……………………………………85,100,104,144,149,153,199,204-206,256,264,267-269,271,277,282,315,323
ナポリ王国　Reino de Nápoles ……………………………241-243,245,265,266,268,278,283,293,298,324,343
ナポリ反乱　revuelta de Nápoles 352
ニケーア公会議　Concilio de Nicea ……………………………………29,36
西ゴート・西ゴート王国・西ゴート人・西ゴート族　visigodos, Visigodos ……………………………………30,34,37-55,57-73,77,83,85,86,136-142,144,147,150,198-201
西ゴート法　derecho visigodo ……210
『西ゴート法典』(リーベル・ユディキオルム)　*Liber Iudiciorum* ……49,56-58,62,64,65,210
西ローマ帝国　Imperio Romano de Occidente ……………………………30,39
ヌエバ・プランタ──→新組織王令
ネイメーヘン条約　Tratado de Nimega ………………………359,363,364
ネオフォラリスモ──→新たな地方特権尊重
ネルトリンゲンの戦い　Batalla de Nördlingen …………………………354
農地改革　reforma agraria ………191

◈ハ　行

パクス・ロマーナ(ローマの平和)　Pax Romana ……………………20,26
パクティスモ(統治契約主義)　pactismo ……237,239,242,244,251,255,270
バスク人　vascos ……46,78,85,146,284
バーゼル講和条約　Paz de Basilea ………………………………………416
パトロナート・レアル──→国王教会保護権
バビロニア　Babilonia ……………… 5
ハプスブルク朝・ハプスブルク家(スペイン)　Los Habsburgo (Los Austrias) ……………………………272,277,279,282,284,293,298,345,354-357,364
パーリア　parias ……………103-106,108,149-151,155,158,162,203,206
パリ条約　Tratado de París ……399
バルセローナ慣習法　Usatges de Barcelona ……………………210,215,220
バルセローナ条約　Tratado de Barcelona ……………………………………265
バルセローナ討論　disputa de Barcelona ……………………………………228
バルセローナ伯領　Condado de Barcelona ……………………144,151,202

バレンシア王国　Reino de Valencia ……… 224,258,281,307,323,380–382
バレンシア慣習法　Fueros de Valencia ……… 224
バンカロータ──→国庫支払停止宣言
判決法規　Sentencia-Estatuto ……… 190
反コンベルソ運動　movimiento anticonverso ……… 181,190
反ユダヤ　antisemitismo ……… 171,173,175,178,188,189,227,228,232,238
ビガ　Biga ……… 238,243,244
東ローマ(ビザンツ)帝国　Imperio Romano de Oriente (Byzantine Empire) ……… 39,44,46,48–51,64,66,93
ピカレスク(悪漢)小説　novela picaresca ……… 313
ヒスパニア(スペイン)辺境領　Marca Hispánica ……… 199
百人会議(クンセイ・ダ・セン)　consell de cent ……… 226,227,230,243,382
百年戦争　Guerra de los Cien Años ……… 172
ビリャラールの戦い　Batalla de Villalar ……… 281
ピレネー条約　Tratado de los Pirineos ……… 356,357
『封地大典』(リーベル・フェウドールム・マヨール)　*Liber Feudorum Major* ……… 215
フェニキア(フェニキア人)　Fenicia (fenicios) ……… 5,6,16
フエロ(都市法)　fuero ……… 145,156–158,163,165,167,206,220
フエロス──→地方諸特権
フォンテーヌブロー条約　Tratado de Fontainebleau ……… 419
副王(インディアス)　virrey ……… 262,297,370,394
副王(スペイン)　virrey ……… 220,241,269,281,292,316,343,351,358,364,383
複合王政　monarquía compuesta ……… 251,259,263,270,348,361,382
ブスカ　Busca ……… 238,243,244
フランコ体制　régimen franquista ……… 137,191
フランドル会議　Consejo de Flandes ……… 386
ブルボン朝　Los Borbones ……… 357,360,379
プレヴェザの海戦　Batalla de Preveza ……… 287
プレスーラ　presura ……… 141,146
フーロ──→長期公債
プロウィンキア──→属州
フンタ・グランデ・デ・レフォルマシオン──→改革大評議会
フンタ・デ・ゴビエルノ──→統治評議会
フンタ・デ・コメルシオ──→商業評議会
ベアウモンテス(ボーモン派)　beaumonteses ……… 243,264
ペスト　peste ……… 122,170,171,175,178,182,188,226,232,237,242,281,283,307,350,352,359,361,366–369
ベルベル(人)　beréberes ……… 5,71,74–76,78,81,85,86,88,89,93–98,101,106,108,109,112,113,115,122,138,199
ヘルマニア──→ジャルマニーア
封建変動・封建革命　la mutació feudal / la revolució feudal ……… 207,208
ポエニ戦争　Guerras Púnicas ……… 7,8,10
ポグロム(ユダヤ人虐殺)　pogrom ……… 188,255,257
歩兵連隊(テルシオ)　tercios ……… 355
ポルトガル独立　independencia de Portugal ……… 349,351
ポルトガル併合　incorporación de Portugal ……… 302,303

◆マ　行

マジョルカ王国　Reino de Mallorca ……… 223,225,233,234,236,382
マディーナ・アッザフラー　Madīna al-Zahrā' (Medina Azahara) ……… 90,91,98,124
マドリード条約　Tratado de Madrid ……… 282,283
マドレーヌ文化圏　Cultura Magdaleniense ……… 4

マヨラスゴ──→限嗣相続制度・限嗣相続財産
マントヴァ継承問題　sucesión de Mantua ……354
ミケーネ式　cerámica micénica ……5
ミニフンディオ　minifundio（小規模農地・零細経営）……410
身分買戻し──→ラメンサ
身分制議会──→議会(コルテス),議会(コルツ)
ミュレの戦い　Batalla de Muret 215
ミリョネス　millones ……307,309,334,335,347,367,371,385
民衆騎士　caballeros villanos ……148,152,155,156,158,164,165,168
無敵艦隊　Armada Invencible ……304,307
ムデハル　mudéjares ……116,120,125,128,156-158,166,167,217,224,258,281
ムデハル様式　estilo mudéjar ……294
ムニキピウム──→自治都市
ムラービト軍　ejército de Almorávides ……151,211
ムラービト朝　al-Murābiṭūn (los Almorávides) ……105-118,120-122,124,131,149,203,229
ムワッヒド軍　ejército de Almohades ……152-154,214
ムワッヒド朝　al-Muwaḥḥidūn (Los Almohades) ……110-119,121,124,125,149,152,162
ムワッラド　muwalladūn (muladíes) ……80-87,94,95,140,199
ムンダの戦い　Batalla de Munda 12
メスタ(移動牧畜業者組合)　Mesta ……166,174,404-406
メディーナ・テル・カンポの大市(定期市)　Feria de Medina del Campo ……183,309
モサラベ　mozárabes ……82,85,86,93,109,118,138-141,147,157-159
モサラベ典礼　liturgia mozárabe 151
モリスコ　moriscos ……156,157,187,259,298,299,323,324,336-338,340,344
モリスコ追放　explusión de los moriscos ……306,324,335-337,361,366
モンティエルの戦い　Batalla de Montiel ……173

◆ヤ　行

ユダヤ・ユダヤ教・ユダヤ教徒・ユダヤ人　judíos, judaīsmo ……30,31,58,60-65,67,71,73,94,103,118,124,129,145,150,155,156,158-160,168,169,171-174,188-190,217,218,223,227,228,235,236,257,289,316,322,373
ユダヤ人虐殺──→ポグロム
ユダヤ人共同体(アルハマ)　aljama ……65,188,189,218,228,257
ユダヤ人追放　expulsión de los judíos ……190
ユダヤ人(ユダヤ教徒)追放令　decreto de expulsión de los judíos ……257
ユトレヒト条約　Tratado de Utrecht ……381,382,387

◆ラ　行

ライスワイク条約　Tratado de Ryswick ……364,365
ラシュタット条約　Tratado de Rastatt ……381
ラス・ナバス・デ・トローサの戦い　Batalla de Las Navas de Tolosa ……115,154,214
ラテン権　derecho latino ……9,16,17,21
ラメンサ（レメンサ,身分買戻し）　remensa ……228,238,242,244
リスボン条約　Tratado de Lisboa ……351
リンピエサ・デ・サングレ──→「血の純潔」(規約)
ルシタニア　Lusitania ……9
ルシタニア人　lusitanos ……9-11
レオン王国　Reino de León ……136,143-148,192,204
レオン王国(カスティーリャ＝レオン王国)　Reino de León ……152,154,162
レガリスモ──→国王教権主義
レコンキスタ(再征服)　Reconquista

……105,116,118,124,126,128,136,138,139,141,142,144,146–151,153,154,160,162–164,166,167,171,191,260,261
レトラード(文官)　letrados　172,252
レパント(沖)の海戦　Batalla de Lepanto　……298–300,304
レヒドール　regidor　……164,165,168,175,179,183,185,186,270,383
レポブラシオン──→再植民運動
ロクロワの戦い　Batalla de Rocroi　……355
ロス・トロス・デ・ギサンド協定　Tratado de los Toros de Guisando　……181,248,270
ロス・ミリャーレス　Los Millares　4
ローマ　Roma　……8–13,15–22,32,34,38,65–67,69,136,138,139,147,201
ローマ化　romanización　……32
ローマ共和政　República Romana　……11,18,22
ローマ市民権　ciudadanía romana　……12,17,21,22,31
ローマ人　romanos　……4,6–11,19,22,31,36,40,41,46,47,57,58,68
ローマ帝国,帝政　Imperio Romano　……11,12,16–18,20,22–31,34–40,46,67
ローマ法　derecho romano　……22

地名索引

◆ア　行

ア・コルーニャ　A Coruña ──→ラ・コルーニャ
アラゴン　Aragón　……109,124,128,153,198–200,204,207–209,213–215,217,219–222,225,226,229,232,234,236,239,241,242,255,303,335,337,348,349,359,361,366,369,383,385
アルタミラ　Altamira　……4
アルヘシーラス　Algeciras　……91,99,121–123,127,164
アンダルシーア　Andalucía　……5,13,102,149,154,163,166–168,171,181–184,186,187,218,230,240,249,256,257,261,268,311,317,318,337,348,352,359,366,368,380,398,403,405,410,420,421
イタリカ(現サンティポンセ)　Itálica　……9,25,26
イルビーラ　Ilbīra ──→エルビーラ
イレルダ(現リェイダ)　Ilerda　……11
インスラエ・バレアレス　Insulae Baleares ──→バレアレス諸島
インディアス　Indias　……254,260,262,263,290,293,295,296,304,311–314,318,333,336,338,339,341,348,366,367,381,387,389,394,399–402,426
エブロ川　Río Ebro　……7,8,85,111,199,210–213,218,229,338
エメリタ・アウグスタ(現メリダ)　Emerita Augusta　……13,15,17,28,30
エルビーラ(現グラナダ)　Elvira　……31,76,87,94,100
エンポリオン　Emporion　……6,8,30

◆カ　行

カエサル・アウグスタ(現サラゴーサ)　Caesaraugusta　……15

カスティーリャ　Castilla ……92,410
カタルーニャ　Catalunya (Cataluña) ……171,198–200,202,203,205,207–211,213,215,217–223,225,226,229–232,236–242,244,245,255,279,306,318,335,337,348–352,355–359,361–364,366,368,373,381–385,398,403,404,410–412,414,421,424–426
カッラエキア──→ガラエキア
カディス　Cádiz ……5,179,261,304,357,388,402,405,409,419
ガディル──→ガデス
ガデス(現カディス)　Gades ……5,15,18
カナリア諸島　Islas Canarias ……179,184,185,235,240,250,254,260,261,339
ガラエキア　Gallaecia ……14,20,28,29,35–38,67,68
ガリシア　Galicia ……32,66,67,138,139,141,144,147,153,160,169,178,180,181,184,230,249,250,318,368,410
カルタゴ　Carthago ……64,66
カルタゴ・ノウァ(現カルタヘーナ)　Carthago Nova ……7,8,15,24
カルタヘーナ　Cartagena ……7,15,36,38,44,65,66
グアダルキビル川　Río Guadalquivir ……5,24,74,78,80,82,102,120,162,186,311,405
グアダレーテ川　Río Guadalete ……44,64,70
グラナダ　Granada ……4,100,103,107,109,111,112,116,118–120,124,125,127,128,132,253,254,256,258–261,308,322,338,383
コルドゥバ(現コルドバ)　Corduba ……9,12,13,15,18,23,29
コルドバ　Córdoba ……5,44,49,70–72,74,76–78,80–84,86,88,90–92,97–100,102–104,108,110,111,115,118,119,131,144,162,165,179,184,188,190,202,249,256,307,308,320

◆サ　行

サカテーカス　Zacatecas ……285
サグントゥム(現サグント)　Saguntum ……7
サラゴーサ　Zaragoza ……31,32,61,71,73,78,85,86,88,100–102,104,105,107,109,149,150,198,199,203,207,211–213,218,226,232,237,256,257,335,337,359,366,383,392,409
サルデーニャ　Cerdeña(Sardegna) ……7,225,226,229,231–233,239,240,338,342,381,382,387
サンティアゴ・デ・コンポステーラ　Santiago de Compostela ……93,155,159–161,193,194
シチリア　Sicilia ……7,179,224–227,229,231,233,239,243,264,265,310,342,363,381,387,391
ジブラルタル　Gibraltar ……5,121,123,127,171,198,380,381,389,401,417
ジブラルタル海峡　Estrecho de Gibraltar ……64,71,75,106,107,117,121,122,127,164
スペイン領アメリカ──→インディアス
セウタ　Ceuta ……93,121,122,127,400
セビーリャ　Sevilla ……30,36,38,48–51,66,71,72,74,76,77,79,82,85,87,99,102,104,106,107,112,113,115–117,119,131,150,162,166,168,173,179,182–184,186–188,190,230,249,256,260,262,295,310,312,313,320,337,366,388,399,402,405,409

◆タ　行

タホ川　Río Tajo ……………150,152,253,294,328
タラコ(現タラゴーナ)　Tarraco ……………8,13–15,18,30
タラゴーナ　Tarragona ……………49
タラコネンシス　Tarraconensis ……………14,28,30,35–37,199
ドゥエロ川　Río Duero ……………75,84,138,141–143,150,248,309,375
トレード　Toledo ……………45,46,48,50,51,59,62–65,70,71,73,78,80,81,88,92,100–106,109,140,150–152,155,157–159,165,168,181,182,184,188,190,251,253,256–258,280,294,307,308,320,322,328,359,360

◆ナ　行

ナバーラ　Navarra ……………198,200,204,205,207–209,303,369,373
ナポリ　Nápoles(Nàpoli) ……………342
ヌエバ・エスパーニャ(現在のメキシコ)　Nueva España ……………297,400
ヌマンティア　Numantia ……………4,10,11,13,19

◆ハ　行

バエティカ　Baetica ……………13,15,16,21,23–26,28,35,36,38,44,48
ハエン　Jaén ……………76,116,119,120,162
バスク　Pais Vasco ……………65,72,136,137,139,146,147,165,174,183,198,199,306,349,368,382,385,387,392,409,414
バルセローナ　Barcelona ……………15,71,80,188,198,199,201–203,213,218,221,226–228,230,231,234,236–238,242–245,256,279,310,335,337,350,351,361,364,368,380–382,384,398,399,402,409,411,412,425,426
バレアレス諸島　Islas Baleares ……………28,100,111,113,211,222,223,226,233,235,288
バレンシア　Valencia ……………80,89,100,104,107,111,116,124,128,151,153,188,211,213,214,218,219,221,223–226,229–232,234,236,237,239,242,245,255,256,272,281,282,306,308,318,336–338,348,349,352,359,361,366,368,383–385,399,409,410,412,421
ヒスパニア　Hispania ……………4,8,11–13,15,16,18–31,34–47,50,51,56,58,63,65–68
ヒスパニア・ウルテリオル　Hispania ulterior ……………8–10,12,13
ヒスパニア・キテリオル　Hispania citerior …8–11,13,14,16,19,21,26,27
ヒスパリス(現セビーリャ)　Hispalis ……………15
ビルバオ(ビルボ)　Bilbao ……………165,182,183,409
ピレネー　Pirineos ……………6,15,35,67,72,73,80,90,93
フランドル　Flandes ……………379
ブルゴス　Burgos ……………146,155,162,173,179,183,185–188,256,258,281,320,367
ポトシ　Potosí ……………285

◆マ　行

マジョルカ　Mallorca ……………116,219,222,223,231,234–236,242,245,383–385,415,418
マドリード　Madrid ……………46,282,292,294,295,333,336,341,344,345,349–351,358–361,365,380,381,392,394,

403,405–407,409,412,417
マラカ(現マラガ)　Malaca ……………22
マラガ　Málaga ……………………44,66,
85,98,99,119,
120,125,127,128,337
メセータ(中央台地)　Meseta ……152,
154,155,184,
305,311,318,404
メノルカ　Menorca
……………………381,389,401,417,418
メリダ　Mérida ………………13,30,44,
71,73,75,84
メリーリャ　Melilla …………………93

◆ラ　行

ラ・コルーニャ　La Coruña ……184,
280,339
ルシタニア　Lusitania ……13,15,16,
20,21,28,35,36,38
レオン　León ……………………153,155
レギオ(現レオン)　Legio ……20,29

スペイン史1（先史～1807年）年表

年代	政　治・経　済
前50万	半島に人類居住。
前20万	ネアンデルタール人居住。
前5000	新石器時代。
前3000	イベル人(イベリア人)居住。
前1200	半島南部が地中海交易圏に参入。
前1000	ケルト人，半島到来。
前800	フェニキア人，ガディル(現カディス)建設。
前700	タルテッソス王国の繁栄。
前580	ギリシア人，エンポリオン(現アンプリアス)建設。この頃より半島東部，東地中海とリヨン湾を結ぶ交易圏に参入。
前545頃	カルタゴ，アラリアの戦いに勝利しジブラルタル征圧。
前227	第1次ポエニ戦争に敗れたカルタゴ人，カルタゴ・ノウァ(現カルタヘーナ)建設。
前226	ローマとカルタゴのあいだでエブロ協定。
前206頃	ローマの植民市の建設開始。イタリカ(現サンティポンセ)建設。
前201	ローマ，第2次ポエニ戦争でカルタゴに勝利。
前197	ローマ，半島東部と南部に2つの属州ヒスパニアを設置。
前172	ローマ，カルテイア(現アルヘシーラス)にラテン権授与。
前155	ルシタニア戦争(～前136)。
前154	ヌマンティア戦争(～前133)。
前152	ローマ，コルドゥバ(現コルドバ)建設。
前45	カエサル，ムンダの戦いでポンペイウス軍に勝利。
前19	カンタブリア戦争(前26～)終結。ローマのイベリア半島支配完成。
前16/15	アウグストゥス，ヒスパニアを3属州に再編。
33	シエラ・モレーナの鉱山が皇帝領に編入。
73/74	ウェスパシアヌス，ヒスパニア全土の先住民都市にラテン権授与。
79	第7ゲミナ軍団，レギオ(現レオン)に駐屯開始。
98	ヒスパニア出身のトラヤヌスがローマ皇帝に即位(～117)。
117	ヒスパニア出身のハドリアヌスがローマ皇帝に即位(～138)。
171	北アフリカのマウリ族，半島南部に侵入(177年再侵入)。
259	タラコの司教，フルクトゥオスス殉教。
297？	ヒスパニア，6属州に再編(のち7属州に)。
313	ヒスパニアにおけるキリスト教公認。
325	コルドゥバ司教ホシウス，ニケーア公会議を主宰。アリウス派への異端宣告。
379	ヒスパニア出身のテオドシウスがローマ皇帝に即位(～395)。
385	アビラ司教プリスキリアヌス，異端の罪で処刑され，サンティアゴ・デ・コンポステーラに埋葬(伝承)。
409	ヴァンダル族，アラン族，スエヴィ族が半島に侵入。
410	西ゴート，ローマ市を略奪。
411	半島北西部にスエヴィ王国建国(～585)。
415	西ゴート族，半島に侵入。

地名および中世までの人名・王名はカスティーリャ語表記を基本とした。
初出および同名で紛らわしい場合，王名の前に王国名を付した。

社　　会・文　　化	世界・日本
前15000　アルタミラなどの洞窟壁画。 前6000〜前4000　半島東部レバンテ地方で，岩陰壁画を中心とするレバント美術。 前3000　銅器時代の始まり。 前1500　アルメリアのエル・アルガールを中心とする青銅器文化。 前1000　鉄器時代。半島西部でカストロ文化，半島中部でケルティベリア文化。 前400〜前300　この頃，バレンシアで彫刻「エルチェの貴婦人」つくられる。 前15　アグリッパ，メリダにローマ劇場建設。タラコ(現タラゴーナ)にアウグストゥス神殿建設。 1C頃　半島にキリスト教伝来(？)。 63　セネカ『道徳書簡』。 65　セネカ，皇帝ネロに自殺を命じられ没。 100　スペインワイン，この頃にはアンフォラに詰められローマへ輸出。 104　詩人マルティアリス没。 304　サラゴーサの聖ビセンテ殉教。 405　詩人プルデンティウス『詩歌集』。 410　イベリア半島で疫病流行。	前3000頃　エーゲ文明興る。 前2300頃〜前1800　インダス川流域に都市文明繁栄。 前1800頃　クレタ文明最盛期。 前1600頃　ミケーネ文明始まる。殷に王朝成立。 前814頃　フェニキアの植民都市カルタゴ建設。 前770　春秋時代の始まり。 前750頃　ギリシア人，地中海，黒海沿岸へ植民開始。 前509　ローマで共和政成立。 前500　ペルシア戦争始まる(〜前449)。 前431　ペロポネソス戦争(〜前404)。 前264　第１次ポエニ戦争(〜前241)。 前221　秦の始皇帝即位(〜前210)。 前218　第２次ポエニ戦争(〜前201)。 前202　劉邦，漢建国。 前149　第３次ポエニ戦争(〜前146)。 前58　カエサルのガリア遠征(〜前51)。 前27　ローマ帝政の始まり。 前7/4頃　イエス誕生。 96　五賢帝時代始まる(〜180)。 117　ローマ帝国最大版図。 220　魏建国。 239　卑弥呼，魏に遣使。 265　晋(西晋)建国(〜316)。 325　ニケーア公会議。 330　コンスタンティヌス帝，ビザンティウムに遷都。 375　西ゴート族，ローマ帝国領に侵入，ゲルマン民族大移動の開始。 380　キリスト教の国教化。 395　ローマ帝国が東西に分裂。

416	西ゴート族，ヴァンダル族を掃討。
418	西ゴート王国建国(～711)。首都トロサ(現トゥールーズ)。
466	エウリック王即位し(～484)，在位期間中に半島の大部分を支配。
480	この頃までに『エウリック法典』成立。
506	『アラリック法典』発布。
507	西ゴート，ヴイエの戦いでフランク王国に敗北。ガリアを失い，支配地域をイベリア半島に限定。
511	東ゴート王国のテオドリック大王，西ゴート王国の摂政に(～526)。
513	東ゴートのテウディス将軍，西ゴート王国を支配(～548)。
550年代	スエヴィ王国がカトリックに改宗。
555	アタナギルドの反乱。アタナギルドの要請を受けて，東ローマ(ビザンツ)軍，半島に上陸。マラカ(現マラガ)に総督をおき半島南部を統治。
568	レオヴィギルド王即位。これ以降トレードが王国の首都に。
569	レオヴィギルド王，半島南部を平定(～571)。
579	ヘルメネギルドの反乱(～584)。
580	トレードでアリウス派の宗教会議。
582	レオヴィギルド王，西ゴート貨幣の鋳造開始。
585	西ゴート，スエヴィ王国を併合。
589	***5–8*** レカレド王，第3回トレード公会議を召集。アリウス派の放棄とカトリック改宗を宣言。
625	この頃までに半島南部から東ローマ領消滅。
633	第4回トレード公会議。首席司教はイシドルス。西ゴート王権とカトリック教会の提携強化。
654	『西ゴート法典』公布。
680	ワムバ廃位事件。
694	***11–9*** 第17回トレード公会議。ヒスパニアのユダヤ人奴隷化宣言。
711	***4–27*** ターリク率いるイスラーム勢力が半島に侵入開始。***7–1*** グアダレーテの戦いでロデリック王敗死。西ゴート王国滅亡。
713	西ゴート貴族トゥドミール，イスラーム勢力と和約。
714	この頃までにイスラーム勢力，北部を除く半島のほぼ全域を支配。
718	ペラーヨが即位し，アストゥリアス王国成立。
722	***5–28***？ コバドンガの戦い。レコンキスタ運動開始。
732	***10–25*** トゥール・ポワティエ間の戦いでイスラーム軍，フランク王国宮宰カール・マルテルに敗退。
741	アンダルスで大規模なベルベル反乱。シリア軍，アンダルスに流入し「土地の者たち」と対立。
743	総督アブー・アルハッタールの裁定により，アンダルス南部にシリア軍入植。
747	メッカのクライシュ族出身のユースフ・フィフリーが総督に。
753	アストゥリアス王アルフォンソ1世，ガリシア地方やドゥエロ川流域へ遠征。モサラベを誘致し再植民運動に着手。
756	***5–14*** ウマイヤ朝のアブド・アッラフマーン1世，ムサーラの戦いでユースフ軍に勝利。コルドバでアミールを宣言。後ウマイヤ朝成立。
759	フランク王ピピン，ナルボンヌ奪取。イスラーム軍のピレネー以北での活動終了。
768	ムハンマドの末裔を称するベルベル系のシャクーヤがクエンカで反乱(～777)。
770	アストゥリアス人隷属民の反乱。
778	カール大帝のサラゴーサ遠征。
785	コルドバの大モスク建設開始。

418　オロシウス，歴史書全7巻を執筆。 468　ガラエキア司教ヒダティウス『年代記』。 542　ペスト流行。 626　セビーリャのイシドルス『ゴート人の歴史』。 634　イベリア半島で旱魃と飢饉(～641)。 661　西ゴート様式で，現存する最古の教会サン・フアン(バーニョス・デ・セラート)教会建設(パレンシア県)。 667　聖イルデフォンソ没。 680　トレードのユリアヌス『ワムバ王の歴史』。	429　ヴァンダル族が北アフリカに侵入し，ヴァンダル王国を建設(～534)。 449　アングロ・サクソン人，ブリタニアに進出開始。 451　カタラウヌムの戦い。ローマ・ゲルマン連合軍，フン族を撃破。 476　西ローマ帝国滅亡。 493　テオドリック，イタリアに東ゴート王国(～555)を建設。 527　ビザンツ皇帝ユスティニアヌス1世即位。 529　『ローマ法大全』の編纂開始。 568　ランゴバルド族，北・中イタリアに王国建設(～774)。 581　隋建国(～618)。 590　教皇グレゴリウス1世即位。 618　唐建国(～907)。 622　ムハンマドのヒジュラ(聖遷)。メディナへ移る(ヒジュラ暦元年)。 638　イスラーム軍，イェルサレムを攻略。 642　ニハーヴァンドの戦いで，イスラーム軍がサーサーン朝を破る。 645　大化改新。 650頃　『コーラン』成立。 661　ダマスクスにウマイヤ朝成立(～750)。 674　イスラーム軍，コンスタンティノープルを包囲。 676　新羅の朝鮮統一。 710　平城京に遷都。 726　東ローマ皇帝レオン3世，聖画像禁止令を発布。 750　アッバース朝成立(～1258)。 751　カロリング朝成立。タラス河畔の戦い。製紙法のイスラーム伝播。 754　「ピピンの寄進」，教皇領の起源。 755　唐，安史の乱。

792	アストゥリアス王アルフォンソ２世，オビエドを新都に。
797	トレードで「堀割の事件」。アストゥリアス王アルフォンソ２世，カール大帝に使節派遣。
801	フランク軍のバルセローナ攻略によりスペイン(ヒスパニア)辺境領成立。
814頃	サンティアゴ・デ・コンポステーラで聖ヤコブの墓発見(伝承)。アルフォンソ２世，サンティアゴ教会の建設に着手。
818	***3–25*** ラビーウの徴税に対するコルドバ住民の反乱(ラバドの反乱)。
820	この頃，ナバーラ王国成立。
842	トゥデーラのムーサー・ブン・ムーサーの反乱(〜843)。
844	***8〜11*** 大西洋沿岸とセビーリャにノルマン人襲来。アストゥリアス王ラミーロ１世，ノルマン人を撃退。
852	コルドバ教会会議で，キリスト教徒の「殉教運動」を断罪。
859	***5–11*** キリスト教徒エウロギウスの「殉教」。
880	イブン・ハフスーン，マラガ北方ボバストロを拠点に反乱(〜928)。
881	アストゥリアス王アルフォンソ３世，ドゥエロ川流域に進出。
905	ナバーラでヒメーナ朝成立し，サンチョ・ガルセス１世即位。
910	アルフォンソ３世の息子ガルシア１世，オビエドからレオンに遷都。レオン王国成立(〜1037)。
927	後ウマイヤ朝，北アフリカのメリーリャ占領。
929	***1–16*** アブド・アッラフマーン３世，カリフを宣言。後ウマイヤ朝最盛期。
931	後ウマイヤ朝，北アフリカのセウタ占領。
936	コルドバ北西で宮廷都市マディーナ・アッザフラーの造営開始(〜976)。
939	***8–1*** シマンカスの戦いで，レオン王ラミーロ２世，アブド・アッラフマーン３世に勝利。
943	カスティーリャ伯フェルナン・ゴンサレス，レオン王国からの分離運動を激化。
946	後ウマイヤ朝メディナセーリに要塞建設。
949	後ウマイヤ朝ビザンツ帝国とのあいだで使節の交換を開始。
953頃	モサラベ聖職者レセムンド，後ウマイヤ朝からビザンツ帝国に派遣される。
961	カスティーリャ伯領，レオン王国より自立。
966	復位したレオン王サンチョ１世毒殺。レオン王国内で貴族の対立激化。
974	カスティーリャ伯ガルシア・フェルナンデス，「カストロヘリスの植民状」発給。
978	***3–26*** アーミル家出身のマンスール，ヒシャーム２世の侍従となり，後ウマイヤ朝で権力掌握。
979	コルドバ東郊で新たな宮廷都市マディーナ・ザーヒラの造営開始。
985	***7–7*** マンスール，バルセローナを攻撃。
987	マンスールのコルドバ大モスク拡張工事(〜990)。
988	マンスール，レオン王国の首都レオンを攻撃。
997	***8–*** マンスール，サンティアゴ・デ・コンポステーラを攻撃。
1000	ナバーラ王サンチョ３世即位。ナバーラ王国がキリスト教諸国の中心に。
1009	***3–*** サンチュエロ暗殺によるアーミル家支配の終焉。アンダルスは内乱状態に。
1013	グラナダに「新ベルベル系」のジーリー朝成立。
1017	レオン王アルフォンソ５世，「レオンの都市法」を発給(1020年説もあり)。
1029	カスティーリャ伯ガルシア・サンチェスの暗殺。サンチョ３世がカスティーリャ伯領を継承。
1031	***11–30*** コルドバでカリフに対する反乱。後ウマイヤ朝滅亡。第１次ターイファ(諸王国)時代の開始。

786頃 モサラベ典礼書『ベアトゥス本』編纂。 791 サン・ティルソ教会建設(現アストゥリアス県)。 9C この頃からモサラベのアラブ化・イスラーム化が進む。	786 アッバース朝全盛。 789 モロッコでイドリース朝成立(〜926)。 794 平安京に遷都。 800 ***12-25*** カール大帝，ローマ教皇により皇帝戴冠，西ローマ帝国復興。
822 バグダードの音楽家ジルヤーブ，コルドバ宮廷に到来。 848 サンタ・マリア・デ・ナランコ教会建設(現アストゥリアス県)。	827 イスラーム教徒，シチリア島に侵入。 830頃 バグダードに「知恵の館」創設。 867 ビザンツ(東ローマ)皇帝バシレイオス1世，マケドニア朝創始(〜1057)。
880 リポール(リポイ)修道院建設。 883 アルフォンソ3世『アルフォンソ3世年代記』。	870 メルセン条約により中部フランク王国を東・西フランクで分割。
913 サン・ミゲール・デ・エスカラーダ修道院建設(現レオン県)。	882 キエフ公国建設。 893 マジャール人，ハンガリーに侵入。 907 唐滅亡。 909 ファーティマ朝成立(〜1171)。 911 ノルマンディー公国の成立。 919 ハインリヒ1世，ザクセン朝を創始(〜1024)。
952 ユダヤ教徒医師ハスダイ・イブン・シャプルート，医学書翻訳。 961頃 レセムンド『コルドバ歳時記』。	936 ドイツ王オットー1世即位。 946 ブワイフ朝，バグダード占領。アッバース朝カリフから政権奪取。 960 宋(北宋)建国(〜1127)。
977 リオハ県のサン・ミリャン修道院で，現存するカスティーリャ語最古の文献といわれる修道士たちの注記が書かれる(964年説もあり)。コルドバの歴史家イブン・アルクーティーヤ没。	962 オットー1世戴冠。神聖ローマ帝国成立。 969 ファーティマ朝，エジプト征服。 976 ビザンツ皇帝バシレイオス2世即位。マケドニア朝全盛期。 987 カペー朝成立(〜1328)。
1000 この頃から13世紀にかけて，サンティアゴ巡礼最盛期。	989 キエフ公ウラジミル1世，ギリシア正教に改宗。 1000頃 アフリカのガーナ王国，交易国家として繁栄。
1023 カタルーニャのモンセラット(ムンサラット)修道院創設。	1018 フランス系ノルマン人，南イタリアに侵入。

1035	サンチョ3世没。領土は分割相続され，ラミーロ1世が初代アラゴン王に(～63)。バルセローナ伯ラモン・ベレンゲール1世即位（～76)。
1037	***9–4*** タマロンの戦いでカスティーリャ王フェルナンド1世，レオン王ベルムード3世に勝利。カスティーリャ＝レオン王国成立。
1060	フェルナンド1世，サラゴーサ王国を保護下に。
1064	***7–9*** フェルナンド1世，大西洋岸のコインブラを征服。***8–*** ウルジェイ伯とピレネー以北の騎士団によるバルバストロ征服。
1065	フェルナンド1世没し，分割相続したカスティーリャ王サンチョ2世とレオン王アルフォンソ6世のあいだで王位継承争い勃発。
1069	セビーリャのアッバード朝，コルドバを占領し西アンダルシーアを支配。
1072	***10–7*** サンチョ2世暗殺。アルフォンソ6世がカスティーリャ＝レオン王に。
1076	アラゴン王国のナバーラ併合(～1134)。
1085	***5–*** アルフォンソ6世，トレード征服。
1086	***6–*** ムラービト朝，半島に上陸。***10–23*** アルフォンソ6世，サグラハスの戦いでムラービト軍に敗北。
1094	***6–15*** エル・シッド，バレンシアを支配(～99)。ムラービト朝，この頃までにアンダルスの主要部分を掌握。
1096	アラゴン王ペドロ1世，ウエスカ征服。バルセローナ伯ラモン・ベレンゲール3世即位。この頃からカタルーニャ諸伯領の政治的統合が進む。
1097	この頃，ムラービト朝，バグダードのアッバース朝に使節派遣。エル・シッド，バイレーンの戦いでムラービト軍に勝利。
1100頃？	ラモン・ベレンゲール3世のもとで『バルセローナ慣習法』成立。
1108	***5–30*** ムラービト朝，ウクレスの戦いでアルフォンソ6世に勝利。
1109	カスティーリャ＝レオン王国女王ウラーカとアラゴン＝ナバーラ王アルフォンソ1世の結婚。
1110	サンティアゴ巡礼都市サアグンで大規模なコミューン運動発生(～16)。
1112	ラモン・ベレンゲール3世，プロヴァンス伯領併合。
1114	ウラーカとアルフォンソ1世，結婚を解消。
1118	***12–*** アルフォンソ1世のサラゴーサ征服。
1120	アルフォンソ1世，クタンダの戦いでムラービト軍に勝利。サンティアゴ・デ・コンポステーラに大司教座開設。初代大司教にディエゴ・ヘルミレス。
1125	アルフォンソ1世，アンダルシーア遠征。
1134	アルフォンソ1世の没により，アラゴン王国とナバーラ王国分離。
1137	バルセローナ伯ラモン・ベレンゲール4世とアラゴン王女ペトロニーラが結婚し，アラゴン連合王国成立。カスティーリャ＝レオン王アルフォンソ7世，ポルトガルのアフォンソ・エンリケスとトゥイ条約締結。
1143	サモーラ条約で王アルフォンソ7世，アフォンソ・エンリケス(アフォンソ1世)のポルトガル王位承認。
1144	スーフィーのイブン・カシー，アンダルス西部で反乱。
1145	イブン・ハムディーン，コルドバで反乱。
1147	「狼王」イブン・マルダニーシュ，アンダルス東海岸を支配。ポルトガル王国，リスボン征服。アルフォンソ7世，アンダルス南部アルメリアを占領(～57)。
1148	***12–31*** アラゴン王国のラモン・ベレンゲール4世，トルトーサ(トゥルトーザ)を征服。
1149	***10–24*** ラモン・ベレンゲール4世，レリダ(リェイダ)を征服。エブロ川流域がキリスト教徒支配下に。
1151	***1–27*** アルフォンソ7世，ラモン・ベレンゲール4世とトゥデリェン条約締結。

	1054　東西教会分裂。
	1055　セルジューク朝，バグダード入城。
1050　この頃から聖ヤコブの奇跡譚がヨーロッパ社会に浸透。	
	1056　モロッコにムラービト朝成立(～1147)。
1055　この頃からムラービト朝，高品質の金貨発行。	
1064　文人イブン・ハズム没。	1071　マンジケルト(マラーズギルド)の戦いでビザンツ，セルジューク朝に大敗。
	1075　教皇グレゴリウス７世，叙任権闘争開始。
1070　詩人イブン・ザイドゥーン没。	1077　カノッサの屈辱。皇帝ハインリヒ４世，教皇グレゴリウス７世に屈服。
1076　歴史家イブン・ハイヤーン没。	
	1086　白河上皇，院政を開始。
	1088　ボローニャ大学創設(伝承)。
1094　地理学者バクリー没。	
	1096　第１回十字軍(～99)。
	1098　シトー会創設。
1109　スーフィズムの思想家ガザーリーの著書がコルドバで焚書に。	
	1122　ヴォルムスの協約で叙任権闘争終結。
1123　タウール(タウイ)のサン・クレメント(サン・クリメン)教会建設。	
	1125　この頃，ドイツ人の東方植民運動盛んとなる。
1125　この頃からトレード大司教ライムンドの保護により「トレードの翻訳グループ」が活動。	1128　テンプル騎士団創設。
1126　コルドバのマーリク派法学者イブン・ルシュド・ジャッド(イブン・ルシュド〈アヴェロエス〉の祖父)没。	1130　モロッコにムワッヒド朝成立(～1269)。ルッジェーロ２世，両シチリア王国を建国。
1140　フランク軍とイスラーム軍の戦いを描いたフランスの叙事詩『ローランの歌』の一部が成立(～70)。	
	1138　ドイツ，ホーエンシュタウフェン朝創始(～1254)。
1141　ユダヤ教徒の詩人ユダ・ハーレヴィ没。	1143　ポルトガル王国成立。
	1147　第２回十字軍(～49)。
1150頃　タラゴーナにポブレー修道院創設。	

1156	ムワッヒド朝，グラナダを攻略。この頃からムワッヒド朝の支配体制強化。
1155	カラトラーバ騎士団創設。
1157	カスティーリャ＝レオン王国，カスティーリャ王国とレオン王国に再分裂。
1166	アラゴン王アルフォンソ２世，プロヴァンス伯領をめぐってトゥールーズ伯と対立(～76)。
1169	カスティーリャ王アルフォンソ８世，イングランド王女レオノールと結婚し，ガスコーニュ公領に進出。
1170	サンティアゴ騎士団の母体カセレス兄弟団創設。
1171	ムワッヒド朝カリフ，アブー・ヤークーブ・ユースフのセビーリャ滞在。
1172	イブン・マルダニーシュ没。アンダルス全土がムワッヒド朝支配下に。
1177	***9–21*** アルフォンソ８世，クエンカ征服。
1179	アルフォンソ８世，アラゴン王アルフォンソ２世とカソーラ条約締結。
1184	ムワッヒド朝，ポルトガルのサンタレン攻撃。レコンキスタがテージョ川まで後退。
1188	レオン王アルフォンソ９世，レオンで初の身分制議会(コルテス)開催。
1195	***7–19*** ムワッヒド朝，アラルコスの戦いでアルフォンソ８世に勝利。
1200	この頃から，カタルーニャ商人の地中海進出が本格化。
1202	「マドリードの都市法」発布。
1209	第２回アルビジョワ十字軍開始。
1211	教皇インノケンティウス３世，ムワッヒド朝との戦争を十字軍と認定。
1212	***7–16*** アルフォンソ８世率いるキリスト教徒連合軍，ラス・ナバス・デ・トローサの戦いでムワッヒド朝に大勝。トレード大司教ヒメネス・デ・ラダ，キリスト教諸国を歴訪し，ムワッヒド朝との戦いに参戦を呼びかける。
1213	***9–12*** アラゴン王ペドロ２世，ミュレの戦いで戦死。南フランスにおけるアラゴン王権の支配弱体化。
1214	アラゴン王ハイメ１世，レリダ(リェイダ)の身分制議会(コルテス)開催。
1216	ドミニコ会の創設。
1228	ムワッヒド朝解体へ向かい，第３次ターイファ時代始まる。
1230	フェルナンド３世のもとで，カスティーリャ王国とレオン王国が再統合され，カスティーリャ王国成立。フェルナンド３世，バダホス征服。アラゴン王ハイメ１世，マジョルカ島征服。
1232	ナスル朝成立。
1234	ナバーラ王国にシャンパーニュ朝成立。ムルシアのイブン・フード，セビーリャやコルドバを支配。
1236	***6–29*** フェルナンド３世，コルドバ征服。
1238	ナスル朝のムハンマド１世，グラナダを支配。
1243	フェルナンド３世，ムルシア征服。
1244	***3–26*** フェルナンド３世とハイメ１世がアルミスラ条約締結。
1245	ハイメ１世，バレンシア地方の征服を完了。
1246	***3–*** ムハンマド１世，ハエンをフェルナンド３世に割譲し臣従。
1247	ウエスカ司教ビダル・デ・カネーリャス，『アラゴンのフエロ』編纂。
1248	***12–22*** フェルナンド３世，セビーリャ征服。
1255？	この頃，カスティーリャ王アルフォンソ10世，『フエロ・レアル』編纂。
1256	アルフォンソ10世，『七部法典』編纂開始(～63)。
1257	この頃からアルフォンソ10世，神聖ローマ皇帝位をうかがう。
1262	***9–*** アルフォンソ10世，カディス征服。ハイメ１世，マジョルカ王国建国。
1264	アンダルシーアとムルシアでムデハル反乱(～66)。

1175　イタリア人クレモナのジェラルド，トレードでプトレマイオスの『アルマゲスト』などの翻訳開始。
1184　セビーリャでヒラルダの塔建設(～98)。
1185頃　哲学者・医者・天文学者イブン・トゥファイル没。
1190　この頃アラブの天文学者ビトルージー，スペインで活躍。
1198　哲学者・医者・法学者イブン・ルシュド(アヴェロエス)没。
1204　哲学者マイモニデス没。
1207頃　『わがシッドの歌』成立。
1212　パレンシア大学創設。
1216　聖ドミンゴ創設のドミニコ会,教皇により認可。
1218～19　サラマンカ大学創設。
1221　ブルゴス大聖堂の建設。
1227　トレード大聖堂の建設。
1243　ヒメネス・デ・ラダ『スペイン事績録』。
1250　この頃からキリスト教諸国の人口が大幅に増加。
1252頃　『アルフォンソ天文表』の編纂開始(～70)。
1254　レオン大聖堂建設。イェフダ・ベン・モーシェ『完全なる星辰予言の書』をカスティーリャ語に翻訳。
1256　セビーリャ大学創設。この頃から，セビーリャはトレードと並ぶ学術研究の中心都市に。
1260　バリャドリー大学創設。この頃，カスティーリャ語による『スペイン史』の編纂開始(～84)。『聖母マリア讃歌集』編纂。
1264　詩人ベルセオ没。

1152　神聖ローマ皇帝フリードリヒ1世即位。
1154　イングランド王ヘンリ2世即位。プランタジネット朝創始。
1167　イタリア，ロンバルディア都市同盟成立，皇帝権の伸張に対抗。
1171　サラーフ・アッディーン，アイユーブ朝を建国(～1250)。
1187　サラーフ・アッディーン，イェルサレムを奪回。
1189　第3回十字軍(～92)。
1192　鎌倉幕府始まる。
1198　教皇インノケンティウス3世即位。
1204　第4回十字軍，コンスタンティノープルを占領。
1206　チンギス・ハン即位。
1209　アルビジョワ十字軍，南仏のカタリ派を攻撃(～29)。
1210　インノケンティウス3世，フランチェスコ会を承認。
1215　ジョン王，マグナ・カルタに署名。
1216　第5回十字軍(～21)。
1219　北条氏の執権政治始まる。
1229　フリードリヒ2世，イェルサレムを回復。
1241　ワールシュタットの戦いでドイツ騎士団・ポーランド軍，モンゴル軍に大敗。
1243　キプチャク・ハン国建国(～1502)。
1248　第7回十字軍(～54)でフランス王ルイ9世，エジプト遠征。
1250　エジプトでマムルーク朝成立(～1517)。
1254　ドイツの大空位時代始まる(～73)。
1258　モンゴル軍がバグダードを陥落。アッバース朝滅亡。イル・ハン国成立(～1353)。
1261　ラテン帝国が滅び，ビザンツ帝国復興(パレオロゴス朝，～1453)。

1265	バルセローナで「百人会議(クンセイ・ダ・セン)」創設。マラガとグアディックスでアシキールーラ家の反乱。
1273	アルフォンソ10世，メスタ(移動牧畜業者組合)を再編し特権を付与。
1275	北アフリカのマリーン朝，この頃からアンダルス介入を本格化。
1282	「シチリアの晩鐘」事件。アラゴン王ペドロ３世，シチリア王位を継承。
1283	アラゴン貴族，同盟(ウニオン)結成。
1284	アルフォンソ10世の次子サンチョ，カスティーリャ王に即位(サンチョ４世)。アラゴン王ペドロ３世，クロア(クロアット)貨造幣。
1285	この頃，アラゴン連合王国で国王顧問会議(コンセーホ・レアル)が確立。
1292	サンチョ４世，ジブラルタルの要衝タリーファをマリーン朝から奪取。
1296	カンタブリアとバスク地方の８都市が海港都市盟約団を結成。
1297	アルカニセス条約。カスティーリャとポルトガルの国境確定。
1300	ビスカーヤ公，スペイン北部の都市ビルバオ創設。
1302	***8–19*** アラゴン王ハイメ２世，カルタベロッタ条約によりシチリア領有戦争を終結。
1305	ナバーラ王国にカペー朝成立。
1306	ナスル朝のムハンマド３世，セウタを一時占領。
1311	アルモガバレス(アルムガバルス。カタルーニャ人傭兵集団)，アテネ公国を簒奪。
1323	アラゴン王子アルフォンソによるサルデーニャ島征服。
1324	ナスル朝，ウエスカル攻略で半島初となる火砲を使用。
1328	ナバーラ王国にエヴルー朝成立。
1340	***10–30*** カスティーリャ・ポルトガル連合軍，サラードの戦いでマリーン朝・ナスル朝連合軍に勝利。
1344	カスティーリャ王アルフォンソ11世，アルヘシーラスを征服。ムスリムによるジブラルタル海峡支配が弱体化。この頃，アルフォンソ11世，レヒドール制を導入し王権と都市支配を強化。
1348	アルカラ条例により，『七部法典』が実効性をもつことに。バルセローナに海事裁判所創設。
1349	バルセローナに商務館設立。
1350	アルフォンソ11世，ペストで死亡。ペドロ１世即位。
1351	カスティーリャ王ペドロ１世，経済危機に対応するためバリャドリーで身分制議会(コルテス)開催。
1353	アラゴン王ペドロ４世，サルデーニャに艦隊派遣。
1354	ペドロ１世と異母弟エンリケ・デ・トラスタマラのあいだで内乱勃発。
1359	カタルーニャでディプタシオ(ジャナラリタット)が常設化。
1362	ナスル朝でムハンマド５世，カスティーリャ王ペドロ１世の協力を得て復位。この頃からナスル朝最盛期に。
1367	***4–3*** ナヘラの戦いで，ペドロ１世・エドワード黒太子連合軍，エンリケ軍に勝利。
1369	ペドロ１世，モンティエールの戦いで戦死。エンリケ２世即位し，カスティーリャ王国にトラスタマラ朝成立。
1370	バルセローナで『海事法令集』編纂。
1371	エンリケ２世，国王裁判所を改組し地方高等法院(アウディエンシア)開設。
1372	エンリケ２世，カスティーリャ艦隊をラ・ロシェル港に派遣し，イングランド艦隊を撃破。
1373	***3–19*** エンリケ２世，ポルトガル王フェルナンド１世とサンタレン条約締結。

	1271 フビライ・ハン，元朝創始(〜1368)。
1273 ラモン・ルル(リュイ)『大いなる術』。	1274･81 蒙古襲来。
	1276 南宋滅亡。
1298 バルセローナ大聖堂建設。	
1300 マジョルカ島のパルマ大聖堂建設。アラゴン連合王国初となるレリダ(リェイダ)大学創設。	1295 イングランド王エドワード1世，模範議会召集。
1311 哲学者アルナルドゥス・デ・ビリャノーバ没。ヴィエンヌ公会議で，サラマンカ大学がヨーロッパ四大大学の一つとされる。	1299 オスマン帝国独立。マルコ・ポーロ『世界の記述(東方見聞録)』。
1312 ジェノバ人ランチェロット・マルチェロがカナリア諸島を「再発見」。	1302 フランス王フィリップ4世，三部会を開催。
1315 「カタルーニャ語の父」ラモン・ルル(リュイ)没。	1307頃 ダンテ『神曲』(〜21)。
	1309 教皇のバビロン捕囚(〜77)。
1330 フアン・ルイス『よき恋の書』。	1325 フランス王フィリップ6世即位，ヴァロワ朝成立(〜1589)。
1333 アラゴンで食糧危機。	
1335 ドン・フアン・マヌエル『ルカノール伯爵』。	
1340 この頃，バルセローナの人口が約5万人に。この頃からグラナダのアルハンブラ宮殿の主要部の建設開始。ユースフ1世から次王ムハンマド5世の時代まで継続。	1336 室町幕府始まる。
	1339 百年戦争始まる(〜1453)。
	1347 マリーン朝がマグリブ全域を支配。イタリア，南フランスを中心にペスト大流行(〜50)。
1348 この頃ペスト流行。大幅な人口減少。	
	1351 元で紅巾の乱起こる(〜66)。
	1353 ボッカチオ『デカメロン』。
	1356 神聖ローマ皇帝カール4世，金印勅書を発布。
	1358 フランスでジャックリーの乱起こる。
1364 ボローニャ大学内に，スペイン人学生用の学寮(コレヒオ・マヨル)建設。	
	1368 明建国(〜1644)。
	1370 ハンザ同盟の最盛期。ティムール朝成立(〜1507)。
1373 ヘロニモ(ヒエロニムス)会創設。	

1374	ナスル朝，交渉によりジブラルタルをマリーン朝から獲得。アンダルスにおけるマリーン朝の影響が消滅。
1375	***4–12***　エンリケ２世，アラゴン王ペドロ４世とアルマサン条約締結。
1381	バルセローナで個人銀行が連鎖倒産。
1385	***8–14***　アルジュバロータの戦いで，カスティーリャ王フアン１世，ポルトガル軍に敗北。
1387	フアン１世，国王顧問会議(コンセーホ・レアル)を改革しレトラード(文官)を重用。
1388	***2–***　フアン１世，ランカスター公とバイヨンヌ条約締結。王太子(アストゥリアス公)制度を導入。
1391	セビーリャで大規模な反ユダヤ暴動。半島全域に拡大。この頃からコンベルソ(改宗ユダヤ人)急増。
1393	この頃カスティーリャ王エンリケ３世，主要都市へのコレヒドール(国王代官)派遣を開始。
1400	この頃からメディーナ・デル・カンポで大市開催。
1401	バルセローナで，ヨーロッパ初の公営銀行が開設(67年に破綻)。
1402	エンリケ３世，カナリア諸島を支配下に。
1403	エンリケ３世，クラビーホをティムール帝国へ派遣(～06)。
1410	***9–16***　アラゴンの摂政フェルナンド，要衝アンテケーラを攻略。
	アラゴン王マルティン１世没し，バルセローナ伯家断絶。
1412	***6–28***　カスペ会議でトラスタマラ家のフェルナンド，アラゴン王に選出(フェルナンド１世)。アラゴンにもトラスタマラ朝成立。
1415	***8–21***　ポルトガル，セウタを攻略し，北アフリカ沿岸に進出。
1419	この頃からグラナダ王国で貴族間抗争と王位継承争い激化。
1420	この頃からガリシアで第１次イルマンディーニョス反乱(～30)。
1427	カタルーニャ金融市場の混乱。
1430	この頃からカタルーニャの地中海貿易縮小。
1431	グラナダのバンニガシュ家，カスティーリャ王の支援を得て実権奪取。
1432	バリャドリーで全国ユダヤ人会議開催。
1436	アラゴン王アルフォンソ５世，ナポリ継承戦争開始(～43)。
1442	高等法院(チャンシリェリア)がバリャドリーに移転。
1443	ブルゴス商人組合設立。アルフォンソ５世，ナポリ王位継承し(～58)，ナポリに宮廷を移動。
1445	***5–19***　カスティーリャ王フアン２世の寵臣アルバロ・デ・ルーナ，オルメードの戦いでアラゴン派貴族に勝利。
1447	カタルーニャでレメンサ(ラメンサ)農民組合結成。
1449	トレードで反コンベルソ(改宗ユダヤ人)暴動。アルバロ・デ・ルーナ失脚。「判決法規」制定。
1458	ナバーラ王フアン１世，アラゴン王フアン２世としてアラゴン王位継承。
1461	バルセローナでビガとブスカの党派対立激化。
1462	カタルーニャでレメンサ(ラメンサ)農民運動激化し内乱状態へ(～72)。カスティーリャ，ジブラルタルを占領し，同海峡でのキリスト教徒の優位が確定。
1467	***8–***　カスティーリャ王エンリケ４世，オルメードの戦いで反対派貴族に勝利。ガリシアで第２次イルマンディーニョス反乱(～69)。
1468	***9–18***　ロス・トロス・デ・ギサンド協定で，カスティーリャ王エンリケ４世，異母妹イサベルの王位継承を承認。
1469	***5–17***　カスティーリャ王女イサベルとアラゴン王太子フェルナンド(のちのカトリック両王)結婚。

1374　グラナダの宮廷政治家・知識人イブン・アルハティーブ没。

1383　フアン１世，伝統的なスペイン暦を撤廃しユリウス暦を採用。

1389　グアダルーペのサンタ・マリア修道院建設開始(現カセレス県)。

1393頃　宮廷詩人イブン・ザムラク没。

1400　15世紀を通じ，ジプシー(ロマ)がイベリア半島に徐々に移動。この頃からスペイン語独自の詩様式「ロマンセ」形成される。

1401　セビーリャ大聖堂建設。サラマンカ大学で国内初の学寮(コレヒオ・マヨル)建設。

1406　クラビーホ『ティムール帝国紀行』。

1407　首席国爾尚書官・詩人のロペス・デ・アヤラ没。代表作『宮廷の押韻詩』『ペドロ１世年代記』。

1419　教会大分裂収拾に寄与したドミニコ会士ビセンテ・フェレール(ビセン・ファレー)没。

1443頃　ナポリを中継してイタリア・ルネサンスがイベリア半島に伝播。

1450　この頃からカスティーリャ経済の回復が顕著に。

1455　この頃からセビーリャで黒人奴隷増加。

1378　教会大分裂(～1417)。

1381　イギリスでワット・タイラーの乱。

1392　李氏朝鮮成立(～1910)。日本，南北朝の合一。

1396　ニコポリスの戦い。オスマン朝，西欧十字軍撃破。

1399　イングランド王ヘンリ４世即位。ランカスター朝創始(～1461)。

1402　アンゴラ(アンカラ)の戦い。オスマン朝，ティムールに敗北。

1415　アザンクールの戦い。フランス軍，イギリス軍に大敗。

1417　コンスタンツ公会議で教会大分裂終了。

1419　フス戦争始まる(～36)。

1421　明の永楽帝，北京に遷都。

1431　ジャンヌ・ダルク，ルーアンで焚刑。

1434　メディチ家によるフィレンツェ支配(～94)。

1438　ドイツのアルブレヒト２世，神聖ローマ皇帝となり，ハプスブルク朝創始(～1806)。

1440頃　グーテンベルクが活版印刷術を発明。

1444　ヴァルナの戦い。西欧十字軍，オスマン朝に敗北。

1450　この頃，イタリア・ルネサンス文化全盛。

1453　オスマン朝，コンスタンティノープル占領。ビザンツ帝国滅亡。百年戦争終わる。

1455　ばら戦争始まる(～85)。

1461　イングランド王エドワード４世即位。ヨーク朝創始(～85)。

1465　マリーン朝滅亡。

1467　応仁の乱(～77)。

1474	イサベル一世	***12–11***	カスティーリャ王エンリケ4世没。***12–13***　イサベル1世即位。
1475		***1–15***	セゴビア協定締結。***5–30***　エンリケ4世の王女，フアナ・ラ・ベルトラネーハの即位宣言。カスティーリャ王位継承戦争の開始。
1476		***3–2***	イサベル1世，トロの戦いでフアナ派貴族とポルトガル軍に勝利。***4–***　サンタ・エルマンダー創設。
1478		***6–***	イサベル1世と征服契約を結んだフアン・レホン，グラン・カナリア島の征服開始。
1479	カトリック両王（カスティーリャ女王イサベル一世・アラゴン王フェルナンド二世）	***1–19***	アラゴン王フェルナンド2世即位。***9–4***　アルカソヴァス条約締結。***12***～翌年　トレードでコルテス開催。カトリック両王，王室財政，国王顧問会議，コレヒドール制などの改革に着手。
1480		***9–***	セビーリャに異端審問所開設。
1482		***2–***	カトリック両王，グラナダ戦争開始。
1483		——	カトリック両王，ガリシア地方を平定。ドミニコ会士トルケマーダ，初代異端審問長官に就任。
1484		——	カタルーニャで第2次レメンサ(ラメンサ)農民戦争勃発(～85)。モンタルボ『カスティーリャ法令集』編纂。
1486		***12–***	フェルナンド2世，グアダルーペの裁定によりレメンサ(ラメンサ)農民を人格的に解放。
1487		***5～8***	カトリック両王のマラガ攻略。
1489		***3–24***	高等法院がバリャドリーに固定化。
1490		***1–***	カトリック両王，グラナダ市包囲戦開始。レコンキスタ最終局面へ。***9–***　神聖ローマ皇帝，イングランド王とオーキング条約締結。
		——	この年，長期公債(フーロ)の発行が盛んとなる。
1491		——	「ラ・グアルディアの聖なる子」事件。
1492		***1–2***	グラナダ王国の滅亡(レコンキスタの完了)。***3–31***　ユダヤ教徒にカトリックへの改宗令公布。***10–12***　コロンブス，イサベル1世の支援を得て西インド諸島サン・サルバドール島へ到達。
1493		***1–19***	フランスとバルセローナ条約締結。
		——	フェルナンド2世，アラゴンとカタルーニャに国王法院常設化。
1494		***6–7***	トルデシーリャス条約で，スペイン・ポルトガルの海外領土境界線が確定。***11–14***　アラゴン会議創設にともない，国王顧問会議がカスティーリャ会議に改称。王国全体に65のコレヒドール管区導入。
1495		***3–31***	第1次神聖同盟成立。
		——	取引税(アルカバーラ)の徴収が定額納入制に。
1496		***12–19***	教皇アレクサンデル6世，イサベルとフェルナンドに「カトリック両王」の称号授与。
1497		——	北アフリカのメリーリャを占領。
1500		——	グラナダでムデハル反乱(～01)。
1501		——	カトリック両王，三大騎士団の管理権掌握。
1502		***2–12***	カスティーリャのムデハルに追放令。

1474 宗教画家ベルメホ「シーロスの聖ドミンゴ」。この頃スペインに印刷技術導入。	
1476 マンリーケ『父の死に寄せる歌』。	
	1478 ボッティチェリ「春」。
1479 モンセラット(ムンサラット)修道院付少年聖歌隊「ラ・エスコラニーア」，バルセローナに招かれカトリック王フェルナンドの前で合唱披露。	
	1480 モスクワ大公国，キプチャク・ハン国から自立。
	1485 ばら戦争終わる。イングランド王ヘンリ 7 世即位。テューダー朝創始(～1603)。
1488 バリャドリーのサン・グレゴリオ学堂，建設開始。	1488 ポルトガルの航海者ディアス，喜望峰を発見。
1490 ジョアノ・マルトレル『ティラン・ロ・ブラン』。	
1492 ネブリーハ『カスティーリャ語文法』。画家ウゲット没。	
	1493 マクシミリアン，神聖ローマ皇帝となる。
1494頃 画家ガリェーゴ「祝福を与えるキリスト」。	1494 フィレンツェからメディチ家追放。サヴォナローラの共和政始まる。シャルル 8 世のイタリア侵入。
1499 シスネーロス，アルカラ大学創設。フェルナンド・デ・ロハス『ラ・セレスティーナ』。 1500 バレンシア大学創設。	1498 ヴァスコ・ダ・ガマ，インドのカリカットに到達。 1500 ***4–22*** カブラル，ブラジルに到達。この年ティムール帝国滅亡。

1503	カトリック両王	***1–20***	セビーリャにインディアス通商院設置。***12–20*** インディアスでエンコミエンダ制施行。***12–28*** ガレラーノの戦いで，フランス軍に勝利し，ナポリ王国のスペイン帰属が確定。
		——	フアン・ラミレス・デ・アルカラ『カトリック両王勅令集』編纂。
1504		***11–12***	イサベル１世没。フランドルで娘のフアナ１世即位。
1505	フアナ一世	***1～3***	トロでコルテス開催。『トロ法令』公布(限嗣相続制の確立)。***9–*** フェルナンド２世，フランスとブロワ協定締結。
		——	グラナダに高等法院設置。
1506		***4–***	フアナがフランドルより帰国。夫フィリップ(フェリーペ１世)が共同統治開始。***9–*** フィリップ没。
1508		——	カトリック両王の財務官を務めたユダヤ人アブラバネル没。
1509		***5–***	オラン占領。北アフリカへの進出開始。
1511		***10–4***	教皇・スイス・ヴェネツィアと対仏神聖同盟結成。
		——	インディアスのサント・ドミンゴに聴訴院設置。
1512		***7–***	フェルナンド２世によるナバーラ王国の占領。***8–*** フェルナンド２世，ナバーラ王を宣言。***12–27*** インディオとの関係を規定するブルゴス法制定。
1515		***7–***	ナバーラ王国，カスティーリャへの帰属が決定。
1516	カルロス一世	***1–23***	フェルナンド２世没。***3–14*** カルロス１世，ブリュッセルで即位宣言。ハプスブルク朝スペイン成立。***8–13*** フランスとノワイヨン条約締結。
1517		***9–19***	カルロス１世，スペインに到着。
		——	インディアスで黒人奴隷を導入。キューバでプランテーション制によるサトウキビ栽培開始。
1519		***6–28***	カルロス１世，神聖ローマ皇帝に選出(翌年カール５世として戴冠)。***9–20*** マゼラン，世界周航に出発(～22.***9***–)。
		——	バレンシアでジャルマニーアの乱。
1520		***5–20***	カルロス１世，神聖ローマ皇帝即位式のためスペインから出国。***6–*** カスティーリャ諸都市のコムニダーデス反乱。
1521		***4–23***	ビリャラールの戦いで国王軍勝利し，コムニダーデス反乱終結。***4–*** カルロス１世，ヴォルムス帝国議会でルターを召喚。***8–13*** コルテス，アステカ帝国を征服。***8–30*** オリウエラの戦いで国王軍勝利し，ジャルマニーアの反乱終結。***11–19*** カルロス１世，ミラノのフランス軍を攻撃。イタリア戦争開始(～59)。
1522		——	国務会議の設置。
1523		***2–***	財務会議の設置。***9–*** カルロス１世，教皇よりスペイン王国全体の国王教会保護権を認可。
1524		***8–***	インディアス会議設立。
1525		***2–24***	パヴィアの戦いで皇帝軍勝利し，フランス国王フランソワ１世を捕虜に。
1526		***1–14***	フランスとマドリード和約。***3–17*** フランソワ１世釈放。***5–23*** フランス・教皇・ヴェネツィアがコニャック同盟を結成しカルロス１世に対抗。***7–7*** アラゴンとバレンシアでムデハルに改宗令。
1527		***5–6***	カルロス１世軍，ローマを略奪。
1528		***1–22***	フランスとイギリス，カルロス１世に宣戦布告。

1505	サラゴーサ大聖堂建設。	1505	ポルトガルがスワヒリ諸都市を攻略。
1507	カスティーリャ派の画家ガリェーゴ没。		
1508	アルカラ・デ・エナーレス大学(現マドリード大学)創設。ロドリゲス・デ・モンタルボ『アマディス・デ・ガウラ』(騎士道小説の代表作)。	1510	***3***- ポルトガル，ゴアを占領。
1513	マキアヴェッリ『君主論』でフェルナンド2世を称揚。	1513	バルボア，パナマ地峡を横断，太平洋岸に出る。
1514	シスネーロス『多言語対訳聖書』(6巻)(～17)。		
1517	劇作家トーレス・ナアロ，イタリアで作品集『プロパリャーディア』発表。	1517	***1***- マムルーク朝滅亡。オスマン帝国，エジプトを征服。***10-31*** ルター，「95カ条提題」を発表，ドイツ宗教改革始まる。
1519	サラマンカ大学のファサード(プラテレスコ〈銀細工〉様式装飾の代表作)製作開始(～25)。		
		1520	***9-30*** オスマン帝国，スレイマン1世即位(～66)。
		1521	***4-17*** ヴォルムス国会，ルターを審判。
		1524	***6***- ドイツ農民戦争始まる(～25)。
1526	初の世界周航者エルカーノ，航海中に病没。	1526	***8***- モハーチの戦い。オスマン朝，ハンガリー占領。ムガル帝国成立(～1858)。
1527	アルハンブラ宮殿内カルロス5世宮殿建設開始。彫刻家ベルゲーテ，バリャドリーの「サン・ベニート教会祭壇衝立」。		
1529	歌曲作家・劇作家エンシーナ没。		

1529	カルロス一世	***6–29***	カルロス1世，教皇とバルセローナ条約締結。***8–5*** カルロス1世，フランソワ1世とカンブレー和約を締結し，イタリア覇権を確立。
1530		***6–20***	アウクスブルクの帝国議会。
		——	この頃からインディアスの銀がスペインに大量流入。
1532		***7–23***	ニュルンベルク宗教和議。
1533		***11–***	ピサロ，インカ帝国を征服。
1534		***8–15***	イグナシオ・デ・ロヨーラ，イエズス会創設。
1535		***6–***	カルロス1世，ハイルッディーンよりチュニスを奪取。
		——	メキシコに副王府設置。
1538		***7–14***	カルロス1世，サヴォイアとミラノの領有をめぐりエグ・モルトでフランソワ1世と和睦。
1541		***10–***	カルロス1世のアルジェ遠征，失敗。
1542		***7–12***	カルロス1世，フランスとの戦争を再開。
		——	「インディアス新法」公布。
1543		——	セビーリャにインディアス交易を管理するコンスラード(商務館)設立。ペルーに副王府設置。
1544		***9–18***	フランスとクレピー和約。
1545		***12–13***	トリエント公会議開始(～63)。
		——	ペルー副王領のポトシで銀の大鉱脈発見。
1546		——	カルロス1世，スレイマン大帝と休戦協定締結。メキシコのサカテーカスで銀の大鉱脈発見。
1547		***4–24***	カルロス1世，ミュールベルクの戦いでプロテスタント諸侯に勝利。
1552		——	カスティーリャ王国からの貴金属持出しが解禁。
1555		***9–25***	アウクスブルク宗教和議で，プロテスタントを容認する決議。
		——	イタリア会議の設置。カルロス1世の母，「狂女王」フアナ没。
1556		***1–16***	カルロス1世没。フェリーペ2世即位。
1557	フェリーペ二世	***6–***	フェリーペ2世の第1回国庫の支払い停止宣言(次いで75, 96)。***8–10*** サン・カンタンの戦いでフランスに勝利。
1559		***4–3***	フランスとカトー・カンブレジ条約締結。イタリア戦争終結。***11–22*** スペイン国外の大学への留学禁止令。
1560		***2～5***	トリポリ遠征，途中ジェルバ島でオスマン軍に敗北。
1561		***5–***	フェリーペ2世，マドリードに宮廷を固定。
1565		***2–***	初代フィリピン総督レガスピ，フィリピン群島に到着。***4–*** フィリピンの征服開始。***5～9*** 聖ヨハネ騎士団，オスマン軍のマルタ島包囲を撃退。
1567		***1–1***	グラナダのモリスコに厳格な同化政策実施の指示。
1568		***5–5***	スペイン領オランダで独立戦争開始(～1648)。***12–26*** グラナダでモリスコの反乱(～71)。
		——	インディアス行政再編に関し大評議会開催。
1571		***5–20***	オスマン軍に対する神聖同盟結成。***10–7*** レパントの海戦で神聖同盟軍がオスマン軍に勝利。***10～11*** グラナダのモリスコをカスティーリャに強制移住。
1575		——	カスティーリャ王国で取引税(アルカバーラ)の税率大幅引上げ。

1530	マリオ・シクロ『スペインの偉業』。	1529	***9–26*** オスマン軍の第1次ウィーン包囲(〜***10–15***)。
1531	フアン・ルイス・ビーベス『学問論』。		
1533	ガルシラソ・デ・ベガ『牧歌』。フアン・デ・バルデス『国語問答』。	1530	***12–31*** ドイツ新教派諸侯・都市，シュマルカルデン同盟を結成。
1541	彫刻家フーニ「キリストの埋葬」。		
1547	***7–29*** トレードの大司教座聖堂参事会「血の純血規約」制定。のち全国の各団体に浸透。		
1548	この頃オランダ人肖像画家モル・フアン・ダスホルスト(スペイン名アントニオ・モーロ)，カルロス1世の宮廷で製作開始。劇作家ルエダ，パソ(幕間の短い笑劇)「オリーヴの実」発表。	1534	***11–*** イギリス国教会成立。
		1538	***9–27*** プレヴェザの海戦で神聖同盟連合艦隊，オスマン艦隊に敗れる。
1549	***7–3*** イエズス会宣教師フランシスコ・ザビエル，日本(鹿児島)上陸。		
1550	インディアス征服をめぐるラス・カサスとセプルベダのバリャドリー論争(〜51)。画家ファーネス「最後の晩餐」。	1543	***8–25*** ポルトガル人，種子島に漂着。この年コペルニクス，地動説を発表。
1552	ラス・カサス『インディアスの破壊についての簡潔な報告』。		
1553	作曲家モラレス没。医者・思想家セルベトゥス，異端の罪により焚刑死。	1546	***6–*** シュマルカルデン戦争開始(〜47)。
1554	作者不詳『ラサリーリョ・デ・トルメスの生涯』。	1547	***1–28*** イングランド王エドワード6世即位。
1555	サンチェス・コエーリョ，フェリーペ2世の肖像画家に就任。		
1556	***7–31*** イエズス会の創始者イグナシオ・デ・ロヨラ没。		
1557	ビトリア『神学特別講義』刊行し，インディアス先住民の法的地位について言及。		
1559	***8–17*** 「禁書目録」公布。		
1561	サラマンカ大学で「地動説」に関する講義開設。カスティーリャで大規模な戸口調査。	1558	***11–7*** イングランド女王エリザベス1世即位。
1562	アビラの聖テレサ『完徳の道』を刊行し，サン・ホセ修道院創設。	1560	***5–19*** 桶狭間の戦い。
1563	***4–*** エル・エスコリアル宮殿の着工(〜84)。		
1564	バスケス・デ・メンチャーカ『著名な諸論争』。		
1566	エスキベル『スペイン地図』。オルガン奏者・作曲家，アントニオ・デ・カベソン没。		
1568	聖フアン・デ・ラ・クルス，カルメル会の改革に着手。ディアス・デル・カスティーリョ『ヌエバ・エスパーニャ征服の真実の歴史』。		
1570	画家モラレス「聖母子」。		
1571	セルバンテス，レパントの海戦に従軍し，左手の自由を失う。	1571	ポルトガルとの交易のため長崎開港。
1572	サラマンカ派のルイス・デ・レオン，旧約聖書をカスティーリャ語に翻訳した罪により投獄(〜77)。	1572	***7–7*** ポーランド，ヤギェウォ朝断絶。***8–23〜24*** 聖バルテルミの虐殺。
1575	画家エル・グレコ，トレードに定住。	1573	***7–3*** 室町幕府滅亡。

1578	フェリーペ二世	***8–4***	アルカセル・キビルの戦いで，ポルトガル国王セバスティアン戦死。
		——	オスマン帝国と休戦協定(次いで80,81)。
1579		***1–23***	ネーデルラント北部7州，ユトレヒト同盟を結成してスペインから事実上の独立を達成。南部諸州はスペイン支配下にとどまる。
1580		***9–11***	フェリーペ2世，ポルトガル王フィリーペ1世として即位宣言(翌年承認)。
		——	この頃からカスティーリャの農業が衰退。
1581		——	ポルトガル併合により，北アフリカやブラジルというポルトガル植民地もスペイン支配下に入り，広大な「太陽の沈むことなき帝国」成立。
1582		——	ポルトガル会議の設置。
1584		***11–***	天正遣欧使節，マドリードでフェリーペ2世に謁見。
1585		***8–***	イングランド女王エリザベス1世，オランダ援助を決定。
1587		***4–19***	ドレイク，カディスを攻撃。
1588		***8–***	スペイン「無敵艦隊」，イギリス海軍に大敗。
		——	フランドル会議の設置。
1589		***11–***	フェリーペ2世，娘のイサベル・クララ・エウヘニアをフランス女王位につけようと策動，失敗。
1590		***4–4***	基幹食品の売上税(ミリョネス)導入。
1591		***9〜11***	アントニオ・ペレス事件にともなうアラゴンの反乱。
1598	フェリーペ三世	***5–2***	ヴェルヴァン条約締結。対フランス和平が成立。***9–13*** フェリーペ3世即位。寵臣レルマ公爵，実権掌握。
1599		——	ベリョン銅貨鋳造開始で17世紀の経済混乱始まる。イギリス，カナリア諸島に侵攻。
1600		***7–2***	ニーウポールトの戦いで，スペイン軍がオランダ軍に敗北。
1601		***10–10***	宮廷，バリャドリーに一時移動(〜06.***4–6***)。
1602		***7–31***	ビロン公陰謀事件。
		——	財務会議の改組。
1604		***8–18***	ロンドン条約締結。対イギリス和平が成立。***9–22*** オステンデ包囲戦で，スペイン軍がオランダ軍に勝利。
1607		——	フェリーペ3世，国庫の支払い停止宣言。
1608		——	この頃，ナバーラ北部スガラムルディの魔女狩り事件(〜09)。
1609		***4–9***	オランダと12年間の休戦協定締結。***4–9*** フェリーペ3世，モリスコの国外追放を承認。***9–22*** バレンシアで最初のモリスコ追放令発布(〜14)。
1613		——	バレンシアで金融機関が破産。
1614		***1–***	慶長遣欧使節，フェリーペ3世に謁見。
		——	スペイン軍，モロッコのラ・マモラに侵攻。
1615		——	サヴォイア公のモンフェルラート侵攻。アスティ条約締結。
1616		——	スペイン領ミラノ総督ビリャフランカ侯，モンフェルラートでサヴォイア公に勝利。
1617		——	サヴォィア公とパヴィア条約締結。
1618		***10–4***	レルマ公失脚。各国大使を務めたスニガ，実権掌握。
		——	ヴェネツィアで，「スペインの陰謀」事件。
1619		——	フェリーペ3世，ポルトガルに行幸。

1582　王立数学アカデミー設立。
1586　エル・グレコ「オルガス伯の埋葬」。
1588　コエーリョの後継者として弟子パントーハ・デ・ラ・クルスが宮廷付肖像画家に就任。
1590　テオドール・ド・ブリ『インディアス旅行集成』。
1595　オランダ人リンスホーテンが『東方案内記』を刊行し，スペイン・ポルトガルの植民地情報を公開。
1596　スペイン船サン・フェリーペ号が四国沖に漂着し，積荷を没収されたため日本との関係悪化。この頃，大西洋ペスト流行(〜1602)。
1597　エレーラ様式の創始者フアン・デ・エレーラ没。セビーリャ派詩人エレーラ没。
1599　アレマン『グスマン・デ・アルファラーチェ』(悪者小説の代表作)。
1600　神学者モリーナ没。この頃，スペインの人口およそ650万〜700万人。
1603　彫刻家マルティネス・モンターニェス「クリスト・デ・ラ・クレメンシア」。
1605　セルバンテス『ドン・キホーテ』前編。ロペス・デ・ウベダ『あばずれ女，フスティーナ』。
1610　この頃からカタルーニャで盗賊団(バンドレーロ)の活動激化。この頃からガリシア地方でトウモロコシ栽培が広まり人口増加。
1611　***5–***　探検家・商人ビスカイーノ，浦賀に到着し徳川家康と謁見。この頃から，彫刻家フェルナンデス，バリャドリーで活躍。劇作家ロペ・デ・ベガ「フエンテ・オベフーナ」。作曲家ビクトリア没。
1613　詩人ゴンゴラ『孤独』。セルバンテス『模範小説集』。
1614　***4–7***　エル・グレコ没。
1615　セルバンテス『ドン・キホーテ』後編。
1616　***4–22***　セルバンテス没。
1617　ベラスケスの師フランシスコ・パチェーコ「ミゲール・シッドのいる無原罪のお宿り」。
1618　ビセンテ・エスピネル『従士マルコス・デ・オブレゴンの生涯』。

1577　***11–15***　ドレイク，世界周航に出発。
1582　***1–***　天正遣欧使節出発(〜90)。***10–4***　教皇グレゴリウス13世，グレゴリウス暦を公布。
1587　***6–19***　豊臣秀吉，宣教師に国外退出を命じる。
1589　***8–2***　フランス王アンリ4世即位。ブルボン朝創始(〜1792)。
1591　モロッコのサード朝，ソンガイ帝国を倒す。
1592　豊臣秀吉，朝鮮に出兵。
1593　***7–25***　アンリ4世，カトリックに改宗。
1597　豊臣秀吉，朝鮮に再出兵(〜98)。
1598　***4–15***　ナント王令。宗教戦争終結。
1600　***9–15***　関ヶ原の戦い。この年イギリス東インド会社設立。
17C　この頃，奴隷貿易が隆盛。
1602　***3–20***　オランダ，東インド会社設立(〜1795)。
1603　***2–12***　徳川家康，江戸で幕府を開く。***3–24***　イングランド王ジェイムズ1世即位。ステュアート朝創始(〜1714)。
1606　ヴァージニアイギリス植民地成立。
1609　***7–25***　オランダ，平戸に商館を設立。
1612　***3–21***　徳川家康，キリシタン禁教令を発布。
1613　***2–7***　ロシア，ロマノフ朝成立(〜1917)。***9–15***　慶長遣欧使節出発(〜20)。
1616　***1–***　女真族，後金建国。
1618　***6–2***　三十年戦争開始(〜48)。

1620	フェリーペ三世	***11–8***	スペイン，三十年戦争に参戦し，ヴァイサー・ベルクの戦いで勝利。
1621	フェリーペ四世	***3–31***	フェリーペ3世没。フェリーペ4世即位。寵臣オリバーレス伯公爵，実権掌握。***4–*** オランダとの戦争再開。
1622		***8–***	オリバーレス，改革大評議会を招集。
1624		***3–24***	日本，スペイン船の来航を禁止。両国の国交断絶。***12–25*** オリバーレス，フェリーペ4世に進言書提出。
		——	オランダ軍，ブラジルのバイアを占領(翌年スペイン軍が奪還)。
1625		***6–10***	スペイン軍，オランダの要衝ブレダを陥落。
1626		***1–***	オリバーレス，「軍隊統合計画」実施。アラゴン，カタルーニャは拒否。
1627		***1–***	フェリーペ4世，国庫の支払い停止宣言(次いで47,53,60,62)。ジェノヴァ商人，スペインから撤退。
1628		***6–***	オランダ艦隊，キューバ沖でスペイン船団を拿捕。この頃から，オリバーレス，コンベルソ系ポルトガル商人との関係強化。マントヴァ公領継承問題をめぐり，スペイン軍がモンフェルラートに侵攻。
1630		***5–***	フランス軍，マントヴァ継承問題に介入し，モンフェルラートに侵攻。
		——	オランダ軍，ブラジルのペルナンブーコを攻略。
1631		***4–6***	ケラスコ条約により，マントヴァ継承問題解決。***9–*** 塩税導入に対し，バスクで反乱。
1634		***9–5~6***	ネルトリンゲンの戦いで，スペイン・皇帝軍，スウェーデン軍に勝利。
1635		***5–19***	フランス，スペインに宣戦布告。
1636		***7–***	スペイン軍，パリ近郊のコルビ攻略。
1637		***8–21***	エヴォラでスペインの増税政策に対する民衆暴動。
1638		***4–***	スペイン軍，フランス軍によるフエンテラビアの包囲およびカタルーニャへの侵攻を撃退。
1639		***10–21***	スペイン海軍，ダウンズの海戦でオランダ海軍に敗北。
		——	スペイン・ポルトガル合同艦隊，ブラジルのペルナンブーコでオランダに敗北。
1640		***5–***	ヘローナ近郊で農民が蜂起。***6–7*** バルセローナで刈取り人(サガドース)が蜂起。カタルーニャ反乱の開始(～52)。***12–1*** リスボンでポルトガル貴族が蜂起。ブラガンサ公がポルトガル国王ジョアン4世として即位。
1641		***1–***	カタルーニャ，フランス王ルイ13世を君主として承認。モンジュイックの戦いで，カタルーニャ軍，フェリーペ4世軍に勝利。
		——	メディーナ・シドニア公によるアンダルシーア反乱未遂事件。
1643		***1–***	オリバーレス失脚。***5–19*** ロクロワの戦いで，スペイン陸軍がフランス軍に敗北。
1645		——	この頃から，インディアスからの銀輸入量が激減。
1647		***7–***	スペイン領ナポリとシチリアで反乱。
		——	オリバーレスの甥，ルイス・デ・アロが寵臣に。

	1620 ピューリタン，北米に移住。
1623 ベラスケス，首席宮廷画家に就任。	1623 ***2–*** アンボイナ事件。東インド会社雇人，オランダ人に殺害される。
	1625 ***3–27*** イングランド王チャールズ1世即位。
1626 ケベード『かたり師，ドン・パブロスの生涯』。	
1627 画家サンチェス・コタン没。	
	1628 ***6–7*** イギリス，権利の請願。
1629 ミラノ発のペスト流行(～30)。画家・彫刻家のアロンソ・カーノ，セビーリャのサンタ・マリア・デ・レブリーハ教会祭壇画。	1629 ***3–*** チャールズ1世，議会解散。
1630 画家スルバラン「聖ウーゴと食卓の奇跡」。劇作家ティルソ・デ・モリーナ「セビーリャの色事師と石の招客」。	1630 ***7–6*** スウェーデン王グスタフ・アドルフ，三十年戦争に参戦。
	1632 ***11–6*** リュッツェンの戦いでスウェーデン軍，ヴァレンシュタイン軍を破る。
1634 劇作家ルイス・デ・アラルコン「疑わしき真実」。	
1635 劇作家カルデロン・デ・ラ・バルカ「人生は夢」。	1633 ***6–*** ガリレイ，地動説を理由に有罪判決。
1636 『ドン・ロドリーゴの日本見聞録』の著者，ロドリーゴ・デ・ビベーロ没。	1634 ***5–*** 長崎に出島を築く。
1639 画家リベラ「聖フィリポの殉教」。	1639 ***7–4*** 日本，ポルトガル船の来航を禁止。
1640 バルタサル・グラシアン『政治家カトリック王フェルナンド』。ブエン・レティーロ王宮の建設開始。	1640 ***4–13*** イギリス，短期議会。***11–3*** 長期議会(～53)。***12–*** ブランデンブルク大選帝侯フリードリヒ・ヴィルヘルム即位。
1641 劇作家ベレス・デ・ゲバーラ『びっこの悪魔』。	1642 ***8–22*** ピューリタン革命始まる。
	1643 ***5–14*** フランス王ルイ14世即位。***5–18*** マザラン宰相となる。
	1644 ***3–*** 明滅亡。清，北京に入城。
1647 第1次地中海ペスト流行(～54)。	
	1645 ***6–14*** ネーズビーの戦いでクロムウェル，国王軍を破る。

1648	フェリーペ四世	1–30	ミュンスター講和条約。スペイン，オランダの独立を承認。10–24 ウェストファリア条約。三十年戦争終結。スペインは単独でフランスとの戦争を続行(～59)。
		——	イハル公によるアラゴンの反乱未遂事件。
1652		10–13	バルセローナが降伏し，カタルーニャの反乱終結。
		——	スペイン軍，ダンケルク海軍基地および北イタリアのカサーレ要塞制圧。
1653		——	フェリーペ4世，カタルーニャのジャナラリタット(議会常設代表部)と諸特権尊重を承認。
1654		——	フランスとイギリスがウェストミンスター条約を締結し，スペイン戦にイギリスが参戦。
1655		——	イギリス海軍，カディスを経済封鎖。イギリス海軍，スペイン領ジャマイカを占領。
1658		6–25(6–15)	ダンケルクの戦いで，スペイン軍がフランス・イギリス軍に敗北。
1659		11–7	フランスとピレネー条約締結。ヨーロッパにおけるスペイン覇権の終焉。
1663		——	ポルトガル遠征(～65)。
1665	カルロス二世	9–17	フェリーペ4世没。カルロス2世即位。摂政に母后マリア・アンナ。寵臣ニタルト。
		——	統治評議会創設。
1667		5–	フランスと遺産帰属戦争(～68)。
1668		2–13	リスボン条約でポルトガルの独立承認。5–2 フランスとアーヘン(エクス・ラ・シャペル)条約締結。フランドル諸都市をフランスに割譲。10– フアン・ホセ王子，反逆罪の嫌疑を受け，カタルーニャに逃亡。
1669		1–	フアン・ホセ王子，マドリードに進軍。ニタルト失脚。
1672		4–	オランダ戦争にオランダの同盟国として参戦(～78)。
1673		——	この頃から，バレンスエラ，マリア・アンナの寵臣として権力掌握。
1674		——	シチリアで反スペイン暴動(～78)。
1675		5–	フランス軍，カタルーニャ北部に侵攻。
1676		12–17	有力貴族，バレンスエラに対する抗議文発表。
1677		1–23	フアン・ホセ王子，首席大臣に就任し政権掌握。バレンスエラ失脚。
1678		9–17	ネイメーヘン条約でフランスにフランシュ・コンテ割譲。11–5 部分的な国庫の支払い停止宣言。
1679		1–19	フアン・ホセ王子，商業評議会設立。9–17 フアン・ホセ王子没。
1680		2–	メディナセーリ公が首席大臣に就任。2–10 ベリョン貨の50%の平価切下げ実施(次いで86)。カスティーリャの経済混乱(～82)，その後徐々に回復。
		——	この頃から，カタルーニャの毛織物産業発展。
1683		11–	統合政策の一環として，フランス軍ルクセンブルクに侵攻。
1684		8–15	レーゲンスブルク(ラティスボン)条約。ルクセンブルクをフランスに割譲。
1685		4–	オロペーサ伯が首席大臣に就任。

	1648 ***5–13*** フランスでフロンドの乱勃発(〜53)。
1649 画家パチェーコ『絵画論』。	1649 ***1–30*** チャールズ1世処刑。***5–19*** 共和政(コモンウェルス)成立。
	1651 ***10–*** イギリス，航海法。
	1652 ***4–*** オランダ東インド会社がアフリカ南端にケープ植民地を設置。***6–30*** 第1次英蘭戦争(〜54)。
	1660 ***5–29*** イギリス，王政復古。チャールズ2世即位。
1656 ベラスケス「女官たち(ラス・メニーナス)」。	
1657 グラシアン『クリティコン』。	1661 ***1–*** 清，康熙帝即位。***3–9*** ルイ14世親政開始。この年イギリス，ボンベイ領有。
1660 ベラスケス没。画家ムリーリョ，セビーリャにアカデミー創設。	
	1664 ***8–*** フランス東インド会社再興。
1664 彫刻家メーナ「悔悟するマグダラのマリア」。	1665 ***2–22*** 第2次英蘭戦争(〜67)。
1667 画家カーノ没。	
	1670 ロシア，ステンカ・ラージンの乱(〜71)。
1672 画家バルデス・レアル「束の間の命」「世の栄光の終わり」。	1672 ***3–17*** 第3次英蘭戦争(〜74)。***7–8*** オランイェ公ウィレム，オランダ総督に就任。
1675 モリーノス『霊の導き』。	
1677 カスティーリャで飢饉(〜79)。	
1678 第2次地中海ペスト流行(〜84)。ムリーリョ「無原罪のお宿り」。	
1680 フェリウ・デ・ラ・ペーニャ『カタルーニャのフェニックス』。	
1681 劇作家カルデロン・デ・ラ・バルカ没。	1682 ***7–5*** ロシア皇帝ピョートル1世即位。
	1683 ***6–*** オスマン軍の第2次ウィーン包囲(〜***9–12***)。
	1685 ***2–16*** イングランド王ジェイムズ2世即位。***10–18*** フランス，ナント王令廃止。

1686	カルロス二世	***9–***	オランダ，神聖ローマ皇帝，スウェーデン，ドイツ諸侯とアウクスブルク同盟を結成し，フランスに対抗。***10–14***　銀貨の20%平価切下げ。
1688		***9–24***	アウクスブルク戦争(～97)。
1693		***6–9***	フランス軍，カタルーニャ北部のロサス要塞を占領。
1696		***9–13***	カルロス２世，バイエルン選帝侯ヨーゼフ・フェルディナントを王位継承者に指名。
1697		***8–10***	フランス軍，バルセローナに侵攻。***9–20***　ライスワイク条約。フランスの譲歩を引き出し，アウクスブルク戦争終結。
1699		***2–***	ヨーゼフ・フェルディナント没。
1700	フェリーペ五世	***6–***	国務会議，ブルボン朝から次王を迎えることを承認。***11–1***　カルロス２世没。ハプスブルク朝スペインの断絶。***11–24***　アンジュー公フィリップ，フェリーペ５世として即位。ブルボン朝スペイン成立。
1701		***2–6***	フランス軍，フランドル(スペイン領低地地方)に侵入。スペイン継承戦争勃発(～14)。***9–7***　イギリス(イングランド)，オランダ，オーストリアがハーグにて大同盟を結成し，スペインとフランスに対抗。
1703		***11–2***	ハプスブルク家のカール大公，スペイン国王に即位宣言(カルロス３世)。
1704		***8–2***	イギリス艦隊，ジブラルタルを占領。
1705		***7–***	イギリスとカタルーニャがジェノヴァ条約締結。
1705		——	カタルーニャ，アラゴン，バレンシアが反フェリーペを表明し，カールを支持。内戦としてのスペイン継承戦争の開始。
1707		***4–25***	アルマンサの戦いでフェリーペ５世軍が勝利。次いでバレンシアとアラゴンを征服。***6–29***　バレンシアとアラゴンに新組織王令を発布し両国の地方諸特権廃止。
1711		***4–17***	カール大公が神聖ローマ皇帝に選出されたことで，イギリスは和平に転換。***4–***　地方監察官(インテンデンテ)の正式派遣開始。
1713		***4–11***	オーストリアを除く大同盟側諸国とフランスがユトレヒト条約締結。フランスとスペインの王位が兼任されないことを条件に，フェリーペ５世がスペイン国王として承認される。
1714		***9–11***	カタルーニャ，フェリーペ５世軍に陥落し，内戦としての継承戦争も終了。
1715		***11–28***	マジョルカに新組織王令を発布し，同国の地方諸特権を廃止。
1716		***1–16***	カタルーニャに新組織王令を発布し，同国の地方諸特権を廃止。カタルーニャでカタストロ税(直接税)導入。
1717		***1–4***	スペイン海軍のセルダーニャ，シチリア占領に対し，イギリス・フランスなど四国同盟を結成し対抗。
		——	国内関税の廃止。「インディアス通商院」，セビーリャからカディスに移動。
1718		***7–1***	全国が22の地方監察区に区分。
1724	ルイス一世・フェリーペ五世	***1–19***	ルイス１世の即位(***8–31***　没)。***9–8***　フェリーペ５世復位。
		——	秘書職制度が整備され，大臣制度確立。
1725		***4–***	オーストリアとウィーン条約締結。
1728		***12–***	カラカス＝ギプスコア社設立。

		1687	ニュートン，万有引力の法則を発見。
		1688	***11–5*** 名誉革命。
1692	ホセ・チュリゲーラ，サン・エステバン聖堂(現サラマンカ県)祭壇衝立の装飾制作。スペイン・バロックの特徴であるチュリゲーラ様式の確立。	1689	***2–13*** イングランド王ウィリアム3世・メアリ2世即位。***12–*** 権利章典制定。
		1699	***1–26*** カルロヴィッツ条約。オスマン帝国，ハンガリーをオーストリアに割譲。
1700	この頃，スペインの人口およそ700万～750万人。	1700	***5–*** 北方戦争勃発(～21)。スウェーデン，ロシア・ポーランド・デンマークと開戦。この頃，大西洋奴隷貿易，最盛期を迎える。
		1701	***1–18*** プロイセン王国成立。
		1702	***3–8*** イングランド女王アン即位。北米でアン女王戦争開始。
		1703	***5–*** ピョートル1世，ペテルブルクを建設。
		1705	北米，ヴァージニア黒人法制定。
		1707	***5–1*** イングランド・スコットランド合同，グレート・ブリテン王国成立。
1710	バロックギター奏者，サンス没。		
1712	オルガン奏者・作曲家カバニーリェス没。		
1714	***10–3*** 王立言語アカデミー創設。	1714	***8–1*** イギリス王ジョージ1世即位。ハノーヴァー朝創始。
		1715	***9–1*** フランス王ルイ15世即位。
		1716	享保の改革(～45)。
		1717	北米，スコットランド系アイルランド人の移民開始。
1720	フェリーペ5世，マドリードの北にグランハ離宮建設。	1720	***2–17*** サルデーニャ王国成立。
1721	ナルシーソ・トメ，トレード大聖堂内に祭壇トランスパレンテ制作。	1721	***4–3*** ウォルポール，イギリス首相に就任。***9–10*** ニスタット条約で北方戦争終わる。
		1727	***6–11*** イギリス王ジョージ2世即位。

1729	フェリーペ五世	***11–9***	イギリス，フランスとセビーリャ条約締結。カルロス王子のパルマ公即位が承認。
		——	軍隊改革に関する勅令発布。海軍の強化。
1733		***11–7***	フランスと第1回家族協定締結(引き続き43,61)。
1734		——	カルロス王子，ナポリ・シチリア王に即位。
1739		***10–19***(***10–8***)	イギリスと「ジェンキンズの耳戦争」開始(～48)。
1740		——	ハバナ会社設立。
1743		***5–***	エンセナーダ侯爵，権力掌握。海軍の近代化に着手。***10–25*** フランスと第2回家族協定締結。
1746	フェルナンド六世	***7–9***	フェリーペ5世没。フェルナンド6世即位。
1748		***10–18***	アーヘンの和約により，フェリーペ王子がパルマ公に即位。
1750		***1–13***	ブラジル領に関してポルトガルとマドリード条約締結。
		——	エンセナーダ，国富調査開始(～53)。
1753		***1–11***	ローマ教皇庁と政教協約。
1754		***7–20***	エンセナーダ失脚。
1756		***5–17***	イギリス，フランスに宣戦布告。七年戦争勃発(～63)。当初スペインは中立。
1759	カルロス三世	***8–10***	フェルナンド6世没。カルロス3世即位。
		——	エスキラーチェ侯爵，財務大臣に就任。
1761		***8–15***	フランスと第3回家族協定締結し，七年戦争に参戦。
1763		***2–10***	七年戦争終結。パリ条約でイギリスにフロリダを割譲。
1765		***7–11***	エスキラーチェ，穀物の国内取引自由化を宣言。***10–16*** インディアス諸都市との貿易一部自由化。
		——	この頃から，インディアスにおける統治改革開始。地方監察官制度導入。「祖国の友・バスク協会」設立。
1766		***3–10***	エスキラーチェ，服装取締令を布告。***3–23*** マドリードで「エスキラーチェ暴動」。***3～5*** 全国各地に暴動拡大。***4–*** エスキラーチェ失脚。代わってアランダ伯，政権担当。
		——	マドリードにサン・フェルナンド救貧院設立。
1767		***3–***	スペインおよびインディアスからイエズス会士追放。***5–28*** 漁業保護に関しモロッコと条約締結。***6–*** オラビーデ，シエラ・モレーナ植民事業に着手。
1768		***6–17***	軍隊改革の勅令発布。
		——	街区という行政区分をマドリードに導入。その後全国に拡大。
1770		***7–5***	マルビーナス(フォークランド)諸島をめぐりイギリスと紛争。
		——	この頃から全国に「祖国の友・経済協会」開設。
1773		***5–***	バルセローナで「キンタス暴動」。***8–*** アランダ伯失脚。グリマルディが政権を担当。
1775		***7–8***	アルジェ遠征，失敗。
		——	浮浪者を強制労働に従事させる勅令発布。
1776		***11–7***	グリマルディ失脚。
		——	オラビーデ，異端審問所から訴追。
1777		***10–1***	ポルトガルとサン・イルデフォンソ条約締結。ブラジル領を確定。
		——	フロリダブランカ伯，政権担当。
1778		***10–12***	「自由貿易」規則交付。スペインとインディアスの自由貿易確立。
1779		***6–16***	イギリスに宣戦してジブラルタル包囲作戦を開始(～83)。

1738 ***6–17*** 王立歴史アカデミー創設。

1752 サン・フェルナンド王立美術アカデミー創設。オルガン奏者・作曲家ソレール，エル・エスコリアル宮殿で活動開始。

1760 フェイホー『博識怪奇書簡』。

1761 ドイツ人メングス，宮廷画家となり(〜76)，ゴヤらに影響を与える。

1763 ***2–10*** 初の宝くじ(ロテリア)の抽選実施。

1766 グリゴリオ・マヤンス，大学改革に着手。

1768 アランダ伯による人口調査。

1769 ホベリャーノス，詩集『ペラーヨ』。

1771 この頃，マドリードのサン・セバスティアン宿屋にテルトゥリア(井戸端会議)と呼ばれる文学サークル誕生。

1774 カンポマネス，自著『民衆的工業論』を全国に配布。

1775 フランスの劇作家ボーマルシェ「セビーリャの理髪師」。

1778 劇作家ガルシア・デ・ラ・ウエルタ「ラケル」。

1732 北米，13植民地成立。

1735 ***9–*** 乾隆帝即位。

1740 ***5–31*** プロイセン王フリードリヒ2世即位。***10–20*** マリア・テレジア，オーストリア領を相続。***12–16*** 第1次シュレジエン戦争(〜42)。

1744 ***8–15*** 第2次シュレジエン戦争(〜45)。***3–*** ジョージ王戦争(〜48)。

1745 ***9–12*** 神聖ローマ皇帝フランツ1世即位。

1748 ***10–18*** アーヘンの和約。プロイセン，オーストリアにシュレジエンを割譲。

1756 ***5–18*** フレンチ・インディアン戦争正式宣戦布告(〜63)。

1757 ***11–*** 清，ヨーロッパとの貿易を広州1港に制限。

1759 ***9–18*** イギリス軍，ケベック占領。

1760 ***10–25*** イギリス王ジョージ3世即位。

1762 ***7–17*** ロシア女帝エカチェリーナ2世即位。

1765 ***3–23*** イギリス，印紙法発布，北米植民地反抗。***8–18*** 神聖ローマ皇帝ヨーゼフ2世即位。この年ワット，蒸気機関を改良。

1768 ***5–25*** クック，南太平洋の調査に出発(〜71)。

1772 ***8–*** 第1回ポーランド分割。

1773 ***10–*** ロシア，プガチョフの乱(〜75)。***12–16*** ボストン茶会事件。

1774 ***5–10*** フランス王ルイ16世即位。***9–5*** 第1回大陸会議，フィラデルフィアで開催。

1775 ***4–19*** アメリカ独立戦争始まる(〜83)。

1776 ***7–4*** アメリカ独立宣言。

1780	カルロス三世	***11–***	ペルー副王領でトゥパク・アマルの大反乱(〜83)。
		——	この頃，カタルーニャにジェニー紡績機導入。
1782		***6–2***	サン・カルロス銀行設立。
1783		***3–18***	手工業の名誉を回復する勅令発布。***9–3*** イギリス，フランスとヴェルサイユ条約締結。フロリダ回復。
		——	カンポマネス，カスティーリャ顧問会議議長に就任。
1785		——	この頃から赤黄赤の国旗使用。
1786		——	メスタ(移動牧畜業者組合)の牧草地永代利用権廃止。
1787		***11–***	フロリダブランカ，国家最高会議を設置。宰相専制主義の確立。
1788	カルロス四世	***12–14***	カルロス３世没。カルロス４世即位。フロリダブランカ，引き続き政権担当。
1789		***2–***	バルセローナで食糧暴動。***9〜12*** フランス革命の波及を防ぐため，異端審問や検閲を強化。
1792		***2–28***	フロリダブランカ，罷免。アランダが政権担当。***11–*** アランダ罷免。マヌエル・ゴドイ，宰相に就任。
1793		***3–7***	フランス革命政府，スペインに宣戦。国民公会戦争開始(〜95)。
1795		***7–22***	バーゼル講和条約でフランスと講和。
1796		***8–19***	カルロス４世，フランスとサン・イルデフォンソ条約締結。対仏追従路線の開始。***10–5*** イギリスとの戦争開始(〜97)。
1797		***2–14***	サン・ビセンテ沖の海戦でイギリスに敗北。トリニダート島を失う。***11–*** ホベリャーノス，政権担当。
1798		***3–28***	ゴドイ，一時的に失脚。後任にウルキーホ。***5–*** ウルキーホ，永代所有財産解放(デサモルティサシオン)に着手。***8–*** ホベリャーノス，解任。***9–25*** 大学学寮(コレヒオ・マヨル)の解体。
1800		***12–***	ウルキーホ失脚。ゴドイが政権に復帰。
1801		***5–19***	スペイン，ポルトガルを攻撃(オレンジ戦争)。***6–8*** ポルトガルとバダホス条約締結。
1804		***12–12***	イギリスとの戦争開始(〜07)。
1805		***10–21***	トラファルガーの海戦で，スペイン・フランス連合艦隊，イギリス軍に大敗。
1807		***10–27***	フォンテーヌブロー条約で，ゴドイはナポレオンとポルトガル分割を約す。***10–31*** 王太子フェルナンドによる「エル・エスコリアル」の陰謀発覚。***11–5*** フェルナンド，カルロス４世に謝罪。

1781	急進的な評論雑誌『エル・センソル』創刊(～87)。	1780	この頃，イギリス産業革命始まる。
		1787	***6–19*** 寛政の改革始まる(～93)。***9–17*** アメリカ合衆国憲法制定。
		1789	***4–30*** ワシントン，合衆国初代大統領に就任。***7–14*** フランス革命勃発。***8–26*** 人権宣言。
1787	フロリダブランカによる国勢調査。シラー，戯曲『ドン・カルロス』。プラド美術館建設。	1792	***4–20*** フランス，オーストリアに宣戦布告。***9–22*** フランス,第一共和政(～1804)。
1789	ゴヤ，カルロス4世宮廷の首席画家に就任。		
1792	マルチェーナ『スペイン国民に告ぐ』。	1793	***1–21*** ルイ16世処刑。***2–13*** 第1次対仏大同盟。***5–7*** 第2回ポーランド分割。
1794	民衆笑劇サイネーテで成功した劇作家クルス没。	1794	***3～10*** ポーランドでコシューシコの蜂起。
		1795	***10–24*** 第3回ポーランド分割。***10–27*** フランス総裁政府樹立(～99)。
1797	ゴドイの国勢調査。スペインの人口，約1050万人。	1798	***7–1*** ナポレオン，エジプトを占領。
		1799	***6–1*** 第2次対仏大同盟。
		1801	***1–1*** グレート・ブリテン－アイルランド連合王国成立。
		1803	***4–30*** 合衆国，フランスよりルイジアナ買収。
		1804	***1–1*** ハイチ独立。***12–2*** ナポレオン戴冠。
1806	劇作家モラティン『娘たちの“はい”』。	1805	***4～8*** 第3次対仏大同盟。
		1806	***8–6*** 神聖ローマ帝国滅亡。***11–22*** ナポレオン，大陸封鎖を宣言。

（増井実子）

参 考 文 献

以下の文献リストには，本書を読んでさらに詳しくスペイン史を学びたいと思う人びとのために，入門として役立つような基本的な参考文献をあげている。もちろん網羅的ではない。日本語と英語で読める書物を優先させたが，スペイン史研究の現状からして分野によってはスペイン語やフランス語のものがかなり含まれている。さらにテーマによっては個別論文もあげられている。

はじめに全２巻共通の通史や概説，ついで第Ⅰ部の各章に関する文献を配列したが，各章とも文献数は20前後を基準とした。

ほとんどの外国語文献には関連文献目録が付されているから，研究をめざす方はさらにそれらを参照していただきたい。

また，日本語の専門論文についてはとくに次のものを参照されたい。⑴佐藤彰一ほか編『西洋中世史研究入門(増補改訂版)』(名古屋大学出版会，2005，第14章「スペインとポルトガル」)，⑵望田幸男ほか編『西洋近現代史研究入門(第３版)』(名古屋大学出版会，2006，第８章「スペイン近現代史研究の諸問題」)，⑶坂東省次編『スペイン関係文献目録』(行路社，2005)，⑷スペイン史学会HP「文献目録」(http://www.soc.nii.ac.jp/sjhe/index.html)。

Ⅰ　スペイン史全般に関する文献

⑴　P・ヴィラール（藤田一成訳）『スペイン史』（文庫クセジュ）白水社　1992

⑵　立石博高・若松隆編『概説スペイン史』有斐閣　1987

⑶　立石博高・関哲行・中川功・中塚次郎編『スペインの歴史』昭和堂　1998

⑷　楠貞義，ラモン・タマメス，戸門一衛，深澤安博『スペイン現代史――模索と挑戦の120年』大修館書店　1999

⑸　立石博高編『スペイン・ポルトガル史』（新版世界各国史16）山川出版社　2000

⑹　A・ドミンゲス・オルティス（立石博高訳）『スペイン 三千年の歴史』昭和堂　2006

⑺　H・カメン（丹羽光男訳）『スペイン――歴史と文化』東海大学出版会　1976（新装版 1983）

⑻　M・ヴィンセント，R・A・ストラドリング（小林一宏監修・瀧本佳容子訳）『図説　世界文化地理大百科 スペイン・ポルトガル』朝倉書店　1999

⑼　J・バルデオンほか（神吉敬三・小林一宏訳）『スペイン――その人々の歴史』帝国書院　1980

⑽　Payne, S. G., *History of Spain and Portugal*, 2 vols., Madison: University of Wisconsin Press, 1973. (http://libro.uca.edu/payne1/spainport1.htm)

⑾　*A History of Spain*, Oxford: Blackwell, 1989–.

⑿　Bennassar, B. (dir.), *Histoire des Espagnols*, 2 vols., Paris: Armand Colin, 1985.

⒀　Pérez, J., *Histoire d'Espagne*, Paris: Fayard, 1996.

⒁ Tuñón de Lara, M. (dir.), *Historia de España*, 13 vols., Madrid: Labor, 1980–91.

⒂ Artola, M. (dir.), *Historia de España*, 7 vols., Madrid: Alianza, 1988–94.

⒃ *Historia General de España y América*, 26 vols., Madrid: Rialp, 1981–89.

⒄ *Historia de España / fundada por Ramón Menéndez Pidal*, Madrid: Espasa-Calpe, 1935–.

⒅ Tusell, J. (dir.), *Historia de España*, Madrid: Taurus, 1998.

⒆ Fontana, J.; Villares, R.(dirs.), *Historia de España*, 12 vols., Barcelona: Crítica, 2007–.

⒇ Smith, A., *Historical Dictionary of Spain* (European Historical Dictionaries, No. 11), London: Scarecrow Press, 1996.

(21) Artola, M. (dir.), *Enciclopedia de Historia de España*, 7 vols., Madrid: Alianza, 1988–93.

(22) Alvar Ezquerra, J. (dir.), *Diccionario Espasa Historia de España y América*, Madrid: Espasa, 2002.

(23) García de Cortázar, F., *Atlas de Historia de España*, Barcelona: Planeta, 2005.

(24) Pasamar Alzuria, G.; Peiró Martin, I., *Diccionario Akal de Historiadores españoles contemporáneos (1840–1980)*, Madrid: Akal, 2002.

20世紀のスペインは内戦とフランコ独裁時代を経験したために，歴史研究の分野では大幅な遅れをとった。とくに1960年代まで，スペイン国内で刊行された概説書や通史の類には「スペイン帝国」礼賛を基調としたものが多かったし，そうした歴史認識を批判する外国人研究者の著作がスペインの人びとの目に触れることは少なかった。ちなみに⑴はフランスのスペイン史家ヴィラールがフランコ体制の正史に挑んだ概説書であるが，1975年までは発禁とされていた。ヴィラールによる歴史の構造的理解は今なお裨益するところが大きい。フランコ体制末期になると体制批判の高まりとあいまって欧米の歴史研究の成果を汲み取った個別研究が矢継ぎ早にあらわれるが，そのような諸研究の集大成が⒁のトゥニョン・デ・ララ編の通史全13巻(最後の２巻は史料集)である。わが国のスペイン史研究がスペイン国内の研究成果を本格的に活かすようになったのは1980年代に入ってからであるが，⑵はそうした意味でのはじめての概説書である。90年代にかけてスペイン史の諸問題への関心がさらに深まりを見せるが，⑶は各時代の問題群を「コラム」としても取り上げた便利な通史兼研究入門書であり，⑷はとくに現代史に焦点をあてた通史である。こうした20世紀末までの成果を踏まえて編まれたのが⑸の新版世界各国史シリーズの１巻で，ポルトガルを含めたイベリアの通史を知るうえでの基本書である。⑹は訳書であるが，スペイン人碩学の手になる本格的通史として参考になる。⑺はイギリスのスペイン研究者による通史で，叙述の内容はやや古いが，図版が豊富であり，各時代の雰囲気を知るうえで便利である。⑻は地図・図版・写真を用いて歴史・地理を概観したもので，やはり視覚的イメージを得るのに格好の書物である。⑼はフランコ体制後のスペインの歴史教科書で，基本的歴史認識を知ることができる。

通史の英語文献としては，今なおペインの⑽が参考となる。e-Book としてインターネット公開されているのはありがたい。英語による本格的な通史⑾は，すでに時代ごとに10巻が刊行されており，なお継続中である。フランス語の通史としては，80年代に著された⑿が，社会史・民衆史に焦点を合わせた概説として今なお定評をもつ。１冊のまとまったものとしては⒀がある。スペイン語で著されたものは枚挙にいとまがないが，すでにあげた⒁，70年代に刊行されたのち，80年代の成果を踏まえて改訂された⒂，さらにやや伝統的歴史観に立つが実証的な⒃を複数巻からなる詳細な通史として参考にされたい。また⒄は，1935年から刊行を開始したもので，すでに内容の古い巻も多いが，数十巻におよぶ世界的にもまれなナショナル・ヒストリーの大系である。１冊にまとめられた現代的水準のものとしては，⑺に加えて⒅をあげることができる。21世紀に入っては，⒁の水準を超えるものとして⒆が刊行を開始したが，とくにカスティーリャの歴史に包摂されない諸地域やアメリカ植民地への目配りが顕著である。⒇は英語のスペイン史事典で，㉑はその名のとおりテーマ別の４巻と，人名・事項・年表の３巻からなるスペイン史百科事典である。スペイン史の手頃な事典には㉒，歴史地図には㉓があり，㉔は近現代のスペインの歴史家人名事典で，紆余曲折したスペイン近現代史のなかでの歴史家たちの主要業績と特徴を知ることができる。

Ⅱ　第Ⅰ部(スペインの歴史)各章に関する文献

第１章　古代のイベリア半島

⑴ Cunliffe, B. W.; Keay, S. (eds.), *Social Complexity and the Development of Towns in Iberia*, Oxford: Oxford University Press, 1995.

⑵ Alföldy, G., “Spain”, *Cambridge Ancient History*, vol. X, Cambridge: Cambridge University Press, 1996.

⑶ Alföldy, G., “Spain”, *Cambridge Ancient History*, vol. XI, Cambridge: Cambridge University Press, 2000.

⑷ Curchin, L. A., *Roman Spain: Conquest and Assimilation*, London/New York: Routledge, 1991.

⑸ Richardson, J. S., *The Romans in Spain*, Oxford: Blackwell, 1998.

⑹ Keay, S., “Recent Archaeological Work in Roman Iberia (1990–2002)”, *JRS*, 2003.

⑺ Curchin, L. A., *The Local Magistrates of Roman Spain*, Toronto: University of Toronto Press, 1990.

⑻ González, J., “The Lex Irnitana: A New Copy of the Flavian Municipal Law”, *JRS*, 1986.

⑼ Mierse, W. E., *Temples and Towns in Roman Iberia*, Berkeley: University of California Press, 1999.

⑽ Panzram, S., *Stadtbild und Elite: Tarraco, Cordova und Augusta Emerita zwischen Republik und Spätantike*, Stuttgart: F. Steiner, 2002.

⑾ Le Roux, S., *Romains d'Espagne: Cité & Politique dans les provinces*, Paris:

Armand Colin, 1995.
(12) Sillières, P., *Les Voies de Communication de l'Hispanie Méridionale*, Paris: De Boccard, 1990.
(13) Domergue, C., *Les Mines de la Péninsule Ibélique dans l'Antiquité Romaine*, Paris: École françuise de Rome, 1990.
(14) Fear, A. T., *Rome and Baetica: Urbanization in Southern Spain c. 50BC–AD 150*, Oxford: Oxford University Press, 1996.
(15) Keay, S. (ed.), *The Archaeology of Early Roman Baetica*, Portsmouth R. T.: Journal of Roman Archaeology L. L. C., 1998.
(16) Alarcão, J. de, *Roman Portugal*, vol. 1, Warminster: Aris & Phillips, 1998.
(17) Tranoy, A., *La Galice Romaine: Recherches sur le nord-ouest de la Péninsule Ibélique dans l'Antiquité*, Paris: De Boccard, 1981.
(18) Curchin, L. A., *The Romanization of Central Spain*, London/New York: Routledge, 2004.
(19) Fishwick, D., *The Imperial Cult in the Latin West*, vol.III, 1–2, Leiden: Brill, 2002.
(20) Syme, R., *Roman Papers*, vol. III–VII, Oxford: Oxford University Press, 1984–91.
(21) Burrus, V., *The Making of a Heretic: Gender, Authority and the Priscillianist Controversy*, Berkeley: University of California Press, 1995.
(22) Chadwick, H., *Priscilian of Avila: The Occult and the Charismatic in the Eary Church*, Oxford: Oxford University Press, 1976.
(23) Blázquez, J. M., *Historia Economica de la Hispania Romana*, Madrid: Ediciones Cristiandad, 1978.
(24) Blázquez, J. M., *Ciclos y temas de la Historia de España: la Romanización*, 2 tomos, Madrid: ISTMO, 1975.
(25) Román, G. C., *Historia de España*, Madrid: Historia 16, 1995.

1980年代後半からスペインでは急速に再開発が進み，それにともない考古学はめざましい成果をあげている。スペイン古代史は現在書き換えられつつあるといえる。しかし，同時期に地方分権が強まったことも研究に反映されている。スペイン全土というより各地域ごとに独自に研究が進められる傾向にあるようである。したがってここでは，スペインにおける研究ではなく，その最新の成果を取り入れながら全体を扱った，おもに英語で書かれた文献をあげておこう。

(1)は「都市」中心に，先史時代からローマ時代までの重要な問題点を論じた論文集。ローマ時代について，簡潔にまとめてあるのが，ドイツの指導的研究者による(2)(3)で，(2)はアウグストゥス時代，(3)は１〜２世紀を扱う。概説として優れているのは(4)(5)。(4)は社会・経済・文化，(5)は政治史中心である。(6)は最新の考古学の成果についての案内。

次に都市についての研究としては，地方都市エリートたる行政官を扱う(7)，最近話題になったイルニの都市法の写真，本文，英訳を掲載した(8)，建築についてヒスパニア独

自の発展を見る(9)が注目される。最新の(10)は三属州の三首都，とくにそのエリート層を扱い，イスラム時代までを展望している。それに対して(11)は，第七軍団の詳細な研究から出発したフランスの第一人者が書いた概説として注目される。道路については(12)，鉱山業については(13)の大著が不可欠の文献。

地方別の研究としては，バエティカの(14)(15)，ルシタニアの(16)，北西部の(17)，中部の(18)のみをあげておく。(16)はポルトガルにおける考古学の成果をまとめたシリーズの総論。(18)は「ローマ化」をめぐる論争にも言及しており，最近の研究動向が理解できる。(15)(17)(18)は先住民社会の変容を扱っているが，これが現在の主流となりつつあるといえよう。

ヒスパニアに限定されないが，西方属州における皇帝礼拝については(19)がある。ローマ帝国におけるヒスパニア出身者については，(20)の論文集が重要。プリスキリアヌス派についてオーソドックスな研究書は，古代教会史の大家による(22)。新しい研究としては(21)がある。

スペイン語で書かれた古代史として，定評があったのが(23)(24)。新しい概説書としては(25)が出ている。

第2章　西ゴート王国の時代

(1) P・クルセル（尚樹啓太郎訳）『文学にあらわれたゲルマン大侵入』東海大学出版会　1974

(2) 長友栄三郎『ゲルマンとローマ』創文社　1976

(3) 玉置さよ子『西ゴート王国の君主と法』創研出版　1996

(4) 安達かおり『イスラム・スペインとモサラベ』彩流社　1997

(5) トゥールのグレゴリウス（兼岩正夫・臺幸夫訳註）『歴史十巻（フランク史）』1，2　東海大学出版会　1975，1977

(6) 上智大学中世思想研究所編訳・監修『中世思想原典集成5　後期ラテン教父』平凡社　1993

(7) Fouracre, P. (ed.), *(the) New Cambridge Medieval History*, vol. 1, Cambridge: Cambridge Universty Press, 2005.

(8) Collins, R., *Early Medieval Spain: Unity in diversity, 400–1000*, 2nd ed., New York: St. Martin's Press, 1995.

(9) Collins, R., *Visigothic Spain, 409–711*, Oxford: Blackwell, 1997.

(10) Thompson, E. A., *The Goths in Spain*, Oxford: Oxford University Press, 1969.

(11) King, P. D., *Law and Society in the Visigothic Kingdom*, Cambridge: Cambridge University Press, 1972.

(12) James, E. (ed.), *Visigothic Spain: New Approaches*, Oxford: Clarendon, 1980.

(13) Stocking, R. L., *Bishops, Councils, and Consensus in the Visigothic Kingdom, 589–633*, Michigan: Michigan University Press, 2000.

(14) Fontaine, J., *Isidore de Séville et la culture classique dans l'Espagne wisigothique*, 2nd ed., Paris: Etudes Augustiennes, 1983.

(15) Burgess, R. W. (ed. and trans.), *The Chronicle of Hydatius and the Consularia*

Constantinopolitana, Two Contemporary Accounts of the Final Years of the Roman Empire, Oxford: Clarendon, 1993.
(16) Wolf, K. B., *Conquerors and Chroniclers of Early Mediaeval Spain*, Liverpool: Liverpool University Press, 1999.
(17) Martínez Pizarro, J., (trans.) *The Story of Wamba: Julian of Toledo's Historia Wambae Regis*, Washington, D. C.: Catholic University of America Press, 2005.
(18) García Moreno, L. A., *Historia de España visigoda*, Madrid: Cátedra, 1989.
(19) Torres López, M. et al., *Espana Visigoda*, 2 vols. (Historia de Espana / fundada por Ramón Menéndez Pidal t. 3), Madrid: Espasa-Calpe, 1991.

(1)(2)はゲルマン民族移動全体を扱うもの。(1)にはイベリア半島を舞台にした部分は多くないが，同時代の息吹を映し出す名著。(2)はゲルマン民族とローマとの関係を中心にした研究書。ガリシア定住後のスエヴィ族を取り上げた章がある。

西ゴート王国に対する後世の評価は毀誉褒貶の落差が著しい。(3)はイベリア半島定住後の西ゴート王国・イスパニア教会の活動を扱う研究書。(4)はイスラーム進出後を取り扱った研究書だが，付録として西ゴート王国時代を述べた年代記の全文訳が収められている。(5)(6)も同時代史料の貴重な日本語訳。(5)は著名な年代記の羅和対訳。主題はフランク王国だが，隣国である西ゴート王国情勢がしばしば語られる。「ヘルメネギルドの乱」が詳しい。(6)はイスパニア教会知識人のうちイシドルスとイルデフォンススの著作の和訳(部分訳)に接することができる。

英語の書籍では，(7)は基本的な中世史シリーズの新版。新版では第1巻でゲルマン部族王国を扱っている。(8)(9)はコリンズの著書。(8)は中世初期イベリア半島の歩み。(9)はBlackwell社のシリーズの1冊。(10)〜(14)は西ゴート王国研究の基本的な文献。(10)はなかでも必ず参照される重要文献。(11)は西ゴート法典から西ゴート王国の社会を再構成する。(12)は主要な西ゴート王国研究者による論集。(13)は6世紀末から7世紀初めにかけての王権と教会の問題をテーマとする。(14)はフランス語だが，イシドルス研究の最高峰と評価の高い名著。初版は1959年だが第2版で1巻分の大幅な増補がある。(15)〜(17)は比較的入手が容易な史料の英訳。(15)はヒダティウスの『年代記』，(16)はイシドルスの『ゴート人の歴史』，(17)はユリアヌスの『ワムバ王の歴史』の英訳を収めている。

スペイン語の書籍は，西ゴート王国のカトリック改宗から1400年にあたる1989年前後に多く出版された。概説書として2点をあげる。(18)は西ゴート王国の時代をコンパクトに概観したもの。(19)は著名なメネンデス・ピダルのシリーズ。第3巻の西ゴート王国は2分冊で，1が民族移動・社会・教会，2が王権・文化・芸術にあてられており，ともに主要な西ゴート研究者が多数執筆している。

第3章　イスラーム期のスペイン

(1) M・ワット（黒田壽郎・柏木英彦訳）『イスラーム・スペイン史』岩波書店　1976
(2) 安達かおり『イスラム・スペインとモサラベ』彩流社　1997
(3) 余部福三『アラブとしてのスペイン――アンダルシアの古都めぐり』第三書館　1992

(4) K・B・ウルフ（林邦夫訳）『コルドバの殉教者たち――イスラム・スペインのキリスト教徒』刀水書房　1998
(5) Ch・デュフルク（芝修身・芝紘子訳）『イスラーム治下のヨーロッパ――衝突と共存の歴史』藤原書店　1997
(6) M・R・メノカル（足立孝訳）『寛容の文化――ムスリム，ユダヤ人，キリスト教徒の中世スペイン』名古屋大学出版会　2005
(7) 前嶋信次『イスラムの蔭に』（生活の世界歴史７）河出書房新社　1975
(8) Guichard, P., *Al-Andalus 711–1492*, Paris: Hachette, 2001.
(9) Kennedy, H., *Muslim Spain and Portugal: A Political History of al-Andalus*, London: Longman, 1996.
(10) Guichard, P., *Al-Andalus: Estructura antropológica de una sociedad islámica en Occidente*, Barcelona: Barral Editores, 1976
(11) Molíns, v., Jesús, M. et al., *La España musulmana de los siglos XI al XV*, 4 vols. (Historia de España / fundada por Ramón Menéndez Pidal, t. 8), Madrid: Espasa-Calpe, 1994–2000.
(12) Lévi-Provençal, É., *Histoire de l'Espagne musulmane*, 3tomes, Paris: Maisonneuve, 1950–53.
(13) Wasserstein, D., *The Rise and Fall of the Party-kings: Politics and Society in Islamic Spain, 1002–1086*, Princeton: Princeton University Press, 1985.
(14) Arié, R., *L'Espagne musulmane au temps des Nasrides (1232–1492)*, 2nd ed., Paris: Boccard, 1990.
(15) Harvey, L. P., *Islamic Spain, 1250 to 1500*, Chicago: The University of Chicago Press, 1990.
(16) Ashtor, E., *The Jews of Moslem Spain*, 3 vols., Philadelphia: Jewish Publication Society of America, 1973–84.
(17) Constable, O. R., *Trade and Traders in Muslim Spain: The Commercial Realignment of the Iberian Peninsula 900–1500*, Cambridge: Cambridge University Press, 1994.
(18) Glick, T., *From Muslim Fortress to Christian Castle: Social and Cultural Change in Medieval Spain*, Manchester: Manchester University Press, 1995.
(19) Lirola Delgado, J. (ed.), *Biblioteca de al-Andalus*, tomos 3–5, Almería: Fundación Ibn Tufayl de estudios árabes, 2004–07.

長らく日本語で読める唯一のアンダルス通史として参照されてきたのが(1)だが，現在では若干の古さは否めない。(3)は都市別の構成でアンダルス史を描こうとする。(2)(4)はモサラベについて，(5)はモサラベに加えてムワッラドについて扱う。(6)はいささかユートピア的な描き方ではあるが，アンダルスにおける三宗教の共存を扱う。(7)はエピソード中心に構成され，読み物として非常に優れている。

欧米語では，コンパクトな概説書として(8)(9)がある。前者は，(10)でアンダルス史への視座の転換をもたらした著者ならではの見方からアンダルス史を総合的に捉えようとす

る一方，後者は事実関係に詳しいという特徴がある。現時点でのアンダルス史研究の集大成ともいえるのが⑾であるが，残念ながら11世紀以降しか扱っていない。後ウマイヤ朝については⑿，第一次ターイファ期については⒀，ナスル朝期については⒁⒂が基本文献である。⒃はアンダルスのユダヤ教徒について，⒄は交易について扱う。⒅は刊行時点までの考古学の成果を踏まえて文献学的アプローチとの橋渡しをはかる。⒆は続刊が期待されるアンダルス関連の人名・著作事典。

第4章　カスティーリャ王国

⑴　クラヴィホ（山田信夫訳）『チムール帝国紀行』桃源社　1967

⑵　F・M・ビリャヌエバ（小林一宏・山道佳子訳）「トレード翻訳学派新考」『スペイン文化シリーズ2』上智大学イスパニア研究センター　1993

⑶　R・フレッチャー（林邦夫訳）『エル・シッド――中世スペインの英雄』法政大学出版局　1997

⑷　D・W・ローマックス（林邦夫訳）『レコンキスタ――中世スペインの国土回復運動』刀水書房　1996

⑸　大内一・立石博高・染田秀藤『もうひとつのスペイン史――中近世の国家と社会』同朋舎出版　1994

⑹　金七紀男『ポルトガル史』彩流社　1996（増補版 2003）

⑺　芝紘子『スペインの社会・家族・心性』ミネルヴァ書房　2001

⑻　関哲行・立石博高編訳『大航海の時代――スペインと新大陸』同文舘出版　1998

⑼　E・ケドゥリー編（関哲行・立石博高・宮前安子訳）『スペインのユダヤ人――1492年の追放とその後』平凡社　1995

⑽　関哲行『スペイン巡礼史――「地の果ての聖地」を辿る』（講談社現代新書）講談社　2006

⑾　Hillgarth, J. N., *The Spanish Kingdoms, 1250–1516*, vol. 1, 2, Oxford: Clarendon, 1976.

⑿　MacKay, A., *Society, Economy and Religion in Late Medieval Castile*, London: Variorum Reprints, 1987.

⒀　O'Callaghan, J. F, *The Learned King. The Reign of Alfonso X of Castile*, Philadelphia: University of Pennsylvania Press, 1993.

⒁　Reilly, B. F., *The Medieval Spains*, Cambridge: Cambridge University Press, 1993.

⒂　Barbero, A.; Vigil, M., *La formación del feudalismo en la Península Ibérica*, Madrid: Crítica, 1978.

⒃　Casado Alonso, H. (ed.), *Castilla y Europa. Comercio y mercaderes en los siglos XIV, XV y XVI*, Burgos: Tabapress, 1995.

⒄　Gautier Dalché, J., *Historia urbana de León y Castilla en la edad media*, Madrid: Siglo XXI, 1979.

⒅　Gautier Dalché, J. et al., *Concejos y ciudades en la edad media hispánica*, Ávila: Fundación Sánchez-Albornoz, 1990.

⒆ Martín, J. L., *Historia de Castilla y León*, t. 4, Valladolid: Ambito, 1985.
⒇ Pastor, R. et al., *En torno al feudalismo hispánico*, Ávila: Fundación Sánchez-Albornoz, 1989.
(21) Suárez Fernández, L., *Historia antigua y media*, t. 2, Madrid: Rialp, 1976.
(22) Valdeón, J., *Historia de Castilla y León*, t. 5, Valladolid: Ambito, 1985.
(23) Valdeón, J., *Historia de España*, t. 10, Madrid: Historia 16, 1995.

⑴は東西交渉旅行記全集の一部で，日本語で読める数少ない中世スペイン人のオリエント旅行記。⑵はトレードでの翻訳活動に関する論考で，翻訳技術にも言及している。⑶⑷は定評ある著書の翻訳で，丁寧な注も付されており，基本的な事実関係を確認するうえで役立つ。⑸は中世末期のカスティーリャ史を政治・社会史を中心に展望した論考を含む。⑹はスペイン史と関係の深いポルトガル史の概説である。⑺は中近世スペイン社会史に関する論文集で，家族史，女性史，名誉観念などを扱っている。⑻は大航海時代の歴史的前提を踏まえて，スペインとアメリカ植民地に関する基本論文を訳出したものである。⑼は中近世スペインのユダヤ人とコンベルソに関する論文集の翻訳。⑽は観光や慈善，都市化をキーワードに，オーソドクシーと民衆信仰，宗教的性格と世俗的性格が相互浸透する中近世のサンティアゴ巡礼を考察したもの。⑾⒁は英語で読める政治史を中心とした中世スペイン史の概説であり，⑿では中世末期カスティーリャの下級貴族，反ユダヤ運動，儀礼などが扱われる。⒀は対外政策を含めた政治史・文化史を軸にアルフォンソ10世時代を論じた研究である。⒂は伝統的なレコンキスタ理念，封建制概念に修正を迫った研究で，現代の初期中世スペイン史研究の基本文献。⒃は中世末期～近世のカスティーリャ・フランドル貿易などを扱った論文集で，カスティーリャ商人居留地に関する研究を含む。⒄は中世中期のカスティーリャ都市を，複数の都市類型に分類したうえで概観したもので，都市研究の基本文献の一つ。⒅⒇は中世スペイン都市，スペイン封建制に関する国際研究集会の報告書であり，現代のスペイン都市研究，封建制研究の到達点を示している。⒆(22)(23)は最近の研究動向を加味しつつ，コンパクトにまとめられた中世カスティーリャ史の概説である。(21)は政治史を中心とした中世スペイン史概説で，事実関係を探るうえで有用。

第5章　アラゴン連合王国

⑴ R・バード（狩野美智子訳）『ナバラ王国の歴史——山の民バスク民族の国』彩流社　1995
⑵ Bisson, T. N., *The Medieval Crown of Aragon. A Short History*, Oxford: Clarendon 1991.
⑶ Salrach, J. M., *História de Catalunya. El procés de feudalització (segles III–XII)*, Barcelona: Edicions 62, 1998.
⑷ Batlle, C., *História de Catalunya. L'expansió baixmedieval (segles XIII–XV)*, Barcelona: Edicions 62, 1999.
⑸ Ubieto Arteta, A., *Historia de Aragón. La formación territorial*, Zaragoza: Anubar, 1981.

(6) Ubieto Arteta, A., *Historia de Aragón. Creación y desarrollo de la Corona de Aragón*, Zaragoza: Anubar, 1987.
(7) Leroy, B., *La Navarre au Moyen Âge*, Paris: Albin Michel, 1984.
(8) Giunta, F., *Aragoneses y catalanes en el Mediterráneo*, Barcelona: Ariel, 1989.
(9) Bonnassie, P., *La Catalogne du milieu du XIe à la fin du XIe siècle. Croissance et mutations d'une société*, 2 vols., Toulouse: Association des Publications de I'Université de Toulouse-Le Mirail, 1975–76.
(10) Freedman, P., *The Origins of Peasant Servitude in Medieval Catalonia*, Cambridge: Cambridge University Press, 1991.
(11) Laliena Corbera, C., *La formación del Estado feudal. Aragón y Navarra en la época de Pedro I*, Huesca: Instituto de Estudios Altoaragoneses, 1996.
(12) Larrea, J. J., *La Navarre du IVe au XIIe siècle. Peuplement et société*, Bruxelles: De Boeck Université, 1998.
(13) Abulafia, D., *A Mediterranean Emporium. The Catalan Kingdom of Majorca*, Cambridge: Cambridge University Press, 1994.
(14) López Elum, P., *Los orígenes de los Furs de Valencia y de las Cortes en el siglo XIII*, Valencia: Pedro López Elum, 1998.
(15) Dufourcq, Ch. -E., *L'Espagne catalane et le Maghrib aux XIIIe et XIVe siècles. De la bataille de Las Navas de Tolosa (1212) à l'avènement du sultan mérinide Abou-l-Hassan (1331)*, Paris: PUF, 1966.
(16) López Pérez, M. D., *La Corona de Aragón y el Magreb en el siglo XIV (1331–1410)*, Barcelona: CSIC, 1995.
(17) Guiral-Hadziiossif, J., *Valence, port méditerranén au XVe siècle (1410–1525)*, Paris: Publications de la Sorbonne, 1986.
(18) Barraqué, J. P., *Saragosse à la fin du Moyen Âge. Une ville sous influence*, Paris: L'Harmattan, 1998.
(19) Ferrer i Mallol, M. T., "El Consolat de Mar i els consolats d'Ultramar, instrument i manifestació de l'expansió del comerç català", *L'expansió catalana a la Mediterránia a la Baixa Edat Mitjana*, Barcelona: CSIC, 1999, pp. 53–79.
(20) Iradiel, P., "Valencia y la expansión mediterránea de la Corona de Aragón", *En las costas del Mediterráneo occidental. Las ciudades de la Península Ibérica y del reino de Mallorca y el comercio mediterráneo en la Edad Media*, Barcelona: Omega, 1997, pp. 155–169.

本章にかかわる邦語の概説書はなきに等しい。最近ようやく個別専門研究に目を引くものが出されつつあるとはいえ，アラゴン連合王国史全体の理解の助けとなる基本文献となると，現段階ではやはり欧語文献を参照するほかない。ここでは，概説書から専門研究まで，比較的読みやすく入手しやすい近年のものを中心にあげておく。

(1)はナバーラ王国の歴史を概観した唯一の邦訳文献。(2)はアラゴン連合王国全体を対象とした英語の概説書であるが，こうした叙述の形式は意外に少ないので貴重である。

(3)(4)はいずれも定評のある『カタルーニャの歴史』叢書の一部で，それぞれ中世初期・盛期と同後期のカタルーニャおよびアラゴン連合王国の政治と社会が各分野の専門家によって包括的に論じられている。(5)は連合王国成立までのアラゴン史を概観したもので，(6)は連合王国の発展をとくにアラゴンに重点をおいて叙述した概説書である。(7)はナバーラ史の概説書。(8)は地中海進出期の連合王国の動向を包括した比較的やさしい研究書。(9)はカタルーニャ封建社会の発展過程を実証的に明らかにし，地中海南ヨーロッパ封建社会論の基礎となった学位論文。(10)はラメンサ農民に代表されるカタルーニャ隷属農民の生成過程をその起源まで遡って詳述したもの。(11)(12)は，それぞれ中世初期・盛期のアラゴンおよびナバーラ史を牽引する代表的な研究者による封建社会論。(13)はマジョルカ商業の基本的性格を同王国の政治的独立と絡めて論じた専門研究である。(14)は固有の法を享受したバレンシア王国のコルツの生成と発展を扱ったもの。(15)(16)はいずれも連合王国のマグリブ商業の展開を同地域の政治情勢と絡めて検討した大部の研究書であるが，両者をあわせて13世紀前半から15世紀初頭までの両地域の政治的・経済的関係とその動向を理解することができる。(17)(18)はそれぞれ中世後期のバレンシア市およびサラゴーサを扱った都市史研究。(19)はバルセローナの海事裁判所の成立と海外クンスラット（商業裁判所）網の展開過程を概観した論考。(20)は中世後期バレンシア市の社会経済的興隆を史料にそくして跡づけたものである。

第6章　カトリック両王の時代

(1)　E・ケドゥリー編（関哲行・立石博高・宮前安子訳）『スペインのユダヤ人——1492年の追放とその後』平凡社　1995
(2)　R・バード（狩野美智子訳）『ナバラ王国の歴史』彩流社　1995
(3)　大内一・立石博高・染田秀藤『もうひとつのスペイン史』同朋舎出版　1994
(4)　関哲行・立石博高編訳『大航海の時代——スペインと新大陸』同文舘出版　1998
(5)　Azcona, T. de, *Isabel la Católica. Estudio crítico de su vida y reinado*, Madrid: Biblioteca de Autores Cristianos, 1993 (3ª ed. revisada).
(6)　Dios, S. de, *El Consejo Real de Castilla (1385–1522)*, Salamanca: Centro de Estudios Constitucionales, 1982.
(7)　Netanyahu, B., *The Origins of the Inquisition in Fifteenth Century Spain*, New York: New York Review Books, 2001.
(8)　Hillgarth, J. N., *Los Reyes Católicos 1474–1516* (Los reinos hispánicos 3) Barcelona: grijalbo, 1984.
(9)　Ladero Quesada, M. A., *La España de los Reyes Católicos*, Madrid: Alianza, 1999.
(10)　Lunenfeld, M., *Keepers of the City. The Corregidores of Isabella I of Castile (1474–1504)*, Cambridge: Cambridge University Press, 1987.
(11)　Nieto Soria, J. M., *Fundamentos ideológicos del poder real en Castilla (siglos XIII–XVI)*, Madrid: Eudema, 1988.
(12)　Pérez, J., *Isabel y Fernando. Los Reyes Católicos*, Madrid: Nerea, 1988.
(13)　Suárez Fernández, L., *Los Reyes Católicos*. 5 vols. (*La conquista del trono;*

Fundamentos de la monarquía; El tiempo de la guerra de Granada; La expansión de la fe; El camino hacia Europa), Madrid: Rialp, 1989–90.
⒁ Val Valdivieso, M. I. de, *Isabel la Católica princesa (1468–1474)*, Valladolid: Instituto "Isabel La Católica" de Historia Eclesiástica, 1974.
⒂ Valdeón Baruque, J. (ed.), *Isabel la Católica y la política*, Valladolid: Ámbito, 2001.
⒃ Valdeón Baruque, J. (ed.), *Sociedad y economía en tiempos de Isabel la Católica*, Valladolid: Ámbito, 2002.

⑴は1492年のユダヤ人追放令との関連で，中近世のスペインにおけるユダヤ人とコンベルソをテーマに著された代表的な論文の翻訳である。⑵はナバーラ王国の基本的な通史。⑶は中世後期のカスティーリャ王国の政治と社会ならびに16世紀のインディアス問題に関する論考を含む。⑷は大航海時代のスペインおよびアメリカ大陸の政治，経済，社会に関する解説とそれらについての代表的論文の翻訳である。⑸はカトリック女王イサベルの生涯と治世に関する詳細な伝記的文献。⑹は国王顧問会議の中世後期から近世初頭にかけての制度的発展に関する文献。⑺はスペインの異端審問制度の成立背景について，15世紀の政治と宗教論争に焦点をあてて論じた大作。⑻⑼⑿はカトリック両王期のスペインに関する概説書。とくに⑼の豊富な参考文献は有用である。⑽はカトリック両王期のコレヒドールと都市社会に関する文献。⑾は中世後期から近世初期の王権強化とその思想的背景を論じたもの。⒀はイサベルの即位，王国の基盤形成，グラナダ戦争，宗教問題，ヨーロッパ外交について論じたカトリック両王期に関する詳細なシリーズである。⒁はイサベルの即位の背景を政治史の観点から分析したもの。⒂⒃は，イサベル女王没後500年記念を前にして開かれた学会での発表を論文集にまとめたもの。⒂にはカトリック両王期の政治・制度・宗教，⒃には経済・社会・女性に関する論文が所載されている。

第７章　スペイン帝国隆盛の時代

⑴　Ｊ・ペレ（遠藤ゆかり訳）『カール５世とハプスブルク帝国』（知の再発見双書105）創元社　2002
⑵　藤田一成『皇帝カルロスの悲劇――ハプスブルク帝国の継承』平凡社　1999
⑶　Ｆ・ブローデル（浜名優美訳）『地中海』全５巻　藤原書店　1991–95
⑷　Lynch, J., *Spain 1516–1598: From Nation State to World Empire*, Oxford: Blackwell, 1991.
⑸　Nadal, J., *España en su cénit (1516–1598): un ensayo de interpretación*, Barcelona: Crítica: 2001.
⑹　Fernández Álvarez, M., *Carlos V, el César y el hombre*, Madrid: Espasa-Calpe, 1999.
⑺　Kohler, A., (trad. Ohlrich, C. G.), *Carlos V 1550–1558: Una biografía*, Madrid: Marcial Pons, 2000 (Kohler, A., *Karl V. 1500–1558. Eine Biographie*, München: Beck, 1999).

(8) Martínez Millán, J. (dir.), *La Corte de Carlos V*, 5 vols., Madrid: Sociedad Estatal para la Comemoración de los Centenarios de Felipe II y Carlos V, 2000.

(9) Martínez Millán, J. (dir.), *Carlos V y la quiebra del humanismo político en Europa (1530–1558)*, Madrid: Sociedad Estatal para la Comemoración de los Centenarios de Felipe II y Carlos V, 2001.

(10) Parker, G., *Philip II*, *3rd* ed., Chicago / La Salle: Open Court, 1995.

(11) Kamen, H., *Philip of Spain*, New Haven / London: Yale University Press, 1997.

(12) Parker, G., *The Grand Strategy of Philip II*, New Haven / London: Yale University Press, 1998.

(13) Fernández Álvarez, M., *Felipe II y su tiempo*, Madrid: Espasa-Calpe, 1998.

(14) Pérez, J., *L'Espagne de Philippe II*, Paris: Fayard, 1999.

(15) Ribot García, L. A; Belenguer Cebrià, E. (coords.), *Las sociedades ibéricas y el mar a finales del siglo XVI*, 6 tomos, Lisboa: Pabellón de España, Expo 98, 1998.

(16) Belenguer Cebrià, E. (coord.), *Felipe II y el Mediterráneo*, 4 vols., Madrid: Sociedad Estatal para la Conmemoración de los Centenarios de Felipe II y Carlos V, 1999.

(17) Martínez Millán, J. (dir.), *Felipe II (1527–1598): Europa y la Monarquía Católica*, 4 tomos, Madrid: Parteluz, 1998.

(18) Cabrera de Córdoba, L. (eds. et al.), *Historia de Felipe II, rey de España*, 3 vols., Salamanca: Junta de Castilla y León, 1998.

(19) Fernández Conti, S., *Los Consejos de Estado y Guerra de la Monarquía Hispánica en tiempos de Felipe II, 1548–1598*, Valladolid: Junta de Castilla y León, 1998.

(20) Bicheno, H., *Crescent and Cross: The Battle of Lepanto 1571*, London: Cassell, 2003.

(21) Bouza, F., *Imagen y propaganda: capítulos de historia cultural del reinado de Felipe II*, Madrid: Akal, 1998.

(22) Checa Cremades, F., *Felipe II, mecenas de las artes*, 2ª ed., Madrid: Nerea, 1992.

本章で扱う時代のみを扱い，かつその全体をカバーする概説書は意外に少なく，邦語のものは見当たらない。英語で書かれたものとしては，(4)が依然として最新である。(5)は概説書というよりも，この時代に関する16の重大なトピックを取り上げて，斬新な解釈を打ち出した，論文集的な性格をもつ。カール５世の治世全般の概説である(1)は，極めて簡潔な叙述ながら読みやすく，図版が非常に豊富で初学者向けである。カール５世生誕500周年にあたる2000年の前後には，スペインやその他かつての領国にあたる国々で関連書籍が数多く出版されたが，ここではそのごく一部しか紹介できない。(6)(7)はカ

ール５世の伝記で，(6)の著者は16世紀スペインに関する数々の優れた概説を書いてきたことで知られる。オーストリア人の著者の手になる(7)は，スペイン人から見たカール５世像を相対化するのに有益。(8)は膨大な史料を駆使して，カール５世の宮廷における政治過程を詳細に描写している。(9)は治世後半期の政治史と宗教・文化史中心の論文集。(2)は退位から死去にいたるまでの隠遁生活の時期を扱っている。フェリーペ２世期に関しては，(3)がいわずと知れた古典だが，没後400年にあたる1998年前後に関連書籍が数多く出版された。(11)は膨大な書簡類その他の未刊行史料に基づいた情報量の多い伝記だが，簡潔な記述による人物像のつかみやすさという点で，(10)の伝記も依然として有益である。(12)は，低地地方の反乱やイングランド問題へのフェリーペ２世の対応を分析することを通じて，その政策や戦略の本質を明らかにしようとする。(13)(14)は，フェリーペ２世の人物やその治下の政治のみならず，経済や社会にも広く目配りした概説書。(15)の論文集はリスボン万博でおこなわれた国際会議がもとになっており，1580年以降のフェリーペ２世の治世を主として扱い，宮廷社会や中央政府を扱った巻と，その支配領域の社会を扱う巻からなり，後者は地域別の編成になっているので，カスティーリャ王国以外の社会に関する情報も豊富に得られる。(16)(17)もフェリーペ２世の治世をさまざまな角度から論じた論文集で，こちらはテーマ別の編成になっている。(16)はバルセローナ，(17)はマドリードでそれぞれおこなわれた国際会議に基づいており，前者はイベリア半島に限らず広く地中海域全域の経済・社会・政治を扱い，後者はフェリーペ２世が支配ないし関係した地域と関連テーマを満遍なく扱う。(18)は，フェリーペ２世期に関する極めて重要な基本史料である年代記(初版は1619年)の，120年ぶりの新たな校訂版で，編者２人による論稿 “La configuración de la Monarquía hispana” と，フェリーペ２世の諮問官や書記官のリストを収録した別冊も有益。(19)はスペイン王権の対外政策を司っていた機関の特質と歴史的変遷を明らかにしたもの。(20)はレパントの海戦を国際的かつ学際的な視点で研究したもの。フェリーペ２世をめぐるイメージ戦略を扱う(21)は，「黒い伝説」について考えるうえでも有益。芸術の保護者としてのフェリーペ２世に光をあてた(22)は，当時の文化を新しい角度で考える材料も提供する。

第８章　スペイン帝国衰退の時代

(1)　芝修身「17世紀スペインの経済危機と地域間格差」『南山経済研究』12-3　1998

(2)　芝修身『近世スペイン農業――帝国の発展と衰退の分析』昭和堂　2003

(3)　Ｊ・Ｈ・エリオット（藤田一成訳）『スペイン帝国の興亡　1469-1716』岩波書店　1982

(4)　Ｊ・Ｈ・エリオット（藤田一成訳）『リシュリューとオリバーレス――一七世紀ヨーロッパの抗争』岩波書店　1988

(5)　Ｂ・ベナサール（宮前安子訳）『スペイン人――16-19世紀の行動と心性』彩流社　2003

(6)　Ｅ・ケドゥリー編（関哲行・立石博高・宮前安子訳）『スペインのユダヤ人――1492年の追放とその後』平凡社　1995

(7)　Ｆ・ブローデル（浜名優美訳）『地中海』全５巻　藤原書店　1991-95

(8)　Lynch, J., *The Hispanic World in Crisis and Change, 1598-1700*, Oxford:

Basil Blackwell, 1991.

(9) Kamen, H., *Spain 1469–1714. A Society of Conflict*, 2nd. ed., London: Longman, 1991.

(10) Stradling, R. A., *Europe and the Decline of Spain. A Study of the Spanish System, 1580–1720*, London: Allen & Unwin, 1981.

(11) Nader, H., *Liberty in Absolutist Spain. The Habsburg Sale of Towns, 1516–1700*, Baltimore: Johns Hopkins University Press, 1990.

(12) Elliott, J. H., "A Europe of Composite Monarchies", *Past & Present*, 137, 1992.

(13) Parker, G., *The Dutch Revolt*, London: Allen Lane, 1977.

(14) Herrero Sánchez, M., *El acercamiento hispano-neerlandés (1648–1678)*, Madrid: CSIC, 2000.

(15) Valladares, R., *Portugal y la Monarquía Hispánica, 1580–1668*, Madrid: Arco Libros, 2000.

(16) Allen, P. C., *Philip III and the Pax Hispanica, 1598–1621, The Failure of Grand Strategy*, New Haven: Yale University Press, 2000.

(17) Feros, A., *El Duque de Lerma. Realeza y privanza en la España de Felipe III*, Madrid: Marcial Pons, 2002.

(18) Elliott, J. H., *The Revolt of the Catalans. A Study in the Decline of Spain, 1598–1640*, Cambridge: Cambridge University Press, 1963.

(19) Elliott, J. H., *The Count-Duke of Olivares. The Statesman in an Age of decline*, New Haven: Yale University Press, 1986.

(20) Stradling, R. A., *Philip IV and the Government of Spain, 1621–1665*, Cambridge: Cambridge University Press, 2002 (first published 1988).

(21) Brown, J.; Elliott, J. H., *A Palace for a King. The Buen Retiro and the Court of Philip IV*, New Haven: Yale University Press, 1980.

(22) Kamen, H., *Spain in the Later Seventeenth Century, 1665–1700*, London: Longman, 1980.

(23) Kamen, H., *La España de Carlos II*, Barcelona: Crítica, 1981.

(24) Calvo Poyato, J., *La vida y la época de Carlos II el Hechizado*, Barcelona: Planeta, 1998.

(25) Contreras, J., *Carlos II el hechizado. Poder y melancolía en la corte del último Austria*, Madrid: Temas de hoy, 2003.

(26) Graf Von Kalnein, A., *Juan José de Austria en la España de Carlos II. Historia de Una Regencia*, Lleida: Milenio, 2001.

(27) Sánchez Marcos, F., *Cataluña y el Gobierno central tras la Guerra de los Segadores, 1652–1679. El papel de don Juan de Austria en las relaciones entre Cataluña y el Gobierno central, 1652–1679*, Barcelona: Universidad de Barcelona, 1983.

(28) Henningsen, G.; Tedeschi, J., *The Inquisition in Early Modern Europe. Studies on Sources and Methods*, Illinois: Northern Illinois University Press, 1986.

(29) Cruz, A. J.; Perry, M. E., *Culture and Control in Counter-Reformation Spain*, Minneapolis: University of Minnesota Press, 1992.
(30) Sicroff, A. A., *Los estatutos de limpieza de sangre. Controversias entre los siglos XV y XVII*, Madrid: Taurus, 1985.

16・17世紀はハプスブルク朝による統治が世紀をまたいで継続した時代である。そのため17世紀のみに焦点をあてるのではなく，この両世紀を通観した研究書が多い。下記参考文献にもそのような研究書が含まれていることをあらかじめお断りしておく。

日本語文献に関して。17世紀は経済的衰退の時代といわれているが，スペイン各地域を比較するとその度合いに大きな差があった。(1)は17世紀スペイン経済史の主要文献を紹介しつつ，各地域の経済的衰退の特徴を比較した論文。(2)は16・17世紀のカスティーリャ農業史に正面から取り組んだ力作。(3)はカスティーリャに支えられたスペイン帝国の興隆と没落を描く。30年以上も前に出版された本でありながら，現在でも参照に値する。(4)はフランスとスペイン双方に同時期にあらわれた２人の名宰相に焦点をあてつつ，ヨーロッパがスペイン優位の時代からフランス優位に変わっていく転機とその原因を考察した名著。(5)は羊毛貿易や新大陸交易で資本主義の萌芽が見られたスペインが17世紀以降なぜ他のヨーロッパ諸国とは異なる歴史過程をたどったかという問題をスペイン近世社会の集団心性から解き明かそうとした意欲作。(6)は中近世におけるスペインのユダヤ人問題を扱った基本書であり，17世紀のポルトガル系コンベルソのテーマも扱われている。(7)はフェリーペ２世時代の地中海世界を描いたブローデルの大作。17世紀に関する記述も含まれている。

外国語文献に関して。17世紀を概観するものとしてまずあげられるのが(8)である。英語で書かれた17世紀スペインの概説書のなかでは白眉であり，政治状況にとどまらず，経済状況や新大陸との関係までも言及している。(9)は「葛藤の時代」をキーワードに，スペイン帝国という重い負担を背負った近世スペイン社会・経済における格差・ひずみの諸相を考察している。(10)はスペインの対外政策をヨーロッパ国際政治のなかで捉えた研究。17世紀に入っても国際社会におけるスペインのヘゲモニーは継続していることを強調している。(11)はカスティーリャにおける市町村自治権の売却現象をとおして，スペイン絶対主義の特質を描き出している。(12)は雑誌論文であるが，ハプスブルク朝スペインの統治システムを考察するうえで重要な「複合王制 Composite Monarchies」を簡潔に論じている。(13)はオランダ独立戦争の経緯と，戦争がスペインの国家財政におよぼした影響の研究。(14)はオランダ独立後，フランスを共通の敵としてスペインとオランダが接近した時期の両国の関係について論じる。(15)はスペインに併合されていた時代のポルトガルとスペイン王権の関係を描いた研究。フェリーペ３世期に関しては，(16)が最近の研究をもとに綿密な外交政策の結果としてのパクス・イスパニカ(スペインの平和)を論じている。(17)はレルマ公爵の政治手腕を肯定的に捉えた評伝。フェリーペ４世期に関しては，エリオットの(18)(19)が基本書。(18)は1640年の反乱にいたるまでの，カタルーニャの政治・社会状況を論じた古典的名著。(19)は政治・経済の中央集権化をめざしたオリバーレス伯公爵の改革と挫折を描いた研究。また(20)は約40年にもおよぶフェリーペ４世期の政治の全体像を見通すことができる。(21)はフェリーペ４世期の宮廷社会の特質につい

て論じた労作。カルロス2世期に関してはケイメンの(22)(23)が先駆的研究で，とくに(22)は中央の衰退と地方の回復というこの時期の特質を描いている。(24)は近年出版されたカルロス2世の評伝。(25)も最近の研究であるが，カルロス2世期の宮廷の混乱とブルボン朝に王位が移るまでの状況を簡潔に描く。(26)は短命に終わったフアン・ホセ王子の摂政期に関して，1992年にドイツで出版されたもののスペイン語訳。(27)はカタルーニャ反乱終結後のカタルーニャとマドリード中央政府の関係を，フアン・ホセ王子のはたした役割を強調しつつ論じている。異端審問制度に関しては(28)が優れた概説書。また(29)は「社会統制の手段としての異端審問」という興味深い視点を提示している。(30)は先祖にユダヤ教徒・イスラーム教徒の血が混じらないことを社会的名誉とみなす「血の純潔規定」について論じた古典的研究。1960年にフランスで出版されたもののスペイン語訳。

第9章　18世紀のスペイン

(1) J・A・トムリンソン（立石博高・木下亮訳）『ゴヤとその時代——薄明のなかの宮廷画家』昭和堂　2002

(2) Floristán, A., *Historia de España en la Edad Moderna*, Madrid: Ariel, 2004.

(3) García Cárcel, R. (coord.), *Historia de España siglo XVIII. La España de los Borbones*, Madrid: Cátedra, 2002.

(4) Lynch, J., *Bourbon Spain, 1700–1808*, Oxford: Blackwell, 1989 (*El siglo XVIII*, Barcelona: Crítica, 1991).

(5) Domínguez Ortiz, A., *Sociedad y Estado en el siglo XVIII español*, Barcelona: Ariel, 1976.

(6) Enciso Recio, L. M. et al., *Historia de España 10. Los borbones en el siglo XVIII (1700–1808)*, Madrid: Gredos, 1991.

(7) Juan Vidal, J.; Martínez Ruiz, E., *Política interior y exterior de los Borbones*, Madrid: Istmo, 2001.

(8) Fernández, R., *España en el siglo XVIII. Homenaje a Pierre Vilar*, Barcelona: Crítica, 1985.

(9) Kamen, H., *The War of Succession in Spain, 1700–1715*, Bloomington: Indiana University Press, 1969.

(10) Lluch, E., *La Catalunya vençuda del segle XVIII*, Barcelona: Edicions 62, 1996.

(11) García Cárcel, R., *Felipe V y los españoles. Una visión periférica del problema de España*, Barcelona: Plaza & Janés Editores, 2002.

(12) Fernández Albaladejo, P., *Los Borbones. Dinastía y memoria de nación en la España del siglo XVIII*, Madrid: Marcial Pons, 2001.

(13) Mateos Dorado, D. (coord.), *Campomanes: doscientos años después*, Oviedo: Universidad de Oviedo, 2003.

(14) Domínguez Ortiz, A., *Carlos III y la España de la Ilustración*, Madrid: Alianza, 1988.

(15) Guimerá, A. (ed.), *El reformismo borbónico. Una visión interdisciplinar*, Ma-

drid: Alianza 1996.
(16) Aguilar Piñal, F., *La España del absolutismo ilustrado*, Madrid: Espasa, 2005.
(17) Sánchez-Blanco, F., *El Absolutismo y las Luces en el reinado de Carlos III*, Madrid: Marcial Pons, 2002.
(18) Rúspoli, E., *Godoy. La lealtad de un gobernante ilustrado*, Madrid: Temas de Hoy, 2004.
(19) Torras, J., "L'economia catalana abans del 1800. Un esquema", *Història econòmica de la Catalunya contemporània*, vol. 1, Barcelona: Enciclopèdia catalana, 1994.
(20) Sánchez, A., "Crisis económica y respuesta empresarial: Los inicios del sistema fabril en la industria algodonera catalana, 1797–1839", *Revista de Historia Económica*, Año 18, núm. 3, 2000.

(2)の18世紀の部分は同世紀の最新の入門書として好適。(3)は興味深い論点を積極的に取り込んだ18世紀の通史。(4)は定評ある18世紀の詳細な通史。(5)は18世紀スペインのモザイク国家としての側面を重視しつつ同世紀の政治と社会を概観した名著。(6)はテーマ別に18世紀を記述した便利な書。(7)の前半部分は王朝の交代による諸制度の変化が詳述されている。(8)は18世紀についての地域史研究の研究動向をまとめたもの。(9)はスペイン継承戦争について詳述した名著。(10)スペイン継承戦争で敗北したカタルーニャにとっての啓蒙の世紀を論じたもの。(11)はフェリーペ５世により誕生したブルボン朝がスペインに与えた諸影響について広く論じたもの。(12)はスペインにおけるブルボン朝の成立をさまざまな観点から議論した国際会議の論文集。(13)は没後200年を記念して刊行されたカンポマネス研究の論文集。(14)はスペインの啓蒙についてバランスよく論じた標準的な著書。(15)はブルボン朝の諸改革について，多様な研究者がさまざまな視点から論じたもの。(16)はスペインの啓蒙について当時の出版物を分析しながら再考したもの。(17)は従来のカルロス３世像とスペイン啓蒙について見直しを迫る重要な研究。(18)は新たなゴドイ像を提示する意欲作。(1)は従来のゴヤ像を塗り替える最新のゴヤ研究。(19)は18世紀カタルーニャの経済発展とプロト工業化について記した名論文。(20)はカタルーニャ綿工業の工業化について論じたもの。

系　図

カスティーリャ＝レオン

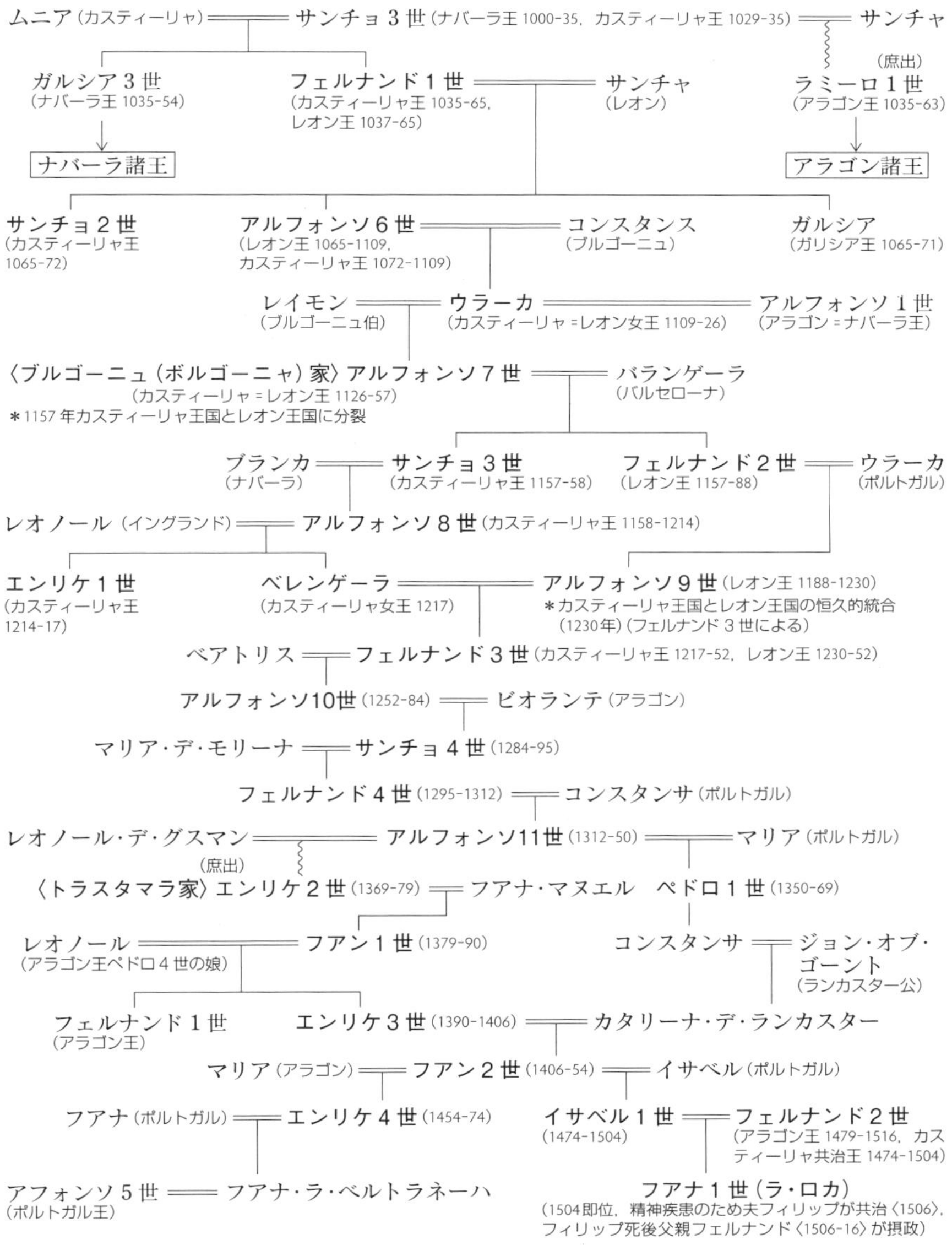

ムニア（カスティーリャ）
サンチョ3世（ナバーラ王 1000-35，カスティーリャ王 1029-35）
サンチャ
（庶出）
ガルシア3世（ナバーラ王 1035-54）
ナバーラ諸王
フェルナンド1世（カスティーリャ王 1035-65，レオン王 1037-65）
サンチャ（レオン）
ラミーロ1世（アラゴン王 1035-63）
アラゴン諸王
サンチョ2世（カスティーリャ王 1065-72）
アルフォンソ6世（レオン王 1065-1109，カスティーリャ王 1072-1109）
コンスタンス（ブルゴーニュ）
ガルシア（ガリシア王 1065-71）
レイモン（ブルゴーニュ伯）
ウラーカ（カスティーリャ＝レオン女王 1109-26）
アルフォンソ1世（アラゴン＝ナバーラ王）
〈ブルゴーニュ（ボルゴーニャ）家〉アルフォンソ7世（カスティーリャ＝レオン王 1126-57）
＊1157年カスティーリャ王国とレオン王国に分裂
バランゲーラ（バルセローナ）
ブランカ（ナバーラ）
サンチョ3世（カスティーリャ王 1157-58）
フェルナンド2世（レオン王 1157-88）
ウラーカ（ポルトガル）
レオノール（イングランド）
アルフォンソ8世（カスティーリャ王 1158-1214）
エンリケ1世（カスティーリャ王 1214-17）
ベレンゲーラ（カスティーリャ女王 1217）
アルフォンソ9世（レオン王 1188-1230）
＊カスティーリャ王国とレオン王国の恒久的統合（1230年）（フェルナンド3世による）
ベアトリス
フェルナンド3世（カスティーリャ王 1217-52，レオン王 1230-52）
アルフォンソ10世（1252-84）
ビオランテ（アラゴン）
マリア・デ・モリーナ
サンチョ4世（1284-95）
フェルナンド4世（1295-1312）
コンスタンサ（ポルトガル）
レオノール・デ・グスマン
アルフォンソ11世（1312-50）
マリア（ポルトガル）
（庶出）
〈トラスタマラ家〉エンリケ2世（1369-79）
フアナ・マヌエル
ペドロ1世（1350-69）
レオノール（アラゴン王ペドロ4世の娘）
フアン1世（1379-90）
コンスタンサ
ジョン・オブ・ゴーント（ランカスター公）
フェルナンド1世（アラゴン王）
エンリケ3世（1390-1406）
カタリーナ・デ・ランカスター
マリア（アラゴン）
フアン2世（1406-54）
イサベル（ポルトガル）
フアナ（ポルトガル）
エンリケ4世（1454-74）
イサベル1世（1474-1504）
フェルナンド2世（アラゴン王 1479-1516，カスティーリャ共治王 1474-1504）
アフォンソ5世（ポルトガル王）
フアナ・ラ・ベルトラネーハ
フアナ1世（ラ・ロカ）（1504即位，精神疾患のため夫フィリップが共治〈1506〉，フィリップ死後父親フェルナンド〈1506-16〉が摂政）

アラゴン

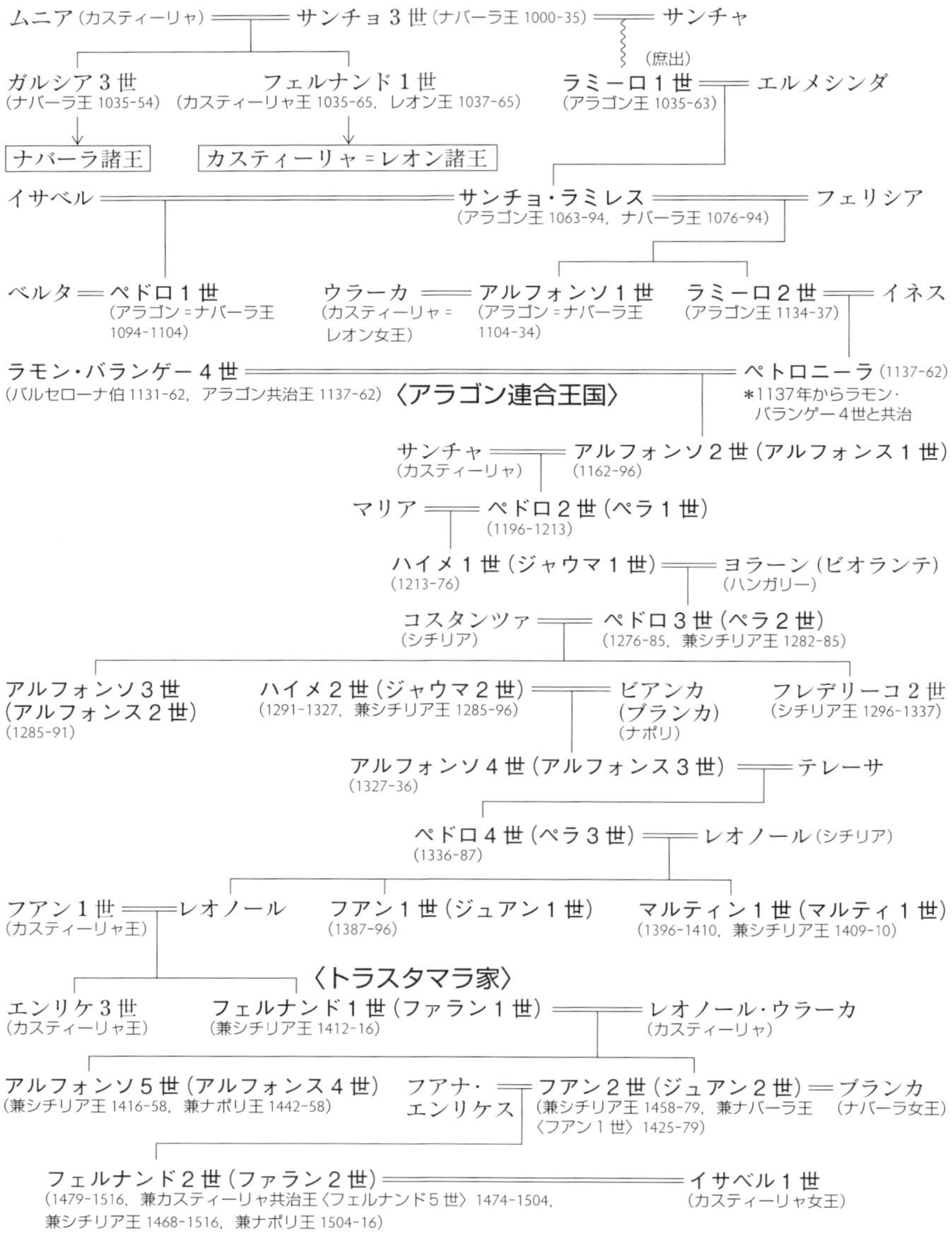
ムニア（カスティーリャ）
サンチョ3世（ナバーラ王 1000-35）
サンチャ
（庶出）
ガルシア3世
（ナバーラ王 1035-54）
フェルナンド1世
（カスティーリャ王 1035-65，レオン王 1037-65）
ラミーロ1世
（アラゴン王 1035-63）
エルメシンダ
ナバーラ諸王
カスティーリャ＝レオン諸王
イサベル
サンチョ・ラミレス
（アラゴン王 1063-94，ナバーラ王 1076-94）
フェリシア
ベルタ
ペドロ1世
（アラゴン＝ナバーラ王 1094-1104）
ウラーカ
（カスティーリャ＝レオン女王）
アルフォンソ1世
（アラゴン＝ナバーラ王 1104-34）
ラミーロ2世
（アラゴン王 1134-37）
イネス
ラモン・バランゲー4世
（バルセローナ伯 1131-62，アラゴン共治王 1137-62）
〈アラゴン連合王国〉
ペトロニーラ（1137-62）
＊1137年からラモン・バランゲー4世と共治
サンチャ
（カスティーリャ）
アルフォンソ2世（アルフォンス1世）
（1162-96）
マリア
ペドロ2世（ペラ1世）
（1196-1213）
ハイメ1世（ジャウマ1世）
（1213-76）
ヨラーン（ビオランテ）
（ハンガリー）
コスタンツァ
（シチリア）
ペドロ3世（ペラ2世）
（1276-85，兼シチリア王 1282-85）
アルフォンソ3世（アルフォンス2世）
（1285-91）
ハイメ2世（ジャウマ2世）
（1291-1327，兼シチリア王 1285-96）
ビアンカ（ブランカ）
（ナポリ）
フレデリーコ2世
（シチリア王 1296-1337）
アルフォンソ4世（アルフォンス3世）
（1327-36）
テレーサ
ペドロ4世（ペラ3世）
（1336-87）
レオノール（シチリア）
フアン1世
（カスティーリャ王）
レオノール
フアン1世（ジュアン1世）
（1387-96）
マルティン1世（マルティ1世）
（1396-1410，兼シチリア王 1409-10）
〈トラスタマラ家〉
エンリケ3世
（カスティーリャ王）
フェルナンド1世（ファラン1世）
（兼シチリア王 1412-16）
レオノール・ウラーカ
（カスティーリャ）
アルフォンソ5世（アルフォンス4世）
（兼シチリア王 1416-58，兼ナポリ王 1442-58）
フアナ・エンリケス
フアン2世（ジュアン2世）
（兼シチリア王 1458-79，兼ナバーラ王〈フアン1世〉1425-79）
ブランカ
（ナバーラ女王）
フェルナンド2世（ファラン2世）
（1479-1516，兼カスティーリャ共治王〈フェルナンド5世〉1474-1504，兼シチリア王 1468-1516，兼ナポリ王 1504-16）
イサベル1世
（カスティーリャ女王）

• 1162年アラゴン連合王国成立以降，アラゴン王はバルセローナ伯も兼ねる。（　　）はバルセローナ伯としての称号
• 1239年以降，アラゴン王はバレンシア王も兼ねる

スペイン王国

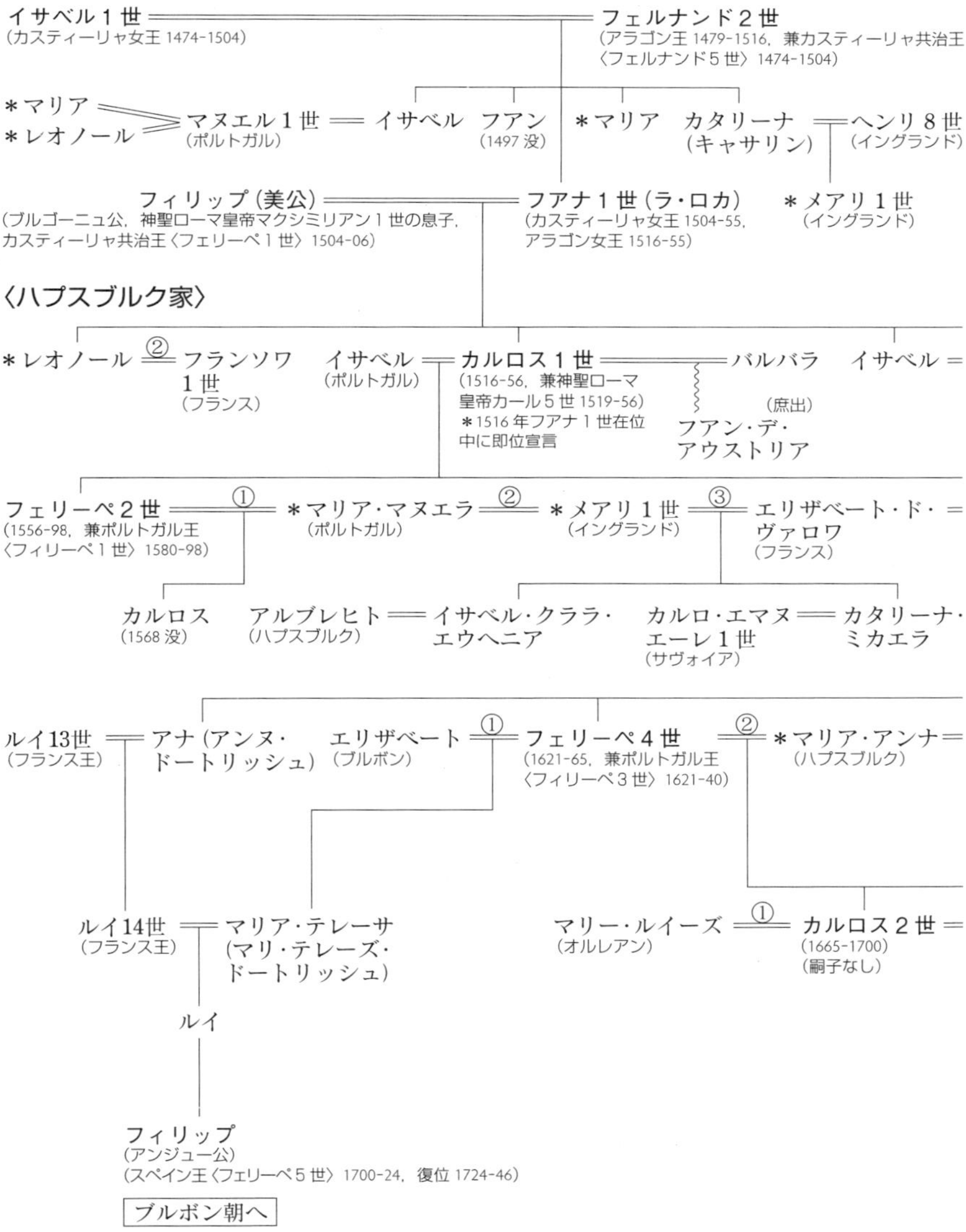
イサベル１世
(カスティーリャ女王 1474-1504)
フェルナンド２世
(アラゴン王 1479-1516，兼カスティーリャ共治王
〈フェルナンド５世〉1474-1504)
＊マリア
＊レオノール
マヌエル１世
(ポルトガル)
イサベル
フアン
(1497 没)
＊マリア
カタリーナ
(キャサリン)
ヘンリ８世
(イングランド)
＊メアリ１世
(イングランド)
フィリップ(美公)
(ブルゴーニュ公，神聖ローマ皇帝マクシミリアン１世の息子，
カスティーリャ共治王〈フェリーペ１世〉1504-06)
フアナ１世(ラ・ロカ)
(カスティーリャ女王 1504-55，
アラゴン女王 1516-55)
〈ハプスブルク家〉
＊レオノール
②
フランソワ
１世
(フランス)
イサベル
(ポルトガル)
カルロス１世
(1516-56，兼神聖ローマ
皇帝カール５世 1519-56)
＊1516 年フアナ１世在位
中に即位宣言
バルバラ
(庶出)
フアン・デ・
アウストリア
イサベル＝
フェリーペ２世
(1556-98，兼ポルトガル王
〈フィリーペ１世〉1580-98)
①
＊マリア・マヌエラ
(ポルトガル)
②
＊メアリ１世
(イングランド)
③
エリザベート・ド・＝
ヴァロワ
(フランス)
カルロス
(1568 没)
アルブレヒト
(ハプスブルク)
イサベル・クララ・
エウヘニア
カルロ・エマヌ
エーレ１世
(サヴォイア)
カタリーナ・
ミカエラ
ルイ13世
(フランス王)
アナ(アンヌ・
ドートリッシュ)
エリザベート
(ブルボン)
①
フェリーペ４世
(1621-65，兼ポルトガル王
〈フィリーペ３世〉1621-40)
②
＊マリア・アンナ＝
(ハプスブルク)
ルイ14世
(フランス王)
マリア・テレーサ
(マリ・テレーズ・
ドートリッシュ)
マリー・ルイーズ
(オルレアン)
①
カルロス２世＝
(1665-1700)
(嗣子なし)
ルイ
フィリップ
(アンジュー公)
(スペイン王〈フェリーペ５世〉1700-24，復位 1724-46)
ブルボン朝へ

①②…は結婚の順番を示す
＊印は同一人物

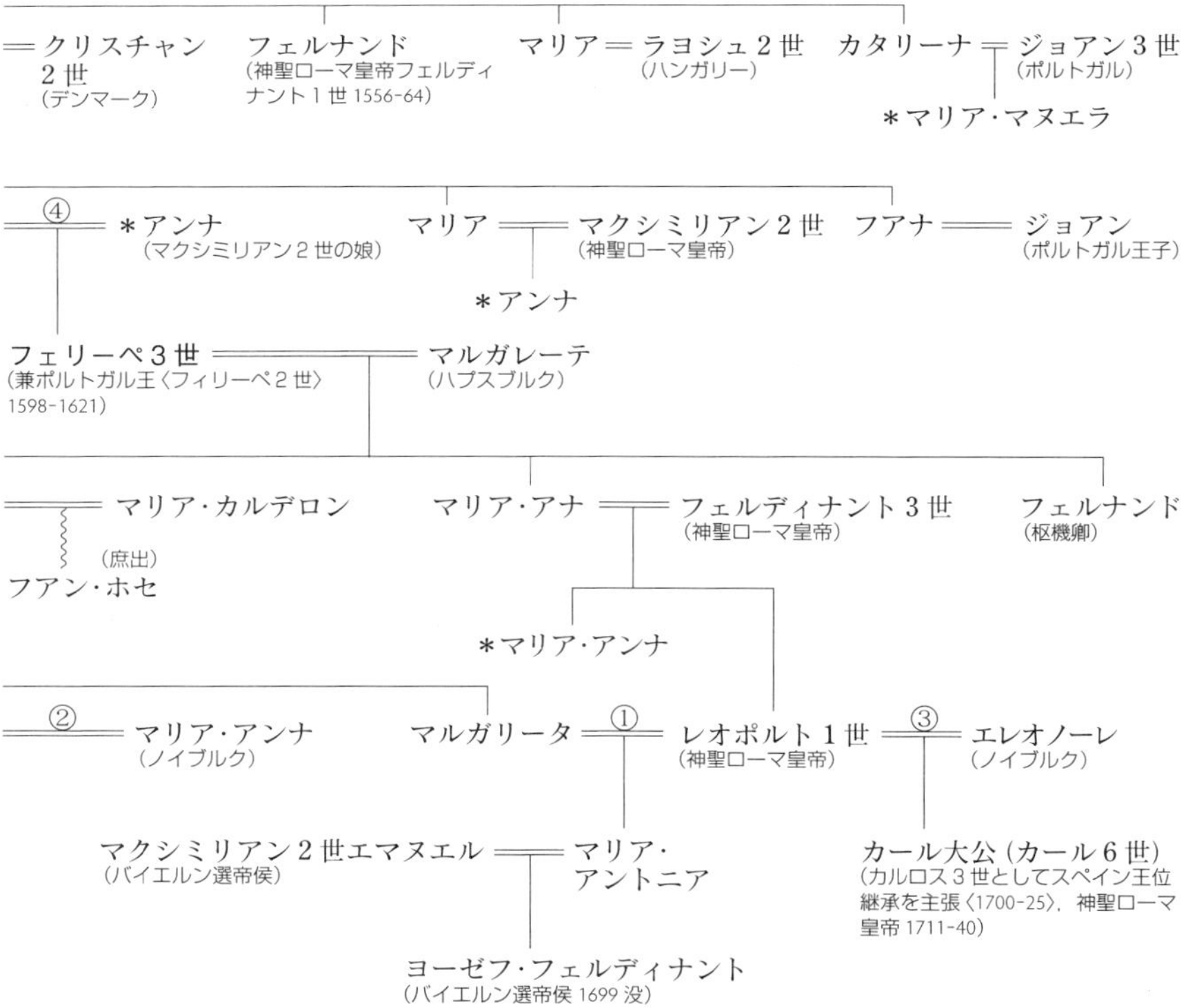
═クリスチャン2世
(デンマーク)
フェルナンド
(神聖ローマ皇帝フェルディナント1世 1556-64)
マリア═ラヨシュ2世
(ハンガリー)
カタリーナ═ジョアン3世
(ポルトガル)
＊マリア・マヌエラ
④
＊アンナ
(マクシミリアン2世の娘)
マリア═マクシミリアン2世
(神聖ローマ皇帝)
＊アンナ
フアナ═ジョアン
(ポルトガル王子)
フェリーペ3世
(兼ポルトガル王〈フィリーペ2世〉1598-1621)
マルガレーテ
(ハプスブルク)
マリア・カルデロン
(庶出)
フアン・ホセ
マリア・アナ═フェルディナント3世
(神聖ローマ皇帝)
フェルナンド
(枢機卿)
＊マリア・アンナ
②
マリア・アンナ
(ノイブルク)
マルガリータ
①
レオポルト1世
(神聖ローマ皇帝)
③
エレオノーレ
(ノイブルク)
マクシミリアン2世エマヌエル
(バイエルン選帝侯)
マリア・アントニア
カール大公(カール6世)
(カルロス3世としてスペイン王位継承を主張〈1700-25〉，神聖ローマ皇帝 1711-40)
ヨーゼフ・フェルディナント
(バイエルン選帝侯 1699没)

ブルボン家

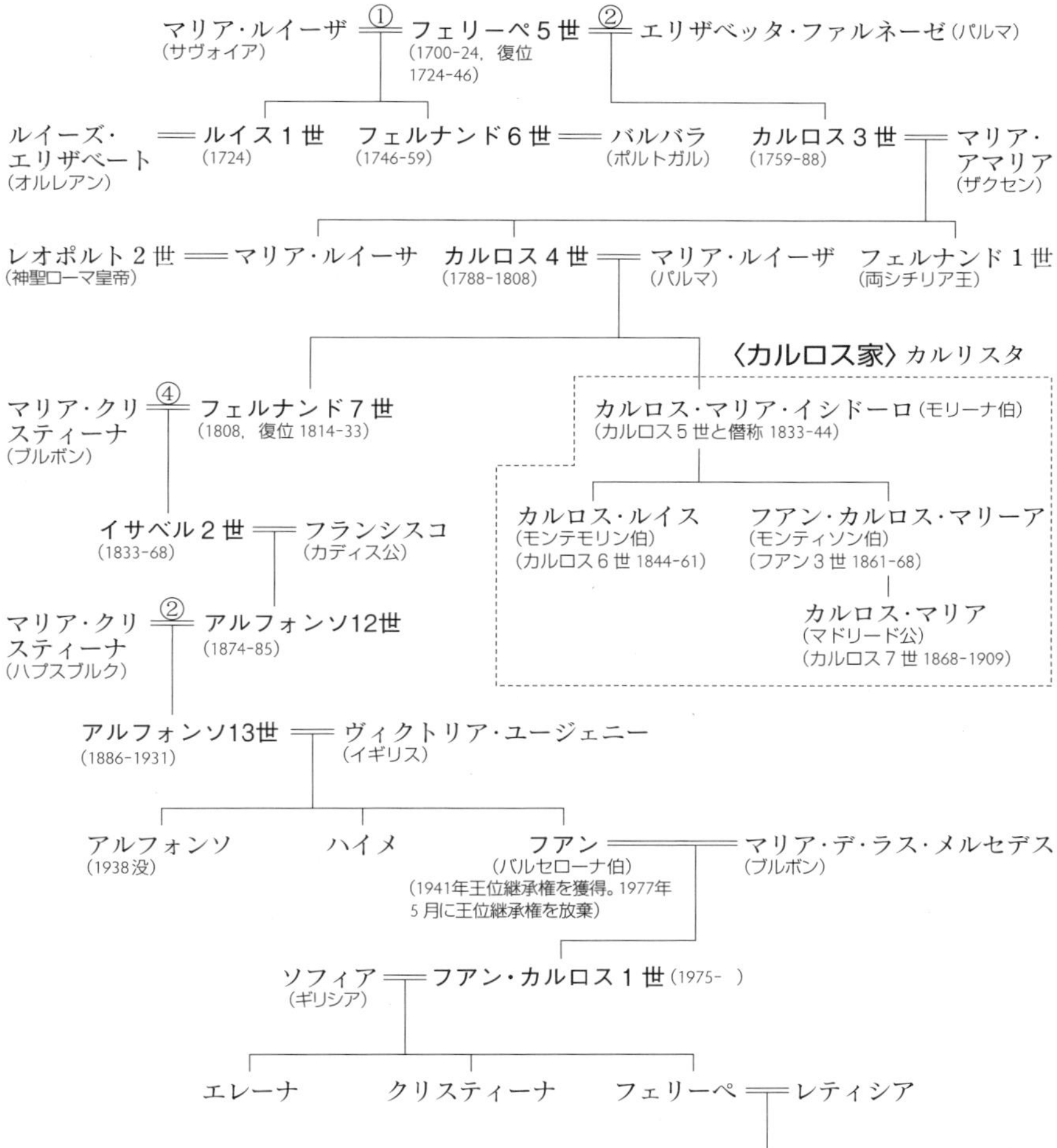

1808-13年　ホセ1世（ジョゼフ・ボナパルト）統治
1868-74年　第一共和政：空位（内1870-73年はアマデオ1世〈サヴォイア家〉）
1931-75年　第二共和国，内戦，フランコ独裁期：空位

①②…は結婚の順番を示す

統治者表

西ゴート王国

〈トロサ(トゥールーズ)の西ゴート王国　418〜507〉

テオドリック1世(418-451)
トゥリスムンド(451-453)
テオドリック2世(453-466)
エウリック(466-484)
アラリック2世(484-507)

〈イベリア半島における西ゴート王国　507〜711〉

ガイセリック(507-510)
テオドリック(510-526)
＊テオドリックは東ゴート王。摂政として西ゴート王国を統治
アマラリック(526-531)
テウディス(531-548)
テウディクルス(548-549)
アギラ(549-554)
アタナギルド(555-567)
リウヴァ1世(568-572)
レオヴィギルド(568-586)＊共同王を算入して
レカレド1世(586-601)
リウヴァ2世(601-602)
ウィテリック(603-610)
グンデマル(610-612)
シセブート(612-621)
レカレド2世(621)
スインティラ(621-631)
シセナンド(631-636)
キンティラ(636-640)
トゥルガ(640-642)
キンダスウィント(642-653)
レケスウィント(649-672)＊共同王を算入して
ワムバ(672-680)
エルウィック(680-687)
エギカ(687-702)
ウィティザ(700-710)＊共同王を算入して
ロデリック(ロドリーゴ)(710-711)

後ウマイヤ朝

アブド・アッラフマーン1世(756-788)
ヒシャーム1世(788-796)
ハカム1世(796-822)
アブド・アッラフマーン2世(822-852)
ムハンマド1世(852-886)
ムンジル(886-888)
アブド・アッラー(888-912)
アブド・アッラフマーン3世(912-961)
＊929年カリフを名乗る
ハカム2世(961-976)
ヒシャーム2世(976-1009)
ムハンマド2世(1009)
スライマーン(1009-10)
ムハンマド2世(復位)(1010)
ヒシャーム2世(復位)(1010-13)
スライマーン(復位)(1013-16)
アリー(ハンムード家)(1016-18)
アブド・アッラフマーン4世(1018)
カースィム(ハンムード家)(1018-21)
ヤフヤー(ハンムード家)(1021-23)
カースィム(復位)(1023)
アブド・アッラフマーン5世(1023-24)
ムハンマド3世(1024-25)
ヤフヤー(復位)(1025-27)
ヒシャーム3世(1027-31)
［ハージブ(侍従)］
マンスール(イブン・アビー・アーミル)(978-1002)
ムザッファル(アブド・アルマリク)(1002-08)
シャンジュール(アブド・アッラフマーン，通称サンチュエロ)(1008-09)

ナスル朝グラナダ王国

ムハンマド１世(1232–73)
ムハンマド２世(1273–1302)
ムハンマド３世(1302–09)
ナスル(1309–14)
イスマーイール１世(1314–25)
ムハンマド４世(1325–33)
ユースフ１世(1333–54)
ムハンマド５世(1354–59)
イスマーイール２世(1359–60)
ムハンマド６世(1360–62)
ムハンマド５世(復位)(1362–91)
ユースフ２世(1391–92)
ムハンマド７世(1392–1408)
ユースフ３世(1408–17)
ムハンマド８世(1417–19)
ムハンマド９世(1419–27)
ムハンマド８世(復位)(1427–30)
ムハンマド９世(復位)(1430–31)
ユースフ４世(1431–32)
ムハンマド９世(再復位)(1432–45)
ユースフ５世(1445–46)
イスマーイール３世(1446–47)
ムハンマド９世(再々復位)(1447–53)
ムハンマド10世(1453–54)
サード(1454–55)
ムハンマド10世(復位)(1455)
サード(復位)(1455–62)
イスマーイール４世？(1462)
サード(再復位)(1462–64)
アブー・アルハサン・アリー(1464–82)
ムハンマド11世(ボアブディル)(1482–83)
アブー・アルハサン・アリー(復位)(1483–85)
ムハンマド12世(ザガル)(1485–87)
ムハンマド11世(ボアブディル)(復位)(1487–92)

アストゥリアス王国(レオンに遷都したガルシア１世以後はレオン王国)

ペラーヨ(718–737)
ファフィラ(737–739)
アルフォンソ１世(739–757)
フルエラ１世(757–768)
アウレリオ(768–774)
シーロ(774–783)
マウレガート(783–788)
ベルムード１世(788–791)
アルフォンソ２世(791–842)
ラミーロ１世(842–850)
オルドーニョ１世(850–866)
アルフォンソ３世(866–910)
ガルシア１世(910–914)＊レオンに遷都
オルドーニョ２世(914–924)
フルエラ２世(924–925)
アルフォンソ４世(925–931)
ラミーロ２世(931–950)
オルドーニョ３世(950–956)
サンチョ１世(956–958)
オルドーニョ４世(958–960)
サンチョ１世(復位)(960–966)
ラミーロ３世(966–984)
ベルムード２世(984–999)
アルフォンソ５世(999–1028)
ベルムード３世(1028–1037)
＊1037年カスティーリャ＝レオン王国成立

カスティーリャ伯領

フェルナン・ゴンサレス(932–970)
ガルシア・フェルナンデス(970–995)
サンチョ・ガルシア(995–1017)
ガルシア・サンチェス(1017–29)
＊1029年ナバーラ王国に併合

バルセローナ伯領（9～12世紀中頃）

バラ（801頃-820）
ランポ（820-826）
バルナット・ダ・セプティマニア（826-832）
バランゲー（832-835）
バルナット・ダ・セプティマニア（復位）（835-844）
スニフレッド（844-848）
ギリェム・ダ・セプティマニア（848-850）
アレラム（850-852）
ウダルリック（852-858）
ウニフレッド（858-864）
バルナット・ダ・ゴティア（865-878）
ギフレ1世（878-897）
ギフレ2世（ブレイ1世）（897-911）
スニエ（911-947）
ミロ1世とブレイ2世（共治）（947-966）
ブレイ2世（単独）（966-992）
ラモン・ブレイ1世（992-1017）
バランゲー・ラモン1世（1018-35）
ラモン・バランゲー1世（1035-76）
ラモン・バランゲー2世とバランゲー・ラモン2世（共治）（1076-82）
バランゲー・ラモン2世（単独）（1082-96）
ラモン・バランゲー3世（1096-1131）
ラモン・バランゲー4世（1131-62）
＊1137年アラゴン王女ペトロニーラとの結婚によりアラゴン連合王国成立

アラゴン王国

ラミーロ1世（1035-63）
サンチョ・ラミレス（1063-94）＊1076年以降兼ナバーラ王
ペドロ1世（1094-1104）＊兼ナバーラ王
アルフォンソ1世（1104-34）＊兼ナバーラ王
ラミーロ2世（1134-37）
ペトロニーラ（1137-62）＊1137年バルセローナ伯ラモン・バランゲー4世との結婚によりアラゴン連合王国成立

ナバーラ王国

イニゴ・アリスタ（820頃-852）
ガルシア・イニゲス（852-870）
フォルトゥン・ガルセス（870-905）
サンチョ1世（905-925）
ガルシア1世（925-970）
サンチョ2世（970-994）
ガルシア2世（994-1000）
サンチョ3世（1000-35）
ガルシア3世（1035-54）
サンチョ4世（1054-76）
（アラゴン王統治時代1076-1134）
ガルシア・ラミレス（1134-50）
サンチョ6世（1150-94）
サンチョ7世（1194-1234）
〈シャンパーニュ家〉
テオバルド1世（1234-53）
テオバルド2世（1253-70）
エンリケ1世（1270-74）
フアナ1世（1274-1305）
（フランス・カペー家統治時代1305-28）
〈エヴルー家〉
フアナ2世とエヴルー伯フィリップ（共治）（1328-43）
フアナ2世（単独）（1343-49）
カルロス2世（1349-87）
カルロス3世（1387-1425）
ブランカとフアン1世（共治）（1425-41）
フアン1世（単独，1458年以降アラゴン王フアン2世を兼任）（1441-79）
〈フォア家〉
レオノール（1479）
フランシスコ1世（1479-83）
カタリーナとアルブレ伯ジャン（共治）（1483-1512/17）
＊1512年カスティーリャ王国に併合

18〜19世紀

〈ブルボン家〉

フェリーペ5世(1700–24)
ルイス1世(1724)
フェリーペ5世(復位)(1724–46)
フェルナンド6世(1746–59)
カルロス3世(1759–88)
カルロス4世(1788–1808)
フェルナンド7世(1808)

〈ボナパルト家〉

ホセ1世(ジョゼフ・ボナパルト)(1808–13)

〈ブルボン家〉

フェルナンド7世(復位)(1814–33)
イサベル2世(1833–68)

〈クーデタによる臨時政府〉(1868–70)

〈サヴォイア家〉

アマデオ1世(1871–73)

第一共和政期

【大統領】

エスタニスラオ・フィゲーラス(1873.2–73.6)
フランセスク・ピ・イ・マルガイ(1873.6–73.7)
ニコラス・サルメロン(1873.7–73.9)
エミリオ・カステラール(1873.9–74.1)
フランシスコ・セラーノ(1874.1–74.12)

復古王政期(ブルボン家)

アルフォンソ12世(1874.12–85.11)
アルフォンソ13世(1886.5–1931.4)
　摂政マリア・クリスティーナ(1885.11–1902.5)
　ミゲル・プリモ・デ・リベーラ将軍の独裁(1923.9–30.1)

■スペイン関連地図

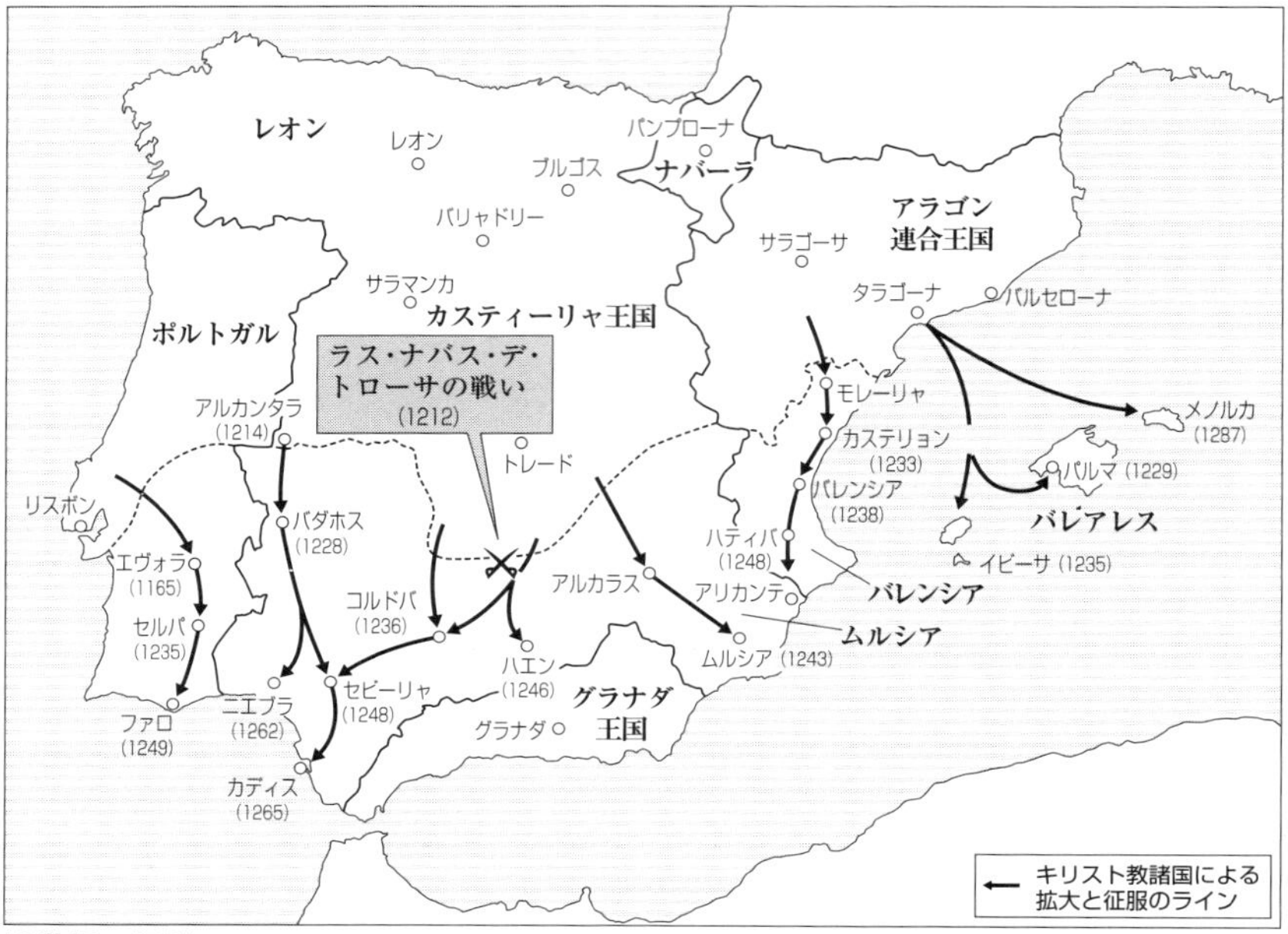

13世紀の征服

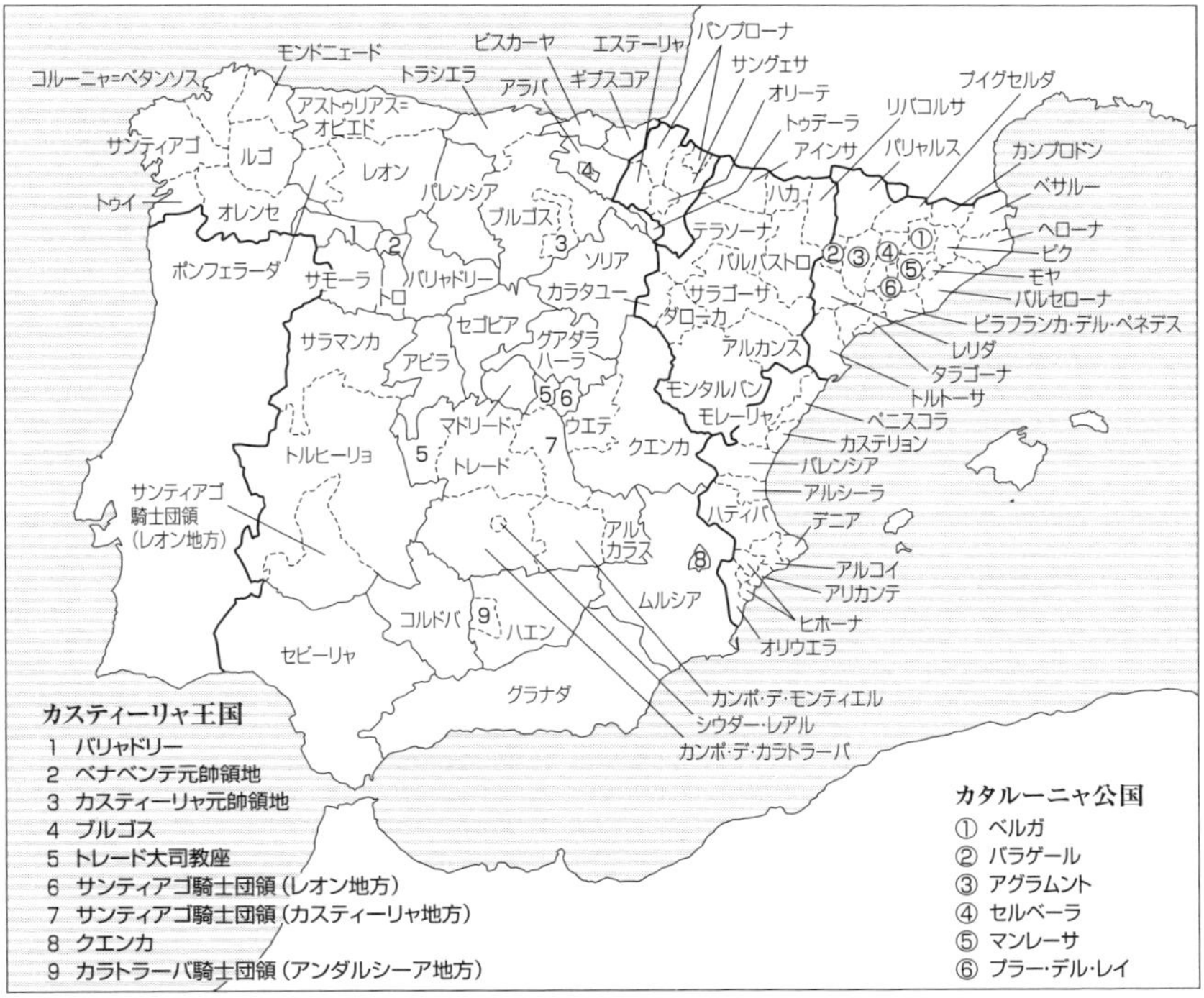

16世紀スペインの領土区分

すべてスペイン語表記とした。